Programando Rails "A Bíblia"

Programando Rails "A Bíblia"

Obie Fernandez

ALTA BOOKS®
Rio de Janeiro, 2008

Programando Rails "A Bíblia"

Produção Editorial: Editora Alta Books
Coordenação Editorial: Fernanda Silveira
Tradução: Carla Jackow
Revisão: Ana Paula da Silva Martins
Revisão Técnica: Ivan Mecenas
Diagramação: Anna Carla Novaes de Andrade e Hugo Oliveira

Impresso no Brasil

ALTA BOOKS®
Rio de Janeiro, 2008

Rua Viúva Cláudio, 291 – Jacaré
Rio de Janeiro – RJ. CEP: 20970-031
Tels: 21 3278-8069; 3278-8419; 3278-8159
Fax: 21 3277-1253
Atendimento Comercial São Paulo: 11 2626-5139; 2626-5095
www.altabooks.com.br
e-mail: altabooks@altabooks.com.br

À Desi, meu amor, minha companheira, minha musa

Sumário

Capítulo 1 Ambientes Rails e configuração 1

Inicialização 1

Definições padrões do ambiente 1

Modo de anulação 1

Versão gem do Rails 2

Como autocarregar 2

RubyGems 3

Inicializador 4

Caminhos padrões de carregamento 4

Rails, módulos e código de autocarregamento 5

Informações Rails predefinidas 6

Configuração 6

Como desabilitar frameworks 6

Caminhos de carregamento adicionais 7

Anulação no nível do log 7

Armazenamento da sessão ActiveRecord 7

Descarregamento do esquema 7

Observadores 8

Fusos horários 8

Configuração adicional 9

Modo de desenvolvimento 10

Recarregamento de classes automáticas 10

Carregador de classes Rails 11

Modo de teste 12

Modo de produção 13

Log 14

Arquivos de log do Rails 15

Análise do arquivo de log 16

Syslog 18

Conclusão 18

Referências 19

Capítulo 2 Como trabalhar com controladores 21

Dispatcher: Onde tudo começa 22

Tratamento de solicitações 22
Como ficar íntimo do dispatcher 22
Apresentar na exibição... 24
No caso de dúvida, apresente 24
Apresentação explícita 25
Como apresentar outro modelo de ação 25
Como apresentar um modelo diferente 26
Como apresentar um modelo parcial 26
Como apresentar o código do modelo em linha 26
Como apresentar texto 27
Como apresentar outros tipos de dados estruturados 27
:json 27
:xml 27
Como não apresentar nada 27
Como apresentar opções 27
:content_type 28
:layout 28
:status 28
Redirecionamento 30
Comunicação do controlador/exibição 32
Filtros 32
Herança do filtro 33
Tipos de filtro 34
Classes de filtro 34
Método de filtros em linha 35
Ordem da cadeia de filtros 35
Filtros around 36
Como pular a cadeia de filtros 37
Condições do filtro 37
Como parar a cadeia de filtros 37
Fluxo 38
send_data(dados, opções = {}) 38
Opções para send_data 38
Exemplos de uso 38
send_file(caminho, opções = {}) 39
Opções para send_file 39
Exemplos de uso 40
Como permitir que o servidor Web envie arquivos 41
Conclusão 41
Referências 42

Capítulo 3 Roteamento 43
Duas finalidades do roteamento 44
Parâmetros vinculados 45
Componentes curingas ("Receptores") 45
Strings estáticas 46
Arquivo routes.rb 47
Rota padrão 48
Foco no campo :id 49
Geração de rotas padrões 49
Como modificar a rota padrão 50
Rota antepadrão e respond_to 50
respond_to e cabeçalho HTTP-Accept 51
Rota vazia 52
Como escrever rotas personalizadas 53
Como usar strings estáticas 53
Como usar seus próprios "receptores" 54
Uma nota sobre a ordem das rotas 55
Como usar expressões regulares nas rotas 56
Parâmetros padrões e método url_for 56
O que aconteceu com o :id? 57
Como usar URLs literais 58
Rota global 58
Como tornar globais os pares de chave/valor 58
Rotas nomeadas 59
Como criar uma rota nomeada 59
A questão de usar nome_path versus nome_url 60
Considerações 60
Como nomear suas rotas 60
Argumento agradável 61
Um pouco mais de agrado? 62
O método de escopo especial with_options 63
Conclusão 64
Referências 64

Capítulo 4 REST, recursos e Rails 65
REST bem resumido 65
REST no Rails 66
Roteamento e CRUD 66
Recursos e representações 67
Recursos REST e Rails 68
Das rotas nomeadas ao suporte REST 68

Forneça novamente o verbo HTTP 69
Ações padrões do controlador REST 70
PUT e DELETE enganam 71
Rotas REST singulares e plurais 71
Pares especiais: new/create e edit/update 71
Rotas de recursos singulares 72
Recursos aninhados 73
Como definir :path_prefix explicitamente 74
Como definir :name_prefix explicitamente 74
Como especificar controladores REST explicitamente 75
Tudo junto agora 76
Considerações 77
Aninhamento profundo? 77
Personalizações de rotas REST 78
Rotas extras dos membros 79
Rotas extras das coleções 79
Considerações 80
Recursos do controlador somente 81
Diferentes representações dos recursos 82
Método respond_to 83
Rotas nomeadas formatadas 83
Conjunto de ações Rails do REST 84
Index 84
Show 86
Destroy 87
New e create 88
Edit e update 89
Conclusão 89
Referência 90

Capítulo 5 Reflexão sobre o roteamento Rails 91
Como examinar as rotas no console do aplicativo 91
Como descarregar as rotas 91
Anatomia de um objeto Route 93
Reconhecimento e geração no console 95
Rotas nomeadas no console 96
Como testar as rotas 97
Plug-in Routing Navigator 98
Conclusão 99
Referências 99

Capítulo 6 Como Trabalhar com Active Record 101

O básico 101
Migrações 103
Como criar migrações 104
Como nomear as migrações 105
Armadilhas da migração 105
API da migração 106
create_table(nome, opções) 107
Como definir colunas 108
Mapeamentos do tipo de coluna 109
Opções da coluna 110
Precisão decimal 110
Pegadinhas do tipo de coluna 111
Tipos de dados personalizados 112
Colunas timestamp "mágicas" 112
Métodos no estilo de macros 113
Declarações do relacionamento 113
Convenção acima da configuração 114
Pluralização 114
Devo informar os erros INFLECTOR à equipe principal? 115
Como definir os nomes manualmente 115
Esquemas de nomenclatura de herança 116
Como definir atributos 116
Valores padrões do atributo 117
Atributos serializados 119
CRUD: Criar, Ler, Atualizar e Apagar 119
Como criar novas instâncias ActiveRecord 119
Como ler objetos ActiveRecord 120
Find 120
Como ler e escrever atributos 121
Notação hash 122
Método attributes 122
Como acessar e manipular atributos antes da coerção 123
Recarregamento 123
Localizadores dinâmicos baseados em atributos 124
Consultas SQL personalizadas 124
Cache de consulta 125
Log 126
Cache padrão da consulta nos controladores 126

Limites 127
Atualização 127
Atualização pela condição 128
Como atualizar determinada instância 128
Como atualizar atributos específicos 129
Atualizadores convenientes 129
Como controlar o acesso aos atributos 130
Como apagar e destruir 130
Bloqueio do banco de dados 131
Bloqueio otimista 131
Como lidar com o StaleObjectError 132
Bloqueio pessimista 133
Considerações 134
Localização avançada 134
Condições 134
Condições booleanas 135
Ordem dos resultados da pesquisa 136
Ordenação aleatória 136
Limite e deslocamento 136
Opção select 137
Opção from 137
Opção group by 137
Opção de bloqueio 138
Como reunir e incluir associações 138
Somente leitura 138
Conexões com diversos bancos de dados em diferentes modelos 138
Como usar a conexão do banco de dados diretamente 139
Módulo DatabaseStatements 140
begin_db_transaction( ) 140
commit_db_transaction( ) 140
delete(sql_statement) 140
execute(sql_statement) 140
insert(sql_statement) 140
reset_sequence!(table, column, sequence = nil) 140
rollback_db_transaction( ) 140
select_all(sql_statement) 140
select_one(sql_statement) 140
select_value(sql_statement) 141
select_values(sql_statement) 141
update(sql_statement) 141

Outros métodos de conexão 141
active? 142
adapter_name 142
disconnect! e reconnect! 142
raw_connection 142
supports_count_distinct? 142
supports_migrations? 142
tables 142
verify!(timeout) 142
Outras opções de configuração 143
Conclusão 143
Referências 144

Capítulo 7 Associações ActiveRecord 145

Hierarquia de associações 145
Relacionamentos um para muitos 146
Como adicionar objetos associados a uma coleção 148
Métodos AssociationCollection 148
<<(*records) e create(attributes = {}) 148
clear 149
delete(*records) e delete_all 149
destroy_all 149
length 149
replace(other_array) 149
size 150
sum(column, *options) 150
uniq 150
Associação belongs_to 150
Como recarregar a associação 151
Como construir e criar objetos relacionados através da associação 151
Opções belongs_to 152
:class_name 152
:conditions 152
:foreign_key 154
:counter_cache 154
:include 155
:polymorphic => true 155
Associação has_many 156
Opções has_many 156
:after_add 157
:after_remove 157

:as 157
:before_add 157
:before_remove 157
:class_name 158
:conditions 158
:counter_sql 158
:delete_sql 158
:dependent => :delete_all 158
:dependent => :destroy_all 158
:dependent => :nullify 158
:exclusively_dependent 159
:extend => Extension Module 159
:finder_sql 159
:foreign_key 159
:group 159
:include 159
:insert_sql 161
:limit 161
:offset 161
:order 161
:select 161
:source e source_type 161
:table_name 162
:through 162
:uniq => true 162
Métodos proxy 162
build(atributos = {}) 162
count(*args) 162
find(*args) 162
Relacionamentos muitos para muitos 162
has_and_belongs_to_many 163
Relacionamento auto-referencial 163
Relacionamentos bidirecionais 164
Opções SQL personalizadas 165
Colunas extras nas tabelas de junção has_and_belongs_to_many 167
"Modelos de junção reais" e habtm 168
has_many :through 168
Modelos de junção 168
Considerações de uso e exemplos 169
Como agregar associações 170

Modelos de junção e validações 171
Opções has_many :through 172
:source 172
:source_type 172
:uniq 173
Relacionamentos um para um 174
has_one 174
Opções has_one 176
:as 176
:class_name 176
:conditions 176
:dependent 177
:foreign_key 177
:include 177
:order 177
Objetos não gravados e associações 177
Associações um para um 177
Coleções 178
Extensões da associação 178
Classe AssociationProxy 179
reload e reset 179
proxy_owner, proxy_reflection e proxy_target 179
Conclusão 180
Referências 180

Capítulo 8 Validações ActiveRecord 181
Como localizar erros 181
Validações declarativas simples 182
validates_acceptance_of 182
Mensagem de erro 182
Opção accept 182
validates_associated 182
validates_confirmation_of 183
validates_each 183
validates_inclusion_of e validates_exclusion_of 183
validates_existence_of 184
validates_format_of 184
validates_length_of 185
Opções de limite 185
Opções da mensagem de erro 185
validates_numericality_of 186

validates_presence_of 186
Como validar a presença de objetos associados 186
validates_uniqueness_of 186
Como forçar a exclusividade dos modelos de junção 186
RecordInvalid 187
Opções comuns da validação 187
:allow_nil 188
:if 188
:message 188
:on 188
Validação condicional 188
Uso e considerações 189
Como trabalhar com o objeto Errors 189
Como manipular a coleção Errors 190
add_to_base(msg) 190
add(attribute, msg) 190
clear 190
Como verificar erros 190
invalid?(attribute) 190
on(attribute) 190
Validação personalizada 190
Como pular as validações 191
Conclusão 192
Referência 192

Capítulo 9 ActiveRecord avançado 193

Callbacks 193
Registro do callback 193
Códigos com uma linha 194
Protegido ou privado 194
Callbacks before/after coincididos 194
Lista de callbacks 195
Como parar a execução 195
Usos de callback 195
Como limpar a formatação do atributo com before_validade_on_ create 195
Como codificar geograficamente com before_save 196
Paranóia com before_destroy 197
Como limpar arquivos associados com after_destroy 197
Callbacks especiais: after_initialize e after_find 198
Classes de callback 199
Diversos métodos de callback em uma classe 199

Observadores 201

Convenções de nomenclatura 201

Registro dos observadores 202

Sincronização 202

Herança de Uma Tabela (STI) 202

Como mapear a herança para o banco de dados 204

Considerações STI 205

STI e associações 206

Classes abstratas do modelo de base 208

Relacionamentos polimórficos has_many 209

No caso dos modelos com comentários 209

Interface 210

Colunas do banco de dados 210

Has_many :through e polimórficos 211

Considerações sobre has_many 212

Módulos para reutilizar o comportamento comum 212

Revisão do escopo da classe e contextos 214

Callback included 215

Como modificar classes ActiveRecord durante a execução 216

Considerações 217

Ruby e linguagens específicas do domínio 217

Conclusão 218

Referências 219

Capítulo 10 ActionView 221

Fundamentos ERb 221

Prática ERb 222

Como estreitar a saída ERb 223

Como comentar os delimitadores ERb 223

Saída condicional 223

RHTML? RXML? RJS? 224

Layouts e modelos 224

Como gerar o conteúdo 225

Variáveis do modelo 227

Variáveis de instância 227

assigns 227

base_path 227

controller 227

flash 228

headers 229

logger 229
params 229
request e response 229
session 229
Como proteger a integridade de sua exibição a partir do conteúdo enviado pelo usuário *229*
Parciais 230
Casos simples de uso *230*
Reutilização de parciais *232*
Parciais compartilhados *232*
Como passar variáveis para parciais *233*
Hash local_assigns 234
Coleções de apresentação *235*
Variável partial_counter 235
Como compartilhar parciais da coleção 235
Log *236*
Cache 236
Cache no modo de desenvolvimento? *236*
Cache da página *236*
Cache da ação *237*
Considerações da construção 238
Cache do fragmento *238*
Método cache 238
Fragmentos nomeados 239
Fragmentos globais 239
Como evitar uma atividade extra do banco de dados 240
Expiração do conteúdo em cache *240*
Como expirar páginas e ações 240
Como expirar fragmentos 241
Como usar expressões regulares nas chamadas de expiração 241
Expiração automática do cache com limpadores *242*
Registro do cache *243*
Plug-in Action Cache *243*
Armazenamento do cache *244*
Exemplo de configuração 244
Limites do armazenamento baseado em arquivos 245
Limpeza manual com rake 245
Conclusão 245
Referências 246
Capítulo 11 Tudo sobre Assistentes 247
ActiveRecordHelper 247

Relatório dos erros de validação 247

error_message_on(object, method, prepend_text = "",append_text = "", css_class = "formError") 247

error_messages_for(*params) 248

Criação automática do formulário 249

form(name, options) 249

input(name, method, options) 250

Como personalizar o modo como os erros de validação são destacados 251

AssetTagHelper 252

Assistentes do cabeçalho 252

auto_discovery_link_tag(type = :rss, url_options = {}, tag_options = {}) 252

image_path(source) 253

image_tag(source, options = {}) 254

javascript_include_tag(*sources) 254

javascript_path(source) 255

stylesheet_link_tag(*sources) 255

stylesheet_path(sources) 255

Para plug-ins apenas, adicione inclusões JavaScript padrões 256

BenchmarkHelper 256

benchmark(message = "Benchmarking", level = :info) 256

CacheHelper 256

CaptureHelper 256

capture(&block) 256

content_for(name, &block) 257

DateHelper 257

Assistentes de seleção de data e hora 257

date_select(object_name, method, options = {}) 257

datetime_select(object_name, method, options = {}) 258

time_select(object_name, method, options ={}) 258

Assistentes de seleção de data e hora individuais 258

select_date(date = Date.today, options = {}) 258

select_datetime(datetime =time.now, options = {}) 258

select_day(date, options = {}) 259

select_hour(datetime, options = {}) 259

select_minute(datetime, options = {}) 259

select_month(date, options = {}) 259

select_second(datetime, options = {}) 259

select_time(datetime, options = {}) 259

select_year(date, options = {}) 260

Opções comuns para assistentes de seleção da data 260

Método distance_in_time com nomes descritivos complexos 260
distance_of_time_in_words(from_time, to_time = 0, include_seconds = false) 260
distance_of_time_in_words_to_now(from_time, include_seconds = false) 261
DebugHelper 262
FormHelper 262
Como criar formulários para modelos ActiveRecord 262
As variáveis são opcionais 263
Convenções do formulário geradas pelo Rails 263
Como exibir os valores existentes 263
Como atualizar diversos objetos ao mesmo tempo 264
Colchetes com novos registros? 264
Campos de entrada indexados 265
Acessos falsos 267
Como os assistentes do formulário obtêm seus valores 268
FormOptionsHelper 269
Assistentes de seleção 269
collection_select(object, attribute, collection, value_method, text_method, options = {}, html_options = {}) 269
country_select(object, attribute, priority_countries = nil, options = {}, html_options = {}) 269
time_zone_select(object, method, priority_zones = nil, options = {}, html_options = {}) 270
Assistentes de opção 270
country_options_for_select(selected = nil, priority_countries = nil) 270
option_groups_from_collection_for_select(collection, group_method, group_label_method, option_key_method, option_value_method, selected_key = nil) 270
options_from_collection_for_select(collection, value_method, text_method, selected=nil) 273
time_zone_options_for_select(selected = nil, priority_zones = nil, model = TimeZone) 273
FormTagHelper 274
check_box_tag(name, value = "1", checked = false, options = {}) 274
end_form_tag 274
file_field_tag(name, options = {}) 274
form_tag(url_for_options = {}, options = {}, *parameters_for_url, &block) 275
hidden_field_tag(name, value = nil, options = {}) 275
image_submit_tag(source, options = {}) 275
password_field_tag(name = "password", value = nil, options = {}) 275
radio_button_tag(name, value, checked = false, options = {}) 276
select_tag(name, option_tags = nil, options = {}) 276
start_form_tag 276
submit_tag(value = "Save changes", options = {}) 276
text_area_tag(name, content = nil, options = {}) 276
text_field_tag(name, value = nil, options = {}) 276
JavaScriptHelper 276

button_to_function(name, function, html_options={}, &block) 276
define_javascript_functions( ) 277
escape_javascript(javascript) 277
javascript_tag(content, html_options={}) 277
link_to_function(name, function, html_options={}, &block) 277
NumberHelper 278
human_size(size, precision=1) 278
number_to_currency(number, options = {}) 278
number_to_human_size(size, precision=1 278
number_to_percentage(number, options = {}) 278
number_to_phone(number, options = {}) 279
number_with_delimiter(number, delimiter= ",", separator=".") 279
number_with_precision(number, precision = 3) 279
PaginationHelper 279
will_paginate 280
paginator 280
Localizador de paginação 281
RecordIdentificationHelper 281
dom_class(record_or_class, prefix = nil) 282
dom_id(record, prefix = nil) 282
partial_path(record_or_class) 282
RecordTagHelper 282
content_tag_for(tag_name, record, *args, &block) 282
div_for(record, *args, &block) 283
TagHelper 283
cdata_section(content) 283
content_tag(name, content = nil, options = nil, &block) 283
escape_once(html) 284
tag(name, options = nil, open = false) 284
TextHelper 284
auto_link(text, link = :all, href_options = {}, &block) 284
concat(string, binding) 285
cycle(first_value, *values) 285
excerpt(text, phrase, radius = 100, excerpt_string = "...") 286
highlight(text, phrases, highlighter = '<strong class="highlight">\1 </strong>') 286
markdown(text) 287
pluralize(count, singular, plural = nil) 287
reset_cycle(name = "default") 287
sanitize(html) 287
simple_format(text) 288

strip_links(text) 288
strip_tags(html) 288
textilize(text) 289
textilize_without_paragraph(text) 289
truncate(text, length = 30, truncate_string = "...") 289
word_wrap(text, line_width = 80) 289
UrlHelper 290
button_to(name, options = {}, html_options = {}) 290
current_page?(options) 290
link_to(name, options = {}, html_options = nil) 291
link_to_if(condition, name, options = {}, html_options = {}, &block) 292
link_to_unless(conditions, name, options = {}, html_options = {}, &block) 292
link_to_unless_current(name, options = {}, html_options = {}, &block) 292
mail_to(email_address, name = nil, html_options = {}) 292
url_for(options = {}) 293
Como contar com rotas nomeadas 294
Como escrever seus próprios assistentes 294
Pequenas otimizações: Assistente do título 295
Como encapsular a lógica da exibição: Assistente photo_for 296
Exibição inteligente: Assistente breadcrumbs 296
Como integrar e generalizar parciais 297
Assistente tiles 297
Explicação do código do parcial em blocos 298
Como chamar o código do parcial em blocos 299
Escreva o método assistente 300
Como generalizar os parciais 300
Lambda: A conclusão 300
O novo método do assistente tiled 301
Conclusão 302
Referências 302
Capítulo 12 Ajax on Rails 303
Prototype 304
FireBug 304
Prototype API 305
Funções Top-Level 305
$(id[, id2...]) 305
$$(expr[, expr2...]) 305
$A(var) 305
$F(id) 306
$H(obj) 306

$R(start, end, exclusive) 306
Try.these(func1, func2[, func3...] 306
Class 307
Extensões para a classe Object do JavaScript 307
Object.clone(object) 307
Object.extend(destination, source) 307
Object.keys(obj) e Object.values(obj) 308
Object.inspect(param) 308
Extensões para a classe Array do JavaScript 308
array.clear() 308
array.compact() 308
array.first() e array.last() 309
array.flatten() 309
array.indexOf(object) 309
array.inspect() 309
array.reverse(inline) 310
array.shift() 310
array.without(obj1[, obj2, ...]) 310
Extensões para o objeto document 310
Extensões para a classe Event 310
Event.element() 311
Event.findElement(event, tagName) 311
Event.isLeftClick(event) 311
Event.observe(element, name, observer, useCapture) e Event.stopObserving(element, name, observer, useCapture) 311
Event.pointerX(event) e Event.pointerY(event) 312
Event.stop(event) 312
Extensões para a classe Function do JavaScript 312
function.bind(obj) 312
function.bindAsEventListener(obj) 312
Extensões para a classe Number do JavaScript 313
number.toColorPart() 313
number.succ() 314
number.times() 314
Extensões para a classe String do JavaScript 315
string.camelize() 315
string.dasherize() 315
string.escapeHTML() e string.unescapeHTML() 315
string.evalScripts() e string.extractScripts() 315
string.gsub(pattern, replacement) e string.sub (pattern, replacement, count) 315

string.scan(pattern, iterator)1 316
string.strip() 316
string.stripScripts() e string.stripTags() 316
string.parseQuery() e string.toQueryParams() 316
string.toArray() 316
string.truncate(length, truncationString) 316
string.underscore() 316
O objeto Ajax 317
Ajax.activeRequestCount 317
Ajax.getTransport() 317
Ajax.Responders 317
Ajax.Responders.register(responder) 318
Ajax.Responders.unregister(responder) 318
Enumerable 318
enumerable.each(iterator) 318
enumerable.all(iterator) 319
enumerable.any(iterator) 319
enumerable.collect(iterator) e enumerable.map(iterator) 319
enumerable.detect(iterator) e enumerable.find(iterator) 319
enumerable.eachSlice(number[, iterator]) 320
enumerable.findAll(iterator) e enumerable.select(iterator) 320
enumerable.grep(pattern[, iterator]) 320
enumerable.include(obj) e enumerable.member(obj) 321
enumerable.inGroupsOf(num[, filler]) 321
enumerable.inject(accumulator, iterator) 321
enumerable.invoke(functionName[, arg1, arg2...]) 321
enumerable.max([iterator]) e enumerable.min([iterator]) 322
enumerable.partition([iterator]) 322
enumerable.pluck(propertyName) 322
enumerable.reject(iterator) 322
enumerable.sortBy(iterator) 322
enumerable.toArray() e enumerable.entries() 323
enumerable.zip(enum1, enum2[, enum3...][, iterator]) 323
Hash 323
hash.keys() and rash.values() 323
hash.merge(another) 324
hash.toQueryString() 324
ObjectRange 324
O objeto Prototype 325
O módulo PrototypeHelper 325

link_to_remote 325
remote_form_for 329
periodically_call_remote 331
observe_field 331
observe_form 333
RJS - Escrevendo Javascript no Ruby 333
Modelos RJS 334
<<(javascript) 335
[](id) 336
alert(message) 336
call(function, *arguments, &block) 336
delay(seconds = 1) { ... } 337
draggable(id, options = {}) 337
drop_receiving(id, options = {}) 337
hide(*ids) 337
insert_html(position, id, *options_for_render) 337
literal(code) 338
redirect_to(location) 338
remove(*ids) 338
replace(id, *options_for_render) 338
replace_html(id, *options_for_render) 339
select(pattern) 339
show(*ids) 339
sortable(id, options = {}) 339
toggle(*ids) 339
visual_effect(name, id = nil, options = {}) 339
JSON 340
Arraste e solte 341
Sortable 343
Autocompleter 344
Editores in-place 345
Conclusão 346
Referências 346

Capítulo 13 Gerenciamento da sessão 347
O que armazenar na sessão 347
O usuário atual 347
Diretrizes para uso de sessão 348
Opções de sessão 348
Desativando sessões para robôs 349
Ativando sessões seletivamente 350

Sessões de segurança 350
Mecanismos de armazenamento 350
ActiveRecord Session Store 350
PStore (baseado em arquivo) 351
Armazenamento de sessão DRb 351
Armazenamento de sessão memcache 352
O polêmico CookieStore 352
Tempo limite e ciclo de vida da sessão 354
Plugin de tempo limite de sessão para Rails 354
Rastreando as sessões ativas 355
Segurança da sessão aprimorada 356
Limpando sessões antigas 356
Cookies 356
Lendo e escrevendo Cookies 357
Conclusão 358
Referências 358

Capítulo 14 Login e Autenticação 359
Acts as Authenticated 359
Instalação e configuração 360
O modelo User 361
Atributos sem banco de dados 363
Validações 365
A chamada de retorno before_save 367
O método authenticate 367
remember_token 368
Account Controller 369
Login a partir do cookie 371
O usuário atual 372
Efetuando logon durante o teste 374
Conclusão 374
Referências 374

Capítulo 15 XML e ActiveResource 375
O método to_xml 375
Personalizando a saída to_xml 376
Associações e to_xml 378
to_xml Avançado 379
Atributos de tempo de execução dinâmicos 380
Substituindo to_xml 381
Aprendendo a partir do método to_xml do Array 381

O XML Builder 383
Analisando XML sintaticamente 385
Transformando XML em Hashes 386
XmlSimple 386
Typecasting 388
ActiveResource 389
Find 389
Create 391
Update 393
Delete 393
Headers 395
Personalização 396
Formatos Hash 397
Conclusão 397

Capítulo 16 ActionMailer 399
Configuração 399
Modelos de mailer 399
Preparando mensagens de e-mail de saída 401
attachment 401
bcc 401
body 401
cc 401
Charset 402
content_type 402
from 402
headers 402
implicit_parts_order 402
mailer_name 402
mime_version 402
part 402
recipients 403
sent_on 403
subject 403
template 403
Mensagens de e-mail HTML 403
Mensagens multipart 404
Opções do método part 405
Mensagens multipart implícitas 405
Arquivos anexos 406
Enviando um e-mail de fato 406

Recebendo E-Mails 407

Referência da API TMail::Mail 408

Attachments 408

body 408

date 408

has_attachments? 408

multipart? 408

Parts 408

subject 408

to 408

Controlando anexos 409

Configuração 409

Conclusão 410

Referências 410

Capítulo 17 Testando 411

Terminologia de teste Rails 412

Chega de isolamento... 412

Mocks no Rails? 413

Mocks e stubs reais 414

Testes de integração 415

Lidando com a confusão 415

Test::Unit 416

Executando testes 417

Fixtures 418

Fixtures CSV 419

Acessando registros de fixture a partir de testes 419

Dados fixture dinâmicos 420

Utilizando dados fixture no modo de desenvolvimento 421

Gerando fixtures a partir de dados de desenvolvimento 421

Opções de fixtures 422

Todo mundo odeia fixtures 423

Fixtures tornam minha suíte de teste lenta 423

Fixtures permitem dados inválidos 423

Desafios de sustentabilidade 423

Fixtures são frágeis 424

Na verdade, fixtures não são tão ruins assim 424

Asserções 424

Asserções básicas 425

assert e deny 425

assert_block 425

assert_empty 425
assert_equal e assert_not_equal 425
assert_in_delta e assert_in_epsilon 426
assert_include 426
assert_instance_of 426
assert_kind_of 426
assert_match and assert_no_match 426
assert_nil and assert_not_nil 426
assert_same e assert_not_same 426
assert_raise e assert_nothing_raised 427
assert_respond_to 427
flunk 427
Asserções do Rails *427*
Uma asserção por método de teste *427*
Testando modelos com testes de unidade 429
Fundamentos do teste modelo *429*
Decidindo o que testar *431*
Testando controladores com testes de funcionalidade 431
Estrutura e configuração *431*
Métodos de teste de funcionalidade *432*
Asserções comuns *432*
Declare que as variáveis foram atribuídas de maneira adequada para que possam ser utilizadas pelos templates 433
Declare o código de status HTTP de uma resposta e seu tipo de conteúdo MIME 433
Declare o tipo de conteúdo MIME de uma resposta (ou outros valores de cabeçalho) 434
Declare o processamento de um template específico 434
Declare o redirecionamento para uma URL específica 434
Declare a configuração de mensagens instantâneas 435
Declare mudanças no banco de dados resultantes de ações 435
Declare a validade de um modelo 436
Declarando o resultado da view 436
Testando views com testes de funcionalidade 436
assert_select(selector, [*values, equality, message, &block]) 437
assert_select(element, selector, [*values, equality, message, &block]) 437
O parâmetro em bloco opcional 437
Referência do seletor 438
Testes de igualdade 440
Testando o comportamento RJS *441*
assert_select_rjs(*args, &block) 441
assert_select_rjs(id) 441

assert_select_rjs(operation, id) 441
assert_select_rjs(:insert, position, id) 441
Outros métodos de seleção 441
assert_select_email(*args, &block) 441
assert_select_encoded(*args, &block) 441
css_select(selector, *values) and css_select(element, selector, *values) 442
Testando as regras de roteamento 442
assert_generates(expected_path, options, defaults={}, extras = {}, message=nil) 442
assert_recognizes(expected_options, path, extras={}, message=nil) 442
assert_routing(path, options, defaults={}, extras={}, message=nil) 443
Testes de integração do Rails 443
Conceitos básicos 443
A API do teste de integração 444
assert_redirected_to(options = {}, message = nil) 444
assert_response(type, message = nil) 445
assert_template(expected = nil, message = nil) 445
Trabalhando com sessões 445
Tarefas rake relacionadas ao teste 445
Testes de aceitação 446
Primeiro teste de aceitação? 446
Selenium 447
Conceitos básicos 447
Ações e asserções 447
Localizadores 448
Padrões 448
Referência do Selenium 448
Iniciando 448
Primeiro teste 449
RSelenese 449
Scripts parciais 449
Conclusão 450
Referências 450

Capítulo 18 RSpec on Rails 453
Introdução ao RSpec 453
Should e expectativas 454
Predicados 455
Matchers de expectativa personalizados 456
Múltiplos exemplos por comportamento 458
Comportamentos compartilhados 459
Mocks e Stubs do RSpec 462

Objetos mock 462
Objetos null 462
Objetos stub 463
Executando especificações 465
Instalando o RSpec e o Plugin RSpec on Rails 467
O plugin RSpec on Rails 467
Geradores 468
Especificações model 468
Especificações de controlador 471
Modos de isolamento e de integração 472
Especificando erros 473
Especificando rotas 473
Especificações de Visualizações 474
Atribuindo variáveis de instância 475
Fazendo stub em métodos auxiliares 476
Especificações auxiliares 476
Scaffolding 476
Ferramentas RSpec 477
Autotest 477
RCov 477
Conclusão 478
Referências 478

Capítulo 19 Estendendo Rails com Plugins 479

Gerenciando plugins 479
Reutilizando o código 479
O script do plugin 480
script/plugin list 480
script/plugin sources 481
script/plugin source [url [url2 [...]]] 481
script/plugin unsource [url[url2 [...]]] 482
script/plugin discover [url] 482
script/plugin install [plugin] 483
script/plugin remove [plugin] 483
script/plugin update [plugin] 484
Subversion e script/plugin 484
Analisando um plugin 484
script/plugin update 485
Externals do Subversion 486
Bloqueie uma versão específica 486
Utilizando o Piston 486

Instalação 487
Importando uma biblioteca do fornecedor 487
Convertendo bilbiotecas de fornecedores existentes 488
Atualização 489
Bloqueando e desbloqueando revisões 489
Propriedades do Piston 489
Escrevendo seus próprios plugins 490
O hook init.rb 490
O diretório lib 490
Estendendo classes Rails 492
Os arquivos README e MIT-LICENSE 494
Os arquivos install.rb e uninstall.rb 494
Instalação 494
Remoção 495
Lembrador de bom senso 495
Tarefas rake personalizadas 496
O Rakefile do Plugin 496
Plugins de teste 497
Conclusão 498
Referências 498

Capítulo 20 Configurações para o ambiente de produção Rails 499

Uma breve história do Rails em ambiente de produção 499
Alguns pré-requisitos básicos 500
A lista de verificação da pilha 501
Ambiente de rede e de servidor 501
Servidor independente/dedicado ou parte do servidor privado virtual 501
Instalação atual do sistema operacional 502
Acesso de rede 502
Camada web 502
Camada de aplicação 502
Camada de banco de dados 503
Monitoramento 503
Controle de versão 503
Instalações 503
Ruby 504
RubyGems 504
Rails 504
Mongrel 505
Mongrel Cluster 505
Nginx 505

Subversion *505*
MySQL *506*
Monit *506*
Capistrano *507*
Configurações 507
Configurando o Mongrel Cluster *507*
Configurando o Nginx *508*
nginx.conf 508
railsway.conf 509
Configurando o Monit *513*
Configurando o Capistrano *515*
Configuring Scripts init 515
Script init do Nginx *515*
Script init do Mongrel *517*
Configuração do Monit *518*
Implementação e lançamento 520
Outras considerações sobre a pilha de produção 520
Redundância e Failover *521*
Armazenamento em cache *521*
Desempenho e escalabilidade *521*
Segurança *522*
Segurança da aplicação 522
Bloqueie suas portas 522
Sustentabilidade *522*
Conclusão 522
Referências 523

Capítulo 21 Capistrano 525
Visão geral do Capistrano 525
Terminologia *525*
Conceitos básicos *526*
O que eu preciso fazer para utilizar o Capistrano? 526
O que o Capistrano espera? 526
O que terá feito o Capistrano e o que não terá feito? *527*
Iniciando 527
Instalação *527*
"Capifique" sua aplicação Rails *528*
Configurando a implementação *530*
Nomeie sua aplicação 530
Informações sobre o repositório 530
Defina papéis 530

Propriedades extras do papel 531
Rode um pouco, por favor... 531
Prepare a máquina de implementação 531
Estrutura de diretório de implementação 532
Links simbólicos 532
Verificando uma configuração de implementação nova 532
Implemente! 533
Substituindo suposições do Capistrano 533
Utilizando uma conta de usuário remoto 533
Personalizando o sistema SCM utilizado pelo Capistrano 534
Trabalhando sem acesso ao SCM a partir da máquina de implementação 534
E se eu não armazenar o database.yml no meu repositório SCM? 534
Opção A: Definir a versão de qualquer forma, mas com um nome diferente 535
Opção B: Armazenar o database.yml pronto para produção na pasta shared/config 535
Opção C: A melhor opção: gerar o database.yml automaticamente 536
E se minhas migrações não executarem de 0 a 100? 537
Receitas úteis do Capistrano 538
Variáveis e seu escopo 538
Exercício 1: Ambiente de qualidade 540
Exercício 2: Gerenciando outros serviços 542
Implementações de servidores múltiplos 544
Transações 545
Acesso delegado para máquinas de implementação 547
Conclusão 547
Referências 547

Capítulo 22 Processamento em segundo plano 549

script/runner 549
Iniciando 550
Observações de uso 550
Considerações sobre o script/runner 551
DRb 551
Um servidor DRb simples 552
Utilizando DRb a partir do Rails 552
Considerações sobre o DRb 553
Recursos 553
BackgrounDRb 554
Iniciando 554
Configuração 555
Entendendo o BackgrounDRb 555
Utilizando o MiddleMan 556

Avisos *557*
Consideração sobre o BackGrounDRb *558*
Daemons 558
Uso *558*
Introdução às threads *560*
Considerações sobre o Daemon *562*
Conclusão 562
Referências 562
Apêndice A Referência da API ActiveSupport 563
Apêndice B Conceitos básicos do Rails 631
Epílogo O que é o modo Rails (para você)? 639

Prefácio

O Rails é mais do que uma estrutura de programação para criar aplicativos Web; é, também, uma estrutura para pensar sobre os aplicativos Web. Ele não funciona como uma lousa em branco tolerante a todo tipo de expressão, ao contrário, ele troca essa flexibilidade pela conveniência "do que a maioria das pessoas precisa na maior parte do tempo para fazer grande parte das coisas". É a camisa de força do designer evitando que ele se concentre nas coisas que simplesmente não importam e volte sua atenção para as que importam.

Para ser capaz de aceitar essa troca você precisa não somente da compreensão sobre como fazer algo no Rails, mas, também, entender o motivo de se fazer deste modo determinado. Somente compreendendo o motivo você será capaz de trabalhar com consistência com a estrutura, ao invés de ficar contra ela. Isso não significa que você terá sempre que concordar com determinada escolha, mas que precisará concordar com o princípio de realização das convenções. Você terá que aprender a relaxar e se soltar de sua ligação com as idiossincrasias pessoais quando as recompensas da produtividade forem certas.

Este livro pode ajudá-lo a fazer exatamente isso. Ele não serve apenas como um guia em sua exploração dos recursos no Rails, mas também fornece uma janela para a mente e a alma do Rails. Por que escolhemos fazer as coisas como as fazemos, por que desaprovamos certas abordagens comuns? O livro chega a ponto de incluir análises e histórias sobre como chegamos a tal lugar e porque fazemos certas escolhas. Essas informações foram colhidas diretamente dos participantes das comunidades que ajudaram a dar forma ao livro.

Aprender a fazer sozinho o Hello World no Rails sempre foi fácil, mas conhecer e apreciar o gestaltismo do Rails, nem tanto. Elogio Obie por tentar ajudar ao leitor nesta jornada. Divirta-se.

- David Heinemeier Hansson

Criador do Ruby on Rails

Agradecimentos

Um agradecimento muito sincero e especial vai para minha editora, Debra Willians Cauley, por reconhecer meu potencial e conduzir me durante um ano e meio, com toda paciência, nos altos e baixos da finalização deste livro. Ela também é uma das mulheres mais doces e inteligentes que já conheci e espero que seja uma amizade duradoura e produtiva. O resto de minha equipe na Addison-Wesley também foi fenomenalmente útil, paciente e sempre encorajadora: San Dee Phillips, Songlin Qiu, Mandie Frank, Marie McKinley e Heather Fox.

Naturalmente, agradeço também à minha família, que suportou minha preocupação com o trabalho no livro, especialmente nos últimos seis meses (uma vez que a pressão do prazo realmente começou a ficar intensa). Taylor, Liam e Desi: amo muito vocês. Obrigado por me darem tempo e tranqüilidade para escrever. Nunca serei capaz de agradecer o suficiente à minha companheira de longa data (e desenvolvedora favorita do Rails), Desi McAdam, por assumir praticamente todas as minhas tarefas domésticas durante este tempo. Também tenho que agradecer a meu pai, Marco, por sugerir, de modo perspicaz, que eu propusesse uma série inteira do Ruby, ao invés de apenas este livro.

Escrever um livro deste alcance e magnitude é, sem dúvida alguma, um esforço solitário - tenho um tremendo débito de gratidão com minha equipe de colaboradores e revisores. David Black ajudou a iniciar meu primeiro progresso colaborando com material sobre roteamento e controladores. Os autores da mesma série James Adam, Trotter Cashion e Matt Pelletier também contribuíram com colaborações sobre plug-ins, ActiveRecord e a distribuição da produção, respectivamente. Matt Bauer ajudou a terminar os capítulos Ajax e XML e Jodi Showers escreveu o capítulo Capistrano. Pat Maddox socorreu-me durante um caso particularmente ruim de bloco do escritor e ajudou-me a terminar o capítulo RSpec, para o qual David Chelimsky forneceu uma revisão técnica. Charles Brian Quinn e Pratik Naik deram conselhos e colaborações convenientes sobre o processamento em segundo plano. Diego Scataglini que também me ajudou com a revisão de alguns dos últimos capítulos.

Francis Hwang e Sebastian Delmont forneceram uma revisão técnica precisa, começada bem no início do livro. Mais tarde, reuniram-se a Wilson Bilkovich e a Courtenay Gasking que, além de contribuírem com a escrita original e o conteúdo das seções separadas, trabalharam muito e me ajudaram a atingir os prazos finais. Wilson, em particular, manteve-me rindo o tempo inteiro com seu humor espirituoso e ainda reescreveu o capítulo de processamento em segundo plano para incorporar seu conhecimento técnico do assunto. Outros revisores valiosos foram Sam Aaron, Nola Stowe e Susan Potter. Nas últimas semanas, meu amigo mais recente e companheiro de programação, Jon “Lark” Larkowski, corrigiu alguns erros restantes que os outros revisores deixaram passar de algum modo.

O modesto Zed Shaw foi meu companheiro de quarto pelo pequeno período de tempo em que passei trabalhando no livro e foi uma fonte constante de inspiração e motivação. Também dedico um agradecimento enoooorme a meus amigos no canal IRC #caboose por fornecerem, de forma consistente, idéias e opiniões especializadas. Alguns, já mencionei, os outros são (em nenhuma ordem em particular): Josh Susser (muito brincalhão), Rick Olson (pequeno técnico), Ezra Zygmuntovich (esmóbio) Geoffrey Grosenbach (o mais estranho), Robby Russel (rato do rails), Jeremy Hubert, Dave Fayram (kirindave), Matt Lyon (matt), Joshua Sierles (corp), Dan Peterson (danp), Dave Astels (dastels), Trevor Squires (protocalmo), David Goodlad (dgoodlad), Amy Hoy (eriberri), Josh Goebel (Dreamer3), Evan Phoenix (evan), Ryan Davis (zenspider), Michael Schubert, Cristi Balan (evilchelu), Jamie van Dyke (fearoffish), Nic Williams (dr. nick), Eric Hodel (dr. cérebro), James Cox (imajes), Kevin Blark (kevinclark), Thomas Fuchs (rato doido), Manfred Stienstra (manfred-s), Pastie Paste Bot (pastie), Evan Henshaw-Plath (plebe), Rob Orsini (rorsini). Adam Keys (therealadam), John Athayde (boborishi), Robert Bousquet, Bryan Helkamp (brinário) e Chad Fowler. Também deveria mencionar que o próprio David Heinemeier Hansson (nextangler) sempre foi encorajador e me respondia algumas perguntas confusas que tive ao longo do caminho.

Muitos dos primeiros colegas da ThoughtWorks ajudaram indiretamente na conclusão deste livro. Acima de tudo, Martin Fowler que não é apenas um exemplo a ser seguido e uma inspiração, mas que também me ajudou a firmar uma relação com a Addison-Wesley e ofereceu muitos conselhos e apoio pessoal no início do projeto, quando eu realmente não tinha nenhuma idéia de onde estava entrando. O diretor executivo da ThoughtWorks, Roy Singham, que reconheceu o potencial do Rails no início de 2005, assim que eu o apresentei a David Hansson e foi, posteriormente, constante em seu apoio de minha divulgação Ruby (inclusive fazendo um pouco dela pelo mundo). Isso foi especialmente importante nos primeiros dias, quando muitas outras pessoas distintas na ThoughtWorks pensavam que o Rails não era nada além de uma euforia que não deveria durar muito tempo.

Existem muitas outras pessoas na ThoughtWorks que merecem meu reconhecimento e a quem devo agradecer. Antes de tudo, estou orgulhoso de ser o conselheiro de Jay Fields no Ruby e tê-lo apontado como uma prova viva de que os alunos podem superar seus mestres. Carlos Villela é parte da razão pela qual me interessei pelo Ruby novamente depois de meu desgosto inicial. Meu amigo Upendra Kanda e eu passamos longos meses solitários trabalhando nos primeiros projetos do cliente Rails pagos na ThoughtWorks. O extraordinário hacker, Michael Granger, ensinou-me muito sobre as possibilidades criativas no Ruby. Fred George é um mentor e uma inspiração. Steve Wilkins e Fern Schiff foram alguns dos defensores iniciais do Rails na questão do desenvolvimento comercial. Outros defensores entusiasmados do Rails na ThoughtWorks que me ajudaram de um modo ou de outro foram Badri Janakiraman, Rohan Kini, Kartik C, Paul Hammant, Robin Gibson, Nick Drew, Srihari Srinivasan, Julian Boot, Jon Tirsen, Chris Stevenson, Alex Verkhovsky, Patrick Farley, Neal Ford, Ron Campbell, Julias Shaw, David Rice, Jeff Patton (termine seu livro!), Kent Spillner, John Hume, Jake Scruggs e Stephen Chu.

Meu trabalho com o Rails envolveu alguns pensadores muito progressivos e pessoas que se arriscaram ao lado de clientes. Boas pessoas que confiaram em mim e em minhas equipes para distribuir soluções com uma tecnologia desaprovada. Possivelmente será difícil citar todos que entram nesta categoria, mas alguns se destacam: tenho que agradecer a Hank Roark, Tom Horsley, Howard Todd, Jeff Elam e Carol Rinauro pelo apoio firme e confiança na Deere. Devo que agradecer a Robert Brown da Barclays por pensar adiante, por ser um amigo e fonte de encorajamento. Dirk e Brett Elmendorf na Rackspace foram excelentes no trabalho.

A InfoQ.com também foi muito cooperativa e compreensiva com meus limites de tempo para terminar o livro. Um agradecimento muito especial a Floyd Marinescu e a Diana Plesa por serem tão pacientes, assim como à minha equipe de escritores Ruby, inclusive Werner Schuster e Sebastien Auvray.

Desde o início de janeiro de 2007, meu amigo Mark Smith tem me contemplado com o grande prazer de trabalhar com um grupo de pessoas brilhantes em interessantes projetos Web 2.0 na ensolarada Atlantic Beach, Flórida. A equipe First Street Live deu um apoio incrível em 100% do tempo: Marian Phelan, Ryan Poland, Nick Strate, Joe Hunt, Clay Kromberg, Dena Freeman e todos os outros... (Mark, eu adoro você, e seremos amigos para sempre. Realmente não acho que seria capaz de terminar este livre com tanto sucesso se não tivesse vindo aqui trabalhar para você.)

Por último, mas não menos importante, devo um agradecimento sincero a PragDave Thomas que foi citado ao dizer: "Obie escrevendo um livro sobre o Rails seria como o marquês de Sade escrevendo um livro sobre modos à mesa."

Sobre o autor

Obie Fernandez é um conhecido chefe da indústria de tecnologia e consultor independente. Ele lida com computadores desde seu primeiro Commodore VIC-20, nos anos oitenta, e estava no lugar e momento certos como programador nos primeiros projetos de empresas Java no meio dos anos noventa. Mudou-se para Atlanta, Geórgia, em 1998 e conseguiu destaque como arquiteto-chefe da MediaOcean, empresa de sucesso local. Ele também fundou o Extreme Programming User Group (mais tarde, Agile Atlanta) e foi presidente e organizador desse grupo por vários anos. Em 2004, voltou para a empresa, lidando com projetos sucessivos de alto risco para a agência de consultoria mundialmente renomada, a ThoughtWorks.

Através de blogs e publicações vem pregando, desde o início de 2005, o Ruby e o Rails on-line, e conseguiu uma reputação um pouco ruim (e conversas bobas) de seus velhos amigos na comunidade Java de fonte aberta. Desde então, tem apresentado regularmente vários eventos da indústria, reuniões de grupos de usuários e até exibições de treinamento ocasionais para empresas e grupos que desejam iniciar o desenvolvimento Rails.

Atualmente, Obie é especializado no desenvolvimento e no marketing de aplicativos em grande escala baseados na Web. Também escreve, quase que diariamente, sobre vários tópicos em seu popular weblog de tecnologia, http://obiefernandez.com.

Introdução

No final de 2004 eu estava prestando consultoria em um dos grandes fabricantes de automóveis americanos junto com um grande amigo, Aslak Hellosoy[1]. Foi uma tarefa desafiadora, cheia de situações políticas difíceis, de frustração técnica e prazos esmagadores. Não eram prazos comuns, era o tipo de prazo em que o cliente seria multado em milhões de dólares por dia de atraso. A pressão aumentava!

Em um momento de questionamento, a equipe concordou basear o sistema de integração contínua em um projeto de estimação de Aslak chamado DamageControl. Era uma versão baseada no Ruby do respeitável servidor CruiseControl produzido por nosso empregador, ThoughtWorks.

O problema era que o DamageControl não era bem o que chamaríamos de produto final. E como muitas outras coisas relacionadas ao Ruby, ele simplesmente não funcionava muito bem no Windows. Também por algumas razões que não consigo lembrar bem, tínhamos que implementá-lo em um antigo servidor Windows 2000 que também hospedava o repositório-fonte StarTeam (Nossa!).

Aslak precisou de ajuda. Durante várias semanas programamos juntos, extensivamente, no código do aplicativo do DamageControl e nas partes internas baseadas no C das bibliotecas de processo Win32 para o Ruby. Naquela época, eu tinha oito anos de experiência séria em programação do Java comercial e um profundo amor pelo brilhante IDE IntelliJ. Realmente não posso expressar o quanto odiei o Ruby naquele momento da minha carreira.

E o que mudou? Bem, para começar, finalmente decifrei aquela tarefa estressante e adotei uma atribuição relativamente fácil fora do escritório de Londres da ThoughtWorks. Dentro de um mês ou mais, o Ruby chamou novamente minha atenção, desta vez através de um entusiasmo considerável da blog-esfera sobre uma estrutura Web inteligente chamada Ruby on Rails. Decidi dar ao Ruby outra chance. Talvez não fosse tão ruim afinal? Rapidamente construí um sistema de redes inovador para o uso interno na ThoughtWorks.

Essa primeira experiência com o Rails, no decorrer de algumas semanas em fevereiro de 2005, mudou minha vida. Todas as melhores práticas que, no decorrer dos anos, eu havia aprendido sobre como construir aplicativos Web foram aprimoradas em uma única estrutura, escrita em um dos códigos mais elegantes e concisos que eu já tinha visto na minha vida. Meu interesse pelo Java teve uma morte repentina (embora tenha levado quase outro ano até que eu parasse de usar o IntelliJ). Comecei a escrever avidamente um blog sobre o Ruby e o Rails e divulgá-lo muito, tanto dentro quanto fora da ThoughtWorks. O resto, como dizemos, é história.

Quando escrevi isto em 2007, o negócio do Rails que eu iniciei na ThoughtWorks era responsável por quase metade de sua receita global e estabelecemos uma grande divisão de produtos produzindo softwares comerciais baseados no Ruby. Entre eles está o CruiseControl.rb, que me pareceu, Aslak queria continuar construindo – ele tem a honra de ser o servidor de integração contínua oficial da equipe central do Ruby on Rails.

Ruby e Rails

Por que as pessoas como eu, experientes na empresa, se apaixonam pelo Ruby e pelo Rails? Dado um conjunto de exigências a cumprir, a complexidade das soluções criadas usando a tecnologia Java e Microsoft é simplesmente inaceitável. A complexidade em excesso domina a compressão individual do projeto e aumenta muito o custo de comunicação da equipe. A ênfase em padrões de construção contínuos, assim como a obsessão pelo desempenho, vence a alegria inicial do desenvolvimento do aplicativo com essas plataformas.

> Não há nenhuma pressão igual para fazer nada na comunidade Rails. DHH (David Heinemeier Hansson) pegou uma linguagem que o deixou feliz, o Rails nasceu de um código que ele achou que era bonito, do tipo que dá o tom para a comunidade Rails. Tanta coisa no Rails é subjetiva, as pessoas "ficam com ele" ou não, mas não há nenhuma malícia das pessoas que ficam com ele contra aquelas que não, o que existe é apenas um encorajamento gentil.
> - Pat Maddox

O Ruby é bonito. Codificar no Ruby é bonito. Todas as pessoas que eu conheço que optam pelo Ruby dizem que estão mais contentes que antes. Por esta razão, mais do que qualquer outra, o Ruby e o Rails estão agitando as condições atuais, especialmente na computação comercial. Antes de me envolver com o Rails eu estava acostumado a trabalhar em projetos baseados em exigências vagas, sem nenhuma relação com as necessidades reais. Estava cansado dos arrays espantosos das estruturas concorrentes para escolher e integrar, e estava cansado do código feio.

Em oposição a isso, o Ruby oferece uma linguagem bonita, dinâmica e de alto nível. O código Ruby é mais fácil de ler e escrever porque mapeia em um estilo mais próximo da linguagem humana e de maneira mais profunda, os domínios com problemas com os quais lidamos. A legibilidade aperfeiçoada produz muitos benefícios, a curto e longo prazo, pois o código vai para a produção e deve ser compreendido pelos programadores da manutenção.

Minha experiência mostrou que os programas escritos no Ruby têm menos linhas de código que programas comparáveis no Java e no C#. Os codebases menores são mais fáceis de manter e a manutenção em longo prazo é amplamente mencionada como aquela que tem o maior custo dos projetos de software bem-sucedidos. Os codebases menores também são mais rápidos de depurar quando as coisas não saem conforme o esperado, e isso sem precisar de ferramentas de depuração extravagantes.

O início do Rails e a aceitação atual

De muitas maneiras parecidas com o movimento Agile, que o ajudou a nascer, o Rails auxilia a atender nossas necessidades como desenvolvedores de aplicativos – não como engenheiros de software e, certamente, não como cientistas da computação. Atacando agressivamente algumas complexidades desnecessárias, o Rails é mais brilhante nos aspectos de desenvolvimento orientados à pessoas que realmente se importam com o sucesso final de nossos projetos. É possível se divertir ao programar no Rails, e isso faz com que queiramos ter sucesso!

As ferramentas e a infra-estrutura técnica fornecida pelo Rails são completas, encorajando a nos concentrar em fornecer algo com valor comercial. O Princípio da Menor Surpresa do Ruby é incorporado no design simples e elegante do Rails. Melhor ainda, o Rails é um software open-source completamente gratuito, o que significa que quando tudo falhar, navegar o código-fonte poderá trazer respostas até para os problemas mais difíceis.

David mencionou que não fica particularmente entusiasmado com a aceitação atual do Rails, pois a margem de competitividade desfrutada pelas primeiras pessoas que o apreciaram fica menor. Essas primeiras pessoas basicamente eram indivíduos e pequenos grupos de designers e programadores da Web, com alguns deles aparecendo no mundo PHP.

Adoção comercial

Pode me chamar de idealista se quiser, mas acredito que até os desenvolvedores comerciais em empresas grandes e conservadoras ficariam mais eficientes e inovadores em seus trabalhos se tivessem ferramentas e encorajamento para isso. É por isso que parece que, com o passar do tempo, cada vez mais imitam o Rails.

Talvez os desenvolvedores comerciais finalmente sejam os seguidores mais entusiasmados do Ruby e do Rails, pois exatamente agora são eles que mais perdem com o estado atual em que as coisas se encontram. Eles são, consistentemente, os alvos das dispensas em massa e os esforços mal orientados de terceirização, com base em suposições, como, por exemplo, "a especificação é mais importante do que a implementação" e "a implementação deve ser mecânica e comum".

A especificação é realmente mais importante do que a implementação? Não para a maioria dos projetos. A implementação é tudo, exceto o mais simples dos projetos comuns? Claro que não! Existem importantes razões subjacentes para as dificuldades do desenvolvimento de software, especialmente nos ambientes de empresa:[2]

- Sistemas de herança difíceis de entender.
- Domínios comerciais altamente complexos como, por exemplo, bancos de investimento.
- Acionistas e analistas comerciais que não sabem o que querem.
- Gerentes resistentes à produtividade porque ela reduz seus orçamentos anuais.
- Usuários finais que danificam ativamente seu projeto.
- Política! Colocar sua cabeça para fora significa preocupar-se se ela será cortada.

Como consultor das empresas Fortune 1000, diariamente vivi e respirei essas situações por quase dez anos. Conseqüentemente me deparei com um conceito poderoso e a indicação de que existe uma alternativa viável para ter segurança, uma alternativa tão poderosa que transcende a política e tem a garantia de lhe trazer aplausos e abrir novas portas de oportunidades.

Essa alternativa é ser excepcional! A começar pela produtividade. Estou falando sobre ser tão obviamente eficiente em seu trabalho a ponto de ser um suicídio político tentar fazer você de bode expiatório em qualquer situação. Estou falando sobre cultivar práticas que façam com que seus resultados se destaquem de modo tão brilhante que tragam lágrimas de alegria até aos acionistas mais cínicos e duros de seus projetos. Quero dizer ter tempo, regularmente, para aprimorar seus aplicativos a um estado de maravilha que provoque, consistentemente, a paixão dos usuários finais.

Ao ser excepcional, você pode ser aquele indivíduo (ou equipe) que mantém os clientes felizes e pagando suas faturas em dia ou que sobrevive às dispensas ano após ano, pois os diretores dizem: "Ah, de modo algum podemos perdê-lo".

Deixe-me fazer uma pausa. Eu não o culparia por ver minhas palavras com ceticismo, mas nada do que estou dizendo é uma propaganda infundada. Estou descrevendo minha própria vida desde que fui para o Ruby on Rails. Este livro é para ajudá-lo a tornar o Ruby on Rails sua arma secreta (ou nem tanto) para progredir no mundo traiçoeiro do desenvolvimento de softwares.

Como dar resultados

Meus colaboradores e eu contamos com nossa experiência coletiva e conhecimento da indústria para mostrar como conseguir resultados práticos usando o Ruby on Rails em seus projetos, fornecendo a munição necessária para justificar sua escolha de tecnologia e ainda vencer as objeções que, sem dúvida alguma, entrarão em seu caminho. Como sabemos que as balas de prata nunca existiram, também o prevenimos sobre as situações onde escolher o Rails seria um erro.

No decorrer do livro analisamos cada um dos componentes do Rails em profundidade e expomos sobre como estendê-los quando houver necessidade. O Ruby é uma linguagem extremamente flexível, o que significa dizer que existem diversas maneiras de personalizar o comportamento do Rails. Como você irá aprender, o Ruby serve para dar liberdade na escolha de uma solução otimizada para o problema que você tiver em mãos.

Como um livro de consulta, este livro funciona como um guia para a API do Rails e a grande variedade de idiomas do Ruby, abordagens de construção, bibliotecas e plug-ins úteis para o desenvolvimento comercial Ruby on Rails.

Sobre o software dogmático

Antes de continuar, devo mencionar que parte do que torna o Rails excepcional é o fato de ser um software dogmático, escrito por programadores dogmáticos. Do mesmo modo, este é um livro dogmático, escrito por escritores dogmáticos.

Eis algumas opiniões sobre o desenvolvimento que influenciam este livro. Você não tem que concordar com todas elas, mas pode ser bom conhecê-las:

- A motivação do desenvolvedor e a produtividade superam todos os outros fatores para o sucesso do projeto.
- A melhor maneira de continuar motivado e produtivo é manter o foco o fornecimento de algo com valor comercial.
- Desempenho significa "executar o mais rapidamente possível, em um dado conjunto de recursos".
- Dimensionamento significa "executar o mais rapidamente quanto for necessário, em quantos recursos forem necessários".
- O desempenho será irrelevante se você não puder dimensionar.
- Se você puder dimensionar com um preço reduzido, explorar cada valor do desempenho de seus processadores nunca deverá ser sua prioridade inicial.
- Ligar o dimensionamento à escolha das ferramentas de desenvolvimento é um erro universal na indústria e a maioria dos softwares não tem exigências de dimensionamento extremas.
- O desenvolvimento está relacionado à escolha da linguagem e das ferramentas porque as linguagens de nível mais alto são mais fáceis de escrever e entender. Existe um amplo consenso de que os problemas do desempenho na maioria das aplicações são causados por um código mal escrito do aplicativo.
- A convenção sobre a configuração é a melhor maneira de escrever o software. Os arquivos de configuração XML enormes devem ser eliminados!
- A portabilidade do código, a capacidade de executá-lo em uma plataforma de hardware diferente, não têm muita importância.
- É melhor resolver *bem* um problema, mesmo que a solução seja executada apenas em uma plataforma. A portabilidade será irrelevante se seu projeto falhar.
- A portabilidade do banco de dados, a capacidade de executar o mesmo código em sistemas de banco de dados relacional diferentes raramente é importante e quase nunca é conseguida.
- A apresentação é muito importante, mesmo para os projetos pequenos. Se seu aplicativo parecer ruim, todos irão supor que está mal escrito.
- Permitir que a tecnologia dite a abordagem para resolver um problema comercial geralmente é uma má idéia; porém, esse conselho não deve ser usado como uma desculpa para apresentar algo com uma tecnologia inferior.

- As vantagens dos componentes gerais do aplicativo são duvidosas. Os projetos individuais geralmente têm necessidades comerciais muito particulares e exigências de infra-estrutura muito diferentes, e isso torna a reutilização com parâmetros muito difícil de conseguir na prática.

Ufa, é muita opinião. Mas não se preocupe, o livro *Rails A Bíblia* é basicamente um trabalho de consulta e esta é a única lista no livro. Falando nisso...

Sobre este livro

Este livro não é um tutorial ou introdução básica para o Ruby ou para o Rails. É uma referência diária para o desenvolvedor Rails em tempo integral. Às vezes, aprofundamo-nos no codebase do Rails para mostrar porque ele se comporta de uma forma específica e apresentamos fragmentos do código Rails real. O leitor mais seguro poderá ser capaz de iniciar no Rails usando apenas este livro, recursos on-line extensos e sua própria inteligência. Existem outras publicações introdutórias que, no entanto, podem ser bem pouco adequadas para os iniciantes.

Sou um desenvolvedor de aplicativos Rails em tempo integral, assim como todos os colaboradores deste livro. Não passamos nossos dias escrevendo livros ou treinando outras pessoas, embora isso seja, certamente, algo que gostamos de fazer.

Comecei a escrever este livro em grande parte por mim mesmo, pois odeio ter que usar a documentação on-line, especialmente os docs da API, que precisam ser consultados sempre. Como a documentação da API tem uma licença livre (exatamente como o resto do Rails), existem poucas seções do livro que reproduzem partes da documentação da API. Em praticamente todos os casos, a documentação da API foi expandida e/ou corrigida, complementada com exemplos adicionais e comentários tirados da experiência prática.

Felizmente, você é como eu: realmente gosto dos livros que possa manter perto de meu teclado, fazer anotações e encher de marcadores e dobras. Quando estou codificando, desejo ser capaz de consultar rapidamente a documentação da API, as explicações profundas e os exemplos relevantes.

Estrutura do livro

Tentei dar ao material uma estrutura adequada para satisfazer o objetivo de ser o melhor livro de consulta Rails possível. Para tanto, uma atenção cuidadosa foi dada às explicações gerais de cada subsistema do Rails, inclusive das informações detalhadas da API de onde foram apropriadas. Cada capítulo é um pouco diferente em seu objetivo e acho que o Rails é um tópico grande demais para conseguirmos cobrir totalmente, e de modo aprofundado, em apenas um livro.

Acredite, não foi fácil propor uma estrutura que fizesse um sentido perfeito para todos. Particularmente, notei uma surpresa em alguns leitores quando perceberam que o `ActiveRecord` não foi tratado em primeira instância. O Rails é, inicialmente, uma estrutura da Web, e pelo menos para mim, a implementação do controlador e do roteamento é o recurso mais exclusivo, poderoso e eficiente, com o `ActiveRecord` vindo logo depois.

Portanto, o fluxo do livro organiza-se como mostro a seguir:

- Ambiente, inicialização, configuração e registro do Rails
- Dispatcher, controladores, apresentação e roteamento do Rails
- REST, recursos e Rails
- Técnicas básicas e avançadas, associações, validação do `ActiveRecord`
- Modelos, cache e assistentes do `ActionView`

- Bibliotecas Ajax, Prototype e Scriptaculous JavaScript e RJS
- Gerenciamento de sessões, login e autenticação
- XML e `ActiveResource`
- Processamento em segundo plano e `ActionMailer`
- Teste e especificações (inclusive cobertura do RSpec on Rails e Selenium)
- Como instalar, gerenciar e escrever seus próprios plug-ins
- Distribuição da produção, configurações do Rails e Capistrano

Código de amostra e listagens

Os domínios escolhidos para as amostras de código devem ser familiares para quase todo desenvolvedor profissional. Eles incluem controle do tempo e despesa, gerenciamento de dados regionais e aplicativos de blog. Não utilizo as páginas para explicar as nuanças mais sutis da lógica comercial para as amostras ou para justificar as decisões de construção que não têm uma relação direta com o tópico em mãos. Seguindo os passos de meu colega de série Hal Fulton e do livro *Ruby A Bíblia*, a maioria dos fragmentos não são listagens de código completas, apenas o código relevante é mostrado. As reticências (...) indicam as partes do código que foram eliminadas com o intuito de oferecer mais clareza à explicação.

Sempre que uma listagem de código pareceu grande e significante – e eu achei que você poderia querer usá-la textualmente em seu próprio código –, eu forneci um cabeçalho de listagem. Existem muitos. Um conjunto inteiro de listagens de código não contribuiria com um sistema de trabalho completo, também não existe um apêndice com 30 páginas de código de amostra do aplicativo. As listagens de código devem servir como inspiração para seu trabalho de produção, mas lembre que, geralmente, ficam faltando alguns toques necessários no trabalho real. Por exemplo, os modelos de código do controlador geralmente não têm paginação e a lógica de controle do acesso, pois isso iria distraí-lo do ponto sendo descrito.

Plug-ins

Sempre que você estiver escrevendo um código que parece ser *intrincado*, ou seja, completamente sem relação com o domínio comercial de seu aplicativo, provavelmente isso indica que está fazendo trabalho demais. Espero que você tenha este livro ao seu lado quando tiver essa sensação. Quase sempre há alguma parte nova da API do Rails ou um plug-in de terceiros para fazer exatamente o que você está tentando.

Na verdade, boa parte do que se deve o destaque deste livro é que eu nunca hesito em citar a disponibilidade dos plug-ins de terceiros, e até documento aqueles que acho mais fundamentais para o trabalho eficiente do Rails. Nos casos onde um plug-in é melhor do que a funcionalidade predefinida do Rails, eu nunca cubro a funcionalidade predefinida do Rails (a paginação é um exemplo).

Um desenvolvedor comum poderá ver sua produtividade dobrar com o Rails, mas vi desenvolvedores Rails sérios terem ganhos muito, mas muito mais altos. É por isso que sigo o princípio "Não Repita Por Si Mesmo" religiosamente, do qual "Não Repita A Mesma Coisa" é uma conseqüência natural próxima. Reimplementar algo quando uma implementação existente é *boa o bastante* é uma perda de tempo desnecessária que, todavia, pode ser muito tentadora, uma vez que é muito divertido programar no Ruby.

O Ruby on Rails é um enorme sistema de código essencial, plug-ins oficiais e plug-ins de terceiros. Esse sistema foi explorado rapidamente e fornece toda a tecnologia bruta que você precisa para construir os aplicativos comerciais mais complicados da Web. Meu objetivo é equipá-lo com bastante conhecimento para que você seja capaz de evitar a reinvenção contínua.

Leitura e recursos recomendados

Os leitores podem achar útil ler este livro enquanto consultam alguns excelentes títulos de referência listados nesta seção.

A maioria dos programadores Ruby sempre tem sua cópia do livro "Picareta" à mão, *Programming Ruby* (Programando o Ruby) (ISBN:0-9745140-5-5), pois é uma boa referência da linguagem. Os leitores realmente interessados em compreender todas as nuanças da programação Ruby devem adquirir o *Ruby A Bíblia, Segunda edição* (ISBN: 0-672328-4-4).

Recomendo o *Peepcode Screencasts*, apresentações aprofundadas de vídeo sobre vários assuntos Rails do inimitável Geoffrey Grosenbach, disponível em http://peepcode.com.

A respeito a David Heinemeier Hansson, também conhecido como DHH

Tive o prazer de travar uma amizade com David Heinemeier Hansson, criador do Rails, no início de 2005, antes do Rails atingir a aceitação e David tornar-se um *Superstar da Web 2.0 Internacional.* Minha amizade com ele foi um grande fator para que eu pudesse escrever este livro hoje. David é sempre muito citado quando falamos sobre a natureza do Rails e sobre como usá-lo com eficiência, suas opiniões e declarações públicas dão forma ao mundo do Rails.

Em algumas ocasiões David me disse que odeia o apelido "DHH" que as pessoas tendem a usar, ao invés de seu nome completo longo e difícil de pronunciar. Por isso, neste livro, tento sempre me referir a ele como "David", ao invés do tentador "DHH". Quando você encontrar referências a "David" sem uma maior qualificação, estou me referindo ao primeiro e único David Heinemeier Hansson.

O Rails é, de modo geral, uma comunidade pequena, e em alguns casos, no decorrer do livro, refiro-me aos membros da equipe principal e às celebridades do Rails pelo nome. Um exemplo perfeito é o membro extraordinário da equipe principal, Rick Olson, cujos diversos plug-ins úteis fizeram com que eu o mencionasse sempre no texto.

Objetivos

Como mencionado, espero tornar isto sua referência de trabalho básica para o Ruby on Rails. Realmente não espero que muitas pessoas leiam esse livro por completo, a menos que estejam expandindo seu conhecimento básico da estrutura Rails. Seja qual for o caso, com o tempo espero que este livro seja capaz de fornecer uma maior segurança nas suas habilidades de desenvolvedor/ programador de aplicativos, também para tomar decisões de design e implementação ou trabalhar em suas tarefas diárias. Depois de passar um tempo com este livro, sua compreensão dos conceitos fundamentais do Rails para execução em experiências práticas deve deixá-lo com uma sensação de conforto para trabalhar nos projetos Rails reais com demandas reais.

Se você estiver ocupa um cargo de chefe de arquitetura ou desenvolvimento, este livro pode não estar destinado a você, mas deverá fazer com que se sinta mais confortável ao analisar os prós e os contras da adoção do Ruby on Rails e os modos de estender o Rails para satisfazer determinadas necessidades do projeto sob sua direção.

Finalmente, se você for um gerente de desenvolvimento deverá achar a perspectiva prática do livro e nossa cobertura de teste e ferramentas especialmente interessantes e, felizmente, ter alguma compreensão do motivo pelo qual seus desenvolvedores estão tão entusiasmados com o Ruby e com o Rails.

Pré-requisitos

O leitor deve ter o seguinte conhecimento:

- Sintaxe Ruby básica e construções de linguagem como, por exemplo, blocos
- Compreensão sólida dos princípios orientados a objetos e padrões de construção
- Compreensão básica dos bancos de dados relacionais e SQL
- Familiaridade com a função e o modo como os aplicativos Rails são dispostos
- Compreensão básica dos protocolos de rede como, por exemplo, HTTP e SMTP
- Compreensão básica dos documentos XML e serviços Web
- Familiaridade com conceitos transacionais como, por exemplo, propriedades ACID

Como mencionado na seção "Estrutura do livro", este livro não avança do de um início fácil para um final mais difícil. Alguns capítulos iniciam com um material fundamental, quase introdutório, e progridem para uma cobertura mais avançada. Existem, definitivamente, seções do texto que o desenvolvedor Rails experiente irá censurar, porém acredito que em cada capítulo há um novo conhecimento e inspiração para todos os níveis de habilidade.

Tecnologia requerida

Um Apple de modelo atual *MacBookPro* com 4GB de RAM, executando OSX 10.4. Brincadeirinha, claro! O Linux é muito bom para o desenvolvimento Rails também. O Microsoft Windows... bem, deixe-me esclarecer as coisas... sua milhagem pode variar. Bem, estou sendo bom e diplomático ao dizer isso: nós *não* analisamos o desenvolvimento Rails nas plataformas Microsoft neste livro.[3] Pelo que sei a maioria dos profissionais que trabalha com Rails desenvolve e distribui em plataformas diferentes da Microsoft.

Referências

1. Aslak é um cara bem conhecido nos círculos open-source do Java, basicamente por escrever o XDoclet.
2. Não estou dizendo que as inicializações são muito mais fáceis, mas geralmente têm menos problemas graves.
3. Para obter informações, experimente o blog Softies on Rails em http://softiesonrails.com.

Capítulo 1
Ambientes Rails e configuração

> [O Rails] ganhou simpatia porque eu não tentei agradar as pessoas que não compartilhavam meus problemas. Diferenciar a produção do desenvolvimento foi um problema bem real para mim, portanto, resolvi da melhor maneira que pude.
> - David Heinemeier Hansson

Os aplicativos Rails são pré-configurados com três modos padrões de operação: desenvolvimento, teste e produção. Esses modos são basicamente ambientes de execução e têm uma coleção de definições associadas que determinam coisas como, por exemplo, a qual banco de dados conectar e se as classes de seu aplicativo são recarregadas ou não com cada solicitação. Também é simples criar seus próprios ambientes personalizados, caso seja necessário.

O ambiente atual é sempre especificado na variável ambiente `RAILS_ENV`, que nomeia o modo desejado de operação e corresponde a um arquivo de definição do ambiente na pasta `config/environment`. Como as definições de ambiente regem alguns dos aspectos mais fundamentais do Rails como, por exemplo, o carregamento das classes, para entender de fato o Rails você deve compreender as definições do ambiente.

Neste capítulo, ficaremos familiarizados com o modo como o Rails inicia e lida com as solicitações, examinando scripts como boot.rb e environments.rb, e as acepções que compõem as três definições padrões do ambiente (modos). Também vamos falar sobre alguns fundamentos da definição de seus ambientes e sobre o motivo para você escolher fazer isto.

Inicialização

Sempre que você inicia um processo para lidar com as solicitações com o Rails (como um servidor Webrick), uma das primeiras coisas que ocorrem é que o `config/environment.rb` é carregado. Por exemplo, veja o início de `public/dispatch.rb`:

```
require File.dirname(__FILE__) + "/../config/environment"
```

Outros processos que precisam do ambiente inteiro do Rails, a exemplo do console e seus testes, também requerem o `config/environment.rb`, por isso você poderá notar a instrução require no início dos arquivos, como `test/test_helper.rb`.

Definições padrões do ambiente

Avancemos passo a passo nas definições fornecidas no arquivo padrão environment.rb que você obtém ao carregar automaticamente um aplicativo Rails 1.2.

Modo de anulação

A primeira definição é apenas aplicável às pessoas que distribuem em ambientes de host compartilhados. É recomendado, uma vez que deve ser incomum precisar definir o modo Rails aqui:

```
# Retire o comentário abaixo para colocar o Rails no modo de produção
# quando você não controlar o servidor web/app e não puder defini-lo da
```

```
# devida maneira
# ENV['RAILS_ENV'] | |= 'production'
```

Uma palavra de aviso: se você fosse definir a variável ambiente `RAILS_ENV` para production ou a variável constante `RAILS_ENV` para esta finalidade, ela faria com que tudo que você fez no Rails fosse executado no modo de produção. Por exemplo, seu conjunto de teste não funcionaria corretamente, uma vez que test_helper.rb define `RAILS_ENV` para o teste logo antes de carregar o ambiente.

Versão gem do Rails

Lembre-se que neste ponto a estrutura Rails não foi carregada. Na verdade, o script tem que encontrar a estrutura e carregá-la antes que qualquer coisa ocorra. Essa definição informa ao script qual versão do Rails carregar:

```
# Especifica a versão gem do Rails a ser usada quando vendor/rails não estiver
presente
RAILS_GEM_VERSION = '1.2.3'
```

Como você pode ver, no momento da elaboração deste capítulo a versão do Rails lançada (que eu instalei como gem) é 1.2.3. Essa definição não fará sentido se você estiver executando o avançado, que é o termo aceito pela comunidade. Isso significa que você está executando uma amostra congelada do Rails no diretório vendor/rails de seu projeto. Você pode chamar o comando rake rails:freeze:edge em seu projeto para copiar a última versão de repositório do Rails para vendor/rails.

Como autocarregar

As próximas linhas do environment.rb são aquelas em que as engrenagens realmente começam a funcionar, uma vez que `config/boot.rb` é carregado:

```
# Carregue automaticamente o ambiente Rails, estruturas e configuração
# padrão
require File.join(File.dirname(__FILE__), 'boot')
```

Note que o script de inicialização é gerado como parte de seu aplicativo Rails, mas não deve ser editado. Vou descrever rapidamente o que ele faz, uma vez que isso deve ajudar a solucionar problemas em uma instalação Rails danificada.

Antes de tudo, o script de inicialização assegura que a variável ambiente `RAILS_ROOT` seja definida: ele mantém o caminho para a raiz do projeto Rails atual. `RAILS_ROOT` é usada em todo lugar no codebase Rails para localizar os arquivos como, por exemplo, os modelos de exibição. Se ainda não estiver definida, a pasta um nível acima será especificada (lembre-se que você atualmente está na pasta config).

Nas plataformas diferentes do Windows, a biblioteca Ruby padrão e útil pathname é usada para limpar a string de caminho removendo as barras consecutivas e os pontos inúteis:

```
unless RUBY_PLATFORM =~ /mswin32/
require 'pathname'
root_path = Pathname.new(root_path).cleanpath(true).to_s
end
```

Agora o script de inicialização tem que descobrir qual versão do Rails usar. A primeira coisa que ele faz é verificar a existência de vendor/rails em seu projeto, que significaria que você está executando o avançado:

```
File.directory?("#{RAILS_ROOT}/vendor/rails")
```

Esse é, essencialmente, o caso mais fácil. A menos que você não esteja executando o avançado, e acho que a maioria dos desenvolvedores Rails não está, então o script de inicialização terá pouco mais a fazer do que trabalhar para localizar o Rails como um RubyGem.

Rails avançado

Há uma expressão que diz: "Se você não estiver na periferia, estará ocupando espaço demais". Bem, para muitos desenvolvedores Rails, estar na periferia significa usar a última versão disponível (e espera-se, a melhor) do Ruby on Rails.

A equipe principal de desenvolvedores que mantém o codebase Rails verifica seus arquivos em um repositório Subversion disponível publicamente. Desde os primeiros dias, executar seu aplicativo no código Rails não lançado para aproveitar os novos recursos e correções de erro tornou-se um procedimento conhecido como executar o rails avançado. Tudo que você precisava fazer era verificar o codebase Rails no diretório `vendor/rails` de seu aplicativo:

```
svn co http://dev.rubyonrails.org/svn/rails/trunk vendor/rails
```

Em outubro de 2005, algumas tarefas foram adicionadas ao rakefile padrão do Rails para automatizar o processo de congelar e descongelar seu aplicativo em uma determinada versão do rails avançado. Essas tarefas Rails são rails:freeze:edge e rails:unfreeze.

A menos que já esteja familiarizado com o fenômeno, você deve estar imaginando por que alguém com a cabeça no lugar desejaria desenvolver seu aplicativo usando algo que é, basicamente, uma dependência instável. A motivação para a maioria de nós é ficar o mais atual possível com os novos recursos e felizmente, de uma forma geral, isso não é uma decisão maluca.

Historicamente, a versão principal do Rails permanece bem estável. Durante 2005, quando o Rails foi para uma versão 1.0, desenvolvi um projeto avançado para uma grande empresa. Apesar dos riscos percebidos, consegui certos recursos novos e críticos e correções de alguns erros. Por vários meses, e sempre atualizando nossa versão do Rails algumas vezes por semana, houve apenas uma ocasião na qual um erro inesperado surgiu e foi investigado como sendo um problema no codebase do Rails.

A estabilidade do avançado é devida, basicamente, à grande cobertura de teste do Rails que, de fato, impede que maiores regressões entrem no codebase. Que eu me lembre, todas as correções enviadas para a equipe principal incluíam uma cobertura de teste funcional e unidade adequada a ser considerada. As práticas ágeis não são apenas uma norma no mundo Rails, elas devem ser rigorosas.

Depois da versão do Rails 2.1 realmente não faz muito sentido fazer desenvolvimento no avançado. Desta forma, os membros da equipe principal desencorajam, ativamente, que os desenvolvedores Rails atuais façam. As versões lançadas oficialmente são geralmente boas o bastante para a grande maioria dos desenvolvedores, contudo, o Rails avançado ainda é útil algumas vezes. Por exemplo, ele nos permitiu cobrir, extensivamente, os recursos Rails 2.0 neste livro antes da versão 2.0 oficial.

RubyGems

Primeiro, o script de inicialização requer o rubygems. Provavelmente, você já conhece o RubyGems, uma vez que teve que instalá-lo para instalar o Rails, chamando `gem install rails` a partir da linha de comando.

Por razões que estão além do escopo desta análise, algumas vezes o Rails é carregado com apenas o script de inicialização. Portanto, a próxima coisa que o script de inicialização faz é ler o arquivo `config/environment.rb` como texto (menos as linhas comentadas) e analisar a definição `RAILS_GEM_VERSION` com um regexp.

Assim que o script de inicialização determina qual versão do Rails carregar, ele requer a Rails gem. Neste ponto, se a versão do Rals especificada em seu arquivo environment.rb estiver fora de sincronização com as versões disponíveis em sua estação de trabalho, você terá problemas, indicados por uma mensagem de erro que deve surgir quando você tentar iniciar um servidor Rails ou console e deve ser parecida com a seguinte:

```
Cannot find gem for Rails =1.1.5:
  Install the missing gem with 'gem install -v=1.1.5 rails', or


  change environment.rb to define RAILS_GEM_VERSION with your
  desired version.
```

Inicializador

O script de inicialização, então, requer o script Rails `initializer.rb`, que é responsável pela configuração e será usado na próxima vez pelo script do ambiente.

Finalmente o script de inicialização informa ao inicializador para configurar os caminhos padrões de carregamento (em outras palavras, ele constrói o caminho da classe). O caminho de carregamento é montado a partir da lista de estruturas do componente que compõem o Rails e das pastas de seu aplicativo Rails que contêm código. Lembre-se que os caminhos de carregamento no Ruby apenas especificam onde o método require deve procurar o código quando chamado. Até este ponto, o caminho de carregamento era apenas o diretório de trabalho atual.

Caminhos padrões de carregamento

O código Rails que especifica os caminhos de carregamento é bem compreensível e já foi muito comentado, portanto irei copiá-lo, ao invés de explicar. Veja a Listagem 1.1.

Listagem 1.1 Alguns dos métodos em `railties/lib/initializer.rb`

```
def default_frameworks
  [ :active_record, :action_controller, :action_view,
  : action_mailer, :action_web_service ]
end
def default_load_paths
  paths = [ "#{caminho_raiz}/test/mocks/#{ambiente}"]
  # Adicione o diretório do controlador do aplicativo
  paths.concat(Dir["#{caminho_raiz}/app/controllers/"])
  # Então, os subdiretórios dos componentes.
paths.concat(Dir["#{caminho_raiz}/app/controllers/"])
  # Então, os subdiretórios dos componentes.
  paths.concat(Dir["#{caminho_raiz}/components/[_a-z]*"])
  # Seguido das inclusões padrões.
  path.concat %w(
  app
```

```
      app/models
       app/controllers
        app/helpers
        app/services
        app/apis
        components
        config
        lib
        vendor
      ).map { |dir| "#{caminho_raiz}/#{dir}" }.select { |dir|
      File.directory?(dir) }
      paths.concat Dir[!#{caminho_raiz}/vendor/plugins/*/lib/"]
      paths.concat builtin_directories
    end
    def builtin_directories
      # Inclua predefinições apenas no ambiente de desenvolvimento.
      (environment = = 'development' )?
      Dir["#{RAILTIES_PATH}/builtin/*/"} [ ]
    end
```

Rails, módulos e código de autocarregamento

Normalmente, no Ruby, quando você deseja incluir um código de outro arquivo em seu aplicativo, é preciso incluir uma instrução de require. Porém, o Rails aperfeiçoa o comportamento padrão do Ruby estabelecendo uma convenção simples que permite ao Rails carregar automaticamente seu código na maioria dos casos.

Se você estiver acostumado com o console Rails, já viu esse comportamento em ação: você nunca tem que carregar, explicitamente, nada!

Funciona assim: se o Rails encontrar em seu código uma classe ou módulo que não estejam definidos ainda, ele usará a seguinte convenção para adivinhar quais arquivos deve requerer para carregar esse módulo ou classe:

- Se a classe ou o módulo não estiver aninhado, insira um sublinhado entre os nomes da constante e requeira um arquivo com nome. Por exemplo:
  - `EstimationCalculator` torna-se `require 'estimation_calculator'`
    `KittTurboBoost` torna-se `require 'kitt_turbo_boost'`
- Se a classe ou o módulo estiverem aninhados, o Rails vai inserir um sublinhado entre cada um dos módulos contidos e irá requerer um arquivo no conjunto correspondente de subdiretórios. Por exemplo:
  - `MacGyver::SwissArmyKnife` torna-se `require'mac_gyver/swiss_army_knife'`
- `Some:ReallyRatherDeeply::NestedClass` torna-se `require 'some/really_ rather_deeply/nested_class'` e se não carregou ainda, o Rails esperaria encontrá-lo em um arquivo chamado nested_class.rb, em um diretório chamado `really_rather_deeply`, ele mesmo

no diretório some que pode ser encontrado em algum lugar no caminho de carregamento do Ruby (por exemplo, um dos subdiretórios `app`, `lib` ou um diretório `lib` do plug-in).

O resultado é que você raramente vai precisar carregar o código Ruby em seus aplicativos Rails (usando `require`) se seguir as convenções de nomenclatura.

Informações Rails predefinidas

Você deve estar imaginando o que o método `builtin_directories` na Listagem 1.1 é no método `default_load_paths`. É o lugar para o Rails incluir o comportamento do aplicativo (isto é, modelos, assistentes e controladores). Você pode considerá-lo como um tipo de mecanismo do plug-in fornecido pela estrutura.

A única predefinição que existe está em `railties/builtin/rails_info` e não é muito conhecida, a não ser como o destino do link "About your application's environment" (sobre o ambiente de seu aplicativo) na página padrão index.html "Welcome Aboard" (Bem-vindo a bordo) que pode ser vista em um aplicativo Rails recém-criado.

Para verificar, inicialize qualquer aplicativo Rails no modo de desenvolvimento e vá para `http://localhost:3000/rails/info/properties` através de seu navegador. Você verá uma tela de diagnóstico com uma saída com os números importantes da versão e definições como a seguintes:

```
Ruby version                1.8.5 (i686-darwin8.8.1)
RubyGems version            0.9.0
Rails version               1.2.0
Active Record version       1.14.4
Action Pack version         1.12.5
Action Web Service version  1.1.6
Action Mailer version       1.2.5
Active Support version      1.3.1
Edge Rails revision         33
Application root            /Users/obie/prorails/time_and_expenses
Environment                 development
Database adapter            mysql
Database schema version     8
```

Configuração

Voltando ao script do ambiente, onde estamos para entrar nas definições feitas pelo desenvolvedor, as próximas linhas informam o seguinte:

```
Rails::Initializer.run do |config|
  # As definições em config/environments/* têm precedência sobre
  # aquelas especificadas aqui
```

O comentário lembra que as definições nos arquivos do ambiente específicos do modo terão precedência sobre as definições em `environment.rb`, porque são carregadas depois e devem anular suas definições.

Como desabilitar frameworks

A primeira definição fornece a opção de *não* carregar as partes do Rails que você pode não estar usando (é claro, o Ruby será interpretado, e se você puder conseguir um codebase menor para o interpretador analisar, deverá fazer isso, simplesmente por causa do desempenho). Poucos aplicativos Rails não usam os serviços de e-mail ou da Web, por isso são dados como exemplos:

```
# Skip frameworks you're not going to use (only works if
# using vendor/rails)
config.frameworks -= [ :action_web_service, :action_mailer ]
```

Caminhos de carregamento adicionais

No caso específico de precisar adicionar aos caminhos de carregamento padrões, é dada a opção do seguinte procedimento:

```
# Adicione caminhos de carregamento adicionais para seus próprios diretórios
personalizados
config.load_paths += %W( #{RAILS_ROOT}/extras )
```

Para o caso de você não saber, %W funciona como um array literal delimitado por espaços em branco e é usado com muita freqüência no codebase Rails por conveniência (admito que, à primeira, foi uma surpresa um pouco desagradável para mim, que sou um programador Java experiente).

Fico tentado a dizer que a opção para os caminhos de carregamento adicionais realmente não é necessária, uma vez que você desejará estender o Rails escrevendo plug-ins que têm sua própria convenção para os caminhos de carregamento. O Capítulo 19, "Como estender o Rails com plug-ins", cobre o assunto e um livro complementar a este na Série *Ruby Profissional da Addison-Wesley, Rails Plugins: Extending Rails Beyond the Core* (Plug-ins do Rails: Como estender o Rails para além do básico) (ISBN:0-321-48351-0) de James Adam, é uma referência completa sobre os plug-ins de autoria.

Observe como as duas últimas definições não eram definições no sentido tradicional da atribuição mais comum de um valor da opção para uma propriedade. O Rails aproveita totalmente o Ruby permitindo que você remova e adicione em um array em seu objeto de configuração.

Anulação do nível do log

O nível do log padrão é :debug e você pode anulá-lo, se necessário.

```
# Force all environments to use the same logger level
# (by default production uses :info, the others :debug)
config.log_level = :debug
```

No próximo capítulo, este livro irá tratar sobre o uso do log Rails com bastante profundidade.

Armazenamento da sessão ActiveRecord

Se você quiser armazenar as sessões do usuário no banco de dados (e definitivamente você irá fazer isso em quase todos os cenários de produção), eis onde definir essa opção:

```
# Use o banco de dados para as sessões ao invés do sistema de arquivos
# (crie a tabela da sessão com 'rake db:sessions:create')
config.action_controller.session_store = :active_record_store
```

Você poderá conferir sobre a configuração e as implicações do armazenamento da sessão ActiveRecord no Capítulo 13, "Gerenciamento de sessões"

Descarregamento do esquema

Sempre que você executa testes o Rails descarrega o esquema de seu banco de dados de desenvolvimento e copia para o banco de teste usando um script gerado automaticamente, schema.rb. É muito parecido com um script de migração ActiveRecord. Na verdade ele usa a mesma API.

Se estiver fazendo coisas incompatíveis com o código dumper do esquema, você poderá achar necessário voltar para o antigo estilo de descarregamento do esquema usando o SQL (veja o comentário).

```
# Use o SQL ao invés do dumper do esquema do Active Record ao criar
# o banco de dados de teste. Isso será necessário se seu esquema não puder ser
# completamente descarregado pelo dumper do esquema, por exemplo, se
# você tiver limites ou tipos de coluna específicas do db
config.active_record.schema_format = :sql
```

Observadores

Os observadores ActiveRecord são objetos de primeira classe em seus aplicativos Rails que executam tarefas específicas como, por exemplo, limpar caches e gerenciar dados anormais. Os exemplos no environment.rb padrão são apenas isso, exemplos de classes que você pode estar escrevendo em seu aplicativo como observadores (realmente, não existem observadores cacher ou garbage_collector fornecidos pelo Rails, mas não pense que o Ruby não faz a coleta de lixo!)

```
# Os observadores ativos que devem sempre estar em execução
# config.active_record.observers = :cacher, :garbage_collector
```

Este livro cobre, em profundidade, no Capítulo 9 ("ActiveRecord avançado"), os observadores ActiveRecord.

Fusos horários

O fuso horário padrão para o Rails é a hora local (usando Time.local), ou seja, o mesmo fuso horário de seu servidor. Você pode mudar o fuso horário que o Rails seleciona como seu fuso horário local modificando a variável ambiente TZ.

A lista de fusos horários geralmente está em sua pasta /usr/share/zoneinfo. Se você estiver em um Mac, verifique o conteúdo de /usr/share/zoneinfo/zone.tab para obter uma lista dos nomes de fusos válidos. Lembre-se que esta solução, e particularmente quais valores usar, é específica do sistema operacional e que o dito sistema operacional já pode tê-la definido para o devido valor de seu interesse.

Você pode definir o valor código TZ em qualquer lugar, mas se quiser mudá-lo para sua aplicação Web inteira, poderá também colocá-lo em environment.rb, próximo de outras definições do fuso horário.

```
ENV[ 'TZ' ] = 'US/Eastern'
```

E se você quiser suportar fusos horários específicos do usuário? A primeira etapa será informar ao ActiveRecord para registrar a hora no banco de dados como UTC (usando Time.utc).

```
# Faça com que o Active Record use a base UTC ao invés da hora local
config.active_record.default_timezone = :utc
```

Então, você precisará de um modo de converter em um fuso horário especificado em associação ao seu usuário. Infelizmente, a classe Rails padrão TimeZone não lida com o Horário de Verão (DST), que, francamente, o torna-o bem inútil.

Espere um momento! – A classe Time do Ruby já não compreende como lidar com o DST corretamente?

Há uma gem Ruby pura chamada TZInfo[1] com uma classe TimeZone que lida corretamente com o

DST e pode ser colocada como uma substituição para a do Rails. Para usá-la em seu aplicativo, você precisará instalar a gem tzinfo e o plug-in tzinfo_timezone. Contudo, essa solução é apenas para o Ruby apenas e, segundo os boatos, ela é bem lenta (embora ainda que possa ser rápida o bastante para suas necessidades).

Espere um momento! A classe Time do Ruby já não compreende como lidar com o DST corretamente?

```
>> Time.now
=> Mon Nov 27 16:32:51 -0500 2006
>> Time.now.getgm
=> Mon Nov 27 21:32:56 UTC 2006
```

A saída na listagem do console é, de fato, correta. Portanto, escrever nossa própria rotina de conversão não deve ser tão difícil, deve?

Em um envio para a lista de correspondência rails em agosto de 2006[2], Grzegorz Daniluk dá um exemplo de como fazer exatamente isso (e faz seu benchmark de sete a nove vezes mais rapidamente rápido do que a TZInfo). Você adicionaria o seguinte código a um dos módulos assistentes de seu aplicativo ou o colocariaem sua própria classe dentro da pasta lib:

```
# para converter a data/hora enviada em UTC e gravar no DB
def user2utc(t)
  ENV["TZ"] = current_user.time_zone_name
  res = Time.local(t.year, t.month, t.day, t.hour, t.min, t.sec).utc
ENV["TZ"] = "UTC"
  res
end

# para exibir a data/hora em uma exibição
def utc2user(t)
  ENV["TZ"] = current_user.time_zone_name
  res = t.getlocal
  ENV["TZ"] = "UTC"
  res
end
```

Em uma resposta detalhada para a lista de correspondência o autor de TZInfo, Philip Ross, informa que a solução anterior não funciona para os usuários Windows.3 Ele também comenta sobre o tratamento das horas inválidas: "Outra área onde que o TZInfo melhora o uso da variável ambiente TZ é em seu tratamento das horas locais inválidas e ambíguas (ou seja, durante as transições nos horários de verão). Time.local sempre retorna uma hora, independentemente de ser inválida ou ambígua. TZInfo informa as horas inválidas e permite que a ambigüidade seja resolvida, especificando se é para usar a hora DST ou não DST ou executando um bloco para fazer a seleção".

Para resumir: não use o Windows. Não, é brincadeira. A verdadeira lição disso é que lidar com os fusos horários corretamente não é fácil e deve ser considerado com muito cuidado.

Configuração adicional

Utilizada para as opções de configuração para as quais temos exemplos no environment.rb padrão.

Existem opções adicionais que, acredito, você raramente precisará usar ou conhecer. Se quiser conhecer a lista inteira, veja o código-fonte e os documentos para a classe Configuration que inicia na linha 400 do arquivo `railties/lib/initializer.rb`.

Você se lembra que dissemos que o valor da variável ambiente `RAILS_ENV` dita quais as definições adicionais do ambiente serão carregadas em seguida? Portanto, agora, revisemos as definições modelos para cada um dos modos padrões do Rails.

Modo de desenvolvimento

O desenvolvimento é o modo padrão do Rails e aquele no qual você deverá passar a maior parte de seu tempo como desenvolvedor:

```
# As definições especificadas aqui terão precedência sobre aquelas em
# config/environment.rb

# No ambiente de desenvolvimento, o código de seu aplicativo é
# recarregado em

# cada solicitação. Isso deixa lento o tempo de resposta, mas é perfeito para
# o desenvolvimento, uma vez que você não tem que reiniciar o servidor
# Web quando modifica o código.
config.cache_classes = false

# Registre as mensagens de erro quando chamar, sem querer, métodos em nil
config.whiny_nils = true

# Ative o servidor de desvio que script/breakpointer conecta a
config.breakpoint_server = true

# Mostre relatórios de erro completos e desative o cache
config.action_controller.consider_all_requests_local        = true
config.action_controller.perform_caching                    = false
config.action_view.cache_template_extensions                 = false
config.action_view.debug_rjs                                = true

# Não dê importância se o emissor não puder enviar
config.action_mailer.raise_delivery_errors = false
```

Nas seções a seguir vou explicar profundamente as definições importantes. Vou iniciar com o cache das classes, a definição que torna possível o recarregamento dinâmico das classes do Rails.

Recarregamento de classes automáticas

Uma das vantagens da assinatura ao usar o Rails é o ciclo rápido de retorno toda vez que você está trabalhando no modo de desenvolvimento. Faça alterações em seu código, acesse Reload (Recarregar) no navegador e – *Shazam!* – de modo mágico, as alterações serão refletidas em seu aplicativo. Esse comportamento é controlado pela definição `config.cache_classes`, que é definida para false no `início de config/environments/ development.rb.`

Sem entrar em muitos detalhes, quando a definição `config.cache_classes` é "true", o Rails usa a instrução require do Ruby para fazer seu carregamento de classe e quando é "false", ele usa load.

Quando você requer um arquivo Ruby, o interpretador executa e armazena-o em cache. Se o arquivo for requerido novamente (como nas solicitações subseqüentes), o interpretador irá ignorar a instrução de solicitação e continuará.

Quando você carrega um arquivo Ruby, o interpretador executa o arquivo de novo, não importando quantas vezes ele foi carregado antes. Agora é hora de examinar o comportamento de carregamento das classes do Rails um pouco mais profundamente, pois algumas vezes você não será capaz de ter certas coisas carregadas automaticamente e ficará maluco, *a menos* que compreenda como o carregamento da classe funciona!

Carregador de classes Rails

No velho Ruby um arquivo de script não precisa ser nomeado de nenhuma maneira, em particular, que coincida com seu conteúdo. Porém, no Rails, você notará que quase sempre há uma correlação direta entre o nome de um arquivo Ruby e a classe contida nele. O Rails aproveita o fato de que o Ruby fornece um mecanismo de callback para as constantes ausentes. Quando o Rails encontra uma constante indefinida no código, ele usa uma rotina de carregamento de classes baseada nas convenções de nomenclatura do arquivo para encontrar e requerer o script Ruby necessário.

Como o carregador de classes sabe onde pesquisar? Já falamos sobre isso anteriormente no capítulo em que analisamos o papel de `initializer.rb` no processo de inicialização Rails. O Rails tem o conceito de caminhos de carregamento e os caminhos de carregamento padrões incluem os diretórios básicos de, praticamente, qualquer lugar no qual você pensaria em adicionar seu aplicativo Rails.

O método `default_load_paths` mostra a ordem na qual o Rails pesquisa os diretórios em seu caminho de carregamento. Iremos examinar a fonte deste método e explicaremos a razão sob cada parte do caminho de carregamento.

O diretório test/mocks (tratado mais extensivamente no Capítulo 17, "Teste") é fornecido para que você possa anular o comportamento das classes Rails padrões.

```
paths = [ "#{caminho_raiz}/test/mocks/#{ambiente}"]


# Adicione o diretório do controlador do aplicativo
paths.concat(Dir["#{caminho_raiz}/app/controllers/"])


# Então, os subdiretórios dos componentes.
paths.concat(Dir["#{caminho_raiz}/components/[_a-z]*"])
# Seguido das inclusões padrões.
paths.concat %w(
  app
  app/models
  app/controllers
  app/helpers
```

```
  app/services
  app/apis
  components
  config
  lib
  vendor
).map { |dir| "#{caminho_raiz}/#{dir}" }.select { |dir|
File.directory?(dir) }

  paths.concat Dir[!#{caminho_raiz}/vendor/plugins/*/lib/"]
  paths.concat builtin_directories
end
```

Deseja ver o conteúdo do caminho de carregamento de seu projeto? Simplesmente inicialize o console e digite $: como a seguir:

```
$ console
Loading development environment.
>> $:

=> ["/usr/local/lib/ruby/gems/1.8/gems/ ...       # cerca de 20 linhas de saída
```

Cortei a saída do console para economizar espaço. Um caminho de carregamento típico do projeto Rails geralmente terá 30 ou mais itens em seu caminho de carregamento. Experimente e veja.

Modo de teste

Sempre que você executa o Rails no modo de teste, ou seja, o valor do ambiente RAILS_ENV é test, então as seguintes configurações entram em vigor:

```
# As definições especificadas aqui terão precedência sobre aquelas em
# config/environment.rb

# O ambiente de teste é usado exclusivamente para executar o conjunto de
# teste de seu aplicativo. Você nunca precisará trabalhar com ele. Lembre-se
# que seu banco de dados de teste é um "espaço de rascunho" para o
# conjunto de teste e é limpo e recriado entre as execuções do teste. Não
# conte com os dados dele!
config.cache_classes = true

# Registre as mensagens de erro quando chamar, sem querer, métodos em nil.
config.whiny_nils = true

# Mostre relatórios de erro completos e desative o cache
config.action_controller.consider_all_requests_local      = true
config.action_controller.perform_caching                  = false
```

```
# Informe ao ActionMailer para não enviar e-mails para o mundo real.
# O método de envio :test acumula os e-mails enviados no
# array ActionMailer::Base.develiveries.
config.action_mailer.delivery_method = :test
```

A maioria das pessoas não precisa modificar suas definições do ambiente de teste.

Modo de produção

Finalmente, o modo de produção é aquele no qual você deseja que seu aplicativo Rails seja executado cada vez que é distribuído para seu ambiente de host e atender às solicitações públicas. Existem várias maneiras significantes desse modo de produção diferir dos outros modos. A mais importante delas é aquela em que o aumento de velocidade que você consegue sem precisar recarregar todas as classes de seu aplicativo para cada solicitação.

```
# As definições especificadas aqui terão precedência sobre aquelas em
# config/environment.rb

# O ambiente de produção é para os aplicativos "dinâmicos" e terminados.
# O código não é recarregado entre as solicitações
config.cache_classes = true
# Use um log diferente para as configurações distribuídas
# config.logger = SyslogLogger.new
# Os relatórios de erro completos são desativados e o cache ativado
config.action_controller.consider_all_requests_local       = false
config.action_controller.perform_caching                   = true

# Ative o serviço de imagens, folhas de estilo e javascripts
# a partir de servidor asset
# config.action_controller.asset_host = "http://assets.example.com"

# Desative o envio de erros, os endereços de e-mail ruins serão ignorados
# config.action_mailer.raise_delivery_errors = false
```

Ambientes personalizados

Se necessário, você pode criar ambientes adicionais para seu aplicativo Rails executar clonando um dos arquivos de ambiente existentes no diretório `config/environments` de seu aplicativo. O caso de uso mais comum para os ambientes personalizados está na definição de configurações de produção adicionais como, por exemplo, para estágios e distribuições QA.

Você tem acesso ao banco de dados de produção a partir de sua estação de trabalho de desenvolvimento? Então um ambiente de *triagem* poderia fazer sentido. Use as definições normais do ambiente para o modo de desenvolvimento, mas aponte sua conexão do banco de dados para um servidor do banco de dados de produção. É uma combinação salvadora em potencial quando você precisa diagnosticar rapidamente problemas na produção.

Log

A maioria dos contextos de programação no Rails (modelos, controladores, modelos de exibição) tem um atributo logger que mantém uma referência para um logger para a interface do Log4r ou a classe Logger padrão do Ruby 1.8+. Você não consegue ter uma referência para o logger em algum lugar em seu código? A constante RAILS_DEFAULT_LOGGER tem uma referência para o logger que você pode usar em qualquer lugar. Também tem seu próprio atalho TextMate (rdb ->).

É realmente fácil criar um Logger novo no Ruby, como mostra o exemplo a seguir:

```
$ irb
> require 'logger'
=> true
irb(main):002:0> logger = Logger.new STDOUT
=> #<Logger:0x32db4c @level=0, @progname=nil, @logdev=
#<Logger::LogDevice:0x32d9bc ... >
> logger.warn "do not want!!!"
W, [2007-06-06T17:25:35.666927 #7303] WARN -- : do not want!!!
=> true
> logger.info "in your logger, giving info"
I, [2007-06-06T17:25:50.787598 #7303] INFO -- : in your logger, giving
your info
=> true
```

Geralmente, você adiciona uma mensagem ao log usando o logger sempre há necessidade, utilizando um método corresponda à gravidade da mensagem de log.

As gravidades do logger padrão são (em ordem crescente de gravidade):

- **debug** Use o nível debug (depuração) para capturar os dados e o estado do aplicativo úteis para os problemas de depuração posteriores. Esse nível geralmente não é capturado nos logs de produção.

- **info** Use o nível info (informação) para capturar mensagens de informação. Gosto de usar esse nível de log para os eventos incomuns de marcação do tempo que ainda estão dentro dos limites do bom comportamento do aplicativo.

- **warn** Use o nível warn (aviso) para capturar coisas que são incomuns e cuja investigação pode valer a pena. Algumas vezes, envio um aviso de log quando as cláusulas de proteção em meu código impedem um cliente de fazer algo que ele realmente não deveria estar fazendo. Meu objetivo é alertar, quem quer que esteja mantendo o aplicativo, sobre um usuário mal-intencionado ou erro na interface do usuário, como no seguinte exemplo:

```
def create
  begin
    @group.add_member(current_user)
    flash[:notice] = "Successfully joined #{@scene.display_name}"
  rescue ActiveRecord::RecordInvalid
  flash[:error] = "You are already a member of #{@group.name}"
```

```
    logger.warn "A user tried to join a group twice. UI should
                 not have allowed it."
  end
  redirect_to :back
end
```

- **error** Use o nível de log error (erro) para capturar informações sobre as condições de erro que não requerem uma reinicialização do servidor.

- **fatal** O pior dos casos possíveis ocorreu, seu aplicativo agora está inativo e será necessária a intervenção manual para reiniciá-lo.

Arquivos de log do Rails

A pasta log de seu aplicativo Rails mantém três arquivos de log correspondendo a cada um dos ambientes padrões, mais um log e um arquivo pid para o Mongrel. Os arquivos de log podem ficar muito grandes com o tempo. Uma tarefa de limpeza é fornecida para os arquivos de log:

```
rake log:clear    # Corte todos os arquivos *.log em log/ para que tenham zero
byte
```

O conteúdo de log/development.log é muito útil enquanto você está trabalhando. Muitos codificadores Rails deixam uma janela do terminal com uma continuação do log de desenvolvimento aberta enquanto você está codificando:

```
Processing UserPhotosController#show (for 127.0.0.1 at 2007-06-06
17:43:13) [GET]
  Session ID: b362cf038810bb8dec076fcdaec3c009
  Parameters: {"/users/8-Obie-Fernandez/photos/406"=>nil,
  "action"=>"show", "id"=>"406", "controller"=>"user_photos",
  "user_id"=>"8-Obie-Fernandez"}
  User Load (0.000477) SELECT * FROM users WHERE (users.`id` = 8)
  Photo Columns (0.003182) SHOW FIELDS FROM photos
  Photo Load (0.000949) SELECT * FROM photos WHERE (photos.`id` = 406
  AND (photos.resource_id = 8 AND photos.resource_type = 'User'))
Rendering template within layouts/application
Rendering photos/show
  CACHE (0.000000) SELECT * FROM users WHERE (users.`id` = 8)
Rendered adsense/_medium_rectangle (0.00155)
  User Load (0.000541) SELECT * FROM users WHERE (users.`id` = 8)
  LIMIT 1
  Message Columns (0.002225) SHOW FIELDS FROM messages
  SQL (0.000439) SELECT count(*) AS count_all FROM messages WHERE
  (messages.receiver_id = 8 AND (messages.`read` = 0))
Rendered layouts/_header (0.02535)
```

```
Rendered adsense/_leaderboard (0.00043)
Rendered layouts/_footer (0.00085)
Completed in 0.09895 (10 reqs/sec) | Rendering: 0.03740 (37%) | DB:
0.01233 (12%) | 200 OK [http://localhost/users/8-Obie-
Fernandez/photos/406]
  User Columns (0.004578) SHOW FIELDS FROM users
```

- O controlador e a ação que foram chamados
- O endereço IP remoto do computador que faz a solicitação
- O ID da sessão
- Uma marcação da hora indicando quando a solicitação ocorreu associado à solicitação
- O hash de parâmetros associados à solicitação
- As informações de solicitação do banco de dados, inclusive a hora e a instrução SQL executada
- As informações de acesso do cache de consulta, inclusive a hora e a instrução SQL inicializando resultados a partir do cache, ao invés de uma ida e volta ao banco de dados
- Exposição das informações para cada modelo envolvido ao apresentar a saída de exibição e o tempo consumido por cada
- A hora local usada ao completar a solicitação com os valores correspondentes da solicitação por segundo
- Análise do tempo gasto nas operações do banco de dados versus a apresentação
- O código de status HTTP e a URL da resposta enviada de volta para o cliente

Análise do arquivo de log

Várias análises informais podem ser executadas facilmente usando apenas a saída do log de desenvolvimento e um pouco de bom senso.

- Desempenho Uma das análises mais óbvias seria um estudo do desempenho de seu aplicativo. Quanto mais rapidamente suas solicitações forem executadas, mais solicitações você poderá atender com um determinado processo Rails. É por isso que os valores do desempenho são geralmente expressados em termos de *solicitações por segundo*. Encontre as consultas e as seçõesde apresentação que estão levando muito tempo e descubra o porquê.

  É importante perceber que os tempos informados pelo logger *não são fielmente* precisos. Na verdade, freqüentemente eles podem estar errados, simplesmente porque é muito difícil medir o tempo de algo a partir de si mesmo. Some a porcentagem da apresentação e os tempos do banco de dados para qualquer solicitação e você verá que nem sempre a soma chega a 100%. Contudo, apesar de não serem precisos em um sentido puramente objetivo, os tempos informados são perfeitos para fazer comparações subjetivas dentro do mesmo aplicativo. Eles fornecem um modo de determinar se uma ação está levando mais tempo do que costumava ou se é relativamente mais rápida ou mais lenta do que outra ação e etc.

- **Consultas SQL** O ActiveRecord não se comporta como o esperado? O fato de que o SQL gerado pelo ActiveRecord é registrado geralmente pode ajudar a depurar os problemas causados por consultas complicadas.

- **Identificação dos problemas de seleção N+1** Sempre que você estiver exibindo um registro junto com uma coleção associada de registros, existe uma chance de acontecer o conhecido problema de *seleção N+1*. Você reconhecerá o problema por uma série de muitas instruções SELECT, com a única diferença no valor da chave primária.

Por exemplo, eis um fragmento de uma saída de log de um aplicativo Rails real mostrando um problema de seleção N+1 no modo como as instâncias FlickrPhoto estão sendo carregadas:

```
FlickrPhoto Load (0.001395) SELECT * FROM flickr_photos WHERE
(flickr_photos.resource_id = 15749 AND flickr_photos.resource_type =
'Place' AND (flickr_photos.`profile` = 1)) ORDER BY updated_at desc
LIMIT 1
FlickrPhoto Load (0.001734) SELECT * FROM flickr_photos WHERE
(flickr_photos.resource_id = 15785 AND flickr_photos.resource_type =
'Place' AND (flickr_photos.`profile` = 1)) ORDER BY updated_at desc
LIMIT 1
FlickrPhoto Load (0.001440) SELECT * FROM flickr_photos WHERE
(flickr_photos.resource_id = 15831 AND flickr_photos.resource_type =
'Place' AND (flickr_photos.`profile` = 1)) ORDER BY updated_at desc
LIMIT 1
```

... etc. etc., para páginas e páginas da saída de log. Parece familiar?

Felizmente, cada uma dessas consultas do banco de dados está sendo executada muito rapidamente, em torno de 0,0015 segundos cada. Isso acontece porque 1) o MySQL é extraordinariamente rápido para as pequenas instruções SELECT e 2) meu processo Rails está na mesma máquina física do banco de dados.

E mais, acumule bastante dessas consultas N e elas devem aumentar rapidamente consumindo o desempenho. Afastados os fatores atenuantes mencionados, eu teria um grave problema de desempenho a endereçar. O problema seria especialmente grave se o banco de dados estivesse em uma máquina separada, fornecendo a latência da rede com a qual lidar em cada uma dessas consultas.

Os problemas de seleção N+1 não são o fim do mundo. Muitas vezes tudo que requerem é o devido uso de uma opção :include em uma determinada chamada do método find para atenuar o problema.

- **Separação das preocupações** Um aplicativo model-view-controller bem construído segue certos protocolos relacionados à camada lógica que faz as operações do banco de dados (que seria o modelo) versus as tarefas de apresentação (a exibição). De uma maneira geral, você deseja que seu controlador provoque o carregamento de todos os dados que serão necessários para a apresentação a partir do banco de dados. No Rails, isso é feito pelo código do controlador que consulta o modelo para obter os dados necessários e armazena esses dados nas variáveis de instância a serem consumidas pela exibição.

O acesso do banco de dados durante a apresentação geralmente é considerado uma prática ruim. Chamar os métodos find diretamente do código do modelo viola a devida separação das preocupações e é um pesadelo para a manutenção.[4]

Contudo, existem muitas oportunidades para o acesso implícito do banco de dados durante a apresentação da exibição para colocar em seu codebase, encapsulado pelo modelo e talvez, inicializado por um carregamento lento das associações. Poderíamos chamar isso de uma prática ruim? Definitivamente é difícil dizer. Há casos (como, por exemplo, o uso do fragmento de cache) onde faz sentido ter as operações do banco de dados ocorrendo durante a apresentação da exibição.

Como usar esquemas de log alternativos

É fácil! Simplesmente atribua uma classe compatível com o Logger do Ruby a uma das diversas variáveis de classe logger, como, ActiveRecord:: Base.logger.

Uma alteração rápida baseada na capacidade de trocar os loggers é demonstrada por David em vários eventos, inclusive em sua diretriz em Railsconf 2007. Durante uma sessão do console, atribua uma nova instância Logger apontando STDOUT para ActiveRecord::Base.logger, para ver o SQL sendo gerado diretamente em seu console. Jamis tem um relatório completo da técnica e mais coisas em http://weblog.jamisbuck. org/2007/1/31/more-on-watching-activerecord.

Syslog

Os sistemas do tipo UNIX têm um serviço do sistema chamado `syslog`. Por vários motivos, poderia ser uma escolha melhor para o log de produção de seus aplicativos Rails.

- Melhor controle sobre os níveis de log e conteúdo.
- Consolidação da saída do logger para diversos aplicativos Rails.
- Se você estiver usando as remotas capacidades `syslog` de muitos sistemas, a consolidação da saída do logger para diversos servidores do aplicativo Rails será possível. Compare isso ao fato de ter que lidar com os arquivos de log individuais em cada modo do servidor do aplicativo separadamente.

Você pode usar o SyslogLogger[5] de Eric Hodel para comunicar seu aplicativo Rails com o syslog. A configuração envolve fazer o download da biblioteca, requerê-la em seu arquivo `environment.rb` e substituir a instância `RAILS_DEFAULT_LOGGER`.

Conclusão

Iniciamos nossa jornada no Rails revisando os diferentes ambientes nos quais o Rails é executado e como ele carrega suas dependências, inclusive o código de seu aplicativo. Uma olhada aprofundada em environment.rb e em suas variantes por modo mostrou como podemos personalizar o comportamento do Rails segundo nossa vontade. Ao analisar a versão das bibliotecas Rails usadas para um determinado projeto, também tivemos oportunidade de falar sobre a execução avançada e se isso poderia fazer sentido para seu projeto em particular.

Também aprendemos sobre o processo de inicialização do Rails vendo um pouco de seu código-fonte (no resto do livro, entraremos no código-fonte do Rails onde fizer sentido.).

No Capítulo 2, "Como trabalhar com controladores", continuaremos nossa jornada mergulhando no dispatcher do Rails e na estrutura ActionController.

Referências

1. http://tzinfo.rubyforge.org/

2. www.ruby-forum.com/topic/79431

3. http://article.gmane.org/gmane.comp.lang.ruby.rails/75790

4. Praticamente todo aplicativo PHP já escrito tem este problema.

5. http://seattlerb.rubyforge.org/SyslogLogger/

Capítulo 2
Como trabalhar com controladores

> Remova toda lógica comercial de seus controladores e coloque a no modelo. Seus controladores são responsáveis apenas pelo mapeamento entre as URLs (inclusive outros dados na solicitação HTTP), coordenando-se com seus modelos e suas exibições e canalizando isso de volta para uma resposta HTTP. No caminho, os controladores podem fazer o controle do acesso, pouco mais que isso. Essas instruções são precisas, mas segui-las requer intuição e um raciocínio sutil.
> - Nick Kallen, Pivotal Labs
> http://www.pivotalblabs.com/articles/2007/07/16/the-controller-formula

Como qualquer programa de computador, seu aplicativo Rails envolve um fluxo de controle de uma parte para outra de seu código. O fluxo de controle do programa fica muito complexo com os aplicativos Rails. Existem muitas pequenas informações na estrutura, muitas delas executadas entre si. E parte do serviço da estrutura é descobrir, de modo independente, quais arquivos de seu aplicativo são chamados e o que há neles que, claro, varia entre os aplicativos.

O centro de tudo, porém, é muito fácil de identificar: é o *controlador*. Quando alguém conecta seu aplicativo, basicamente o que a pessoa está fazendo é pedir ao aplicativo que execute uma *ação do controlador*. Sim, existem muitos modos diferentes para isso ocorrer e alguns casos críticos em que não ocorre... mas se souber como os controladores se encaixam no ciclo de vida do aplicativo, você vai poder ancorar outras informações em torno desse conhecimento. É por isso que estamos cobrindo os controladores primeiro, antes do resto das APIs do Rails.

Os controladores são o "C" em "MVC". São a primeira porta de chamada, depois do dispatcher, para a solicitação de entrada. São responsáveis pelo fluxo do programa: eles retiram as informações do banco de dados (geralmente usando a interface `ActiveRecord`) e tornam essas informações disponíveis para as exibições.

Os controladores também estão intensamente ligados às exibições – mais do que aos modelos. É possível escrever a camada do modelo inteira de um aplicativo antes de criar um único controlador ou ter diferentes pessoas trabalhando no controlador e nas camadas do modelo que nunca se encontram ou se comunicam. As exibições e os controladores, porém, são mais unidos. Eles compartilham muitas informações, principalmente através das variáveis de instância. Isso significa que os nomes escolhidos para suas variáveis no controlador terão um efeito no que você fará na exibição.

Neste capítulo, vamos ver o que acontece em uma ação do controlador quando ela é executada e o que ocorre como resultado. Nesse ínterim, veremos também, como as próprias classes do controlador são configuradas, e em particular os muitos modos diferentes como podemos apresentar as exibições. Fechamos o capítulo com alguns tópicos adicionais relacionados aos controladores: filtros e fluxo.

Dispatcher: Onde tudo começa

O Rails é usado para construir aplicativos baseados na Web, antes que qualquer outra coisa aconteça, um servidor Web – Apache, Lighttpd, Nginx etc. – lida com uma *solicitação*. Então, o servidor envia essa solicitação para o aplicativo Rails, onde é trabalhada pelo *dispatcher*.

Tratamento de solicitações

Enquanto lida com a solicitação, o servidor passa algumas informações para o dispatcher, principalmente:

- A URI da solicitação (http://localhost:3000/timesheets/show/3 ou outra coisa)
- O ambiente CGI (as ligações dos nomes do parâmetro CGI com valores)

A função do dispatcher é:

- Descobrir qual controlador está envolvido na solicitação
- Descobrir qual ação deve ser executada
- Carregar o devido arquivo do controlador que deve conter uma definição da classe Ruby para uma classe do controlador (TimesheetsController, por exemplo)
- Criar uma instância da classe do controlador
- Informar essa instância para executar a devida ação

Tudo isso ocorre rapidamente e de forma interna. É improvável que você precise entrar no código-fonte do dispatcher, isso é o tipo de coisa que você pode ter certeza que funciona. Contudo, para realmente entender o Rails, é importante saber o que está ocorrendo com o dispatcher. É particularmente importante lembrar que as várias partes de seu aplicativo são apenas bits (algumas vezes bits longos) de código Ruby e que eles serão carregados em um interpretador Ruby em execução.

Como ficar íntimo do dispatcher

Para fins educativos, vamos iniciar o mecanismo de envio do Rails manualmente. Isso dá uma boa idéia do fluxo de controle do programa no Rails.

Faremos este pequeno exercício completamente, iniciando com um novo aplicativo Rails:

```
$ rails dispatch_me
```

Agora crie um único controlador com uma ação index:

```
$ cd dispatch_me/

$ ruby ./script/generate controller demo index
```

Se você observar o controlador que acabou de gerar, em app/controllers/ demo_controller.rb, verá que tem uma ação index:

```
class DemoController < ApplicationController

  def index

  end

end
```

Também há um arquivo do modelo de exibição, `app/views/demo/index. rhtml`, correspondente à ação. O arquivo é criado automaticamente, uma cortesia do script generate.

Esse arquivo de modelo contém um pouco de linguagem placeholder. Apenas para compreender mais claramente as coisas, iremos substituí-la por algo que possamos reconhecer quando encontrarmos novamente. Apague as linhas em index.rhtml e forneça o seguinte:

```
Hello!
```

Pouca construção, mas servirá. Agora que colocamos o jogo de dominós alinhado é só empurrar o primeiro: o dispatcher. Para tanto, comece inicializando o console Rails a partir do diretório de seu aplicativo Rails. Digite **`ruby script/console`** a partir de um prompt de comando:

```
$ ruby script/console
Loading development environment.
>>
```

Agora, estamos no coração de um aplicativo Rails e ele está esperando para receber instruções.

Existem algumas variáveis ambiente que normalmente seriam definidas pelo servidor Web que passa a solicitação para o dispatcher Rails. Como iremos chamar o dispatcher manualmente precisamos definir essas variáveis manualmente:

```
>> ENV['REQUEST_URI'] = "/demo/index"
=> "/demo/index"
>> ENV['REQUEST_METHOD'] = "get"
=> "get"
```

Agora, estamos prontos para enganar o dispatcher fazendo com que "pense" que está recebendo uma solicitação. Na verdade, *está* recebendo a informação, mas ela está vindo de alguém no console, ao invés de um servidor Web.

Eis o comando:

```
>> Dispatcher.dispatch
```

E eis a resposta do aplicativo Rails:

```
Content-Type: text/html; charset=utf-8
Set-Cookie: _dispatch_me_session_id=336c1302296ab4fa1b0d838d; path=/
Status: 200 OK
Cache-Control: no-cache
Content-Length: 7


Hello!
```

Executamos o método da classe dispatch da classe Dispatcher do Rubye como resultado, a ação index foi executada, o modelo do índice (como está) foi apresentado, os resultados da apresentação foram colocados em alguns cabeçalhos HTTP e retornados.

Pense: se ao invés de um ser humano você fosse um servidor Web e tivesse simplesmente feito a mesma coisa, agora poderia retornar esse documento, cabeçalhos e "Hello!", para um cliente.

E é exatamente isso que acontece. Veja o subdiretório public de `dispatch_me` (ou qualquer outro aplicativo Rails). Entre outras coisas, veremos esses arquivos dispatcher:

```
$ ls dispatch.*
```

```
dispatch.cgi dispatch.fcgi dispatch.rb
```

Sempre que uma solicitação Rails chega, o servidor Web passa o controle para um desses arquivos. *Qual* será esse arquivo depende da configuração exata do servidor. Basicamente, todos fazem a mesma coisa: eles chamam `Dispatcher.dispatch`, exatamente como você fez a partir do console.

Você poderá seguir mais ainda essa trilha se surgir `public/.htaccess` e a configuração de seu servidor. Mas para compreender a cadeia de eventos em uma solicitação Rails e o papel do controlador, apenas uma olhada no que acabamos de fazer é o suficiente.

Apresentar na exibição...

O objetivo da ação típica do controlador é apresentar um modelo de exibição, ou seja, preencher o modelo e passar os resultados, geralmente um documento HTML, de volta para o servidor para ser enviado para o cliente.

De modo estranho – ainda que pareça um pouco estranho, existe uma lógica – você realmente não precisa definir uma ação do controlador, *contanto que tenha um modelo que coincida com o nome da ação.*

Você pode tentar isso de modo escondido. Vá para `app/controller/demo_ controller.rb` e apague a ação index para que o arquivo pareça vazio, assim:

```
class DemoController < ApplicationController
end
```

Não apague `app/view/demo/index.rhtml` e, então, experimente o exercício do console (`Dispatcher.dispatch e tudo mais`) novamente. Verá o mesmo resultado.

A propósito, recarregue o console quando fizer alterações, ele não reage automaticamente às alterações no código-fonte. O modo mais fácil de recarregar o console é, simplesmente, digitar `reload`! Mas saiba que qualquer instância de objetos `ActiveRecord` que você estiver mantendo também precisará ser recarregada (usando seus métodos `reload` individuais). Algumas vezes é mais simples apenas sair do console e começar tudo de novo.

No caso de dúvida, apresente

O Rails sabe que quando obtém uma solicitação para a ação `index` do controlador demo o que *realmente* importa é retornar algo para o servidor.

Portanto, se não houver nenhuma ação index no arquivo do controlador, o Rails ficará indiferente e dirá: "Bem, vamos supor apenas que se *houvesse* uma ação `index`, ela estaria vazia e eu simplesmente apresentaria `index.rhtml`. Portanto, é isso que farei".

Contudo, você pode aprender algo com a ação vazia do controlador. Voltemos a esta versão do controlador demo:

```
class DemoController < ApplicationController
  def index
  end
end
```

O que você aprende vendo a ação vazia é que no final de cada ação do controlador, *se nada mais for especificado*, o comportamento padrão será apresentar o modelo cujo nome coincide com o nome do controlador e da ação. Neste caso, isso significa *app/view/demo/index.rhtml.*

Em outras palavras, toda ação do controlador tem um comando render implícito. E render é, na verdade, um método real. Você poderia escrever o exemplo anterior assim:

```
def index
  render :template => "demo/index"
end
```

Porém, você não precisa fazê-lo porque já está suposto que isso é o que deseja, e isso faz parte do assunto que as pessoas Rails debatem em discussões sobre a *convenção acima da configuração*. Não force o desenvolvedor a adicionar um código que poderia simplesmente ser assumido por convenção.

Contudo, o comando render faz mais do que apenas fornecer uma maneira de dizer ao Rails para fazer aquilo que, de qualquer modo, ele já faria.

Apresentação explícita

Apresentar um modelo é como colocar uma camisa: se não gostar da primeira que encontra em seu armário – que no caso do Rails chamaríamos de padrão, por assim dizer – você pode pegar outra e colocar no lugar.

Se uma ação do controlador não quiser apresentar seu modelo padrão, poderá apresentar um modelo diferente chamando o método render. Qualquer arquivo do modelo na árvore de diretórios `app/view` está disponível (na verdade, não é exatamente verdadeiro. Qualquer modelo no sistema inteiro está disponível!). Mas por que você desejaria que a ação de seu controlador apresentasse um modelo ao invés de seu padrão? Existem várias razões e conhecer algumas delas, poderá ser útil para garantir todos os recursos convenientes do método render do controlador.

Como apresentar outro modelo de ação

Uma razão comum para apresentar um modelo inteiramente diferente é o caso da reexibição de um formulário enviado com dados inválidos e que precisa de correção. Em tais circunstâncias, a estratégia Web usual é reexibir o formulário com os dados enviados e inicializar a exibição simultânea de algumas informações de erro, de modo que o usuário possa corrigir o formulário e enviá-lo de novo.

O motivo para esse processo abarcar a apresentação de outro modelo é que a ação que *processa* o formulário e a ação que *exibe* o formulário podem ser – e geralmente são – diferentes entre si. Portanto, a ação que processa o formulário precisa de um modo de reexibir o modelo (formulário) original, ao invés de tratar o envio do formulário como bem-sucedido e continuar com aquilo que deveria ser a próxima tela.

Opa, foi muita explicação! Eis um exemplo prático:

```
class EventController < ActionController::Base
  def new
    # Esta ação (vazia) apresenta o modelo new.rhtml, que
    # contém o formulário para fornecer informações sobre o novo
    # registro do evento e realmente não é necessário.
  end
def create
    # Este método processa a entrada do formulário. A entrada está
    # disponível através do hash params, no hash aninhado retirando a chave :event.
    @event = Event.new(params[:event])
    if @event.save
      flash[:notice] = "Event created!"
```

```
      redirect_to :controller => "main"      #ignore esta linha no momento
    else
      render :action => "new"        # não execute o novo método!
    end
  end
end
```

No caso de falha, ou seja, se `@event.save` não retornar true, apresentaremos o modelo "`new`", `new.rhtml`, novamente. Supondo que `new.rhtml` foi escrito corretamente, isso incluirá automaticamente a exibição das informações de erro incorporadas no novo `objeto Event` (não gravado), `@event`.

Note que o próprio modelo, `new.rhtml`, não "sabe" que foi apresentado pela ação `create` ao invés da ação `new`. Apenas faz seu serviço: preenche, expande e interpola, com base nas instruções contidas e nos dados (neste caso, `@event`) que o controlador transmitiu.

Como apresentar um modelo diferente

De modo semelhante, se você estiver apresentando um modelo para uma ação diferente, será possível apresentar qualquer modelo no sistema chamando render com uma opção `:template` ou `:file` apontando para o arquivo do modelo desejado.

A opção `:template` pega um caminho relativo para a raiz do modelo (`app/views,` a menos que você mude, o que seria extremamente incomum), ao passo que `:file` pega um caminho absoluto do sistema de arquivos.

Reconhecidamente, a opção `:template` raramente é usada pela maioria dos desenvolvedores Rails.

```
render :template => "abuse/report" # apresenta
app/views/abuse/report.rhtml
render :file => "/railsapps/myweb/app/views/templates/common.rhtml"
```

Como apresentar um modelo parcial

Outra opção é apresentar um modelo *parcial* (frequentemente chamado apenas de "parcial"). Em geral, o uso dos modelos parciais permite organizar o código de seu modelo em pequenos arquivos. Isso ajuda a evitar a desordem e encoraja-o a dividir o código de seu modelo em módulos reutilizáveis.

A apresentação parcial de um controlador é, em grande parte, usada junto com as chamadas AJAX que precisam atualizar dinamicamente os segmentos de uma página já exibida. A técnica, junto com o uso genérico dos parciais nas exibições, será tratada com mais detalhes no Capítulo 10, "`ActionView`".

Como apresentar o código do modelo em linha

Às vezes, você precisa enviar ao navegador o resultado da conversão de um fragmento do código do modelo, pequeno demais para merecer seu próprio parcial. Admito que essa prática é controversa, pois é uma violação flagrante da devida separação das preocupaçõesentre as camadas MVC.

Um caso de uso comum para a apresentação em linha e provavelmente a única razão pela qual foi introduzida para começar é ao usar um dos assistentes de exibição AJAX do Rails, como, por exemplo, `auto_complete_result` (tratado no Capítulo 12, "Ajax on Rails").

```
render :inline =: "<%= auto_complete_result(@headings, 'name') %>"
```

O Rails trata o código em linha exatamente como se fosse um modelo de exibição.

> **Courtenay diz...**
>
> Se você fosse um de meus funcionários eu o repreenderia por usar o código de exibição no controlador, mesmo que tivesse apenas uma linha.
>
> Experimente manter seu código relacionado à exibição nas exibições!

Como apresentar texto

E se você precisar enviar o texto comum de volta para o navegador, em particular ao responder ao AJAX e a certos tipos de solicitações do serviço Web?

```
render :text => 'Submission accepted'
```

Como apresentar outros tipos de dados estruturados

O comando render também aceita uma série de opções (convenientes) para retornar dados estruturados como, por exemplo, JSON ou XML. O tipo de conteúdo da resposta será devidamente definido e as opções adicionais aplicadas.

`:json`

JSON[1] é um pequeno subconjunto de JavaScript selecionado por sua utilização como um formato de troca de dados leve. É em grande parte usado como um modo de enviar dados para o código JavaScript executado em um aplicativo Web rico através de chamadas AJAX. O ActiveRecord tem um suporte predefinido para a conversão no JSON, o que torna o Rails uma plataforma ideal para fornecer dados JSON, como no seguinte exemplo:

```
render :json => @record.to_json
```

`:xml`

O `ActiveRecord` também tem um suporte predefinido para a conversão no XML, como no exemplo a seguir:

```
render :xml => @record.to_xml
```

Falaremos mais sobre tópicos relacionados ao XML no Capítulo 15, "XML e `ActiveResource`".

Como não apresentar nada

Existem raras ocasiões em que você não deseja apresentar nada (para evitar um erro no Safari, não apresentar nada realmente significa enviar um caractere de espaço de volta para o navegador).

```
render :nothing => true, :status => 401   # Não autorizado
```

Vale a pena notar que, como mostrado neste fragmento, `render :nothing => true` geralmente é usado junto com um código de status HTTP (como tratado na próxima seção, "Como apresentar opções").

Como apresentar opções

A maioria das chamadas para o método render aceita opções adicionais. São apresentadas em ordem alfabética:

:content_type

Todo conteúdo solto na Web é associado a um tipo MIME[2]. Por exemplo, o conteúdo HTML é rotulado com um tipo de conteúdo `text/html`, porém há vezes em que você deseja enviar ao cliente algo diferente de HTML. O Rails não valida o formato do identificador MIME que você transmite para a opção `:content_type`, portanto, certifique-se de que seja válida.

:layout

Por padrão, o Rails tem convenções em relação ao modelo de layout escolhido para incorporar sua resposta. Essas convenções serão tratadas no Capítulo 10, "`ActionView`". A opção `:layout` permite especificar se você deseja que um modelo de layout seja apresentado ou não.

:status

O protocolo HTTP inclui muitos códigos[3] de status padrões que indicam várias condições em resposta à solicitação de um cliente. O Rails usará automaticamente o devido status para os casos mais comuns como, por exemplo, 200 OK para uma solicitação bem-sucedida.

A teoria e as técnicas envolvidas ao usar devidamente a faixa total de códigos de status HTTP exigiriam um capítulo ou talvez um livro inteiro. Para sua conveniência, a Tabela 2-1 demonstra alguns códigos úteis que descobri durante a prática de minha programação Rails diária.

Tabela 2.1 Os códigos de status HTTP comuns

Codigo de Status	Descrição

307 Temporary Redirect
O recurso solicitado reside temporariamente em uma URI diferente
	Às vezes, você precisa redirecionar temporariamente o usuário para uma ação diferente, talvez enquanto um processo de longo prazo ocorre ou enquanto a conta do proprietário de um recurso emparticular está suspensa.
	Este código de status em particular declara que um cabeçalho de resposta HTTP denominado Location contém a URI do recurso para o qual o cliente é direcionado. Como o método render não tem um hash de campos do cabeçalho de resposta, você tem que defini-los manualmente antes de chamar render. Felizmente, o hash response está no escopo dos métodos do controlador, como o exemplo a seguir:
	`def paid_resource`
	`  if current_user.account_expired?`
	`    response.headers['Location'] =`
	`      account_url(current_user)`
	`    render :text => "Account expired", :status => 307`
	`  end`
	`end`

401 Unauthorized	Algumas vezes, um usuário não fornecerá credenciais para exibir um recurso restrito, sua autenticação e/ou autorização irá falhar. Supondo o uso de um esquema HTTP Authentication Basic ou Digest, quando isso ocorrer você deve, provavelmente, retornar `401`.

<table>
<tr><th>Codigo de Status</th><th>Descrição</th></tr>
<tr><td>403 Forbidden
O servidor compreendeu a solicitação, mas esta recusando-se a executá-la</td><td>Gosto de usar <code>403</code> junto com uma mensagem de texto curta render <code>:text</code> nas situações onde o cliente solicitou um recurso que normalmente não está disponível através da interface do aplicativo da Web. Em outras palavras, a solicitação parece ter ocorrido através de meios artificiais. Uma pessoa ou um robô, por razões inocentes ou criminosas, (não importa), está tentando levar o servidor a fazer algo que ele não deveria.

Por exemplo, meu aplicativo Rails atual é público e visitado pelo GoobleBot diariamente. Provavelmente, devido a um erro em algum ponto a URL /favorites foi indexada. Infelizmente, /favorites apenas deve estar disponível para os usuários conectados. Porém, como o Google conhece uma URL, continuará voltando a ela no futuro. Foi assim que pedi que parasse:

<pre>def index
  return render :nothing => true,
                :status => 403 unless logged_in?
  @favorites = current_user.favorites.find(:all)
end</pre></td></tr>
<tr><td>404 Not Found
O servidor não pode encontrar o recurso solicitado.</td><td>Você pode escolher usar <code>404</code> quando um recurso de um ID dado específico não existir em seu banco de dados (por ser um ID inválido no caso do recurso ter sido apagado). Por exemplo, “GET / .people/2349594934896107” não existe em nosso banco de dados, portanto o que exibimos? Apresentamos uma exibição com a mensagem instantânea informando que não existe nenhuma pessoa com esse ID? Não em nosso mundo REST, nele 404 seria melhor. E mais, se estivermos usando algo como <code>acts_as_paranoid</code> e soubermos que o recurso usado existiu no passado, poderíamos responder com <code>410 Gone</code>.</td></tr>
<tr><td>503 Service Unavailable
O servidor está indisponível temporariamente.</td><td>O código 503 é muito útil ao desativar um site para a manutenção, particularmente ao fazer o upgrade dos serviços Web REST. Uma das revisoras deste livro, Susan Porter, compartilha da seguinte sugestão:

<blockquote>Para meus projetos, crio um aplicativo stub Rails que responde com 503 para cada tipo válido de solicitação que chega. Os clientes de meus serviços são, geralmente, os serviços em si ou outros aplicativos, portanto isso ajuda aos desenvolvedores do cliente que consomem meus servidos da Web saberem que isto é uma mudança temporária e deve ser devido a uma manutenção programada (e um bom lembrete para eles verificarem os e-mails que lhes envio no final de semana, ao invés de ignorá-los).</blockquote></td></tr>
</table>

Redirecionamento

A vida útil de um aplicativo Rails é dividida em solicitações. Sempre que houver uma nova solicitação, estaremos começando de novo.

Apresentar um modelo, seja padrão ou alternativo – ou, nesse sentido, apresentar um parcial, algum texto ou qualquer coisa – é a etapa final no tratamento de uma solicitação. Porém, redirecionar significa terminar a solicitação atual e iniciar uma nova.

Veja de novo o exemplo do método create de tratamento do formulário:

```
def create
  @event = Event.new(params[:event])
  if @event.save
    flash[:notice] = "Event created!"
    redirect_to :controller => "main"
  else
    render :action => "new"
  end
end
```

Se a operação de gravação tiver sucesso, iremos armazenar uma mensagem no hash instantâneo e redirecioná-la com `redirect_to` para uma ação completamente nova. Nesse caso, é a ação index (não especificada, mas a padrão) do controlador *principal*.

A lógica aqui é que se o novo registro Event foi salvo, a próxima ordem será retornar o usuário para a exibição de alto nível. Por que não apenas apresentar o modelo `main/index.rhtml`?

```
if @event.save
  flash[:notice] = "Event created!"
  render :controller => "main", :action => "index"
  ...
```

Courtenay diz...

Lembre-se que o código depois de uma chamada de redireção ou apresentação ainda será executado, e o aplicativo irá aguardar até que esteja completo antes de enviar esses dados para o navegador.

No geral, se for o caso de uma lógica complexa, você vai desejar retornar depois de uma redireção ou apresentação aninhada dentro de uma série de instruções if para evitar um DoubleRenderError:

```
def show
  @user = User.find(params[:id])
  if @user.activated?
    render :action => 'activated' and return
  end
  case @user.info
  ...
  end
end
```

O resultado disso deve ser o modelo `main/index.rhtml` apresentado. Mas existem algumas armadilhas. Por exemplo, digamos que a ação `main/index` seja assim:

```
def index
  @events = Event.find(:all)
end
```

Se você apresentar `index.rhtml` a partir da ação `event/create`, a ação `main/index` *não será executada*. Portanto, `@events` não seria inicializado. Isso significa que index.rhtml será destruída, porque (provavelmente) está planejando usar `@events`:

```
<h1>Schedule Manager</h1>
<p>Here are our current events:</p>
<% @events.each do |event| %>
  Algum tipo de exibição HTML entraria aqui
<% end %>
```

É por isso que você precisa redirecionar para `main/index` ao invés de apenas pedir emprestado seu modelo. O comando `redirect_to` limpa as coisas: ao decidir o que apresentar, ele cria uma nova solicitação, inicializa uma nova ação e inicia a partir do zero.

Sebastian diz...

Qual redireção é a correta?

Quando usa o método `redirect_to` do Rails, você informa ao agente do usuário (ou seja, o navegador) para executar uma nova solicitação para uma URL diferente. Essa resposta pode, de fato, significar coisas diferentes e é por isso que o HTTP moderno tem quatro códigos de status diferentes para a redireção.

O antigo HTTP 1.0 tinha dois códigos: 301, também conhecido como "Moved Permanently" (Movido Permanentemente) e 302, também conhecido como "Moved Temporarily" (Movido Temporariamente). Uma redireção permanente significava que o agente do usuário deveria esquecer a antiga URL e usar a nova de agora em diante, atualizando qualquer referência que pudesse ter mantido (isto é, um favorito ou no caso do Google, seus bancos de dados de pesquisa). Uma redireção temporária era um negócio "único apenas". A URL original ainda era válida, mas para essa solicitação, em particular, o agente do usuário deveria obter um novo recurso a partir da URL de redireção.

Mas havia um problema: se a solicitação original tivesse sido um POST, qual método deveria ser usado para a solicitação redirecionada? Para as redireções permanentes era seguro supor que a nova solicitação deveria ser GET, uma vez era o caso de todos os cenários de uso.Mas as redireções temporárias foram usadas para redirecionar para a exibição de um recurso que tinha acabado de ser modificado na solicitação POST original (que acaba sendo o padrão de uso mais comum) e também para redirecionar a solicitação POST original inteira para uma nova URL que cuidaria dela.

O HTTP 1.1 resolveu este problema com a introdução de dois códigos de status novos: 303, que significa "See Other" (Veja Outro) e 307 que significa "Temporary Redirect" (Redireção Temporária). Uma redireção 303 informaria ao agente do usuário para executar uma solicitação GET, independente de qual era o verbo original,ao passo que 307 *sempre* utilizaria o mesmo método empregado para a solicitação original.

> Atualmente, a maioria dos navegadores lida com as redireções 302 do *mesmo modo como 303*, com uma solicitação GET, que é o argumento usado pela equipe principal do Rails para continuar usando 302 em `redirect_to`. Um status 303 seria a melhor alternativa, pois não deixa espaço para interpretações (ou confusões), mas acho que ninguém o considerou chato o bastante a ponto de realizar uma correção.
>
> Se você precisar de uma redireção 307 para continuar a processar uma solicitação POST em uma ação diferente, poderá sempre fazer sua própria redireção personalizada atribuindo um caminho para `response. header["Location']` e, então, apresentando com `render :status => 307`.

Comunicação do controlador/exibição

Quando um modelo de exibição é apresentado, ele geralmente usa os dados que o controlador retirou do banco de dados. Em outras palavras, o controlador obtém o que precisa na camada do modelo e envia para a exibição.

O modo como o Rails implementa os repasses de tarefas dos dados do controlador para a exibição é através das variáveis de instância. Geralmente, uma ação do controlador inicia uma ou mais variáveis de instância. Essas variáveis de instância podem, então, ser usadas pela exibição.

É um tanto irônica (e uma possível confusão para os recém-chegados) a escolha das variáveis de instância para compartilhar os dados entre os controladores e as exibições. A principal razão das variáveis de instância existirem é para que os objetos (sejam objetos `Controller`, `String` etc.) possam continuar com os dados que *não* compartilham com os outros objetos. Quando a ação de seu controlador é executada, tudo está ocorrendo no contexto de um objeto controlador – uma instância, digamos, de `DemoController` ou `EventController`. "Contexto" aqui, inclui o fato de que toda variável de instância no código pertence à instância do controlador.

Quando o modelo de exibição é apresentado, o contexto é de um objeto diferente, uma instância de `ActionView::Base`. Essa instância tem suas próprias variáveis de instância e não tem acesso àquelas que são do objeto controlador.

Portanto, as variáveis de instância, diante disso, são a pior escolha para o modo como dois objetos compartilham dados. Contudo, é possível que ocorra. O que o Rails faz é um loop nas variáveis do objeto controlador e cria, para cada uma delas, com o mesmo nome e contendo os mesmos dados, uma variável de instância para o objeto de exibição.

Requer muito trabalho para a estrutura: é como copiar uma lista de mercearia a mão. Mas o resultado final é que as coisas ficam mais fáceis para você, o programador. Se você for um Ruby purista, poderá assustar-se um pouco com as variáveis de instância servindo para conectar objetos, ao invés de separá-los. Por outro lado, ser um purista Ruby deve também incluir a compreensão de que você pode fazer muitas coisas diferentes no Ruby - como, por exemplo, copiar as variáveis de instância em um loop.

Portanto, não há nada realmente fora do escopo do Ruby nisso. Ele fornece uma conexão suave, da perspectiva do programador, entre um controlador e o modelo apresentado.

Filtros

Os filtros permitem aos controladores executar um código compartilhado antes e depois do processamento para suas ações. Esses filtros podem ser usados para fazer a autenticação, cache ou auditoria antes da ação que se pretende executar. Os métodos do filtro são do *tipo macro*, ou seja, aparecem no início do método de seu controlador, dentro do contexto da classe, antes das definições do método. Também acabamos com os parêntesis em torno dos argumentos do método, para enfatizar sua natureza declarativa, assim:

```
before_filter :require_authentication
```

Como em muitos outros métodos do tipo macro no Rails, você pode transmitir quantos símbolos quiser ao método do filtro:

```
before_filter :security_scan, :audit, :compress
```

Ou pode dividi-los em linhas separadas, assim:

```
before_filter :security_scan

before_filter :audit

before_filter :compress
```

Em oposição aos métodos parecidos de callback do `ActiveRecord`, você não pode implementar um método de filtro em um controlador adicionando um método chamado `before_filter` ou `after_filter`.

Você deve tornar seus métodos do filtro `protected` ou `private`, do contrário eles poderão ser chamados como ações públicas em seu controlador (através da rota padrão).

O mais importante, os filtros têm acesso à solicitação, resposta e todas as variáveis de instância definidas pelos outros filtros na cadeia ou pela ação, neste caso dos filtros `after`. Os filtros podem ser variáveis de instância a serem usadas pela ação solicitada e, geralmente, são.

Courtenay diz...

Alguns de nós usamos os filtros before para carregar os registros para as operações com um registro,onde há algum tipo de lógica complexa. As variáveis de instância definidas em um filtro estão, claro, disponíveis para qualquer ação.

Esta é uma questão controversa. Alguns desenvolvedores acreditam que as ações do banco de dados devem ficar fora dos filtros e que devem ser especificadas no método action.

```
before_filter :load_product, :only => [ :show,
:edit, :update, :destroy ]
def load_product
   @product =
current_user.products.find_by_permalink(params[:id]
)
   redirect_to :action => 'index' and return false
unless @product.active?
end
```

Herança do filtro

As hierarquias de herança do controlador compartilham os filtros abaixo. Seu aplicativo Rails comum tem um `ApplicationController` a partir do qual todos os outros controladores herdam, portanto, se você quisesse adicionar filtros que fossem sempre executados, não importando o quê, este seria o lugar para fazê-lo.

```
class ApplicationController < ActionController::Base
  after_filter :compress
```

As subclasses também podem adicionar e/ou pular os filtros já definidos sem afetar a superclasse. Por exemplo, considere as duas classes relacionadas na Listagem 2.1 e como elas interagem.

Listagem 2.1 Um par de filtros before que cooperam

```
class BankController < ActionController::Base
  before_filter :audit
  private
    def audit
      # registre as ações e os parâmetros deste controlador em um log de au-
      ditoria
    end
end
class VaultController < BankController
  before_filter :verify_credentials
  private
    def verify_credentials
      # certifique-se de que o usuário tenha permissão para o cofre
    end
end
```

Qualquer ação executada em `BankController` (ou qualquer uma de suas subclasses) fará com que o método audit seja chamado antes da ação solicitada ser executada. Em `VaultController`, primeiro o método audit é chamado, seguido do método `verify_credentials`, pois essa é a ordem na qual os filtros foram especificados (Os filtros são executados no contexto da classe onde são declarados e BankController tem que ser carregado antes de `VaultController`, uma vez que é a classe-mãe).

Se o método de auditoria retornar false por qualquer razão, `verify_credentials` e a ação solicitada nunca serão chamados. Esse procedimento é conhecido como *parar a cadeia de filtros* e quando ocorre, se você examinar seu log de desenvolvimento, verá uma mensagem para o efeito de que esse ou aquele filtro parou o processamento da solicitação.

Tipos de filtro

Um filtro pode ter uma das três formas seguintes: *referência do método* (símbolo), *classe externa* ou *método em linha* (proc). O primeiro é, de longe, o mais comum, e funciona fazendo referências a um método protegido ou privado em algum lugar na hierarquia de herança do controlador. No exemplo do banco na Listagem 2.1, `BankController` e `VaultController` usam essa forma.

Classes de filtro

Usar uma classe externa ajuda os filtros genéricos reutilizados mais facilmente como, por exemplo, a compressão da saída. As classes de filtro externas são implementadas com um método de filtro estático em qualquer classe e, então, transmitido essa classe para o método do filtro, como na Listagem 2.2

Listagem 2.2 Um filtro de compressão da saída

```
class OutputCompressionFilter
  def self.filter(controller)
```

```
    controller.response.body = compress(controller.response.body)
  end
end
class NewspaperController < ActionController::Base
  after_filter OutputCompressionFilter
end
```

O método `self.filter` da classe Filter é transmitido à instância do controlador que está filtrando, dando acesso a todos os aspectos do controlador e permitindo sua manipulação quando achar adequado.

Método de filtros em linha

O método em linha (que usa um parâmetro de bloco para o método do filtro) pode ser usado para fazer rapidamente algo pequeno, que não requer muita explicação ou simplesmente um teste rápido. Funciona assim:

```
class WeblogController < ActionController::Base
  before_filter {|controller| false if controller.params["stop"]}
end
```

Como você pode ver, o bloco espera ser transmitido para o controlador depois de ter atribuído a solicitação para as variáveis internas. Isso significa que o bloco tem acesso aos objetos de solicitação e de resposta completos, com métodos convenientes para os parâmetros, sessão, modelo e atribuições. Note que o método em linha não tem, necessariamente, que ser um bloco – qualquer objeto que responda a `call`, como, por exemplo, `Proc` ou um objeto `Method` servirá.

Os filtros around se comportam de forma um pouco diferente dos filtros before e after normais. A seção dedicada a `around_filters` requer um tópico.

Ordem da cadeia de filtros

Usar `before_filter` e `after_filter` anexa os filtros especificados à *cadeia* existente. Geralmente isso é bom, mas algumas vezes você seimporta mais com a ordem na qual os filtros são executados. Quando isso acontecer, você pode usar `prepend_before_filter` e `prepend_after_filter`. Os filtros adicionados por esses métodos serão colocados no início de suas respectivas cadeias e executados antes do resto, como no exemplo na Listagem 2.3.

Listagem 2.3 Um exemplo de filtros before de anexação

```
class ShoppingController < ActionController::Base
  before_filter :verify_open_shop

class CheckoutController < ShoppingController
  prepend_before_filter :ensure_items_in_cart, :ensure_items_in_stock
```

A cadeia de filtros para `CheckoutController` agora é `:ensure_items_in_cart, :ensure_items_in_stock, :verify_open_shop`. Portanto, se qualquer um dos filtros ensure retornar `false`, nunca chegaremos a saber se a loja está aberta ou não; a cadeia de filtros será parada.

Você pode transmitir diversos argumentos do filtro de cada tipo, assim como um bloco de filtro. Se um bloco de filtro for dado, será tratado como o último argumento.

Filtros around

Os filtros `around` envolvem uma ação, eles executam o código antes e depois da ação na qual estão envolvidos. Eles podem ser declarados como referências do método, blocos ou objetos que respondem ao filtro ou a before e after.

Para usar um método como um `around_filter`, transmita um símbolo nomeando o método Ruby. Use yield (ou block.call) dentro do método para executar a ação.

Por exemplo, a Listagem 2-4 tem um filtro around que registra as exceções (não que você precise fazer algo assim em seu aplicativo, isso é apenas um exemplo).

Listagem 2.4 Um filtro `around` para registrar exceções

```
around_filter :catch_exceptions

private

  def catch_exceptions
    yield
  rescue => exception
    logger.debug "Caught exception! #{exception}"
    raise
  end
```

Para usar um bloco como um `around_filter`, transmita um bloco que tenha como argumentos o controlador e o bloco da ação. Você não pode chamar yield diretamente a partir de um bloco `around_filter`, chame explicitamente o bloco de ação:

```
around_filter do |controller, action|
  logger.debug "before #{controller.action_name}"
  action.call
  logger.debug "after #{controller.action_name}"
end
```

Para usar um objeto de filtro com around_filter, transmita um objeto respondendo a :filter ou a :before e :after. Com um método do filtro, entregue o bloco assim:

```
around_filter BenchmarkingFilter

class BenchmarkingFilter
  def self.filter(controller, &block)
    Benchmark.measure(&block)
  end
end
```

Um objeto de filtro com os métodos before e after é peculiar porque você deve retornar true a partir do método before, caso queira que o método after seja executado.

```
around_filter Authorizer

class Authorizer
  # Isto será executado antes da ação. Retornar false abortará a ação
  def before(controller)
    if user.authorized?
      return true
    else
      redirect_to login_url
```

```
      return false
    end
  end

  def after(controller)
    # execute depois da ação somente se before tiver retornado true
  end
end
```

Como pular a cadeia de filtros

Declarar um filtro em uma classe de base aplica-se de modo conveniente às suas subclasses, mas algumas vezes uma subclasse deveria pular alguns filtros herdados de uma superclasse:

```
class ApplicationController < ActionController::Base
  before_filter :authenticate
  around_filter :catch_exceptions
end

class SignupController < ApplicationController
  skip_before_filter :authenticate
end

class ProjectsController < ApplicationController
  skip_filter :catch_exceptions
end
```

Condições do filtro

Os filtros podem ser limitados a ações específicas declarando as ações a incluir ou excluir. Ambas as opções aceitam ações simples (como `:only => :index`) ou arrays de ações (`:except => [:foo, :bar]`).

```
class Journal < ActionController::Base
  before_filter :authorize, :only => [:edit, :delete]

  around_filter :except => :index to |controller, action_block|
    results = Profiler.run(&action_block)
    controller.response.sub! "</body>", "#{results}</body>"
  end

  private

    def authorize
      # Redirecione para login, a menos que seja autenticado.
    end

end
```

Como parar a cadeia de filtros

Os métodos `before_filter e around_filter` podem parar a solicitação antes do corpo de um método de ação do controlador ser executado. É útil, por exemplo, para negar acesso a usuários não autorizados.

Como mencionado anteriormente, tudo que você tem que fazer para parar a cadeia de filtros é retornar false a partir do filtro. Chamar render ou `redirect_to` também irá parar a cadeia de filtros.

Os filtros `after` não serão executados se a cadeia de filtros for parada. Os filtros `around` param a solicitação, a menos que o bloco de ação seja chamado.

Se um filtro `around` retornar antes de entregar, estará, de fato, parando a cadeia, e qualquer filtro after não será executado.

Se um filtro `before` retornar false, a segunda metade de qualquer filtro around ainda será executada, mas o método de ação em si não. Também não será executado nenhum filtro `after`.

Fluxo

É um fato pouco conhecido que ao invés de apresentar os modelos de exibição, o Rails tem algum suporte predefinido para enviar o conteúdo binário de volta para o navegador. O fluxo é útil sempre que você precisa enviar os arquivos gerados para o navegador (por exemplo, imagens, arquivos PDF) e o Rails suporta isso com dois métodos em `ActionController::Streaming module:send_data` e `send_file`.

Um desses métodos é útil, mas o outro não deve ser usado sob nenhuma circunstância. Falaremos sobre o útil primeiro.

`send_data(dados, opções = {})`

O método `send_data` permite enviar para o usuário dados textuais ou binários como um arquivo nomeado. Você pode definir as opções que afetam o tipo de conteúdo e o nome de arquivo aparente e fazer uma alteração caso uma tentativa seja feita para exibir os dados em linha com outro conteúdo no navegador ou caso o usuário seja solicitado a fazer seu download como um anexo.

Opções para `send_data`

O método send_data tem as seguintes opções:

- `:filename` Sugere um nome de arquivo para o navegador usar.
- `:type` Especifica um tipo de conteúdo HTTP. Tem como padrão 'application/octet-stream'.
- `:disposition` Especifica se o arquivo será mostrado em linha ou baixado com download. Os valores válidos são inline e attachment (padrão).
- `:status` Especifica o código de status para enviar com a resposta. Tem como default '200 OK'.

Exemplos de uso

Criar um download de um arquivo tar gerado dinamicamente poderia ficar assim:

```
send_data generate_tgz('dir'), :filename => 'dir.tgz'
```

A Listagem 2.5 tem um exemplo de envio de uma imagem dinâmica para o navegador – é uma implementação parcial de um sistema *captcha*, usado para impedir que robôs mal intencionados abusem de seu aplicativo Web.

Listagem 2-5 Um controlador captcha usando RMagick e `send_data`

```
require 'RMagick'

class CaptchaController < ApplicationController
```

```
    def image
      # crie uma tela RMagic e apresente dificuldades para ler o texto
      ...
      image = canvas.flatten_images
      image.format = "JPG"

      # envie para o navegador
      Send_data(image.to_blob, :disposition => 'inline',
                               :type => 'image/jpg')
    end
  end
```

send_file(caminho, opções = {})

O método `send_file` envia um arquivo com 4096 bytes de cada vez para o cliente. O documento da API informa: "Assim, o arquivo inteiro não precisa ser lido na memória imediatamente, o que torna possível enviar arquivos ainda maiores".

Infelizmente, *isso não é verdade*. Quando você usa `send_file` em um aplicativo Rails executado no Mongrel (e atualmente isso é feito pela maioria das pessoas) *o arquivo inteiro é, de fato, lido na memória!* Portanto, usar `send_file` para enviar arquivos grandes pode trazer algumas dores de cabeça. A seguinte seção fala sobre como fazer com que seu servidor Web forneça arquivos diretamente.

> **Alerta de segurança**
>
> Note que o método `send_file` pode ser usado para ler qualquer arquivo acessível para o usuário que executa o processo do servidor Rails. Portanto tenha muito cuidado para manter em ordem[4] o parâmetro path se ele estiver vindo de uma página não confiável da Web.

Opções para `send_file`

No caso de você decidir usar send_file (e não diga que não avisei), eis as opções que ele compreende:

- `:filename` sugere um nome de arquivo para o navegador usar. Tem como padrão File.basename(path).
- `:type` especifica um tipo de conteúdo HTTP. Tem como padrão 'application/octet-stream'.
- `:disposition` especifica se o arquivo será mostrado em linha ou baixado com download. Os valores válidos são 'inline' e attachment' (padrão).
- `:stream` especifica se é para enviar o arquivo para o agente do usuário quando ele é lido (true) ou para ler o arquivo inteiro antes de enviar (false). Tem como padrão true.
- `:buffer_size` especifica o tamanho (em bytes) do buffer usado para enviar o arquivo. Tem como padrão 4096.
- `:status` especifica o código de status para enviar com a resposta. Tem como padrão '200 OK'.
- `:url_based_filename` deverá ser definido para true se você quiser que o navegador adivinhe o nome de arquivo a partir da URL, que é necessário para os nomes de arquivo i18n em certos navegadores (definir :filename anula esta opção).

A maioria destas opções é processada e definida no objeto de resposta pelo método privado `send_file_headers!` do módulo `ActionController::Streaming`, portanto se você estiver usando o servidor Web para enviar arquivos, pode querer abrir o código-fonte do Rails e dar uma olhada. Também haverá muito mais para ler sobre os outros cabeçalhos[5] Content-*HTTP se você quiser fornecer ao usuário mais informações que o Rails originalmente não suporta (como, por exemplo, `Content-Description`).

Courtenay diz..

Há muito poucas razões legítimas para fornecer arquivos estáticos através do Rails.

Muito, muito poucas.

Se você simplesmente tiver que usar `send_data` ou `send_file`, recomendo que armazene em cache o arquivo depois de enviá-lo. Existem poucas maneiras de fazer isso (lembre-se que um servidor Web configurado corretamente fornecerá arquivos em public/ e irá ignorar rails).

Você simplesmente pode copiar o arquivo para o diretório public:

```
public_dir = File.join(RAILS_ROOT, 'public',
controller_path)
FileUtils.mkdir_p(public_dir)
FileUtils.cp(filename, File.join(public_dir,
filename))
```

Todas as exibições subseqüentes desse recurso serão fornecidas pelo servidor Web.

Como alternativa, você pode tentar usar a diretiva `caches_page`, que fará algo parecido (O armazenamento em cache será tratado no Capítulo 10).

Finalmente, saiba que o documento pode ser armazenado em cache por proxies e navegadores. Os cabeçalhos Pragma e Cache-Control declaram como o arquivo pode ser armazenado em cache pelos intermediários. Como padrão eles solicitam que os clientes validem-se no servidor antes de liberar as respostas armazenadas em cache[6].

Mais razões para odiar o Internet Explorer

Os cabeçalhos padrões Content-Type e Content-Disposition são definidos para suportar os downloads de arquivos binários arbitrários no máximo de navegadores possível. Como se você precisasse de mais razões para odiar o Internet Explorer, as versões 4, 5, 5.5 e 6 desse navegador irritante são conhecidas por suas várias peculiaridades de tratamento do download, quando baixados através do HTTPS.

Exemplos de uso

Eis o exemplo mais comum, o download de um arquivo zip simples:

```
send_file '/path/to.zip'
```

Enviar um JPG para ser exibido em linha requer uma especificação do tipo de conteúdo MIME:

```
send_file '/path/to.jpg',
          :type => 'image/jpeg',
```

```
            :disposition => 'inline'
```

Isso mostrará uma página HTML 404 no navegador. Anexamos uma declaração charset às informações do tipo MIME:

```
send_file '/path/to/404.html,
            :type => 'text/html; charset=utf-8',
            :status => 404
```

Que tal enviar um arquivo FLV para um reprodutor de vídeos Flash baseado em navegadores?

```
send_file @video_file.path,
            :filename => video_file.title + '.flv',
            :type => 'video/x-flv',
            :disposition => 'inline'
```

Como permitir que o servidor Web envie arquivos

A solução para os problemas de consumo da memória inerentes a send_file é aproveitar a funcionalidade fornecida pelo Apache, Lighttpd e Nginx. Isso permite fornecer arquivos diretamente a partir do servidor Web mesmo que eles não estejam em um diretório de documento público. A técnica funciona definindo um cabeçalho de solicitação HTTP especial com o caminho para o arquivo que você deseja que o servidor envie para o cliente.

Eis como você faz isso no Apache e no Lighttpd:

```
response.headers['X-Sendfile'] = path
```

E eis como o faz no Nginx:

```
response.headers['X-Accel-Redirect'] = path
```

Em ambos os casos, você deseja terminar o método de ação do controlador informando ao Rails para não se importar em enviar nada, uma vez que o servidor Web vai lidar com ele.

```
render :nothing => true
```

Independente da forma como o faz, você pode imaginar por que precisaria de um mecanismo para enviar arquivos para o navegador, uma vez que já tem um construído – solicitando arquivos no diretório public. Bem, muitas vezes um aplicativo Web enfrentará arquivos que precisam ser protegidos do acesso público[7] (é praticamente todo site pornô existente!).

Conclusão

Neste capítulo, falamos sobre alguns conceitos sobre o ponto central de funcionamento do Rails: o dispatcher e o envio de exibições pelos controladores. E o mais importante: falamos sobre o uso dos filtros de ação do controlador, que você usará constantemente para todos os tipos de finalidades.

A API ActionController é um conhecimento fundamental, e necessário caso você queira se tornar um programador Rails especializado.

Prosseguindo com o livro, continuaremos com outro assunto que está intimamente relacionado ao dispatcher e aos controladores, que é a maneira que o Rails descobre como responder às solicitações: o sistema de roteamento.

Referências

1. Para obter mais informações sobre o JSON, vá para http://www.json. org/.
2. O MIME é especificado em *cinco* documentos RFC, portanto, é muito mais conveniente indicar para você uma descrição muito boa do MIME fornecida pela Wikipedia em http://en.wikipedia. org/wiki/MIME.
3. Para obter uma lista completa dos códigos de status HTTP, consulte a especificação em http:// www.w3.org/Protocols/rfc2616/rfc2616-sec10. html.
4. Heiko Webers tem a melhor crítica sobre como manter a ordem dos nomes de arquivo em http://www.rorsecurity.info/2007/03/27/working- with-files-in-rails/.
5. Veja a especificação oficial em http://www.w3.org.Protocols/rfc2616/ rfc2616-sec14.html.
6. Veja http://www.mnot.net/cache_docs/ para obter uma visão geral do cache Web.
7. Ben Curtis faz uma excelente abordagem para os downloads seguros em http://www.bencurtis. com/archives/2006/11/serving-protected-downloads-with-rails/.

Capítulo 3
Roteamento

> Sonhei com mil caminhos novos... acordei e fiquei com o antigo.
> - provérbio chinês

O sistema de roteamento no Rails é aquele que examina a URL de uma solicitação que chega e determina qual ação deve ser tomada pelo aplicativo. Também faz bem mais que isso. O roteamento Rails pode ser um pouco difícil de abrir, mas grande parte da dificuldade reside em uma pequena quantidade de conceitos. Depois que aprender a lidar com eles, o resto será bem simples.

Este capítulo irá apresentar as principais técnicas para definir e manipular as rotas. O próximo capítulo deve basear-se neste conhecimento para explorar os recursos que o Rails oferece no suporte para escrita de aplicativos compatíveis com os princípios do Representational State Transfer (REST). Como poderá ver, esses recursos serão muito úteis, mesmo que você não esteja planejando aumentar sua teorização sobre REST.

Muitos dos exemplos presentes nestes dois capítulos são baseados em um pequeno aplicativo de leilão. Os exemplos são simples o bastante para que você possa compreendê-los. A idéia básica é que existem leilões e cada leilão envolve um item; assim como existem usuários, e os usuários enviam as ofertas. De um modo geral é assim que funciona.

A inicialização de uma ação do controlador é o principal evento na vida útil de uma conexão com um aplicativo Rails. Portanto, faz sentido que o processo pelo *qual* o Rails determina *qual* controlador e qual ação executar deva ser muito importante. Esse processo é incorporado no sistema de roteamento.

O sistema de roteamento mapeia as URLs para as ações. Ele faz isso aplicando regras (que você especifica), usando os comandos Ruby no arquivo de configuração `config/routes.rb`. Se você não anular as regras padrões do arquivo, terá um comportamento razoável. Mas escrever algumas regras personalizadas e aproveitar a flexibilidade do sistema de roteamento não requer muito trabalho!

E mais, o sistema de roteamento realmente faz duas coisas: mapeia as solicitações para as ações e escreve URLs para você usar como argumentos

para os métodos como, por exemplo, `link_to`, `redirect_to` e `form_tag`. O sistema de roteamento sabe como transformar a URL de solicitação de um visitante em uma seqüência do controlador/ação. Também sabe como construir strings URL com base em suas especificações.

Quando você fizer isto:

```
<% = link_to "Items", :controller => "items", :action => "list" %>
```

o sistema de roteamento fornecerá a seguinte URL para o assistente link_to:

```
http://localhost:3000/items/list
```

O sistema de roteamento é, desta forma, um roteamento bidirecional poderoso e complexo. Ele *reconhece*, roteia devidamente e *gera* as URLs, usando as regras de roteamento como um modelo ou plano para a string gerada. Veremos essas duas finalidades importantes do sistema de roteamento quando prosseguirmos.

Duas finalidades do roteamento

Reconhecer as URLs é útil porque é a forma que seu aplicativo decide o que fazer quando uma determinada solicitação chega:

`http://localhost:3000/myrecipes/apples` *O que fazemos agora?!*

Gerar URLs é útil porque permite usar uma sintaxe com um nível relativamente alto em seus modelos de exibição e controladores quando você precisa inserir uma URL. Portanto, você não vai precisar fazer isto:

```
<a href="http://localhost:3000/myrecipes/apples">My Apple Recipes</a>

Not much fun having to type this out by hand!
```

O sistema de roteamento lida com estas duas questões: como interpretar (reconhecer) uma URL de solicitação e como escrever (gerar) uma URL. Ele executa essas duas funções com base nas regras fornecidas. As regras são inseridas no arquivo `config/routes.rb`, usando uma sintaxe especial (na verdade, é apenas o código do programa Ruby, mas usa métodos e parâmetros especiais).

Cada regra (ou para usar um termo mais comum – cada *rota*) inclui uma string padrão que será usada como um modelo para coincidir as URLs e como um plano para escrevê-las. A string padrão contém uma mistura de substrings estáticas, barras (imitando a sintaxe URL) e parâmetros posicionais curingas (que servem como "receptores" para os valores correspondentes em uma URL) para o reconhecimento e a geração.

Uma rota também pode incluir um ou mais parâmetros vinculados. Eles aparecem na forma de pares de chave/valor em um hash. O destino desses pares de chave/valor depende do que é a chave. Algumas chaves (`:controller` e `:action`) são "mágicas" e determinam o que realmente está acontecendo. Outras chaves (`:blah`, `:whatever` etc.) são guardadas para uma futura referência.

Colocando mais molho na descrição, eis uma rota de amostra relacionada aos exemplos anteriores:

```
map.connect 'myrecipes/:ingredient',
            :controller => "recipes",
            :action => "show"
```

Neste exemplo você pode ver:

- Uma string estática (`myrecipes`)
- Um componente URL curinga (`:ingredient`)
- Parâmetros vinculados (`:controller => "recipes", :action => "show"`)

As rotas têm uma sintaxe muito rica (esta aqui não é, absolutamente, a mais complexa, nem a mais simples) porque têm muitas coisas a fazer. Uma única rota, como a deste exemplo, tem que fornecer informações suficientes para coincidir com a URL existente *e* construir uma nova. O sistema de rotas é projetado para endereçar ambos os processos.

Se você pegar cada tipo de campo por vez, não será muito difícil de entender. Daremos uma mostra rápida usando a rota 'ingredient'. Não se preocupe se não conseguir entender na primeira vez, vamos desenrolar e expandir as técnicas e os detalhes durante o capítulo.

Enquanto percorrermos a anatomia da rota, veremos o papel de cada parte no reconhecimento da URL e na geração da URL. Lembre-se que isso é apenas um exemplo introdutório. Você pode fazer muitas coisas diferentes com as rotas, mas examinar este exemplo será um ponto de partida, pois ele permitirá ver como tudo funciona.

Parâmetros vinculados

Se estivéssemos falando sobre o reconhecimento da rota, os parâmetros vinculados (os pares de chave/valor no hash de opções no final da lista de argumentos da rota) determinariam o que iria acontecer se e quando essa rota coincidisse com uma URL de entrada. Digamos que alguém solicita esta URL em seu navegador Web:

```
http://localhost:3000/myrecipes/apples
```

Essa URL coincidirá com a rota ingredient. O resultado será que a ação show do controlador recipes será executada. Para saber o motivo, veja a rota novamente:

```
map.connect 'myrecipes/:ingredient',
            :controller => "recipes",
            :action => "show"
```

As chaves `:controller` e `:action` estão *vinculadas*: esta rota, quando coincide com uma URL, sempre levará o visitante exatamente para esse controlador e essa ação. Em breve você verá as técnicas para coincidir o controlador e a ação com base na coincidência de *curingas*. Neste exemplo, porém, não há nenhum curinga envolvido. O controlador e a ação são codificados especificamente.

A partir de agora, quando você estiver gerando uma URL para usar em seu código, fornecerá valores para todos os parâmetros vinculados necessários. Assim, o sistema de roteamento poderá fazer bastante coincidências para encontrar a rota desejada (na verdade, se você não fornecer valores suficientes para satisfazer uma rota, o Rails deve reclamar enviando uma exceção).

Os parâmetros são, geralmente, lidados em um hash. Por exemplo, para gerar uma URL a partir da rota do ingrediente você deve fazer algo como:

```
<%= link_to "Recipe for apples",
    :controller => "recipes",
    :action => "show",
    :ingredient => "apples" %>
```

Os valores "`recipes`" e "`show`" para `:controller` e `:action` coincidirão com a rota ingredient, que contém os mesmos valores para os mesmos parâmetros. Isso significa que a string padrão nessa rota servirá como o modelo – o plano – para a URL gerada.

O uso de um hash para especificar os componentes da URL é comum a todos os métodos que produzem URLs (`link_to`, `redirect_to`, `form_for` etc.). Nesse aspecto, esses métodos estão fazendo suas próprias chamadas para `url_for`, um método de geração de URLs de nível inferior sobre o qual falaremos um pouco mais adiante.

Ficamos com :ingredient pendente. Ele é um componente curinga da string padrão.

Componentes curingas ("Receptores")

O símbolo `:ingredient` dentro do padrão citado na rota é um parâmetro curinga (ou variável). Você pode considerá-lo como um *receptor*. Seu serviço é ser pego por um valor. Qual valor pega qual curinga é determinado posicionalmente, alinhando a URL com a string padrão:

```
http://localhost:3000/myrecipes/apples      Alguém conecta esta URL...
                   'myrecipes/:ingredient'   que coincide com a string padrão
```

O receptor `:ingredient`, neste exemplo, recebe o valor apples da URL. Isso significa que o valor `params[:ingredient]` será definido para a string "`apples`". Você pode acessar esse valor dentro de sua ação `recipes/show`. Quando você gerar uma URL, será preciso fornecer valores que irão se anexar aos receptores – os símbolos de curinga dentro da string padrão. Isso deve ser feito usando a sintaxe chave => valor. Eis o significado da última linha do exemplo anterior:

```
<%= link_to "My Apple Recipes",
        :controller => "recipes",
        :action => "show",
        :ingredient => "apples" %>
```

Na chamada para `link_to`, fornecemos valores para três parâmetros. Dois deles irão coincidir com os parâmetros vinculados codificados especificamente na rota. O terceiro deles, `:ingredient`, será atribuído ao slot na URL correspondente para o slot :ingredient na string padrão.

Mas eles são apenas pares de chave/valor do hash. A chamada para `link_to` não "sabe" se está fornecendo especificamente valores codificados ou curingas. Sabe apenas que esses três valores, ligados a essas três chaves, serão suficientes para localizar uma rota e, portanto, uma string padrão e, então, um plano para uma URL.

Strings estáticas

Nossa rota de amostra contém uma string estática dentro da string padrão myrecipes.

```
map.connect 'myrecipes/:ingredient',
            :controller => "recipes",
            :action => "show"
```

Esta string apóia o processo de reconhecimento. Quando o sistema de roteamento reconhece uma URL que começa com /myrecipes, ele a compara com a string estática na rota "ingredient".

Qualquer URL que não contiver a string recipes no slot à esquerda não será mapeada na rota.

Assim como a geração de strings, as strings estáticas na rota são simplesmente inseridas, posicionalmente, na URL que o sistema de roteamento gera. Segue o exemplo link_to que estamos considerando:

```
<%= link_to "My Apple Recipes",
      :controller => "recipes",
      :action     => "show",
      :ingredient => "apples" %>
```

irá gerar o seguinte HTML:

```
<a href="http://localhost:3000/myrecipes/apples">MyApple Recipes</a>
```

A string myrecipes não apareceu na chamada `link_to`. Os *parâmetros* da chamada `link_to` inicializaram uma coincidência com a rota ingredients. O gerador URL, então, usou a string padrão dessa rota como o plano para a URL gerada. A string padrão determina a substring myrecipes.

O *reconhecimento* da URL e a *geração* da URL, então, são dois serviços do sistema de roteamento. É como o livro de endereços armazenado em um telefone celular. Quando você seleciona "Gavin" em sua lista de contatos, o telefone pesquisa o número. E quando Gavin liga, o telefone descobre (*a partir* do número fornecido pelo ID de quem chama) que a pessoa é Gavin, ou seja, ele reconhece o número e mapeia para o valor "Gavin", que é exibido na tela do telefone.

O roteamento do Rails é um pouco mais complexo que o mapeamento do livro de endereços do telefone, pois existem algumas variáveis envolvidas. Não é apenas um mapeamento de um para um. No entanto, a idéia básica é a mesma: reconhecer o que chega como solicitações e gerar o que entra no código como HTML.

Em seguida iremos para as regras do roteamento. Quando prosseguimos, você deverá manter em mente a dupla finalidade do reconhecimento/geração. Existem dois princípios que são particularmente úteis de lembrar:

- *A mesma regra* controla o reconhecimento e a geração. O sistema inteiro é configurado de modo que você não tenha que escrever as regras duas vezes; você escreve apenas uma vez e a lógica flui em ambas as direções.
- As URLs geradas pelo sistema de roteamento (através de `link_to` e dos amigos) *apenas fazem sentido para o sistema de roteamento.* O caminho recipes/apples que o sistema gera, não tem nenhuma idéia de como deveria acontecer – exceto que mapeia para uma regra de roteamento. Então, a regra do roteamento fornece as informações necessárias para iniciar uma ação do controlador. Alguém vendo a URL sem saber as regas, não saberá o que a URL significa.

Quando avançarmos no assunto, você verá, em detalhes, como isso acaba.

Arquivo `routes.rb`

As rotas são definidas no arquivo `config/routes.rb`, como mostrado (com alguns comentários extras), na Listagem 3.1. Esse arquivo é designado quando você cria pela primeira vez seu aplicativo Rails. Existem algumas rotas já escritas e, na maioria dos casos, você desejará mudar e/ou adicionar as rotas definidas nele.

Listagem 3.1 O arquivo routes.rb padrão

```
ActionController::Routing::Routes.draw do |map|
  # A prioridade é baseada na ordem de criação
  # As primeiras criadas têm a prioridade mais alta.

  # Amostra de rota comum:
  # map.connect 'products/:id',    :controller => 'catalog',
                                   :action => 'view'

  # Lembre-se que você pode atribuir valores diferentes de
  # :controller e :action

  # Amostra da rota nomeada:
  # map.purchase 'products/:id/purchase', :controller => 'catalog',
                                          :action => 'purchase'
  # Esta rota pode ser chamada com purchase_url(:id => product.id)

  # Você pode ter a raiz de seu site roteada conectando ''
  # - - apenas se lembre de apagar public/index.html.
  # map.connect '', :controller => "welcome"

  # Permita o download do Web Service WSDL como um arquivo com uma extensão

  # Ao invés de um arquivo chamado 'wsdl'
  map.connect ':controller/service.wsdl', :action => 'wsdl'

  # Instale a rota padrão como a prioridade mais baixa.
  map.connect ':controller/:action/:id.:format'
  map.connect ':controller/:action/:id'

end
```

Todo procedimento consiste em uma única chamada para o método `ActionController::Routing::Routes.draw`. Esse método obtém um bloco e tudo a partir da segunda linha do arquivo até a penúltima linha desse bloco.

Dentro do bloco você tem acesso a uma variável chama map. É uma instância da classe `ActionController::Routing::RouteSet::Mapper`. Através dela, você configura o sistema de roteamento Rails: define as regras de roteamento chamando os métodos em seu objeto mapper. No arquivo `routes.rb` padrão você pode ver várias chamadas para `map.connect`. Cada chamada (pelo menos as que não estão comentadas) cria uma nova rota registrando-a no sistema de roteamento.

O sistema de roteamento tem que encontrar uma coincidência padrão para uma URL que está tentando reconhecer ou uma coincidência de parâmetros para uma URL que está tentando gerar. Ele faz isso percorrendo as regras (as rotas) na ordem em que foram definidas, isto é, a ordem na qual aparecem em `routes.rb`. Se certa rota falhar ao coincidir, a rotina de coincidência irá para a próxima. Assim que qualquer rota tiver sucesso em fornecer a coincidência necessária, a pesquisa terminará.

Courtenay diz..

O roteamento é, provavelmente, uma das partes mais complexas do Rails. Na verdade, em grande parte da história do Rails, apenas uma pessoa podia fazer qualquer alteração na fonte, devido à sua implementação intrincada. Portanto, não se preocupe muito se não compreender imediatamente, a maioria de nós ainda não entende.

Dito isso, o sintaxe routes.rb será muito simples se você seguir as regras. Provavelmente, passará menos de 5 minutos configurando as rotas para um projeto Rails comum.

Rota padrão

Se você observar a parte final de routes.rb, verá a *rota padrão.*

```
map.connect ':controller/:action/:id'
```

A rota padrão é, em certo sentido, o fim da jornada. Ela define o que acontece quando nada mais acontece. Porém, também é um bom lugar para começar. Se você entender a rota padrão, será capaz de aplicar esse conhecimento nos exemplos mais intrincados, quando eles surgirem.

A rota padrão consiste em apenas uma string padrão que contêm três "receptores" curingas. Dois dos receptores são :controller e :action. Isso significa que essa rota determina o que está ocorrendo a partir dos curingas; não há nenhum parâmetro vinculado, nenhum controlador ou ação codificada especificamente.

Eis um cenário de amostra. Uma solicitação entra com a URL:

```
http://localhost:3000/auctions/show/1
```

Digamos que ela não coincide com nenhum outro padrão. Ela alcança a última rota no arquivo – a rota padrão. Definitivamente, há uma coerência, uma coincidência. Pegamos a rota com três receptores e uma URL com três valores e, portanto, três coincidências posicionais:

```
:controller/:action/:id
 auctions / show / 1
```

Então, acabamos com o controlador auctions (leilões), a ação show e "1" para o valor id (a ser armazenado em `params[:id]`). Agora o dispatcher sabe o que fazer.

O comportamento da rota padrão mostra alguns comportamentos padrões específicos do sistema de roteamento. A ação padrão para qualquer solicitação é index. E dado um curinga como `:id` na string padrão, o sistema de roteamento prefere encontrar um valor para ele, mas prossegue e o atribui a *nil*, ao invés de desistir e concluir que não há nenhuma coincidência.

A Tabela 3.1 mostra alguns exemplos de URLs, como irão mapear para essa regra e com quais resultados.

Tabela 3.1 Exemplos de rotas padrões

URL	Resultado		Valor do id
	Controlador	**Ação**	
/auctions/show/3	auctions	show	3
/auctions/index	auctions	index	*nil*
/auctions	auctions	index (padrao)	*nil*
/auctions/show	auctions	show	*nil* - um erro provavelmente!

O nil no último caso provavelmente é um erro, pois uma ação show sem id, em geral, não é o que você deseja!

Foco no campo `:id`

Note que o tratamento do campo `:id` na URL não é mágico, apenas é acertado como um valor com um nome. Se você quisesse, poderia mudar a regra para que `:id` fosse `:blah` mas, então, teria que se lembrar de fazer isso em sua ação do controlador:

```
@auction = Auction.find(params[:blah])
```

O nome `:id` é, simplesmente, uma convenção. Ele reflete a freqüência do caso no qual uma determinada ação precisa acessar certo registro do banco de dados. A principal atividade do roteador é determinar o controlador e a ação que devem ser executados. O campo id é um extra: é uma oportunidade para as ações passarem um campo de dados entre si.

O campo id termina no hash params, que está automaticamente disponível para suas ações do controlador. Em um caso clássico e comum você usaria o valor fornecido para retirar um registro do banco de dados:

```
class ItemsController < ApplicationController
  def show
    @item = Item.find(params[:id])
  end
end
```

Geração de rotas padrões

Além de fornecer a base para reconhecer as URLs e inicializar o comportamento correto, a rota padrão também desempenha um papel na geração das URLs. Eis uma chamada link_to que irá usar a rota padrão para gerar uma URL:

```
<%= link_to item.description,
    :controller => "item",
    :action => "show",
    :id => item.id %>
```

Este código pressupõe uma variável local chamada item que (supomos) contém um objeto Item. A idéia é criar um hiperlink com a ação show para o controlador do item e incluir o id desse item em particular. Em outras palavras: o hiperlink verá algo assim:

```
<a href="localhost:3000/item/show/3">A signed picture of Houdini</a>
```

Essa URL é criada como uma cortesia do mecanismo de geração de rotas. Veja de novo a rota padrão:

```
map.connect ':controller/:action/:id'
```

Em nossa chamada `link_to`, fornecemos valores para todos os três campos no padrão. Tudo que o sistema de roteamento tem que fazer é conectar esses valores e inserir o resultado na URL:

```
item/show/3
```

Quando alguém clicar no link, essa URL será reconhecida (uma cortesia da outra metade do sistema de roteamento, o recurso do reconhecimento) e o controlador correto e a ação serão executados com `params[:id]` definido para 3.

A geração da URL, neste exemplo, usa a lógica do `curinga:` fornecemos três símbolos, `:controller`, `:action` e `:id`, em nossa string padrão e esses símbolos foram substituídos na URL gerada por qualquer valor fornecido. Compare isso com nosso exemplo anterior:

```
map.connect 'recipes/:ingredient',
            :controller => "recipes",
            :action => "show"
```

Para obter o gerador de URLs para escolher essa rota, temos que especificar "recipes" e "show" para `:controller` e `:action` quando solicitarmos uma URL para `link_to`. Na rota padrão, e em qualquer rota que tenha símbolos incorporados em seu padrão, você terá que coincidir, mas poderá usar qualquer valor.

Como modificar a rota padrão

Um bom modo de entender o sistema de roteamento é mudar as coisas e observar o que acontece. Faremos isso com a rota padrão. Provavelmente, você desejará mudar tudo de volta... mas alterá-la poderá mostrar algo importante sobre como funciona o roteamento.

Você deve trocar :controller e :action na string padrão:

```
# Instale a rota padrão como a prioridade mais baixa.
map.connect ':action/:controller/:id'
```

Agora você definiu a rota padrão para que tenha ações em primeiro lugar. Isso significa que onde você poderia ter se conectado, anteriormente, a http://localhost:3000/auctions/show/3, agora, precisará conectar-se a http://localhost:3000/show/auctions/3. E quando, gerar uma URL a partir dessa rota, ela aparecerá na ordem /show/auctions/3.

Particularmente - ainda que não pareça lógico - acredito que a rota padrão original (o padrão padrão) é melhor. Mas isso nos mostra um pouco o que está ocorrendo, especificamente com os símbolos mágicos `:controller` e `:action`. Tente mais algumas mudanças e veja que efeito elas têm. (E então, coloque de novo como estava!)

Rota antepadrão e `respond_to`

A rota anterior a rota padrão (logo, a rota "antepadrão") é assim:

```
map.connect ':controller/:action/:id.:format'
```

O `.:format` no final coincide com um ponto literal e com um valor de "formato" curinga depois do campo id. Isso significa que coincidirá, por exemplo, com uma URL assim:

```
http://localhost:3000/recipe/show/3.xml
```

Nesse caso, `params[:format]` será definido para xml. O campo :format é especial, ele tem um efeito dentro da ação do controlador. Esse efeito está relacionado a um método chamado `respond_to`.

O método `respond_to` permite escrever sua ação para que ela retorne resultados diferentes, dependendo do formato solicitado. Eis uma ação show para o controlador de itens que oferece HTML ou XML:

```
def show
  @item = Item.find(params[:id])
  respond_to do |format|
    format.html
    format.xml { render :xml => @item.to_xml }
  end
end
```

O bloco `respond_to` neste exemplo tem duas cláusulas. A cláusula HTML consiste apenas em format.html. Uma solicitação para HTML será lidada pela apresentação usual do modelo de exibição RHTML. A cláusula XML inclui um bloco de código; se XML for solicitado, o bloco será executado e o resultado de sua execução será retornado para o cliente.

Eis uma ilustração da linha de comando, usando wget (um pouco editada para reduzir a interferência de linhas):

```
$ wget http://localhost:3000/items/show/3.xml -O -
Resolving localhost... 127.0.0.1, ::1
Connecting to localhost|127.0.0.1|:3000... connected.
HTTP request sent, awaiting response... 200 OK
Length: 295 [application/xml]
<item>
  <created-at type="datetime">2007-02-16T04:33:00-05:00</created-at>
  <description>Violin treatise</description>
  <id type="integer">3</id>
  <maker>Leopold Mozart</maker>
  <medium>paper</medium>
  <modified-at type="datetime"></modified-at>
  <year type="integer">1744</year>
</item>
```

O .xml no final da URL resulta em `respond_to` escolhendo o desvio "xml", e o documento retornado é uma representação XML do item.

`respond_to` **e cabeçalho** `HTTP-Accept`

Você também pode inicializar um desvio em respond_to definindo o cabeçalho `HTTP-Accept` na solicitação. Quando fizer isto, não haverá nenhuma necessidade de adicionar a parte `.:format` da URL.

Eis um exemplo `wget` que não usa `.xml`, mas define o cabeçalho `Accept`:

```
wget http://localhost:3000/items/show/3 -O - —header="Accept:
  text/xml"
Resolving localhost... 127.0.0.1, ::1
```

```
Connecting to localhost|127.0.0.1|:3000... connected.
HTTP request sent, awaiting response...
200 OK
Length: 295 [application/xml]
<item>
  <created-at type="datetime">2007-02-16T04:33:00-05:00</created-at>
  <description>Violin treatise</description>
  <id type="integer">3</id>
  <maker>Leopold Mozart</maker>
  <medium>paper</medium>
  <modified-at type="datetime"></modified-at>
  <year type="integer">1744</year>
</item>
```

O resultado é exatamente igual ao do exemplo anterior.

Rota vazia

Exceto pelos exercícios do tipo 'aprenda fazendo', geralmente é mais seguro deixar a rota padrão como está. Mas há outra rota em `routes.rb` que desempenha um pouco do papel padrão e, provavelmente, você desejará mudá-la: a rota vazia.

Em algumas linhas da rota padrão (consulte a Listagem 3.1), você verá o seguinte:

```
# Você pode ter a raiz de seu site roteada conectando ''
# - - apenas se lembre de apagar public/index.html.
# map.connect '', :controller => "welcome"
```

O que você está vendo aqui é a rota vazia, ou seja, uma regra especificando o que deveria acontecer quando alguém se conecta a

`http://localhost:3000` *Note a falta de"/qualquercoisa" no final!*

A rota vazia é um tipo de oposição da rota padrão. Ao invés de dizer: "Preciso de três valores e irei usá-los como controlador, ação e id", a rota fazia informa: "Não quero *nenhum* valor; não quero *nada* e já sei qual controlador e ação irei inicializar!"

Em um arquivo routes.rb recém-gerado a rota vazia é comentada, pois não há nenhum padrão universal ou razoável para ela. Você precisa decidir o que esta URL "nada" deve fazer para cada aplicativo escrito. Eis alguns exemplos de regras de rotas vazias bem comuns:

```
map.connect '', :controller => "main", :action => "welcome"
map.connect '', :controller => "top", :action => "login"
map.connect '', :controller => "main"
```

A última irá conectar-se a `main/index` – com `index` sendo a ação padrão quando não há nada especificado.

Note que o Rails 2.0 apresenta um método mapper chamado root que se torna o devido modo de definir a rota vazia para um aplicativo Rails, assim:

```
map.root :controller => "homepage"
```

Definir uma rota vazia vai mostrar algo às pessoas quando elas conectarem seu site com nada, exceto o nome do domínio.

Como escrever rotas personalizadas

A finalidade da rota padrão é obter todas as rotas que ainda não foram coincididas. Agora, veremos a parte que diz respeito ao *ainda*: as rotas definidas anteriormente no arquivo `routes.rb`, as rotas que, no final do arquivo, coincidem com mais exatidão do que a geral.

Você já viu os maiores componentes que pode colocar em uma rota: as strings estáticas, os parâmetros vinculados (em geral incluindo `:controller` e normalmente incluindo `:action`) e os "receptores" curingas que obtêm seus valores posicionalmente em uma URL ou como uma chave a partir de um hash URL em seu código.

Quando você escreve suas rotas precisa pensar como um sistema de roteamento.

- Pela perspectiva do reconhecimento, isso significaria dizer que sua rota deve ter informações suficientes (especificamente codificadas ou esperando para receber valores da URL) para decidir qual controlador e ação escolher (ou, pelo menos, um controlador; poderá ter como padrão index, se é o que você deseja).
- Na perspectiva da geração, você precisa assegurar que seus parâmetros e curinga codificados, juntos, forneçam valores suficientes para identificar uma rota a ser usada.

Contanto que essas instruções sejam seguidas e que suas rotas estejam listadas na ordem de prioridade (ordem de "falha"), elas devem funcionar como o desejado.

Como usar strings estáticas

Lembre-se que não há nenhuma correspondência necessária entre o número de campos na string padrão, o número de parâmetros vinculados e o fato de que cada conexão precisa de um controlador e uma ação.

Por exemplo, você *poderia* escrever uma rota assim:

```
map.connect ":id", :controller => "auctions", :action => "show"
```

que reconhecerá uma URL assim:

```
http://localhost:3000/8
```

O sistema de roteamento definiria `params[:id]` para 8 (com base na posição do "receptor" `:id`, que coincide com a posição de "8" na URL) e executaria a ação `show` do controlador `auctions`. Naturalmente, é uma rota um pouco insuficiente em termos de informações visuais. Talvez você quisesse fazer algo um pouco mais rico, mais parecido com a Listagem 2.2:

```
map.connect "auctions/:id", :controller => "auctions", :action=> "show"
```

Esta versão da rota reconheceria isto:

```
http://localhost:3000/auctions/8
```

Nesta rota, "auctions" é uma string estática. Será pesquisada na URL para o reconhecimento e será inserida na URL quando você a gerar com o seguinte código:

```
<%= link_to "Auction details",
    :controller => "auctions",
```

```
:action => "show",
:id => auction.id %>
```

Como usar seus próprios "receptores"

Até então, usamos dois parâmetros mágicos, `:controller` e `:action`, e o `:id` não mágico, porém padrão. Também é possível usar seus próprios parâmetros, especificamente codificados ou curingas. Fazer isso poderá ajudá-lo a adicionar alguma expressividade e autodocumentação às suas rotas, assim como ao código de seu aplicativo.

A principal razão para que você queira usar seus próprios parâmetros é poder usá-los como ponteiros em seu código. Por exemplo, você poderia querer uma ação do controlador assim:

```
def show
  @auction = Auction.find(params[:id])
  @user = User.find(params[:user_id])
end
```

Aqui, temos o símbolo `:user_id` aparecendo junto com `:id`, como uma chave para o hash de parâmetros. Isso significa que, de algum modo, ele existe. Na verdade, ele existe do mesmo modo que o parâmetro :id e aparece no padrão para a rota através da qual chegamos à ação show em primeiro lugar.

Eis a rota:

```
map.connect 'auctions/:user_id/:id',
    :controller => "auctions",
    :action => "show"
```

Essa rota, quando defrontada com uma URL do tipo

```
/auctions/3/1
```

fará com que a ação `auctions/show` seja executada e irá definir `:user_id` e `:id` no `hash :params`. (`:user_id` coincide com 3 posicionalmente e `:id` coincide com 1).

Com a geração da URL, tudo que você tem que fazer é incluir uma chave `:user_id` em sua especificação URL:

```
<%= link_to "Auction",
    :controller => "auctions",
    :action => "show",
    :user_id => current_user.id,
    :id => ts.id %>
```

A chave `:user_id` no hash coincidirá com o receptor `:user_id` no padrão da rota. Desta forma, a chave `:id` também coincidirá como os parâmetros `:controller` e `:action`. O resultado será uma URL baseada no plano `'auctions/:user_id/:id'`.

Você pode, de fato, adicionar arbitrariamente muitos especificadores a um hash URL nas chamadas para `link_to` e outros métodos parecidos. Qualquer parâmetro definido que não for encontrado em uma regra de roteamento será adicionado à URL como uma string de consulta. Por exemplo, se você adicionar

```
:some_other_thing =: "blah"
```

ao hash no exemplo `link_to` acima, terá como resultado em sua URL:

```
http://localhost:3000/auctions/3/1?some_other_thing=blah
```

Uma nota sobre a ordem das rotas

As rotas são consultadas, para o reconhecimento e para a geração, na ordem em que são definidas em routes.rb. A pesquisa por uma coincidência termina quando a primeira coincidência é encontrada, o que significa que você tem que ter cuidado com os falsos positivos.

Por exemplo, digamos que você tenha duas rotas em seu `routes.rb`:

```
map.connect "users/help", :controller => "users"
map.connect ":controller/help", :controller => "main"
```

A lógica aqui é: se alguém conectar-se a `/users/help`, haverá uma ação `users/help` para ajudá-lo. Mas se essa pessoa conectar-se a `/any_other_controller/help`, obterá a ação help do controlador principal. Sim, é capcioso.

Agora, considere o que aconteceria se você invertesse a ordem dessas duas rotas:

```
map.connect ":controller/help", :controller => "main"
map.connect "users/help", :controller => "users"
```

Se alguém conectar-se a /users/help, essa primeira rota irá coincidir – porque o caso mais específico, lidando com users de modo diferente, é definido posteriormente no arquivo.

É muito parecido com outros tipos de operações de coincidência, como as instruções case:

```
case string
when /./
  puts "Matched any character!"
when /x/
  puts "Matched 'x'!"
end
```

O segundo *when* nunca será alcançado, pois o primeiro coincidirá com 'x'. Você sempre deseja ir *dos* casos particulares ou especiais para o caso geral:

```
case string
when /x/
  puts "Matched 'x'!"
when /./
  puts "Matched any character!"
end
```

Estes exemplos case usam expressões regulares - /x/ etc. para incorporar padrões com os quais uma string pode ser testada na tentativa de obter uma coincidência. As expressões regulares geralmente também desempenham um papel na sintaxe de roteamento.

Como usar expressões regulares nas rotas

Algumas vezes você desejará não só reconhecer uma rota como, também, reconhecê-la em um nível mais refinado do que apenas aquele que indica quais componentes ou campos ela possui. Você pode fazer isso usando as expressões regulares[1].

Por exemplo, você pode rotear todas as solicitações "show" para que elas sigam para uma ação de erro, caso seus campos id não sejam numéricos. Você faria isso criando duas rotas, uma que lidasse com os ids numéricos e uma rota de falhas que lidasse com o resto:

```
map.connect ':controller/show/:id',
  :id => /\d+/, :action => "show"

map.connect ':controller/show/:id',
  :action => "alt_show"
```

Se quiser fazer isso, principalmente em termos de esclarecimento, pode colocar seus limites baseados em expressões regulares em um parâmetro de hash especial, chamado `:requirements`. Assim:

```
map.connect ':controller/show/:id',
  :action => "show", :requirements => { :id => /\d+/ }
```

As expressões regulares nas rotas podem ser úteis, especialmente quando você tem rotas que diferem entre si *apenas* em relação aos padrões de seus componentes mas não são um substituto completo para a verificação da integridade dos dados. Uma URL que coincide com uma rota com expressões regulares é como um candidato que passou na primeira entrevista para um emprego. Nesse caso, você ainda precisa assegurar que os valores com os quais estão lidando sejam úteis e apropriados para o domínio de seu aplicativo.

Parâmetros padrões e método url_for

As técnicas de geração de URLs que provavelmente você vai usar – `link_to`, `redirect_to` e amigos – são, atualmente, empacotadores em torno de um método de baixo nível chamado `url_for`. Vale a pena ver o `url_for` em seus próprios termos, pois você aprenderá algo sobre como o Rails gera as URLs (e poderá querer chamar `url_for` por si só em algum ponto).

A função do método `url_for` é gerar uma URL a partir de suas especificações, casada com as regras na rota que ele considera uma coincidência. Esse método detesta vácuo: ao gerar uma URL, ele gosta de preencher o máximo de campos possível. Para tanto, se não puder encontrar um valor para um determinado campo a partir das informações no hash dado, ele irá procurar um valor nos parâmetros de solicitação atuais.

Em outras palavras, quando existirem valores ausentes para os segmentos da URL, `url_for`, o padrão deve ser os valores atuais para `:controller`, `:action` e, onde for apropriado, outros parâmetros requeridos pela rota.

Isso significa que você pode economizar as informações repetidas, caso esteja sempre dentro do mesmo controlador. Por exemplo, dentro de uma exibição `show` para um modelo que pertence ao controlador auctions, você poderia criar um link com a ação edit assim:

```
<%= link_to "Edit auction", :action  => "edit", :id => @auction.id %>
```

Supondo que essa exibição seja apenas apresentada pelas ações no controlador auctions, o controlador atual no momento da apresentação sempre será auctions. Como não há nenhum `:controller` especificado no hash URL, o gerador voltará para auctions e com base na rota padrão

`(:controller/:action/:id)`, irá sugerir isto (para `auction 5`):

```
<a href="http://localhost:3000/auctions/edit/5">Edit auction</a>
```

O mesmo deve ocorrer para a ação. Se você não fornecer uma chave `:action`, então a ação atual será interpolada. Lembre-se, porém, que é muito comum que uma ação apresente um modelo que pertence a outro. Portanto, é menos provável que você queira permitir que o gerador URL volte na ação atual do que no controlador atual.

O que aconteceu com o `:id`?

Note que nesse último exemplo, tivemos como padrão `:controller`, mas precisamos fornecer um valor para `:id`. Isso acontece por causa do modo como os padrões funcionam no método `url_for`. O que ocorre é que o gerador de rotas prossegue – nos segmentos do modelo – da esquerda para a direita. No caso padrão, como este:

```
:controller/:action/:id
```

Ele preenche os campos com base nos parâmetros da solicitação atual até alcançar um campo onde você forneceu um valor:

```
:controller/:action/:id

  default!          provided!
```

Quando alcança tal valor, ele verifica para certificar-se de que você forneceu o padrão que ele teria usado de qualquer modo. Como estamos usando um modelo `show` como exemplo e o link é com uma ação `edit`, não estaremos usando o valor padrão para `:action`.

Assim que alcançar o valor não padrão, o `url_for` deverá parar de usar os padrões. Ele avalia que uma vez que você desviou dos padrões, desejará continuar desviando. Portanto, o campo que não é padrão e *todos os campos à sua direita* devem parar de voltar à solicitação atual para obter os valores padrões.

É por isso que há um valor específico para `:id`, mesmo que possa ser o mesmo do valor params`[:id]` deixado a partir da solicitação anterior.

Teste rápido: o que aconteceria se você mudasse a rota padrão para:

```
map.connect ':controller/:id/:action'
```

e, então, fizesse isto no modelo show.rhtml:

```
<%= link_to "Edit this auction", :action => "edit" %>  ?
```

Resposta: como :id não está mais à direita de `:action`, mas à sua esquerda, o gerador preencheria `:controller` e `:id` a partir de seus valores na solicitação atual. Então, usaria "`edit`" no campo `:action`, uma vez que codificamos especificamente isso. Não há nada à direita de :`action`, portanto, nesse ponto, tudo está terminado.

Assim, se esta for a exibição `show` para auction 5, iremos obter o mesmo hiperlink de antes – *quase*. Como a rota padrão mudou, também a ordem dos campos URL mudaria:

```
<a href="http://localhost:3000/auctions/5/edit">Edit this auction</a>
```

Realmente não há nenhuma vantagem em fazer isso. A questão, no caso, é ter uma idéia de como o sistema de roteamento funciona quando você o modifica.

Como usar URLs literais

Você pode, se quiser, codificar especificamente seus caminhos e URLs como argumentos de string para `link_to`, `redirect_to` e amigos. Por exemplo, ao invés disto:

```
<%= link_to "Help", :controller => "main", :action => "help" %>
```

poderá escrever isto:

```
<%= link_to "Help", "/main/help" %>
```

Porém, usar um caminho literal ou URL deve ignorar o sistema de roteamento. Se você escrever URLs literais, estará sozinho para mantê-las. Você pode, é claro, usar as técnicas de interpolação de string do Ruby para inserir os valores, caso seja adequado para o que você está fazendo. Mas realmente pare e pense se ao seguir este caminho não estará reinventando a funcionalidade do Rails.

Rota global

Em algumas situações, você pode ser que você queira pegar um ou mais componentes de uma rota sem ter que fazê-los coincidir, um a um, com parâmetros posicionais específicos. Por exemplo, suas URLs poderiam refletir uma estrutura de diretório. Quando alguém se conectar a

```
/files/list/base/books/fiction/dickens
```

você espera que a ação files/list tenha acesso a todos os quatro campos restantes. No entanto, em outras vezes, pode haver somente três campos:

```
/files/list/base/books/fiction
```

ou cinco:

```
/files/list/base/books/fiction/dickens/little_dorrit
```

Portanto, será necessária uma rota que seguirá (neste caso em particular) *tudo depois do segundo componente URI.*

Você pode fazer isso através de uma *rota global.* Você "globaliza" a rota com um asterisco:

```
map.connect 'files/list/*specs'
```

Agora, a ação files/list aterá acesso a um array de campos URI, acessível através de params[:specs]:

```
def list
  specs = params[:specs] # e.g, ["base", "books", "fiction", "dickens"]
end
```

A global tem que chegar ao final da string padrão na rota. Você *não pode* fazer isto:

```
map.connect 'files/list/*specs/dickens'  # Não funcionará!
```

A global limpa todos os componentes URI restantes e sua semântica, portanto, requer que seja a última coisa na string padrão.

Como tornar globais os pares de chave/valor

A globalização da rota pode fornecer a base para um mecanismo geral de consultas de campos sobre os itens para um leilão (auction). Digamos que você planeje um esquema URI que tem a seguinte forma:

`http://localhost:3000/items/`*campo1 / valor1 / campo2 / valor2 / ...*

Fazer solicitações deste modo retornará uma lista de todos os itens cujos campos coincidem com os valores baseados em um conjunto ilimitado de pares na URL.

Em outras palavras, `http://localhost:3000/items/year/1939/medium/wood` irá gerar uma lista de todos os itens de madeira (wood) feitos em 1939.

A rota que faria isso seria:

```
map.connect 'items/*specs', :controller => "items", :action => "specify"
```

Naturalmente, você terá que escrever uma ação specify, como a da Listagem 3.2, para dar suporte a esta rota.

Listagem 3.2 A ação `specify`

```
def specify
  @items = Item.find(:all, :conditions => Hash[params[:specs]])
  if @items.any?
    render :action => "index"
  else
    flash[:error] = "Can't find items with those properties"
    redirect_to :action => "index"
  end
end
```

E o método da classe entre colchetes em `Hash`, hein? Ele converte um array com uma dimensão de pares de chave/valor em um hash! Mais uma prova de que um conhecimento profundo do Ruby é um pré-requisito para se tornar um desenvolvedor Rails especializado.

Próxima parada: rotas nomeadas, um modo de encapsular a lógica de sua rota em métodos assistentes feitos sob medida.

Rotas nomeadas

O tópico das rotas nomeadas praticamente merece um capítulo próprio. O que você aprende aqui irá diretamente para nosso exame do roteamento relacionado ao REST no Capítulo 4.

A idéia de nomear uma rota é, basicamente, tornar a vida mais fácil para você, o programador. Não há efeitos aparentemente visíveis no que diz respeito ao aplicativo. Quando você nomeia uma rota, um novo método é definido para usar em seus controladores e exibições. O método é chamado *nome*`_url` (com *nome* sendo o nome dado à rota), e chamar o método, com os devidos argumentos, resultará em uma URL gerada para a rota. E mais, um método chamado *nome*`_path` também é criado. Esse método gera apenas a parte do caminho da URL, sem o protocolo e os componentes de host.

Como criar uma rota nomeada

O modo para nomear uma rota é chamar um método em seu objeto mapper com o nome que deseja usar, ao invés da conexão usual:

```
map.help 'help',
  :controller => "main",
  :action     => "show_help"
```

No exemplo a seguir, você vai obter métodos chamados `help_url` e `help_path`, que podem ser usados onde quer que o Rails espere uma URL ou componentes URL:

```
<%= link_to "Help!", help_path %>
```

E, claro, o reconhecimento usual e as regras de geração devem entrar em vigor. A string padrão consiste apenas no componente de string estático "`help`". Portanto, o caminho que você verá no hiperlink será

```
/help
```

Quando alguém clicar no link, a ação `show_help` do controlador main será chamada.

A questão de usar *nome_path* versus *nome_url*

Quando você cria uma rota nomeada, realmente está criando, pelo menos, dois métodos assistentes da rota. No exemplo anterior, esses dois métodos eram `help_url` e `help_path`. A diferença é que o método `_url` gera uma URL inteira, inclusive o protocolo e o domínio, ao passo que o método `_path` gera apenas a parte do caminho (algumas vezes, referido como caminho *relativo*).

Segundo a especificação HTTP, as redireções devem especificar uma URI que pode ser interpretada (por algumas pessoas) para significar uma URL[2] totalmente qualificada. Portanto, se você quiser ser petulante, provavelmente *deverá* sempre usar a versão `_url` quando utilizar uma rota nomeada como um argumento para `redirect_to` no código de seu controlador.

O método `redirect_to` parece funcionar perfeitamente com os caminhos relativos gerados pelos assistentes `_path`, o que torna ligeiramente sem sentido os argumentos sobre a questão. Na verdade, a não ser pelas redireções, permalinks e muitos outros casos críticos, é *como* o Rails `usa_path` ao invés de `_url`. Produz uma string mais curta e o agente do usuário (navegador ou outro) deve ser capaz de deduzir a URL totalmente qualificada sempre que precisar, com base nos cabeçalhos HTTP da solicitação, um elemento de base no documento ou a URL da solicitação.

Quando você ler este livro e quando examinar outro código e outros exemplos, a principal coisa a lembrar é que `help_url` e `help_path` basicamente estão fazendo a mesma coisa. Tenho a tendência a usar o estilo `_url` nas análises gerais sobre as técnicas da rota nomeada, mas `usar _path` nos exemplos que ocorrem dentro dos modelos de exibição (por exemplo, com `link_to` e `form_for`), em grande parte configura-se como um estilo de escrita, com base na teoria de que a versão URL é mais geral e a versão do caminho mais especializada. Em qualquer caso, é bom acostumar-se a ver os dois e fazer com que seu cérebro os compreenda como intimamente relacionados.

Considerações

As rotas nomeadas evitam certo esforço quando você precisa de uma URL gerada. Uma rota nomeada aponta diretamente para a rota necessária, evitando o processo de coincidência. Isso significa que você não tem que fornecer muitos detalhes, como precisaria caso fizesse o contrário. É necessário fornecer um valor para qualquer parâmetro curinga na string padrão da rota, mas não há necessidade de percorrer a lista de parâmetros vinculados codificados especificamente. A única razão para fazer isso quando estiver tentando gerar uma URL é no caso precisar conduzir o sistema de roteamento para a rota correta. Mas quando usar uma rota nomeada, o sistema já saberá qual regra você deseja aplicar e haverá uma (pequena) ajuda de desempenho correspondente.

Como nomear suas rotas

A melhor maneira de descobrir de quais rotas nomeadas você precisará é pensar de cima para baixo, ou seja, considerar o que você deseja escrever no código de seu aplicativo e, então, criar as rotas que devem tornar isso possível.

Veja, por exemplo, esta chamada para link_to:

```
<%= link_to "Auction of #{h(auction.item.description)}",
    :controller => "auctions",
    :action => "show",
    :id => auction.id %>
```

A regra de roteamento para coincidir com esse caminho é esta (um tipo genérico de rota):

```
map.connect "auctions/:id",
  :controller => "auctions",
  :action => "show"
```

Parece um pouco cruel descrever novamente os parâmetros de roteamento, apenas para que o sistema de roteamento possa descobrir qual rota desejamos. Com certeza seria ótimo encurtar esse código link_to, afinal, a regra de roteamento já especifica o controlador e a ação.

Esta é uma boa candidata para uma rota nomeada. Podemos melhorar a situação introduzindo `auction_path`:

```
<%= link_to "Auction for #{h(auction.item.description)}",
      auction_path(:id => auction.id) %>
```

Fornecer à rota um nome é um atalho: leva diretamente para essa rota, sem que seja necessária uma longa pesquisa e sem precisar fornecer uma grande descrição dos parâmetros especificamente codificados da rota.

> **Courtenay diz..**
>
> Lembre-se de se livrar das descrições de seu item!
>
> Links como, por exemplo, `#(auction.item.description)` devem sempre ser integrados em um método h( ) para evitar os *hacks de script com sites cruzados* (XSS). Isto é, a menos que você tenha alguma maneira inteligente de validar sua entrada.

A rota nomeada será igual à rota comum – exceto pelo fato de que substituímos a "conexão" pelo nome que desejamos dar à rota:

```
map.auction "auctions/:id",
  :controller => "auctions",
  :action     => "show"
```

Na exibição, agora podemos usar uma versão mais compacta de link_to. Assim obteremos (para auction 3, digamos) esta URL no hiperlink:

```
http://localhost:3000/auctions/show/3
```

Argumento agradável

Na verdade, podemos tornar o argumento para auction_path ainda mais curto. Se você precisar fornecer um número id como um argumento para uma rota nomeada, pode, simplesmente, fornecer o número sem escrever a chave :id:

```
<%= link_to "Auction for #{h(auction.item.description)}",

      auction_path(auction.id) %>
```

E essa sintáxe agradável vai ainda mais longe. Você pode simplesmente fornecer objetos e o Rails obterá o id automaticamente:

```
<%= link_to "Auction for #{h(auction.item.description)}",

      auction_path(auction) %>
```

Este princípio estende-se aos outros curingas na string padrão da rota nomeada. Por exemplo, se você tivesse uma rota assim:

```
map.item 'auction/:auction_id/item/:id',

  :controller => "items",

  :action     => "show"
```

seria capaz de chamá-la assim:

```
<%= link_to item.description, item_path(auction, item) %>
```

e poderia obter algo assim como seu caminho (dependendo dos números id exatos):

```
/auction/5/item/11
```

Nesse caso estamos permitindo que o Rails deduza os ids de um objeto auction e de um objeto item. Contanto que você forneça os argumentos na ordem na qual seus ids ocorrem na string padrão da rota, os valores corretos serão colocados no caminho gerado.

Um pouco mais de agrado?

E mais, não precisa ser o valor id que o gerador de rotas insere na URL. Você pode anular esse valor definindo um método `to_param` em seu modelo.

Digamos que você deseja que a descrição de um item apareça na URL para o leilão (auction) desse item. No arquivo do modelo item.rb, você deve anular `to_params`; aqui, iremos anulá-lo para que forneça uma versão "destruída" (sem pontuação e reunida com hífens) da descrição:

```
def to_param

  description.gsub(/\s/, "-").gsub([^\W-], '').downcase

end
```

Conseqüentemente, a chamada do método `item_path(@item)` irá produzir algo como:

```
/auction/3/item/cello-bow
```

Naturalmente, se você estiver colocando coisas como "cello-bow" em um campo do caminho chamado `:id`, precisará tomar providências para retirar o objeto novamente. Os aplicativos blog que usam essa técnica na criação de "espaçadores" para usar nos links permanentes, geralmente têm uma coluna separada do banco de dados para armazenar a versão "destruída" do título que serve como parte do caminho. Assim, é possível fazer algo como

```
Item.find_by_munged_description(params[:id]
```

para descobrir o item certo. (E sim, você pode chamá-lo de algo diferente de `:id` na rota para ficar mais claro!)

> **Courtenay diz..**
>
> Por que você não deveria usar IDs numéricos em suas URLs?
>
> Primeiro, seus concorrentes podem ver exatamente quantos leilões você cria. Os IDs numéricos consecutivos também permitem que as pessoas escrevam spiders automatizados para obter seu conteúdo;. é uma janela em seu banco de dados. E, finalmente, as palavras nas URLs simplesmente ficam melhores.

O método de escopo especial `with_options`

Algumas vezes, você pode desejar criar um grupo de rotas nomeadas, todas pertencendo ao mesmo controlador. Você pode conseguir esse tipo de criação em batch de rotas nomeadas através do método de mapeamento `with_options`.

Digamos que você tenha as seguintes rotas nomeadas:

```
map.help '/help', :controller => "main", :action => "help"
map.contact '/contact', :controller => "main", :action => "contact"
map.about '/about', :controller => "main", :action => "about"
```

Você poderá consolidar essas três rotas nomeadas assim:

```
map.with_options :controller => "main" do |main|
  main.help '/help', :action => "help"
  main.contact '/contact', :action => "contact"
  main.about '/about', :action => "about"
end
```

As três chamadas internas criam rotas nomeadas com escopo – restritas – para usar "`main`" como o valor para o parâmetro `:controller`, portanto, você não terá que escrevê-lo três vezes.

Note que essas chamadas internas usam `main`, e não `map`, como seu receptor. Depois do escopo ser definido, `map` chama o objeto mapper aninhado, `main`, para fazer o trabalho pesado.

> **Courtenay diz..**
>
> Quando o programador Rails avançado fizer o benchmark em um aplicativo sob carregamento, deve notar que o roteamento, o reconhecimento da rota, `url_for`, `link_to` e os assistentes afins são, geralmente, a parte mais lenta do ciclo da solicitação. (Nota: Isso não será um problema até que você tenha, pelo menos, milhares de exibições de páginas por hora, portanto, pode parar de otimizar prematuramente agora.)
>
> O reconhecimento da rota é lento porque tudo pára enquanto uma rota é calculada. Quanto mais rotas você tiver, mais lento será. Alguns projetos têm centenas de rotas personalizadas.
>
> Gerar URLs é um processo lento porque freqüentemente existem muitas ocorrências de `link_to` em uma página e tudo somará.
>
> O que isso significa para o desenvolvedor? Uma das primeiras coisas a fazer quando seu aplicativo começar a reclamar e sofrer com carregamentos pesados (sortudo!) é armazenar em cache as URLs geradas ou substituí-las por texto. São apenas milissegundos, mas tudo soma.

Conclusão

A primeira metade do capítulo serviu para auxiliar na compreensão do roteamento genérico baseado nas regras map.connect. Também ajudou a entender como o sistema de roteamento tem duas finalidades:

- Reconhecer as solicitações de entrada e mapeá-las para uma ação do controlador correspondente, junto com qualquer receptor variável adicional
- Reconhecer os parâmetros URL nos métodos, como, por exemplo, `link_to`, e fazê-los coincidir com uma rota correspondente para que os devidos links HTML possam ser gerados.

Construímos nosso conhecimento sobre o roteamento genérico cobrindo algumas técnicas avançadas como, por exemplo, o uso de expressões regulares e a globalização em nossas definições de rota.

Finalmente, antes de continuar, você deve ter certeza de que compreendeu bem como as rotas nomeadas funcionam, e por que elas tornam sua vida mais fácil como desenvolvedor ao permitir que escreva um código de exibição mais conciso. Como verá no próximo capítulo, quando começarmos a definir os batches de rotas nomeadas afins, estaremos quase entrando no REST.

Referências

1. Para saber mais sobre as expressões regulares no Ruby, veja Ruby A Bíblia de Hal Fulton, parte desta série.
2. Zed Shaw, autor do servidor Web Mongrel e especialista em todas as questões relacionadas ao HTTP, não foi capaz de me dar uma resposta conclusiva, o que deveria dizer-lhe algo. (Sobre como é indefinido o HTTP, não Zed.)

Capítulo 4
REST, recursos e Rails

Antes do REST aparecer, eu (e muitas outras pessoas) realmente nunca soubemos onde colocar as coisas.
- Jonas Nicklas na mailing list Ruby on Rails

Com a versão 1.2, o Rails introduziu um suporte para construir APIs consistentes com o estilo REST. O Representational State Transfer (REST) é um tópico complexo na teoria da informação e uma explicação completa sobre ele não caberia somente neste capítulo.[1] Contudo, vamos expor alguns conceitos fundamentais. E em qualquer caso, os recursos REST no Rails podem se mostrar muito úteis, mesmo que você não seja um especialista ou fã do REST.

A principal razão para tal, é que um dos problemas que os desenvolvedores Web enfrentam é decidir sobre a nomeação e organização dos recursos e ações de seu aplicativo. As ações mais comuns de todos os aplicativos baseados no banco de dados encaixam-se bem no paradigma REST – em breve veremos o que isso significa.

REST bem resumido

O REST é descrito por seu criador, Roy T. Fielding, como um "estilo arquitetural" da rede, especificamente, o estilo manifestado na arquitetura da World Wide Web. Na verdade, Fielding não é apenas o criador do REST, mas também um dos autores dopróprio protocolo HTTP – o REST e a Web têm uma relação muito próxima.

Fielding define o REST com uma série de limites impostos na interação entre os componentes do sistema: basicamente, você inicia com a proposição geral das máquinas que podem comunicar entre si e impondo limites, começa a determinar algumas práticas dentro e outras fora.

Os limites REST incluem (entre outros)

- O uso de uma arquitetura cliente-servidor
- Comunicação sem estado
- Sinalização explícita do cache da resposta

A World Wide Web permite a comunicação compatível com o REST. Também permite as violações dos princípios REST; os limites nem sempre existem, a menos que você os coloque. Mas Fielding é um dos autores do protocolo HTTP e embora ele tenha algumas críticas do protocolo do ponto de vista REST (assim como críticas das práticas comuns que não são do REST como, por exemplo, o uso de cookies), a adequação geral entre o REST e a Web não é uma coincidência.

O REST é designado a ajudar a fornecer serviços e fornece através do uso dos idiomas nativos e das construções do HTTP. Caso procure, você deve encontrar muitas discussões comparando o REST com, por exemplo, o SOAP – com a pressão do argumento pró-REST sendo que o HTTP já o permite fornecer serviços, portanto, você não precisa de uma camada semântica acima. Simplesmente use o que o HTTP já fornece.

Uma das compensações do REST é que ele se dimensiona relativamente bem para os sistemas grandes, como a Web. Outra é que ele encoraja – ordena, até – o uso de identificadores estáveis e duráveis (URIs). As máquinas conversam entre si enviando solicitações e respostas rotuladas com esses identificadores. Essas solicitações e respostas também contêm *representações* (manifestações no texto, XML, formato gráfico etc.) de *recursos* (descrições conceituais de alto nível do conteúdo). Como ideal, pelo menos quando você solicitar a uma máquina uma representação XML de um recurso – digamos, *Romeu e Julieta* –, usará sempre o mesmo identificador, os mesmos metadados de solicitação indicando que você deseja o XML e obterá a mesma resposta. E se não for a mesma resposta, haverá um motivo – como, por exemplo, no caso do recurso que você está recuperando ser variável (*"A transcrição atual para o Aluno #3994"*).

Posteriormente veremos mais sobre os recursos e as representações. Agora, porém, coloquemos o Rails de volta no centro de nosso assunto.

REST no Rails

O suporte REST no Rails consiste nos métodos assistentes e no aperfeiçoamento para o sistema de roteamento. Ele designa a imposição de um determinado estilo, uma ordem e uma lógica em seus controladores e, conseqüentemente, no modo como o mundo vê seu aplicativo. Isso é bem mais do que apenas um conjunto de convenções de nomenclatura (embora seja isso também). Veremos os detalhes em breve. Nesse processo, as vantagens que resultam ao utilizar o suporte REST do Rails são de duas categorias:

- Conveniência e melhores práticas automáticas para você
- Uma interface REST para os serviços de seu aplicativo, para todas as outras pessoas

Você pode aproveitar a primeira vantagem mesmo que não esteja preocupado com a segunda. Na verdade, isso será o nosso foco aqui: o que o suporte REST no Rails pode fazer para tornar seu código melhor e sua vida como desenvolvedor Rails bem mais fácil.

Isso não quer dizer minimizar a importância do REST e nem a seriedade do esforço em fornecer serviços baseados nele. Ao contrário, isso é um recurso; não podemos falar sobre tudo referente ao REST e esta seção do livro é basicamente sobre o roteamento e como fazê-lo, portanto, veremos o REST no Rails a partir dessa perspectiva.

E mais, a relação entre o Rails e o REST, embora proveitosa, tem dificuldades. Muitas das práticas do Rails não são compatíveis com os preceitos do REST. O REST envolve uma comunicação sem estado; toda solicitação tem que conter tudo que é necessário para o recipiente gerar a resposta correta. Mas praticamente, em todo mundo, todo programa Rails usa o estado do servidor para controlar as sessões. Na medida em que o fazem, eles não estão seguindo a construção REST. Pelo lado do cliente, os cookies – também usados por muitos aplicativos Rails – são escolhidos por Fielding como uma prática não compatível com o REST.

Descomplicar todas essas questões e dilemas está além de nosso objetivo para este livro. Novamente, nosso foco será mostrar como o suporte REST funciona e abrir uma porta para que você se interesse por mais estudos e práticas – inclusive o estudo da dissertação de Fielding e os princípios teóricos do REST – sobre o assunto. Não seria possível cobrir todo o assunto neste livro, mas o que conseguimos explicar será "compatível daqui em diante" com o tópico mais amplo.

A história do REST e do Rails começa com o CRUD...

Roteamento e CRUD

O acrônimo CRUD (Create Read Update Delete) é o resumo clássico das operações do banco de dados. E também um grito de convocação para os profissionais Rails. Como endereçamos nossos bancos de dados através de abstrações, tendemos a esquecer como é simples. Isto se manifesta principalmente nos nomes excessivamente criativos para as ações do controlador. Há um impulso para chamar suas ações de `add_item` e `replace_email_address` e coisas do tipo. No entanto, não precisamos, e geralmente nem devemos fazer isso. Na verdade, o controlador não mapeia o banco de dados, como o modelo faz. Mas a situação poderia ficar mais simples se você nomeasse suas ações segundo as operações CRUD ou com algo mais parecido o possível com os nomes das operações.

O sistema de roteamento não é conectado ao CRUD. Você pode criar uma rota que vai para qualquer ação, seja qual for o nome da ação. Escolher os nomes CRUD é uma questão de disciplina. Exceto... quando você usa os recursos REST oferecidos pelo Rails e isso ocorre automaticamente.

O REST no Rails abarca uma padronização dos nomes da ação. Na verdade, o coração do suporte REST do Rails é uma técnica para criar muitas rotas nomeadas automaticamente – rotas nomeadas programadas especificamente para apontar para um conjunto de ações específico e predeterminado.

Essa é a lógica: dar nomes baseados no CRUD às suas ações. Rotas nomeadas são convenientes e elegantes. O suporte REST no Rails fornece rotas nomeadas que apontam para os nomes da ação baseada no CRUD. Portanto, usar os recursos REST fornece um atalho para melhorar algumas de suas práticas.

O "atalho" dificilmente descreve o pouco trabalho que você tem que fazer para ter uma compensação. Se você colocar isto:

```
map.resources :auctions
```

em seus arquivos routes.rb, terão sido criadas quatro rotas nomeadas que, da maneira a ser descrita neste capítulo, realmente irão permitir a você conectar-se a sete ações do controlador. E essas ações têm ótimos nomes CRUD, como você verá.

O termo "resources" em `map.resources` merece alguma atenção.

Recursos e representações

O estilo REST caracteriza a comunicação entre os *componentes* do sistema (na qual um componente é, digamos, um navegador Web ou um servidor) como uma série de solicitações para as quais as respostas são *representações* de *recursos*.

Neste contexto, um recurso é um "mapeamento conceitual" (Fielding). Os próprios recursos não estão ligados ao banco de dados, modelo ou controlador. Os exemplos de recursos incluem:

A hora atual do dia

- O histórico de empréstimos do livro da biblioteca
- O texto inteiro de *Little Dorrit*
- Um mapa de Austin
- O inventário de uma loja

Um recurso pode ser singular ou plural, variável (como a hora do dia) ou fixo (como o texto de *Little Dorrit*). É basicamente uma descrição alto nível daquilo que você está tentando obter quando envia uma solicitação.

O que você realmente obtém nunca é o recurso em si, mas uma *representação* dele. É onde o REST desdobra-se em incontáveis tipos de conteúdo e envios reais que são as coisas da Web.Um recurso pode, em qualquer ponto, estar disponível em qualquer quantidade de representações (inclusive zero). Assim, seu site pode oferecer uma versão textual de *Little Dorrit*, mas também uma versão de áudio. Essas duas versões seriam compreendidas como o mesmo recurso e seriam recuperadas através do mesmo *identificador* (URI). A diferença no tipo de conteúdo – uma representação versus outra – seria negociada separadamente na solicitação.

Recursos REST e Rails

Como grande parte do que diz respeito ao Rails, o suporte Rails para os aplicativos compatíveis com o REST também é "dogmático", isto é, oferece um modo particular de construir a interface REST e quanto mais você joga em sua área, mais conveniência consegue dele. Os aplicativos Rails são baseados no banco de dados e o Rails adota as tendências REST para associar muito intimamente um recurso a um modelo `ActiveRecord` ou a uma pilha de modelos/controladores.

Na realidade, você ouvirá as pessoas usando a terminologia bem vagamente - por exemplo, dizendo que criaram "um recurso Book". Quando realmente querem dizer, na maioria dos casos, que criaram um modelo Book, um controlador de livros com um conjunto de ações CRUD e algumas rotas nomeadas pertencentes a esse controlador (uma cortesia de `map.resources: books`). Você pode ter um modelo Book e um controlador, mas o que realmente apresenta para o mundo como seus recursos, no sentido REST, existe em um nível mais alto de abstração: *Little Dorrit*, o histórico de empréstimos etc.

O melhor modo de lidar com o suporte REST no Rails é avaliar as situações a partir dos aspectos conhecidos para os desconhecidos – neste caso, do tópico das rotas nomeadas para o tópico mais especializado do REST.

Das rotas nomeadas ao suporte REST

Quando vimos pela primeira vez as rotas nomeadas pudemos observar exemplos nos quais consolidamos elementos em um nome da rota, criando uma rota como esta...

```
map.auction 'auctions/:id',
  :controller => "auction",
  :action => "show"
```

você adquire a capacidade de usar belos métodos assistentes em situações como esta:

```
<%= link_to h(item.description), auction_path(item.auction) %>
```

A rota assegura que um caminho será gerado inicializando a ação show do controlador auction. Uma qualidade que nos atrai nesse tipo de rota nomeada, é o fato de ser concisa e legível.

Ao associar o método `auction_path` com a ação `auction/show`, fizemos um favor a nós mesmos em termos de operações padrões do banco de dados. Agora, pense em termos de CRUD. A rota nomeada `auction_path` é muito adequada para uma ação `show` (o R em CRUD). E se quiséssemos rotas nomeadas igualmente belas para as ações `create`, `update` e `delete`?

Bem, esgotamos o nome da rota auction_path na ação `show`. Poderíamos criar nomes como `auction_delete_path` e `auction_create_path`... mas são complicados. Realmente, esperamos nos tornar capazes de fazer uma chamada para `auction_path` e fazer com que isso signifique coisas diferentes de acordo com a ação para qual queremos que a URL aponte.

Portanto, precisamos de um modo de diferenciar uma chamada `auction_path` de outra. Uma maneira de fazer isso seria diferenciar entre o singular (`auction_path`) e o plural (`auctions_path`).

Uma URL singular faz sentido quando você faz algo com um único objeto auction existente. Se fizer algo com auctions geral, o plural fará mais sentido.

As coisas que você faz com auctions, geralmente, incluem criar. A ação create normalmente ocorrerá em uma forma:

```
<% form_tag auctions_path do | f | %>
```

É plural porque não estamos dizendo: *execute uma ação em relação a um determinado auction, mas execute a ação de criação em relação ao mundo inteiro de auctions*. Sim, estamos criando um auction, não muitos. Mas quando fazemos a chamada para nossa rota nomeada, `auctions_path`, estamos endereçando os auctions em geral.

Outro caso onde você pode acontecer de você precisar de uma rota nomeada plural é quando deseja uma visão geral de todos os objetos de um determinado tipo, ou pelo menos, algum tipo de exibição geral, ao invés da exibição de um objeto em particular. Esse tipo de exibição geral é normalmente trabalhada com uma ação `index`. As ações `index` geralmente carregam muitos dados em uma ou mais variáveis e a exibição correspondente mostra-a como uma lista ou tabela (possivelmente mais de uma).

Aqui, novamente, gostaríamos de ser capazes de dizer:

```
<%= link_to "Click here to view all auctions", auctions_path %>
```

Porém, a estratégia de dividir auction_path em singular e plural alcançou o limite: conseguimos dois lugares onde queremos usar a rota nomeada plural. Um deles é criar, o outro é indexar. Mas ambos ficarão assim:

```
http://localhost:3000/auctions
```

Como o sistema de roteamento saberá que quando clicamos em um queremos a ação create e quando clicamos no outro queremos `index`? Precisamos de outro slot de dados, outro indicador, outra variável na qual desviar.

Felizmente, temos um.

Forneça novamente o verbo HTTP

Os envios dos formulários são feitos com POSTs. As ações de índice são obtidas com GET. Isso significa que precisamos fazer com que o sistema de roteamento perceba que

`/auctions` *enviado em uma solicitação GET!*

`versus`

`/auctions` *enviado em uma solicitação POST!*

são duas coisas diferentes. Também precisamos fazer com que gere a mesma URL – `/auctions` – com um método de solicitação HTTP diferente, dependendo das circunstâncias.

É o que o recurso REST no Rails faz para você. Ele permite estipular que você deseja /auctions roteado de modo diferente, dependendo do método de solicitação HTTP. Permite definir as rotas nomeadas com o mesmo nome, mas com inteligência sobre seus verbos HTTP. Resumindo, usa os verbos HTTP para fornecer esse slot extra de dados necessário para conseguir tudo que você deseja de um modo conciso.

A maneira como você faz isso é usando um formulário especial de comando de roteamento: `map.resource`. Eis como ficaria para auctions:

```
map.resources :auctions
```

É isso. Fazer esta chamada dentro de `routes.rb` é o equivalente a definir quatro rotas nomeadas (como você verá em breve). E se você misturar e combinar essas quatro rotas nomeadas com vários métodos de solicitação HTTP acabará com sete permutas úteis – muito úteis!

Ações padrões do controlador REST

Chamar `map.resources :auctions` abarca determinar um tipo de tratamento do sistema de roteamento. O sistema fornece quatro rotas nomeadas e essas quatro rotas apontam para sete ações do controlador, dependendo do método de solicitação HTTP. Em troca, você deve usar nomes muito específicos para suas ações do controlador: index, create, show, update, destroy, new, edit.

Não é um acordo ruim, uma vez que muito trabalho é feito para você e os nomes da ação que você tem que usar são do tipo CRUD.

A Tabela 4.1 resume o que acontece. É um tipo de "tabela de multiplicação" mostrando o que você obtém quando cruza certa rota nomeada REST com um determinado método de solicitação HTTP. Cada caixa (isto é, as preenchidas) mostra, primeiro, a URL que a rota gera e, depois, a ação que é chamada quando a rota é reconhecida (a tabela usa `_url` ao invés de `_path`, mas você tem ambos).

Tabela 4.1 A tabela de rotas REST mostrando os assistentes, caminhos e ação resultante do controlador

Método assistente	GET	POST	PUT	DELETE
`client_url(@client)`	`/clients/1` *show*		`/clients/1` *update*	`/clients/1` *destroy*
`cliente_`*url*	`/clients` *index*	`/clients` *create*		
`edit_client_url(@client)`	`/clients/1/edit` *edit*			
`new_client_url`	`/clients/new` *new*			

(As ações edit e new têm rotas nomeadas exclusivas e suas URLs têm uma sintaxe especial. Voltaremos a esses casos especiais um pouco mais adiante.)

Como as rotas nomeadas agora estão sendo cruzadas com os métodos de solicitação HTTP, você precisará saber como especificar o método de solicitação quando gerar uma URL, de modo que seu `clients_url` obtido com GET e seu `clients_url` enviado com POST não inicializem a mesma ação do controlador. Grande parte do que você faz pode ser resumido em algumas regras:

1. O método de solicitação padrão é GET.
2. Em uma chamada `form_tag` ou `form_for`, o método POST será usado automaticamente.
3. Quando você precisar (geralmente com as operações PUT e DELETE) poderá especificar um método de solicitação junto com a URL gerada pela rota nomeada.

Um exemplo da necessidade de especificar uma operação DELETE é uma situação em que você deseja inicializar uma ação destroy com um link:

```
<%= link_to "Delete this auction",:url => auction(@auction),

        :method => :delete %>
```

Dependendo do método assistente que você estiver usando (como no caso de `form_for`), deve precisar colocar o método dentro de um hash aninhado:

```
<% form_for "auction", :url => auction(@auction),
```

```
:html => { :method => :put } do |f| %>
```

Esse último exemplo, que combinado com a rota nomeada singular com o método PUT resultará em uma chamada para a ação update (conforme a linha 2, coluna 4 da tabela).

PUT e DELETE enganam

Os navegadores geralmente não lidam com os métodos de solicitação diferentes de GET e POST. Portanto, para lhes enviar solicitações PUT e DELETE, é necessário que o Rails tenha um pouco de habilidade manual. Não é nada com o que você tenha que se preocupar, mas é necessário que saiba o que está ocorrendo.

Uma solicitação PUT ou DELETE, no contexto do REST no Rails, realmente é uma solicitação POST com um campo oculto `chamado _method` definido para "put" (colocar) ou "delete" (apagar). O aplicativo Rails que processa a solicitação vai obter isto e vai rotear a solicitação devidamente para a ação update ou destroy.

Então você pode dizer que o suporte REST no Rails está à frente de seu tempo. Os componentes REST que usam o HTTP *devem* compreender todos os métodos de solicitação. Eles não compreendem – portanto o Rails força a emissão. Como desenvolvedor, tentando aprender sobre o jeito como as rotas nomeadas mapeiam os nomes da ação, você não tem que se preocupar com essa pequena fraude. E felizmente, algum dia não será mais necessário.

Rotas REST singulares e plurais

Algumas rotas REST são singulares, outras são plurais. A lógica é a seguinte:

1. As rotas para show, new, edit e destroy são singulares porque estão trabalhando em um determinado recurso.

2. O resto das rotas é plural. Elas lidam com coleções de recursos relacionados.

As rotas REST singulares requerem um argumento, pois precisam saber o id do determinado membro da coleçãode recursos relacionados na qual você está operando. Você pode usar uma sintaxe de lista de argumentos simples:

```
item_url(@item)   # mostre, atualize ou destrua, dependendo do verbo HTTP
```

ou pode fazer no estilo hash:

```
item_url(:id => @item)
```

Você não precisa chamar o método id em @item (embora possa), pois o Rails descobre o que você deseja.

Pares especiais: `new/create` e `edit/update`

Como a Tabela 4.1 mostra, `new` e `edit` obedecem a convenções especiais de nomenclatura REST. A razão disso tem relação com `create` e `update` e com a forma como new e edit se relacionam com eles.

Em geral, as operações `create` e `update` envolvem o envio de um formulário. Isso significa que realmente envolvem duas ações (duas solicitações) cada:

1. A ação que resulta na exibição do formulário

2. A ação que processa a entrada do formulário quando ele é enviado

O modo como isso continua com o roteamento REST é com a ação create associando-se a uma ação `new` preliminar e com `update` sendo associado a `edit`. Essas duas ações, `new` e `edit`, são realmente ações assistentes: tudo que devem fazer é mostrar ao usuário um formulário como parte do processo de criar ou atualizar um recurso.

Colocar estes dois cenários especiais com duas partes em uma paisagem de recursos é um pouco capcioso. Um formulário para editar um recurso não é, em si, realmente um recurso. É mais como um pré-recurso. Um formulário para criar um novo recurso é um tipo de recurso, se você supor que "ser novo" – ou seja, inexistente – é algo que um recurso pode fazer e ainda será um recurso...

Sim, é um pouco filosófico. Mas eis o resultado, como implementado no Rails REST.

A ação `new` é compreendida como a que fornece um único recurso novo (em oposição ao plural). Contudo, como o verbo lógico para esta transação é GET e obter com GET um único recurso já está reservado pela ação `show`, `new` precisa de uma rota nomeada própria.

É por isso que você tem que usar

```
<%= link_to "Create a new item", new_item_path %>
```

para obter um link para a ação `items/new`.

A ação `edit` não fornece exatamente um recurso desenvolvido, mas sim um "tipo" de edição do recurso `show`. Portanto, usa a mesma URL que `show`, mas com um tipo de modificador na forma de `/edit` que é consistente com a forma URL para `new`:

```
/item/5/edit
```

Vale a pena mencionar que antes do Rails 2.0 a ação edit era iniciada por pontos-e-vírgulas, assim: `/items/5;edit`, uma escolha que pode ter tido mais relação com os limites do sistema de roteamento do que com qualquer outro motivo mais grandioso. Porém, o esquema de pontos-e-vírgulas causava mais problemas do que resolvia[2] e foi descartado no Edge Rails, logo depois do lançamento do Rails 1.2.3.

A rota nomeada correspondente é `edit_item_url(@item)`. Como em `new`, a rota nomeada para `edit` envolve um pouco mais de informações do nome, para diferenciar do `show` envolvido da rota REST existente para obter com GET um único recurso.

Rotas de recursos singulares

Além de `map.resources`, há também uma forma singular (ou "avulsa") do roteamento do recurso: `map.resource`. Ela é usada para representar um recurso que existe apenas uma vez em seu contexto.

Uma rota de recurso avulso no alto nível de suas rotas pode ser apropriada quando houver apenas um recurso de seu tipo para o aplicativo inteiro ou, talvez, por sessão do usuário.

Por exemplo, um aplicativo do livro de endereços poderia fornecer a cada usuário conectado um livro de endereços, portanto, você poderia escrever:

```
map.resource :address_book
```

Você iria obter um subconjunto do complemento total de rotas do recurso, ou seja, os singulares: GET/PUT `address_book_url`, GET `edit_address_book_` url e PUT `update_address_book_url`.

Note que o nome do método resource, o argumento para esse método e todas as rotas nomeadas estão no singular. Supõe-se que você está em um contexto onde é significativo falar "o livro de endereços" – um e somente um – porque há um usuário para o qual o livro de endereços tem um escopo. O próprio escopo não é automático, você precisa autenticar o usuário e recuperar explicitamente o livro de endereços no banco de dados e/ou salvá-lo nele. Não há nenhuma "mágica" ou adivinhação aqui, é apenas uma técnica de roteamento adicional à sua disposição, caso precise.

Recursos aninhados

Digamos que você queira executar operações em licitações: criar, editar etc. Você sabe que toda licitação está associada a um determinado leilão. Isso significa que sempre que você fizer algo em uma licitação, realmente estará fazendo algo em um par de leilão/licitação – ou para ver de outro modo, um aninhamento de leilão/licitação. As licitações estão na base de uma "lista interligada" que sempre percorre um leilão.

O que você está visando aqui é uma URL assim:

```
/auctions/3/bids/5
```

O que ela faz depende do verbo HTTP que acompanha, claro. Mas a semântica da URL em si é a seguinte: o recurso que pode ser identificado como bid (licitação) 5, pertence a auction (leilão) 3.

Por que não ir para `bids/5` e pular auction? Por algumas razões. Primeiro, a URL é mais informativa – mais longa, é verdade, porém, mais longa justamente por informar algo sobre o recurso; segundo, graças ao modo como as rotas REST são construídas no Rails esse tipo de URL fornece um acesso imediato ao id de auction, através de `params[:auction_id]`.

Para as rotas do recurso aninhadas e criadas, coloque isto em `routes.rb`:

```
map.resources :auctions do |auction|
  auction.resources :bids
end
```

Observe que na chamada interna para os recursos, o receptor da chamada é auction, não map. Isso é algo bem fácil de esquecer.

O que esse procedimento informa ao mapper, é que você deseja rotas REST para os recursos auction, ou seja, deseja `auctions_url`, `edit_auction_url` e todo o resto. Também deseja rotas REST para bids: `auction_bids_url`, `new_ auction_bid_url` etc.

Porém, o comando do recurso aninhado também está relacionado com um compromisso: sempre que você usar as rotas nomeadas bid, deve fornecer um recurso auction no qual elas poderão ser aninhadas. No código de seu aplicativo, isso se traduz em um argumento para o método nomeado da rota:

```
<% link_to "See all bids", auction_bids_path(@auction) %>
```

Quando você faz essa chamada, permite que o sistema de roteamento adicione a parte `/auctions/3` antes da parte `/bids`. E na extremidade de recebimento, neste caso, na ação `bids/index`, que é para onde a URL aponta, você encontrará o id de `@auction` em `params[:auction_id]` (uma rota REST plural, usando GET. Veja a Tabela 4.1 novamente se esqueceu).

Você pode aninhar em qualquer profundidade. Cada nível de aninhamento adiciona umao número de argumentos que você tem que fornecer às rotas aninhadas. Isso significa que para as rotas singulares (`show`, `edit`, `destroy`), você precisará, pelo menos, de dois argumentos, como na Listagem 4.1.

Listagem 4.1 Como passar dois parâmetros para identificar um recurso aninhado usando `link_to`

```
<%= link_to "Delete this bid",
    auction_bid_path(@auction, @bid), :method => :delete %>
```

Isso permitirá que o sistema de roteamento obtenha as informações necessárias (basicamente `@auction.id` e `@bid.id`) para gerar a rota.

Se preferir, você também pode fazer a mesma chamada usando os argumentos do método do tipo hash, mas a maioria das pessoas não faz porque é um código mais longo:

```
auction_bid_path(:auction => @auction, :bid => @bid)
```

Como definir `:path_prefix` explicitamente

Você também pode conseguir o efeito de rota aninhada especificando explicitamente a opção `:path_prefix` para a chamada do mapeamento de seu recurso. Eis como você faria isso para o aninhamento `auctions/bids`:

```
map.resources :auctions
map.resources :bids, :path_prefix => "auctions/:auction_id"
```

O que isso significa é que você deseja que todas as URLs das licitações incluam uma string estática "auctions" e um valor para `auction_id` – em outras palavras, que contenham as informações contextuais necessárias para associar a coleção de bids ou membro a um determinado auction.

A principal diferença entre essa técnica e o aninhamento comum de recursos está relacionada a nomenclatura dos métodos assistentes que são gerados. Os recursos aninhados automaticamente obtêm um prefixo do nome correspondente ao seu recurso-pai. (Veja `auction_bid_path` na Listagem 4.1).

Provavelmente, você verá a técnica de aninhamento com mais freqüência do que a definição explícita de `:path_prefix`, pois, geralmente, é mais fácil permitir que o sistema de roteamento o descubra a partir do modo como você aninhou os recursos. E mais, como veremos em breve, será fácil se livrar dos prefixos extras, se você quiser.

Como definir `:name_prefix` explicitamente

Algumas vezes, você pode querer aninhar um determinado recurso dentro de mais de um outro. Ou pode querer acessar um recurso através de uma rota aninhada algumas vezes e diretamente outras. Pode, ainda, querer que seus assistentes da rota nomeada apontem para recursos diferentes dependendo do contexto no qual são executados[3] `:name_prefix` torna isso possível, uma vez que permite controlar o modo como os métodos assistentes da rota nomeada são gerados.

Digamos que você queira obter os bids através de auctions (como nos exemplos anteriores), mas também por eles mesmos. Em outras palavras, deseja ser capaz de reconhecer e gerar ambos:

```
/auctions/2/bids/5 e /bids/5
```

O primeiro pensamento poderia ser `bid_path(@auction, @bid)` para o primeiro assistente e `bid_path(@bid)` para o segundo. Parece lógico supor que se você deseja uma rota para bid que não passe pelo aninhamento auction, simplesmente deve omitir o parâmetro auction.

Dado o comportamento automático de prefixação do nome do sistema de roteamento, você teria que anular `name_prefix` de bids para fazer com que funcione como o desejado. Como na Listagem 4.2.

Listagem 4.2 Como anular *name_prefix* em uma rota aninhada

```
map.resources :auctions do |auction|
  auction.resources :bids, :name_prefix => nil
end
```

Fique ciente – e eu estou avisando como alguém que tem usado muito essa técnica em aplicativos reais – que quando você elimina a prefixação do nome, depurar os problemas da rota passa a ter uma ordem de magnitude mais difícil. Como se costuma dizer: sua milhagem pode variar.

Um exemplo: e se quiséssemos um modo diferente de acessar os bids, através da pessoa que os fez, ao invés do contexto de auctions? Veja a Listagem 4.3.

Listagem 4.3 Como anular *name_prefix* em uma rota aninhada

```
map.resources :auctions do |auction|
  auction.resources :bids, :name_prefix => nil
end
map.resource :people do |people|
  people.resources :bids, :name_prefix => nil      # tem certeza?
end
```

Para nossa surpresa, o código na Listagem 4.3 deveria[4] funcionar muito bem e gerar os seguintes assistentes de rota:

```
bid_path(@auction, @bid) # /auctions/1/bids/1
bid_path(@person, @bid) # /people/1/bids/1
```

O problema é que seu controlador e código de exibição podem ficar um pouco complexos se você entrar nessa rota (perdão pelo trocadilho).

Antes de mais nada, o código de seu controlador teria que verificar a presença de `params[:auction_id]` versus `params[:person_id]` e carregar o contexto de acordo. Os modelos de exibição provavelmente precisariam fazer uma verificação parecida para a exibição correta. Na pior das hipóteses seu código acabaria com toneladas de instruções `if/else` e isso iria bagunçar as coisas.

Sempre que você estiver programando uma funcionalidade dupla desta maneira, provavelmente estará fazendo algo errado. Felizmente, podemos também especificar qual controlador gostaríamos de envolver em cada uma de nossas rotas.

Como especificar controladores REST explicitamente

Algo que não analisamos ainda é como as rotas REST são mapeadas para um determinado controlador. Isso nos foi apresentado como algo que ocorre automaticamente (e na verdade ocorre), com base no nome do recurso.

Voltando ao nosso exemplo recorrente, dada a seguinte rota aninhada:

```
map.resources :auctions do |auction|
  auction.resources :bids
end
```

...existem dois controladores que entram em cena, `AuctionsController` e `BidsController`.

Você poderia especificar explicitamente qual controlador usar com a opção `:controller_name` do método resources. Ter a opção significa que você pode nomear o recurso (opondo ao usuário) como quiser e manter o nome de seu controlador alinhado com os diferentes padrões de nomenclatura, por exemplo:

```
map.resources :my_auctions, :controller => :auctions do |auction|
  auction.resources :my_bids, :controller => :bids
end
```

Tudo junto agora

Agora que conhecemos as opções `:name_prefix`, `:path_prefix` e `:controller`, podemos reunir tudo para mostrar porque é útil ter tal controle refinado sobre as rotas REST.

Por exemplo, podemos melhorar o que estávamos tentando fazer na Listagem 4.3 usando a opção `:controller`. Veja a Listagem 4.4.

Listagem 4.4 Diversos recursos bids aninhados, com um controlador explícito

```
map.resources :auctions do |auction|
  auction.resources :bids, :name_prefix => nil,
                           :controller => :auction_bids
end

map.resource :people do |people|
people.resources :bids, :name_prefix => nil,
                        :controller => :person_bids

end
```

Na realidade, `AuctionBidsController` e `PersonBidsController` estenderiam a mesma classe-mãe `BidsController`, como na Listagem 4.5, e aproveitariam os filtros before para carregar as coisas corretamente.

Listagem 4.5 Como subclassificar os controladores para usar com as rotas aninhadas

```
class BidsController < ApplicationController
  before_filter :load_parent
  before_filter :load_bid

  protected

    def load_parent
      # anulado nas subclasses
    end

    def load_bid
      @bids = @parent.bids
    end
end

class AuctionBidsController < BidsController

  protected

    def load_parent
      @parent = @auction = Action.find(params[:auction_id])
    end
end

class PersonBidsController < BidsController

 protected

    def load_parent
      @parent = @person = Person.find(params[:person_id])
    end

end
```

Note que embora seja costumeiro fornecer opções do tipo nome como símbolos, a opção `:controller` compreende as strings, como você precisaria usar se estivesse especificando um *controlador espaçado por nomes*, como este exemplo, que configura uma rota administrativa para auctions:

```
map.resources :auctions,
          :controller => 'admin/auctions', # Admin::AuctionsController
          :name_prefix => 'admin_',
          :path_prefix => 'admin'
```

Considerações

O aninhamento vale a pena? Para as rotas simples, uma rota aninhada geralmente não informa nada que você não seja capaz de descobrir de qualquer modo. Afinal, um bid pertence a um auction. Isso significa que você pode acessar `bid.auction_id` tão facilmente quanto pode params `[:auction_id]`, supondo que já tenha um objeto bid.

E mais, o objeto bid não depende do aninhamento. Você terá `params[:id]` definido para 5 e poderá obter esse registro diretamente no banco de dados. Você não precisa saber a qual auction pertence.

```
Bid.find(params[:bid])
```

Um raciocínio comum, e muitas vezes afirmado por David, para um uso criterioso dos recursos aninhados, atenta sobre a facilidade com a qual você pode aplicar as permissões e os limites baseados no contexto. Geralmente, um recurso aninhado deve ser acessível apenas no contexto de seu recurso-pai. Realmente é fácil aplicar isso em seu código baseado na forma como você carrega o recurso aninhado usando a associação `ActiveRecord` do pai (veja Listagem 4.6).

Listagem 4.6 Como carregar um recurso aninhado usando a associação has_many do pai

```
@auction = Auction.find(params[:auction_id])
@bid = @auction.bids.find(params[:id]) # prevents auction/bid mismatch
```

Se quisesse adicionar um bid a um auction, a URL de seu recurso aninhado seria:

```
http://localhost:3000/auctions/5/bids/new
```

O auction é identificado na URL ao invés de ter que amontoar os novos dados de seu formulário bid com campos ocultos, nomear sua ação `add_bid` e esconder o usuário em `:id` ou qualquer outra prática não REST.

Aninhamento profundo?

Jamis Buck é uma figura influente na comunidade Rails, quase tanto quanto o próprio David. Em fevereiro de 2007, através de seu blog[5] ele nos disse, basicamente, que um aninhamento profundo era algo *ruim* e propôs seguir uma regra prática: *Os recursos nunca devem ser aninhados em mais de um nível de profundidade.*

Esse conselho é baseado na experiência e nas preocupações sobre praticidade. Os métodos assistentes para as rotas aninhadas em mais de dois níveis de profundidade ficam longos e complicados. É fácil cometer erros com eles e difícil descobrir o que está errado quando não funcionam como o esperado.

Suponha que em nosso exemplo de aplicativo os bids tenham diversos comentários, poderíamos aninhar os comentários sob os bids no roteamento da seguinte forma:

```
map.resources :auctions do |auctions|
  auctions.resources :bids do |bids|
    bids.resources :comments
  end
end
```

Contudo, teríamos que começar a reclassificar todo tipo de opções para evitar ter um assistente `auction_bid_comments_path` para lidar. (Na verdade, não é ruim *demais*, mas vimos e escrevemos muito pior.)

Ao contrário, Jamis pediria que fizéssemos o seguinte:

```
map.resources :auctions do |auctions|
  auctions.resources :bids
end

map.resources :bids do |bids|
  bids.resources :comments
end

map.resources :comments
```

Note que cada recurso (exceto auction) é definido duas vezes: uma vez no espaço do nome de alto nível e outra em seu contexto. O raciocínio? No escopo entre pai e filho, você realmente precisa apenas de dois níveis para trabalhar. As URLs resultantes são mais curtas e os métodos assistentes são mais fáceis de lidar.

```
auctions_path #             /auctions
auctions_path(1) #          /auctions/1
auction_bids_path(1) #      /auctions/1/bids
bid_path(2) #               /bids/2
bid_comments_path(3) #      /bids/3/comments
comment_path(4) #           /comments/4
```

Particularmente, eu não sigo a norma de Jamis o tempo inteiro em meus projetos, mas tenho notado algo sobre o limite da profundidade de seus recursos aninhados – fica mais agradável manter esses ótimos e convenientes prefixos do nome no lugar certo, ao invés de omiti-los com `:name_prefix => nil`. E, acredite, os prefixos do nome ajudam manter seu codebase a longo prazo.

Courtenay diz..

Muitos de nós discordamos do respeitável Jamis. Você deseja entrar na briga em uma conferência Rails? Pergunte às pessoas se elas acreditam que as rotas devem ser aninhadas em mais de uma camada de profundidade.

Personalizações de rotas REST

As rotas REST do Rails fornecem um pacote muito bom de rotas nomeadas conectadas para chamar certas ações muito úteis e comuns do controlador – o superconjunto CRUD sobre o qual você já aprendeu. Porém, algumas vezes, você deseja personalizar um pouco mais as coisas enquanto ainda aproveita as convenções de nomenclatura da rota REST e a abordagem "tabela de multiplicação" para misturar as rotas nomeadas e os métodos de solicitação HTTP.

As técnicas para fazer isso são úteis quando, por exemplo, você obteve mais de um modo de exibir um recurso que poderia ser descrito como "exibindo". Você não pode (ou não deve) usar a ação show por si só para mais de uma exibição. Ao contrário, precisa pensar, em termos de perspectivas diferentes, em um recurso e criar URLs para cada um.

Rotas extras dos membros

Por exemplo, digamos que você queira tornar possível recolher um bid. A rota nomeada básica para os bids fica assim:

```
map.resources :auctions do |a|
  a.resources :bids
end
```

Gostaríamos de uma ação retract que mostrasse um formulário (e talvez, fizesse alguma apresentação para o recolhimento). O `retract` não é igual a `destroy`, é mais parecido com um portal para `destroy`. É semelhante a `edit`, que serve como um portal do formulário para update.

Seguindo o paralelo com edit/update, queremos que uma URL fique assim:

```
/auctions/3/bids/5/retract
```

e um método assistente chamado `retract_bid_url`. O modo como você consegue isso é especificando uma rota :member extra para bids, como na Listagem 4.7:

Listagem 4.7 Como adicionar uma rota do membro extra

```
map.resources :auctions do |a|
  a.resources :bids, :member => { :retract => :get }
end
```

Então, você poderá adicionar um link de recolhimento à sua exibição com o seguinte código:

```
<%= link_to "Retract", retract_bid_path(auction, bid) %>
```

e a URL gerada incluirá o modificador `/retract`. Desta forma, provavelmente deveríamos permitir que esse link obtivesse um formulário de recolhimento (e não inicializasse o processo de recolhimento em si!). A razão para eu afirmar isso é porque, segundo os princípios do HTTP, as solicitações GET não devem modificar o estado do servidor. É para isso que servem as solicitações POST.

É suficiente adicionar uma opção `:method` a `link_to`?

```
<%= link_to "Retract", retract_bid_path(auction,bid), :method=>:post
%>
```

Não muito. Lembre-se que na Listagem 4.7, definimos a rota de recolhimento como um `:get`, portanto um POST não será reconhecido pelo sistema de roteamento. A solução é definir a rota do membro extra como se estivéssemos mapeando qualquer verbo HTTP, assim:

```
map.resources :auctions do |a|
  a.resources :bids, :member => { :retract => :any }
end
```

Rotas extras das coleções

Você também pode usar essa técnica de roteamento para adicionar rotas que se aplicam a uma coleção inteira de recursos:

```
map.resources :auctions, :collection => { :terminate => :any }
```

Este exemplo fornecerá um método `terminate_auctions_path`, que deve produzir um mapeamento URL para a ação terminate do controlador auctions. Talvez isso seja um exemplo um pouco estranho, mas a idéia é que permita encerrar todos os auctions imediatamente.

Assim você pode ajustar o comportamento do roteamento de seu aplicativo (e até o comportamento do roteamento REST), de modo que possa organizar casos especiais e especializados enquanto ainda pensa em termos de recursos.

Considerações

Durante uma análise do roteamento REST na mailing list Rails,[6] Josh Susser propôs *mover* a sintaxe das ações personalizadas de modo que fossem colocadas no verbo HTTP e aceitassem um array de nomes de ação, como:

```
map.resources :comments,
              :member => { :get => :reply,
                           :post => [:reply, :spawn, :split] }
```

Entre outras razões, Josh mencionou sobre como isso poderia simplificar a prática de escrever os chamados post-backs, as ações do controlador com dupla finalidade que lidam com as solicitações GET e POST em um método.

A resposta de David não foi positiva. Depois de expressar sua posição contra os *post-backs*, ele disse: "Estou começando a achar que ignorar explicitamente [os post-backs] com map.resources é um recurso."

Posteriormente, com o desenrolar do assunto, e ainda defendendo a API, David acrescentou: "Se você estiver escrevendo muitos métodos adicionais a ponto da repetição começar a aborrecê-lo, deverá rever suas intenções. *Provavelmente, você não está sendo tão REST quanto poderia*" (os itálicos são meus).

A última sentença é o segredo. Adicionar ações extras estraga a elegância da construção inteira de seu aplicativo REST, pois o distancia de encontrar todos os recursos que entram em seu domínio.

Lembrando que os aplicativos *reais* são mais complicados que os exemplos de código em um livro de consulta, vejamos o que aconteceria se tivemos que modelar os recolhimentos usando estritamente os recursos. Ao invés de incluir uma ação retract em BidsController, poderíamos ser levados a introduzir um recurso de recolhimento associado aos bids e a escrever um RetractionController para lidar com ele.

```
map.resources :bids do |bids|
  bids.resource :retraction
end
```

`RetractionController` agora poderá ser responsável por tudo que tem relação com as atividades de recolhimento, ao invés de ter essa funcionalidade misturada em `BidsController`. E se você observar, algo tão pesado quanto um recolhimento de licitações, conseqüentemente, acumularia um pouco de lógica. Algumas pessoas chamariam a colocação em seu próprio controlador de *a devida separação das preocupações* ou até de uma boa *orientação a objetos*.

Não consigo evitar uma continuação fatídica da história mailing list, pois chegamos a um momento na história da comunidade Rails, que acrescentou à nossa reputação a fama de um grupo dogmático!

Josh respondeu: "Só para saber... Você acha que o código que é menos legível e mais chato de escrever é uma vantagem? Acho que da perspectiva da macrootimização versus microotimização, eu não discutiria com você, mas penso ser uma ótima maneira de encorajar as pessoas a fazerem a coisa certa. Se ficar com o REST for isso, você não deve precisar contar com *a sintaxe azeda* para fazer com que as pessoas façam do modo certo. Agora, se você afirmar que organizar ações como `{:action => method, ...}` é desejável porque assegura que uma ação seja usada apenas uma vez, então certamente isso faz mais sentido" (os itálicos são meus).

Por sua vez, David via o código menos legível e mais chato como uma vantagem neste caso em particular e ficou com o termo *sintaxe azeda* com entusiasmo. Cerca de dois meses depois, ele escreveu no blog um de seus textos mais famosos sobre o conceito:

> A sintaxe açucarada, há muito tempo, tem recebido mais do que o devido foco das análises da estrutura e da construção da linguagem. Ela tem o poder de transformar idiomas em convenções, promover um estilo comum através da beleza, concisão e facilidade de uso. Todos adoramos e queremos a sintaxe açucarada ainda que seja terrivelmente deficiente, altamente confusa e ricamente comum. É o que faz com que as linguagens como o Ruby pareçam tão doces em comparação às alternativas comuns.
>
> Mas o doce não é tudo do que precisamos. A boa construção está não apenas em evidenciar aquilo que já é claro, mas em dar ênfase no que parece indevido também. Exatamente como podemos pontilhar a sintaxe açucarada em certo estilo ou abordagem para promover seu uso, podemos adicionar a sintaxe azeda para desencorajar também. É usada mais esporadicamente, mas não a torna menos importante. ...http://www.loudthinking.com/arc/2006_10.html.

Recursos do controlador somente

A palavra "recurso" tem um sabor substantivo, de nomes que lembram tabelas e registros de banco de dados. Porém, o recurso REST não precisa mapear diretamente um modelo `ActiveRecord`. Os recursos são abstrações do que está disponível através de seu aplicativo Web. As operações do banco de dados são simplesmente um dos modos como você armazena e recupera os dados necessários para gerar as representações dos recursos.

Um recurso REST não tem, necessariamente, que mapear diretamente um controlador, pelo menos não na teoria. Como aprendemos em relação às opções `:path_prefix` e `:controller` de `map.resources`, você poderia, se quisesse, fornecer serviços REST cujos identificadores públicos (URIs) não coincidem com os nomes de seus controladores.

O que essas informações acrescentam ao processo é o fato de que você pode ter uma ocasião para criar um conjunto de rotas de recursos e um controlador coincidente que não corresponde a nenhum modelo em seu aplicativo. Não há nada de errado com uma pilha completa de recursos/controladores/modelos onde todos coincidem pelo nome. Mas você pode encontrar casos onde os recursos que você está representando podem ser encapsulados em um controlador, mas não em um modelo.

Um exemplo no aplicativo auction é o controlador das sessões. Suponha que um arquivo `routes.rb` contenha esta linha:

```
map.resources :session
```

Ele mapeia a URL /session para um `SessionController` como um recurso avulso, mesmo que não haja nenhum modelo Session (a propósito, é devidamente definido como um recurso avulso porque, da perspectiva do usuário, há apenas *uma* sessão).

Por que ficar com o estilo REST para a autenticação? Pensando bem, as sessões do usuário podem ser criadas e destruídas. A criação de uma sessão ocorre quando um usuário faz login, e quando o usuário faz logout, a sessão é destruída. A prática Rails do REST de unir uma ação `new` e a exibição com uma ação `create` pode ser seguida! O formulário de login do usuário pode ser o formulário de criação de sessões mantido no arquivo de modelo, como, por exemplo, `session/new.rhtml` (veja Listagem 4.8).

Listagem 4.8 Uma tela de login REST

```
<h1>Log in</h1>

<% form_for :user, :url => session_path do |f| %>
  <p>Login: <%= f.text_field :login %></p>
  <p>Password: <%= f.password_field :password %></p>
  <%= submit_tag "Log in" %>
<% end %>
```

Quando o formulário for enviado, a entrada será lidada pelo método `create` do controlador das sessões na Listagem 4.9.

Listagem 4.9 Uma ação de login REST

```
def create
  @user = User.find_by_login(params[:user][:login])
  if @user and @user.authorize(params[:user][:password])
    flash[:notice] = "Welcome, #{@user.first_name}!"
    redirect_to home_url
  else
    flash[:notice] = "Login invalid."
    redirect_to :action => "new"
  end
end
```

Nesta ação nada é escrito em nenhuma tabela do banco de dados, mas é digno do nome `create` devido ao fato de que cria uma sessão. E mais, se você em algum momento *decidiu* que as sessões deveriam ser armazenadas no banco de dados, já teria uma camada de tratamento bem abstraída.

Então, vale a pena ficar atento para a possibilidade de que ter CRUD como uma filosofia de nomenclatura das ações e como operações reais do banco de dados são coisas que podem, algumas vezes, ocorrer independentemente uma da outra – e a possibilidade de que as facilidades de tratamento de recursos no Rails poderiam, proveitosamente, ser associadas a um controlador que não tenha nenhum modelo correspondente. Criar uma sessão não é o exemplo mais brilhante das práticas compatíveis com o REST, uma vez que o REST ordena as transferências sem estado das representações dos recursos... Mas é uma boa ilustração do motivo e da maneira pela qual você pode tomar decisões de construção que envolvam rotas e recursos que não impliquem na pilha inteira do aplicativo.

Ficar com os nomes de ação do tipo CRUD é, em geral, uma boa idéia. Todavia, contanto que você esteja fazendo muita criação e destruição, será mais fácil considerar o login de um usuário como a criação de uma sessão do que sugerir uma categoria semântica inteiramente nova para ele. Ao invés do novo conceito de "usuário faz login", simplesmente pense como uma nova ocorrência do antigo conceito "a sessão é criada".

Diferentes representações dos recursos

Um dos preceitos do REST é que os componentes em um sistema baseado no REST trocam representações de recursos. A distinção entre recursos e suas representações é vital.

Como cliente ou consumidor dos serviços REST você realmente não recupera um recurso em um servidor, recupera as representações deste recurso. Você também fornece *representações*: um envio do formulário, por exemplo, emite ao servidor uma representação de um recurso junto com uma solicitação (por exemplo, PUT) para que essa representação seja usada como a base para atualizar o recurso. As representações são a moeda de troca do gerenciamento de recursos.

Método `respond_to`

A capacidade de retornar diferentes representações na prática Rails do REST é baseada no método `respond_to` no controlador que, como vimos, permite retornar diferentes repostas dependendo do desejo do cliente. E mais: quando você cria rotas de recursos, obtém automaticamente o reconhecimento URL para as URLs que terminam com um ponto e um parâmetro `:format`.

Por exemplo, suponha que você tenha `map.resources :auctions` em seu arquivo de rotas e alguma lógica `respond_to` em `AuctionsController` assim:

```
def index
  @auctions = Auction.find(:all)
  respond_to do |format|
    format.html
    format.xml { render :xml => @auctions.to_xml }
  end
end
```

Agora, será capaz de conectar esta URL: `http://localhost:3000/auctions.xml`

O roteamento do recurso irá assegurar que a ação index seja executada. Esse processo também será capaz de reconhecer o .xml no final da rota e irá interagir de acordo com `respond_to`, retornando a representação XML.

Naturalmente, tudo isso é o reconhecimento URL. E se você quiser gerar uma URL terminando com `.xml`?

Rotas nomeadas formatadas

A facilidade de roteamento dos recursos também fornece versões do tipo `.:format` de suas rotas nomeadas. Digamos que você queira um link com a representação XML de um recurso. Você pode conseguir isso usando a versão `formatted_` da rota nomeada REST:

```
<%= link_to "XML version of this auction",
        formatted_auction_path(@auction, "xml") %>
```

Isso irá gerar a seguinte HTML:

```
<a href="/auctions/1.xml"> XML version of this auction</a>
```

Quando seguido, esse link inicializará a cláusula XML do bloco `respond_to` na ação `show` do controlador auctions. O XML resultante poderá não parecer muito em um navegador, mas a rota nomeada estará lá, se você quiser.

O circuito está completo agora: você pode gerar URLs que apontam para um determinado tipo de resposta e poderá aceitar solicitações para diferentes tipos usando `respond_to`. E se a solicitação quiser especificar sua resposta desejada usando o cabeçalho `Accept`, poderá fazer isso também. A partir disso, o sistema de roteamento e as facilidades de roteamento do recurso construídos sobre ela devem fornecer um conjunto de ferramentas bem poderoso e conciso para diferenciar as solicitações e, portanto, também será capaz de fornecer representações diferentes.

Conjunto de ações Rails do REST

Basicamente, as facilidades REST do Rails são as rotas nomeadas e as ações do controlador para as quais elas apontam. Quanto mais você usa o Rails do REST, mais saberá sobre cada uma das sete ações REST. Como funcionam nos diferentes controladores (e diferentes aplicativos) é, claro, um pouco diferente. E mais, talvez porque haja um número finito delas e seus papéis sejam bem delineados, cada uma das sete tende a ter propriedades bem consistentes e uma "percepção" característica.

Veremos cada uma das sete ações com alguns exemplos e comentários. Você já encontrou todas elas, mais especificamente no Capítulo 2 "Como trabalhar com controladores". No entanto, aqui você vai ter algumas informações sobre o "contexto" que envolve essas ações e começará a fazer uma idéia do uso característico delas e das escolhas associadas.

Index

No geral, uma ação index fornece uma representação de um recurso plural (*ou coleção*). A representação de índice geralmente será genérica e pública. A ação `index` mostra ao mundo a representação mais neutra possível.

Uma ação `index` típica fica assim:

```
class AuctionsController < ApplicationController

  def index
    @auctions = Auction.find(:all)
  end

  ...

end
```

O modelo de exibição mostrará as informações públicas sobre cada leilão, com links com informações específicas sobre cada um e perfis públicos dos vendedores.

Embora `index` seja mais considerado como público, certamente você encontrará situações onde desejará exibir uma representação de uma coleção de um modo restrito. Por exemplo, você quer fazer com que os usuários sejam capazes de ver uma listagem de todas as suas licitações, mas não deseja que todos vejam as listas um dos outros.

A melhor estratégia aqui é fechar o portão no último ponto possível. Você poderá usar o roteamento REST para ajudar.

Vamos supor que desejamos que cada usuário veja seu histórico de licitações. Poderíamos decidir que a ação `index` do controlador bids seja filtrada através do usuário atual (`@user`). Porém, o problema é que com isso descarta-se um uso mais público dessa ação. E se quiséssemos uma exibição da coleção pública que mostrasse todas as licitações mais altas atuais? Talvez até uma redireção para a exibição de índice do leilão. A questão é manter as coisas tão públicas quanto for possível, por mais tempo possível.

Existem alguns modos de fazer isso. Um modo é testar a presença de um usuário conectado e decidir o que mostrar com base nessa perspectiva. Mas isso não funcionará aqui. Primeiro, o usuário conectado poderia querer ver a exibição pública; segundo, quanto mais dependência no lado do servidor pudermos eliminar ou consolidar, melhor.

Portanto, vejamos as duas listas de licitações não como uma versão pública e privada do mesmo recurso, mas como recursos diferentes. Podemos encapsular a diferença diretamente no roteamento:

```
map.resources :auctions do |auctions|
  auctions.resources :bids, :collection => { :manage => :get }
end
```

Neste ponto podemos organizar o controlador de licitações de tal modo que o acesso esteja bem em camadas, usando filtros apenas onde for necessário e eliminando o desvio condicional nas próprias ações:

```
class BidsController < ApplicationController

  before_filter :load_auction
  before_filter :check_authorization, :only => :manage

  def index
    @bids = Bid.find(:all)
  end

  def manage
    @bids = @auction.bids
  end

  ...

  protected

    def load_auction
      @auction = Auction.find(params[:auction_id])
    end

    def check_authorization
      @auction.authorized?(current_user)
    end
end
```

Agora há uma distinção clara entre `/bids` e `/bids/manage` e o papel que desempenham em seu aplicativo.

Courtenay diz..

Alguns desenvolvedores acreditam que usar filtros para carregar dados é uma caricatura contra tudo que é bom e puro. Se seu colaborador ou chefe for dessa opinião, certifique-se de que suas descobertas estejam dentro de uma ação como esta:

```
def show
  @auction = Auction.find(params[:id])
  unless auction.authorized?(current_user)
    ... # access_denied
  end
end
```

Um modo alternativo de fazer isso é adicionar um método à classe `User`, pois o objeto do usuário deve ser responsável pela autorização:

```
class User < ActiveRecord::Base

  def find_authorized_auction(auction_id)
    auction = Auction.find(auction_id)
    return auction.authorized?(self) && auction
  end

end
```

E chame-o a partir de `AuctionController` assim:

```
def show
  @auction = current_user.find_authorized_auction
(params[:id]) else
  raise ActiveRecord::RecordNotFound
 end
end
```

Você pode, ainda, adicionar um método ao modelo Auction, uma vez que é esse modelo que controla o acesso a seus dados.

```
def self.find_authorized(id, user)
  auction = find(id)
  return auction.authorized?(user) && auction
end
```

No lado da rota nomeada, agora obtivemos `bids_url` e `manage_bids_url`. Assim preservamos o aspecto público e sem estadodo recurso `/bids` e isolamos o máximo de comportamento com estado possível em um sub-recurso separado, `/bids/manage`. Não se preocupe se esse procedimento não parece uma natural para você, ainda sim ele faz parte do aprendizado REST.

Se eu fosse dogmático sobre o REST, poderia achar irônico e até desagradável falar sobre as técnicas relacionadas ao REST no contexto do comportamento com estado isolado, uma vez que as solicitações REST não devem depender do estado da sessão para começar. Porém, é para mostrar que as facilidades REST disponíveis para você no Rails podem, por assim dizer, piorar de modo elegante, em situações onde você precisa partir de uma interface compatível estritamente com o REST.

Show

A ação `show` é um tipo de recurso singular. Isso geralmente se traduz em uma representação das informações sobre um objeto, um membro de uma coleção. Como index, `show` é inicializada por uma solicitação GET.

Uma ação `show` típica – pode-se dizer clássica – é assim:

```
class AuctionController < ApplicationController
  def show
    @auction = Auction.find(params[:id])
  end
end
```

Naturalmente, a ação `show` pode depender de `before_filters` como uma maneira de não precisar carregar o recurso mostrado explicitamente nela. Pode ser que você queira diferenciar entre os perfis disponíveis publicamente, talvez com base em uma rota diferente, e o perfil do usuário atual, que poderia incluir direitos de modificação e talvez, informações diferentes.

Como nas ações index, é bom tornar suas ações `show` o mais públicas possível e se livrar das exibições administrativas e privilegiadas em um controlador ou ação diferentes.

Destroy

As ações destroy são boas candidatas para a proteção administrativa, embora, claro, isso vá depender do que você está destruindo. Você pode querer algo como o código na Listagem 4.10 para proteger a ação destroy.

Listagem 4.10 Como proteger a ação *destroy*

```
class UsersController < ApplicationController
  before_filter :admin_required, :only => :destroy
```

Uma ação destroy típica poderia ser da seguinte forma (supondo que `@user` já foi carregado por um filtro `before`):

```
def destroy
  @user.destroy
  flash[:notice] = "User deleted!"
  redirect_to users_url
end
```

Essa abordagem pode ser refletida em uma interface administrativa simples como esta:

```
<h1>Users</h1>
<% @users.each do |user| %>
  <p><%= link_to h(user.whole_name), user_path(user) %>
  <%= link_to("delete", user_path(user), :method => :delete) if
  current_user.admin? %></p>
<% end %>
```

Esse link de eliminação aparece, dependendo do usuário atual ser um admin.

Na verdade, o mais surpreendente sobre a seqüência destroy REST no Rails é o que acontece na exibição que contém os links *com* a ação. Mais abaixo você pode ver o HTML de um momento no loop. Fique avisado: é mais longo do que você pode imaginar.

```
<p><a href="http://localhost:3000/users/2">Emma Knight Peel</a>
 <a href="http://localhost:3000/users/2" onclick="var f =
document.createElement('form'); f.style.display = 'none';
this.parentNode.appendChild(f); f.method = 'POST'; f.action =
this.href;var m = document.createElement('input');
m.setAttribute('type', 'hidden'); m.setAttribute('name', '_method');
m.setAttribute('value', 'delete'); f.appendChild(m);f.submit();return
false;">Delete</a>)</p>
```

Por que tanto código – JavaScript ainda por cima – para dois links pequenos? O primeiro link é trabalhado rapidamente. Ele é apenas um link com uma exibição show para o usuário. A razão para o segundo link é simplesmente esta: os envios `DELETE` são perigosos. O Rails deseja torná-los o mais difícil possível de enganar ou inicializar acidentalmente – por exemplo, por um crawler ou robô enviando solicitações para seu site. Portanto, quando você especificar o método `DELETE`, um script

JavaScript inteiro será gerado dentro de seu documento HTML. Esse script, de fato, integra seu link em um formulário. Como os robôs não enviam formulários, isso fornece uma camada de proteção para seu código

New e create

Como você foi capaz de observar, as ações `new` e `create` ficam juntas no Rails REST. Um "recurso novo" é realmente apenas uma entidade virtual esperando para ser criada. Portanto, a ação `new` apresenta, normalmente, um formulário e `create` cria um novo registro com base na entrada do formulário.

Digamos que você queira que um usuário seja capaz de criar (ou seja, iniciar) um leilão. Você precisará de

1. Uma ação `new`, que exibirá um formulário
2. Uma ação `create`, que criará um novo objeto Auction baseado na entrada do formulário e continuará com uma exibição (ação `show`) desse leilão.

A ação new não tem muito a fazer. Na verdade, não tem nada. Como qualquer ação vazia, até pode ser omitida. O Rails ainda descobrirá que você deseja apresentar a exibição `new.html.erb`.

O modelo `new.html.erb` pode parecer com a Listagem 4.11. Note que alguns campos de entrada têm os nomes espaçados com :item (uma cortesia o método assistente `fields_for`) e outros são espaçados com `:auction` (uma cortesia de `form_for`). É porque um item e um leilão realmente são criados um atrás do outro.

Listagem 4.11 Um novo formulário do leilão

```
<h1>Create a new auction</h1>
<%= error_messages_for :auction %>

<% form_for :auction, :url => auctions_path do |f| %>
  <% fields_for :item do |i| %>
    <p>Item description: <%= i.text_field "description" %></p>
    <p>Item maker: <%= i.text_field "maker" %></p>
    <p>Item medium: <%= i.text_field "medium" %></p>
    <p>Item year: <%= i.text_field "year" %></p>
  <% end %>
  <p>Reserve: <%= f.text_field "reserve" %></p>
  <p>Bid increment: <%= f.text_field "incr" %></p>
  <p>Starting bid: <%= f.text_field "starting_bid" %></p>
  <p>End time: <%= f.datetime_select "end_time" %>
  <%= submit_tag "Create" %>
<% end %>
```

A ação do formulário aqui é expressa pelos leilões da rota nomeada, junto com o fato de que é um formulário e, portanto, irá gerar automaticamente uma solicitação POST.

Assim que as informações forem preenchidas, será hora do evento principal: a ação `create`. Diferente de `new`, essa ação tem algo a fazer.

```
def create
  @auction = current_user.auctions.build(params[:auction])
  @item = @auction.build_item(params[:item])

  if @auction.save
```

```
      flash[:notice] = "Auction started!"
      redirect_to auction_url(@auction)
    else
      render :action => "new"
    end
  end
```

Tendo usado um espaço do nome "auction" e um espaço do nome "item" para nossos campos de entrada, podemos conectar ambos, através do hash params, para instanciar um novo objeto Auction a partir da associação de leilões do usuário e suspender um objeto Item com `build_item`. É um modo conveniente de operar em dois objetos associados de uma só vez. Se `@auction.save` falhar por qualquer razão, o item associado não será criado, portanto, não teremos que nos preocupar em limpar depois de uma falha.

Quando a gravação tiver sucesso, o leilão e o item serão criados.

Edit e update

Como `new` e `create`, as ações `edit` e update andam juntas: `edit` fornece um formulário e `update` processa a entrada do formulário.

O formulário para editar um registro é muito parecido com o formulário para criar um (na verdade, você pode colocar grande parte dele em um modelo parcial e usá-lo para ambos. Isso fica como um exercício para o leitor). Eis como `edit.html.erb` pode ficar para editar um item:

```
<h1>Edit Item</h1>

<% form_for :item, :url => item_path(@item),
            :html => { :method => :put } do |item| %>
  <p>Description: <%= item.text_field "description" %></p>
  <p>Maker: <%= item.text_field "maker" %></p>
  <p>Medium: <%= item.text_field "medium" %></p>
  <p>Year: <%= item.text_field "year" %></p>
  <p><%= submit_tag "Save Changes" %></p>

<% end %>
```

A principal diferença entre esse formulário e o formulário para especificar um novo item (Listagem 4.11) é a rota REST nomeada que você usa e o fato de que para a ação update, você tem que especificar o método de solicitação PUT. Isso terá o efeito de conduzir o dispatcher para o método de atualização.

Conclusão

Neste capítulo, trabalhamos com um assunto bastante difícil: como usar os princípios REST para guiar a construção de nossos aplicativos Rails, principalmente quando eles se aplicam ao sistema de roteamento e às ações do controlador. Aprendemos que a base do Rails REST é o método `map.resources` em seu arquivo de rotas e como usar as várias opções disponíveis para assegurar que você possa estruturar seu aplicativo exatamente como ele precisa ser. Também aprendemos como em alguns casos David e a equipe principal do Rails aplicam a sintaxe azeda para impedir que nos percamos no caminho errado.

Um dos desafios de escrever e manter aplicativos Rails sérios é o sistema de roteamento, ou seja, compreender e ser capaz de descobrir os erros que você pode vir a cometer durante o desenvolvimento diário. É para este tópico crucial sobre o desenvolvedor Rails que dedicaremos um capítulo inteiro.

Referência

1. Para os interessados no REST, o texto aceito é uma dissertação de Roy Fielding que você pode encontrar em `http://www.ics.uci.edu/~fielding/ pubs/dissertation/mp.htm`. Particularmente, acredito ser provável que você deseje focar sua atenção nos Capítulos 5 e 6 da dissertação, pois estes são os capítulos que cobrem o REST e sua relação com o HTTP. Você também deve encontrar muitas informações e links com mais coisas sobre o assunto na wiki REST em http://rest.blueoxen.net/cgi-bin/wiki.pl.

2. Além de ser *estranho*, o ponto-e-vírgula tinha vários problemas graves. Por exemplo, ele destruía o cache e os usuários Safari não eram capazes de autenticar as URLs com pontos-e-vírgulas. E mais, vários servidores Web (em grande parte os benditos Mongrel) consideram, corretamente, o ponto-e-vírgula como sendo parte da string de consulta, uma vez que esse caractere é reservado para delimitar o início dos parâmetros do caminho (específicos de um elemento do caminho entre barras, em oposição aos parâmetros de solicitação que vêm depois de um caractere '?').

3. Trevor Squires tem um ótimo plug-in chamado ResourceFu que torna possível essa técnica. Ele está disponível em http://agilewebdevelopment. com/plugins/resource_fu.

4. Posso dizer apenas que *deve funcionar*, pois o código do roteamento é uns dos mais volúveis no codebase Rails. Portanto, o funcionamento depende de sua versão do Rails. Sei que, de fato, *não* funciona no Rails 1.2.3.

5. http://weblog.jamisbuck.org/2007/2/5/nesting-resources

6. Leia a história completa em http://www.ruby-forum.com/topic/75356

Capítulo 5
Reflexão sobre o roteamento Rails

Você está em um labirinto de pequenas passagens com curvas, todas parecidas.
- Adventure (jogo de computador no final dos anos 70)

Neste contexto, reflexão não significa meditação; significa exame, teste e solução de problemas. O sistema de roteamento fornece vários pontos de entrada para a reflexão deste tipo, e existem alguns plug-ins úteis que podem ajudar ainda mais.

Seria impossível dar conta de todas as técnicas e/ou plug-in existentes, mas neste capítulo você ficará familiarizado com várias facilidades importantes que podem ajudar a assegurar que suas rotas façam exatamente o que você acredita que elas devem fazer e, caso não façam, como descobrir por que isso está ocorrendo.

Também veremos o código-fonte para o sistema de roteamento, inclusive as facilidades do roteamento REST.

Como examinar as rotas no console do aplicativo

Passando por toda abordagem relacionada ao dispatcher adotada desde o início deste livro, você pode examinar os trabalhos do sistema de roteamento no console do aplicativo. Isso pode ajudar você a solucionar problemas e aprender sobre o sistema de roteamento.

Como descarregar as rotas

Comecemos examinando todas as rotas disponíveis. Para tanto, você precisa obter o objeto RouteSet atual:

```
$ ruby script/console
Loading development environment.
>> rs = ActionController::Routing::Routes
```

Verá uma boa quantidade de saída – um despejo de tela de todas as rotas definidas. Porém, poderá obter esse despejo de uma forma mais legível:

```
>> puts rs.routes
```

Isso fornecerá um tipo de gráfico de todas as rotas definidas:

```
GET     /bids/                {:controller=>"bids", :action=>"index"}
GET     /bids.:format/        {:controller=>"bids", :action=>"index"}
POST    /bids/                {:controller=>"bids", :action=>"create"}
POST    /bids.:format/        {:controller=>"bids", :action=>"create"}
GET     /bids/new/            {:controller=>"bids", :action=>"new"}
GET     /bids/new.:format/    {:controller=>"bids", :action=>"new"}
GET     /bids/:id;edit/       {:controller=>"bids", :action=>"edit"}
```

```
GET       /bids/:id.:format;edit      {:controller=>"bids", :action=>"edit"}

# etc.
```

A quantidade de informação pode ser maior do que você precisa, mas também pode ser esclarecedor vê-la desta forma. Você terá a impressão de gráfico, pois cada rota inclui um método de solicitação, um padrão URL e parâmetros especificando a seqüência de controladores/ações.

Você também pode ver as rotas nomeadas em um formato parecido. E com elas nomeadas vale a pena limpar um pouco o formato. Quando fizer uma iteração nas rotas, você irá obter um nome e uma rota para cada uma e pode usar essas informações para produzir um gráfico:

```
rs.named_routes.each {|name, r| printf("%-30s %s\n", name, r) }, nil
```

O nil no final é para que irb pare de produzir o valor de retorno atual da chamada para cada uma, isso irá colocar coisas interessantes na tela.

O resultado fica assim (modificado para ficar decente nesta página):

```
history     ANY /history/:id/  {:controller=>"auctions",
                                :action=>"history"}
new_us      GET /users/new/    {:controller=>"users", :action=>"new"}
new_auction GET /auctions/new/ {:controller=>"auctions",
:action=>"new"}

# etc.
```

O resultado disso é que você pode examinar da maneira que quiser e obter muitas informações de roteamento no console. Mas e as informações "brutas"? Esse despejo de tela original continha alguns elementos importantes também:

```
#<ActionController::Routing::Route:0x275bb7c
@requirements={:controller=>"bids", :action=>"create"},

@to_s="POST /bids.:format/ {:controller=>\"bids\",
:action=>\"create\"}",
@significant_keys=[:format, :controller, :action],
@conditions={:method=>:post},
@segments=[#<ActionController::Routing::DividerSegment:0x275d65c
@raw=true, @is_optional=false, @value="/">,
#<ActionController::Routing::StaticSegment:0x275d274
@is_optional=false, @value="bids">,
#<ActionController::Routing::DividerSegment:0x275ce78 @raw=true,
@is_optional=false, @value=".">,
#<ActionController::Routing::DynamicSegment:0x275cdc4
@is_optional=false, @key=:format>,
#<ActionController::Routing::DividerSegment:0x275c798 @raw=true,
@is_optional=true, @value="/">]>
```

Anatomia de um objeto Route

A melhor maneira de saber o que está ocorrendo aqui é ver uma representação YAML (Yet Another Markup Language) desta rota em particular. Mostro uma saída de uma operação `to_yaml`, junto com alguns comentários; existem muitas informações aqui e examinando-as você poderá aprender muito. Assim, o que você pode observar, é um tipo de raio x de como uma rota é construída.

```
# Tudo é um objeto Route

   !ruby/object:actionController::Routing::Route

# Esta rota reconhece apenas as solicitações PUT.
conditions:

  :method: :put

# A cadeia básica de eventos no reconhecimento e os hooks para

# coincidir ao gerar.
requirements:
  :controller: bids

  :action: update

# Os segmentos. Esta é a definição formal da string padrão.
# Tudo é levado em conta, inclusive os divisores (as barras).

# Note que cada segmento é uma instância de uma determinada classe:
# DividerSegment, StaticSegment, or DynamicSegment.

# Se você ler, poderá reconstruir os possíveis valores
# do padrão.

# Note o campo regexp, inserido automaticamente, limitando os
# possíveis valores do segmento :id.
segments:
- !ruby/object:actionController::Routing::DividerSegment
  is_optional: false
  raw: true
  value: /
- !ruby/object:actionController::Routing::StaticSegment
  is_optional: false
  value: auctions
- !ruby/object:actionController::Routing::DividerSegment
  is_optional: false
  raw: true
  value: /
- !ruby/object:actionController::Routing::DynamicSegment
  is_optional: false
  key: auction_id
- !ruby/object:actionController::Routing::DividerSegment
```

```
    is_optional: false
    raw: true
    value: /
  - !ruby/object:actionController::Routing::StaticSegment
    is_optional: false
    value: bids
  - !ruby/object:actionController::Routing::DividerSegment
    is_optional: false
    raw: true
    value: /
  - !ruby/object:actionController::Routing::DynamicSegment
    is_optional: false
    key: id
  regexp: !ruby/regexp /[^\ /;.,?]+/
  - !ruby/object:actionController::Routing::DividerSegment
    is_optional: true
    raw: true
    value: /
  significant_keys:
  - :auction_id
  - :id
  - :controller
  - :action
  # (Isto deveria estar em uma linha. Aparece dividido aqui por causa da for-
  matação.)
  to_s: PUT /auctions/:auction_id/bids/:id/
          {:controller=>"bids" :action=> "update")
```

O armazenamento dos segmentos em uma coleção permite ao sistema de roteamento executar o reconhecimento e a geração, uma vez que os segmentos podem ser percorridos em uma tentativa de coincidir os segmentos de uma URL candidata e para produzir uma URL usando os segmentos como um modelo ou plano.

Você pode, claro, descobrir mais sobre os trabalhos internos da rotas examinando o código-fonte do roteamento. Não iremos aprofundar esse assunto aqui, mas dê uma olhada em `routing.rb` e `resources.rb` na árvore-fonte `ActionController`. Lá você pode ver as definições de Routing, RouteSet, as várias classes Segment e mais. Se quiser aprender mais sobre como o código-fonte funciona, há uma série envios de blog de Jamis Buck, membro da equipe principal do Rails, que podem fornecer um bom tour pelo tema[1].

Ainda há mais coisas que você pode fazer no console: pode executar diretamente o reconhecimento e a geração de URLs.

Reconhecimento e geração no console

Para fazer o reconhecimento manual e a geração no console, primeiro definiremos o objetivo de nossa sessão de console para o objeto RouteSet. (Se você nunca viu esta técnica, vai aprender um belo truque IRB no decorrer dessa explicação.)

```
$ ./script/console
Loading development environment.
>> irb ActionController::Routing::Routes
>>
```

Fornecendo o comando irb *dentro* do IRB, você define o objeto padrão – self – para o conjunto de rotas. Isso deve te poupar alguma digitação quando prosseguirmos ao fornecer os comandos.

Para ver uma rota gerada a partir dos parâmetros, forneça parâmetros ao método generate. Eis alguns exemplos comentados.

Estas são as rotas do recurso aninhado para bids. A ação de criação gera uma coleção URL; não há nenhum campo `:id`, mas há um campo `:auction_id` para conseguir o aninhamento.

```
>> generate(:controller => "bids", :auction_id => 3, :action =>
 "create")
=> "/auctions/3/bids"
```

Eis nossas duas rotas de ação personalizadas para bids, aninhadas dentro de `users`. Em cada caso (`retract` e manage), fornecer a devida ação é o suficiente para iniciar o uso do segmento extra do caminho na URL:

```
>> generate(:controller => "bids", :user_id => 3, :id => 4, :action =>
 "retract")
=> "/users/3/bids/4/retract"
>> generate(:controller => "bids", :user_id => 3, :action => "manage")
=> "/users/3/bids/manage"
```

Você se lembra do "histórico" de ações do histórico de licitações no controlador auctions? Eis como gerar a URL para ele:

```
>> generate(:controller => "auctions", :action => "history", :id => 3)
=> "/history/3"
```

Os dois exemplos a seguir usam a rota `item_year` que requer um parâmetro year que consiste em quatro dígitos. Note que a geração falha quando o ano não coincide com esse padrão; o valor do ano é *adicionado à string de consulta*, ao invés de ser incluído como um segmento URL.

```
>> generate(:controller => "items", :action => "item_year", :year =>
 1939)
 => "/item_year/1939"
 >> generate(:controller => "items", :action => "item_year", :year =>
 19393)
 => "/items_/item_year?year=19393"
```

Você também pode seguir em outra direção, começando com os caminhos e observando como eles acabam em termos de controlador, ação e parâmetros, segundo o sistema de reconhecimento de rotas.

O caminho de alto nível, como definido por nós em routes.rb:

```
>> recognize_path("/")
=> {:controller=>"auctions", :action=>"index"}
```

Resultados parecidos vêm de um recurso auctions, chamado no plural com o método de solicitação GET.

```
>> recognize_path("/auctions", :method => :get)
=> {:controller=>"auctions", :action=>"index"}
```

Com o método POST, o resultado é diferente: é roteado para a ação create.

```
>> recognize_path("/auctions", :method => :post)
=> {:controller=>"auctions", :action=>"create"}
```

A mesma lógica aplica-se à solicitação POST plural em uma rota aninhada.

```
>> recognize_path("/auctions/3/bids", :method => :post)
=> {:controller=>"bids", :action=>"create", :auction_id=>"3"}
```

As ações personalizadas são reconhecidas e divididas nos devidos parâmetros do controlador e da ação.

```
>> recognize_path("/users/3/bids/1/retract", :method => :get)
=> {:controller=>"bids", :user_id=>"3", :action=>"retract", :id=>"1"}
```

Eis nossa rota do histórico vinculada ao controlador auctions.

```
>> recognize_path("/history/3")
=> {:controller=>"auctions", :action=>"history", :id=>"3"}
```

A rota item_year reconhece apenas os caminhos com números com quatro dígitos na posição `:year`. No segundo exemplo, o sistema informa uma falha: não há nenhuma rota apropriada.

```
>> recognize_path("/item_year/1939")
=> {:controller=>"items", :action=>"item_year", :year=>"1939"}
>> recognize_path("/item_year/19393")
ActionController::RoutingError: no route found to match
"/item_year/19393" with {}
```

Rotas nomeadas no console

Você também pode executar rotas nomeadas no console. O modo mais fácil de fazer isso é incluir o módulo `ActionController:UrlWriter` e, então, definir o valor de host padrão para qualquer coisa (apenas para ocultar os erros):

```
>> include ActionController::UrlWriter
=> Object
>> default_url_options[:host] = "example.com"
=> "example.com"
```

Agora, você poderá chamar as rotas nomeadas e ver seus valores de retorno, ou seja, as URLs geradas.

```
>> auction_url(1)
=> "http://example.com/auctions/1"
>> formatted_auction_url(1,"xml")
=> "http://example.com/auctions/1.xml"
>> formatted_auctions_url("xml")
=> "http://example.com/auctions.xml"
```

Como sempre, o console do aplicativo pode ajudá-lo a aprender e depurar. Se você mantiver seu arquivo `routes.rb` aberto em uma janela e o console em outra, fará um progresso rápido ao compreender como o reconhecimento e a geração das rotas se relacionam. Infelizmente, o console não parece recarregar automaticamente a tabela de roteamento. Nem o método `reload!` parece fazer com que seja lido novamente.

O console é bom para aprender e para o teste neste sentido, mas existem também facilidades para o processo mais sistemático de testar as rotas.

Como testar as rotas

O sistema de teste fornece algumas facilidades para testar as rotas:

- `assert_generates`
- `assert_recognizes`
- `assert_routing`

O terceiro, `assert_routing`, consiste nos dois primeiros reunidos em um: você fornece um caminho e alguns parâmetros, ele testa o reconhecimento do caminho assegurando a determinação dos parâmetros fornecidos e a geração do caminho a partir dos parâmetros. O teste e a especificação do roteamento são explicados em detalhes nos Capítulos 17 ("Teste") e 18 ("RSpec on Rails") do livro.

Quais e quantos testes você deve escrever para suas rotas, caberá a você definir. Como ideal, claro, seu conjunto de testes incluiria, pelo menos, cada permuta que você está realmente usando em seu aplicativo. Se quiser ver um conjunto bem completo de testes de roteamento, veja o arquivo `routing.rb` no subdiretório de teste de sua instalação `ActionPack`. Na última contagem, ele tinha 1881 linhas de comprimento. Está testando a estrutura real, portanto, você não deve (ou não é recomendado!) reproduzi-lo em seus próprios testes. No entanto, assim como os outros arquivos de teste da estrutura Rails, isso poderá fornecer algumas idéias e mostrar o processo de desenvolvimento baseado em testes.

Uma palavra sobre a sintaxe do argumento

Não se esqueça da regra do Ruby sobre os hashes nas listas de argumentos: se o último argumento na lista for um hash, você poderá omitir as chaves.

É por isso que você pode fazer isto:

```
assert_generates(user_retract_bid_path(3,1),
                 :controller => "bids",
                 :action => "retract",
                :id => "1", :user_id => "3")
```

Se você usar um hash em qualquer lugar, exceto na última posição, terá que colocá-lo entre chaves. É por isso que você *deve* fazer isto:

```
assert_recognizes({:controller => "auctions",
                   :action => "show",
                   :id => auction.id.to_s },
                   auction_path(auction))
```

Aqui, `auction_path`(auction) é o último argumento, portanto o hash tem que usar as chaves.

Caso ocorram misteriosos erros de sintaxe relacionados às suas listas de argumentos, certifique-se de que não esteja violando a regra do hash.

Plug-in Routing Navigator

Rick Olson, um dos principais desenvolvedores do Rails, escreveu um plug-in chamado Routing Navigator. Esse plug-in fornece uma versão de luxo do tipo de informação que você pode obter examinando as rotas no console diretamente em seu navegador.

Para instalar o plug-in Routing Navigator, forneça este comando a partir do alto nível do diretório de seu aplicativo Rails

```
./script/plugin install
  http://svn.techno-weenie.net/projects/plugins/routing_navigator/
```

Agora você tem que informar a um ou mais controladores que deseja que mostrem as informações desejadas sobre a rota. Em `auction_controller.rb`, por exemplo, coloque a seguinte linha no início da definição da classe do controlador (exatamente onde colocaria `before_filters` e outros métodos da classe):

```
routing_navigator :on
```

Isto é, definitivamente, algo que você desejará fazer durante o desenvolvimento caso não queira deixar a navegação do roteamento em um aplicativo de produção.

Os botões Recognize (Reconhecer) e Generate (Gerar) fornecem caixas de entrada nas quais você pode colocar caminhos (para o reconhecimento) ou parâmetros (para a geração) e ter as operações executadas para você. É semelhante ao mesmo procedimento no console do aplicativo, mas muito mais engenhoso.

O último botão é Routing Navigator (Navegador do Roteamento). Ele o leva a uma nova página, que inclui cada rota, nomeada ou não, definida para seu aplicativo. Acima da lista de rotas está o utilitário Routing Viewer (Visor de Rotas). Você pode fornecer caminhos e/ou parâmetros de rota e executar as operações de reconhecimento e geração.

A lista de todas as rotas disponíveis na parte inferior do visor pode ficar bem longa, mas você pode filtrá-la, usando outras janelas de entrada – a rotulada com "YAML to filter routes by requirements" (YAML para filtrar as rotas segundo as exigências). Por exemplo, se você colocar `controller: bids` nessa janela e pressionar o botão Filter (Filtrar), a lista na parte inferior será renovada para incluir apenas as rotas que pertencem ao controlador bids.

O Routing Navigator é uma boa ferramenta de depuração. Vale a pena passar um tempo trabalhando com ela, mesmo que seja apenas para um aprendizado.

Conclusão

Isto nos leva ao final de nosso tour pelo roteamento Rails, REST e outros. Quando você desenvolver os aplicativos Rails, certamente encontrará alguns favoritos entre as várias linguagens e técnicas disponíveis; e há, ainda, um mundo inteiro de códigos para o qual você pode procurar exemplos. Se você mantiver em mente os fundamentos explicados durante o decorrer do livro, vai perceber que suas habilidades de roteamento irão se desenvolver muito bem e podem melhorar bastante a aparência e a lógica de seu código.

Feliz roteamento!

Referências

1. http://weblog.jamisbuck.org/2006/10/4/under-the-hood-route-recognition -in-rails.

Capítulo 6

Como Trabalhar com Active Record

Um objeto que integra uma linha em uma tabela do banco de dados ou exibição, encapsula o acesso do banco de dados e adiciona a lógica do domínio a esses dados.

- Martin Fowler, P da EA

O padrão Active Record, identificado por Martin Fowler em seu trabalho original, *Patterns of Enterprise Architecture* (Padrões da Arquitetura Comercial), mapeia uma classe do domínio para uma tabela do banco de dados e uma instância dessa classe para cada linha desse banco de dados. É uma abordagem simples que, embora não seja perfeitamente aplicável em todos os casos, fornece uma estrutura poderosa para o acesso do banco de dados e a continuidade do objeto em seu aplicativo.

A estrutura ActiveRecord do Rails inclui mecanismos para representar modelos e suas relações, operações CRUD (Create, Read, Update e Delete), pesquisas complexas, validação, callbacks e muito mais recursos. Conta com a "convenção acima da configuração", portanto, é mais fácil de usar quando você está criando um novo esquema do banco de dados que pode seguir essas convenções. Porém, o ActiveRecord também fornece definições de configuração que lhe permitem adaptá-lo para funcionar bem com os esquemas do banco de dados de herança que não estão de acordo, necessariamente, com as convenções Rails.

Segundo Martin Fowler, que ditou as diretrizes básicas na conferência Rails inaugural em 2006, o Ruby on Rails tem adotado o padrão ActiveRecord com um sucesso muito maior do que as pessoas poderiam imaginar. Isso mostra o que você pode conseguir quando tem como objetivo um conjunto de ideais, que no caso do Rails é a simplicidade.

O básico

Para completar, comecemos com o básico: como o ActiveRecord funciona. Para criar uma nova classe do modelo, a primeira coisa que você deve fazer é declará-la como uma subclasse de `ActiveRecord::Base`. Para isso você deve usar a sintaxe de extensão da classe:

```
class Client < ActiveRecord::Base

end
```

Por convenção, uma classe ActiveRecord chamada `Client` será mapeada para a tabela clients. O Rails compreende a pluralização, como você poderá constatar na seção "Pluralização" neste capítulo. E, por convenção, o ActiveRecord precisa esperar uma coluna id para usar como a chave primária. Deve ser um inteiro e o aumento da chave deve ser gerenciado automaticamente pelo servidor do banco de dados ao criar novos registros. Note como a própria classe não faz nenhuma menção do nome da tabela, colunas ou seus tipos de dados.

Cada instância de uma classe ActiveRecord fornece acesso às informações de uma linha da tabela do banco de dados de suporte, de um modo orientado a objetos. As colunas dessa linha são representadas como atributos do objeto, usando conversões diretas (do tipo string ruby para varchars, datas Ruby para datas, etc.) e sem nenhuma validação padrão dos dados. Os atributos são deduzidos a partir da definição da coluna que pertence às tabelas com as quais estão ligados. A adição, remoção e mudança dos atributos e seus tipos são feitas com a modificação das colunas da tabela no banco de dados.

Quando você estiver executando um servidor Rails no *modo de desenvolvimento*, as alterações no esquema do banco de dados serão refletidas nos objetos Active Record imediatamente através do navegador Web. Porém, se você fizer alterações no esquema enquanto o console de seu Rails estiver em execução, as alterações *não* serão refletidas automaticamente, embora seja possível obter as atualizações manualmente digitando reload! no console.

O modo como o Rails faz as coisas é usar a geração de código para a produção de um código padronizado. Como resultado, dificilmente você irá criar um arquivo para sua classe do modelo e fornecer, você mesmo, a declaração da classe. É muito mais fácil usar o gerador de modelos Rails.

Por exemplo, usemos o gerador de modelos para criar nossa classe Client e revisar os arquivos resultantes que forem criados:

```
$ script/generate model client
      exists app/models/
      exists test/unit/
      exists test/fixtures/
      create app/models/client.rb
      create test/unit/client_test.rb
      create test/fixtures/clients.yml
      exists db/migrate
      create db/migrate/002_create_clients.rb
```

O arquivo contendo nossa nova classe do modelo é **client.rb**:

```
class Client < ActiveRecord::Base
end
```

Bonito e simples. Vejamos o que mais foi criado. Há um esboço de teste da unidade em **client_test.rb**:

```
require File.dirname(__FILE__) + '/../test_helper'

class ClientTest < Test::Unit::TestCase
  fixture :clients

  # Substitua isto por seus testes reais.
  def test_truth
    assert true
  end
end
```

Ele pede para substituir o método `test_truth` por testes reais. Agora estamos dando uma olhada no código gerado, portanto, vamos seguir em frente. Note que `ClientTest` refere-se a um arquivo *fixture*, **clients.yml**:

```
# Leia sobre fixtures em
http://ar.rubyonrails.org/classes/Fixtures.html
```

```
one:
  id: 1
two:
  id: 2
```

Pouca coisa no geral, apenas alguns ids. Os testes de unidade e os fixtures serão tratados no Capítulo 17, "Teste".

Finalmente, há um arquivo de migração chamado **002_create_clients.rb**:

```
class CreateClients < ActiveRecord::Migration
  def self.up
    create_table :clients do |t|
      # t.column :name, :string
    end
  end

  def self.down
    drop_table :clients
  end
end
```

As migrações são o mecanismo usado no Rails para criar e desenvolver seu esquema do banco de dados, sem o qual você não teria os modelos ActiveRecord (bem, eles seriam muito chatos). Neste caso, vamos continuar e examinar as migrações com profundidade.

Courtenay diz...

O ActiveRecord é um ótimo exemplo do "Caminho de Ouro" do Rails. E isso quer dizer: se você continuar dentro de seus limites, poderá ir longe; saia do caminho e provavelmente ficará perplexo. Esse Caminho de Ouro envolve muitas convenções, como, por exemplo, nomear suas tabelas na forma plural ("usuários").

É comum que os novos desenvolvedores do Rails e os divulgadores rivais da estrutura Web reclamem a respeito do modo como as tabelas devem ser nomeadas, de como não há nenhum limite na camada do banco de dados, que as chaves externas são lidadas de modo errado ou que os sistemas comerciais devem ter chaves primárias compostas e mais.

Tire as reclamações de seu sistema agora, pois todos esses padrões são simplesmente padrões e na maioria dos casos podem ser anulados com uma única linha de código ou um plug-in.

Migrações

É um fato que o esquema do banco de dados de seu aplicativo irá evoluir com o decorrer do desenvolvimento. Tabelas serão adicionadas, nomes de colunas serão mudados, coisas serão eliminadas – enfim, você entendeu... Sem disciplina e convenções rígidas a serem seguidas pelos desenvolvedores do aplicativo, manter o esquema do banco de dados no devido passo com o código do aplicativo será um trabalho muito complicado. As migrações são o modo do Rails ajudá-lo a desenvolver o esquema do banco de dados de seu aplicativo (também conhecido como DDL) sem ter que eliminar e recriar o banco de dados sempre que você faz uma mudança. E não ter que eliminar e recriar o banco de dados sempre que uma alteração ocorre significa que você não perde seus dados de desenvolvimento – o que pode ou não ser importante, mas geralmente é muito conveniente. As únicas mudanças feitas quando você executa uma migração são aquelas necessárias para mover o esquema de uma versão para outra, seja esse movimento para frente *ou para trás* no tempo.

Como criar migrações

O Rails fornece um gerador para criar as migrações. Eis seu texto de ajuda na linha de comando:

```
$ script/generate migration
Usage: script/generate migration MigrationName [options]
Rails Info:
    -v, --version                    Show the Rails version and quit.
    -h, --help                       Show this help message and quit.

General Options:
    -p, --pretend                    Run but do not make any changes.
    -f, --force                      Overwrite files that already
exist.
    -s, --skip                       Skip files that already exist.
    -q, --quiet                      Suppress normal output.
    -t, --backtrace                  Debugging: show backtrace on
errors.
    -c, --svn                        Modify files with subversion.
                                     (Note: svn must be in path)
Description:
    The migration generator creates a stub for a new database
migration.

    The generator takes a migration name as its argument. The
migration
    name may be given in CamelCase or under_score.
    The generator creates a migration class in db/migrate prefixed by
    its number in the queue.
Example:
    ./script/generate migration AddSslFlag

    With 4 existing migrations, this will create an AddSslFlag
migration
    in the file db/migrate/005_add_ssl_flag.rb
```

Como você pode ver, tudo que há para fazer é fornecer um nome descritivo para a migração em CamelCase e o gerador fará o resto. Apenas chamamos diretamente esse gerador quando queremos mudar os atributos de uma tabela existente.

Como analisamos anteriormente, outros geradores como, por exemplo, o gerador de modelos, também criam scripts de migração para você. Isso ocorre a menos que você especifique a opção `--skip-migration`.

Como nomear as migrações

O aspecto seqüencial das migrações é conseguido através de um esquema de numeração simples feito no nome do arquivo de migração e trabalhado automaticamente pelo gerador de migrações.

Por convenção o nome do arquivo começa com um número de versão com três dígitos (preenchido com zeros), seguido do nome da classe de migração e separado com sublinhados (nota: o nome do arquivo *precisa* coincidir com o nome da classe ou a migração irá falhar).

O gerador de migrações lida com a verificação para ver qual deve ser o próximo número da seqüência com base no valor de uma tabela especial no banco de dados mantido pelo Rails. Essa tabela é chamada de `schema_info` e é muito simples:

```
mysql> desc schema_info;

+---------+---------+------+-----+---------+-------+

| Field   | Type    | Null | Key | Default | Extra |

+---------+---------+------+-----+---------+-------+

| version | int(11) | YES  |     | NULL    |       |

+---------+---------+------+-----+---------+-------+

1 row in set (0.00 sec)
```

Contém apenas uma coluna e uma linha – a versão de migração atual de seu aplicativo.

A parte descritiva do nome da migração cabe a você, mas a maioria dos desenvolvedores Rails que conheço tenta fazer com que coincida com a operação do esquema (nos casos simples) ou pelo menos fazem referência ao que estará dentro (nos casos mais complexos).

Armadilhas da migração

Se você mesmo escreve os programas Rails, não há armadilhas para o esquema de nomenclatura com numeração seqüencial e você deve pular esta pequena seção. Os problemas podem (e devem) aparecer quando você estiver trabalhando junto com outros programadores em um mesmo projeto, especialmente em grandes equipes com muitos outros desenvolvedores. Não estou falando sobre os problemas na API das migrações do próprio Rails; o que acontece é que o problema geral de manter e desenvolver os esquemas do banco de dados é bastante difícil e ainda não foi completamente resolvido.

Meu velho parceiro na ThoughtWorks, Jay Fields, vem chefiando grandes equipes Rails e escreve em seu blog sobre os problemas enfrentados com as migrações Rails em sua equipe:

> As migrações são ótimas, mas têm um custo. Ao trabalhar com uma equipe grande (a minha atual tem 14 componentes e ainda está crescendo), conflitos de migração podem ocorrer. Isso pode ser minimizado com a comunicação, mas as migrações podem ser, definitivamente, um atraso no andamento. E mais, o processo de criar uma migração pode ser complicado em uma equipe grande. Antes de criar uma migração, você deve sempre atualizar a partir do controle-fonte para assegurar que terá todas as migrações verificadas por seus companheiros de equipe. Então, o melhor caso é quando você pode criar uma migração que não muda nada e verificá-la imediatamente. Essa verificação imediata garante que você não impedirá que os outros companheiros criem migrações. No entanto, isso nem sempre é tão simples

> quanto adicionar uma nova tabela. As migrações que alteram a estrutura do banco de dados geralmente interrompem vários testes. Obviamente, você não pode verificar essas migrações até corrigir todos os testes interrompidos, o que pode levar tempo e durante esse tempo, as alterações do banco de dados são bloqueadas para a equipe inteira.[1]

Outra manifestação do mesmo problema – geralmente descrita como aterrorizante – ocorre quando você precisa fazer com que o desenvolvimento ocorra em diversos desvios do código que precisam ser atualizados (veja os comentários na entrada do blog de Jay para saber mais sobre esse assunto).

Infelizmente, não há nenhuma solução simples para esse problema, a não ser construir o banco de dados inteiro antes de implementar seu aplicativo. Mas isso teria seu próprio conjunto grande de problemas (grande demais para falar aqui). Posso dizer – a partir de experiências – que analisar bastante para ter pelo menos um esquema do banco de dados simples, porém mais ou menos completo pronto antes de entrar no código do aplicativo, costuma ser bem útil.

Também pode ser útil chamar seus colegas de desenvolvimento sempre que estiver para começar na criação de uma nova migração. Isso evita que dois de vocês não tentem, sem querer, aceitar o mesmo número de migração posteriormente, o que poderia se configurar como um verdadeiro drama.

Sebastian diz...

Um truque que usamos (baseado na idéia de Conor Hunt) é fazer com que um script de hook svn verifique as novas migrações sendo adicionadas ao repositório e impeça os números duplicados.

Outro truque é fazer com que um único membro da equipe seja responsável pelas migrações. Os desenvolvedores criariam e testariam as migrações localmente e, então, as enviariam por e-mail para o "coordenador" para a verificação (e a devida numeração).

Courtenay diz...

Manter seu esquema do banco de dados com controle da revisão é muito mais importante que as possíveis dificuldades que surgem quando uma equipe necessita mudar o esquema. Canalizar as alterações do banco de dados através das revisões do código evita a temida pergunta: "Quem adicionou este campo?".

Como sempre, existem diversos plug-ins Rails relacionados a essa questão. Um deles, escrito por mim, é chamado IndependentMigrations. Simplificando: ele permite que você tenha diversas migrações com o mesmo número. Os outros plug-ins permitem que as migrações sejam conferidas pela marcação do tempo. Leia mais sobre meu plug-in e as alternativas em http://glob.caboo.se/articles/2007/3/27/independent-migrations-plugin.

API da migração

Voltando à API da migração, eis novamente o arquivo **002_create_clients.rb** mostrado no início do capítulo, depois de adicionar quatro definições da coluna para a tabela clients:

```
class CreateClients < ActiveRecord::Migration
  def self.up
    create_table :clients do |t|
```

```
        t.column :name, :string
        t.column :code, :string
        t.column :created_at, :datetime
        t.column :updated_at, :datetime
      end
    end

    def self.down
      drop_table :clients
    end

  end
```

Como você pode ver no exemplo, as diretivas da migração ocorrem dentro de duas definições do método de classe, `self.up` e `self.down`. Se formos para a linha de comando em nossa pasta do projeto e digitarmos rake db:migrate, a tabela clients será criada. O Rails fornece uma saída informativa durante o processo de migração para que vejamos o que está ocorrendo:

```
$ rake db:migrate
(in /Users/obie/prorails/time_and_expenses)

== 2 CreateClients: migrating
===========================================
-- create_table(:clients)
   -> 0.0448s
== 2 CreateClients: migrated (0.0450s)

==================================
```

Normalmente, apenas o código no método up é executado, mas se você precisar *recarregar* uma versão anterior do esquema, o método down especificará como desfazer o que ocorreu em up.

Para executar um recarregamento use a tarefa de migração, mas é preciso transmitir lhe um número de versão para recarregar, como em rake `db:migrate` VERSION=1.

create_table(nome, opções)

O método `create_table` precisa, no mínimo, de um nome para a tabela e um bloco contendo as definições da coluna. Por que especificamos identificadores com símbolos ao invés de strings? Ambos funcionam, mas os símbolos requerem um menor trabalho de digitação.[2]

O método `create_table` faz uma vasta, mas, no entanto, verdadeira, suposição de que queremos uma chave primária do tipo inteiro com aumento automático. É por isso que você não a vê declarada na lista de colunas. Se essa suposição estiver errada, será hora de transmitir à `create_table` algumas opções em um hash.

Por exemplo, como você definiria uma única tabela de junção consistindo em duas colunas de chave externa e sem precisar de sua própria chave primária? Simplesmente você deveria transmitir ao método `create_table` uma opção :id definida para false como um booleano, e não um símbolo! Isso deverá impedir que a migração gere automaticamente uma chave primária:

```
create_table :ingredients_recipes, :id => false do |t|
  t.column :ingredient_id, :integer
```

```
    t.column :recipe_id, :integer
  end
```

Se tudo o que você deseja fazer é mudar o nome da coluna da chave primária de seu padrão 'id', transmita à opção `:id` um símbolo. Por exemplo, digamos que sua empresa ordena que as chaves primárias sigam o padrão *id_nometabela*. Então, o exemplo anterior ficaria assim:

```
create_table :clients, :id => :clients_id do |t|
  t.column :name, :string
  t.column :code, :string
  t.column :created_at, :datetime
  t.column :updated_at, :datetime
end
```

A opção `:force => true` informa à migração para *prosseguir e descartar a tabela definida, se ela existir.* Tenha cuidado com isso, pois produzirá uma perda de dados (possivelmente indesejada) ao executar na produção. Até onde sei, a opção :force é mais usada para assegurar que a migração coloque o banco de dados em um estado conhecido. No entanto, pode não ser útil no dia-a-dia.

A opção `:options` permite anexar instruções personalizadas à instrução SQL CREATE e é útil para adicionar comandos específicos do banco de dados à sua migração. Dependendo do banco de dados usado, você será capaz de especificar coisas como, por exemplo, conjunto de caracteres, intercalação, comentários, tamanhos mín/máx e muitas outras propriedades.

A opção `:temporary => true` especifica a criação de uma tabela temporária que existirá apenas durante a conexão imediata com o banco de dados. Em outras palavras, ela existirá apenas durante a migração. Nos cenários avançados, essa opção pode ser útil para migrar os grandes conjuntos de dados de uma tabela para outra, mas rotineiramente ela não é muito usada.

Sebastian diz...

Um fato pouco conhecido diz respeito à remoção dos arquivos de seus diretórios de migração (enquanto ainda se conservam aqueles com números mais altos) para manter a pasta db/migrate com um tamanho gerenciável. Você pode mover as migrações mais antigas para uma pasta db/`archived_ migrations` ou algo parecido.

Se quiser ter segurança absoluta de que seu código será distribuível a partir do zero, você pode substituir a migração com numeração mais baixa por uma migração do tipo "recriar tudo" com base no conteúdo de `schema.rb`.

Como definir colunas

As colunas podem ser adicionadas a uma tabela usando o método column dentro do bloco de uma instrução `create_table` ou com o `método add_column`. Exceto por usar o nome da tabela para adicionar a coluna como seu primeiro argumento, os métodos funcionam da mesma maneira.

```
create_table :clients do |t|
  t.column :name, :string
end

add_column :clients, :code, :string
add_column :clients, :created_at, :datetime
```

O primeiro parâmetro (ou segundo) especifica, obviamente, o nome da coluna e o segundo (ou terceiro), é claro, especifica seu tipo. O padrão SQL92 define os tipos de dados fundamentais, mas cada implementação do banco de dados tem sua própria variação nos padrões.

Se estiver familiarizado com os tipos de coluna do banco de dados, quando examinar o exemplo anterior, você pode achar um pouco estranho e ficar impressionado, pois há uma coluna do banco de dados declarada como o tipo string, uma vez que os bancos de dados não têm colunas de string, mas sim dos tipos char ou varchars.

Mapeamentos do tipo de coluna

A razão para declarar uma coluna do banco de dados como a string do tipo é que as migrações Rails não devem ser reconhecidas pelo banco de dados. É por isso que você pode (como faço de vez em quando) desenvolver usando o Postgres como banco de dados e distribuí-lo na produção para o Oracle.

Uma análise completa sobre como escolher os tipos de dados corretos para as necessidades de seu aplicativo está fora do escopo deste livro. Contudo, é útil ter uma referência sobre como os tipos genéricos da migração mapeiam os tipos específicos do banco de dados. Os mapeamentos para os bancos de dados mais usados com o Rails estão na Tabela 6.1.

Tabela 6.1 Os mapeamentos da coluna para os bancos de dados mais usados com o Rails

Tipo de migração Classe Ruby	MySQL	Postgres	SQLite	Oracle
:binary String	blob	bytea	blob	blob
:boolean Booleano	tinyint(1)	boolean	boolean	number(1)
:date data	date	date	date	date
:datetime hora	datetime	timestamp	datetime	date
:decimal decimal grande	decimal	decimal	decimal	decimal
:float Flutuante	float	float	float	number
:integer Número fixo	int(11)	integer	integer	number(38)
:string String	varchar(255)	caractere variável (255)	varchar(255)	varchar(255)
:text String	text	clob(32768)	text	clob
:time Hora	time	time	time	date
:timestamp Hora	datetime	timestamp	datetime	date

Cada classe do adaptador da conexão tem um hash native_database_types que estabelece o mapeamento descrito na Tabela 6.1. Se você precisar pesquisar os mapeamentos para obter um banco de dados não listado na Tabela 6.1, poderá abrir o código Ruby do adaptador e localizar o hash `native_database_types`, como o seguinte dentro da classe SQLServerAdapter dentro de **sqlserver_adapter.rb:**

```
def native_database_types
  {
    :primary_key => "int NOT NULL IDENTITY(1, 1) PRIMARY KEY",
    :string => { :name => "varchar", :limit => 255 },
    :text => { :name => "text" },
    :integer => { :name => "int" },
    :float => { :name => "float", :limit => 8 },
    :decimal => { :name => "decimal" },
    :datetime => { :name => "datetime" },
    :timestamp => { :name => "datetime" },
    :time => { :name => "datetime" },
    :date => { :name => "datetime" },
    :binary => { :name => "image"},
    :boolean => { :name => "bit"}
  }
end
```

Opções da coluna

Para muitos tipos de coluna, apenas especificar o tipo não é uma informação suficiente. Todas as declarações da coluna aceitam as seguintes opções:

`:default => value`

Defina um padrão a ser usado como o valor inicial da coluna para as novas linhas. Você nem precisará definir explicitamente o valor padrão para null. Apenas suspenda essa opção para obter esse valor.

`:limite => size`

Adicione um parâmetro size às colunas de string, texto, binário ou inteiro. Seu significado varia dependendo do tipo da coluna ao qual é aplicado. De uma forma geral, os limites para os tipos de string referem-se ao número de caracteres, ao passo que para os outros tipos especificam o número de bytes usados para armazenar o valor no banco de dados.

`:null => true`

Cria a coluna requerida no nível do banco de dados adicionando um limite not null.

Precisão decimal

As colunas declaradas como um tipo :decimal aceitam as seguintes opções:

`:precision => number`

A precisão é o número total de dígitos em um número.

`:scale => number`

A escala é o número de dígitos à direita do ponto decimal. Por exemplo, o número 123.45 tem uma precisão 5 e uma escala 2. Logicamente, a escala não pode ser maior que a precisão.

> **NOTA**
>
> Os tipos decimais apresentam uma oportunidade importante de perda de dados durante as migrações dos dados de produção entre os diferentes tipos de bancos de dados. Por exemplo, as precisões padrões entre o Oracle e o SQL Server podem fazer com que o processo de migração corte e mude o valor de seus dados numéricos. É sempre uma boa idéia especificar os detalhes da precisão para seus dados.

Pegadinhas do tipo de coluna

A escolha do tipo da coluna não é necessariamente uma escolha simples e depende do banco de dados que você está usando e das exigências de seu aplicativo.

- **:binary** Dependendo de seu cenário de uso em particular, armazenar dados binários no banco de dados pode causar grandes problemas de desempenho. O Rails não é exigente quando carrega os objetos do banco de dados e colocar grandes atributos binários nos modelos comumente usados vai aumentar muito o carregamento em seu servidor do banco de dados.
- **:boolean** O modo como os valores booleanos são armazenados varia entre os bancos de dados. Alguns usam os valores inteiros 1 e 0 para representar true e false, respectivamente. Outros usam caracteres como T e F. O Rails lida muito bem com o mapeamento entre true e false do Ruby, portanto, você não precisa preocupar-se com o esquema subjacente. Definir diretamente atributos para os valores de banco de dados como, por exemplo, 1 ou F pode funcionar corretamente, mas é considerado antipadrão.
- **:date, :datetime e :time** Tentar armazenar datas em bancos de dados que não têm um tipo nativo de data como, por exemplo, o Microsoft SQL Server, pode ser problemático. A classe Ruby que o Rails mapeia para as colunas datetime é Time, que tem o limite de não funcionar com os valores do ano anteriores a 1970. A classe DataTime do Ruby *funciona* com os valores do ano antes de 1970. Então, por que o Rails simplesmente não usa DateTime? A resposta tem relação com o desempenho. Fazendo uma comparação, internamente, `Time` é implementado no C e é muito rápido, ao passo que DataTime é escrito em Ruby puro e é lento.

Para fazer com que o ActiveRecord mapeie DataTime ao invés de Time, coloque o código da Listagem 6.1 em um arquivo em seu diretório **lib/** e solicite-o em **config/environment.rb**.

Listagem 6.1 Mapeie as datas para DataTime ao invés de Time

```
require 'date'
# É necessário fazer isto, pois Time não
# suporta datas anteriores a 1970...

class ActiveRecord::ConnectionAdapters::Column
 def self.string_to_time(string)
   return string unless string.is_a?(String)
   time_array = ParseDate.parsedate(string)[0..5]
   begin
     Time.send(Base.default_timezone, *time_array)
   rescue
```

```
      DateTime.new(*time_array) rescue nil
    end
  end
end
```

- **:decimal** As versões mais antigas do Rails (anteriores a 1.2) não suportavam o tipo `:decimal` com precisão fixa e como resultado, muitos aplicativos Rails antigos usavam incorretamente os tipos de dados `:float`. Os números com ponto flutuante são imprecisos por natureza, portanto, é importante escolher **:decimal** ao invés de **:float** para a maioria dos aplicativos comerciais.
- **:float** Não use flutuantes para armazenar valores de moeda[3] ou mais precisamente, qualquer tipo de dado que necessite de uma precisão fixa. Como os números com ponto flutuante são aproximações, qualquer representação de um número como um flutuante provavelmente será boa. Porém, assim que você começar a fazer operações matemáticas ou comparações com valores flutuantes, será muito fácil introduzir dificuldades para diagnosticar erros em seu aplicativo.
- **:integer e :string** Não existem muitas pegadinhas possíveis de imaginar para o caso dos inteiros e das strings. Eles são os blocos básicos de construção dos dados de seu aplicativo, e muitos desenvolvedores Rails suspendem a especificação do tamanho, o que resulta em tamanhos padrões máximos de 11 dígitos e 255 caracteres, respectivamente.

Você deve lembrar que não existe possibilidade de se obter um erro no caso de tentar armazenar os valores que excedem o tamanho máximo definido para a coluna do banco de dados que, novamente, tem 255 caracteres por padrão. Sua string simplesmente será cortada. Use validações para assegurar que os dados fornecidos pelo usuário não excedam o tamanho máximo permitido.

- **:text** Existem relatórios dos campos de texto que diminuem a velocidade do desempenho da consulta de maneira suficiente a serem uma consideração importante para os aplicativos que precisam ser dimensionados para os carregamentos altos. Se você tiver que usar uma coluna de texto em um aplicativo com desempenho crítico, coloque-a em uma tabela separada.
- **:timestamp** A partir do Rails 1.2, a criação de novos registros, pode fazer o ActiveRecord funcionar muito bem com os valores padrões dos bancos de dados que são gerados com funções, como no caso das colunas timestamp no Postgres. O problema é que ao invés de deixar essas colunas fora da instrução `insert`, o Rails fornece um valor `null`, o que pode fazer com que o valor padrão seja ignorado.

Tipos de dados personalizados

Se o uso dos tipos de dados específicos do banco de dados (como :double, para uma maior precisão do que :float) for fundamental para seu projeto, use a definição `config.active_record.schema_format = :sql` em config/environment.rb para fazer com que o Rails descarregue as informações do esquema no formato SQL DDL nativo, ao invés de seu próprio código Ruby compatível com plataforma cruzada, através do arquivo schema.rb.

Colunas timestamp "mágicas"

O Rails faz uma *mágica* com as colunas datetime, caso elas sejam nomeadas corretamente. O Active Record marcará automaticamente o tempo das operações create se a tabela tiver colunas nomeadas como `created_at ou created_on`. O mesmo aplica-se a *updates* quando há colunas nomeadas como `updated_at` ou `updated_on`.

Note que em sua migração, `created_at` e `updated_at` devem ser definidos como colunas do tipo datetime, não como timestamps.

A marcação automática do tempo pode ser desativada globalmente, através da definição da seguinte variável em **config/environment.rb**

```
ActiveRecord::Base.record_timestamps = false
```

Por meio da herança, o código anterior desativa as marcações do tempo para todos os modelos, mas você também pode fazer isso, caso a caso, definindo `record_timestamps` para false nos modelos específicos. As marcações estão no fuso horário local por padrão, mas podem usar UTC definindo `ActiveRecord::Base.default_timezone = :utc`.

Métodos no estilo de macros

A maioria das classes importantes que você escreve ao codificar um aplicativo Rails é configurada usando o que nomeio de chamadas de métodos no estilo *de macros* (também conhecidas em alguns círculos como *linguagem específica do domínio* ou DSL). Basicamente, a idéia é ter um bloco de código altamente legível e que torne imediatamente claro, logo no início de sua classe, o modo como ela está configurada.

As chamadas no estilo de macros são geralmente, e por uma boa razão, colocadas no início do arquivo. Esses métodos informam, *declarativamente*, ao Rails como lidar com as instâncias, executar a validação dos dados e callbacks e se relacionar com os outros modelos. Muitos deles fazem uma boa quantidade de *metaprogramação*. E isso significa que participam no acréscimo do comportamento em sua classe durante a execução, na forma de variáveis de instância e métodos adicionais.

Declarações do relacionamento

Por exemplo, veja a classe Client com alguns relacionamentos declarados. Não se preocupe com o significado dessas declarações ainda, pois falaremos muito sobre elas no Capítulo 7, "Associações ActiveRecord". Tudo que desejo agora é esclarecer o que estou falando quando digo *estilo de macros:*

```
class Client < ActiveRecord::Base
  has_many :billing_codes
  has_many :billable_weeks
  has_many :timesheets, :through => :billable_weeks

end
```

Como resultado dessas três declarações `has_many`, a classe `Client` ganha, pelo menos, três atributos novos: objetos proxy que permitem manipular interativamente as coleções associadas.

Ainda me lembro da primeira vez em que sentei com um amigo muito experiente em programação Java para ensinar-lhe sobre o Ruby e o Rails. Depois de alguns minutos de uma conversa profundamente confusa, uma lâmpada apareceu sobre sua cabeça quando ele declarou: "Ah! São métodos!"

Na verdade, são as antigas chamadas de métodos comuns, no contexto do objeto da classe. Suspendemos os parêntesis para enfatizar a intenção declarativa. É uma questão de estilo, mas, simplesmente, não me parece correto com os parêntesis, como no fragmento de código a seguir:

```
class Client < ActiveRecord::Base
  has_many(:billing_codes)
  has_many(:billable_weeks)
```

```
    has_many(:timesheets, :through => :billable_weeks)
  end
```

Quando o interpretador Ruby carrega **client.rb**, ele executa esses métodos `has_many` que, novamente, são definidos como *métodos da classe* da `classe` Base do ActiveRecord. Eles são executados no contexto da *classe* `Client`, adicionando atributos que, posteriormente, estarão disponíveis para as *instâncias* `Client`. É um modelo de programação que parece estranho para os iniciantes, mas se torna rapidamente um hábito para o programador Rails.

Convenção acima da configuração

A *convenção acima da configuração* é um dos princípios condutores do Rails. Se seguirmos as convenções Rails, muito pouca configuração explícita será necessária, que tem um contraste total com o monte de configuração requerida para executar até um aplicativo simples em outras tecnologias.

Não quer dizer que um aplicativo Rails recém-carregado automaticamente já venha com uma configuração *padrão*, refletindo as convenções que serão usadas. Significa que as convenções são *feitas* na estrutura e realmente codificadas especificamente em seu comportamento, e que você precisa anular o comportamento padrão com uma configuração específica quando for aplicável.

Também vale a pena mencionar que grande parte da configuração ocorre muito próxima daquilo que você está configurando. Você verá declarações de *associações*, *validações* e *callback* no início da maioria dos modelos ActiveRecord.

Acho que a primeira configuração explícita (acima da convenção) com a qual muitos de nós lidamos no ActiveRecord é o mapeamento entre o nome da classe e a tabela do banco de dados, uma vez que, por padrão, o Rails supõe que nosso nome do banco de dados é simplesmente a forma pluralizada de nosso nome da classe. E como a questão da pluralização derruba muitos desenvolvedores Ruby iniciantes, falaremos sobre ela antes de avançar mais com o ActiveRecord.

Pluralização

O Rails tem uma classe chamada Inflector cuja responsabilidade é transformar as strings (palavras) do singular no plural, os nomes da classe em nomes da tabela, nomes da classe modularizados naqueles sem, nomes da classe em chaves externas, etc. (Algumas de suas operações têm nomes engraçados, como, por exemplo, dasherize.)

As inflexões padrões para a pluralização e a singularização de palavras incontáveis são mantidas em um arquivo interessante dentro de sua instalação Rails, chamado **inflections.rb**.

Na maior parte das vezes, a classe `Inflector` faz um bom trabalho para descobrir o nome pluralizado da tabela para uma determinada classe, mas às vezes não. Este é um dos primeiros impedimentos para muitos usuários Rails novos. Mas você não precisa entrar em pânico! Realizando alguns testes antecipadamente, será fácil descobrir como o `Inflector` reagirá a certas palavras. Só precisamos usar o console Rails, que a propósito é uma das *melhores* coisas ao trabalhar com Rails.

Você inicializa o console a partir de seu prompt de comando usando o script Ruby executável localizado em **script/console**, em seu diretório de projetos.

```
$ script/console
>> Inflector.pluralize "project"
=> "projects"
>> Inflector.pluralize "virus"
=> "viri"
```

```
>> Inflector.pluralize "pensum"
=> "pensums"
```

Como você pode ver no exemplo, Inflector é muito inteligente, ele pluraliza "vírus" como "viri"; mas se você conhece latim, já deve ter notado que o plural "pensum", na verdade, deveria ser "pensa". Obviamente, a flexão *não* sabe latim.

Porém, você *pode* ensinar novos truques à flexão adicionando novas regras padrões, apontando para uma exceção ou declarando certas palavras não pluralizáveis. O lugar adequado para se fazer isso é dentro do arquivo **config/environment.rb**, onde um exemplo comentado já é fornecido.

```
Inflector.inflections do |inflect|
  inflect.plural /^(.*)um$/i, '\1a'
  inflect.singular /^(.*)a/i, '\1um'
  inflect.irregular 'album', 'albums'
  inflect.uncountable %w( valium )
end
```

A propósito, a partir do Rails 1.2, o pluralizador obtém strings *já pluralizadas* e... não faz nada com elas! – o que provavelmente é mesmo melhor. As versões mais antigas do Rails não eram tão inteligentes em relação a isso.

```
>> "territories".pluralize
=> "territories"
>> "queries".pluralize
=> "queries"
```

Para obter uma longa lista de pluralizações corretamente trabalhadas pelo `Inflector`, veja **activesupport/test/inflector_test.rb**. Encontrei algumas bem interessantes, como:

```
"datum"      => "data",
"medium"     => "media",
"analysis"   => "analyses"
```

Devo informar os erros INFLECTOR à equipe principal?

Segundo Michael Koziarski, um dos membros da equipe principal do Rails, você não deve informar problemas com o `Inflector`: "A flexão está basicamente congelada, antes de 1.0 adicionávamos muitas regras novas para corrigir os erros e acabávamos irritando as pessoas que viam a antiga saída e nomeavam suas tabelas de acordo com ela. Você mesmo pode adicionar essas exceções em environment.rb".

Como definir os nomes manualmente

Agora que compreendemos a flexão, voltemos à configuração das classes de modelo ActiveRecord. Os métodos `set_table_name` e `set_primary_key` permitem evitar as convenções Rails e definir explicitamente o nome da tabela para o modelo e o nome da coluna para sua chave primária.

Para exemplificar (apenas!), digamos que eu tivesse alguma convenção de nomenclatura chata e que era forçado a segui-la para minhas tabelas do banco de dados, que diferiam da convenção do ActiveRecord. Eu poderia ter que fazer o seguinte:

```
class Client < ActiveRecord::Base
  set_table_name "CLIENT"
  set_primary_key "CLIENT_ID"
end
```

Os métodos `set_table_name` e `set_primary_key` permitem usar quaisquer nomes de tabela ou primários que você quiser, mas você terá que especificá-los explicitamente em sua classe do modelo. Eles têm apenas algumas linhas extras por modelo, mas em um aplicativo grande adicionam uma complexidade desnecessária, portanto não faça isso caso não seja absolutamente requerido.

Quando você não tiver liberdade para ditar as normas de nomenclatura para seu esquema do banco de dados como no caso de, por exemplo, um grupo DBA separado controlar todos os esquemas do banco de dados, então, provavelmente, você não terá escolha. Mas se tiver flexibilidade, deve, realmente, seguir as convenções do Rails. Elas podem não ser aquilo com o qual você está acostumado, mas segui-las vai economizar seu tempo e evitará dores de cabeça desnecessárias.

Esquemas de nomenclatura de herança

Se você estiver trabalhando com esquemas de herança, poderá ficar tentado a utilizar `set_table_name` automaticamente em todo lugar, precise ou não deles. Antes de começar com essa prática, aprenda as opções adicionais disponíveis que podem ser mais SIMPLES e tornar sua vida mais fácil.

Suponha que você precise desativar a pluralização da tabela; você definiria o seguinte atributo para false no final de **config/environment.rb**:

```
ActiveRecord::Base.pluralize_table_names = false
```

Existem vários outros atributos úteis de `ActiveRecord::Base` fornecidos para configurar o Rails para que ele funcione com os esquemas de nomenclatura de herança.

- `primary_key_prefix_type` O acesso para o tipo de prefixo que será anexado a cada nome de coluna da chave primária. Se `:table_name` for especificado, o ActiveRecord irá procurar "tableid" ao invés de "id" como a coluna primária. Se `:table_name_with_underscore` for especificado, o ActiveRecord irá procurar "table_id" ao invés de "id".
- `table_name_prefix` Alguns departamentos prefixam os nomes de tabela com o nome do banco de dados. Defina esse atributo adequadamente para evitar a necessidade de incluir o prefixo em todos os seus nomes da classe do modelo.
- `table_name_suffix` Parecido com prefix, mas adiciona um término comum a todos os nomes da tabela.
- `underscore_table_names` Defina para false para evitar que o ActiveRecord sublinhe os nomes compostos da tabela.

Como definir atributos

A lista de atributos associados a uma classe do modelo ActiveRecord não é codificada explicitamente. Durante a execução, o modelo ActiveRecord examina diretamente o esquema do banco de dados a partir do servidor. O acréscimo, remoção e alteração dos atributos e seu tipo são feitos manipulando o próprio banco de dados, usando os comandos SQL ou ferramentas GUI, ainda que o modo ideal fosse através das migrações ActiveRecord.

A implicação prática do padrão ActiveRecord é que você precisa definir sua estrutura da tabela do banco de dados e assegurar que ela realmente exista nele antes de trabalhar com seus modelos conservados. Algumas pessoas podem ter problemas com essa filosofia de construção, especialmente se estiverem vindo de uma experiência no projeto top-down.

O Rails tem, indubitavelmente, classes de modelo que mapeiam com exatidão seu esquema do banco de dados. Por outro lado, lembre-se que você pode ter modelos que são classes Ruby simples e não estendem a ActiveRecord::Base. Entre outras coisas, é comum usar classes de modelo não ActiveRecord para encapsular os dados e a lógica para a camada de exibição.

Valores padrões do atributo

As migrações permitem que você defina os valores padrões do atributo transmitindo uma opção :default para o método column, mas, na maior parte das vezes, você vai desejar definir os valores padrões do atributo na camada do modelo, e não na camada do banco de dados. Os valores padrões fazem parte de sua lógica do domínio e devem ser mantidos juntos com o resto da lógica do domínio de seu aplicativo, na camada do modelo.

Um exemplo comum é o caso em que seu modelo deve retornar a string 'n/a' ao invés de uma string nil (ou vazia) para um atributo que não foi preenchido ainda. Parece bem simples e é uma boa ocasião para começar a examinar como os atributos existem durante a execução.

Para começar iremos preparar um rápido caso de teste descrevendo o comportamento desejado.

```
class SpecificationTest < Test::Unit::TestCase
  def test_default_string_for_tolerance_should_be_na
    spec = Specification.new
    assert_equal 'n/a', spec.tolerance
  end

end
```

Executamos este teste e ele falha, como era esperado. O ActiveRecord não fornece nenhum método no nível da classe para definir, de modo declarativo, os valores padrões para os modelos. Portanto, parece que teremos que criar um acesso explícito do atributo que fornece um valor padrão.

Normalmente, os acessos do atributo são trabalhados de um modo mágico pelas partes internas do ActiveRecord, mas neste caso estamos anulando a mágica com um *getter* explícito. Tudo que precisamos fazer é definir um método com o mesmo nome do atributo e usar o operador or do Ruby que desviará, caso @tolerance não seja nil.

```
class Specification < ActiveRecord::Base
  def tolerance
    @tolerance or 'n/a'
  end

end
```

Agora executamos o texto e ele passa. Ótimo. Acabamos? Não ainda. Devemos testar um caso em que o valor real da tolerância deve ser retornado. Vou adicionar outro teste para uma especificação com uma tolerância não nil. Também vou prosseguir e tornar os nomes de meu método de teste um pouco mais descritivos.

```
class SpecificationTest < Test::Unit::TestCase
  def test_default_string_for_tolerance_should_return_na_when_nil
    spec = Specification.new
    assert_equal 'n/a', spec.tolerance
  end

  def test_tolerance_value_should_be_returned_when_not_nil
    spec = Specification.new(:tolerance => '0.01mm')

    assert_equal '0.01mm', spec.tolerance
```

```
  end
end
```

Oh-oh! O segundo teste falhou. Parece que nossa string 'n/a' padrão é retornada independente de qualquer coisa. Isso significa que `@tolerance` não deve ser definida. Devemos também saber se está sendo definida ou não? É um detalhe da implementação do ActiveRecord, não é?

O fato de que o Rails não usa variáveis de instância como `@tolerance` para armazenar os atributos do modelo é, na verdade, um detalhe da implementação. Mas as instâncias do modelo têm alguns métodos, `write_attribute` e `read_attribute`, convenientemente fornecidos pelo ActiveRecord para anular os acessos padrões. E é isso exatamente o que estamos tentando fazer. Vamos corrigir nossa classe Specification.

```
class Specification < ActiveRecord::Base
  def tolerance
    read_attribute(:tolerance) or 'n/a'
  end
end
```

Agora o teste passa. Que tal um exemplo simples de uso do `write_attribute`?

```
class SillyFortuneCookie < ActiveRecord::Base
  def message=(txt)
    write_attribute(:message, txt + ' in bed')
  end
end
```

Como alternativa, ambos os exemplos poderiam ter sido escritos nas formas mais curtas de leitura e escrita dos atributos, usando colchetes.

```
class Specification < ActiveRecord::Base
  def tolerance
    self[:tolerance] or 'n/a'
  end
end

class SillyFortuneCookie < ActiveRecord::Base
  def message=(txt)
    self[:message] = txt + ' in bed'
  end
end
```

Atributos serializados

Um dos recursos mais legais do ActiveRecord (IMO) é a capacidade de marcar uma coluna do tipo

> **Sebastian diz...**
>
> As colunas TEXT geralmente têm um tamanho máximo de 64K e se seus atributos serializados excederem os limites do tamanho. Desta forma você terá muitos erros.
>
> Por outro lado, se seus atributos serializados forem grandes, você pode repensar o que está fazendo – pelo menos poderá movê-los para uma tabela separada e usar um tipo de coluna maior, se seu servidor permitir.

"text" como *serializada*. Qualquer objeto (mais precisamente, grafo de objetos) que você conferir a esse atributo deverá ser apresentado no banco de dados como YAML, que é o formato de serialização nativo do Ruby.

CRUD: Criar, Ler, Atualizar e Apagar

As quatro operações padrões de um sistema do banco de dados combinam-se para formar um acrônimo popular: CRUD.

Parece algo negativo, pois como um sinônimo de 'lixo' ou 'acúmulo indesejado' a palavra 'crud', em inglês, tem uma conotação bem ruim. Porém, nos círculos Rails, o uso da palavra CRUD é positivo. Na verdade, como veremos nos capítulos posteriores, construir seu aplicativo para funcionar basicamente como operações CRUD é considerado como a melhor prática possível!

Como criar novas instâncias ActiveRecord

O modo mais simples de criar uma nova instância de um modelo ActiveRecord é usar um construtor Ruby comum, o método da classe `new`. Os novos objetos podem ser instanciados como vazios (omitindo os parâmetros) ou predefinidos com atributos, mas não gravados ainda. Simplesmente transmita um hash com os nomes da chave coincidindo com os nomes associados da coluna da tabela. Em ambas as instâncias, as chaves válidas do atributo são determinadas pelos nomes da coluna da tabela associada, desta forma você não pode ter atributos que não façam parte das colunas da tabela.

Os objetos ActiveRecord recém-construídos e não gravados têm um atributo `@new_record` que pode ser consultado através do método `new_record?`:

```
>> c = Client.new
=> #<Client:0x2515584 @new_record=true, @attributes={"name"=>nil,
"code"=>nil}>
>> c.new_record?
=> true
```

Os construtores ActiveRecord têm um bloco opcional que pode ser usado para fazer uma inicialização adicional. O bloco é executado depois que qualquer atributo transmitido seja definido na instância:

```
>> c = Client.new do |client|
?> client.name = "Nile River Co."
>> client.code = "NRC"
>> end
=> #<Client:0x24e8764 @new_record=true, @attributes={"name"=>"Nile
River Co.", "code"=>"NRC"}>
```

O ActiveRecord tem um excelente método da classe create que cria uma nova instância, conserva-a no banco de dados e retorna-a em uma operação:

```
>> c = Client.create(:name => "Nile River, Co.", :code => "NRC")
=> #<Client:0x4229490 @new_record_before_save=true, @new_record=false,
@errors=#<ActiveRecord::Errors:0x42287ac @errors={},
@base=#<Client:0x4229490 ...>>, @attributes={"name"=>"Nile River,
Co.", "updated_at"=>Mon Jun 04 22:24:27 UTC 2007, "code"=>"NRC",
"id"=>1, "created_at"=>Mon Jun 04 22:24:27 UTC 2007}>
```

O método create não tem um bloco. Provavelmente deveria ter, pois é como um lugar natural para um bloco inicializar o objeto antes de gravá-lo, mas lamentavelmente não tem.

Como ler objetos ActiveRecord

Ler os dados do banco de dados nas instâncias do objeto ActiveRecord é muito fácil e conveniente. O mecanismo básico é o método find que oculta as operações SQL SELECT do desenvolvedor.

find

Localizar um objeto existente por sua chave primária é muito simples e provavelmente é uma das primeiras coisas que todos aprendemos sobre o Rails quando adquirimos a estrutura pela primeira vez. Simplesmente chame find com a chave da instância especifique que você deseja recuperar. Lembre-se que se uma instância não for encontrada, uma exceção `RecordNotFound` será gerada.

```
>> first_project = Project.find(1)
>> boom_client = Client.find(99)
ActiveRecord::RecordNotFound: Couldn't find Client with ID=99
        from
/vendor/rails/activerecord/lib/active_record/base.rb:1028:in
`find_one'
        from
/vendor/rails/activerecord/lib/active_record/base.rb:1011:in
`find_from_ids'
        from
/vendor/rails/activerecord/lib/active_record/base.rb:416:in `find'

        from (irb):
```

O método find também compreende um par de símbolos Rails designados especialmente. Eles são `:first` e `:all`:

```
>> all_clients = Client.find(:all)
=> [#<Client:0x250e004 @attributes={"name"=>"Paper Jam Printers",
"code"=>"PJP", "id"=>"1"}>, #<Client:0x250de88
@attributes={"name"=>"Goodness Steaks", "code"=>"GOOD_STEAKS",
"id"=>"2"}>]

>> first_client = Client.find(:first)
=> #<Client:0x2508244 @attributes={"name"=>"Paper Jam Printers",
"code"=>"PJP", "id"=>"1"}>
```

De modo um pouco surpreendente para mim, não há nenhum parâmetro `:last`, mas você pode fazer uma última consulta (last) muito facilmente usando a opção `:order`:

```
>> all_clients = Client.find(:first, :order => 'id desc')
=> #<Client:0x2508244 @attributes={"name"=>"Paper Jam Printers",
"code"=>"PJP", "id"=>"1"}>
```

A propósito, é muito comum que os métodos no Ruby retornem tipos diferentes dependendo dos parâmetros usados, como mostrado no exemplo. Dependendo de como find é chamado, você pode obter um objeto ActiveRecord simples ou um array deles.

Finalmente, o método find também compreende os arrays de chaves e envia uma exceção Record-NotFound caso não encontre todas as chaves especificadas:

```
>> first_couple_of_clients = Client.find(1, 2)
```

```
[#<Client:0x24d667c @attributes={"name"=>"Paper Jam Printers",
"code"=>"PJP", "id"=>"1"}>, #<Client:0x24d65b4 @attributes={"name"=>
"Goodness Steaks", "code"=>"GOOD_STEAKS", "id"=>"2"}>]

>> first_few_clients = Client.find(1, 2, 3)
ActiveRecord::RecordNotFound: Couldn't find all Clients with IDs
(1,2,3)
  from /vendor/rails/activerecord/lib/active_record/base.rb:1042:in
 `find_some'
  from /vendor/rails/activerecord/lib/active_record/base.rb:1014:in
 `find_from_ids'
  from /vendor/rails/activerecord/lib/active_record/base.rb:416:in
 `find'
  from (irb):9
```

Como ler e escrever atributos

Depois de ter recuperado uma instância do modelo no banco de dados, você poderá acessar cada uma de suas colunas de várias maneiras. A mais fácil (e mais clara de ler) é, simplesmente, com uma notação de ponto:

```
>> first_client.name
=> "Paper Jam Printers"
>> first_client.code
=> "PJP"
```

O método `read_attribute` privado do ActiveRecord (tratado rapidamente em uma seção anterior), é útil para quem o conhece e prático quando se deseja anular um acesso padrão do atributo. Para confirmar – ainda tratando do console Rails – você deve prosseguir, *reabrir* a classe `Client` e anular o acesso name para retornar o valor a partir do banco de dados, no entanto *invertido*:

```
>> class Client
>>   def name
>>     read_attribute(:name).reverse
>>   end
>> end
=> nil
>> first_client.name
=> "sretnirP maJ repaP"
```

Felizmente, não é nada demais eu ter que demonstrar *por que* você precisa de `read_attribute` neste cenário:

```
>> class Client
>> def name
>>   self.name.reverse
>> end
>> end
=> nil
>> first_client.name
SystemStackError: stack level too deep
        from (irb):21:in `name'
        from (irb):21:in `name'
        from (irb):24
```

Como se pode esperar com a existência de um método `read_attribute`, há um método `write_attribute` que permite mudar os valores do atributo.

```
project = Project.new
project.write_attribute(:name, "A New Project")
```

Exatamente como nos métodos getter do atributo, você pode anular os métodos setter e fornecer seu próprio comportamento:

```
class Project
  # A descrição para um projeto não pode ser mudada para uma string vazia
  def description=(new_value)
    self[:description] = new_value unless new_value.blank?
  end
end
```

O exemplo anterior mostra um modo de fazer a validação básica, uma vez que ele promove a verificação para assegurar que um valor não está em branco antes de permitir a atribuição. Contudo, como veremos posteriormente no livro, existem maneiras melhores de se fazer isso.

Notação hash

Outro modo de acessar os atributos é usar o operador [`attribute_name`] que permite acessar o atributo como se fosse um hash normal.

```
>> first_client['name']
=> "Paper Jam Printers"
>> first_client[:name]
=> "Paper Jam Printers"
```

String versus símbolo

Muitos métodos Rails aceitam parâmetros de símbolo e string de modo alternado. E isso pode ser muito confuso! Qual é mais correto?

A regra geral é usar símbolos quando a string é um nome e uma string quando é um valor. Provavelmente, você deveria estar usando símbolos para as chaves dos hashes de opções e assim por diante.

O bom senso diz para escolher uma convenção e ficar com ela em seu aplicativo, mas a maioria das pessoas no Rails usará símbolos onde for possível.

Método `attributes`

Também há um método attributes que retorna um hash com cada atributo e seu valor correspondente quando retornado por `read_attribute`. Se você usar seus próprios métodos de leitura e escrita dos atributos comuns, será importante lembrar que attributes *não* usará os leitores de atributos personalizados ao acessar seus valores, mas attributes= (que permite fazer uma atribuição em massa) *chamará* escritores de atributos personalizados.

```
>> first_client.attributes
=> {"name"=>"Paper Jam Printers", "code"=>"PJP", "id"=>1}
```

Ser capaz de obter um hash de todos os atributos de uma só vez pode ser útil quando você desejar fazer uma iteração em todos eles ou transmiti-los em grande quantidade para outra função. Observe que o hash retornado de `attributes` *não* é uma referência para uma estrutura interna do objeto ActiveRecord. Ele é copiado, o que significa que mudar seus valores não terá nenhum efeito no objeto do qual ele se originou:

```
>> atts = first_client.attributes
=> {"name"=>"Paper Jam Printers", "code"=>"PJP", "id"=>1}
>> atts["name"] = "Def Jam Printers"
=> "Def Jam Printers"
>> first_client.attributes
=> {"name"=>"Paper Jam Printers", "code"=>"PJP", "id"=>1}
```

Para fazer alterações em grande quantidade nos atributos de um objeto ActiveRecord, é possível transmitir um hash para a escrita `attributes`.

Como acessar e manipular atributos antes da coerção

Os adaptadores de conexão ActiveRecord recuperam os resultados como strings, e, caso seja necessário, o Rails lida com sua conversão em outros tipos de dados com base no tipo da coluna do banco de dados. Por exemplo, os tipos inteiros são convertidos em instâncias da classe `Fixnum` do Ruby etc.

Mesmo que você esteja trabalhando com uma nova instância de um objeto ActiveRecord e tenha transmitido os valores do construtor como strings, eles serão convertidos em seu devido tipo quando você tentar acessar esses valores como atributos.

Algumas vezes, você desejará ser capaz de ler (ou manipular) os dados brutos do atributo sem que a coerção determinada pela coluna siga seu curso primeiro. Isso pode ser feito usando os acessos `<attribute>_before_ type_cast` que são criados automaticamente em seu modelo.

Por exemplo, considere a necessidade de lidar com as strings de moeda digitadas por seus usuários finais. A menos que você esteja encapsulando os valores da modela em uma classe de modela (altamente recomendado, a propósito), você vai precisar lidar com os cifrões e vírgulas irritantes. Supondo que nosso modelo `Timesheet` tivesse um atributo rate (taxa) definido como um tipo `:decimal`, o seguinte código cortaria os caracteres insignificantes antes de fazer a coerção para a operação de gravação:

```
class Timesheet < ActiveRecord::Base
  before_save :fix_rate

  def fix_rate
    rate_before_type_cast.tr!('$,','')
  end
end
```

Recarregamento

O método `reload` faz uma consulta no banco de dados e redefine os atributos de um objeto ActiveRecord. O argumento options opcional é transmitido para descobrir quando recarregar, para que você possa fazer, por exemplo, com que `record.reload(:lock => true)` recarregue o mesmo registro com um bloqueio de linha exclusivo. (Veja a seção "Bloqueio do banco de dados", posteriormente neste capítulo.)

Localizadores dinâmicos baseados em atributos

Como uma das operações mais comuns em muitos aplicativos é simplesmente consultar com base em uma ou duas colunas, o Rails tem um modo fácil e eficaz de fazer essas consultas sem ter que recorrer ao parâmetro de condições find. Elas funcionam graças à mágica do callback method_missing do Ruby, que é executado sempre que você chama um método que ainda não foi definido.

Os métodos de pesquisa dinâmicos começam com find_by ou find_all_by, indicando se você deseja um único valor ou um array de resultados retornados. A semântica é parecida com chamar find com a opção :first versus :all.

```
>> City.find_by_name("Hackensack")
=> #<City:0x3205244 @attributes={"name" => "Hackensack", "latitude" =>
"40.8858330000", "id" => "15942", "longitude" => "-74.0438890000",
"state" => "NJ" }>

>> City.find_all_by_name("Atlanta").collect(&:state)
=> ["GA", "MI", "TX"]
```

Também é possível usar diversos atributos no mesmo localizador separando-os com "and". Portanto, você irá obter localizadores como Person.find_by_user_and_password ou até Payment_find_by_purchaser_ and_state_and_country.

Os localizadores dinâmicos têm a vantagem de ser mais curtos e fáceis de ler e entender. Ao invés de escrever Person.find(:first, ["user_name = ? AND password = ?", user_name, password]), tente escrever Person.find_by_user_name_and_password(user_name, password).

```
>> City.find_by_name_and_state("Atlanta", "TX")
=> #<City:0x31faeac @attributes={ "name" => "Atlanta", "latitude" =>
  "33.1136110000", "id" => "25269", "longitude" => "-94.1641670000",
  "state" => "TX"}>
```

Você também pode personalizar as chamadas de localizadores dinâmicos com opções, exatamente como os métodos localizadores comuns! Payment_find_all_by_amount é, realmente, Payment.find_all_by_amount (amount, options). E a interface completa para Person.find_by_user_name é, na verdade, Person.find_by_user_name(user_name, options). Portanto, você pode chamar Payment.find_all_by_amount(50, :order = > "created_on").

O mesmo estilo de pesquisa dinâmico poderá ser usado para criar o objeto se ele não existir ainda. Esse localizador dinâmico é chamado com find_or_create_by_ e retornará o objeto se ele já existir e, do contrário, irá criá-lo para então retorná-lo. Use o localizador find_or_initialize_by_ se você quiser retornar um novo registro sem o gravar primeiro.

Consultas SQL personalizadas

O método da classe find_by_sql obtém uma consulta de seleção SQL e retorna um array de objetos ActiveRecord com base nos resultados. Eis um exemplo simples, que você realmente nunca precisaria fazer em um aplicativo real:

```
>> Client.find_by_sql("select * from clients")
=> [#<Client:0x4217024 @attributes={"name"=>"Nile River, Co.",
"updated_at"=>"2007-06-04 22:24:27", "code"=>"NRC", "id"=>"1",
"created_at"=>"2007-06-04 22:24:27"}>, #<Client:0x4216ffc
@attributes={"name"=>"Amazon, Co.", "updated_at"=>"2007-06-04
22:26:22",
"code"=>"AMZ", "id"=>"2", "created_at"=>"2007-06-04 22:26:22"}>]
```

Nada do que eu faça para enfatizar isto será o suficiente: você deve ter o cuidado de usar find_by_sql *apenas quando realmente precisar!* Em primeiro lugar, ele reduz a portabilidade do banco de dados –

quando você usa as operações de pesquisa normais do ActiveRecord, o Rails lida com as diferenças entre os bancos de dados subjacentes para você.

E mais, o ActiveRecord já tem predefinidas toneladas de instruções SELECT de abstração da funcionalidade – uma funcionalidade que seria muito imprudente reinventar. Existem muitos casos nos quais, à primeira vista, poderia parecer que você *precisa* usar `find_by_sql`, mas, realmente, você não precisa. Um caso comum é ao fazer uma consulta LIKE:

```
>> Client.find_by_sql("select * from clients where code like 'A%'")
=> [#<Client:0x4206b34 @attributes={"name"=>"Amazon, Inc.", ...}>]
```

Para finalizar, você pode colocar facilmente essa cláusula LIKE em uma opção de condições:

```
>> param = "A"
>> Client.find(:all, :conditions => ["code like ?", "#{param}%"])
=> [#<Client:0x41e3594 @attributes={"name"=>"Amazon, Inc...}>] #
Right!
```

Internamente, o Rails *limpa*[4] seu código SQL, contanto que você coloque parâmetros em sua consulta. O ActiveRecord executa seu SQL usando o método `connection.select_all`, que faz uma iteração no array (resultante de hashes) e chama o método initialize de seu ActiveRecord para cada linha no conjunto de resultados. Como ficaria o último exemplo *sem parâmetros*?

```
>> param = "A"
>> Client.find(:all, :conditions => ["code like '#{param}%'"])
=> [#<Client:0x41e3594 @attributes={"name"=>"Amazon, Inc...}>] #
NOOOOO!
```

Note o ponto de interrogação que falta como um placeholder variável. Lembre-se sempre que interpolar os valores fornecidos pelo usuário em um fragmento SQL de qualquer tipo é muito perigoso! Imagine o que aconteceria com seu projeto se um usuário mal intencionado chamasse essa pesquisa perigosa com param assim:

```
"Amazon'; DELETE FROM users;'
```

Infelizmente, muito poucas pessoas realmente entendem o que significa injeção SQL. E o Google não pode ser um de seus melhores amigos neste caso.

resultam na limpeza do cache para impedir a propagação de instâncias com estados inválidos. Se, por qualquer motivo, você achar necessário fazer isso, chame o método da classe clear_query_cache para limpar o cache de consulta manualmente.

Cache de consulta

Por padrão, o Rails tenta otimizar o desempenho ativando um *cache de consulta* simples. É um hash armazenado no encadeamento atual, um para cada conexão ativa do banco de dados (a maioria dos processos Rails terá apenas um).

Sempre que um find (ou qualquer outro tipo de operação de seleção) ocorrer e o cache de consulta estiver ativo, o conjunto de resultados correspondente será armazenado em um hash e terá como chave o SQL que foi usado para consultá-los. Se a mesma instrução SQL for usada novamente em outra operação, o conjunto de resultados em cache será usado para gerar um novo conjunto de objetos de modelo, ao invés de acessar o banco de dados novamente.

Você pode permitir o cache de consulta manualmente colocando as operações em um bloco cache, como no exemplo a seguir:

```
User.cache do
  puts User.find(:first)
  puts User.find(:first)
  puts User.find(:first)
end
```

Verifique seu development.log e você deve encontrar as seguintes entradas:

```
Person Load (0.000821)   SELECT * FROM people LIMIT 1
  CACHE (0.000000)   SELECT * FROM people LIMIT 1
  CACHE (0.000000)   SELECT * FROM people LIMIT 1
```

O banco de dados foi consultado apenas uma vez. Tente um experimento parecido em seu próprio console sem o bloco cache e verá que foram registrados três eventos `Person Load` separados.

As operações de gravação e eliminação resultam na limpeza do cache para impedir a propagação de instâncias com estados inválidos. Se, por qualquer motivo, você achar necessário fazer isso, chame o método da classe `clear_query_cache` para limpar o cache de consulta manualmente.

O plug-in Context do ActiveRecord

Rick Olson extraiu um plug-in de seu popular aplicativo Lighthouse; esse plug-in permite gerar facilmente o cache de consulta com conjuntos de objetos que você sabe que precisará em algum momento. É um complemento poderoso para o suporte de cache predefinido do ActiveRecord.

Aprenda mais sobre ele em http://activereload.net/2007/5/13/spend-less-time-in-the-database-and-more-time-outdoors.

Log

O arquivo de log indica quando os dados estão sendo lidos no cache de consulta ao invés do banco de dados. Simplesmente procure as linhas que começam com CACHE ao invés de Model Load.

```
Place Load (0.000420) SELECT * FROM places WHERE (places.`id` =
15749)
CACHE (0.000000) SELECT * FROM places WHERE (places.`id` = 15749)
CACHE (0.000000) SELECT * FROM places WHERE (places.`id` = 15749)
```

Cache padrão da consulta nos controladores

Para seu desempenho, o cache de consulta do ActiveRecord é ativado por padrão para o processamento das ações do controlador. O módulo SqlCache, definido em **caching.rb** do ActionController, é misturado em `ActionController::Base` e integra-se ao método `perform_action` usando `alias_method_chain`:

```
module SqlCache
  def self.included(base) #:nodoc:
    base.alias_method_chain :perform_action, :caching
  end

  def perform_action_with_caching
    ActiveRecord::Base.cache do
      perform_action_without_caching
```

```
      end
    end
  end
```

Limites

O cache de consulta ActiveRecord foi simplificado propositadamente. Como ele digita as instâncias do modelo em cache no SQL que foi usado para retirá-las do banco de dados, não pode conectar diversas chamadas find que são expressas de modo diferente, mas que têm os mesmos resultados e o mesmo significado semântico.

Por exemplo, "selecionar foo em bar onde id = 1" e "selecionar foo em bar onde id = 1 limite 1" são consideradas consultas diferentes e resultarão em duas entradas distintas do cache. O plug-in[5] **active_record_context** de Rich Olson é um exemplo de implementação do cache de consulta. Ele trata de forma um pouco mais inteligente sobre a identidade, uma vez que digita os resultados em cache nas chaves primárias, ao invés das instruções SQL.

Atualização

O modo mais simples de manipular os valores do atributo é tratar seu objeto ActiveRecord como um objeto Ruby antigo e comum, ou seja, através da atribuição direta usando `myprop=(algum_valor)`.

Existem várias outras maneiras diferentes de atualizar os objetos ActiveRecord, como mostrado nesta seção. Primeiro, vejamos como usar o método da classe update de `ActiveRecord::Base`:

```
class ProjectController < ApplicationController
  def update
    Project.update(params[:id], params[:project])
    redirect_to :action=>'settings', :id => project.id
  end

  def mass_update
    Project.update(params[:projects].keys, params[:projects].values])
    redirect_to :action=>'index'
  end
end
```

A primeira forma de update tem um único id numérico e um hash de valores do atributo, ao passo que a segunda forma tem uma lista de ids e uma lista de valores, e é útil nos cenários em que será processado um envio de formulário a partir de uma página Web com diversas linhas atualizáveis.

O método da classe update envolve, em primeiro lugar, a validação e não irá gravar um registro que falhar nela. Contudo, ele retornará o objeto com a validação passando ou não. Isso significa que se você quiser saber se passou ou não, precisará seguir a chamada para update com uma chamada para `valid?`.

```
class ProjectController < ApplicationController
  def update
    @project = Project.update(params[:id], params[:project])
    if @project.valid? # uh-oh, do we want to run validate again?
      redirect_to :action=>'settings', :id => project.id
    else
```

```
        render :action => 'edit'
      end
    end
  end
```

O problema é que, agora, estamos chamado `valid?` duas vezes, uma vez que a chamada update também o chamou. Talvez uma opção melhor seja usar o método de instância `update_attributes`:

```
class ProjectController < ApplicationController
  def update
    @project = Project.find(params[:id]
    if @project.update_attributes(params[:project])
      redirect_to :action=>'settings', :id => project.id
    else
      render :action => 'edit'
    end
  end
end
```

E claro, se você tiver feito alguma programação Rails básica, reconhecerá esse idioma, uma vez que ele é usado no código scaffold gerado. O método update_attributes obtém um hash de valores do atributo e retorna true ou false, dependendo da gravação ter sido bem-sucedida ou não; o que depende da validação passar.

Atualização pela condição

O ActiveRecord tem outro método da classe útil para atualizar diversos registros de uma só vez: `update_all`. Ele mapeia exatamente o modo como você pensaria ao usar uma instrução SQL update..where. O método `update_all` tem dois parâmetros: a parte definida da instrução SQL e as condições, expressas como parte de uma cláusula where. O método retorna o número de registros atualizados.[6]

Parece que este é um daqueles métodos que geralmente são mais úteis em um contexto de script do que em um método do controlador, mas você pode pensar de modo diferente. Eis um exemplo rápido de como eu reatribuiria todos os projetos Rails no sistema a um novo gerenciador de projetos:

```
Project.update_all("manager = 'Ron Campbell'", "technology =
'Rails'")
```

Como atualizar determinada instância

A maneira mais básica de atualizar um objeto ActiveRecord é manipular seus atributos diretamente e, então, chamar save. Vale a pena notar que, se necessário, save irá inserir um registro no banco de dados *ou* atualizar um registro existente com a mesma chave primária.

```
project = Project.find(1)
project.manager = 'Brett M.'
assert_equal true, project.save
```

O método save retornará true se for bem-sucedido ou false se falhar por qualquer razão. Há outro método, save!, que usará exceções. Escolher qual método usar depende da sua opção por lidar com os erros imediatamente ou delegar o problema a outro método mais adiante na cadeia.

Na maioria das vezes é uma questão de estilo, embora os métodos de gravação e atualização indiretos que retornam um valor booleano geralmente sejam usados nas ações do controlador, como a cláusula para uma condição if:

```
class StoryController < ApplicationController

  def points
    @story = Story.find(params[:id])
    if @story.update_attribute(:points, params[:value])
      render :text => "#{@story.name} updated"
    else
      render :text => "Error updating story points"
    end
  end

end
```

Como atualizar atributos específicos

Os métodos de instância `update_attribute` e `update_attributes` têm um par de chaves/valor ou hash de atributos, respectivamente, para ser atualizado em seu modelo e gravado no banco de dados em uma operação.

O método `update_attribute` atualiza um único atributo e grava o registro. As atualizações feitas com esse método *não estão sujeitas às verificações da validação*! Em outras palavras, esse método permite conservar um modelo ActiveRecord *no banco de dados* mesmo que o objeto completo não seja válido. Segundo a equipe principal do Rails, esse comportamento é o padrão. Internamente, esse método faz exatamente o mesmo que `model.attribute = algum_valor` e então, `model.save(false)`.

Por outro lado, `update_attributes` *está sujeito às verificações da validação*, geralmente é usado nas ações de atualização e recebe o hash de parâmetros contendo os valores atualizados.

> **Courtenay diz...**
>
> Se você tiver associações em um modelo, o ActiveRecord criará automaticamente métodos convenientes para a atribuição em massa. Em outras palavras, um modelo Project com `has_many :users` exibirá uma escrita do atributo `user_ids`, que será usada por seu método `update_attributes`.
>
> Isto será uma vantagem se estiver atualizando associações com caixas de seleção, pois você apenas deve nomear as caixas de seleção como `project[user_ids][ ]` e o Rails faz a mágica.
>
> Em alguns casos, permitir que o usuário defina as associações dessa maneira seria um risco de segurança. Definitivamente, você deve considerar o uso de `attr_accessible` para evitar a atribuição em massa sempre que houver uma possibilidade de seu aplicativo ser prejudicado por usuários mal intencionados.

Atualizadores convenientes

O Rails fornece vários métodos convenientes de atualização através de `increment`, `decrement` e `toggle`. Como atributos numéricos e booleanos eles fazem exatamente o que seus nomes sugerem. Cada um tem uma variante direta (como `toggle!`) que chama a gravação depois de modificar o atributo.

Como controlar o acesso aos atributos

Os construtores e os métodos de atualização que têm hashes para fazer a atribuição em massa dos valores do atributo, quando utilizados com os hashes de parâmetros em um método do controlador, são suscetíveis ao mau uso dos hackers.

Quando você tem atributos em sua classe ActiveRecord que deseja proteger contra uma atribuição indevida ou em massa, use um dos dois seguintes métodos da classe para controlar o acesso aos seus atributos:

o método `attr_accessible` - ele tem uma lista de atributos que serão acessíveis para a atribuição em massa. Esta é a escolha mais cautelosa para a proteção da atribuição em massa.

o método `attr_protected` – quando for necessário iniciar a partir de atributos padrões e restritos abertos. Os atributos transmitidos para esse método serão protegidos contra a atribuição em massa e sua atribuição simplesmente será ignorada. Você precisará usar métodos de atribuição diretos para conferir valores a esses atributos. Conforme mostra o exemplo de código a seguir:

```
class Customer < ActiveRecord::Base
  attr_protected :credit_rating
end

customer - Customer.new(:name => "Abe", :credit_rating => "Excelent")
customer.credit_rating # => nil

customer.attributes = { "credit_rating" => "Excellent" }
customer.credit_rating # => nil

# e agora, o modo permitido de definir um credit_rating
customer.credit_rating = "Average"
customer.credit_rating # => "Average"
```

Como apagar e destruir

Finalmente, se você quiser remover um registro de seu banco de dados terá duas escolhas. Se já tiver uma instância do modelo, poderá destruí-la:

```
>> bad_timesheet = Timesheet.find(1)

>> bad_timesheet.destroy

=> #<Timesheet:0x2481d70 @attributes={"updated_at"=>"2006-11-21
05:40:27", "id"=>"1", "user_id"=>"1", "submitted"=>nil, "created_at"=>
"2006-11-21 05:40:27"}>
```

O método destroy irá remover e congelar (tornar de somente leitura) o registro, portanto você não será capaz de salvá-lo novamente:

```
>> bad_timesheet.save
TypeError: can't modify frozen hash
        from activerecord/lib/active_record/base.rb:1965:in `[]='
```

Como alternativa, você pode chamar `destroy` e `delete` como métodos da classe, transmitindo o(s) id(s) a apagar. Ambas as variantes aceitam um único parâmetro ou array de ids:

```
Timesheet.delete(1)
Timesheet.destroy([2, 3])
```

A nomenclatura pode parecer inconsistente, mas não é. O método delete usa o SQL diretamente e não carrega nenhuma instância (assim é mais rápido). O método `destroy` carrega a instância do objeto ActiveRecord e, então, chama `destroy` como um método da própria instância. As diferenças da semântica são sutis, mas entram em cena quando você atribui os callbacks `before_destroy` ou tem associações *dependentes* – objetos-filho que devem ser apagados automaticamente junto com seu objeto-pai.

Bloqueio do banco de dados

O *bloqueio* é o termo para as técnicas que impedem que os usuários simultâneos de um aplicativo sobrescrevam o trabalho uns dos outros. O ActiveRecord normalmente não usa nenhum tipo de bloqueio do banco de dados ao carregar as linhas de dados do modelo a partir do banco de dados. Se um determinado aplicativo Rails tiver apenas um usuário atualizando os dados ao mesmo tempo, não será necessário se preocupar com o bloqueio.

Quando mais de um usuário estiverem acessando e atualizando os mesmos dados simultaneamente, será de vital importância para você, como desenvolvedor, considerar a *simultaneidade*. Pergunte a si mesmo quais tipos de *colisões* ou *condições race* poderiam ocorrer se dois usuários tentassem atualizar determinado modelo ao mesmo tempo.

Existem várias abordagens para lidar com a simultaneidade nos aplicativos suportados pelo banco de dados. Duas delas são suportadas pelo ActiveRecord: bloqueio *otimista* e bloqueio *pessimista*. Mas também existem outras abordagens como, por exemplo, bloquear as tabelas inteiras do banco de dados.

Cada abordagem tem suas vantagens e desvantagens, portanto é provável que certo aplicativo use uma combinação de abordagens para ter uma confiabilidade máxima.

Bloqueio otimista

O bloqueio otimista apresenta a estratégia de detectar e resolver as colisões (caso ocorram) e é comumente recomendado nas situações com diversos usuários onde as colisões podem ser raras. No caso desse tipo de bloqueio, os registros do banco de dados realmente nunca são bloqueados, o que faz com que essa pareça ser uma designação um pouco incorreta.

O bloqueio otimista é uma estratégia bem comum, pois muitos aplicativos são designados para que um determinado usuário atualize os dados que *pertencem* a ele mesmo e não a outros usuários. Isso tornará raro que dois usuários lutem para atualizar o mesmo registro. A idéia por trás do bloqueio otimista é lidar com as colisões apenas no caso delas realmente acontecerem, já que isso não ocorre com muita freqüência.

Se você controlar seu esquema do banco de dados, o bloqueio otimista será realmente simples de implementar. Simplesmente adicione uma coluna inteira chamada **lock_version** a uma determinada tabela com um valor padrão zero.

```
class AddLockVersionToTimesheets < ActiveRecord::Migration

  def self.up
    add_column :timesheets, :lock_version, :integer, :default => 0
  end

  def self.down
    remove_column :timesheets, :lock_version
```

```
    end

  end
```

Adicionar essa coluna `lock_version` vai mudar o comportamento do ActiveRecord. Agora, se o mesmo registro for carregado como duas instâncias diferentes do modelo e gravado de modo diferente, a primeira *vencerá* a atualização e a segunda fará com que um `ActiveRecord::StaleObjectError` seja gerado.

Podemos mostrar o comportamento do bloqueio otimista com um teste de unidade simples:

```
class TimesheetTest < Test::Unit::TestCase

  fixtures :timesheets, :users
  def test_optimistic_locking_behavior
    first_instance = Timesheet.find(1)
    second_instance = Timesheet.find(1)

    first_instance.approver = users(:approver)
    second_instance.approver = users(:approver2)

    assert first_instance.save, "First instance save succeeded"

    assert_raises ActiveRecord::StaleObjectError do
      second_instance.save
    end
  end

end
```

O teste passa, pois chamar save na segunda instância gera a exceção `ActiveRecord::StaleObjectError` esperada. Note que o método `save` (sem ser direto) retorna false e não gera exceções caso a gravação falhe *devido à validação*, mas outros problemas como, por exemplo, o bloqueio podem fazer, neste caso, com que exceções sejam geradas.

Para usar uma coluna do banco de dados com um nome diferente de **lock_version**, mude a definição usando `set_locking_column`. Para fazer a alteração globalmente, adicione a seguinte linha a **environment.rb**:

```
ActiveRecord::Base.set_locking_column 'alternate_lock_version'
```

Como outras definições ActiveRecord, você também pode mudá-la por modelo com uma declaração em sua classe do modelo:

```
class Timesheet < ActiveRecord::Base
  set_locking_column 'alternate_lock_version'
end
```

Como lidar com o `StaleObjectError`

Agora, claro, depois de adicionar o bloqueio otimista, você não desejará simplesmente deixá-lo assim, pois se isso acontecesse o usuário final que está na extremidade perdida da colisão veria apenas uma tela de erro do aplicativo. Você deve tentar lidar com o `StaleObjectError` o mais elegantemente possível.

Dependendo do caráter crítico dos dados atualizados, você pode desejar passar muito tempo aprimorando uma solução amistosa do usuário que preserve, de algum modo, as alterações que o perdedor está tentando fazer. No mínimo, se os dados para a atualização forem facilmente recriáveis, permita que o usuário saiba por que sua atualização falhou com o código do controlador. Algo parecido com o seguinte:

```
def update
  begin
    @timesheet = Timesheet.find(params[:id])
    @timesheet.update_attributes(params[:timesheet])
    # redirecione para algum lugar
  rescue ActiveRecord::StaleObjectError
    flash[:error] = "Timesheet was modified while you were editing it."
    redirect_to :action => 'edit', :id => @timesheet
  end
end
```

Existem algumas vantagens no bloqueio otimista: ele não requer nenhum recurso especial no banco de dados e é bem fácil de implementar. Como você viu no exemplo, muito pouco código é requerido para lidar com o `StaleObjectError`.

As desvantagens do bloqueio otimista são, principalmente, o fato de que as operações de atualização são um pouco mais lentas, pois a versão do bloqueio deve ser verificada e existe, ainda, o potencial de uma experiência ruim por parte do usuário, uma vez que ele não descobre a falha até *depois* de ter enviado dados difíceis de perder.

Bloqueio pessimista

O bloqueio pessimista requer um suporte especial do banco de dados (predefinido nos bancos de dados maiores) e bloqueia linhas específicas do banco de dados durante uma operação de atualização. Ele impede que outro usuário leia os dados que estão para ser atualizados. Isso funciona para impedi-los de trabalhar com dados velhos.

O bloqueio pessimista é um aspecto novo para o Rails e trabalha com transações, como no exemplo a seguir:

```
Timesheet.transaction do
  t = Timesheet.find(1, :lock=> true)
  t.approved = true
  t.save!
end
```

Também é possível chamar lock! em uma instância de modelo que simplesmente chama `reload(:lock => true)` internamente. Você não desejaria fazer isso em uma instância com alterações de atributo, uma vez que faria com que fossem descartadas pelo recarregamento.

O bloqueio pessimista ocorre no nível do banco de dados. A instrução SELECT gerada pelo ActiveRecord terá uma cláusula `FOR UPDATE` (ou algo parecido) adicionada. Isso fará com que todas as outras conexões sejam bloqueadas contra o acesso às linhas retornadas pela instrução select. O bloqueio é liberado assim que a transação é aceita. Teoricamente, existem situações (o processo Rails aumenta no meio da transação?!) onde o bloqueio não seria liberado até que a conexão fosse terminada ou o tempo se esgotasse.

Considerações

Os aplicativos Web se dimensionam melhor com o bloqueio otimista que, como analisamos, não usa, na realidade, nenhum bloqueio. Porém, você tem que adicionar a lógica do aplicativo para lidar com os casos de falha. O bloqueio pessimista é um pouco mais fácil de implementar, mas pode levar a situações onde um processo Rails estará aguardando que outro libere um bloqueio do banco de dados. Ou seja, ele ficará esperando e *não atenderá nenhuma outra solicitação de entrada*. Lembre-se que os processos Rails têm um único encadeamento.

Em minha opinião o bloqueio pessimista não é tão perigoso como nas outras plataformas, uma vez que no Rails nem mesmo conservamos as transações do banco de dados em mais de uma única solicitação HTTP. Na verdade, tenho certeza que seria impossível fazer isso, dada a arquitetura de nada compartilhado.

Uma situação para ter cautela é aquela na qual se tem muitos usuários lutando pelo acesso a um determinado registro que leva muito tempo para atualizar. Para obter melhores resultados, mantenha pequenas suas transações do bloqueio pessimista e certifique-se de que elas sejam executadas rapidamente.

Localização avançada

E nossa primeira revisão do método find do ActiveRecord, não vimos a variedade de opções disponíveis, além da localização pela chave primária e dos parâmetros das palavras-chave `:first` e `:all`.

Condições

É muito comum precisar filtrar o conjunto de resultados de uma operação de localização (apenas SQL SELECT internamente) adicionando condições (à cláusula WHERE).O ActiveRecord fornece vários modos de fazer isso no hash de opções transmitido ao método find.

As condições são explicitadas no hash de opções como :conditions e podem ser especificadas como uma string, array ou hash, representando a parte WHERE de uma instrução SQL. A forma array deve ser usada quando os dados de entrada estão vindo de fora – de um formulário Web, por exemplo – e deve ser *limpa* antes de ser enviada ao banco de dados. Os dados externos e inseguros são chamados de dados *sujos*.

A forma string simples pode ser usada para instruções que não envolvem os dados sujos. Finalmente, a forma hash funciona de modo muito parecidocom a forma array, exceto pelo fato de que a igualdade é possível. Se tudo de que você precisar for a igualdade em oposição, digamos, ao critério LIKE, aconselho o uso da notação de hash, uma vez que é segura e indiscutivelmente a mais legível do grupo.

Os exemplos de documentos da API Rails fazem um bom trabalho mostrando o uso da opção `:conditions`:

```
class User < ActiveRecord::Base
  def self.authenticate_unsafely(login, password)
    find(:first,
        :conditions => "login='#{login}' AND password='#{password}'")
  end

  def self.authenticate_safely(login, password)
    find(:first,
        :conditions => ["login= ? AND password= ?", login, password])
```

```
    end

    def self.authenticate_safely_simply(login, password)
      find(:first,
           :conditions => {:login => login, :password => password})
    end
  end
```

O método `authenticate unsafely` insere os parâmetros diretamente na consulta e por isso é suscetível aos *ataques de injeção SQL* caso os parâmetros `user_name` e password venham diretamente de uma solicitação HTTP. Um usuário final mal intencionado poderia fornecer sua própria consulta SQL maldosa dentro da string que deveria ser apenas um login ou senha.

Os métodos `authenticate_safely` e `authenticate_safely_simply` irão *limpar* `user_name` e password antes de inseri-los na consulta, o que assegura que um invasor não consiga pular a consulta e falsificar o login (ou pior).

O uso de diversos parâmetros nas condições pode dificultar a leitura, exatamente o que o quarto ou o quinto ponto de interrogação deve representar. Nesses casos, você pode reclassificar as variáveis de vínculo nomeadas. Isso deve ser feito através da substituição dos pontos de interrogação por símbolos e do fornecimento de um hash com valores para as chaves de símbolo coincidentes.

Novamente os documentos da API Rails fornecem um exemplo muito bom (modificado para abreviar):

```
Company.find(:first, [
    " name = :name AND division = :div AND created_at > :date",
    {:name => "37signals", :div => "First", :date => '2005-01-01' }
])
```

Durante uma discussão rápida no IRC sobre esse formulário final, Robby Russell me forneceu o seguinte fragmento inteligente:

```
:conditions => ['subject LIKE :foo OR body LIKE :foo', {:foo =>
'woah'}]
```

Em outras palavras, quando você estive usando placeholders nomeados (versus caracteres de ponto de interrogação), poderá usar a mesma variável de vínculo mais de uma vez. Legal!

Condições de hash simples como esta são muito comuns e úteis:

```
:conditions => {:login => login. :password => password})
```

Elas irão gerar apenas condições com base na igualdade com o operador AND de SQL. Se você quiser algo diferente de AND, terá que usar uma das outras formas disponíveis.

Condições booleanas

É particularmente importante ter cuidado ao especificar as condições que incluem valores booleanos. Os bancos de dados têm vários modos diferentes de representar os valores booleanos nas colunas. Alguns têm tipos de dados booleanos nativos e outros usam um único caractere, geralmente '1' e '0' ou 'T' e 'F' (ou até 'Y' e 'N').

Se você usar condições em array ou de hash e utilizar um valor booleano Ruby como seu parâmetro, o Rails lida de modo transparente com as questões de conversão dos dados:

```
Timesheet.find(:all, :conditions => ['submitted=?', true])
```

Ordem dos resultados da pesquisa

A opção :order tem um fragmento de SQL especificando a ordem das colunas:

```
Timesheet.find(:all, :order => 'created_at desc')
```

A especificação SQL terá como padrão a ordem ascendente se a opção ascendente/descendente for omitida.

> **Wilson diz...**
>
> A especificação SQL não prescreverá nenhuma ordem em particular se nenhuma cláusula 'order by' for especificada na consulta. Isso parece surpreender as pessoas, uma vez que a crença comum é que 'ORDER BY id AS' é o padrão.

Ordenação aleatória

O valor da opção `:order` não é validado pelo Rails, o que significa que você pode transmitir qualquer código que seja compreendido pelo banco de dados subjacente, não apenas as tuplas de coluna/direção. Um exemplo da utilidade que isso pode ter é quando se necessita buscar um registro aleatório:

```
# MySQL
Timesheet.find(:first, :order => 'RAND()')

# Postgres
Timesheet.find(:first, :order => 'RANDOM()')

# Microsoft SQL Server
Timesheet.find(:first, :order => 'NEWID()')

# Oracle
Timesheet.find(:first, :order => 'dbms_random.value')
```

Lembre-se que a ordenação aleatória dos grandes bancos de dados é sabida como sendo executada terrivelmente na maioria dos bancos de dados, em particular no MySQL.

Limite e deslocamento

O parâmetro `:limit` tem um valor inteiro estabelecendo um limite no número de linhas a retornar da consulta. O parâmetro `:offset` especifica o deslocamento de onde as linhas devem ser buscadas no conjunto de resultados e é indexado em 1. Juntas, essas opções são usadas para paginar os resultados.

Por exemplo, uma pesquisa da segunda página de 10 resultados em uma lista de horas trabalhadas é:

```
Timesheet.find(:all, :limit => 10, :offset => 11)
```

Dependendo das particularidades do modelo de dados de seu aplicativo, pode fazer sentido colocar sempre algum limite na quantidade máxima de objetos ActiveRecord buscados em qualquer consulta específica. Permitir ao usuário inicializar consultas ilimitadas e obter milhares de objetos ActiveRecord no Rails de uma só vez é uma receita para o desastre.

Opção select

Por padrão, a opção `:select` é '*' como em `SELECT * FROM`, mas poderá ser mudada se, por exemplo, você fizer uma junção mas não incluir as colunas reunidas. Ou poderia querer incluir as colunas calculadas no conjunto de resultados:

```
>> b = BillableWeek.find(:first, :select => "monday_hours +
  tuesday_hours + wednesday_hours as three_day_total")
=> #<BillableWeek:0x2345fd8 @attributes={"three_day_total"=>"24"}>
```

Ao usar :select como no exemplo anterior, lembre-se que as colunas não especificadas na consulta, com * ou explicitamente, *não serão preenchidas nos objetos resultantes*! Portanto – continuando com o exemplo anterior – tentar acessar monday_hours com b trará resultados inesperados:

```
>> b.monday_hours
NoMethodError: undefined method `monday_hours' for
 #<BillableWeek:0x2336f74 @attributes={"three_day_total"=>"24"}>
   from activerecord/lib/active_record/base.rb:1850:in
 `method_missing'
   from (irb):38
```

Para obter as colunas normais do objeto *mais* a coluna calculada, adicione * ao parâmetro `:select`:

```
:select => '*, monday_hours + tuesday_hours + wednesday_hours as
three_day_total'
```

Opção from

A opção `:from` especifica a parte do nome da tabela da instrução SQL gerada. Você poderá fornecer um valor personalizado se precisar incluir tabelas extras para as junções ou fazer uma referência para a exibição do banco de dados.

Eis um exemplo de uso de um aplicativo que representa a identificação:

```
def find_tagged_with(list)
 find(:all,
     :select => "#{table_name}.*",
     :from => "#{table_name}, tags, taggings",
     :conditions =>
  ["#{table_name}.#{primary_key}=taggings.taggable_id
          and taggings.taggable_type = ?
          and taggings.tag_id = tags.id and tags.name IN (?)",
          name, Tag.parse(list)])
end
```

Se você estiver imaginando por que `table_name` é usado ao invés de um valor explícito, é porque esse código está misturado em uma classe de destino usando módulos Ruby. Esse assunto será tratado no Capítulo 9, "ActiveRecord avançado".

Opção group by

Um nome do atributo pelo qual o resultado deve ser agrupado. Usa a cláusula SQL GROUP BY. Geralmente, você deseja combinar `:group` com a opção `:select`, uma vez que o SQL válido requer que todas as colunas selecionadas em um SELECT agrupado sejam funções agregadas ou colunas.

```
>> users = Account.find(:all,
                        :select => 'name, SUM(cash) as money',
                        :group => 'name')
=> [#<User:0x26a744 @attributes={"name"=>"Joe", "money"=>"3500"}>,
    #<User:0xaf33aa @attributes={"name"=>"Jane", "money"=>"9245"}>]
```

Lembre-se que essas colunas extras retornadas são strings – o ActiveRecord não tenta fazer a coerção delas. Você terá que usar `to_i` e `to_f` para converter nos tipos numéricos.

```
>> users.first.money > 1_000_000
ArgumentError: comparison of String with Fixnum failed
  from (irb):8:in '>'
```

Opção de bloqueio

Especificar a opção `:lock => true` em uma operação de pesquisa, *dentro do escopo de uma transação*, estabelece um bloqueio exclusivo nas linhas selecionadas. Essa opção já foi tratada em detalhes neste capítulo, na seção "Bloqueio do banco de dados".

Como reunir e incluir associações

A opção :joins pode ser útil quando você executa GROUP BY e agrega dados a partir de outras tabelas mas não deseja carregar os objetos associados.

```
Buyer.find(:all,
          :select => 'buyers.id, count(carts.id) as cart_count',
          :joins => 'left join carts on carts.buyer_id=buyers.id',
          :group => 'buyers.id')
```

No entanto, os usos mais comuns das opções `:joins` e `:include` são permitir a *busca rápida* de objetos adicionais em uma única instrução SELECT. Falaremos sobre o assunto no Capítulo 7.

Somente leitura

Especificar a opção `:readonly => true` marca os objetos retornados como se fossem somente de leitura. Você pode mudar seus atributos, mas não pode gravá-los de volta no banco de dados.

```
>> c = Comment.find(:first, :readonly => true)
=> #<Comment id: 1, body: "Hey beeyotch!">
>> c.body = "Keep it clean!"
=> "Keep it clean!"
>> c.save
ActiveRecord::ReadOnlyRecord: ActiveRecord::ReadOnlyRecord
        from /vendor/rails/activerecord/lib/active_record/base.rb:1958
```

Conexões com diversos bancos de dados em diferentes modelos

As conexões geralmente são criadas através de `ActiveRecord::Base. establish_connection` e recuperadas com `ActiveRecord::Base.connection`. Todas as classes herdando de `ActiveRecord::Base` irão usar essa conexão. E se você quiser que alguns de seus modelos usem uma conexão diferente? O ActiveRecord permite adicionar conexões específicas da classe.

Por exemplo, digamos que você tenha uma subclasse de `ActiveRecord:: Base` chamada LegacyProject com dados que residem em um banco de dados separado do usado pelo resto de seu aplicativo Rails. Comece adicionando detalhes para o banco de dados adicional sob sua própria chave em database.yml. Então, chame `LegacyProject.establish_connection` para fazer com que LegacyProject e *todas as suas subclasses* usem a conexão alternada.

Conseqüentemente, para fazer esse exemplo funcionar, você deve especificar `self.abstract_class = true` no contexto da classe. Do contrário o Rails irá considerar as subclasses de LegacyProject como se usassem a herança de uma tabela (STI), que iremos analisar no Capítulo 9.

```
class LegacyProject < ActiveRecord::Base
  establish_connection :legacy_database
  self.abstract_class = true
  ...
end
```

O método `establish_connection` tem uma chave de string (ou símbolo) apontando para uma configuração já definida em `database.yml`. Como alternativa você pode transmitir-lhe um hash literal de opções, embora pareça um pouco confuso colocar esse tipo de dados da configuração diretamente em seu arquivo de modelo, ao invés do `database.yml`.

```
class TempProject < ActiveRecord::Base
  establish_connection(:adapter => 'sqlite3', :database =>
':memory:')
  ...
end
```

O Rails mantém as conexões do banco de dados em um pool de conexões dentro da instância da classe `ActiveRecord::Base`. O pool de conexões é, simplesmente, um objeto Hash indexado pela classe ActiveRecord. Durante a execução, quando uma conexão é necessária, o método `retrieve_connection` percorre a hierarquia de classes até que uma conexão coincidente seja encontrada.

Como usar a conexão do banco de dados diretamente

É possível usar diretamente as conexões do banco de dados subjacente do ActiveRecord e, algumas vezes, é útil fazer isso a partir dos scripts personalizados e para um teste exclusivo e específico. Acesse a conexão usando o atributo connection de qualquer classe ActiveRecord. Se todos os seus modelos usarem a mesma conexão, então, usarão o atributo de conexão de `ActiveRecord::Base`.

A operação mais básica que pode ser feita com uma conexão é execute (a partir do módulo `DatabaseStatements` detalhado na seção a seguir). Por exemplo, a Listagem 6.2 mostra um método que executa um arquivo SQL instrução por instrução.

Listagem 6.2 Execute um arquivo SQL, linha por linha, usando a conexão do ActiveRecord

```
def execute_sql_file(path)
  File.read(path).split(';').each do |sql|
     begin
       ActiveRecord::Base.connection.execute(#{sql}\n") unless
  sql.blank?
    rescue ActiveRecord::StatementInvalid
       $stderr.puts "warning: #{$!}"
    end
  end
end
```

Módulo `DatabaseStatements`

O módulo `ActiveRecord::ConnectionAdapters::DatabaseStatements` mistura vários métodos úteis em um objeto de conexão e torna possível trabalhar diretamente com o banco de dados ao invés de usar os modelos ActiveRecord. Omiti de propósito alguns métodos desse módulo (como, por exemplo, `add_limit!` e `add_lock`) porque eles são usados internamente pelo Rails para construir as instruções SQL e não acredito que tenham muito uso para os desenvolvedores do aplicativo.

```
begin_db_transaction( )
```

Inicia uma transação do banco de dados manualmente (e desativa o comportamento de aceitação automática padrão do ActiveRecord).

```
commit_db_transaction( )
```

Encerra a transação (e ativa novamente o comportamento de aceitação automática padrão do ActiveRecord).

```
delete(sql_statement)
```

Executa uma instrução DELETE SQL fornecida e retorna o número de linhas afetadas.

```
execute(sql_statement)
```

Executa a instrução SQL fornecida no contexto desta conexão. Esse método é abstrato no módulo `DatabaseStatements` e é anulado pelas implementações específicas do adaptador do banco de dados. Como tal, o tipo de retorno é um objeto do conjunto de resultados e corresponde ao adaptador em uso.

```
insert(sql_statement)
```

Executa uma instrução INSERT SQL e retorna o último ID gerado automaticamente a partir da tabela afetada.

```
reset_sequence!(table, column, sequence = nil)
```

Usado no Oracle e Postgres, atualiza a seqüência nomeada com o valor máximo da coluna da tabela especificada.

```
rollback_db_transaction( )
```

Recarrega a transação ativa atualmente (e ativa a aceitação automática). É chamado automaticamente quando um bloco de transação gera uma exceção ou retorna false.

```
select_all(sql_statement)
```

Retorna um *array* de hashes de registro com os nomes da coluna como chaves e os valores da coluna como valores.

```
ActiveRecord::Base.connection.select_all("select name from businesses
order by rand() limit 5")
=> [{"name"=>"Hopkins Painting"}, {"name"=>"Whelan & Scherr"},
{"name"=>"American Top Security Svc"}, {"name"=>"Life Style Homes"},
{"name"=>"378 Liquor Wine & Beer"}]
```

```
select_one(sql_statement)
```

Funciona de modo parecido com `select_all`, mas retorna apenas a primeira linha do conjunto de resultados como um único Hash com os nomes da coluna como chaves e os valores da coluna como valores. Note que esse método não adiciona automaticamente uma cláusula de limite à sua instrução SQL, portanto, considere a necessidade de adicioná-la às consultas nos grandes conjuntos de dados.

```
>> ActiveRecord::Base.connection.select_one("select name from
businesses
order by rand() limit 1")
```

```
=> {"name"=>"New York New York Salon"}
```

```
select_value(sql_statement)
```

Funciona exatamente como select_one, exceto pelo fato de que retorna um *único* valor: o primeiro valor da coluna da primeira linha do conjunto de resultados.

```
>> ActiveRecord::Base.connection.select_value("select * from
businesses
order by rand() limit 1")
=> "Cimino's Pizza"
```

```
select_values(sql_statement)
```

Funciona exatamente como `select_value`, exceto pelo fato de que retorna um array de valores da primeira coluna em todas as linhas do conjunto de resultados.

```
>> ActiveRecord::Base.connection.select_values("select * from
businesses
order by rand() limit 5")
=> ["Ottersberg Christine E Dds", "Bally Total Fitness", "Behboodikah,
Mahnaz Md", "Preferred Personnel Solutions", "Thoroughbred Carpets"]
```

```
update(sql_statement)
```

Executa uma instrução de atualização fornecida e retorna o número de linhas afetadas. Funciona exatamente como `delete`.

Outros métodos de conexão

A lista completa de métodos disponíveis em connection que retornam uma instância do adaptador do banco de dados subjacente é bem longa. A maioria das implementações do adaptador Rails define suas próprias versões personalizadas desses métodos, o que faz sentido uma vez que todos os bancos de dados têm ligeiras variações no modo como lidam com o SQL e variações muito grandes no modo como lidam com os comandos estendidos como, por exemplo, na busca de metadados.

Uma olhada em **abstract_adapter.rb** mostra as implementações padrões do método:

```
...

  # Retorna o nome legível pelos humanos do adaptador. Use letras misturadas -
  pode-se
  # sempre usar letras minúsculas se necessário.
  def adapter_name
    'Abstract'
  end

  # Este adaptador suporta migrações? Um back-end específico, pois o
  # adaptador abstrato sempre retorna +false+.
  def supports_migrations?
    false
  end

  # Este adaptador suporta usar DISTINCT dentro de COUNT? Isto é +true+
  # para todos os adaptadores, exceto sqlite.
```

```
    def supports_count_distinct?
  true
end
...
```

Na seguinte lista de descrições do método e amostras de código, acessei a conexão de nosso aplicativo **time_and_expenses** no console Rails e atribuí connection a uma variável local chamada conn, por conveniência.

`active?`

Indica se a conexão está ativa e pronta para executar consultas.

`adapter_name`

Retorna o nome legível pelos humanos do adaptador, como no exemplo a seguir:

```
>> conn.adapter_name
=> "SQLite"
```

disconnect! e reconnect!

Respectivamente fecha a conexão ativa ou fecha e abre uma nova em seu lugar.

`raw_connection`

Fornece acesso à conexão do banco de dados subjacente. Útil quando você precisa executar uma instrução proprietária ou está usando recursos do driver do banco de dados Ruby que não são necessariamente expostos no ActiveRecord (ao tentar propor uma amostra de código para esse método, consegui danificar facilmente o console Rails – não há muito a fazer ao verificar os erros para obter as exceções que você poderia gerar ao entrar com `raw_connection`).

`supports_count_distinct?`

Indica se o adaptador suporta o uso de DISTINCT dentro de COUNT nas instruções SQL. Isto é true para todos os adaptadores, exceto SQLite que, portanto, requer uma solução ao fazer as operações como, por exemplo, cálculos.

`supports_migrations?`

Indica se o adaptador suporta as migrações.

`tables`

Produz uma lista de tabelas no esquema do banco de dados subjacente. Inclui tabelas que geralmente não são expostas como modelos ActiveRecord como, por exemplo, schema_info e sessions.

```
>> conn.tables
=> ["schema_info", "users", "timesheets", "expense_reports",
"billable_weeks", "clients", "billing_codes", "sessions"]
```

`verify!(timeout)`

Verifique, lentamente, esta conexão chamando active? apenas se não foi chamado por timeout segundos.

Outras opções de configuração

Além das opções de configuração usadas para instruir o ActiveRecord a lidar com a nomenclatura das tabelas e das chaves primárias, existem várias outras definições que controlam diversas funções. Defina-as em **config/environment.rb**.

`ActiveRecord::Base.colorize_logging` Informa ao Rails se é para usar ou não os códigos ANSI para colorir as instruções de logging aceitas pelo adaptador de conexão ActiveRecord. As cores tornam muito mais fácil ler os logs (exceto no Windows) e podem complicar as coisas se você usar um software como o syslog. Tem como padrão `true`. Mude para false se você exibir seus logs com um software que não entende os códigos de cor ANSI.

Eis um fragmento da saída de log com os códigos ANSI visíveis:

```
^[[4;36;1mSQL (0.000000)^[[0m ^[[0;1mMysql::Error: Unknown table
'expense_reports': DROP TABLE expense_reports^[[0m
  ^[[4;35;1mSQL (0.003266)^[[0m ^[[0mCREATE TABLE expense_reports
(`id`
int(11) DEFAULT NULL auto_increment PRIMARY KEY, `user_id` int(11))
ENGINE=InnoDB^[[0m
```

> **Wilson diz...**
>
> Quase ninguém que conheço parece saber como exibir logs coloridos em um pager. A opção –R informa less para produzir caracteres de controle "brutos" na tela.

ActiveRecord::Base.default_timezone Informa ao Rails se é para usar Time.local (usando :local) ou Time.utc (usando `:utc`) ao obter as datas e as horas no banco de dados. Tem como padrão **`:local`**.

ActiveRecord::Base.allow_concurrency Determina se é para criar ou não uma conexão do banco de dados para cada encadeamento ou se é para usar uma única conexão encadeada para todos os encadeamentos. Tem como padrão false, e dado o número de avisos e histórias de horror[6] que acompanham as citações on-line sobre essa opção, seria prudente deixá-la com sua definição padrão. Definir essa opção para **true** é reconhecidamente uma atitude que causa um uso excessivo de conexões do banco de dados.

ActiveRecord::Base.generate_read_methods Determina a agilização do acesso, gerando métodos de leitura otimizados para evitar chamadas caras de `method_missing` ao acessar os atributos pelo nome. Tem como padrão **true**.

ActiveRecord::Base.schema_format Especifica o formato a ser usado para descarregar o esquema do banco de dados com certas tarefas de limpeza padrões. Use a opção **`:sql`** para ter o esquema descarregado como instruções SQL potencialmente específicas do banco de dados. Apenas tome cuidado com as incompatibilidades se estiver tentando usar a opção **:sql** com diferentes bancos de dados para o desenvolvimento e teste.

A opção padrão é **:ruby**, que descarrega o esquema como um arquivo `ActiveRecord:Schema` e que pode ser carregado em qualquer banco de dados que suporte as migrações.

Conclusão

Este capítulo envolveu os fundamentos do ActiveRecord, a estrutura incluída no Ruby on Rails para criar as classes de modelo vinculadas ao banco de dados. Aprendemos como o ActiveRecord expressa a filosofia da *convenção acima da configuração* (parte muito importante do Rails) e como fazer as definições manualmente, procedimento que deve anular as convenções no momento certo.

Também vimos os métodos fornecidos por `ActiveRecord::Base`, a classe-mãe de todos os modelos conservados no Rails, que incluem tudo que você precisa para fazer as operações CRUD básicas: Criar, Ler, Atualizar e Apagar. Finalmente, revisamos instruções sobre como entrar no ActiveRecord para usar a conexão do banco de dados sempre que você precisar.

No capítulo a seguir continuaremos nossa cobertura do ActiveRecord e você vai aprender como os objetos do modelo relacionados interagem através de associações.

Referências

1. http://jayfields.blogspot.com/2006/12/rails-migrations-with-large-team-part.html
2. Se você acha chato que strings e símbolos sejam usados de modo muito intercalado no Rails, bem-vindo ao clube.
3. Uma classe Money recomendada de fonte aberta está disponível em http://dist.leetsoft.com/api/money/.
4. A limpeza impede os ataques de injeção SQL. Para obter mais informações sobre a injeção SQL e o Rails, veja http://www.rorsecurity. info/2007/05/19/sql-injection/.
5. http://activereload.net/2007/5/23/spend-less-time-in-the-database-and-more-time-outdoors.
6. A biblioteca ADO da Microsoft não suporta informar de volta o número de linhas afetadas, portanto, update_all não funciona com o adaptador SQLServer.
7. Leia http://permalink.gmane.org/gmane.comp.lang.ruby.mongrel.general /245 para ver uma explicação de Zed Shaw sobre perigos de allow_ concurrency na mailing list Mongrel.

Capítulo 7

Associações ActiveRecord

Sempre que puder materializar ou criar algo que incorpore um conceito você terá a chance de aproveitar o trabalho com mais eficiência. É exatamente o que acontece com has_many :through.

- Josh Susser

As *associações* ActiveRecord permitem expressar os relacionamentos entre as classes do modelo. O poder e a legibilidade da API Associations é uma parte importante do que torna o trabalho com o Rails uma coisa tão especial.

Este capítulo abrange os diferentes tipos de associações `ActiveRecord` ao destacar os casos de uso e as personalizações disponíveis para cada um. Durante o capítulo iremos ver também as classes que dão acesso aos relacionamentos em si.

Hierarquia de associações

As associações geralmente aparecem nos objetos do modelo ActiveRecord como métodos. Por exemplo, o método `timesheets` pode representar as horas trabalhadas associadas a um determinado usuário.

```
>> user.timesheets
```

Porém, as pessoas podem ficar confusas com os tipos de objetos que são retornados pela associação com esses métodos. Isso acontece porque eles têm um modo de se disfarçar semelhante aos antigos objetos e arrays Ruby comuns (dependendo do tipo de associação que estamos considerando). No fragmento, o método timesheet às vezes parece retornar um array de objetos de projeto.

O console até confirmará nossos pensamentos. Pergunte a qualquer coleção de associação qual é seu tipo de retorno e ela dirá que é `array`:

```
>> obie.timesheets.class
=> Array
```

De fato, isso é uma mentira, uma mentira até bem inocente. Os métodos de associação para as associações `has_many` realmente são instâncias de `HasManyAssociation` mostrados dentro de sua hierarquia de classes, como você pode ver na Figura 7.1.

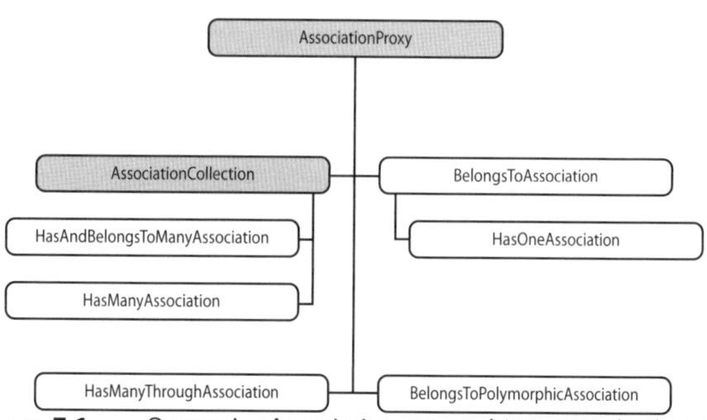

Figura 7.1 Os proxies Association em sua hierarquia de classes

A classe-mãe de todas as associações é AssociationProxy. Ela contém a estrutura e funcionalidade básicas de todos os proxies da associação. Se você vir o início de seu código-fonte extraído (Listagem 7.1), irá notar que ela indefine muitos métodos.

Listagem 7.1 O fragmento de lib/active_record/associations/association_ proxy.rb

```
instance_methods.each { |m|
  undef_method m unless m =~ /(^__|^nil\?$|^send$|proxy_)/ }
```

Como resultado, a maioria dos métodos normais de instância realmente não é definida no proxy, mas delegada ao destino do proxy através de `method_missing`. Isso significa que uma chamada para `timesheet.class` retorna a classe do array subjacente, ao invés do proxy. Você pode provar que timesheet realmente é um proxy. Para tal basta observar se ele responde a um dos métodos públicos de AssociationProxy como, por exemplo, `proxy_owner`:

```
>> obie.timesheets.respond_to? :proxy_owner
=> true
```

Felizmente, esse não é o modo como o Ruby cuida da classe real de um objeto. As mensagens as quais um objeto responde são muito mais importante. É por isso que me parece ser um erro fazer com que seu código dependa do trabalho com um array, ao invés de um proxy de associação. Se for absolutamente necessário, você poderá sempre chamar `to_a` para obter um objeto `array` real:

```
>> obie.timesheets.to_a # make absolutely sure we're working with an
Array
=> []
```

A classe-mãe de todas as associações `has_many` é AssociationCollection e a maioria dos métodos que ela define funciona de modo parecido, independentemente dos objetos declarados para o relacionamento. Antes de nos aprofundarmos sobre os detalhes dos proxies de associação, vejamos o tipo mais fundamental de associação que é mais comumente usado nos aplicativos Rails: o par `has_many/belongs_to`.

Relacionamentos um para muitos

Em nosso aplicativo de amostra recorrente, um exemplo de relacionamento um para muitos é a associação entre as classes `User`, `Timesheet` e `ExpenseReport`:

```
class User < ActiveRecord::Base
  has_many :timesheets
  has_many :expense_reports
end
```

As horas trabalhadas e os relatórios das despesas devem ser ligados na direção oposta também, para que seja possível fazer uma referência para o user ao qual a folha das horas trabalhadas ou o relatório de despesas pertence.

```
class Timesheet < ActiveRecord::Base
  belongs_to :user
end

class ExpenseReport < ActiveRecord::Base
  belongs_to :user
end
```

Quando essas declarações de relacionamento são executadas, o Rails usa a mágica da *metaprogramação* para adicionar dinamicamente o código a seus modelos. Os objetos da coleção proxy são criados permitindo que você manipule o relacionamento facilmente.

Para demonstrar, lidemos com esses relacionamentos no console. Primeiro, vamos criar um usuário.

```
>> obie = User.create :login => 'obie', :password => '1234',
:password_confirmation => '1234', :email => 'obiefernandez@gmail.com'
=> #<User:0x2995278 ...}>
```

Agora, irei verificar se tenho coleções para as horas trabalhadas e os relatórios de despesas.

```
>> obie.timesheets
ActiveRecord::StatementInvalid:
SQLite3::SQLException: no such column: timesheets.user_id:
SELECT * FROM timesheets WHERE (timesheets.user_id = 1)
from /.../connection_adapters/abstract_adapter.rb:128:in `log'
```

Como David diria: " Opa!", esqueci de adicionar as colunas de chave estrangeira às tabelas timesheets e `expense_reports`, portanto, para prosseguir, irei gerar uma migração para as alterações:

```
$ script/generate migration add_user_foreign_keys
      exists  db/migrate
      create  db/migrate/004_add_user_foreign_keys.rb
```

Então, vou abrir `db/migrate/004_add_user_foreign_keys.rb` e adicionar as colunas que faltam.

```
class AddUserForeignKeys < ActiveRecord::Migration
  def self.up
    add_column :timesheets, :user_id, :integer
    add_column :expense_reports, :user_id, :integer
  end

  def self.down
    remove_column :timesheets, :user_id
    remove_column :expense_reports, :user_id
  end
end
```

Executar rake `db:migrate` vai aplicar as alterações:

```
$ rake db:migrate
(in /Users/obie/prorails/time_and_expenses)
== AddUserForeignKeys: migrating
==============================================
-- add_column(:timesheets, :user_id, :integer)
   -> 0.0253s
-- add_column(:expense_reports, :user_id, :integer)
   -> 0.0101s
== AddUserForeignKeys: migrated (0.0357s)
==============================================
```

Agora, devo ser capaz de adicionar uma nova folha de horas em branco trabalhadas ao meu usuário e verificar `timesheets` novamente para assegurar que existe:

```
>> obie = User.find(1)
=> #<User:0x29cc91c ... >
```

```
>> obie.timesheets << Timesheet.new
=> [#<Timesheet:0x2147524 @new_record=true, @attributes={}>]
>> obie.timesheets
=> [#<Timesheet:0x2147524 @new_record=true, @attributes={}>]
```

Como adicionar objetos associados a uma coleção

Segundo a documentação Rails, adicionar um objeto a uma coleção `has_many` grava automaticamente esse objeto, a menos que o objeto-pai (o proprietário da coleção) não esteja armazenado ainda no banco de dados. Certificaremos-nos desse caso usando o método reload de `ActiveRecord` que busca novamente os atributos de um objeto no banco de dados:

```
>> obie.timesheets.reload
=> [#<Timesheet:0x29b3804 @attributes={"id"=>"1", "user_id"=>"1"}>]
```

Lá está ele. A chave estrangeira, `user_id`, foi definida automaticamente pelo método <<.

O método << obtém um ou mais objetos de associação para adicionar à coleção. E como ele nivela sua lista de argumentos e insere cada registro, `push` e `concat` comportam-se de modo idêntico.

No exemplo das horas em branco trabalhadas eu poderia ter usado o método create no proxy de associação e ele teria funcionado basicamente do mesmo modo:

```
>> obie.timesheets.create
=> #<Timesheet:0x248d378 @new_record=false ... >
```

Porém, tenha cuidado ao decidir entre << e `create`!. Mesmo que à primeira vista << e `create` façam a mesma coisa, existem várias diferenças muito importantes no modo como são implementados, você precisa estar atento a isso! (Veja a próxima subseção "`Métodos AssociationCollection`" para obter mais informações).

Métodos `AssociationCollection`

Como mostrado na Figura 7.1, AssociationCollection tem as seguintes subclasses: `HasManyAssociation` e `HasAndBelongsToManyAssociation`. Os seguintes métodos são herdados e estão disponíveis para ambas as subclasses. (`HasManyThroughAssociation` define seus próprios métodos de definição muito parecidos, tratados posteriormente no capítulo.)

`<<(*records)` e `create(attributes = {})`

No Rails 1.2.3 e nas versões anteriores, a primeira coisa que o método << fazia era carregar *o conteúdo inteiro da coleção* a partir do banco de dados, uma operação que podia ser dispendiosa! Por outro lado, `create` simplesmente chamava seu correspondente na classe de modelo da associação e passava o valor da chave estrangeira de modo que a ligação era estabelecida no banco de dados. Reconhecidamente, o Rails 2.0 corrige o comportamento de <<, tornando-o parecido com `create`, no sentido de que não carregará a coleção inteira.

Porém, esta é uma área do Rails onde você pode realmente se prejudicar caso não tenha cuidado. Por exemplo, ambos os métodos podem adicionar um único objeto associado ou muitos. Isso depende de você lhes transmitir um array ou não. Contudo, << é transacional e `create` não.

Outra diferença que podemos apontar tem, ainda, relação com os callbacks de associação (tratados na seção de opções para `has_many` deste capítulo). O método << inicializa os callbacks `:before_add` e `:after_add`, mas o método `create` não.

Finalmente, o comportamento do valor de retorno de ambos os métodos varia muito. O método create retorna a nova instância criada que, dado seu correspondente em `ActiveRecord::Base`, é o que você espera que aconteça. O método << retorna o proxy de associação (já se disfarçando como um array), que permite o encadeamento e também é o comportamento natural para um array Ruby.

Porém, << retornará `false` e não a si mesmo *se qualquer registro adicionado fizer com que a operação falhe*. Portanto, você não deve realmente depender de seu valor de retorno como sendo um array que você pode continuar operando de uma maneira encadeada.

`clear`

Remove todos os registros desta associação limpando o campo da chave estrangeira (veja `delete`). Se a associação for configurada com a opção `:dependent` definida para `:delete_all`, então clear fará uma iteração em todos os objetos associados e chamará destroy em cada um.

O método clear é *transacional.*

`delete(*records) e delete_all`

Os métodos delete e `delete_all` são usados para separar, respectivamente, as associações especificadas ou todas elas. Ambos os métodos operam *transacionalmente.*

Vale a pena notar que, por razões de desempenho, chamar `delete_all` primeiro irá carregar a coleção inteira de objetos associados na memória para obter seus ids e depois irá executar uma `SQL UPDATE` que vai definir as chaves estrangeiras de todos os objetos associados atualmente para nil, desassociando-os verdadeiramente de seu pai. Como carrega a associação inteira na memória, seria imprudente usar esse método com uma coleção muito grande de objetos associados.

> **NOTA**
>
> Os nomes dos métodos delete e `delete_all` podem enganar. Geralmente eles não apagam nada no banco de dados, apenas separam as associações limpando o campo da chave estrangeira do registro associado. Esse comportamento está relacionado à opção `:dependent` que tem como padrão `:nullify`. Caso a associação seja configurada com a opção `:dependent` definida para `:delete_all` ou `:destroy`, então os registros associados realmente serão apagados do banco de dados.

`destroy_all`

O método `destroy_all` não tem nenhum parâmetro: é tudo ou nada. Quando chamado inicia uma transação e chama `destroy` em cada objeto na associação fazendo com que todos sejam apagados do banco de dados com instruções SQL `DELETE` individuais. Novamente, haverá consideráveis problemas de carregamento caso você pretenda usar esse método com grandes coleções de associação, uma vez que muitos objetos serão carregados na memória de uma só vez.

`length`

Retorna o tamanho da coleção carregando-a e chamando `size` no array. Se você quiser usar esse método para verificar se a coleção de associação está vazia, use `length.zero?`ao invés de usar `empty?` simplesmente. É mais eficiente.

`replace(other_array)`

Substitui a coleção por `other_array`. Funciona apagando os objetos que existem na coleção atual (mas não em `other_array`) e inserindo, através de `concat`, objetos que não existem na coleção atual (mas que existem em `other_array`).

size

Se a coleção já tiver sido carregada o método size retornará seu tamanho. Do contrário, uma consulta `SELECT COUNT(*)` será executada para obter o tamanho da coleção associada sem precisar carregar nenhum objeto.

Ao iniciar a partir de um estado descarregado onde é provável que a coleção não esteja realmente vazia e você precisa carregar a coleção, não importando o quê, irá requerer menos uma consulta `SELECT` se você usar `length`.

A definição `:uniq`, que remove as duplicatas das coleções de associação, entra em cena ao calcular o tamanho – basicamente ela fará com que todos os objetos sejam carregados a partir do banco de dados para que o Rails possa remover as duplicatas no código Ruby.

sum(column, *options)

Calcula o valor somado no banco de dados usando SQL. O primeiro parâmetro deve ser um símbolo que identifique a coluna a ser somada. Você precisa fornecer uma opção `:group` para que uma soma realmente ocorra.

```
total = person.accounts.sum(:credit_limit, :group => 'accounts.firm_id')
```

Dependendo do modo como sua associação é estruturada, você pode precisar dar fim à ambigüidade da consulta prefixando o nome da tabela ao valor que passa a `:group`.

uniq

Faz uma iteração na coleção de destino e preenche um `Set` com os valores exclusivos presentes. Lembre-se que a igualdade dos objetos `ActiveRecord` é determinada pela identidade. Isso significa que o valor do atributo id é o mesmo para ambos os objetos comparados.

> **Um aviso sobre os nomes da associação**
>
> Não crie associações que têm o mesmo nome dos métodos de instância de ActiveRecord::Base. Como a associação adiciona um método com esse nome a seu modelo isso irá anular o método herdado e interromper as coisas.
>
> Por exemplo, attributes e connection seriam escolhas realmente ruins para os nomes da associação.

Associação belongs_to

O método da classe `belongs_to` expressa um relacionamento de um objeto `ActiveRecord` com um único objeto associado para o qual há um atributo de chave estrangeira. O truque para lembrar se uma classe "pertence a" outra é determinar onde a coluna da chave estrangeira residirá.

Atribuir um objeto a uma associação `belongs_to` definirá seu atributo de chave estrangeira ao objeto proprietário, mas não irá gravar automaticamente o registro no banco de dados, como no exemplo a seguir:

```
>> timesheet = Timesheet.create
=> #<Timesheet:0x248f18c ... @attributes={"id"=>1409, "user_id"=>nil,
"submitted"=>nil} ...>
>> timesheet.user = obie
=> #<User:0x24f96a4 ...>
>> timesheet.user.login
=> "obie"
```

```
>> timesheet.reload
=> #<Timesheet:0x248f18c @billable_weeks=nil, @new_record=false,
@user=nil...>
```

Definir um relacionamento `belongs_to` em uma classe estabelece um atributo com o mesmo nome nas instâncias dessa classe. Como mencionado anteriormente, o atributo é realmente um proxy para o objeto `ActiveRecord` relacionado e adiciona capacidades úteis para manipular o relacionamento.

Como recarregar a associação

Chamar o atributo irá consultar o banco de dados (se necessário) e retornará uma instância do objeto relacionado. O método de acesso realmente tem um parâmetro `force_reload` que informa ao `ActiveRecord` se é para recarregar o objeto relacionado, caso já tenha sido armazenado em cache por um acesso anterior.

Na seguinte captura de meu console, consulto uma folha de horas trabalhadas e dou uma olhada no `object_id` do objeto do usuário relacionado. Note que na segunda vez em que eu chamar a associação através de use o `object_id` permanecerá igual. O objeto relacionado foi armazenado em cache. Porém, passar true para o acesso irá recarregar o relacionamento e possibilitar obter uma nova instância.

```
>> ts = Timesheet.find :first
=> #<Timesheet:0x3454554 @attributes={"updated_at"=>"2006-11-21
05:44:09", "id"=>"3", "user_id"=>"1", "submitted"=>nil,
"created_at"=>"2006-11-21 05:44:09"}>
>> ts.user.object_id
=> 27421330
>> ts.user.object_id
=> 27421330
>> ts.user(true).object_id
=> 27396270
```

Como construir e criar objetos relacionados através da associação

O método `belongs_to` faz uma metaprogramação e adiciona métodos de fábrica para criar novas instâncias da classe relacionada e anexá-las automaticamente através da chave estrangeira.

O método `build_association` não grava o novo objeto, mas o método `create_association` sim. Ambos os métodos têm um hash opcional de parâmetros do atributo com o qual iniciam os objetos recém-instanciados. Ambos são basicamente conveniências com uma linha, que eu não acho particularmente úteis, pois simplesmente não faz sentido, em geral, criar instâncias nessa direção!

Como exemplo, simplesmente mostrarei o código para construir um `User` a partir de um `Timesheet` ou criar um `Client` a partir de um `BillingCode`, com nenhum deles ocorrendo no código real porque isso simplesmente não faria sentido:

```
>> ts = Timesheet.find :first
=> #<Timesheet:0x3437260 @attributes={"updated_at"=>"2006-11-21
05:44:09", "id"=>"3", "user_id"=>"1", "submitted"=>nil, "created_at"
=>"2006-11-21 05:44:09"}>

>> ts.build_user
=> #<User:0x3435578 @attributes={"salt"=>nil, "updated_at"=>nil,
"crypted_password"=>nil, "remember_token_expires_at"=>nil,
```

```
"remember_token"=>nil, "login"=>nil, "created_at"=>nil, "email"=>nil},
@new_record=true>

>> bc = BillingCode.find :first
=> #<BillingCode:0x33b65e8 @attributes={"code"=>"TRAVEL", "client_id"
=>nil, "id"=>"1", "description"=>"Travel expenses of all sorts"}>

>> bc.create_client
=> #<Client:0x33a3074 @new_record_before_save=true,
@errors=#<ActiveRecord::Errors:0x339f3e8 @errors={},
@base=#<Client:0x33a3074 ...>>, @attributes={"name"=>nil, "code"=>nil,
"id"=>1}, @new_record=false>
```

Você mesmo vai acabar criando instâncias de objetos pertencentes a partir do lado `has_many` do relacionamento com muita freqüência.

Opções `belongs_to`

As seguintes opções podem ser passadas em um hash para o método `belongs_to`.

`:class_name`

Suponha, por um momento, que desejemos estabelecer *outro* relacionamento `belongs_to` a partir da classe `Timesheet` para `User`, dessa vez modelando o relacionamento para quem aprova a folha das horas trabalhadas. Você poderia iniciar adicionando uma coluna `approver_id` à tabela timesheets e uma coluna `authorized_approver` à tabela `users`:

```
class AddApproverInfo < ActiveRecord::Migration

  def self.up
    add_column :timesheets, :approver_id, :integer
    add_column :users, :authorized_approver, :boolean
  end

  def self.down
    remove_column :timesheets, :approver_id
    remove_column :users, :authorized_approver
  end
end
```

Então, adicionaria `belongs_to` como a seguir:

```
class Timesheet < ActiveRecord::Base
  belongs_to :approver
  ...
```

O problema é que, apenas as informações fornecidas, o Rails não pode descobrir a qual classe você está tentando conectar-se, pois você agiu (legitimamente) contra a convenção de nomenclatura do Rails de um relacionamento de acordo com a classe relacionada. É hora de um parâmetro `:class_name`.

```
class Timesheet < ActiveRecord::Base
  belongs_to :approver, :class_name => 'User'
  ...
```

`:conditions`

E que tal adicionar condições à associação `belongs_to`? O Rails nos permite adicionar condições a um relacionamento que devem ser satisfeitas para que ele seja válido. A opção `:conditions` permite fazer exatamente isso com a mesma sintaxe que é usada quando você adiciona condições a uma chamada `find`.

Na última migração, adicionei uma coluna `authorized_approver` à tabela users e irei usá-la aqui:

```
class Timesheet < ActiveRecord::Base
  belongs_to :approver,
             :class_name => 'User',
             :conditions => ['authorized_approver = ?', true]
  ...
end
```

Agora, para que a atribuição de um usuário ao campo `approver` funcione, esse usuário deve ser autorizado. Prosseguirei e adicionarei um teste que indica a intenção de meu código e o mostra em ação.

Primeiro preciso assegurar que a fixture de meus usuários (`users.yml`) torne um aprovador autorizado disponível para meus métodos de teste. Para uma boa medida, continuarei e vou adicionar um usuário não autorizado também. A seguinte marcação aparece na parte inferior de `test/fixtures/users.yml`:

```
approver:
  id: 4
  login: "manager"
  authorized_approver: true
joe:
  id: 5
  login: "joe"
  authorized_approver: false
```

Então volto minha atenção para `test/unit/timesheet_test.rb`, onde adiciono um teste para assegurar que o código de meu aplicativo funcione e esteja correto:

```
require File.dirname(__FILE__) + '/../test_helper'

class TimesheetTest < Test::Unit::TestCase

  fixtures :users

  def test_only_authorized_user_may_be_associated_as_approver
    sheet = Timesheet.create
    sheet.approver = users(:approver)
    assert_not_nil sheet.approver, "approver assignment failed"
  end
end
```

É um bom início, mas também desejo assegurar que algo ocorra para impedir que o sistema atribua um usuário não autorizado ao campo `approver`. Portanto, adiciono outro teste:

```
  def test_non_authorized_user_cannot_be_associated_as_approver
    sheet = Timesheet.create
    sheet.approver = users(:joe)
    assert sheet.approver.nil?, "approver assignment should have
failed"
  end
```

No entanto, tenho minhas dúvidas sobre a validade desse teste e, como era mais ou menos esperado, ele realmente não funciona do modo como eu queria:

```
1) Failure:
test_non_authorized_user_cannot_be_associated_as_approver(TimesheetTest
)
[./test/unit/timesheet_test.rb:16]:
approver assignment should have failed.
<false> is not true.
```

O problema é que `ActiveRecord`, bem ou mal (provavelmente mal...), permite fazer uma atribuição inválida. A opção `:conditions` apenas se aplica durante a consulta para obter de volta uma associação no banco de dados. Adiante terei mais trabalho para conseguir o comportamento desejado, mas irei prosseguir e, corrigindo meus testes, devo ter sucesso com o comportamento real do Rails:

```
def test_only_authorized_user_may_be_associated_as_approver
  sheet = Timesheet.create
  sheet.approver = users(:approver)
  assert sheet.save
  assert_not_nil sheet.approver(true), "approver assignment failed"
end

def test_non_authorized_user_cannot_be_associated_as_approver
  sheet = Timesheet.create
  sheet.approver = users(:joe)
  assert sheet.save
  assert sheet.approver(true).nil?, "approver assignment should fail"
end
```

Esses dois testes passaram. Continuarei e irei gravar `sheet`, uma vez que simplesmente lhe atribuir um valor não irá gravar o registro. Então, aproveito o parâmetro `force_reload` para fazer com que o Rails recarregue `approver` a partir do banco de dados e não apenas me forneça a mesma instância que eu lhe atribuí originalmente.

A lição a aprender é que `:conditions` nos relacionamentos nunca afeta a atribuição dos objetos associados, mas apenas o modo como eles são lidos a partir do banco de dados. Para aplicar a regra em que o aprovador da folha das horas trabalhadas deve ser autorizado você precisaria adicionar um callback `before_save` à classe `Timesheet`. Os callbacks serão tratados em detalhes no início do Capítulo 9, "`ActiveRecord` avançado". Como fugimos um pouco do assunto, voltaremos, então, à lista de opções disponíveis para a associação `belongs_to`.

:foreign_key

Especifica o nome da coluna da chave estrangeira que deve ser usada para encontrar o objeto associado. Normalmente, o Rails irá deduzir essa definição a partir do nome da associação adicionando `_id`. Você poderá anular o nome da chave estrangeira deduzida com esta opção, se necessário:

```
# sem a opção explícita o Rails pensaria que é administrator_id
belongs_to :administrator, :foreign_key => 'admin_user_id'
```

:counter_cache

Use essa opção para fazer com que o Rails atualize automaticamente um campo contador no objeto associado com o número de objetos pertencentes. O valor da opção pode ser `true`, nesse caso o nome *pluralizado* da classe pertencente mais `_count` será usado ou você poderá fornecer seu próprio nome da coluna a ser usado:

```
:counter_cache => true
:counter_cache => 'number_of_children'
```

Se em determinado momento uma porcentagem significante de suas coleções de associação estiver vazia, você poderá otimizar o desempenho à custa de algum armazenamento extra do banco de dados usando cache de contagem. A razão para tal é que quando o atributo do cache do contador for zero, o Rails *nem mesmo tentará* consultar o banco de dados para obter os registros associados!

> **NOTA**
>
> Por padrão, o valor da coluna de cache de contagem *deve ser definido para zero* no banco de dados! Do contrário o cache de contagem *não funcionará*. Isso acontece em virtude da maneira como o Rails implementa o comportamento de cache de contagem: ele adiciona um único callback que vai diretamente para o banco de dados com um comando UPDATE e aumenta o valor do contador.

Se você não tiver cuidado e negligenciar a definição de um valor padrão para 0 para a coluna de cache de contagens no banco de dados ou escrever errado o nome da coluna, o cache de contagem ainda parecerá funcionar! Há um método mágico em todas as classes com as associações `has_many` chamado *`colection_count`*, exatamente como o cache de contagem. Ele irá retornar um valor de contagem correto se você não tiver uma opção de cache de contagem definida ou se o valor da coluna do cache de contagens for null!

:include

Existe uma lista de nomes de associação secundários que deve ser carregada com rapidez quando esse objeto é carregado. Uma instrução `SELECT` com `LEFT OUTER JOINS` necessários será construída, de modo independente, para que todos os dados necessários para construir um grafo inteiro de objetos sejam consultados em uma solicitação do banco de dados.

Com o uso criterioso de `:include` e um benchmark cuidadoso você poderá, algumas vezes, melhorar muito o desempenho de seu aplicativo, em grande parte, eliminando as consultas N+1. Por outro lado, como fazer consultas enormes com diversas junções e instanciar árvores grandes de objetos também pode ser muito dispendioso, certos usos de `:include` podem realmente fazer com que seu aplicativo seja executado muito mais lentamente. Como costumamos dizer, *sua milhagem pode variar*.

> **Wilson diz...**
>
> Se `:include` agilizar seu aplicativo, será complicado demais e você deverá reconstruí-lo.

:polymorphic => true

Use a opção `:polymorphic` para especificar se um objeto é relacionado à sua associação de um modo *polimórfico*, que é o modo do Rails dizer que o tipo do objeto relacionado está armazenado no banco de dados junto com sua chave estrangeira. Ao tornar um relacionamento `belongs_to` polimórfico, você irá separar a associação de modo que qualquer outro modelo no sistema possa executá-lo.

As associações polimórficas permitem que você negocie alguma medida da integridade relacional para a implementação nos relacionamentos-filho que são reutilizados em seu aplicativo. Os exemplos comuns são modelos como, por exemplo, anexos de fotos, comentários, notas, itens de linha etc.

Vamos lhe mostrar isso escrevendo uma classe `Comment` que se anexa a seus assuntos de modo polimórfico. Iremos associá-la aos relatórios de despesas e às horas trabalhadas. A Listagem 7.2 tem as informações do esquema no código da migração seguido do código para as classes envolvidas.

Note a coluna `:subject_type` que armazena o nome de classe da classe associada.

Listagem 7.2 A classe Comment usando o relacionamento `belongs_to` polimórfico

```
create_table :comments do |t|
  t.column :subject, :string
  t.column :body, :text
  t.column :subject_id, :integer
  t.column :subject_type, :string
  t.column :created_at, :datetime
end

class Comment < ActiveRecord::Base
  belongs_to :subject, :polymorphic => true
end

class ExpenseReport < ActiveRecord::Base
 belongs_to :user
  has_many :comments, :as => :subject
end

class Timesheet < ActiveRecord::Base
  belongs_to :user
  has_many :comments, :as => :subject
end
```

Como você pode observar, nas classes `ExpenseReport` e `Timesheet` da Listagem 7.2, há uma sintaxe correspondente na qual você dá ao ActiveRecord uma dica de que o relacionamento é polimórfico especificando `:as => :subject`. Não falamos ainda sobre os relacionamentos `has_many` e os relacionamentos polimórficos. Eles têm sua própria seção no Capítulo 9. Portanto, antes de prosseguirmos, vejamos os relacionamentos `has_many`.

Associação has_many

Exatamente como parece, a associação `has_many` permite definir um relacionamento no qual um modelo *tem muitos* outros modelos que *pertencem a* ele. A legibilidade completa das construções de um código como `has_many` é uma razão maior para as pessoas adorarem o Rails.

O método da classe `has_many` é geralmente usado sem opções adicionais. Se o Rails puder adivinhar o tipo da classe no relacionamento a partir do nome da associação, nenhuma configuração adicional será necessária. Este fragmento de código deverá ser familiar agora:

```
class User
  has_many :timesheets
  has_many :expense_reports
```

Os nomes das associações podem ser singularizados e coincidirem com os nomes dos modelos no aplicativo, portanto tudo funciona como o esperado.

Opções `has_many`

Apesar da facilidade de uso de `has_many`, há uma quantidade surpreendente de possíveis personalizações para aqueles que conhecem e compreendem as opções disponíveis.

:after_add

Chamada depois de um registro ter sido adicionado à coleção através do método <<. Não é disparada pelo método `create` da coleção, portanto, torna-se necessária uma consideração ao contar com os callbacks de associação.

Adicione as opções do método callback a `has_many` passando um ou mais símbolos correspondentes aos nomes do método ou objetos `Proc`. Veja a Listagem 7.3, na opção `:before_add`, para ter um exemplo.

:after_remove

Chamada depois de um registro ter sido removido da coleção com o método `delete`. Adicione as opções do método callback a `has_many` passando um ou mais símbolos correspondentes aos nomes do método ou objetos `Proc`. Veja a Listagem 7.3, na opção `:before_add`, para ter um exemplo.

:as

Especifica a associação `belongs_to` polimórfica a usar na classe relacionada. (Veja o Capítulo 9 para saber mais sobre os relacionamentos polimórficos.)

:before_add

Disparada quando um registro é adicionado à coleção através do método <<. (Lembre-se que `concat` e `push` são apelidos de <<.) Gerar uma exceção no callback irá impedir que o objeto seja adicionado à coleção. (Basicamente porque o callback é disparado logo depois da verificação de não-combinação do tipo e não há nenhuma cláusula de resgate a ser encontrada dentro de <<.)

Adicione as opções do método callback a `has_many` passando um ou mais símbolos correspondentes aos nomes do método ou objetos `Proc`. Você pode definir a opção para um único callback (como `Symbol` ou `Proc`) ou para um array deles.

Listagem 7.3 Um exemplo simples de uso do callback `:before_add`

```
has_many :unchangable_posts,
         :class_name => "Post",
         :before_add => :raise_exception

private

  def raise_exception(object)
    raise "You can't add a post"
  end
```

Naturalmente, teria sido um código muito mais curto usando um `Proc`, uma vez que tem uma linha. O parâmetro `owner` é o objeto com a associação. O parâmetro `record` é o objeto adicionado.

```
has_many :unchangable_posts,
  :class_name => "Post",
  :before_add => Proc.new {|owner, record| raise "Can't do it!"}
```

Mais uma vez com lambda que não verifica a *paridade* dos parâmetros do bloco:

```
has_many :unchangable_posts,
  :class_name => "Post",
  :before_add => lambda {raise "You can't add a post"}
```

:before_remove

Chamada antes de um registro ser removido de uma coleção com o método `delete`. Veja `before_add` para obter mais informações.

`:class_name`

A opção `:class_name` é comum a todas as associações. Ela permite especificar, como uma string, o nome da classe da associação e é necessária quando o nome da classe não pode ser deduzido a partir do próprio nome da associação.

`:conditions`

A opção `:conditions` é comum a todas as associações. Ela permite adicionar condições extras à consulta SQL gerada pelo ActiveRecord que traz de volta os objetos na associação.

Você pode aplicar `:conditions` extras a uma associação por várias razões. Que tal uma aprovação?

```
has_many :comments, :conditions => ['approved = ?', true]
```

E mais, não existe nenhuma regra que proíba ter mais de uma associação `has_many` expondo duas tabelas relacionadas iguais de modos diferentes. Lembre-se apenas que, provavelmente, terá que especificar o nome da classe também.

```
has_many :pending_comments, :conditions => ['approved = ?', true],
         :class_name => 'Comment'
```

`:counter_sql`

Anula a consulta SQL gerada pelo ActiveRecord que seria usada para contar o número de registros que pertencem a essa associação. Não precisa, necessariamente, estar junto com a opção `:finder_sql`, uma vez que o ActiveRecord irá gerar automaticamente o código SQL do contador com base na instrução SQL de localização personalizada.

Como em todas as especificações SQL personalizadas no ActiveRecord, você deve usar aspas simples em torno da string inteira para impedir uma interpolação prematura. (Ou seja, você não deseja que a string seja interpolada no contexto da classe a qual está declarando a associação. Você deseja que ela seja interpolada durante a execução.)

```
has_many :things, :finder_sql => 'select * from t where id = #{id}'
```

`:delete_sql`

Anula a instrução SQL gerada pelo ActiveRecord que seria usada para dividir as associações. O acesso ao modelo associado é fornecido através do método `record`.

`:dependent => :delete_all`

Todos os objetos associados são apagados de uma só vez através de um único comando SQL.

Nota: Embora essa opção seja *muito* mais rápida que `:destroy_all`, ela não dispararia nenhum callback de destruição nos objetos associados – você deve usar essa opção com muito cuidado! Ela deve ser usada apenas nas associações que dependem unicamente do objeto-pai.

`:dependent => :destroy_all`

Todos os objetos associados são destruídos junto com o objeto-pai, de modo iterativo, chamando seus métodos `destroy`.

`:dependent => :nullify`

O comportamento padrão para apagar os registros associados é *anular* ou limpar a chave estrangeira que os reúne ao registro-pai. Você nunca deve precisar especificar esta opção explicitamente. Ela existe aqui apenas para uma referência.

:exclusively_dependent

Desaprovada; equivalente a `:dependent => :delete_all`

:extend => ExtensionModule

Especifica um módulo com métodos que irão estender o proxy da coleção de associação. Usada como uma alternativa para definir métodos adicionais em um bloco passado para o próprio método `has_many`. Está analisada na seção "Extensões da associaçao".

:finder_sql

Especifica uma instrução SQL completa para buscar a associação. É uma boa maneira de carregar associações complexas que dependem de diversas tabelas para seus dados. Também é bem raro precisar seguir esta rota.

As operações de contagem são feitas com uma instrução SQL baseadas na consulta fornecida através da opção `:finder_sql`. Se o ActiveRecord estragar a transformação, pode tornar-se necessário fornecer um valor `:counter_sql` explícito também.

:foreign_key

Anula o nome da chave estrangeira com base em convenções que normalmente seriam usadas na instrução SQL que carrega a associação.

:group

Um nome do atributo com o qual o resultado deve ser agrupado. Usa a cláusula GROUP BY SQL.

:include

Tem um array de nomes de associação secundários (como um array) que deve ser carregado com cuidado. Como na opção `:include` nas associações `belongs_to`, com um uso criterioso de `:include` e um benchmark cuidadoso, você poderá melhorar muito o desempenho de seu aplicativo.

Para exemplificar, analisemos como :include afeta o SQL gerado ao navegar os relacionamentos. Usaremos as seguintes versões simplificadas de `Timesheet`, `BillableWeek` e `BillingCode`:

```
class Timesheet < ActiveRecord::Base
  has_many :billable_weeks
end

class BillableWeek < ActiveRecord::Base
  belongs_to :timesheet
  belongs_to :billing_code
end

class BillingCode < ActiveRecord::Base
  belongs_to :client
  has_many :billable_weeks
end
```

Primeiro, preciso configurar meus dados de teste e, portanto, crio uma instância `timesheet` na qual adiciono algumas semanas de faturamento. E então, atribuo um código de faturamento a cada semana. Isso resultará em um grafo do objeto (com quatro objetos ligados através de associações).

Em seguida, faço uma coleta elegante com `collect` em uma linha, o que me dá um array de códigos de faturamento associados à folha de horas trabalhadas:

```
>> Timesheet.find(3).billable_weeks.collect{ |w| w.billing_code.code }
=> ["TRAVEL", "DEVELOPMENT"]
```

Sem a opção `:include` definida na associação `billable_weeks` de `Timesheet`, essa operação me custa os quatro acessos seguintes ao banco de dados (copiados a partir de `log/development.log` e um pouco enfeitados):

```
Timesheet Load (0.000656)       SELECT * FROM timesheets
                                WHERE (timesheets.id = 3)

BillableWeek Load (0.001156)    SELECT * FROM billable_weeks
                                WHERE (billable_weeks.timesheet_id = 3)

BillingCode Load (0.000485)     SELECT * FROM billing_codes
                                WHERE (billing_codes.id = 1)

BillingCode Load (0.000439)     SELECT * FROM billing_codes
                                WHERE (billing_codes.id = 2)
```

Isto demonstra o conhecido problema de "seleção N+1" que atormenta, sem aviso, muitos sistemas. Sempre que precisar de *uma* semana de faturamento, ela irá custar-me *N* instruções de seleção para recuperar seus registros associados.

Agora, adicionemos `:include` à associação `billable_weeks` e a classe `Timesheet` ficará como a seguir:

```
class Timesheet < ActiveRecord::Base
  has_many :billable_weeks, :include => [:billing_code]
end
```

Simples! Executar de novo nossa instrução de teste irá produzir os mesmos resultados no console:

```
>> Timesheet.find(3).billable_weeks.collect{ |w| w.billing_code.code }
=> ["TRAVEL", "DEVELOPMENT"]
```

Mas veja como é diferente o SQL gerado:

```
Timesheet Load (0.002926) SELECT * FROM timesheets LIMIT 1

BillableWeek Load Including Associations (0.001168) SELECT
billable_weeks."id" AS t0_r0, billable_weeks."timesheet_id" AS t0_r1,
billable_weeks."client_id" AS t0_r2, billable_weeks."start_date" AS
t0_r3, billable_weeks."billing_code_id" AS t0_r4,
billable_weeks."monday_hours" AS t0_r5, billable_weeks."tuesday_hours"
AS t0_r6, billable_weeks."wednesday_hours" AS t0_r7,
billable_weeks."thursday_hours" AS t0_r8,
billable_weeks."friday_hours"
AS t0_r9, billable_weeks."saturday_hours" AS t0_r10,
billable_weeks."sunday_hours" AS t0_r11, billing_codes."id" AS t1_r0,
billing_codes."client_id" AS t1_r1, billing_codes."code" AS t1_r2,
billing_codes."description" AS t1_r3 FROM billable_weeks LEFT OUTER
JOIN
billing_codes ON billing_codes.id = billable_weeks.billing_code_id
WHERE
```

```
(billable_weeks.timesheet_id = 3)
```

O Rails adicionou uma cláusula `LEFT OUTER JOIN` para que os dados do código da fatura sejam carregados junto com as semanas de faturamento. Para os conjuntos de dados maiores a melhoria no desempenho pode ser bem drástica!

Geralmente é fácil encontrar problemas de seleção N+1 apenas observando a paginação do log quando clicar nas diferentes telas de seu aplicativo (certifique-se de que esteja vendo dados reais ou o exercício não fará sentido). As telas que podem aproveitar o carregamento rápido irão causar um turbilhão de instruções `SELECT` com uma linha, uma para cada registro em uma determinada associação usada.

Se você estiver sentido-se especialmente corajoso (talvez masoquista seja um termo melhor), pode tentar incluir uma hierarquia profunda de associações misturando rapidamente os hashes em seu array `:include`:

```
Post.find(:all, :include=>[:author, {:comments=>{:author=>:gravatar }}])
```

Esse fragmento de exemplo irá obter não apenas todos os comentários para `Post` como, também, todos os autores e imagens gravatar. Você pode misturar e unir os símbolos, arrays e hashes em qualquer combinação para descrever as associações que deseja carregar.

Sinceramente, os `:includes` profundos não são uma funcionalidade bem documentada e provavelmente têm tantos problemas que nem valeriam a pena. A maior dificuldade é o fato de que tirar dados demais de uma consulta pode realmente destruir seu desempenho. Você sempre deve iniciar com a solução mais simples ou, então, usar o benchmark e a análise para descobrir se otimizações, como o carregamento rápido, ajudam a melhorar seu desempenho.

> **Wilson diz...**
>
> Deixemos as pessoas aprenderem sobre o carregamento rápido pisando em ovos, como fizemos. Contribui com suas formações!

`:insert_sql`

Anula a instrução SQL gerada pelo ActiveRecord que seria usada para criar as associações. Acesse o modelo associado através do método de registro.

`:limit`

Anexa uma cláusula `LIMIT` ao SQL gerado para carregar esta associação.

`:offset`

Um inteiro determinando o deslocamento a partir de onde as linhas devem ser buscadas.

`:order`

Especifica a ordem na qual os objetos associados são retornados através de um fragmento sql "ORDER BY" como, por exemplo, "`last_name, first_name DESC`".

`:select`

Por padrão, é um * como em `SELECT * FROM`, mas poderá ser mudado caso você queira, por exemplo, acrescentar colunas calculadas adicionais ou colunas adicionais "superpostas" a partir de junções nos objetos associados como o seu.

`:source e source_type`

Usadas exclusivamente como opções adicionais para ajudar na utilização das associações `has_many :through` com o `belongs_to` polimórfico. Será tratada em detalhes posteriormente no próprio capítulo.

`:table_name`

A opção `:table_name` permite anular os nomes da tabela (cláusula FROM) que serão usados nas instruções SQL geradas para carregar a associação.

`:through`

Cria uma coleção de associação através de outra associação. Veja a seção neste capítulo intitulada "`has_many :through`" para obter mais informações.

`:uniq => true`

Retira os objetos duplicados da coleção. É útil junto com `has_many :through`.

Métodos proxy

O método da classe `has_many` cria um proxy da coleção de associação com todos os métodos fornecidos por `AssociationCollection` e mais alguns métodos definidos em `HasManyAssociation`.

`build(atributos = {})`

Instancia um novo objeto na coleção associada e liga este ao proprietário especificando o valor da chave estrangeira. Não grava o novo objeto no banco de dados e o novo objeto não é adicionado à coleção de associação. Como você pode observar no exemplo a seguir, a menos que você capture o valor de retorno de `build`, o novo objeto será perdido:

```
>> obie.timesheets
=> <timesheets not loaded yet>
>> obie.timesheets.build
=> #<Timesheet:0x24c6b8c @new_record=true, @attributes={"user_id"=>1,
"submitted"=>nil}>
>> obie.timesheets
=> <timesheets not loaded yet>
```

Como os documentos on-line da API mostram, o método `build` é exatamente igual ao processo de construir um novo objeto e passar o valor da chave estrangeira como um atributo:

```
>> Timesheet.new(:user_id => 1)
=> #<Timesheet:0x24a52fc @new_record=true, @attributes={"user_id"=>1,
"submitted"=>nil}>
```

`count(*args)`

Conta o número de registros associados no banco de dados usando SQL.

`find(*args)`

Não é muito diferente, nesse caso, do método ActiveRecord `find` normal, exceto pelo escopo limitado aos registros associados e a qualquer condição adicional especificada na declaração do relacionamento.

Lembra-se do exemplo `has_one` mostrado anteriormente no capítulo? Ele foi um pouco inventado, uma vez que teria sido mais fácil pesquisar a última folha de horas trabalhadas modificada usando `find:`.

Relacionamentos muitos para muitos

Associar objetos persistentes através de uma tabela de junção pode ser um dos aspectos mais capciosos do mapeamento relacional de objetos para implementar corretamente em uma estrutura. O Rails tem algumas técnicas que permitem representar os relacionamentos muitos para muitos em seu modelo. Começaremos com o `has_and_belongs_to_many` mais antigo e simples e, então, explicaremos o `has_many :through` mais novo.

has_and_belongs_to_many

O método `has_and_belongs_to_many` estabelece um link entre dois modelos `ActiveRecord` associados através de uma tabela de junção intermediária. A menos que a tabela de junção seja explicitamente especificada como uma opção, o Rails adivinhará seu nome concatenando os nomes da tabela das classes unidas, em ordem alfabética e separados por um sublinhado.

Por exemplo, se eu estivesse usando `has_and_belongs_to_many` (ou `habtm` para abreviar) para estabelecer um relacionamento entre Timesheet e BillingCode, a tabela de junção seria nomeada como `billing_codes_timesheets` e o relacionamento seria definido nos modelos. A classe de migração e os modelos são listados:

```
class CreateBillingCodesTimesheets < ActiveRecord::Migration
  def self.up
    create_table :billing_codes_timesheets, :id => false do |t|
      t.column :billing_code_id, :integer, :null => false
      t.column :timesheet_id, :integer, :null => false
    end
  end

  def self.down
    drop_table :billing_codes_timesheets
  end
end

class Timesheet < ActiveRecord::Base
  has_and_belongs_to_many :billing_codes
end

class BillingCode < ActiveRecord::Base
  has_and_belongs_to_many :timesheets
end
```

Note que uma chave primária id não é necessária, portanto, a opção `:id => false` foi transmitida para o método `create_table`. E mais, como as colunas da chave estrangeira são necessárias, passamos uma opção `:null => false`. (No código real, você também desejaria assegurar que as duas colunas da chave estrangeira fossem devidamente indexadas.)

Relacionamento auto-referencial

E os relacionamentos muitos para muitos *auto-referenciais*? Ligar um modelo a si mesmo através de um relacionamento habtm é fácil, você só precisa fornecer opções explícitas.

Na Listagem 7.4, criei uma tabela de junção e estabeleci uma ligação entre os objetos BillingCode relacionados. Novamente, a migração e a classe do modelo são listadas:

Listagem 7.4 Os códigos da fatura relacionados

```
class CreateRelatedBillingCodes < ActiveRecord::Migration
  def self.up
    create_table :related_billing_codes, :id => false do |t|
      t.column :first_billing_code_id, :integer, :null => false
      t.column :second_billing_code_id, :integer, :null => false
    end
  end

  def self.down
    drop_table :related_billing_codes
  end
end

class BillingCode < ActiveRecord::Base
  has_and_belongs_to_many :related,
    :join_table => 'related_billing_codes',
    :foreign_key => 'first_billing_code_id',
    :association_foreign_key => 'second_billing_code_id',
:class_name => 'BillingCode'
end
```

Relacionamentos bidirecionais

Vale a pena observar que o relacionamento related de `BillingCode` na Listagem 7.4 não é *bidirecional*. Só porque você associa dois objetos em uma direção não significa que eles serão associados na outra direção. Mas e se você precisar estabelecer automaticamente um relacionamento bidirecional?

Primeiro, vamos escrever um teste para a classe `BillingCode` para provar nossa solução. Começaremos escrevendo alguns registros de amostra com os quais trabalhar em `test/fixtures/billing_codes.yml`:

```
travel:
  code: TRAVEL
  client_id:
  id: 1
  description: Travel expenses of all sorts
development:
  code: DEVELOPMENT
  client_id:
  id: 2
  description: Coding, etc
```

Quando adicionamos o bidirecional não queremos interromper o comportamento normal, portanto, inicialmente, meu método de teste estabelece que o relacionamento `habtm` normal funciona:

```
require File.dirname(__FILE__) + '/../test_helper'

class BillingCodeTest < Test::Unit::TestCase
  fixtures :billing_codes

  def test_self_referential_habtm_association
    billing_codes(:travel).related << billing_codes(:development)
    assert BillingCode.find(1).related.include?(BillingCode.find(2))
  end
end
```

Executo meu teste e ele passa. Agora podemos modificar o método de teste para adicionar uma prova de que o comportamento bidirecional que iremos adicionar funciona. Ele acaba sendo muito parecido com o método original. (Normalmente, eu tenderia a ter uma assertiva por método de teste, mas, neste caso, faz mais sentido mantê-los juntos.) A segunda instrução `assert` verifica para saber se a classe recém-associada também tem seu `BillingCode` relacionado em sua coleção related.

```
require File.dirname(__FILE__) + '/../test_helper'

class BillingCodeTest < Test::Unit::TestCase

  fixtures :billing_codes

  def setup
    @travel = billing_codes(:travel)
    @development = billing_codes(:development)
  end

  def test_self_referential_bidirectional_habtm_association
    @travel.related << @development
    assert @travel.related.include?(@development)
    assert @development.related.include?(@travel)
  end
end
```

Naturalmente, o novo teste falha, uma vez que não adicionamos ainda o novo comportamento. Não estou inteiramente feliz com esta abordagem, posto que ela envolve trazer o SQL codificado manualmente para meu belo código Ruby. Contudo, o Rails costuma usar o SQL quando faz sentido, e este é um desses casos.

> **Wilson diz...**
>
> Se somente << e `create` inicializassem os callbacks de associação, poderíamos implementar essa confusão bidirecional sem nenhum código SQL. Infelizmente não podemos. Você ainda pode fazer isto... mas assim que alguém tiver usado `create` perderá o outro lado do relacionamento.

Opções SQL personalizadas

Para obter nosso bidirecional vamos usar a opção `:insert_sql` de `has_and_belongs_to_many` para anular a instrução `INSERT` normal que o Rails usaria para associar os objetos entre si.

Eis um truque ótimo para que você não precise calcular a sintaxe da instrução `INSERT` de cabeça. Simplesmente copie e cole a instrução `INSERT` normal que o Rails usa. Não será muito difícil encontrar em `log/test.log` se você adicionar o arquivo ao executar o teste de unidade que escrevemos na seção anterior:

```
INSERT INTO related_billing_codes (`first_billing_code_id`,
`second_billing_code_id`) VALUES (1, 2)
```

Agora, acabamos de ajustar a instrução `INSERT` para que ela acrescente duas linhas, ao invés de apenas uma. Você poderia ficar tentado a simplesmente adicionar um ponto-e-vírgula e uma segunda instrução `INSERT` completa. Isso não irá funcionar, pois é inválido colocar duas instruções em uma usando um ponto-e-vírgula. Tente e veja o que acontece, caso esteja curioso.

Depois de uma olhada rápida, acredito que o seguinte método de inserir diversas linhas com uma instrução SQL pode funcionar para os bancos de dados Postgres, MySQL e DB2.[1] É válido segundo o padrão SQL-92, apenas não é suportado universalmente:

```
:insert_sql => 'INSERT INTO related_billing_codes
               (`first_billing_code_id`, `second_billing_code_id`)
               VALUES (#{id}, #{record.id}), (#{record.id}, #{id})'
```

Existem algumas coisas muito importantes para lembrar ao tentar fazer com que as opções SQL personalizadas funcionem. A primeira é *usar aspas simples* em torno da string inteira do SQL personalizado. Se você usasse aspas duplas a string seria interpolada no contexto da classe na qual está sendo declarada e não na hora de sua consulta, como você precisa.

E mais, embora estejamos falando sobre as aspas e como usá-las, note que quando eu copiei a consulta `INSERT` a partir de meu log, acabei com caracteres de crase em torno dos nomes da coluna, ao invés de aspas simples. Tentar usar aspas simples nos valores ao invés de caracteres de crase irá falhar, pois o adaptador do banco de dados aplicará escape nas aspas produzindo uma sintaxe inválida. Sim, isso é inconcebível – felizmente, você não deve precisar especificar o SQL personalizado com muita freqüência.

Outra coisa a ser lembrada é que quando sua string SQL personalizada é interpolada, isso vai ocorrer no contexto do objeto que mantém a associação. O objeto associado ficará disponível como record. Se você vir de perto a listagem do código, irá notar que para estabelecer a ligação bidirecional, apenas precisamos de duas linhas na tabela `related_billing_codes`, uma em cada direção.

Uma execução rápida do teste confirma que nossa abordagem :insert_sql realmente funcionou. Devemos usar a opção `:delete_sql` para assegurar que o relacionamento também possa ser interrompido de modo bidirecional. Novamente, conduziremos a implementação de um modo TDD adicionando o seguinte teste a `BillingCodeTest`:

```
def test_that_deletion_is_bidirectional_too
  billing_codes(:travel).related << billing_codes(:development)
  billing_codes(:travel).related.delete(billing_codes(:development))
  assert !BillingCode.find(1).related.include?(BillingCode.find(2))
  assert !BillingCode.find(2).related.include?(BillingCode.find(1))
end
```

É parecido com o método de teste anterior, exceto pelo fato de que depois de estabelecer o relacionamento, o apaga imediatamente. Espero que a primeira assertiva passe prontamente, mas a segunda deverá falhar:

```
$ ruby test/unit/billing_code_test.rb
Loaded suite test/unit/billing_code_test
Started
.F
Finished in 0.159424 seconds.

  1) Failure:
test_that_deletion_is_bidirectional_too(BillingCodeTest)
[test/unit/billing_code_test.rb:16]:
<false> is not true.

2 tests, 4 assertions, 1 failures, 0 errors
```

Sim, como era esperado. Vejamos `log/test.log` e peguemos a cláusula SQL `DELETE` com a qual trabalharemos:

```
DELETE FROM related_billing_codes WHERE first_billing_code_id = 1 AND
second_billing_code_id IN (2)
```

Humm! Isso pode ser um pouco mais capcioso do que inserir. Curioso com o operador `IN`, dou uma olhada no arquivo `active_record/associations/has_ and_belongs_to_many_association.rb` e encontro o seguinte método relevante:

```
def delete_records(records)
  if sql = @reflection.options[:delete_sql]
    records.each { |record|
      @owner.connection.execute(interpolate_sql(sql, record))
    }
else
    ids = quoted_record_ids(records)
    sql = "DELETE FROM #{@reflection.options[:join_table]}
           WHERE #{@reflection.primary_key_name} = #{@owner.quoted_id}
           AND #{@reflection.association_foreign_key} IN (#{ids})"
    @owner.connection.execute(sql)
  end
end
```

Agora, a classe `BillingCode` final fica assim:

```
class BillingCode < ActiveRecord::Base
  has_and_belongs_to_many :related,
    :join_table => 'related_billing_codes',
    :foreign_key => 'first_billing_code_id',
    :association_foreign_key => 'second_billing_code_id',
    :class_name => 'BillingCode',
    :insert_sql => 'INSERT INTO related_billing_codes
                    (`first_billing_code_id`,
`second_billing_code_id`)
                    VALUES (#{id}, #{record.id}), (#{record.id},
#{id})'
end
```

Como ligar dois objetos existentes com eficiência

Antes do Rails 2.0, o método << carregava *o conteúdo inteiro da coleção associada* a partir do banco de dados na memória – dependendo de quantos registros associados você tinha em seu banco de dados isso poderia levar realmente muito tempo!

Colunas extras nas tabelas de junção `has_and_belongs_to_many`

O Rails não terá problemas se você adicionar muitas colunas extras à tabela de junção `habtm`. Os atributos extras serão lidos e adicionados aos objetos de modelo acessados através da associação habtm. Porém, usando minha experiência, posso dizer que os graves aborrecimentos com os quais você terá que lidar no código de seu aplicativo realmente tornam esse caminho não muito atraente.

Mas que tipo de aborrecimento? Por exemplo, o fato de que os registros retornados das tabelas de junção com atributos adicionais serão marcados como se fossem somente de leitura, pois não é possível gravar alterações nesses atributos adicionais.

Você também deve considerar que o modo como o Rails torna essas colunas extras da tabela de junção disponíveis poderia causar problemas em outras partes de seu codebase. Fazer com que atributos extras apareçam de modo mágico em um objeto é legal. Mas o que pode acontecer quando você tentar acessar essas propriedades extras em um objeto que *não foi* buscado através da associação `habtm`? Cabum! Então esteja pronto para alguns exercícios de depuração potencialmente desconcertantes.

Com exceção do `push_with_attributes` desaprovado, os métodos do proxy habtm agem exatamente como deveriam para um relacionamento `has_many`. Do mesmo modo, habtm compartilha opções com `has_many`; apenas sua opção `:join_table` é exclusiva. Ela permite a otimização do nome da tabela de junção.

Para resumir, `habtm` é um modo simples de estabelecer um relacionamento muito para muitos usando uma tabela de junção. Contanto que você não precise capturar dados adicionais sobre o relacionamento, tudo ficará bem. Os problemas com habtm começam assim que você deseja adicionar colunas extras à tabela de junção, depois do qual desejará fazer um upgrade do relacionamento para usar `has_many :through`.

"Modelos de junção reais" e habtm

A documentação do Rails 1.2 dá o seguinte aviso aos leitores: "Recomenda-se que você faça upgrade de qualquer associação [`habtm`] com atributos para um modelo de junção real". O uso de habtm, que foi um dos recursos inovadores originais no Rails, foi desaprovado assim que a capacidade de criar modelos de junção *reais* através da associação `has_many :through`.

Na realidade, `habtm` não será removido do Rails por algumas razões sensatas. Antes de mais nada, muitos aplicativos Rails de herança precisam dele. Em segundo lugar, o habtm fornece um modo de reunir as classes sem uma chave primária definida na tabela de junção, o que às vezes é útil. Mas na maior parte das vezes você desejará modelar um relacionamento muitos para muitos com `has_many :through`.

has_many :through

O colega e conhecido camarada do Rails, Josh Susser, é considerado um especialista nas associações `ActiveRecord`. Até seu blog é chamado de *has_many :through*. Sua descrição da associação `:through`[2], escrita quando o recurso foi introduzido originalmente no Rails 1.1, é tão concisa e bem feita que eu não poderia esperar nada melhor. Ei-la:

> A associação `has_many :through` permite especificar um relacionamento um para muitos indiretamente através de uma tabela de junção intermediária. Na verdade, você pode especificar mais de um relacionamento através da mesma tabela, o que, de fato, torna-a uma substituta para `has_and_belongs_to_many`. A maior vantagem é que a tabela de junção contém objetos de modelo desenvolvidos completos com chaves primárias e dados assistentes. Nada mais de `push_with_attributes`; os modelos de junção funcionam exatamente do mesmo modo, como seus outros modelos `ActiveRecord`.

Modelos de junção

Para mostrar a associação `has_many :through`, iremos configurar um modelo `Client` para que ele tenha muitos objetos `Timesheet`, através de uma associação `has_many` normal chamada `billable_weeks`.

```
class Client < ActiveRecord::Base
  has_many :billable_weeks
  has_many :timesheets, :through => :billable_weeks
end
```

A classe `BillableWeek` já estava em nosso aplicativo de amostra e está pronta para ser usada como um modelo de junção:

```
class BillableWeek < ActiveRecord::Base
  belongs_to :client
  belongs_to :timesheet
end
```

Também podemos configurar o relacionamento inverso, das folhas de horas trabalhadas para os clientes, assim:

```
class Timesheet < ActiveRecord::Base
  has_many :billable_weeks
  has_many :clients, :through => :billable_weeks
end
```

Observe que `has_many :through` sempre é usado junto a uma associação `has_many` normal. E mais, note que a associação `has_many` normal geralmente terá o mesmo nome em ambas as classes que estão sendo reunidas. Isso significa que a opção `:through` vai ler a mesma coisa em ambos os lados.

```
:through => :billable_weeks
```

E o modelo de junção, ele sempre terá duas associações `belongs_to`? *Não.*

Você também pode usar `has_many :through` para agregar facilmente as associações `has_many` ou `has_one` no modelo de junção. Perdoe-me por mudar para um domínio completamente irreal por um momento, estou fazendo isso apenas para demonstrar claramente o que tento descrever:

```
class Grandparent < ActiveRecord::Base
  has_many :parents
  has_many :grand_children, :through => :parents, :source => :childs
end

class Parent < ActiveRecord::Base
  belongs_to :grandparent
  has_many   :childs
end
```

Para ter mais clareza, nos capítulos posteriores vou me referir a esse uso de `has_many :through` como *agregação.*

> **Courtenay diz...**
>
> Usamos muito `has_many :through`! Ele substituiu muito bem o antigo `has_and_belongs_to_many`, pois permite que seus modelos de junção sejam atualizados como objetos completos.
>
> É como se você estivesse marcando um encontro com alguém e vocês começassem a falar sobre o relacionamento (ou, conseqüentemente, nosso casamento). É um exemplo de associação promovida a algo mais importante que os objetos individuais em cada lado.

Considerações de uso e exemplos

Você pode usar as associações `has_many :through` sem agregação de quase todas as mesmas maneiras que as outras associações `has_many`. Os limites têm relação com o tratamento dos registros não gravados.

```
>> c = Client.create(:name => "Trotter's Tomahawks", :code => "ttom")
=> #<Client:0x2228410...>

>> c.timesheets << Timesheet.new
ActiveRecord::HasManyThroughCantAssociateNewRecords: Cannot associate
new records through 'Client#billable_weeks' on '#'. Both records must
have an id in order to create the has_many :through record associating
them.
```

Humm, parece que tivemos um problema não muito recorrente. Diferente de uma has_many normal, o ActiveRecord não nos permitirá adicionar um objeto à associação `has_many :through` se ambas as extremidades do relacionamento forem registros não gravados.

O método `create` grava o registro antes de adicioná-lo. Portanto, ele irá funcionar como o esperado contanto que o próprio objeto-pai não esteja sem gravação.

```
>> c.save
=> true

>> c.timesheets.create
=> [#<Timesheet:0x2212354 @new_record=false, @new_record_before_save=
true, @attributes={"updated_at"=>Sun Mar 18 15:37:18 UTC 2007,
"id"=>2,
"user_id"=>nil, "submitted"=>nil, "created_at"=>Sun Mar 18 15:37:18
UTC
2007}, @errors=#<ActiveRecord::Errors:0x2211940 @base=
#<Timesheet:0x2212354 ...>, @errors={}>> ]
```

A principal vantagem de `has_many :through` é que o ActiveRecord cuida das instâncias do modelo de junção para você. Se chamarmos reload na associação `billable_weeks`, veremos que havia um objeto da semana de faturamento (`billable_week`) criado para nós:

```
>> c.billable_weeks.reload
=> [#<BillableWeek:0x139329c @attributes={"tuesday_hours"=>nil,
"start_date"=>nil, "timesheet_id"=>"2", "billing_code_id"=>nil,
"sunday_hours"=>nil, "friday_hours"=>nil, "monday_hours"=>nil,
"client_id"=>"2", "id"=>"2", "wednesday_hours"=>nil,
"saturday_hours"=>nil, "thursday_hours"=>nil}> ]
```

O objeto `BillableWeek` criado é devidamente associado ao cliente e a `Timesheet`. Infelizmente, existem muitos outros atributos (por exemplo, `start_date` e colunas de horas) que não foram preenchidos.

Uma possível solução é usar create na associação `billable_weeks` e incluir o novo objeto `Timesheet` como uma das propriedades fornecidas.

```
>> bw = c.billable_weeks.create(:start_date => Time.now,
                                 :timesheet => Timesheet.new)
=> #<BillableWeek:0x250fe08 @timesheet=#<Timesheet:0x2510100
@new_record=false, ...>
```

Como agregar associações

Quando você estiver usando `has_many :through` para agregar diversas associações-filha, haverá limites mais significantes – basicamente, você poderá consultar à vontade usando `find` e seus amigos, mas não poderá anexar ou criar novos registros através deles.

Por exemplo, adicionemos uma associação `billable_weeks` à nossa classe `User` de amostra:

```
class User < ActiveRecord::Base
  has_many :timesheets
  has_many :billable_weeks, :through => :timesheets
  ...
```

A associação `billable_weeks` agrega todos os objetos da semana de faturamento pertencentes a todas as horas trabalhadas do usuário:

```
class Timesheet < ActiveRecord::Base
  belongs_to :user
  has_many :billable_weeks, :include => [:billing_code]
  ...
```

Agora, vamos entrar no console Rails e configurar alguns dados de exemplo para que possamos usar a nova coleção `billable_weeks` (em `User`).

```
>> quentin = User.find :first
=> #<User id: 1, login: "quentin" ...>

>> quentin.timesheets
=> []

>> ts1 = quentin.timesheets.create
=> #<Timesheet id: 1 ...>

>> ts2 = quentin.timesheets.create
=> #<Timesheet id: 2 ...>

>> ts1.billable_weeks.create(:start_date => 1.week.ago)
=> #<BillableWeek id: 1, timesheet_id: 1 ...>

>> ts2.billable_weeks.create :start_date => 2.week.ago
=> #<BillableWeek id: 2, timesheet_id: 2 ...>

>> quentin.billable_weeks
=> [#<BillableWeek id: 1, timesheet_id: 1 ...>, #<BillableWeek id: 2,
timesheet_id: 2 ...>]
```

Só por diversão, vejamos o que irá acontecer se tentarmos criar `BillableWeek` com uma instância `User`:

```
>> quentin.billable_weeks.create(:start_date => 3.weeks.ago)
NoMethodError: undefined method `user_id=' for
#<BillableWeek:0x3f84424>
```

Lá vamos nós... `BillableWeek` não pertence a um usuário, pertence a uma folha de horas trabalhadas, portanto, não tem um campo `user_id`.

Modelos de junção e validações

Quando você anexar uma associação `has_many :through` sem agregação com <<,o ActiveRecord sempre criará um novo modelo de junção, mesmo que um já exista para os dois registros unidos. Você pode adicionar limites `validates_uniqueness_of` no modelo de junção para impedir que junções duplicadas ocorram.

Tal limite poderia ficar assim em nosso modelo de junção `BillableWeek`:

```
validates_uniqueness_of :client_id, :scope => :timesheet_id
```

Isso, de fato, informa: "Deve haver apenas um cliente por folha de hora trabalhada".

Se seu modelo de junção tiver atributos adicionais com sua própria lógica de validação, então, haverá outra consideração importante a lembrar: adicionar registros diretamente a uma associação `has_many :through` faz com que um novo modelo de junção seja criado automaticamente *com um conjunto em branco de atributos*. As validações nas colunas adicionais do modelo de junção provavelmente irão falhar. Se isso acontecer, você precisará adicionar novos registros criando objetos do modelo de junção e associando-os devidamente através de seus próprio proxy de associação.

```
timesheet.billable_weeks.create(:start_date => 1.week.ago)
```

Opções has_many :through

As opções para `has_many :through` são iguais às opções para `has_many` – lembre-se que `:through` é apenas uma opção em `has_many`! Porém, o uso de algumas das opções de `has_many` muda ou fica mais significativo quando `:through` é usado.

Antes de mais nada, as opções `:class_name` e `:foreign_key` não são mais válidas, uma vez que são deduzidas da associação de destino no modelo de junção.

Eis o resto das opções que têm um significado especial junto com `has_many :through`.

:source

A opção `:source` especifica *qual* associação usar na classe associada. Esta opção não é obrigatória porque normalmente o ActiveRecord supõe que a associação de destino é a versão singular (ou plural) do nome da associação `has_many`. Se seus nomes de associação não coincidirem, então, você terá que definir `:source` explicitamente.

Por exemplo, o seguinte código usará a associação `sheet` de `BillableWeek` para preencher `timesheets`.

```
has_many :timesheets, :through => :billable_weeks, :source => :sheet
```

:source_type

A opção `:source_type` é necessária quando você estabelece `has_many :through` com uma associação `belongs_to` polimórfica no modelo de junção.

Considere o seguinte exemplo de clientes e contatos:

```
class Client < ActiveRecord::Base
  has_many :contact_cards
  has_many :contacts, :through => :contact_cards
end

class ContactCard < ActiveRecord::Base
  belongs_to :client
  belongs_to :contacts, :polymorphic => true
end
```

O fato mais importante aqui é que `Client` tem muitos `contacts`, que podem ser qualquer tipo de modelo, uma vez que são declarados de modo polimórfico no modelo de junção `ContactCard`. Para exemplificar, associemos as pessoas e os negócios aos cartões de visita:

```
class Person < ActiveRecord::Base
  has_many :contact_cards, :as => :contact
end

class Business < ActiveRecord::Base
  has_many :contact_cards, :as => :contact
end
```

Agora reserve um momento para considerar as mudanças que o ActiveRecord teria que executar para descobrir quais tabelas consultar para obter os contatos de um cliente. Teoricamente, ele precisaria conhecer cada classe do modelo que está ligada à outra extremidade da associação polimórfica de contatos.

Na verdade, ele não pode fazer esses tipos de mudanças – que provavelmente seriam boas – contanto que o desempenho seja considerado:

```
>> Client.find(:first).contacts
ArgumentError: /.../active_support/core_ext/hash/keys.rb:48:
in `assert_valid_keys': Unknown key(s): polymorphic
```

O único modo de fazer este cenário funcionar (de alguma forma) é dar uma ajuda ao ActiveRecord especificando qual tabela ele deve pesquisar quando você solicitar a coleção contacts – e você fará isso com a opção `source_type`. O valor da opção é o nome da classe de destino simbolizada:

```
class Client < ActiveRecord::Base
  has_many :people_contacts, :through => :contact_cards,
           :source => :contacts, :source_type => :person

has_many :business_contacts, :through => :contact_cards,
           :source => :contacts, :source_type => :business
end
```

Depois de `:source_type` ser especificada, a associação funcionará como o esperado.

```
>> Client.find(:first).people_contacts.create!
[#<Person:0x223e788 @attributes={"id"=>1}, @errors=
#<ActiveRecord::Errors:0x223dc0c @errors={}, @base=
#<Person: 0x...>>, @new_record_before_save=true, @new_record=false>]
```

O código é um pouco mais longo, mas funciona. Se você estiver desconcertado porque não pode associar `people_contacts` e `business_contacts` em uma associação de contatos, poderá tentar escrever seu próprio método de acesso para os contatos de um cliente:

```
class Client < ActiveRecord::Base
  def contacts
    people_contacts + business_contacts
  end
end
```

Naturalmente, você deve saber que chamar esse método contacts resultará em, pelo menos, duas solicitações do banco de dados e retornará um `array` sem os métodos proxy de associação que você poderia esperar.

:uniq

A opção `:uniq` informa à associação para incluir apenas objetos exclusivos. É especialmente útil ao usar `has_many :through`, uma vez que dois BillableWeeks diferentes poderiam referir-se ao mesmo `Timesheet`.

```
>> client.find(:first).timesheets.reload
[#<Timesheet:0x13e79dc @attributes={"id"=>"1", ...}>,
 #<Timesheet:0x13e79b4 @attributes={"id"=>"1", ...}>]
```

É comum que duas instâncias distintas do modelo do mesmo registro do banco de dados estejam na memória ao mesmo tempo – em geral, isso apenas não é desejável.

```
class Client < ActiveRecord::Base
  has_many :timesheets, :through => :billable_weeks, :uniq => true
end
```

Depois de adicionar a opção `:uniq`, somente uma instância por registro será retornada.

```
>> client.find(:first).timesheets.reload
[#<Timesheet:0x22332ac ...>]
```

A implementação de uniq em `AssociationCollection` é um exemplo muito bom de como construir uma coleção de valores exclusivos no Ruby usando um Set e o método `inject`. Também prova que a chave primária do registro (e nada mais) é o que está sendo usado para estabelecer a exclusividade:

```
def uniq(collection = self)
  seen = Set.new
  collection.inject([]) do |kept, record|
    unless seen.include?(record.id)
      kept << record
      seen << record.id
    end
    kept
  end
end
```

Relacionamentos um para um

Um dos tipos de relacionamento mais básicos é o relacionamento de objetos um para um. No `ActiveRecord` declaramos um relacionamento um para um usando os métodos `has_one` e `belongs_to` juntos. Como no caso de um relacionamento `has_many` em que você chama `belongs_to` no modelo cuja tabela do banco de dados contém a coluna da chave estrangeira ligando os dois registros.

has_one

Geralmente, `has_one` funciona quase exatamente como `has_many`, exceto quando a consulta do banco de dados é executada para recuperar o objeto relacionado e uma cláusula `LIMIT 1` é adicionada ao SQL gerado para que apenas uma linha seja retornada.

O nome de um relacionamento has_one deve ser singular. Isso fará com que seja lido naturalmente; por exemplo: has one `:last_timesheet`, has one `:primary_account`, has one `:profile_photo` etc.

Vejamos `has_one` em ação adicionando avatares para nossos usuários.

```
class Avatar <ActiveRecord::Base
  belongs_to :user
end

class User < ActiveRecord::Base
  has_one :avatar
  # ... o resto de nosso código User ...
end
```

É bem simples. Inicializando isso em `script/console` podemos ver alguns dos novos métodos que `has_one` adiciona a `User`.

```
>> u = User.find(:first)
>> u.avatar
=> nil

>> u.build_avatar(:url => '/avatars/smiling')
#<Avatar:0x2266bac @new_record=true, @attributes={"url"=> "/avatars/frowning",
```

```
"id"=>"2", "user_id"=>"1"}>]
"/avatars/smiling", "user_id"=>1}>

>> u.avatar.save
=> true
```

Como você pode observar, podemos usar `build_avatar` para construir um novo objeto avatar e associá-lo ao usuário. Embora seja ótimo que has_one deva associar um avatar ao usuário, realmente isso não é nada que `has_many` não faça. Portanto, vejamos o que acontece quando atribuímos um novo avatar ao usuário.

```
>> u = User.find(:first)
>> u.avatar
=> #<Avatar:0x2266bac @attributes={"url"=>"/avatars/smiling",
"user_id"=>1}>

>> u.create_avatar(:url => '/avatars/frowning')

=> #<Avatar:0x225071c @new_record=false, @attributes={"url"=>
"/avatars/4567", "id"=>2, "user_id"=>1}, @errors=
#<ActiveRecord::Errors:0x224fc40 @base=#<Avatar:0x225071c ...>,
@errors={}>>

>> Avatar.find(:all)
=> [#<Avatar:0x22426f8 @attributes={"url"=>"/avatars/smiling",
"id"=>"1", "user_id"=>nil}>, #<Avatar:0x22426d0
@attributes={"
```

A última linha dessa sessão `script/console` é a mais interessante, pois mostra que nosso avatar inicial agora não está mais associado ao usuário. Naturalmente, o avatar anterior não foi removido do banco de dados – que é algo que desejamos neste cenário. Assim, usaremos a opção `:dependent => :destroy` para fazer com que os avatares sejam destruídos quando não estiverem mais associados a um usuário.

```
class User
  has_one :avatar, :dependent => :destroy
end
```

Enganaremos um pouco o console e podemos verificar que funciona como o pretendido.

```
>> u = User.find(:first)
>> u.avatar
=> #<Avatar:0x22426d0 @attributes={"url"=>"/avatars/frowning",
"id"=>"2", "user_id"=>"1"}>

>> u.avatar = Avatar.create(:url => "/avatars/jumping")
=> #<Avatar:0x22512ac @new_record=false,
@attributes={"url"=>"avatars/jumping", "id"=>3, "user_id"=>1},
@errors=#<ActiveRecord::Errors:0x22508e8 @base=#<Avatar:0x22512ac
...>,
@errors={}>>

>> Avatar.find(:all)
=> [#<Avatar:0x22426f8 @attributes={"url"=>"/avatars/smiling", "id"
=>"1", "user_id"=>nil}>, #<Avatar:0x2245920 @attributes={"url"=>
"avatars/jumping","id"=>"3", "user_id"=>"1"}>]
```

Como você pode ver, adicionar `:dependent => :destroy` livra-se do avatar frowning (carrancudo), mas não do avatar smiling (sorridente). O Rails destrói apenas o avatar que acabou de ser removido do usuário, portanto, os dados ruins que estavam em seu banco de dados antes ainda devem permanecer. Lembre-se disso quando decidir adicionar `:dependent => destroy` e lembre-se, também, de limpar manualmente qualquer dado ruim anterior.

Como mencionei anteriormente, `has_one` geralmente é usado para selecionar um registro de significância ao longo de um relacionamento `has_many` já estabelecido. Por exemplo, digamos que desejamos ser capazes de acessar facilmente a última folha de horas trabalhadas de um usuário:

```
class User < ActiveRecord::Base
  has_many :timesheets
  has_one :latest_timesheet, :class_name => 'Timesheet'
end
```

Tive que especificar `:class_name` de modo que o ActiveRecord saiba qual tipo de objeto estamos associando. (Ele não pode descobrir com base no nome da associação, `:latest_timesheet`.)

Ao adicionar um relacionamento `has_one` a um modelo que já tem has_many definido para o mesmo modelo relacionado, *não* é necessário adicionar outra chamada do método `belongs_to` ao objeto de destino, apenas para o novo `has_one`. Isso pode parecer um pouco complicado à primeira vista, mas se você refletir, o mesmo valor da chave estrangeira está sendo usado para ler os dados no banco de dados.

O que acontece quando você substitui um objeto de destino `has_one` existente por outro? Depende muito do objeto recém-relacionado ter sido criado antes ou depois do objeto que ele está substituindo, pois `ActiveRecord` não acrescenta nenhum parâmetro de ordenação adicional à sua consulta `has_one`.

Opções has_one

As opções para as associações `has_one` são parecidas com aquelas para `has_many`.

:as

Permite configurar uma associação polimórfica, tratada no Capítulo 9.

:class_name

Permite especificar a classe que esta associação usa. Quando você estiver fazendo `has_one :latest_timesheet, :class_name => 'Timesheet'`, `:class_name => 'Timesheet'` especificará que `latest_timesheet` é realmente o último objeto `Timesheet` no banco de dados associado a esse usuário. Normalmente, essa opção é deduzida pelo Rails a partir do nome da associação.

:conditions

Permite que você especifique as condições a que o objeto deve satisfazer para ser incluído na associação. As condições são especificadas da mesma forma se você estivesse usando `ActiveRecord#find`.

```
class User
  has_one :manager,
          :class_name => 'Person',
          :conditions => ["type = ?", "manager"]

end
```

Nesse caso, manager é especificado como um objeto person que é `type = "manager"`. Quase sempre tenho tendência a usar `:conditions` junto com `has_one`. Quando o `ActiveRecord` carrega a associação ele está obtendo uma das muitas linhas em potencial que têm a chave estrangeira certa.

Omita algumas condições explícitas (ou talvez uma cláusula de ordem) e você estará deixando que o banco de dados selecione uma linha.

:dependent

A opção `:dependent` especifica como `ActiveRecord` deve tratar os objetos associados quando o objeto-pai é apagado. Existem poucos valores diferentes que você pode transmitir e eles funcionam como a opção :dependent de `has_many`.

Se você transmitir-lhe `:destroy` informará ao Rails para destruir o objeto associado quando ele não estiver mais associado ao objeto primário. Transmitir `:delete` destruirá o objeto associado sem chamar nenhum hook normal do Rails. Finalmente, o padrão (`:nullify`) simplesmente definirá os valores da chave estrangeira para null de modo que a conexão seja interrompida.

:foreign_key

Especifica o nome da coluna da chave estrangeira na tabela da associação.

:include

Permite "carregar rapidamente" objetos de associação adicionais quando seu objeto associado é carregado. Veja a opção :include das associações `has_many` e `belongs_to` para obter mais detalhes.

:order

Permite especificar um fragmento SQL que será usado para ordenar os resultados. É uma opção especialmente útil com `has_one` ao tentar associar o último de uma coisa ou outra.

```
class User
  has_one :latest_timesheet,
          :class_name => 'Timesheet',
          :order => 'created_at desc'
end
```

Objetos não gravados e associações

Você pode manipular os objetos e as associações antes que sejam gravados no banco de dados. Mas há um comportamento especial que você deve conhecer e que, geralmente, envolve a gravação dos objetos associados. Se um objeto é considerado como não gravado é com base no resultado de chamar `new_record?`.

Associações um para um

Atribuir um objeto a uma associação `has_one` grava automaticamente esse objeto *e* o objeto substituído (se houver um) de modo que seus campos da chave estrangeira sejam atualizados. A exceção para esse comportamento será se o objeto-pai não estiver gravado, uma vez que significaria que não há nenhum valor da chave estrangeira a definir.

Se a gravação falhar para os objetos atualizados (devido a um deles ser inválido), a operação de atribuição retornará false *e a atribuição será cancelada*. Esse comportamento faz sentido (se você refletir bem), mas pode ser causa de muita confusão quando você não o conhece. Se você tiver uma associação que não parece funcionar, verifique as regras de validação dos objetos relacionados.

Se quiser atribuir um objeto a uma associação `has_one` *sem* gravá-lo, poderá usar o método `build` da associação:

```
user.profile_photo.build(params[:photo])
```

Atribuir um objeto a uma associação `belongs_to` não grava o pai ou o objeto associado.

Coleções

Adicionar um objeto às coleções `has_many` e `has_and_belongs_to_many` grava-o automaticamente, a menos que o objeto-pai (o proprietário da coleção) ainda não esteja armazenado no banco de dados.

Se os objetos adicionados a uma coleção (através de << ou meios parecidos) falharem na devida gravação, então, a operação de adição retornará `false`. Se você quiser que seu código seja um pouco mais explícito ou se quiser adicionar um objeto a uma coleção sem gravá-lo automaticamente, então, poderá usar o método `build` da coleção. É exatamente como `create`, exceto pelo fato de que não grava com `save`.

Os membros de uma coleção são gravados automaticamente (ou atualizados) quando seu pai é gravado (ou atualizado).

Extensões da associação

Os objetos proxy que lidam com o acesso para as associações podem ser estendidos com seu próprio código do aplicativo. Você pode adicionar seus próprios localizadores personalizados e métodos de fábrica a serem usados especificamente com uma determinada associação.

Por exemplo, digamos que você quisesse um modo conciso de consultar as pessoas de uma conta pelo nome. Você poderá colocar o método `find_or_create_by_first_name_and_last_name` de uma coleção people no seguinte pacote, como mostrado na Listagem 7.5.

Listagem 7.5 Uma extensão de associação em uma coleção people

```
class Account < ActiveRecord::Base

  has_many :people do
    def named(name)
      first_name, last_name = name.split(" ", 2)
      find_or_create_by_first_name_and_last_name(first_name,
last_name)
    end
  end

end
```

Agora temos um método `named` disponível para usar na coleção people:

```
person = Account.find(:first).people.named("David Heinemeier Hansson")
person.first_name # => "David"
person.last_name # => "Heinemeier Hansson"
```

Se você precisar compartilhar o mesmo conjunto de extensões entre muitas associações poderá usar especificamente um módulo de extensão, ao invés de um bloco com as definições do método.

Este é o mesmo recurso mostrado na Listagem 7.5, exceto pelo fato de que dividido em seu próprio módulo Ruby:

```
module ByNameExtension
  def named(name)
    first_name, last_name = name.split(" ", 2)
    find_or_create_by_first_name_and_last_name(first_name, last_name)
  end
end
```

Agora, podemos usá-lo para estender muitos relacionamentos diferentes, contanto que eles sejam compatíveis. (Nosso contrato no exemplo consiste no método `find_or_create_by_first_name_and_last_name`.)

```
class Account < ActiveRecord::Base
  has_many :people, :extend => ByNameExtension
end

class Company < ActiveRecord::Base
  has_many :people, :extend => ByNameExtension
end
```

Se você precisar usar diversos módulos de extensão nomeados poderá passar um array de módulos para a opção `:extend`, ao invés de um único módulo, assim:

```
has_many :people, :extend => [ByNameExtension, ByRecentExtension]
```

No caso de conflitos de nomes os métodos contidos nos módulos adicionados posteriormente no array substituirão aqueles encontrados anteriormente no array.

Classe AssociationProxy

AssociationProxy, o pai de todos os proxies da associação (consulte a Figura 7.1, se necessário), contribui com vários métodos úteis que se aplicam à maioria dos tipos de associações e que podem entrar em cena quando você está escrevendo extensões da associação.

reload e reset

O método reset coloca o proxy da associação de volta a seu estado inicial, que é descarregado (os objetos de associação armazenados em cache são limpos). O método `reload` chama `reset` e, então, carrega os objetos associados a partir do banco de dados.

proxy_owner, proxy_reflection e proxy_target

Refere-se aos atributos internos `owner`, `reflection` e `target` do proxy de associação, respectivamente.

O método `proxy_owner` fornece uma referência para o objeto-pai que mantém a associação.

O objeto `proxy_reflection` é uma instância de `ActiveRecord::Reflection::AssociationReflection` e contém todas as opções de configuração para a associação. Isso inclui as definições padrões e aquelas que foram transmitidas para o método de associação quando ele foi declarado.[3]

`proxy_target` é o array associado (ou o próprio objeto associado no caso de `belongs_to` e `has_one`).

Pode não parecer sensato expor publicamente esses atributos e permitir sua manipulação. Contudo, sem acesso a eles seria muito mais difícil escrever as extensões avançadas da associação. Os métodos `loaded?`, `loaded`, `target` e `target=` são públicos por razões parecidas.

A seguinte amostra de código demonstra o uso de `proxy_owner` dentro de um método de extensão `published_prior_to` fornecido por Wilson Bilkovich:

```
class ArticleCategory < ActiveRecord::Base
 acts_as_tree
  has_many :articles do
   def published_prior_to(date, options = {})
     if proxy_owner.top_level?
       Article.find_all_published_prior_to(date, :category => proxy_owner)
```

```
    else
        # self é a associação 'articles' aqui, portanto, herdaremos seu escopo
        self.find(:all, options)
      end
    end

  end # has_many :articles extension

  def top_level?
    # temos um pai e é nosso pai o nó-raiz da árvore?
    self.parent && self.parent.nil?
  end

end
```

A extensão de plug-in ActiveRecord `acts_as_tree` cria uma associação auto-referencial baseada em uma coluna `parent_id`. A referência `proxy_owner` é usada para verificar se o pai dessa associação é um nó de "alto nível" na árvore.

Conclusão

A capacidade de modelar as associações é o que torna o ActiveRecord mais que apenas uma camada de acesso dos dados. A facilidade e a elegância com a qual você pode declarar essas associações são o que tornam o ActiveRecord mais do que seu costureiro mapeador objeto-relacional.

Neste capítulo, falamos sobre o básico do funcionamento das associações ActiveRecord. Iniciamos dando uma olhada na hierarquia de classes das classes de associações, começando com AssociationProxy. Felizmente, aprendendo sobre como as associações funcionam internamente, você conseguiu uma compreensão melhorada de seu poder e flexibilidade.

Finalmente, o guia de opções e métodos para cada tipo de associação deve ser um bom guia de consulta para suas atividades diárias de desenvolvimento.

Referências

1. http://en.wikipedia.org/wiki/Insert_(SQL)#Multirow_inserts
2. http://blog.hasmanythrough.com/articles/2006/02/28/association- goodness
3. Para aprender mais sobre os usos do objeto reflection, inclusive para ter uma explicação sobre como estabelecer as associações has_many :through através de outras associações has_many :through, verifique o artigo obrigatório: http://www.pivotalblabs.com/articles/2007/08/26/ten-things-i-hate-about- proxy-objects-part-i.

Capítulo 8
Validações ActiveRecord

Os computadores são como os deuses do Velho Testamento: muitas regras e nenhuma piedade.

- Joseph Campbell

A Validations API no `ActiveRecord` permite definir, de modo declarativo, os estados válidos para seus objetos de modelo. Os métodos de validação controlam o ciclo de vida de um objeto do modelo `ActiveRecord` e são capazes de examinar o objeto para determinar se certos atributos são definidos, têm valores em uma determinada faixa ou transmitem qualquer outro obstáculo lógico que você especifica.

Neste capítulo, descreveremos os métodos de validação disponíveis e como usá-los com eficiência. Vamos explorar como esses métodos de validação interagem com os atributos de seu modelo e como as mensagens do sistema predefinidas em mensagem de erro podem ser usadas com eficiência na interface do usuário de seu aplicativo para fornecer um retorno descritivo.

Finalmente, também falaremos sobre um importante RubyGem chamado `Validatable`, que vai além das capacidades nativas do Rails permitindo-o definir diferentes conjuntos de critérios de validação para um determinado objeto de modelo, dependendo do papel que está desempenhando atualmente em seu sistema.

Como localizar erros

Os problemas de validação são também conhecidos como (rufem os tambores, por favor...): erros! Todo objeto de modelo `ActiveRecord` contém uma coleção de erros, acessíveis (sem surpresa alguma) como o atributo errors. É uma instância da classe `ActiveRecord::Errors` e é definida no arquivo `lib/active_record/validations.rb` junto com o resto do código de validação.

Quando um objeto de modelo é válido, a coleção errors está vazia. Na verdade, quando você chama `valid?` em um objeto de modelo, uma série de etapas é realizada para localizar os erros. Vejamos a seguir (um pouco simplificado):

1. Limpe a coleção `errors`.

2. Execute as validações.

3. Retorne se a coleção `errors` do modelo está vazia ou não.

Se a coleção `errors` acabar vazia, o objeto será válido. Simples assim.

Em alguns dos métodos de validação descritos neste capítulo, existem aqueles nos quais você mesmo precisa escrever a lógica da validação real. Nesses casos você deve marcar um objeto como inválido adicionando itens à coleção `errors` e usando seus métodos `add`.

Irei explicar os métodos da classe Errors com mais detalhes posteriormente. Faz mais sentido ver os métodos de validação por si mesmos primeiro.

Validações declarativas simples

Sempre que possível você deve definir validações para seus modelos, de modo declarativo, usando um ou mais dos seguintes métodos de classe disponíveis para todas as classes `ActiveRecord`. A menos que o contrário seja mencionado, todos os métodos validates aceitam um número variável de atributos, mais opções. Existem algumas alternativas para esses métodos de validação que são comuns a todos eles. Falaremos sobre elas no final da seção.

validates_acceptance_of

Muitos aplicativos Web têm telas nas quais o usuário é solicitado a concordar com os termos do serviço e com algum conceito parecido, que geralmente envolve um quadro de seleção. Nenhuma coluna do banco de dados real que coincida com o atributo declarado na validação é requerida; quando você chamar esse método, ele criará automaticamente atributos virtuais para cada atributo especificado. Vejo essa validação como um tipo de *sintaxe açucarada*, uma vez que é muito específica para a programação do aplicativo Web.

```
class Account < ActiveRecord::Base
  validates_acceptance_of :privacy_policy, :terms_of_service
end
```

Mensagem de erro

Quando a validação `validates_acceptance_of` falha, uma mensagem de erro é armazenada no objeto de modelo informando "o atributo deve ser aceito".

Opção accept

A opção `:accept` facilita mudar o valor considerado acceptance (aceitação). O valor padrão é "`1`", que coincide com o valor fornecido pelos quadros de seleção gerados através do uso dos métodos assistentes do Rails.

```
class Cancellation < ActiveRecord::Base
  validates_acceptance_of :account_cancellation, :accept => 'YES'
end
```

Se você usasse o exemplo anterior junto com o campo de texto conectado ao atributo `account_cancellation`, o usuário teria que digitar a palavra *YES* para validar o objeto de cancelamento.

validates_associated

Quando um dado modelo tiver objetos de modelo associados que também precisam ser válidos quando gravados, você usará o método `validates_ associated` que funciona com qualquer tipo de associação. Quando a validação for chamada (na gravação, por padrão), o método valid? de cada objeto associado será chamado.

```
class Invoice < ActiveRecord::Base
  has_many :line_items
  validates_associated :line_items
end
```

Vale a pena notar que o uso descuidado de `validates_associated` pode resultar em uma dependência circular e causar uma recursividade infinita. Bem, não *infinita*, mas terminará de modo inesperado. Dado o exemplo anterior, não faça o seguinte na classe `LineItem`:

```
class LineItem < ActiveRecord::Base
  belongs_to :invoice
  validates_associated :invoice
end
```

Essa validação não irá falhar se a associação for `nil`, pois ela não foi definida ainda. Se você quiser assegurar que a associação será preenchida *e* válida, terá que usar `validates_associated` junto com `validades_presence_of` (tratado posteriormente neste capítulo).

validates_confirmation_of

O método `validates_confirmation_of` é outro caso de sintaxe açucarada para os aplicativos Web, uma vez que é muito comum incluir campos de texto com duas entradas para assegurar que o usuário forneceu corretamente alguns dados críticos como, por exemplo, senhas e endereço de e-mail. Esta validação criará um atributo virtual para o valor de confirmação e vai comparar os dois atributos para assegurar que eles coincidam para que o modelo seja válido.

Eis um exemplo, usando nosso modelo `Account` fictício novamente:

```
class Account < ActiveRecord::Base
  validates_confirmation_of :email, :password
end
```

A interface do usuário usada para definir os valores para o modelo `Account` precisaria incluir campos de texto extras nomeados com um sufixo `a_confirmation`. E quando enviados, o valor desses campos teria que coincidir para essa validação passar.

validates_each

O método `validates_each` é um pouco mais livre do que seus correspondentes na família de validação. Isso se explica no sentido de que ele não tem uma função de validação predefinida. Ao contrário, você fornece um array de nomes do atributo a ser verificado e fornece um bloco Ruby a ser usado ao verificar a validade de cada atributo.

A função de bloco designa o objeto de modelo como sendo válido ou não em virtude de adicionar ou não seu array `errors`. *O valor de retorno do bloco é ignorado.*

Não existem muitas situações com serviços externos de validação. Você pode colocar a validação externa em uma *fachada* específica de seu aplicativo e, então, chamá-la usando um bloco `validates_each`:

```
class Invoice < ActiveRecord::Base
  validates_each :supplier_id, :purchase_order do |record, attr,
value|
    record.errors.add(attr) unless PurchasingSystem.validate(attr,
value)
  end
end
```

Observe que os parâmetros para a instância de modelo (`record`), o nome do atributo e o valor a verificar são transmitidos como parâmetros de bloco.

validates_inclusion_of e validates_exclusion_of

O método `validates_inclusion_of` e seu complemento `validates_exclusion_` of são bem legais, mas a menos que você seja muito cuidadoso com as exigências de seu aplicativo, apostaria em dizer que você não percebeu ainda por que precisa deles.

Esses métodos têm um número variável de nomes do atributo e uma opção `:in`.

Os exemplos nos documentos Rails são, provavelmente, algumas das melhores ilustrações de seu uso, portanto vou me inspirar neles:

```
class Person < ActiveRecord::Base
  validates_inclusion_of :gender, :in => ['m','f'],
                         :message => 'O RLY?'
class Account
  validates_exclusion_of :login,
                         :in => ['admin', 'root', 'superuser'],
                         :message => 'Borat says "Naughty, naughty!"'
end
```

Observe que nos exemplos introduzi o uso da opção `:message`, comum a todos os métodos de validação, para personalizar a mensagem de erro construída e adicionada à coleção `Errors` quando a validação falha. Posteriormente, neste capítulo, vou explicar as mensagens de erro padrões e a forma de personalizá-las com eficiência.

validates_existence_of

Esta validação é fornecida por um plug-in, mas achei-a tão útil no trabalho diário que incluí em minhas explicações. Ela verifica se uma chave estrangeira em uma associação `belongs_to` refere-se a um registro existente no banco de dados. Você pode considerá-la como um limite da chave estrangeira, exceto em seu código Rails. Também funciona bem com as associações `belongs_to` polimórficas.

```
class Person < ActiveRecord::Base
  belongs_to :address
  validates_existence_of :address
end
```

Josh Susser propôs a idéia e o plug-in e os descreveu em seu blog:

> Algo que sempre me frustrou é o fato de que não há uma validação para assegurar se uma chave estrangeira refere-se a um registro que existe. Certamente, `validates_presence_of` irá assegurar que você tenha uma chave estrangeira que não é nil. E `validates_associated` informará se o registro referido por essa chave transmite suas próprias validações. Mas o que temos ou é pouco ou é demais, e o que desejo está no meio. Portanto, decidi que era hora de fazer a minha própria.
> http://blog.hasmanythrough.com/2007/7/14/validate-your-existence

Para instalar o plug-in, simplesmente digite o seguinte em seu diretório do projeto:

```
$ script/plugin install
http://svn.hasmanythrough.com/public/plugins/validates_existence/
```

Quanto às opções, se `:allow_nil => true`, então a própria chave poderá ser nil e não vai ocorrer nenhuma validação. Uma chave não nil fará com que uma consulta seja enviada para assegurar que o objeto externo existe no banco de dados. A mensagem de erro padrão é "não existe", mas pode ser anulada exatamente como as outras validações se usarmos a opção `:message`.

validates_format_of

Para usar `validates_format_of`, você terá que saber como usar as expressões regulares Ruby. Passe ao método um ou mais atributos a serem verificados e uma expressão regular como a opção `:with` (requerida). Um bom exemplo, como mostrado na documentação Rails, é verificar um formato de endereço de e-mail válido:

```
class Person < ActiveRecord::Base
  validates_format_of :email,
    :with => /\A([^@\s]+)@((?:[-a-z0-9]+\.)+[a-z]{2,})\Z/i
end
```

A propósito, esse exemplo *não* é um verificador[1] de formatos de endereços de e-mail totalmente compatível com o RFC.

Courtenay diz...

As expressões regulares são impressionantes, mas podem ficar particularmente complexas ao validar os nomes do domínio ou os endereços de e-mail.

Você pode usar #{ } dentro das expressões regulares, portanto divida sua expressão em partes assim:

```
validates_format_of :name, :with =>
/^((localhost)|#{DOMAIN}|#{NUMERIC_IP})#{PORT}$/
```

Essa expressão constante é muito simples e fácil de entender.

As próprias constantes não são tão simples de compreender, mas são mais fáceis do que se estivessem todas misturadas junto:

```
PORT = /(([:]\d+)?)/
DOMAIN = /([a-z0-9\-]+\.?)*([a-z0-9]{2,})\.[a-z]{2,}/
NUMERIC_IP = /(?>(?:1?\d?\d|2[0-4]\d|25[0-
5])\.){3}(?:1?\d?\d|2[0-4]\d|25[0-
5])(?:\/(?:[12]?\d|3[012])|-(?>(?:1?\d?\d|2[0-
4]\d|25[0-5])\.){3}(?:1?\d?\d|2[0-4]\d|25[0-5]))?/
```

validates_length_of

O método validates_length_of tem várias opções diferentes para permitir especificar, de modo conciso, os limites de comprimento de um determinado atributo de seu modelo.

```
class Account < ActiveRecord::Base
  validates_length_of :login, :minimum => 5
end
```

Opções de limite

As opções :minimum e :maximum funcionam como o esperado, mas não as utilize juntas. Para especificar uma faixa, use a opção :within e indique uma faixa Ruby, como no exemplo a seguir:

```
class Account < ActiveRecord::Base
  validates_length_of :login, :within => 5..20
end
```

Para especificar um comprimento exato de um atributo, use a opção :is:

```
class Account < ActiveRecord::Base
  validates_length_of :account_number, :is => 16
end
```

Opções da mensagem de erro

O Rails fornece a capacidade de gerar mensagens de erro detalhadas para validates_length_of através das opções :too_long, :too_short e :wrong_length. Use %d em sua mensagem de erro personalizada como um placeholder para o número correspondente ao limite.

```
class Account < ActiveRecord::Base
  validates_length_of :account_number, :is => 16,
                      :wrong_length => "should be %d characters long"
end
```

validates_numericality_of

O método validates_numericality_of, nomeado de modo um pouco complicado, é usado para assegurar que um atributo possa manter apenas um valor numérico. A opção :integer_only permite, ainda, especificar que o valor deve ser apenas um valor integral e tem como padrão false.

```
class Account < ActiveRecord::Base
  validates_numericality_of :account_number, :integer_only => true
end
```

validates_presence_of

Por último, mas não menos importante, está um dos métodos de validação mais comuns: :validates_presence_of, que é usado para indicar os atributos obrigatórios. Esse método verifica se o atributo está em branco através do método blank? do Rails, definido em Object, que retorna true para os valores que são nil ou uma string em branco "".

```
class Account < ActiveRecord::Base
  validates_presence_of :login, :email, :account_number
end
```

Como validar a presença de objetos associados

Quando você estiver tentando assegurar que uma associação realmente existe, escreva sua associação junto ao seu atributo da chave estrangeira e não junto à variável da associação em si. Note que a validação irá falhar nos casos em que o objeto-pai e filho não estiverem gravados (uma vez que a chave estrangeira estará em branco).

validates_uniqueness_of

O método validates_uniqueness_of assegura que o valor de um atributo seja exclusivo para todos os modelos do mesmo tipo. Essa validação *não* funciona adicionando um limite de exclusividade no nível do banco de dados, mas sim construindo e executando uma consulta que pesquisa um registro coincidente no banco de dados. Se qualquer registro for retornado quando esse método fizer sua consulta, a validação irá falhar.

```
class Account < ActiveRecord::Base
  validates_uniqueness_of :login
end
```

Ao especificar uma opção :scope, atributos extras poderão ser usados para determinar a exclusividade. Você pode passar a :scope um ou mais nomes do atributo como símbolos (colocando os diversos símbolos em um array).

```
class Address < ActiveRecord::Base
  validates_uniqueness_of :line_two, :scope => [:line_one, :city,
:zip]
end
```

Também é possível especificar se é preciso fazer com que o limite da exclusividade leve em conta as letras maiúsculas e minúsculas. Isso deve ser feito através da opção :case_sensitive (ignorada para os atributos não textuais).

Como forçar a exclusividade dos modelos de junção

Ao usar os modelos de junção (com has_many :through), parece muito comum precisar tornar o relacionamento exclusivo. Considere um aplicativo que modela alunos, cursos e matrículas com o seguinte código:

```
class Student < ActiveRecord::Base
  has_many :registrations
  has_many :courses, :through => :registrations
end

class Registration < ActiveRecord::Base
  belongs_to :student
  belongs_to :course
end

class Course < ActiveRecord::Base
  has_many :registrations
  has_many :students, :through => :registrations
end
```

Como você assegura que um aluno *não será matriculado mais de uma vez* para um determinado curso? O modo mais seguro é usar `validates_uniqueness _of` com um limite `:scope`. O importante a lembrar com essa técnica é de fazer uma referência para as chaves estrangeirase não para os nomes das associações em si:

```
class Registration < ActiveRecord::Base
  belongs_to :student
  belongs_to :course

  validates_uniqueness_of :student_id, :scope => :course_id,
                          :message => "can only register once per
course"
end
```

Observe que como a mensagem de erro padrão gerada quando essa validação falha não faz muito sentido, forneci uma mensagem de erro personalizada que resultará na expressão: "O aluno pode matricular-se somente uma vez por curso".

`RecordInvalid`

Sempre que você fizer as conhecidas operações diretas (como `save!`) ou operações que gravam internamente e uma validação falhar, você deverá estar preparado para resgatar o `ActiveRecord::RecordInvalid`. As falhas de validação farão com que o RecordInvalid seja gerado e sua mensagem irá conter uma descrição das falhas.

Eis um exemplo rápido de um de meus aplicativos com validações muito restritivas em seu modelo User:

```
>> u = User.new
=> #<User ...>
>> u.save!
ActiveRecord::RecordInvalid: Validation failed: Name can't be blank,
Password confirmation can't be blank, Password is too short (minimum
is 5 characters), Email can't be blank, Email address format is bad
```

Opções comuns da validação

As seguintes opções aplicam-se a todos os métodos de validação.

`:allow_nil`

Em muitos casos você apenas desejará inicializar uma validação se um valor estiver presente e a ausência de um valor não for um problema. A opção `:allow_nil` pula a validação se o valor do atributo for `nil`. Lembre-se que essa opção apenas verifica nil e as strings vazias "" não serão consideradas `nil`.

:if

A opção `:if` será tratada na próxima seção, "Validação condicional".

:message

Como analisamos anteriormente, o modo como o processo de validação registra as falhas é adicionando itens à coleção Errors do objeto de modelo verificado. Parte do item de erro é uma mensagem específica que descreve a falha da validação. Todos os métodos de validação aceitam uma opção :message, de modo que você pode anular o formato padrão da mensagem de erro.

```
class Account < ActiveRecord::Base
  validates_uniqueness_of :login, :message => "is already taken"
end
```

:on

Por padrão, as validações são executadas na gravação (operações criar e atualizar). Se você precisar, por qualquer motivo, pode limitar uma determinada validação a apenas uma dessas operações transmitindo `:create` ou `:update` para a opção `:on`.

Um bom uso para `:on => :create` é junto com `validates_uniqueness_of`, uma vez que verificar a exclusividade com uma consulta em grandes conjuntos de dados pode levar tempo.

```
class Account < ActiveRecord::Base
  validates_uniqueness_of :login, :on => :create
end
```

Mas espere um pouco! Não seria um problema se o modelo de contas fosse atualizado posteriormente com um valor não exclusivo? É aí que `attr_protected` deve entrar. Os atributos diferenciados de seu modelo devem ser protegidos contra a atribuição em massa através do método `attr_protected`. Na ação do controlador que cria novas contas, você terá que definir o parâmetro login manualmente.

Validação condicional

Todos os métodos de validação também aceitam uma opção `:if` para determinar, durante a execução (e *não* durante a definição da classe), se a validação precisa ser executada ou não.

O seguinte método `evaluate_condition` de `ActiveRecord::Validations`, é chamado com o valor da opção `:if`, como o parâmetro condition, e o objeto de modelo a ser validado como record:

```
# Determine a partir da condição dada se é para validar ou não o registro
#(seja um bloco, procedimento, método ou string.)
def evaluate_condition(condition, record)
  case condition
    when Symbol: record.send(condition)
    when String: eval(condition, binding)
    else
      if condition_block?(condition)
        condition.call(record)
      else
        raise ActiveRecordError,
```

```
        "Needs to be a symbol, string (to be eval'ed), or a proc"
      end
    end
```

Como você pode perceber pela instrução case na implementação do método, os três tipos de argumentos a seguir podem ser fornecidos como uma opção `:if`:

- Symbol O nome de um método para chamar como símbolo. Provavelmente é a opção mais comum e oferece o melhor desempenho.
- String Um fragmento de código Ruby para eval poderia ser útil quando a condição for realmente curta, mas lembre-se que usar eval nas instruções é relativamente lento.
- Block Um procedimento a ser chamado com call. Talvez a escolha mais elegante para as condicionais com uma linha.

Uso e considerações

Quando pode fazer sentido usar validações condicionais? A resposta é: se um objeto puder ser conservado validamente em mais de um estado.

Um exemplo muito comum, uma vez que é usado pelo plug-in `acts_as_authenticated`, envolve o modelo `User` (ou `Person`) utilizado para fazer o login e a autenticação.

```
validates_presence_of :password, :if => :password_required?
validates_presence_of :password_confirmation, :if =>
:password_required?
validates_length_of :password, :within => 4..40,
:if=>:password_required?
validates_confirmation_of :password, :if => :password_required?
```

Este código não é SIMPLES (isso porque ele é repetitivo). Você pode aprender a melhorá-lo usando o método with_options descrito no Capítulo 14, "Login e autenticação". O uso e a implementação do `plug-in acts_as_authenticated` será tratado em detalhes no Capítulo 14.

Existem apenas dois casos em que um campo de senha (texto comum) deve ser requerido para que o modelo seja válido.

```
protected

  def password_required?
    crypted_password.blank? || !password.blank?
  end
```

O primeiro caso é aquele em que o atributo `crypted_password` esteja em branco, pois isso significa que estamos lidando com uma nova instância User que não recebeu uma senha ainda. O outro caso é quando o próprio atributo `password` não está em branco. Talvez isso esteja acontecendo durante uma operação de atualização e o usuário esteja tentando redefinir sua senha.

Como trabalhar com o objeto Errors

Eis uma referência rápida da escrita padrão das mensagens de erro extraída do codebase Rails:

```
@@default_error_messages = {
  :inclusion => "is not included in the list",
  :exclusion => "is reserved",
  :invalid => "is invalid",
```

```
        :confirmation => "doesn't match confirmation",
        :accepted => "must be accepted",
        :empty => "can't be empty",
        :blank => "can't be blank",
        :too_long => "is too long (maximum is %d characters)",
        :too_short => "is too short (minimum is %d characters)",
        :wrong_length => "is the wrong length (should be %d characters)",
        :taken => "has already been taken",
        :not_a_number => "is not a number"
    }
```

Como mencionamos anteriormente, o nome do atributo tem letras maiúsculas e é prefixado ao início dessas mensagens de erro para criar a mensagem de falha de validação. Lembre-se, você pode anular a mensagem padrão usando a opção `:message`.

Como manipular a coleção Errors

Alguns métodos são fornecidos para permitir adicionar manualmente erros de validação à coleção e alterar o estado da coleção Errors.

`add_to_base(msg)`

Adiciona uma mensagem de erro relacionada *ao próprio* estado do objeto e não ao valor de algum atributo em particular. Faça com que suas mensagens de erro sejam sentenças completas, pois o Rails não faz nenhum processamento adicional para que elas sejam legíveis.

`add(attribute, msg)`

Adiciona uma mensagem de erro relacionada a um determinado atributo. A mensagem deve ser um fragmento de sentença lido naturalmente quando prefixado com o nome do atributo com letra maiúscula.

`clear`

Como era de se esperar, o método clear limpa a coleção Errors.

Como verificar erros

Com alguns métodos também é possível verificar o objeto Errors para obter as falhas de validação em atributos específicos.

`invalid?(attribute)`

Retorna true ou false, dependendo da existência de erros de validação associados à attribute.

`on(attribute)`

Tem diversos tipos de retorno dependendo do estado da coleção de erros para um `attribute`. Retornará nil se nenhum erro estiver associado ao atributo especificado. Retornará uma string de mensagem de erro se apenas um erro estiver associado ao atributo especificado. Finalmente, retornará um array de strings de mensagem de erro se mais de um erro for associado ao atributo especificado.

Validação personalizada

Agora, chegamos ao problema dos métodos da validação personalizada, que você poderá escolher utilizar se os métodos normais da validação declarativa não estiverem adequando-o para você.

Nesse mesmo capítulo descrevi o processo usado para localizar os erros de validação (com uma observação de que minha explicação era um pouco simplificada). Aqui está a implementação real. Bem elegante e legível, em minha opinião, ela ajuda a mostrar onde a lógica da validação personalizada pode ser adicionada.

```
def valid?
  errors.clear

  run_validations(:validate)
  validate

  if new_record?
    run_validations(:validate_on_create)
    validate_on_create
  else
    run_validations(:validate_on_update)
    validate_on_update
  end

  errors.empty?
end
```

Existem três chamadas para `run_validations` nas quais suas validações declarativas foram alinhadas e estão prontas para verificar seu objeto, caso você tenha definido algum. Então, há três desses métodos de callback (abstratos?), ou seja, métodos que são deixados de propósito sem uma implementação no módulo Validations. Eles devem ser anulados em seu próprio modelo `ActiveRecord`, caso precise eles.

Os métodos da validação personalizada são úteis para verificar o estado de seu objeto *inteiramente*, não apenas com base em atributos individuais. Por falta de um exemplo melhor, imaginemos que você esteja lidando com um objeto de modelo com um conjunto de três atributos inteiros (`:attr1, :attr2` e `:attr3`) e um atributo total pré-calculado (`:total`). O total deve sempre ser igual à soma dos três atributos:

```
class CompletelyLameTotalExample < ActiveRecord::Base
  def validate
    if total != (attr1 + attr2 + attr3)
      errors.add_to_base("The total doesn't add up!")
    end
  end
end
```

Lembre-se: o modo de marcar um objeto como inválido é adicionar à sua coleção `Errors`. O valor de retorno de um método da validação personalizada não é usado.

Como pular as validações

O modelo Validations misturado em `ActiveRecord::Base` afeta três métodos de instância, como você pode ver no seguinte fragmento de código (a partir de `activerecord/lig/active_record/validations.rb no codebase Rails`):

```
def self.included(base) # :nodoc:
  base.extend ClassMethods
  base.class_eval do
    alias_method_chain :save, :validation
    alias_method_chain :save!, :validation
    alias_method_chain :update_attribute, :validation_skipping
```

```
    end
  end
```

Os métodos `save`, `save!` e `update_attribute` são afetados. O processo de validação em `save` e `save!` pode ser pulado passando `false` como um parâmetro do método.

Na primeira vez em que encontrei `save(false)` no código Rail, ele me deixou um pouco confuso. Pensei comigo mesmo: "Não me lembro que save tenha um parâmetro." e quando verifiquei a documentação da API, esse era o caso! Avaliar a documentação é mentira, eu entrei no codebase e verifiquei a implementação do método `save` em `ActiveRecord::Base`. Nenhum parâmetro. "WTF, bem-vindo ao maravilhoso mundo do Ruby", pensei comigo mesmo. "Caramba, como irei conseguir 1 para 0 erro do argumento aqui?"

Finalmente descobri (ou talvez algum tipo de #cabooser tenha me dado uma dica): o método `Base#save` comum é substituído quando o módulo de validações está misturado, o que ocorre por padrão. Como resultado do uso de `alias_method_chain`, você acaba com um método `save_without_validation` público ainda não documentado e que, provavelmente, é muito mais mantido do que `save(false)`.

E `update_attribute`? O módulo de validações anula a implementação padrão e faz uma chamada para `save(false)`. É curto, portanto vou incluir aqui:

```
def update_attribute_with_validation_skipping(name, value)
  send(name.to_s + '=', value)
  save(false)
end
```

É por isso que `update_attribute` não chama as validações, embora seu método `update_attributes` associado chame uma pergunta que surge com freqüência na mailing list. Quem quer que tenha escrito a documentação da API acredita que esse comportamento é "especialmente útil para os flags booleanos nos registros existentes".

Não sei se isso é inteiramente verdade ou não, mas sei que é a fonte de uma discussão contínua na comunidade. Infelizmente não tenho muito mais a adicionar além de um conselho sensato simples: tenha cuidado ao usar o método update_attribute, ele pode conservar facilmente seus objetos de modelo em estados válidos.

Conclusão

Neste capítulo curto falamos profundamente sobre a Validations API do `ActiveRecord`. Um dos aspectos mais atraentes do Rails é a maneira como podemos especificar, de modo declarativo, os critérios para determinar a validade dos objetos de modelo.

Referência

1. Se você precisar validar os endereços, tente o plug-in em http://code. dunae.ca/validates_email_format_of.

Capítulo 9
`ActiveRecord` avançado

O `ActiveRecord` é uma estrutura de mapeamento objeto-relacional (ORM) simples comparada com outras estruturas ORM populares como, por exemplo, Hibernate no mundo Java. Porém, não deixe que isso o engane: sob seu exterior modesto, o `ActiveRecord` tem alguns recursos muito avançados. Para realmente ter maior eficiência no desenvolvimento Rails, você precisa ter mais que uma compreensão básica do `ActiveRecord` – como, por exemplo, saber quando fugir do padrão de uma tabela/classe ou como aproveitar os módulos Ruby para manter seu código limpo e sem duplicação.

Neste capítulo, iremos completar a abrangência de assuntos sobre o `ActiveRecord` fazendo uma revisão sobre os callbacks, observadores, herança de uma tabela (STI) e modelos polimórficos. Também iremos rever algumas informações sobre a metaprogramação e sobre as linguagens específicas do domínio (DSLs) do Ruby, uma vez que elas se relacionam com o `ActiveRecord`.

Callbacks

Este recurso avançado do `ActiveRecord` permite que o desenvolvedor inteligente anexe o comportamento em vários pontos diferentes no ciclo de vida de seu modelo, como, por exemplo, depois da inicialização, antes dos registros do banco de dados serem inseridos, atualizados ou removidos etc.

Os callbacks podem fazer várias tarefas, desde coisas simples como registrar e alterar os valores do atributo antes da validação, até cálculos complexos. Eles podem parar a execução do processo de vida útil que ocorre, alguns podem, ainda, modificar o comportamento da classe de modelo de modo independente. Falaremos sobre todos esses cenários nesta seção, mas primeiro, vejamos como é um callback. Verifique o exemplo simples a seguir:

```
class Beethoven < ActiveRecord::Base
  before_destroy :last_words
  ...
  protected
    def last_words
      logger.info "Friends applaud, the comedy is over"
    end
end
```

Portanto, antes de morrer (ehhh, ser destruído com destroy), as últimas palavras da classe Beethoven sempre serão registradas para a posteridade. Como veremos em breve, existem 14 oportunidades diferentes de adicionar comportamento ao seu modelo. Antes de irmos para a lista, iremos cobrir os mecanismos de registro de um callback.

Registro do callback

Geralmente, modo mais comum de registrar um método de callback é declará-lo no início da classe usando um método típico de classe do tipo macro Rails. Contudo, há um modo mais simples de fazer isso. Simplesmente implemente o callback como um método em sua classe. Em outras palavras, eu poderia ter codificado o exemplo anterior assim:

```
class Beethoven < ActiveRecord::Base
  ...
  protected
    def before_destroy
      logger.info "Friends applaud, the comedy is over"
    end

end
```

Este é um caso raro em que essa solução mais simples acaba sendo ruim. Na verdade, é quase sempre preferível, ouso dizer que é o modo Rails de usar as macros de callback ao implementar os métodos de callback, pelas seguintes razões:

- As declarações de callback do tipo macro são adicionadas próximas ao início da definição da classe, tornando a existência desse callback mais evidente, versus um corpo do método posteriormente no arquivo.
- Os callbacks do tipo macro adicionam métodos de callback a uma fila. Isso significa que mais de um método pode ser inserido no mesmo slot no ciclo de vida. Os callbacks serão chamados na ordem na qual foram adicionados à fila.
- Os métodos de callback para o mesmo hook podem ser adicionados à sua fila em níveis diferentes de uma hierarquia de herança e ainda funcionar – eles não se anulam como outros métodos fariam.
- Os callbacks definidos como métodos no modelo são sempre chamados por último.

Códigos em uma linha
Agora, se (e apenas se) sua rotina de callback for realmente curta,[1] você poderá adicioná-la passando um bloco para a macro de callback. Estamos falando sobre os códigos em uma linha!

```
class Napoleon < ActiveRecord::Base
  before_destroy {|r| logger.info "Josephine..." }
  ...
end
```

Protegido ou privado

Exceto quando você está usando um bloco, o nível de acesso para os métodos de callback deve ser sempre protegido ou privado. Nunca deve ser público, uma vez que os callbacks nunca devem ser chamados a partir do código fora do modelo.

Acredite se quiser, há ainda mais maneiras de implementar os callbacks, mas falaremos mais sobre essas técnicas no decorrer do capítulo. Agora, vejamos as listas de hooks de callbacks disponíveis.

Callbacks `before/after` coincididos

No total, existem 14 tipos de callbacks que você pode registrar em seus modelos! Doze deles são pares de callback before/after coincidentes como, por exemplo, `before_validation` e `after_validation` (os dois outros, `after_initialize` e `after_find`, são especiais e falaremos sobre eles posteriormente nesta seção).

Lista de callbacks

Abaixo esta é a lista dos hooks de callbacks disponíveis durante uma operação save. (A lista varia ligeiramente conforme você grave um registro novo ou existente.)

- `before_validation`
- `before_validation_on_create`
- `after_validation`
- `after_validation_on_create`
- `before_save`
- `before_create` (para os novos registros) e before_update (para os registros existentes)
- O `ActiveRecord` comunica-se com o banco de dados e realmente faz um `INSERT` ou `UPDATE`
- `after_create` (para os novos registros) e before_update (para os registros existentes)
- `after_save`

As operações delete têm seus dois callbacks próprios:

- `before_destroy`
- O `ActiveRecord` comunica-se com o banco de dados e realmente faz um `DELETE`
- O `after_destroy` é chamado depois de todos os atributos terem sido congelados (somente leitura)

Como parar a execução

Se você retornar um `false` booleano (ou nil) a partir de um método de callback o `ActiveRecord` irá parar a cadeia de execução. Mais nenhum callback será executado. O método `save` retornará `false` e `save`! irá gerar um erro `RecordNotSaved`.

Lembre-se, como a última expressão de um método Ruby é retornada explicitamente, um erro muito recorrente é o de escrever um callback que pára a execução sem querer. Se você tiver um objeto com callbacks que ao gravar falha misteriosamente, certifique-se de que não esteja retornando `false` por engano.

Usos de callback

Naturalmente, o callback que você deve usar para uma determinada situação depende daquilo que você está tentando realizar. O melhor que posso fazer é fornecer alguns exemplos para inspirá-lo com seu próprio código.

Como limpar a formatação do atributo com before_validade_on_ create

Os exemplos mais comuns de uso de callbacks `before_validate` têm relação com a limpeza dos atributos fornecidos pelo usuário. Por exemplo, a seguinte classe `CreditCard` (como citada na documentação API do Rails) limpa seu atributo number para que os falsos negativos não ocorram na validação:

```
class CreditCard < ActiveRecord::Base
  ...
  private
    def before_validation_on_create
```

```
    # Remova tudo no número, exceto os dígitos
    self.number = number.gsub(/[^0-9]/, "")
  end
end
```

Como codificar geograficamente com **before_save**

Suponha que você tenha um aplicativo que controla os endereços e tem recursos de mapeamento. Os endereços devem ser sempre codificados geograficamente *antes de gravar* para que, mais tarde, possam ser exibidos rapidamente em um mapa.[2]

Como é comum, a escrita da exigência em si aponta-o na direção do callback `before_save`:

```
class Address < ActiveRecord::Base
  include GeoKit::Geocoders
  before_save :geolocate
  validates_presence_of :line_one, :state, :zip
  ...
  private
    def geolocate
      res = GoogleGeocoder.geocode(to_s)
      self.latitude = res.lat
      self.longitude = res.lng
    end
end
```

Antes de continuar é necessário fazer algumas considerações adicionais. O código anterior funcionará bem se a codificação geográfica tiver sucesso, mas e se não tiver? Ainda queremos permitir que o registro seja gravado? Caso contrário, devemos parar a cadeia de execução:

```
def geolocate
  res = GoogleGeocoder.geocode(to_s)
  return false if not res.success          # pare a execução

  self.latitude = res.lat
  self.longitude = res.lng
end
```

O único problema restante é que fornecemos o resto de nosso código (e por extensão o usuário final) sem uma indicação do motivo da cadeia ter parado. Mesmo que não estejamos em uma rotina de validação, talvez seja possível dar à coleção `errors` um bom uso neste caso:

```
def geolocate
  res = GoogleGeocoder.geocode(to_s)
  if res.success
    self.latitude = res.lat
    self.longitude = res.lng
  else
```

```
    errors.add_to_base("Geocoding failed. Please check address.")
    return false
  end
end
```

Se a codificação geográfica falhar, adicionaremos uma mensagem de erro básica (para o objeto inteiro) e pararemos a execução para que o registro não seja gravado.

Paranóia com `before_destroy`

E se seu aplicativo tiver que lidar com tipos importantes de dados que, uma vez fornecidos, nunca devem ser apagados? Talvez faça mais sentido inserir no mecanismo de destruição do `ActiveRecord` e marcar de algum modo o registro como apagado?

O seguinte exemplo depende da tabela `accounts` ter uma coluna data/hora `deleted_at`.

```
class Account < ActiveRecord::Base
  ...
  def before_destroy
    update_attribute(:deleted_at, Time.now) and return false
  end
end
```

Escolhi implementar como um método de callback para que eu possa assegurar que seja executado por último na fila `before_destroy`. Retornará `false` para que a execução seja interrompida e o registro subjacente não seja realmente apagado do banco de dados.[3]

Provavelmente, vale a pena mencionar que há modos do Rails permitir que você engane, sem querer, os callbacks `before_destroy`:

- Os métodos de classe delete e `delete_all` de `ActiveRecord::Base` são quase idênticos. Eles removem as linhas diretamente do banco de dados sem instanciar as instâncias de modelo correspondentes, o que significa que nenhum callback ocorrerá.
- Os objetos de modelo nas associações definidas com a opção `:dependent => :delete_all` serão apagados diretamente do banco de dados quando removidos da coleção através dos métodos clear ou delete da associação.

Como limpar arquivos associados com `after_destroy`

Os objetos de modelo que têm arquivos associados, como, por exemplo, registros anexados e imagens transmitidas com upload, podem limpar-se quando apagados através do callback `after_destroy`. O seguinte método do excelente plug-in AttachmentFu[4] de Rick Olson é um bom exemplo:

```
# Destrói o arquivo.  Chamado no callback after_destroy
def destroy_file
  FileUtils.rm(full_filename)
  ...
rescue
  logger.info "Exception destroying #{full_filename ...}"
  logger.warn $!.backtrace.collect { |b| " > #{b}" }.join("\n")
end
```

Callbacks especiais: after_initialize e after_find

O callback `after_initialize` é chamado sempre que um novo modelo `ActiveRecord` é instanciado (a partir do zero ou do banco de dados). Tê-lo disponível impede que você precise se intrometer na anulação do método `initialize` real.

O callback `after_find` é chamado sempre que o ActiveRecord carrega um objeto de modelo do banco de dados e é, realmente, chamado *antes de* `after_initialize`, caso ambos sejam implementados. Como `after_find` e `after_initialize` são chamados para cada objeto encontrado e instanciado por localizadores, os limites do desempenho ditam que eles podem ser adicionados apenas como método e não através das macros de callback.

E se você quiser executar algum código apenas na primeira vez em que um modelo for instanciado e não depois de cada carregamento do banco de dados? Não há nenhum callback nativo para esse cenário, mas você pode fazer isso usando o callback `after_initialize`. Simplesmente adicione uma condição que verifica para saber se é um registro novo:

```
def after_initialize
  if new_record?
    ...
  end
end
```

Em vários dos aplicativos Rails que escrevemos achei útil capturar as preferências do usuário em um hash `serializado` associado ao objeto `User`. O recurso serialize dos modelos `ActiveRecord` torna isso possível, uma vez que conserva, de modo transparente, os grafos do objeto Ruby em uma coluna de texto no banco de dados. Infelizmente, você não pode passar um valor padrão, portanto, tenho que definir um por mim mesmo:

```
class User < ActiveRecord::Base
  serialize :preferences # tem como padrão nil
  ...
  private
    def after_initialize
      self.preferences ||= Hash.new
    end
end
```

Usando o callback `after_initialize` posso preencher automaticamente o atributo preferences de meu modelo de usuário com um hash vazio. Isso pode ser feito para que nunca precise me preocupar com o fato dele ser `nil` quando o acesso com um código como, por exemplo, `user.preferences [:show_ help_text] = false`. Naturalmente você desejaria armazenar os dados apenas em colunas serializadas que não interessassem a uma futura consulta com o SQL.

As capacidades de metaprogramação do Ruby combinadas à habilidade em executar o código sempre que um modelo é carregado usando o callback `after_find` são uma mistura poderosa. Como não estamos aprendendo ainda sobre os callbacks, vamos retomar o assunto sobre os usos de `after_find` posteriormente, neste capítulo, na seção "Como modificar classes `ActiveRecord` durante a execução".

Classes de callback

Querer reutilizar o código do callback para mais de um objeto é uma coisa tão comum que o Rails fornece um modo de escrever as *classes* de callback. Tudo que você precisa fazer é passar a uma determinada fila de callbacks um objeto que responda ao nome do callback e tenha o objeto de modelo como um parâmetro.

Eis nosso exemplo paranóico da seção anterior como uma classe de callback:

```
class MarkDeleted
  def self.before_destroy(model)
    model.update_attribute(:deleted_at, Time.now) and return false
  end
end
```

O comportamento de `MarkDeleted` é sem estado, portanto adicionei o callback como um método da *classe*. Agora você não precisa instanciar os objetos `MarkDeleted` sem nenhum bom motivo. Tudo que precisará fazer será transmitir a classe para a fila de callbacks no caso de qualquer modelo que você deseje que tenha o comportamento `MarkDeleted`:

```
class Account < ActiveRecord::Base
  before_destroy MarkDeleted
  ...
end

class Invoice < ActiveRecord::Base
  before_destroy MarkDeleted
  ...
end
```

Diversos métodos de callback em uma classe

Não existe nenhuma regra que afirma que você não pode ter mais de um método de callback em uma classe de callback. Por exemplo, você poderia ter exigências especiais de registro de auditoria para implementar:

```
class Auditor
  def initialize(audit_log)
    @audit_log = audit_log
  end

  def after_create(model)
    @audit_log.created(model.inspect)
  end
  def after_update(model)
    @audit_log.updated(model.inspect)
  end

  def after_destroy(model)
    @audit_log.destroyed(model.inspect)
```

```
    end
  end
```

Para adicionar o registro da auditoria a uma classe `ActiveRecord` você faria o seguinte:

```
class Account < ActiveRecord::Base
  after_create Auditor.new(DEFAULT_AUDIT_LOG)
  after_update Auditor.new(DEFAULT_AUDIT_LOG)
  after_destroy Auditor.new(DEFAULT_AUDIT_LOG)
  ...
end
```

Opa! É feio ter que adicionar três `Auditors` em três linhas. Poderíamos extrair uma variável local chamada auditor, mas ainda seria repetitivo. Uma boa oportunidade para aproveitar as *classes abertas* do Ruby pode ser o fato de poder modificar as classes que não fazem parte de seu aplicativo.

Não seria melhor simplesmente informar `acts_as_audited` no início do modelo que precisa de auditoria? Podemos adicioná-lo rapidamente à classe `ActiveRecord::Base` para que esteja disponível para todos os nossos modelos.

Em meus projetos, o arquivo no qual o código "rápido e geral", como o método na Listagem 9.1, residiria seria `lib/core_ext/active_record_base`.rb. Mas você pode colocá-lo em qualquer lugar que deseje. Você poderia, ainda, torná-lo um plug-in (como detalhado no Capítulo 19, "Como estender o Rails com plug-ins"). Apenas certifique-se de requerê-lo a partir de `config/environment.rb`, caso contrário nunca será carregado.

Listagem 9.1 Um método "acts as audited" rápido e geral

```
class ActiveRecord::Base
  def self.acts_as_audited(audit_log=DEFAULT_AUDIT_LOG)
    auditor = Auditor.new(audit_log)
    after_create auditor
    after_update auditor
    after_destroy auditor
  end
end
```

Agora o início de `Account` fica muito menos confuso:

```
class Account < ActiveRecord::Base
  acts_as_audited
  ...
end
```

Teste

Quando você adiciona métodos de callback a uma classe de modelo, são necessários muitos testes para saber se eles estão funcionando corretamente com o modelo no qual foram adicionados. Isso pode ou não ser um problema. Em contrapartida, as classes de callback são superfáceis de testar isoladamente.

O seguinte método de teste verifica a operação correta de nossa classe de callback `Auditor` (usa a biblioteca simulada Mocha disponível em http://mocha.rubyforge.org/):

```
def test_auditor_logs_created
  (model = mock).expects(:inspect).returns('foo')
  (log = mock).expects(:created).with('foo')

  Auditor.new(log).after_create(model)
end
```

O Capitulo 17, "Teste", e o Capítulo 18, "RSpec on Rails", falam sobre o teste com `Test::Unit` e `RSpec`, respectivamente.

Observadores

O *princípio de responsabilidade único* é muito importante na programação orientada a objetos. Isso nos obriga a manter uma classe focada em uma única preocupação. Como você aprendeu na seção anterior, os callbacks são um recurso útil dos modelos `ActiveRecord` que nos permitem ligar o comportamento em vários pontos do ciclo de vida de um objeto de modelo. Mesmo que retiremos esse comportamento extra nas classes de callback, o hook ainda irá requerer alterações de código na definição da classe do modelo em si. Por outro lado, o Rails fornece-nos um modo de ligar, de um modo completamente transparente, a classe de modelo: `Observers`.

Esta é a funcionalidade de nossa antiga classe de callback `Auditor` como um observador dos objetos `Account`:

```
class AccountObserver < ActiveRecord::Observer
  def after_create(model)
    DEFAULT_AUDIT_LOG.created(model.inspect)
  end

  def after_update(model)
    DEFAULT_AUDIT_LOG.updated(model.inspect)
  end

  def after_destroy(model)
    DEFAULT_AUDIT_LOG.destroyed(model.inspect)
  end
end
```

Convenções de nomenclatura

Quando `ActiveRecord::Observer` é subclassificado, ele divide o nome da subclasse cortando a parte "`Observer`". No caso de nosso `AccountObserver` no exemplo anterior, ele saberia que você deseja observar a classe `Account`. Porém, nem sempre esse é um comportamento desejável. Com o código geral como nosso `Auditor`, por exemplo, seria, certamente, um passo para trás. Portanto, é possível anular a convenção de nomenclatura com o uso do método do tipo macro observe. Ainda estendemos `ActiveRecord::Observer`, mas podemos chamar a subclasse como desejamos e informá-la explicitamente sobre o que deve observar:

```
class Auditor < ActiveRecord::Observer
```

```
  observe Account, Invoice, Payment

  def after_create(model)
    DEFAULT_AUDIT_LOG.created(model.inspect)
  end

  def after_update(model)
    DEFAULT_AUDIT_LOG.updated(model.inspect)
  end

  def after_destroy(model)
    DEFAULT_AUDIT_LOG.destroyed(model.inspect)
  end
end
```

Registro dos observadores

Se não houvesse um lugar para você informar ao Rails quais observadores carregar, eles nunca seriam carregados, uma vez que não são referidos a partir de nenhum outro código em seu aplicativo. Como mencionado no Capítulo 1, "Ambientes Rails e configuração", o `config/environment.rb` padronizado de seu aplicativo tem uma linha não comentada onde você deve definir os observadores a serem carregados:

```
# Ative os observadores que devem sempre estar em execução
config.active_record.observers = [:auditor]
```

Sincronização

Os observadores são notificados antes dos callbacks no objeto serem inicializados; caso contrário, não seria possível influenciar o objeto inteiro em algo como um observador `before_destroy` sem ter os próprios callbacks do objeto executados primeiro.

Herança de Uma Tabela (STI)

Muitos aplicativos iniciam com algum tipo de modelo `User`. Com o tempo, quando surgirem tipos diferentes de usuários, poderá fazer sentido criar uma distinção maior entre eles. As classes `Admin` e `Guest` são introduzidas como subclasses de `User`. Agora o comportamento compartilhado pode residir em `User` e o comportamento do subtipo pode ser *colocado* nas subclasses. Contudo, todos os dados do usuário ainda podem residir na tabela users – tudo que você precisa fazer é introduzir uma coluna type que irá manter o nome da classe a ser instanciado para uma determinada linha.

Para continuar a explicar a herança de uma tabela, voltemos ao nosso exemplo de uma classe Timesheet recorrente. Precisamos saber quantas billable_hours estão pendentes para certo usuário. O cálculo pode ser implementado de vários modos, mas, neste caso, escolhemos escrever um par de métodos de classe e instância na classe `Timesheet`:

```
class Timesheet < ActiveRecord::Base
  ...

  def billable_hours_outstanding
```

```
      if submitted?
        billable_weeks.map(&:total_hours).sum
      else
        0
      end
    end

    def self.billable_hours_outstanding_for(user)
      user.timesheets.map(&:billable_hours_outstanding).sum
    end

  end
```

Não estou sugerindo que seja um código bom. Ele funciona, mas é ineficiente e essa condição `if/else` é um pouco duvidosa. Suas falhas ficam aparentes assim que surgem exigências sobre maneiras de marcar `Timesheet` como pago. Obriga-nos a modificar novamente o método `billiable_hours_oustanding` de `Timesheet`:

```
  def billable_hours_outstanding
    if submitted? and not paid?
      billable_weeks.map(&:total_hours).sum
    else
      0
    end
  end
```

A última alteração é uma violação clara do *princípio fechado e aberto*[5], o qual obriga a escrever um código que seja aberto para a extensão, mas fechado para a modificação. Sabemos que violamos o princípio, pois fomos forçados a mudar o método `billiable_hours_outstanding` para aceitar o novo status `Timesheet`. Embora em nosso exemplo simples isso possa parecer não ser um grande problema, você deve considerar a quantidade de código condicional que acabará na classe `Timesheet` assim que começarmos implementar uma funcionalidade como, por exemplo, `paid_hours` e `unsubmitted_hours`.

Então, qual é a resposta para esta pergunta confusa da condicional que muda constantemente? Visto que você está lendo a seção do livro sobre a herança de uma tabela, provavelmente não é nenhuma surpresa que possamos considerar uma boa solução o uso da herança orientada a objetos. Para tanto, iremos dividir nossa classe `Timesheet` original em quatro classes.

```
  class Timesheet < ActiveRecord::Base
    # código não relevante omitido

    def self.billable_hours_outstanding_for(user)
      user.timesheets.map(&:billable_hours_outstanding).sum
    end
  end

  class DraftTimesheet < Timesheet
    def billable_hours_outstanding
      0
```

```
    end
  end

  class SubmittedTimesheet > Timesheet
    def billable_hours_outstanding
      billable_weeks.map(&:total_hours).sum
    end
  end
```

Nesse caso, quando as exigências requererem a capacidade de calcular parcialmente as horas trabalhadas pagas, precisaremos apenas adicionar algum comportamento a uma classe `PaidTimesheet`. Nenhuma instrução condicional confusa à vista!

```
class PaidTimesheet < Timesheet
  def billable_hours_outstanding
    billable_weeks.map(&:total_hours).sum - paid_hours
  end
end
```

Como mapear a herança para o banco de dados

Realmente, mapear a herança do objeto para um banco de dados relacional não é um dos problemas para o qual haja uma solução definitiva. Iremos falar apenas sobre uma estratégia de mapeamento que o Rails suporta naturalmente, é a *herança de uma tabela*, chamada *STI* para abreviar.

Na STI é possível estabelecer uma tabela no banco de dados para manter todos os registros de qualquer objeto em uma determinada hierarquia de herança. No STI `ActiveRecord`, essa tabela é nomeada segundo a classe-mãe superior da hierarquia. No exemplo que estamos considerando essa tabela seria nomeada como `timesheets`.

Ei, `timesheets` é como era chamada antes, certo? Sim. Mas se quisermos ativar a STI, será necessário adicionar uma coluna type para conter uma string representando o tipo do objeto armazenado. A seguinte migração configuraria devidamente o banco de dados para nosso exemplo:

```
class AddTypeToTimesheet < ActiveRecord::Migration
  def self.up
    add_column :timesheets, :type, :string
  end

  def self.down
    remove_column :timesheets, :type
  end
end
```

Nenhum valor padrão é necessário. Assim que a coluna do tipo for adicionada a um modelo `ActiveRecord`, o Rails cuidará automaticamente de mantê-la preenchida com o valor certo. Usando o console, podemos ver esse comportamento em ação:

```
>> d = DraftTimesheet.create
>> d.type
```

```
=> 'DraftTimesheet'
```

Quando você tentar encontrar um objeto usando os métodos `find` de uma classe STI de base, o Rails instanciará automaticamente os objetos usando a devida subclasse. Isso é especialmente útil nos casos como o do exemplo das horas trabalhadas, descrito mais acima, no qual recuperamos todos os registros de um determinado usuário e, então, chamamos os métodos que se comportam de modo diferente conforme a classe do objeto.

```
>> Timesheet.find(:first)

=> #<DraftTimesheet:0x2212354...>
```

Sebastian diz...

A palavra "type" é um nome de coluna muito comum e você pode ter muitos usos não relacionados à STI para ela. Por conta disso, provavelmente você teve um erro `ActiveRecord::SubclassNotFound`. O Rails irá ler a coluna "type" de sua classe Car e vai tentar encontrar uma classe "SUV" que não existe.

A solução é simples: informe ao Rails que use outra coluna para STI com o seguinte código:

```
set_inheritance_columns "not_sti"
```

O Rails não terá problemas com a coluna ausente; simplesmente irá ignorá-la.

A mensagem de erro foi recentemente reformulada com uma explicação melhor, porém desenvolvedores demais leram as mensagens de erro e, então, gastaram uma hora tentando descobrir o que estava errado em seus modelos. (Muitas pessoas quando lêem livros também lêem a coluna lateral... Mas ei! Pelo menos assim estarei dobrando suas chances de aprender sobre o problema.)

Considerações STI

Embora o Rails torne extremamente simples usar a herança de uma tabela, há poucas advertências sobre o que você não deve esquecer.

Para começar, *você não pode ter um atributo em duas subclasses diferentes com o mesmo tempo, exceto um tipo diferente.* Como o Rails usa uma tabela para armazenar todas as subclasses, esses atributos com o mesmo nome ocupariam a mesma coluna na tabela. Francamente, não há muita razão para que isso seja um problema, a menos que você tenha tomado algumas decisões muito ruins sobre a modelagem dos dados.

O mais importante: *você precisa ter uma coluna por atributo em qualquer subclasse e qualquer atributo que não seja compartilhado por todas as subclasses deve aceitar valores nil.* No exemplo recorrente, `PaidTimesheet` tem uma coluna `paid_hours` que não é usada por nenhuma outra subclasse. `DraftTimesheet` e `SubmittedTimesheet` não usarão a coluna `paid_hours` e devem deixá-la como null no banco de dados. Para validar os dados para as colunas não compartilhadas por todas as subclasses, você deve usar as validações `ActiveRecord` e não o banco de dados.

Terceiro, *não é uma boa idéia ter subclasses com muitos atributos exclusivos.* Se você as tiver, terá uma tabela do banco de dados com muitos valores null. Normalmente, uma árvore de subclasses com um grande número de atributos exclusivos sugere que algo está errado na construção de seu aplicativo e que você deve recompô-lo. Se você tiver uma tabela STI fora de controle, está na hora de reconsiderar sua decisão de usar a herança para resolver seu problema em particular. Talvez sua classe de base seja abstrata demais?

Finalmente, os limites do banco de dados de herança podem requerer um nome diferente no banco de dados para a coluna `type`. Nesse caso, você pode definir o novo nome da coluna usando o método de classe `set_inheritance_column` na classe de base. Para o exemplo `Timesheet` podemos fazer o seguinte:

```
class Timesheet < ActiveRecord::Base
  set_inheritance_column 'object_type'
end
```

Agora o Rails irá preencher automaticamente a coluna `object_type` com o tipo do objeto.

STI e associações

Parece muito comum em se tratando de aplicativos, particularmente os de gerenciamento de dados, que tenham modelos muito parecidos em termos de carregamento de dados – em grande parte variando em seu comportamento e associações entre si. Se você alguma vez já usou linguagens orientadas a objetos para o Rails, provavelmente já está acostumado a dividir os domínios com problemas em estruturas hierárquicas.

Por exemplo, um aplicativo Rails que lida com o preenchimento dos estados, países, cidades e bairros: todos são lugares que podem levá-lo a definir uma classe STI chamada Place, como mostrado na Listagem 9.2. Também incluí o esquema do banco de dados para ter clareza:[6]

Listagem 9.2 O esquema do banco de dados de lugares e a classe Place

```
# == Schema Information
#
# Table name: places
#
# id :integer(11) not null, primary key
# region_id :integer(11)
# type :string(255)
# name :string(255)
# description :string(255)
# latitude :decimal(20, 1)
# longitude :decimal(20, 1)
# population :integer(11)
# created_at :datetime
# updated_at :datetime
class Place < ActiveRecord::Base
end
```

`Place` é, essencialmente, uma classe abstrata. Não deve ser instanciada, mas não há nenhum modo perfeitamente seguro de aplicar isso no Ruby (sem problemas, isso não é Java!). Agora vamos continuar e definir as subclasses concretas de `Place`:

```
class State < Place
  has_many :counties, :foreign_key => 'region_id'
  has_many :cities, :through => :counties
end

class County < Place
  belongs_to :state, :foreign_key => 'region _id'
  has_many :cities, :foreign_key => 'region _id'
end

class City < Place
  belongs_to :county, :foreign_key => 'region _id'
end
```

Você pode ficar tentado a adicionar uma associação cities a State sabendo que `has_many :through` funciona com as associações de destino `belongs_to` e `has_many`. Isso faria com que a classe `State` ficasse assim:

```
class State < Place
  has_many :counties, :foreign_key => 'region_id'
  has_many :cities, :through => :counties
end
```

Certamente isso seria legal, se funcionasse. Infelizmente, neste caso em particular, como há apenas uma tabela subjacente que estamos consultando, simplesmente não há um modo de distinguir os diferentes tipos de objetos na consulta:

```
Mysql::Error: Not unique table/alias: 'places': SELECT places.* FROM
places INNER JOIN places ON places.region_id = places.id WHERE
((places.region_id = 187912) AND ((places.type = 'County'))) AND
((places.`type` = 'City' ))
```

O precisamos fazer para que isso funcione? Bem, a melhor solução seria usar chaves externas específicas ao invés de tentar sobrecarregar o significado de `region_id` para todas as subclasses. Para os iniciantes, a tabela places ficaria como o exemplo na Listagem 9.3.

Listagem 9.3 O esquema do banco de dados de lugares, revisado

```
# == Schema Information
#
# Table name: places
#
# id :integer(11) not null, primary key
# state_id :integer(11)
# county_id :integer(11)
# type :string(255)
# name :string(255)
# description :string(255)
```

```
# latitude :decimal(20, 1)
# longitude :decimal(20, 1)
# population :integer(11)
# created_at :datetime
# updated_at :datetime
```

As subclasses seriam mais simples sem as opções `:foreign_key` nas associações. Adicionalmente, você poderia usar um relacionamento `has_many` comum de `State` para `City`, ao invés do `has_many :through` mais complicado:

```
class State < Place
  has_many :counties
  has_many :cities
end

class County < Place
  belongs_to :state
  has_many :cities
end

class City < Place
  belongs_to :county
end
```

Certamente todas essas colunas null na tabela places não atrairiam nenhum amigo purista do banco de dados relacional. Contudo, ainda não é nada. Um pouco mais tarde, neste capítulo, teremos uma segunda visão mais profunda dos relacionamentos `has_many` polimórficos. E isso fará com que os puristas certamente odeiem você.

Classes abstratas do modelo de base

Em oposição à herança de uma tabela é possível que os modelos `ActiveRecord` compartilharem o código comum através da herança e ainda conservem-se em diferentes tabelas do banco de dados. A técnica envolve a criação de uma classe abstrata do modelo de base que as subclasses conservadas estenderão. Realmente, é uma das técnicas mais simples que abordamos neste capítulo.

Agora vamos pegar a classe `Place` da seção anterior (consulte a Listagem 9.3) e revisá-la para que seja uma classe de base abstrata na Listagem 9.4. É realmente simples – precisamos apenas adicionar uma linha de código:

Listagem 9.4 A classe Place abstrata

```
class Place < ActiveRecord::Base
  self.abstract = true
end
```

Como disse, bem simples. Marcar um modelo `ActiveRecord` como abstrato é basicamente o oposto de torná-lo uma classe STI com uma coluna `type`. Você está informando ao Rails: "Ei, eu *não* desejo que você suponha que há uma tabela chamada `places`".

Em nosso exemplo executado significa que teríamos que estabelecer tabelas para os estados, países e cidades, o que pode ser exatamente o que desejamos. Lembre-se, contudo, que não seríamos mais capazes de consultar os subtipos com um código como `Place.find(:all)`.

As classes abstratas são uma área do Rails onde não existem regras rígidas demais para guiá-lo – a experiência e a intuição devem ajudá-lo.

No caso de você não ter notado ainda, os métodos de classe e instância são armazenados na hierarquia de herança dos modelos `ActiveRecord`, assim como as constantes e os outros membros da classe trazidos através da inclusão do módulo. Isso significa que podemos colocar todo tipo de código dentro de `Place` que será útil para suas subclasses.

Relacionamentos polimórficos has_many

O Rails fornece a capacidade de criar uma classe `belong_to` com mais de um tipo de classe, como especificado eloqüentemente pelo blogger Mike Bayer:

> A "associação polimórfica", por outro lado, embora tenha alguma semelhança com a união polimórfica normal de uma hierarquia de classes, realmente não é igual, uma vez que você está apenas lidando com uma determinada associação com uma única classe de destino a partir de qualquer quantidade de classes-fonte, classes-fonte que não têm nada mais a fazer entre si; por exemplo, elas não estão em nenhum relacionamento de herança em particular e, provavelmente, são todas conservadas em tabelas completamente diferentes. Assim, a associação polimórfica tem muito menos relação com a herança do objeto e muito mais com a programação orientada a aspectos (AOP); um determinado conceito precisa ser aplicado em um conjunto divergente de entidades que, do contrário, não estão diretamente relacionados. Tal conceito é referido como uma preocupação transversal como, por exemplo, o fato de que todas as entidades em seu domínio precisam suportar um log de histórico de todas as alterações em uma tabela de registro comum. No exemplo AR, Order e um objeto User são mostrados como requerendo links com um objeto Address.[7]

Em outras palavras, não é um polimorfismo no sentido típico de orientado a objetos da palavra; ao contrário, é algo exclusivo do Rails.

No caso dos modelos com comentários

Em nosso exemplo Hora e Despesas podemos supor que `BillableWeek` e `Timesheet` tenham muitos comentários (uma classe `Comment` compartilhada). Um modo simples de resolver esse problema poderia ser fazer com que a classe Comment pertença às classes `BillableWeek` e `Timesheet` e ter `billable_week_id` e `timesheet_id` como colunas em sua tabela do banco de dados.

```
class Comment < ActiveRecord::Base
  belongs_to :timesheet
  belongs_to :expense_report
end
```

Essa abordagem é simples porque seria difícil de trabalhar e estender. Entre outras coisas, você precisará adicionar código ao seu aplicativo para assegurar que um `Comment` nunca pertença a `BillableWeek` e a `Timesheet` *ao mesmo tempo*. O código para descobrir onde um determinado comentário está anexado seria difícil de escrever. Pior ainda: sempre que você quisesse adicionar comentários a outro tipo de classe teria que adicionar outra coluna da chave estrangeira nula à tabela de comentários.

O Rails resolve esse problema de modo elegante. Ele permite definir o que chamamos de *associações polimórficas*, explicadas na descrição da opção `:polymorphic => true` da associação `belongs_to` no

Capítulo 7, "Associações ActiveRecord".

Interface

Com o uso de uma associação polimórfica será preciso apenas definir um único belongs_to e adicionar um par de colunas relacionadas à tabela subjacente do banco de dados. Desse momento em diante, qualquer classe em nosso sistema poderá ter comentários anexados (o que a tornaria passível de ser *comentada*) sem precisar alterar o esquema do banco de dados ou o modelo Comment em si.

```
class Comment < ActiveRecord::Base
  belongs_to :commentable, :polymorphic => true
end
```

Não há uma classe Commentable (ou módulo) em nosso aplicativo. Chamamos a associação de :commentable porque ela descreve, precisamente, a interface de objetos que serão associados assim. O nome :commentable aparecerá de novo no outro lado da associação:

```
class Timesheet < ActiveRecord::Base
  has_many :comments, :as => :commentable
end

class BillableWeek < ActiveRecord::Base
  has_many :comments, :as => :commentable
end
```

Nesse ponto temos a associação has_many amistosa usando a opção :as. A opção marca essa associação como polimórfica e especifica qual interface está sendo usada no outro lado da associação. Embora não estejamos no assunto, a outra extremidade de um belongs_to polimórfico pode ser um has_many ou um has_one e funcionar de modo idêntico.

Colunas do banco de dados

Eis uma migração que irá criar a tabela comments:

```
class CreateComments < ActiveRecord::Migration
  def self.up
    create_table :comments do |t|
      t.column :text, :text
      t.column :commentable_id, :integer
      t.column :commentable_type, :string
    end
  end
end
```

Como é possível observar, há uma coluna chamada commentable_type. Ela armazena o nome da classe do objeto associado. Podemos ver como isso funciona usando o console Rails:

```
>> c = Comment.create(:text => "I could be commenting anything.")
>> t = TimeSheet.create
>> b = BillableWeek.create
>> c.update_attribute(:commentable, t)
```

```
=> true
>> "#{c.commentable_type}: #{c.commentable_id}"
=> "Timesheet: 1"
>> c.update_attribute(:commentable, b)
=> true
>> "#{c.commentable_type}: #{c.commentable_id}"
=> "BillableWeek: 1"
```

Como você pode dizer, `Timesheet` e `BillableWeek` com os quais lidamos no console tinham o mesmo id (1). Graças ao atributo `commentable_type`, armazenado como uma string, o Rails pode descobrir qual é o objeto relacionado.

Has_many :through e polimórficos

Existem alguns limites lógicos que entram em cena com as associações polimórficas. Por exemplo, como é impossível para o Rails conhecer as tabelas necessárias para reunir através de uma associação polimórfica, o código hipotético não irá funcionar.

```
class Comment < ActiveRecord::Base
  belongs_to :user
  belongs_to :commentable, :polymorphic => true
end

class User < ActiveRecord::Base
  has_many :comments
  has_many :commentables, :through => :comments
end

>> User.find(:first).comments
ActiveRecord::HasManyThroughAssociationPolymorphicError: Cannot have
a has_many :through association 'User#commentables' on the polymorphic
object 'Comment#commentable'.
```

Se você realmente precisar, `has_many :through` será possível com as associações polimórficas, mas apenas com a especificação exata de qual tipo de associações polimórficas você deseja. Para tanto, será necessário usar a opção `:source_type`. Na maioria dos casos, também será preciso usar a opção `:source`, uma vez que o nome da associação não irá coincidir com o nome da interface usado para a associação polimórfica:

```
class User < ActiveRecord::Base
  has_many :comments
  has_many :commented_timesheets, :through => :comments,
           :source => :commentable, :source_type => 'Timesheet'
  has_many :commented_billable_weeks, :through => :comments,
           :source => :commentable, :source_type => 'BillableWeek'
end
```

É prolixo e, apesar de funcionar, a coisa inteira estará começando a perder sua elegância se você seguir essa rota:

```
>> User.find(:first).commented_timesheets
=> [#<Timesheet:0x575b98 @attributes={}> ]
```

Considerações sobre has_many

Como estamos no final da explicação sobre ActiveRecord, você pode ter notado que realmente não tocamos em um assunto de particular importância para muitos programadores: os limites da chave estrangeira no banco de dados. Não tocamos nesse assunto principalmente porque o uso dos limites da chave estrangeira simplesmente não acontece da mesma forma como o Rails lida com o problema da integridade relacional. Para não dizer coisa pior, afirmo que essa opinião é controversa e alguns desenvolvedores descartaram o Rails (e seus autores) para expressá-la.

Realmente não há nada que o impeça de adicionar limites da chave estrangeira às suas tabelas do banco de dados, embora fosse melhor que você esperasse a parte principal do desenvolvimento ser feita. A exceção, claro, são as associações polimórficas que provavelmente são a manifestação mais extrema da opinião Rails contra os limites da chave estrangeira. A menos que você esteja armado para a batalha, poderá não querer puxar esse determinado assunto com seu DBA.

Módulos para reutilizar o comportamento comum

Nesta seção, falaremos sobre uma estratégia para expandir a funcionalidade que é compartilhada entre as classes de modelo diferentes. Ao invés de usar a herança, iremos colocar o código compartilhado em módulos.

Na seção "Relacionamentos polimórficos has_many", descrevemos a maneira de adicionar um recurso de comentário ao nosso aplicativo Hora e Despesas de amostra recorrente. Continuaremos aumentando esse exemplo, uma vez que ele serve para decompor os módulos.

As exigências que vamos implementar são as seguintes: os usuários e os aprovadores devem ser capazes de adicionar seus comentários a Timesheet ou a ExpenseReport. E mais: como os comentários são indicadores de que as horas trabalhadas ou um relatório de despesas requer um exame extra ou tempo de processamento, os administradores do aplicativo devem ser capazes de exibir facilmente uma lista de comentários recentes. Naturalmente, os administradores de vez em quando escondem sem realmente ler, portanto, as exigências especificam que um mecanismo deve ser fornecido para marcar os comentários como "OK" primeiro pelo aprovador e, então, pelo administrador.

Novamente, este é o has_many :as polimórfico que usamos como a base para essa funcionalidade:

```
class Timesheet < ActiveRecord::Base
  has_many :comments, :as => :commentable
end

class ExpenseReport < ActiveRecord::Base
  has_many :comments, :as => :commentable
end

class Comment < ActiveRecord::Base
  belongs_to :commentable, :polymorphic => true
end
```

Em seguida, criamos um controlador e uma ação para o administrador que listam os 10 comentários mais recentes com links para o item no qual são anexados.

```
class RecentCommentsController < ApplicationController
  def show
    @recent_comments = Comment.find( :all, :limit => 10,
         :order => 'created_at DESC' )
  end
end
```

Eis um modelo de exibição simples usado para exibir os comentários recentes.

```
<ul>
  <% @recent_comments.each do |comment| %>
    <li>
      <h4><%= comment.created_at -%></h4>
      <%= comment.text %>
      <div class="meta">
        Comment on:
        <%= link_to comment.commentable.title,
          content_url( comment.commentable ) -%>
      </div>
    </li>
  <% end %>
</ul>
```

Até então, está bom. A associação polimórfica facilita acessar todos os tipos de comentários em uma listagem. Mas lembre-se que cada comentário precisa ser marcado como "OK" pelo aprovador e/ou administrador. Os comentários não devem aparecer assim que forem marcados como revisados.

Não entraremos na interface de aprovação dos comentários. É suficiente dizer que um `Comment` tem um atributo `reviewed` que retorna `true` depois de ter sido marcado como "OK".

Para encontrar todos os comentários não revisados de um item, podemos usar uma extensão de associação modificando as definições da classe de modelo como a seguir:

```
class Timesheet < ActiveRecord::Base
  has_many :comments, :as => :commentable do
    def approved
      find(:all, :conditions => {:reviewed => false })
    end
  end
end

class ExpenseReport < ActiveRecord::Base
  has_many :comments, :as => :commentable do
    def approved
      find(:all, :conditions => {:reviewed => false })
    end
```

```
    end

  end
```

Não estou contente com este código e espero, agora, saber o motivo. Não é SIMPLES! `Timesheet` e `ExpenseReport` têm, atualmente, seus próprios métodos idênticos para localizar os comentários não revisados. Basicamente, ambos compartilham uma interface comum. Eles podem ser *comentados*!

A forma para definir as interfaces comuns que compartilham código no Ruby é incluir um módulo em cada uma dessas classes na qual o módulo contém o código comum a todas as implementações da interface comum.

Portanto, vamos continuar e definir um módulo `Commentable` para fazer exatamente isso. E vamos incluí-lo em nossas classes de modelo:

```
module Commentable
  has_many :comments, :as => :commentable do
    def approved
      find( :all,
       :conditions => ['approved = ?', true ] )
    end
  end
end

class Timesheet < ActiveRecord::Base
  include Commentable
end

class ExpenseReport < ActiveRecord::Base
  include Commentable
end
```

Opa, este código não funciona! Para corrigi-lo, precisamos entender um aspecto essencial do modo como o Ruby interpreta nosso código que lida com as classes abertas.

Revisão do escopo da classe e contextos

Em muitas outras linguagens de programação OO interpretadas, você tem duas fases de execução. Uma delas é aquela na qual o interpretador carrega as definições da classe e informa: "esta é a definição daquilo com o qual você tem que trabalhar". A outra fase é aquela em que se executa o código. Isso torna difícil (embora não necessariamente impossível) adicionar dinamicamente novos métodos a uma classe durante a execução.

Em contrapartida, o Ruby permite adicionar métodos a uma classe a qualquer momento. No Ruby, quando você digita class `MyClass`, está fazendo mais do que apenas informar ao interpretador para definir uma classe; está dizendo para ele "executar o seguinte código no escopo desta classe".

Digamos que você tenha o seguinte script Ruby:

```
class Foo < ActiveRecord::Base
  has_many :bars
end
```

```
4 class Foo
5   belongs_to :spam
6 end
```

Quando o interpretador chegar à linha 1, você estará informando-o para executar o seguinte código (até a extremidade coincidente) no contexto do objeto da classe `Foo`. Como o objeto da classe `Foo` não existe ainda, ele deve prosseguir e irá criar a classe. Na linha 2 executamos a instrução `has_many :bars` no contexto do objeto da classe `Foo`. Qualquer coisa que a mensagem `has_many` fizer será nesse momento.

Quando dissermos classe `Foo`, novamente, na linha 4, estaremos, mais uma vez, informando ao interpretador para executar o seguinte código no contexto do objeto da classe `Foo`. No entanto, dessa vez, o interpretador já conhecerá a classe `Foo`; ele realmente não irá criar outra classe. Portanto, na linha 5 estamos simplesmente informando ao interpretador para executar a instrução `belongs_to :spam` no contexto desse mesmo objeto da classe `Foo`.

Para executar as instruções `has_many` e `belongs_to`, esses métodos precisam existir no contexto em que são executados. Como são definidos como métodos de classe em `ActiveRecord::Base` e definimos, anteriormente, a classe `Foo` como estendendo `ActiveRecord::Base`, o código será executado sem problemas.

Porém, quando definimos nosso módulo `Commentable` assim:

```
module Commentable
  has_many :comments, :as => :commentable do
    def approved
      find( :all,
        :conditions => ['approved = ?', true ] )
    end
  end
end
```

... teremos um erro quando ele tentar executar a instrução `has_many`. Isso acontece porque o método `has_many` não é definido no contexto do objeto do módulo `Commentable`.

Agora que sabemos como o Ruby está interpretando o código, podemos perceber que aquilo realmente desejável para essa instrução `has_many` é que ela seja executada no contexto da classe de inclusão.

Callback `included`

Felizmente, a classe Module do Ruby define um callback útil que podemos usar para fazer exatamente isso. Se um objeto Module definir o método `included`, ele será executado sempre que o módulo for incluído em outro módulo ou classe. O argumento transmitido para esse método é o objeto de módulo/classe no qual esse módulo está sendo incluído.

Podemos definir um método included em seu objeto de módulo Commentable para que ele execute a instrução `has_many` no contexto da classe de inclusão (`Timesheet`, `ExpenseReport` etc.):

```
module Commentable
  def self.included(base)
    base.class_eval do
      has_many :comments, :as => :commentable do
```

```
        def approved
          find(:all, :conditions => ['approved = ?', true ])
        end
      end
    end
  end
end
```

A partir de então, quando incluirmos o módulo Commentable em nossas classes de modelo, ele deve executar a instrução `has_many` exatamente como se tivéssemos digitado-a nos corpos de cada uma dessas classes.

Courtenay diz...

Há um bom acordo aqui. Uma mágica como `include Commentable` certamente economiza digitação e faz com que seu modelo pareça menos complexo. Mas também pode significar que o código de sua associação está fazendo coisas que você não sabe. Isso pode gerar confusão e algumas horas coçando a cabeça enquanto rastreia o código em um módulo separado.

Minha preferência é deixar todas as associações no modelo e estendê-las com um módulo. Assim você poderá obter, rapidamente, uma lista de todas as associações simplesmente vendo o código.

```
has_many :comments, :as => :commentable, :extend => Commentable
```

Como modificar classes ActiveRecord durante a execução

As capacidades de metaprogramação do Ruby combinadas com o callback `after_find` abrem a porta para algumas capacidades interessantes, especialmente se você deseja confundir sua percepção sobre a diferença entre o código e os dados. Estou falando a propósito de modificar o comportamento das classes de modelo *de modo independente* quando são carregadas em seu aplicativo.

A Listagem 9.5 é um exemplo muito simplificado da técnica, supondo a presença de uma coluna config em seu modelo. Durante o callback `after_find` conseguimos lidar com a classe *avulsa* exclusiva[8] da instância do modelo que está sendo carregada. Então, executamos o conteúdo do atributo config que pertence a essa instância `Account` usando o método `class_eval` do Ruby. Como fazemos isso com a classe avulsa dessa instância ao invés de usar a classe `Account` global, as outras instâncias `account` no sistema não serão afetadas.

Listagem 9.5 A metaprogramação em execução com `after_find`

```
class Account < ActiveRecord::Base
  ...
  private

    def after_find
      singleton = class << self; self; end
      singleton.class_eval(config)
    end
end
```

Usei técnicas eficientes como essa em um aplicativo com cadeia de fornecimento que escrevi para um grande cliente industrial. *Lote* é um termo da indústria usado para descrever o carregamento do produto. Dependendo do revendedor e do produto envolvido, os atributos e a lógica comercial para um determinado lote variam muito. Como o conjunto de revendedores e produtos com o qual estava lidando mudava semanalmente (algumas vezes, diariamente), o sistema precisava ser reconfigurável sem solicitar uma distribuição da produção.

Não pretendo entrar muito em detalhes, mas posso afirmar que o aplicativo permitia a manutenção dos programadores para personalizar facilmente o comportamento do sistema manipulando o código Ruby armazenado no banco de dados, associado a qualquer produto que o lote continha.

Por exemplo, uma das regras comerciais associadas aos lotes de manteiga carregados para a Acme Dairy Co. poderia impor um código do produto estritamente integral, com exatamente 10 dígitos de comprimento. O código armazenado no banco de dados e associado à entrada do produto para o produto manteiga da Acme Dairy conteria, portanto, as duas linhas a seguir:

```
validates_numericality_of :product_code, :only_integer => true

validates_length_of :product_code,       :is => 10
```

Considerações

Uma descrição relativamente completa de tudo que podemos fazer com a metaprogramação Ruby e sobre como executá-la de modo correto poderia render um livro próprio. Mas é possível fornecer algumas dicas. Por exemplo, você poderia perceber que fazer algumas coisas como executar um código Ruby arbitrário diretamente a partir do banco de dados é muito perigoso. É por isso que enfatizo, novamente, que os exemplos mostrados aqui são muito simplificados. Tudo que desejo fazer é dar uma idéia das possibilidades.

Se você decidir que vai começar a aproveitar esses tipos de técnicas em aplicativos reais, será preciso considerar a segurança, a aprovação do fluxo de trabalho e inúmeras outras importantes preocupações. Ao invés de permitir que o código Ruby arbitrário seja executado, você pode desejar limitá-lo a um pequeno subconjunto relacionado ao problema que tem em mãos. Você poderia construir uma API compacta ou até entrar na autoria de uma linguagem específica do domínio (DSL) trabalhada especificamente para expressar as regras comerciais e os comportamentos que devem ser carregados dinamicamente. Com base nesse raciocínio você poderia escrever analisadores gramaticais personalizados para seu DSL que poderiam executá-lo em contextos diferentes – alguns para a detecção de erros e outros para o relatório. Essa é uma das áreas onde as possibilidades são bem ilimitadas.

Ruby e linguagens específicas do domínio

Eu e meu velho colega Jay Fields fomos os pioneiros na mistura da metaprogramação Ruby, Rails e linguagens específicas do domínio *internas*[9]. Isso foi acontecendo enquanto fazíamos o desenvolvimento do aplicativo Rails para os clientes ThoughtWorks. De vez em quando, em conferências e no blog, ainda explico sobre como escrever DSLs no Ruby.

Jay também continuou a escrever e falar sobre sua evolução das técnicas Ruby DSL. Ele as chama de Business Natural Languages (ou BNL[10]). Ao desenvolver BNLs, você vai lidar com uma linguagem específica de um domínio que não é necessariamente uma sintaxe Ruby válida, mas é bastante próxima disso, tanto que pode ser facilmente transformada no Ruby e executada durante a execução, como mostrado na Listagem 9.6.

Listagem 9.6 Exemplo de Business Natural Languages

```
employee John Doe
compensate 500 dollars for each deal closed in the past 30 days
compensate 100 dollars for each active deal that closed more than
365 days ago
compensate 5 percent of gross profits if gross profits are greater
than
1,000,000 dollars
compensate 3 percent of gross profits if gross profits are greater
than
2,000,000 dollars
compensate 1 percent of gross profits if gross profits are greater
than
3,000,000 dollars
```

A capacidade de aproveitar técnicas avançadas como, por exemplo, DSLs, é ainda outra ferramenta eficiente nas mãos dos desenvolvedores Rails experientes.

Courtenay diz...

Os DSLs sugam! Exceto os escritos por Obie, claro.

As únicas pessoas que podem ler e escrever a maioria dos DSLs são seus autores originais. Como um desenvolver que assume um projeto, geralmente é muito mais rápido apenas reimplementar, ao invés de aprender as peculiaridades e exatamente quais palavras você tem permissão de usar em um DSL existente.

Na verdade, muita metaprogramação Ruby também nos suga. É comum que pessoas que recebem essas novas ferramentas acabem exagerando um pouco. Considero a metaprogramação, `self.included`, `class_eval` e amigos como um código um pouco duvidoso na maioria dos projetos.

Se você estiver criando um aplicativo Web: ao invés de precisar corrigir as classes existentes ou ocultar as associações em módulos, os futuros desenvolvedores e mantenedores do projeto gostariam de usos de métodos simples, diretos, granulares e bem testados.

Dito isso, se você tiver sucesso... seu código irá tornar-se mais eficiente do que você foi capaz de imaginar!

Conclusão

Com este capítulo concluímos nossa explanação sobre `ActiveRecord`, uma das estruturas mais importantes e eficientes do Rails. Examinamos como os callbacks e os observadores nos permitem decompor nosso código de um modo claro e orientado a objetos. Também expandimos nossas opções de modelagem considerando a herança de uma tabela e os relacionamentos polimórficos distintos do `ActiveRecord`.

Até este ponto do livro, cobrimos duas partes do padrão MVC: o modelo e o controlador. Agora é hora de entrar na terceira parte: a exibição.

Referências

1. Se você estiver percorrendo o antigo código-fonte Rails, poderá encontrar macros de callback recebendo uma string curta de código Ruby para ser avaliada com eval no vínculo do objeto de modelo. Esse modo de adicionar callbacks foi desaprovado no Rails 1.2, pois nessas situações é sempre melhor usar um bloco.
2. Recomendo o excelente plug-in GeoKit for Rails disponível em http://geokit.rubyforge.org/.
3. A implementação real do exemplo, que também precisaria modificar todos os localizadores para incluir deleted_at, são as condições NULL; do contrário, os registros marcados como apagados continuariam a aparecer no aplicativo. Isso não é uma tarefa comum e, felizmente, você não precisa fazê-la, existe um plug-in Rails chamado ActsAsParanoid de Rick Olson que o faz e você pode encontrá-lo em http://svn.techno-weenie.net/projects/plugins/acts_as_paranoid.
4. Obtenha o AttachmentFu em http://svn.techno-weenie.net/projects/ plugins/attachments_fu.
5. http://en.wikipedia.org/wiki/Open/closed_principle possui um bom resumo.
6. Para obter informações do esquema geradas automaticamente e adicionadas ao início das classes de seu modelo, experimente o plug-in annotate_models de Dave Thomas em http://svn.pragprog.com/Public/ plugins/annotate_models.
7. http://techspot.zzzeek.org/?p=13
8. Não espero que isso faça sentido, a menos que você esteja familiarizado com as classes avulsas do Ruby e com a capacidade de avaliar strings arbitrárias de código Ruby durante a execução. Um bom lugar para começar é http://whytheluckystiff.net/articles/seeingMetaclasses Clearly.html.
9. O qualificador interno é usado para diferenciar uma linguagem específica do domínio mantida inteiramente dentro de uma linguagem geral (como o Ruby, por exemplo), de uma que é completamente personalizada e requer sua própria implementação do analisador gramatical.
10. Dar uma olhada em BNL pode fornecer muitos links para a banda Barenaked Ladies de Toronto; portanto, é melhor você ir diretamente para a fonte em http://bnl. jayfields.com.

Capítulo 10
ActionView

> O muito eficiente e o muito estúpido têm algo em comum. Ao invés de alterarem suas visões para adequar aos fatos, eles alteram os fatos para adequá-los às suas visões... o que poderá ser muito desconfortável se for um dos fatos que precisam de alteração.
>
> - Doctor Who

Os controladores são o esqueleto e a musculatura de seu aplicativo Rails. Neste caso, os modelos formam o coração e a mente, e seus modelos de exibição (com base no `ActionView`, o terceiro maior componente do Rails) são a pele de seu aplicativo – a parte que é visível para o mundo externo.

O `ActionView` é a API Rails para reunir o componente visual de seu aplicativo, ou seja, o HTML e o conteúdo associado que será apresentado em um navegador da Web sempre que alguém usar seu aplicativo Rails. Na verdade, neste mundo novo e magnífico dos recursos REST, o `ActionView` está envolvido na geração de qualquer tipo de saída que você deseja despejar de seu aplicativo.

O `ActionView` contém um sistema de modelo totalmente representado com base em uma biblioteca Ruby chamada ERb. Ele tem dados preparados pela camada do controlador e os intercala com o código de exibição para criar uma camada de apresentação para o usuário final.

Neste capítulo, vamos descobrir os fundamentos da estrutura `ActionView`, desde o básico do modelo até o uso eficaz dos parciais e dos aumentos significantes de possíveis desempenhos através do cache.

Fundamentos ERb

Dentro dos arquivos padrões do modelo de exibição Rails você estará escrevendo o código em um tipo de dialeto Ruby – a saber, o *Embedded Ruby* ou ERb, que não é exclusivo do Rails. O ERb é uma biblioteca padrão da distribuição Ruby.

Um documento ERb geralmente contém o HTML estático com o código Ruby que será dinamicamente executado quando o modelo for apresentado. Como estou certo de que você sabe disso isso, se já fez alguma programação Rails, para inserir o código Ruby em um documento ERb você deve colocar o código entre delimitadores.

Existem disponíveis dois tipos diferentes de delimitadores do modelo. Eles têm finalidades diferentes e funcionam de modo idêntico aos seus correspondentes nas tecnologias JSP e ASP com as quais você já pode estar familiarizado:

```
<% %> e <%= %>
```

O código entre os delimitadores será executado em qualquer caso. A diferença é que o valor de retorno da primeira expressão é descartado, ao passo que o da segunda é inserido na saída do modelo.

Um erro muito comum durante a codificação Rails é *usar, sem querer, o delimitador que não é de saída onde você realmente precisava de um que produz a saída.* Você irá arrancar seus cabelos para descobrir por que certo valor não está aparecendo em sua tela e também por que nenhum erro está sendo gerado.

Prática ERb

Você pode ter uma idéia da aparência ERb do Rails, uma vez que o interpretador ERb é uma parte padrão do Ruby e pode escrever e processar os modelos ERb para a prática usando esse interpretador. Você simplesmente usará o comando `erb` da linha de comando.

Por exemplo, coloque o seguinte código do modelo em um arquivo (`demo.erb`, talvez):

```
Let's list all the methods of a Ruby string.
First we need a string.
<% str = "I am a string!" %>
We've got one: here it is:
  <%= str %>
Now, let's see its methods:
<% str.methods.sort[0...10].each_with_index do |m,i| %>
  <%= i+1 %>. <%= m %>
<% end
```

Agora, execute o arquivo através de `erb`:

```
$ erb demo.erb
```

Você verá a seguinte saída:

```
Let's list all the methods of a Ruby string.
First we need a string.

We've got one: here it is:
  I am a string!
Now, let's see its methods -- or maybe just a few, so they don't
scroll off the screen:

1. %
2. *
3. +
4. <
5. <<
6. <=
7. <=>
8. ==
9. ===
10. =~
```

Como é possível observar, todo o código Ruby dentro dos delimitadores foi executado, inclusive a atribuição para `str` e a iteração com `each`. Contudo, apenas o código dentro dos delimitadores com sinal de igual contribuiu com a saída a partir da execução do modelo.

Você também pode notar muitas linhas em branco na saída. A presença do código delimitado no modelo não tem nenhum efeito especial na contagem das linhas. Uma linha é uma linha, portanto, a seguinte linha aparece com uma linha em branco:

```
<% end %>
```

Como estreitar a saída ERb

O Rails fornece um modo de remover pelo menos algumas linhas extras em branco através do uso de delimitadores modificados:

```
<%- str.methods.sort[0...10].each_with_index do |m,i| -%>
  <%= i+1 %>. <%= m %>
<%- end -%>
```

Observe os sinais de menos nos delimitadores; eles cortarão o *espaço em branco à esquerda* e as *novas linhas extras* na saída do modelo. Usados com bom senso podem enfeitar muito a saída de seu modelo. Não é algo com o qual o usuário final se importe, mas pode ajudar sempre que você estiver examinando o código-fonte HTML de seu aplicativo.

Como comentar os delimitadores ERb

O símbolo de comentário Ruby `#` funcionará para cancelar um delimitador ERb. Simplesmente insira-o logo depois do sinal de porcentagem da tag do delimitador de abertura.

```
<%#= str %>
```

O conteúdo da tag ERb comentada será ignorado. Você não desejará deixar o código não comentado sujando seu modelo, mas ele pode ser útil para desativar algo temporariamente.

Saída condicional

Um dos procedimentos mais comuns que você vai usar ao codificar as exibições Rails é produzir, condicionalmente, o conteúdo na exibição. O modo mais elementar de controlar a saída condicional é usar instruções `if/else` junto com <% %>, como a seguir:

```
<% if @show_subtitle %>
  <h2><%= @subtitle %></h2>
<% end %>
```

Muitas vezes você poderá usar condições `if` em linha e encurtar seu código, uma vez que a tag <%= não se importará se você fornece um valor nil. Apenas adicione uma condição `if` pós-fixada à instrução:

```
<h2><%= @subtitle if @show_subtitle %></h2>
```

Naturalmente, há um problema em potencial no exemplo anterior. A primeira saída condicional, mais explicativa, eliminará inteiramente as tags `<h2>`, mas o segundo exemplo não.

Existem alguns modos de lidar com o problema e mantê-lo em uma linha.

Primeiro, existe uma solução horrível que vi algumas vezes em alguns aplicativos Rails – e esta é a única razão para eu mencioná-la aqui!

```
<%= "<h2>#{@subtitle}</h2>" if @show_subtitle %>
```

Aaargh! Horrível! A solução mais elegante envolve o método assistente `content_tag` do Rails.

```
<%= content_tag('h2', @subtitle) if @show_subtitle %>
```

Os métodos assistentes, os incluídos no Rails e os que você mesmo escreverá, são sua principal ferramenta para construir modelos elegantes de exibição. O tema sobre os assistentes será aprofundado no Capítulo 11, "Tudo sobre assistentes".

RHTML? RXML? RJS?

A partir do Rails 2.0, a prática de nomenclatura padrão é colocar um sufixo nos arquivos do modelo ERb com `.erb`. No entanto, nas versões anteriores do Rails usávamos `.rhtml`.

Existem dois outros formatos padrões e sufixos para os modelos:

- `.builder` (antes `.rxml`) sinaliza para o Rails executar o modelo com a biblioteca Builder::XmlMarkup de Jim Weirich. Ele é usado para criar facilmente a saída baseada no XML. O uso do Builder será tratado no Capítulo 15, "XML e `ActiveResource`".
- `.rjs` (inalterado) inicializa os recursos de geração JavaScript predefinidos do Rails. Será tratado no Capítulo 12, "Ajax on Rails".

Você poderá notar que no final deste capítulo, fazemos uma rápida explanação sobre linguagens de modelo de terceiros disponíveis que se integram bem ao Rails e, também, no motivo pelo qual você deve querer experimentá-las. Agora, vamos continuar com uma revisão do uso do layout e do modelo.

Layouts e modelos

O Rails tem convenções fáceis para o uso do modelo. Elas estão relacionadas ao local dos modelos com os diretórios de projeto Rails.

O diretório `app/views`, mostrado na Figura 10.1, contém subdiretórios que coincidem com o nome de cada controlador no aplicativo. Dentro do subdiretório de exibição de cada controlador você coloca um modelo nomeado para coincidir com sua ação correspondente:

Figura 10.1 Um diretório `app/views` típico

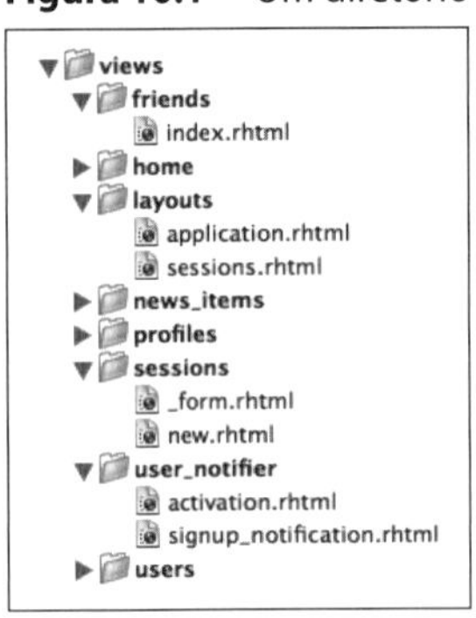

O diretório `app/views/layout` especial mantém modelos de layout para serem contêineres reutilizáveis para suas exibições. Convenções de nomenclatura são novamente usadas para determinar quais modelos apresentar. Exceto desta vez, em que é o nome do controlador que será usado para a coincidência.

No caso dos layouts, a hierarquia de herança dos controladores entra em cena. A maioria dos aplicativos Rails tem um arquivo `application.rhtml` em seu diretório de layout. Ele compartilha seu nome com ApplicationController que, geralmente, é estendido por todos os outros controladores em um aplicativo e, portanto, é selecionado como o layout padrão para todas as exibições.

É selecionado, exceto, claro, que um modelo de layout mais especificado esteja no lugar, mas na maioria das vezes fará sentido usar apenas um modelo de todo o aplicativo, como, por exemplo, o mostrado na Listagem 10.1.

Listagem 10.1 O modelo de layout application.rhtml geral e simples

```
<!DOCTYPE HTML PUBLIC "-//W3C//DTD HTML 4.01//EN"
"http://www.w3.org/TR/html4/strict.dtd">

<html>
 <head>
  <meta http-equiv="Content-Type" content="text/html; charset=UTF-8">
  <title>My Rails Application</title>
  <%= stylesheet_link_tag 'scaffold', :media => "all" %>
  <%= javascript_include_tag :defaults %>
 </head>
 <body>
  <%= yield :layout %>
 </body>
</html>
```

Os métodos `stylesheet_link_tag` e `javascript_include_tag` são assistentes que inserem automaticamente, para os arquivos CSS e JavaScript, respectivamente, as tags `LINK` e `SCRIPT` padrões em seu documento. A única outra parte interessante desse modelo é a chamada para `yield :layout`. Iremos analisá-la em seguida.

Como gerar o conteúdo

A palavra-chave `yield` da linguagem Ruby é bem usada porque faz com que os modelos de layout e ação colaborem. Note o uso de `yield` no meio do modelo de layout:

```
<body>
  <%= yield :layout %>
</body>
```

Nesse caso, o símbolo `:layout` é uma mensagem especial para o sistema de apresentação. Ele marca onde inserir a saída da saída, apresentada da ação, que geralmente é o modelo correspondente a essa ação.

Você pode adicionar, em seu layout, locais extras que capacitem gerar o conteúdo, inclusive chamadas `yield` adicionais – apenas use um identificador exclusivo. Um bom exemplo é um layout que tem um conteúdo com seções separadas à esquerda e à direita (simplificado, claro):

```
<body>
  <div class="left sidebar">
    <%= yield :left %>
  </div>
  <div id="main_content">
    <%= yield :layout %>
  </div>
```

```
    <div class="right sidebar">
      <%= yield :right %>
    </div>
  </body>
```

O elemento DIV, no centro, recebe o principal conteúdo do modelo gerado. Mas como você fornece ao Rails o conteúdo para as seções separadas à esquerda e à direita? É fácil: simplesmente use o método `content_for` em seu código de modelo da seguinte maneira:

```
<% content_for(:left) do %>
<h2>Navigation</h2>
<ul>
  <li>...
</ul>
<% end %>

<% content_for(:right) do %>
<h2>Help</h2>
<p>Lorem ipsum dolor sit amet, consectetur adipisicing elit,
   sed do eiusmod tempor incididunt ut labore et dolore magna
   aliqua. Ut enim ad minim veniam, quis nostrud ...
<% end %>

<h1>Page Heading</h1>
<p>The normal template content that will get yielded
  to :layout</p>
  ...
```

Além das seções separadas e de outros tipos visíveis de blocos de conteúdo, sugiro que você gere o conteúdo adicional para ser acrescentado ao elemento `HEAD` de sua página, como mostrado na Listagem 10.2. É uma técnica muito útil, pois às vezes o Internet Explorer pode comportar-se muito mal com as tags `SCRIPT` aparecendo fora do elemento `HEAD`.

Listagem 10.2 Como gerar o conteúdo do cabeçalho adicional

```
<!DOCTYPE HTML PUBLIC "-//W3C//DTD HTML 4.01//EN"
"http://www.w3.org/TR/html4/strict.dtd">

<html>
  <head>
    <meta http-equiv="Content-Type" content="text/html; charset=UTF-8">
    <title>My Rails Application</title>
    <%= stylesheet_link_tag 'scaffold', :media => "all" %>
    <%= javascript_include_tag :defaults %>
    <%= yield :head %>
  </head>
  <body>
    <%= yield :layout %>
```

```
  </body>
</html>
```

Variáveis do modelo

Vimos como os layouts e a geração dos blocos de conteúdo funcionam. Mas, fora isso, como os dados vão da camada do controlador para a exibição? Durante a preparação do modelo as variáveis de instância definidas durante a execução da ação do controlador serão copiadas como variáveis de instância do contexto do modelo.

Variáveis de instância

Copiar as variáveis de instância é a principal forma de comunicação do controlador com a exibição e, francamente, esse comportamento é um dos fatos mais básicos do Rails. Estou certo que você o conhece:

```
class HelloWorldController < ActionController::Base
  def index
    @msg = "Hello, world!"
  end
end

# template file /app/views/hello_world/index.html.erb

<%= @msg %>
```

O que pode ser que você não saiba é que muito mais coisas que apenas as variáveis de instância do controlador são copiadas para o modelo. Não é uma boa idéia depender diretamente de alguns dos objetos listados abaixo e, em especial, não usá-los para fazer operações de dados. Lembre-se que a prática padrão MVC é permitir que a camada do controlador prepare os dados para a apresentação, não a exibição!

`assigns`

Deseja ver tudo que entra em contato com o limite do controlador-exibição? Insira `<%= debug(assigns) %>` em seu modelo e veja a saída. O atributo assigns é basicamente interno no Rails e você não deve usá-lo diretamente em seu código de produção.

`base_path`

O caminho do sistema de arquivos local aponta para o diretório básico de seu aplicativo onde os modelos são mantidos.

`controller`

A instância do controlador atual fica disponível através de `controller`, antes de sair do escopo no final do processamento de solicitação. Você pode aproveitar o conhecimento do controlador de seu nome (através do atributo `controller_name`) e a ação que acabou de ser executada (através do atributo `action_name`) para estruturar seu CSS com mais eficiência, como mostrado na Listagem 10.3.

Listagem 10.3 Os nomes do controlador e da ação como classes CSS do corpo

```
<html>
  ...
  <body class="<%= controller.controller_name %>
              <%= controller.action_name %>">
```

```
  ...
</body>
</html>
```

Dependendo da ação executada, resultaria em uma tag BODY. Algo assim:

```
<body class="timesheets index">
```

Felizmente, você já sabe que o C em CSS significa *cascata*, que se refere ao fato de que os nomes da classe ficam em cascata na árvore de elementos em seu código de marcação e estão disponíveis para a criação de regras. Nosso truque na Listagem 10.3 é incluir automaticamente o controlador e o nome da ação como nomes de classe de seu elemento `BODY` de modo que você possa, posteriormente, usá-los para personalizar, com flexibilidade, a aparência da página no ciclo de desenvolvimento.

Eis um exemplo de como a técnica seria usada para variar o plano de fundo dos elementos do cabeçalho dependendo do caminho do controlador:

```
body.timesheets .header {
  background: url(../images/timesheet-bg.png) no-repeat left top
}
body.expense_reports .header {
  background: url(../images/expense-reports-bg.png) no-repeat left top
}
```

flash

flash é uma variável de exibição que você irá usar com regularidade. Até o momento, ela tem aparecido no livro em exemplos de código maiores sempre que você deseja enviar ao usuário uma mensagem a partir da camada do controlador, mas apenas na duração da próxima solicitação.

Uma prática Rails comum é usar flash`[:notice]` para manter mensagens de notificação agradáveis e flash`[:error]` para a comunicação de natureza mais grave. Particularmente, gosto de produzi-las, condicionalmente, nos elementos `DIV` logo no início de meu layout e usar CSS para posicioná-las, como mostrado na Listagem 10.4.

Listagem 10.4 A colocação da notificação e do erro flash padronizada em `application.html.erb`

```
<html>
  ...
  <body>
    <%= content_tag 'div', h(flash[:notice]),
         :class => 'notice', :id => 'notice' if flash[:notice] %>
    <%= content_tag 'div', h(flash[:error]),
         :class => 'notice error', :id => 'error' if flash[:error] %>
    <%= yield :layout %>
  </body>
</html>
```

Usar recursos assistentes `content_tag` torna a saída inteira condicional. Do contrário, eu precisaria de um bloco `if` em torno da marcação HTML e o esquema ficaria bem confuso.

headers

A variável `headers` mantém os valores dos cabeçalhos HTTP que acompanharam a solicitação que está sendo processada. Você pode fazer pouco com `headers` em sua exibição, exceto pelas vezes em que pode exibi-los por razões de depuração. Coloque `<%= debug(headers) %>` em algum lugar em seu layout e depois de renovar a página do curso você vai ver em seu navegador uma saída parecida com a seguinte:

```
--
Status: 200 OK
cookie:
- - adf69ed8dd86204d1685b6635adae0d9ea8740a0
Cache-Control: no-cache
```

logger

Você tem algo para registrar para a posteridade nos logs enquanto está apresentando a exibição? Use o método logger para obter a instância `Logger` da exibição `RAILS_DEFAULT_LOGGER`, a menos que a tenha mudado.

params

É o mesmo hash `params` disponível em seu controlador, contendo os pares de chave/valor de sua solicitação. De vez em quanto irei usar um valor do hash `params` diretamente na exibição – especificamente quando estiver lidando com páginas que estão sujeitas à filtragem ou à classificação das linhas.

```
<p>Filter by month:
  <%= select_tag(:month_filter,
          options_for_select(@month_options, params[:month_filter])) %>
```

É muito perigoso, da perspectiva da segurança, colocar dados de parâmetro não filtrados no fluxo de saída de seu modelo. A seguinte seção, "Como proteger a integridade de sua exibição a partir do conteúdo enviado pelo usuário", irá explicar mais profundamente esse tópico.

request **e** *response*

Os objetos HTTP `request` e `response` são mostrados para a exibição, mas, com exceção das finalidades de depuração, não posso pensar em nenhuma razão para você querer usá-los diretamente a partir de seu modelo.

session

A variável `session` é o hash de sessão do usuário. Pode haver situações em que seria bom obter os valores para afetar a apresentação. No entanto, eu tremo ao pensar que você poderia tentar definir valores na seção a partir da camada de exibição. Use com cuidado e basicamente para a depuração, exatamente como `request` e `response`.

Como proteger a integridade de sua exibição a partir do conteúdo enviado pelo usuário

Se qualquer dado em seu aplicativo for enviado pelo usuário ou de algum modo tiver origem em uma fonte na qual você não confia completamente, então, será necessário lembrar que é preciso aplicar o escape e limpar o conteúdo do modelo. Do contrário, ele ficará muito exposto a vários ataques de hackers mal-intencionados.

Por exemplo, considere o seguinte fragmento de modelo que copia o valor de `params[:page_number]` para sua saída de modo bem inocente:

```
<h1>Search Results</h1>
<h2>Page <%= params[:page_number] %></h2>
```

Um modo fácil de incluir o número da página, certo? Com certeza. Mas considere o que aconteceria se alguém enviasse uma solicitação para essa página que incorpora uma tag `SCRIPT` e algum código mal-intencionado como o valor do parâmetro de solicitação `page_number`? Bingo! O código mal-intencionado iria diretamente para seu modelo!

Felizmente, há um modo muito simples de impedir essa forma de ataque e os principais desenvolvedores do Rails esperam que você o utilize com muita freqüência! Portanto, eles nomearam o método com um caractere: `h`.

```
<h1>Search Results</h1>
<h2>Page <%=h(params[:page_number]) %></h2>
```

O método `h` aplica o *escape* no conteúdo HTML – ao invés de transmiti-lo como marcação, ele vai converter os caracteres menor que e maior que em suas respectivas entidades de caractere e, ao fazer isso, incapacita os ataques mal-intencionados de injeção. Naturalmente, não faz nada no conteúdo que não tenha uma marcação.

Mas e se você estiver tentando exibir o HTML enviado pelo usuário como ocorre com freqüência nos aplicativos Web que apresentam recursos de comentário no estilo blog? Nesses casos, você poderá tentar usar o método `sanitize` de `ActionView::Helpers::TextHelper`. Ele irá cortar as tags mais usadas nos ataques: `FORM` e `SCRIPT`, mas deixará as outras intactas. O método `sanitize` será tratado com profundidade no Capítulo 11.

Parciais

Um parcial é um fragmento de código do modelo. O Rails usa os parciais para decompor o código da exibição em partes modulares que possam ser montadas em layouts com a menor repetição possível. A sintaxe para incluir um parcial em um modelo inicia com `render :partial => "nome"`. Os nomes de modelo do parcial devem iniciar com um sublinhado que serve para separá-los visualmente dentro de um determinado diretório de modelos de exibição. Contudo, *você omite o sublinhado quando se refere a eles.*

Casos simples de uso

O caso de uso de parcial mais simples está em extrair uma parte do código do modelo. Alguns desenvolvedores dividem seus modelos em partes lógicas usando a extração parcial. Algumas vezes será mais fácil entender a estrutura de uma tela se as partes significantes forem decompostas a partir dela. Por exemplo, a Listagem 10.5 é uma tela simples de registro do usuário que tem suas partes decompostas em parciais.

Listagem 10.5 O formulário simples de registro do usuário com parciais

```
<h1>User Registration</h1>
<%= error_messages_for :user %>
<% form_for :user, :url => users_path do -%>
<table class="registration">
  <tr>
```

```
        <td class="details demographics">
          <%= render :partial => 'details' %>
          <%= render :partial => 'demographics' %>
        </td>
        <td class="location">
          <%= render :partial => 'location' %>
        </td>
      </tr>
      <tr>
        <td colspan="2"><%= render :partial => 'opt_in' %></td>
      </tr>
      <tr>
        <td colspan="2"><%= render :partial => 'terms' %></td>
      </tr>
    </table>
    <p><%= submit_tag 'Register' %></p>
  <% end -%>
```

Enquanto estamos aqui, deixe-me abrir um desses parciais. Para preservar espaço vamos ver um dos menores: o parcial que contém caixas de verificação opt-in deste aplicativo em particular. A fonte está na Listagem 10.6; observe que seu nome começa com um sublinhado.

Listagem 10.6 O parcial opt-in no arquivo *app/view/users/_opt_in.html. erb*

```
<fieldset id="opt_in">
  <legend>Spam Opt In</legend>
  <p><%= check_box :user, :send_event_updates %>
     Send me updates about events!<br/>
  <%= check_box :user, :send_site_updates%>
     Notify me about new services</p>
</fieldset>
```

Particularmente, gosto que os parciais fiquem inteiramente dentro de um contêiner de marcação significante semanticamente. No caso do parcial opt-in na Listagem 10.6, os dois controles da caixa de seleção estão contidos em um único elemento `<fieldset>`, ao qual forneci um atributo id. Seguir essa regra, mais como uma norma ampla do que qualquer outra coisa, me ajuda a tentar imaginar como o conteúdo desse parcial deve se encaixar dentro do modelo-pai. Se estivéssemos lidando com outra marcação, talvez fora de um formulário, eu poderia escolher, ao invés de `<fieldset>`, integrar a marcação parcial em um contêiner `<div>` bem identificado.

Por que não incluir a marcação `<td>` dentro dos modelos parciais? É uma questão de estilo – gosto de conseguir visualizar o esqueleto completo da marcação em uma parte. Nesse caso, o esqueleto é a estrutura da tabela que você vê na Listagem 10.5. Se partes dessa tabela estivessem dentro dos modelos parciais, ela ofuscaria o layout da página. Admito que esta é uma daquelas áreas onde o estilo pessoal e a preferência devem ter precedência; então, apenas posso aconselhá-lo sobre o que funcionou para mim particularmente.

Reutilização de parciais

Como o formulário de registro é claramente decomposto em suas partes componentes, torna-se fácil criar um formulário de edição simples usando alguns de seus parciais, como na Listagem 10.7.

Listagem 10.7 O formulário simples de edição do usuário reutilizando alguns dos mesmos parciais

```
<h1>Edit User</h1>
<%= error_messages_for :user %>
<% form_for :user, :url => user_path(@user),
            :html => { :method => :put } do -%>
  <table class="settings">
   <tr>
    <td class="details">
     <%= render :partial => 'details' %>
    </td>
    <td class="demographics">
     <%= render :partial => 'demographics' %>
    </td>
   </tr>
   <tr>
    <td colspan="2" class="opt_in">
     <%= render :partial => 'opt_in' %>
    </td>
   </tr>
  </table>
  <p><%= submit_tag 'Save Settings' %></p>
<% end
```

Se você comparar as Listagens 10.5 e 10.7 vai notar que a estrutura da tabela mudou um pouco no formulário de edição e tem menos conteúdo que o formulário de registro. Talvez o local seja manipulado com mais detalhes em outra tela e, certamente, você já não desejará requerer o contrato sempre que o usuário mudar suas definições.

Parciais compartilhados

Até agora temos considerado o uso dos parciais que residem no mesmo diretório de seu modelo-pai. Porém, você pode referir-se, facilmente, aos parciais que estão em outros diretórios simplesmente prefixando o nome do diretório. Você ainda irá suspender o sublinhado, o que pode parecer um pouco estranho.

Adicionemos um parcial `captcha` à parte inferior do formulário de registro da Listagem 10.5 para ajudar a impedir que as inundações invadam nosso aplicativo Web:

```
...
<tr>
   <td colspan="2"><%= render :partial => 'terms' %></td>
```

```
      </tr>
      <tr>
        <td colspan="2"><%= render :partial => 'shared/captcha' %></td>
      </tr>
    </table>
    <p><%= submit_tag 'Register' %></p>
<% end
```

Como o parcial `captcha` é usado em várias partes diferentes do aplicativo, faz sentido deixá-lo residir em uma pasta compartilhada ao invés de deixá-lo em qualquer pasta de exibição. Contudo, você deve ter um pouco de cuidado quando mover o código do modelo existente para um parcial compartilhado. É bem possível ter de lidar com um parcial que depende implicitamente do lugar no qual ele é apresentado.

Por exemplo, veja o caso o membro da mailing list de diálogo do Rails com um parcial inoportuno definido em `login/_login.rhtml`:

```
<% form_tag do %>
  <label>Username:</label>
  <%= text_field_tag :username, params[:username] %>
  <br />
  <label>Password:</label>
  <%= password_field_tag :password, params[:password] %>
  <br />
  <%= submit_tag "Login" %>
<% end %>
```

O envio do formulário de login funcionou quando ele apresentou esse parcial como parte da ação login ("a página de login") do controlador de login, mas não quando foi incluído como parte da exibição para qualquer outra seção de seu website. O problema é que `form_tag` (tratado no próximo capítulo) normalmente tem um parâmetro de ação opcional instruindo-o sobre para onde enviar suas informações. Se você omitir a ação o formulário irá enviar de volta para sua URL original. Isso vai variar para os parciais compartilhados, dependendo de onde eles estão sendo usados.

Como passar variáveis para parciais

Os parciais herdam as variáveis de instância disponíveis para seus modelos-pais. É por isso que os assistentes do formulário usados nos parciais das Listagens 10.5 e 10.7 funcionam: eles contam, implicitamente, com uma variável `@user` estando no escopo. Acredito que seja bom usar esse compartilhamento de variável implícito em alguns casos, particularmente quando os parciais estão intimamente vinculados a seus modelos-pais. Isso seria especialmente verdadeiro nos casos em que a única razão para você iniciar os parciais, em primeiro lugar, é para reduzir o tamanho e a complexidade de um determinado modelo grande.

Porém, assim que você tiver prática ao abrir os modelos parciais para a reutilização de todo o aplicativo, depender das variáveis passadas implicitamente ficará muito mais perigoso e incerto. É por isso que o Rails suporta a passagem das variáveis com escopo local para os modelos parciais como um parâmetro de hash chamado `:locals`, como no seguinte fragmento:

```
render :partial => 'shared/address', :locals => { :form => form }
```

Os nomes e os valores do hash `:locals` são convertidos em variáveis com escopo local (nenhum sinal @) no parcial. A Listagem 10.8 é uma variação no modelo de registro. Desta vez, estamos usando a versão `form_for` que gera um parâmetro de bloco que representa o formulário para seus métodos assistentes do formulário. Iremos passar esse parâmetro do formulário também.

Listagem 10.8 O modelo simples de registro do usuário que transmite o formulário como uma variável local

```
<h1>User Registration</h1>
<%= error_messages_for :user %>
<% form_for :user, :url => users_path do |form| -%>
  <table class="registration">
   <tr>
    <td class="details address demographics">
     <%= render :partial => 'details',
                :locals => {:form => form } %>
     <%= render :partial => 'shared/address',
                :locals => {:form => form } %>
    </td>
   </tr>
  </table>
  <p><%= submit_tag 'Register' %></p>
<% end -%>
```

E, finalmente, temos o formulário de endereço compartilhado na Listagem 10.9.

Listagem 10.9 Um parcial simples de endereço compartilhado usando a variável local

```
<fieldset class="address">
  <legend>Address</legend>
  <p><label>Street</label><br/>
    <%= form.text_area :street, :rows => 2, :cols => 40 %></p>
  <p><label>City</label><br/>
    <%= form.text_field :city %></p>
  <p><label>State</label><br/>
    <%= form.text_field :state, :size => 2 %></p>
  <p><label>Zip</label><br/>
     <%= form.text_field :zip, :size => 15 %></p>
</fieldset>
```

Os métodos assistentes do formulário (explicados no Capítulo 11) têm uma variação no modo como são chamados na variável `form` gerada pelo método `form_for`. Isso é exatamente o que passamo para esses parciais através do hash `:locals`.

Hash *local_assigns*

Se você precisar verificar a presença de certa variável local, será necessário fazê-lo verificando o hash `local_assigns` que faz parte de todo modelo. Usar `defined? variable` não funcionará devido aos limites do sistema de apresentação.

```
<% if local_assigns.has_key? :special %>
<%= special %>
<% end %>
```

Coleções de apresentação

Um dos melhores usos dos parciais está em apresentar coleções. Assim que adquirir o hábito de apresentar as coleções com parciais, você não vai mais desejar retornar à feiúra de amontoar seus modelos com loops `for` e `each`.

```
render :partial => 'entry', :collection => @entries
```

Simples, preciso e depende de uma convenção de nomenclatura. O mais importante é como o objeto apresentado é exposto ao modelo parcial. Ele é definido como uma variável local denominada como o próprio modelo parcial. O parcial correspondente ao último fragmento iria referir-se a uma variável local chamada `entry`.

```
<%= div_for(entry) do %>
  <%= h(entry.description) %>
  <%= distance_of_time_in_words_to_now entry.created_at %> ago
<% end %>
```

Variável *partial_counter*

Há outra variável definida para os parciais apresentados por coleções que também não recebe muita atenção. É uma variável counter indexada em 0 que controla o número de vezes em que o parcial foi apresentado. É útil para apresentar listas de coisas numeradas.

```
<%= div_for(entry) do %>
  <%= entry_counter %>:
  <%= h(entry.description) %>
  <%= distance_of_time_in_words_to_now entry.created_at %> ago
<% end %>
```

Como compartilhar parciais da coleção

Se você quisesse usar o mesmo parcial que utiliza com uma coleção, exceto com um único objeto de entrada, teria que lhe passar uma única instância através do hash `:locals` descrito na seção anterior, assim:

```
render :partial => 'entry', :locals => {:entry => @entry }
```

Também vi a seguinte alteração feita como forma de não precisar do parâmetro `locals`;

```
<% entry = @entry if @entry %>
<% div_for(entry) do %>
  <%= h(entry.description) %>
  <%= distance_of_time_in_words_to_now entry.created_at %> ago
<% end %>
```

Isso funciona, mas é horrível, repetitivo e introduz uma dependência opcional implícita de `@entry`! Não faça as coisas desse jeito! Use o parâmetro `:locals` conforme o explicado.

Log

Se você der uma olhada em seu log de desenvolvimento, irá notar que ele mostra quais parciais foram apresentados e quanto tempo levou.

```
Rendering template within layouts/application
Rendering listings/index
Rendered listings/_listing (0.00663)
Rendered listings/_listing (0.00296)
Rendered listings/_listing (0.00173)
Rendered listings/_listing (0.00159)
Rendered listings/_listing (0.00154)
Rendered layouts/_login (0.02415)
Rendered layouts/_header (0.03263)
Rendered layouts/_footer (0.00114)
```

Cache

O mecanismo de cache do Rails pode tornar muito responsivo seu aplicativo de distribuição da produção. O cache permite especificar que qualquer coisa, desde páginas inteiras até fragmentos da página, deve ser capturada no disco como arquivos HTML e enviada por seu servidor Web nas futuras solicitações com o mínimo de envolvimento do próprio Rails.

Existem três tipos de cache no Rails:

- `Page caching` A saída de uma ação inteira do controlador é colocada em cache no disco sem nenhum outro envolvimento do dispatcher Rails.
- `Action caching` A saída de uma ação inteira do controlador é colocada em cache no disco, mas o dispatcher Rails ainda é envolvido nas solicitações subseqüentes e os filtros do controlador são executados.
- `Fragment caching` Os bits e as partes arbitrárias da saída de sua página podem ser colocados em cache no disco para economizar o tempo de precisar apresentá-los no futuro.

Cache no modo de desenvolvimento?

Eu gostaria de mencionar que o cache está desativado no modo de desenvolvimento. Se você quiser lidar com o cache vai precisar editar a seguinte definição no arquivo `config/environments/development. rb`:

```
config.action_controller.perform_caching          = false
```

Naturalmente, lembre-se de mudar de volta antes de verificá-lo no repositório de seu projeto ou poderá enfrentar erros muito confusos no percurso.[1]

Cache da página

A forma mais simples de cache é o cache da página. Ele é inicializado usando o método no estilo macro `caches_page` em um controlador e informa ao Rails para capturar a saída inteira da solicitação no disco para que ela seja fornecida diretamente pelo servidor Web nas solicitações subseqüentes sem o envolvimento do dispatcher. Nada será registrado no log Rails, nem os filtros do controlador serão inicializados – absolutamente nada fará com que o Rails ocorra, exatamente como os arquivos HTML estáticos no diretório `public` de seu projeto.

Cache da ação

Por definição, se houver qualquer coisa que tenha que mudar em cada solicitação ou que seja específica da exibição dessa página do usuário final, o cache da página não será uma opção. Por outro lado, se tudo que precisamos fazer for executar alguns filtros que verificam condições antes de exibir a página solicitada, o método `caches_action` funcionará. É quase igual ao cache da página, exceto pelo fato de que os filtros do controlador são executados antes de fornecer o arquivo HTML em cache. Isso irá fornecer a opção de fazer algum processamento extra ou até mesmo a redireção, se necessário.

O cache da ação é implementado com o cache do fragmento (tratado posteriormente neste capítulo) e um filtro `around` (tratado no Capítulo 2, "Como trabalhar com controladores"). O conteúdo da ação em cache é fornecido com base no host atual e no caminho e isso significa que ainda funcionará mesmo com os aplicativos Rails fornecendo diversos subdomínios que utilizam um curinga DNS. E mais, as representações diferentes do mesmo recurso como, por exemplo, HTML e XML, serão tratadas como solicitações separadas e armazenadas separadamente em cache.

Vamos usar nosso aplicativo de amostra `lil_journal`[2] como a base para nossos fragmentos de código nesta seção. O aplicativo deve ter entradas públicas versus privadas; portanto, para as solicitações padrões devemos executar um filtro que descobre se o visitante está conectado e, caso seja necessário, deve redirecioná-lo para a ação `public` A Listagem 10.10 tem o código `EntriesController`.

Listagem 10.10 *`EntriesController`* de *`lil-journal`*

```
class EntriesController < ApplicationController

  before_filter :check_logged_in, :only => [:index]

  caches_page :public
  caches_action :index

  def public
    @entries = Entry.find(:all,
                          :limit => 10,
                          :conditions => {:private => false})
    render :action => 'index'
  end

  def index
    @entries = Entry.find(:all, :limit => 10)
  end

private

    def check_logged_in
      redirect_to :action => 'public' unless logged_in?
    end

end
```

A ação `public` exibe apenas as entradas públicas e está visível para qualquer pessoa, o que faz dela uma candidata para o cache da página. Porém, como não requer seu próprio modelo, apenas chamamos `:action => 'index'` explicitamente no final da ação `public`.

Considerações da construção

Saber que seu aplicativo finalmente irá requerer o cache deve influenciar em suas decisões de construção. Projetos com autenticação opcional geralmente têm ações do controlador que são impossíveis para o cache da página ou da ação, pois lidam com ambos os estados do login internamente. Esse teria sido o caso na Listagem 10.10 se tivéssemos escrito a ação `index` para lidar com a exibição pública e a privada:

```
def index
  opts = {}
  opts[:limit] = 10
  opts[:conditions] = {:private => false } unless logged_in?
  @posts = Entry.find(:all, opts)
end
```

Na maior parte das vezes você não terá muitas páginas com um conteúdo completamente estático que pode ser colocado em cache usando `cache_page` ou `cache_action`; é nesse ponto que entra o cache do fragmento.

Cache do fragmento

Os usuários estão acostumados com todos os tipos de conteúdo dinâmico na página e o layout de seu aplicativo será preenchido com coisas como páginas de boas-vindas e contagens de notificação. O cache do fragmento permite capturar partes da página apresentada no disco e fornecê-las nas solicitações subseqüentes sem que seja necessário apresentar de novo seu conteúdo. A melhoria no desempenho não é tão drástica como no cache da página ou da ação, uma vez que o dispatcher Rails ainda está envolvido. Contudo, você ainda pode fornecer a seu aplicativo um aumento de velocidade nítido através do cache do fragmento.

Método `cache`

O cache do fragmento é, por natureza, algo que você especifica em seu modelo de exibição ao invés do nível do controlador. Você fará isso usando o método cache de `ActionView`. Requer um bloco que permite integrar o conteúdo que deve ser colocado em cache.

Assim que fizermos o login em nosso aplicativo de amostra Lil' Journal a seção do cabeçalho deverá realmente exibir informações sobre o usuário conectado. Portanto, colocar em cache a ação da página de índice está fora de cogitação. Iremos remover a diretiva `action_cache` de `EntriesController`, mas deixaremos `cache_page` no lugar para a ação public. Então, vamos para o modelo `entries/index.html` e adicionamos o cache do fragmento, como mostrado na Listagem 10.11.

Listagem 10.11 O modelo `entries/index.html` do Lil' Journal com o cache do fragmento

```
<%= content_tag :h1, "#{@user.name}'s Journal" %>
<% cache do %>
  <%= render :partial => 'entry', :collection => @entries %>
<% end %>
```

Muito fácil! A saída HTML de apresentação da coleção de entradas é armazenada no cache de fragmento associado à página `entries/index`. Será bom se estivermos colocando em cache apenas um fragmento da página, mas na maior parte das vezes precisaremos fornecer ao fragmento alguma identificação extra.

Fragmentos nomeados

O método cache tem um parâmetro `name` opcional.

```
<% cache "my_fragment" do %>
```

Se você o deixar em branco, como fizemos na Listagem 10.11, ele vai colocar em cache seu conteúdo fornecido à URL de sua página-mãe. É uma solução aceitável, contanto que haja apenas um fragmento na página.

Se estivermos colocando em cache mais de um fragmento na página vamos precisar adicionar um identificador extra para que não aconteçam colisões de nomes. A Listagem 10.12 é uma versão aperfeiçoada da página de entradas na qual adicionamos a exibição dos comentários recentes na seção separada.

Listagem 10.12 A página de entradas com duas diretivas de cache do fragmento

```
<%= content_tag :h1, "#{@user.name}'s Journal" %>

  <% cache(:fragment => 'entries') do %>

    <%= render :partial => 'entry', :collection => @entries %>

  <% end %>

<%- content_for :sidebar -%>

  <% cache(:fragment => 'recent_comments') do %>

    <%= render :partial => 'comment', :collection => @recent_comments
%>

  <% end %>

<% end %>
```

Depois que o código na Listagem 10.12 for apresentado, haverá dois fragmentos armazenados no cache, fornecidos como a seguir:

- `/entries/index?fragment=entries`
- `/entries/index?fragment=recent_comments`

O fato do Rails usar o esquema URL da página para fornecer fragmentos no cache é uma solução elegante para um problema um tanto difícil. Considere, por exemplo, o que aconteceria se você adicionasse paginação ao aplicativo Lil' Journal e retirasse a segunda página das entradas. Sem mais trabalho, um par de fragmentos adicionais seria colocado corretamente em cache para um futuro uso:

- /entries/index?page=2&fragment=entries
- /entries/index?page=2&fragment=recent_comments

> Nota
> O Rails usa o mecanismo `url_for` para construir identificadores exclusivos para os fragmentos sem conveniência. *Não há nenhuma exigência para que as chaves de seu fragmento correspondam às URLs de trabalho reais em seu aplicativo.*

Fragmentos globais

Algumas vezes, você desejará que o conteúdo do cache do fragmento não seja específico de uma única URL em seu aplicativo. Para adicionar os fragmentos fornecidos globalmente ao cache, novamente você usará o parâmetro `name` do método assistente `cache`, mas desta vez forneceremos um identificador de string ao invés de um hash.

Para demonstrar, vamos adicionar uma exigência de que nosso aplicativo Lil' Journal deve exibir as estatísticas do usuário em cada página. Na Listagem 10.13 colocamos em cache o parcial stats para cada usuário usando seu nome e um sufixo "`_stats`" como a chave.

Listagem 10.13 A página de entradas com as estatísticas globais do usuário

```
<%= content_tag :h1, "#{@user.name}'s Journal" %>

<% cache(:fragment => 'entries') do %>
  <%= render :partial => 'entry', :collection => @entries %>
<% end %>

<%- content_for :sidebar -%>

  <% cache(@user.name + "_stats") do %>
    <%= render :partial => 'stats' %>
  <% end %>

  <% cache(:fragment => 'recent_comments') do %>
    <%= render :partial => 'comment', :collection => @recent_comments %>
  <% end %>

<% end %>
```

Há uma parte que omitimos de nossa análise do cache até o momento. Trata-se do conteúdo em cache que expira, uma vez que fica *velho* – pois os dados que ele está refletindo ficaram desatualizados.

Como evitar uma atividade extra do banco de dados

Como você tem fragmentos de sua exibição em cache, não faz mais sentido fazer consultas ao banco de dados que fornece esses fragmentos. Afinal, os resultados dessas consultas ao banco de dados nunca serão usados até que os fragmentos em `cache` expirem. O método `read_fragment` permite verificar a existência do conteúdo em cache e tem os mesmos parâmetros usados com o método cache associado.

Eis como modificaríamos a ação de índice de acordo:

```
def index
  unless read_fragment(:fragment => 'entries')
    @entries = Entry.find(:all, :limit => 10)
  end
end
```

Agora o método localizador será executado apenas se o cache precisar ser renovado.

Expiração do conteúdo em cache

Sempre que você usa o cache é necessário considerar todas as situações que farão com que o cache fique velho, desatualizado. Então, você precisará escrever um código que limpe o antigo conteúdo, por assim dizer, criando espaço para o novo conteúdo ser colocado em cache no lugar.

Como expirar páginas e ações

Os métodos `expire_page` e `expire_action` permitem que você apague o conteúdo do cache para que ele seja gerado de novo na próxima solicitação. Você identifica o conteúdo a expirar usando as convenções `url_for` utilizadas em outro lugar no Rails. A Listagem 10.14 mostra como adicionamos expiração ao método `create` do controlador de entradas.

Listagem 10.14 A ação create das entradas

```
1 def create
2   @entry = @user.entries.build(params[:entry])
3   if @entry.save
4     expire_page :action => 'public'
5     redirect_to entries_path(@entry)
6   else
7     render :action => 'new'
8   end
9 end
```

Observe como a linha 4 da Listagem 10.14 expira a página associada à ação public. Porém, se você observar, não é apenas a ação create que invalida o cache, as ações `update` e `destroy` iriam invalidá-lo também.

Em seus aplicativos, particularmente se você estiver fazendo recursos no estilo REST, lembre-se que as representações diferentes do mesmo recurso são tratadas como solicitações separadas e colocadas separadamente em cache. Se você tiver armazenado em cache a resposta XML de uma ação, será preciso expirar anexando `:format => :xml` à especificação da ação.

Como expirar fragmentos

Opa! Quase esqueci (de verdade!) que também colocamos em cache os fragmentos a limpar usando o método `expire_fragment`. Agora a ação `create` fica assim:

```
def create
  @entry = @user.entries.build(params[:entry])
  if @entry.save
    expire_page :action => 'public'
    expire_fragment(:fragment => 'entries')
    expire_fragment(:fragment => (@user.name + "_stats"))
    redirect_to entries_path(@entry)
  else
    render :action => 'new'
  end
end
```

Como usar *expressões regulares nas chamadas de expiração*

Realmente, há ainda (!) um problema grave com a rotina de expiração que colocamos na ação `create`. Lembre-se que dissemos que o cache do fragmento das entradas funcionaria com a paginação e que teríamos os fragmentos em cache fornecidos assim: `'/entries/index?page=2&fragment=entries'`.

Como resultado, apenas `expire_fragment(:fragment => 'entries')` irá limpar somente a primeira página do cache. Por isso, o método `expire_fragment` compreende as expressões regulares e precisaremos usá-las em nosso código:

```
expire_fragment(r%{entries/.*})
```

Deve haver um modo melhor de lidar com a invalidação do que lembrar de manter um monte de instruções de expiração complicadas em todos os seus métodos de ação. E mais, o cache é uma preocupação única, que parece indicar que deve ser aplicado mais segundo os aspectos.

Expiração automática do cache com limpadores

Uma classe `Sweeper` é como um objeto `ActiveRecord Observer`, exceto pelo fato de ser especializada para o uso na expiração do conteúdo em cache. Quando você escreve um limpador (sweeper), você o informa quais modelos observar para obter as alterações, exatamente como faria com as classes de callback e os observadores.

A Listagem 10.15 é um limpador para manter em ordem o cache das entradas de Lil' Journal.

Listagem 10.15 Um limpador de entradas para Lil' Journal

```
class EntrySweeper < ActionController::Caching::Sweeper
  observe Entry

  def expire_cached_content(entry)
    expire_page :controller => 'entries', :action => 'public'
    expire_fragment(r%{entries/.*})
    expire_fragment(:fragment => (entry.user.name + "_stats"))
  end

  alias_method :after_save, :expire_cached_content
  alias_method :after_destroy, :expire_cached_content

end
```

Assim que você tiver uma classe `Sweeper` (colocada em seu diretório `app/models`), precisará informar a seu controlador para usar esse limpador com suas ações. Eis o início do controlador de entradas revisado para Lil' Journal:

```
class EntriesController < ApplicationController

  before_filter :check_logged_in, :only => [:index]
  caches_page :public
  cache_sweeper :entry_sweeper, :only => [:create, :update, :destroy]

  ...
```

Como muitas outras macros do controlador, o método `cache_sweeper` tem opções `:only` e `:except`. Não há nenhuma necessidade de incomodar o limpador com ações que não podem modificar o estado do aplicativo. Portanto, na verdade, incluímos a opção `:only` em nosso exemplo.

Como os observers relacionados, os `sweepers` não estão limitados a observar apenas um modelo. O principal a ser lembrado, se seguirmos neste caminho, é que nossos métodos de callback precisarão saber como lidar com todos eles. A instrução case do Ruby pode ser útil como mostrado na Listagem 10.16, uma revisão completa de `EntrySweeper`, que agora pode observar `Comment`, assim como os objetos `Entry`.

Listagem 10.16 `EntrySweeper` revisada para observar e lidar com entradas e comentários

```
class EntrySweeper < ActionController::Caching::Sweeper
  observe Entry, Comment

  def expire_cached_content(record)
    expire_page :controller => 'entries', :action => 'public'
    expire_fragment(r%{entries/.*})

    user = case entry
      when Entry then record.user
      when Comment then record.entry.user
    end

    expire_fragment(:fragment => (user.name + "_stats"))
  end

  alias_method :after_save, :expire_cached_content
  alias_method :after_destroy, :expire_cached_content
end
```

Registro do cache

Se você ativou o cache durante o desenvolvimento, poderá realmente monitorar o log Rails para obter mensagens sobre o cache e a expiração.

```
Processing Entries#index (for 127.0.0.1 at 2007-07-20 23:07:09) [GET]
 ...
Cached page: /entries.html (0.03949)

Processing Entries#create (for 127.0.0.1 at 2007-07-20 23:10:50)
[POST]
 ...
Expired page: /entries.html (0.00085)
```

É uma boa maneira de ver se seu cache está realmente funcionando como o esperado.

Plug-in Action Cache

O plug-in Action Cache de Tom Fakes e Scott Laird é um substituto informal recomendado para os recursos de cache Rails predefinidos. Ele não muda a Caching API, apenas a implementação subjacente.

```
script/plugin install http://craz8.com/svn/trunk/plugins/action_cache
```

Estes são os recursos maiores do plug-in Action Cache:

- Armazena entradas em cache como fluxos YAML (ao invés de armazenar apenas HTML) para que os cabeçalhos `Response` da resposta original possam ser retornados junto com o conteúdo em cache.
- Adiciona o cabeçalho `last-modified` à resposta para que os clientes usem uma solicitação HTTP `get-if-modified`. Se o cliente já tiver o conteúdo em cache ele enviará uma resposta

`304 Not Modified.`

- Assegura que apenas as solicitações com um status `200 OK` sejam colocadas em cache. Do contrário, páginas de erro e um conteúdo vazio poderão ficar no cache (e causarão problemas difíceis de diagnosticar).
- Permite que os desenvolvedores anulem o Rails com sua própria implementação da geração de chaves do cache.
- Permite uma ação para especificar um valor Time to Live opcional para uma resposta antes que o conteúdo em cache associado à resposta seja expirado automaticamente.
- Permite um controle se o cache ocorre para uma ação durante a execução com base nos parâmetros de solicitação. (Por exemplo, nunca coloque em cache o conteúdo para os administradores do site.)
- Um novo método, `expire_all_actions`, limpa o conteúdo inteiro do cache da ação.
- Muda a implementação `expire_action` para realmente usar a chamada de expiração do fragmento `Regexp` fazendo com que todos os itens coincidentes do cache sejam limpos. Para as pessoas que usam o REST e fornecem HTML, JS e XML para a mesma ação, todos os três serão expirados quando você expirar um deles com um código assim: `expire_action :controller => 'foo', :action => 'bar'`

Armazenamento do cache

Diferente dos dados da sessão, os dados em cache do fragmento podem aumentar muito. O Rails fornece quatro opções diferentes para o armazenamento do cache:

- `FileStore` Mantém os fragmentos em disco no `cache_path` que funciona bem para todos os tipos de ambientes e compartilha os fragmentos de todos os processos do servidor Web executados no mesmo diretório do aplicativo.
- `MemoryStore` Mantém os fragmentos na memória e pode consumir, potencialmente, uma quantidade inaceitável de memória por processo.
- `DRbStore` Mantém os fragmentos na memória em um processo DRb compartilhado separado. Esta opção apenas mantém um cache para todos os processos, mas requer que você execute e gerencie um processo DRb separado como parte de seu processo de desenvolvimento.
- `MemCacheStore` Funciona como DRbStore, mas usa um servidor do cache testado chamado `memcached`. Informalmente, coletei dados de muitos profissionais Rails sobre o armazenamento do cache e todos eles sugeriram que memcache é a melhor opção.[3]

Exemplo de configuração

A opção `:memory_store` é ativada por padrão.

```
ActionController::Base.fragment_cache_store = :memory_store

ActionController::Base.fragment_cache_store = :file_store,
"/path/to/cache/directory"
ActionController::Base.fragment_cache_store = :drb_store,
"druby://localhost:9192"
ActionController::Base.fragment_cache_store = :mem_cache_store,

"localhost"
```

Limites do armazenamento baseado em arquivos

Contando que você esteja mantendo o aplicativo Rails em um único servidor, configurar o cache é bem simples e fácil de implementar (claro, codificá-lo é uma história diferente).

Se você considerar as implicações de executar um aplicativo em cache em um cluster de servidores físicos distintos, poderá perceber que a invalidação do cache será problemática. A menos que você configure o armazenamento do arquivo para apontar para um sistema compartilhado de arquivos como, por exemplo, NFS ou GFS, ele não funcionará.

Limpeza manual com `rake`

Se você escolher o armazenamento baseado em arquivos provavelmente desejará ter um modo de limpar manualmente o conteúdo em cache de seu aplicativo. Isso não é difícil de fazer usando o Rake. Simplesmente adicione um arquivo à pasta `lib/tasks` chamado `cache.rake`. Você estará criando uma tarefa parecida com a mostrada na Listagem 10.17.

Listagem 10.17 A tarefa de limpeza personalizada `cache_sweeper`

```
desc "Manually sweep the cache"
task :cache_sweeper do
  FileUtils.rm_rf Dir[File.join(RAILS_ROOT, "public", "entries*")]
#pages
  FileUtils.rm_rf Dir[File.join(RAILS_ROOT, "tmp", "cache*")]
#fragments
end
```

Usei `entries` na tarefa de exemplo, mas lembre-se que *você* pode precisar adicionar uma ou mais instruções `FileUtils.rm_rf` próprias correspondentes às páginas que seu aplicativo está colocando em cache.

Uma observação final: lembre-se que é comum usar a abordagem de força bruta `FileUtils.rm_rf` nos limpadores ao invés dos métodos `expire_*`. Isso acontece, na maior parte das vezes, porque geralmente é mais fácil destruir os diretórios em cache inteiros e permitir que sejam reconstruídos conforme a necessidade.

Conclusão

Neste capítulo explanamos sobre a estrutura `ActionView` através de uma explicação detalhada do modelo ERb e do funcionamento do sistema de apresentação Rails. Também explicamos de forma aprofundada o uso dos parciais, uma vez que seu uso é essencial para ter uma programação Rails eficiente.

Dos princípios de modelagem relativamente simples vamos pular para um assunto complicado: o cache. Saber implementar o cache irá proteger você no momento em que você for trabalhar no aplicativo Rails que realmente precise executar. Na verdade, os desenvolvedores dos websites Rails com alto tráfego tendem a ver o Rails como uma plataforma de geração HTML muito elegante que os ajuda a criar um conteúdo para o cache.

Agora é hora de compreender o mecanismo pelo qual você pode injetar um grupo inteiro de coisas inteligentes em sua camada de exibição sem tumultuar seus modelos: "Os assistentes".

Referências

1. Com uma ótima solução sobre o assunto, Geoffrey Grosenback sugere adicionar outro modo de ambiente ao seu projeto chamado `development_ with_caching`, com o cache ativado para a experimentação (http://peepcode. com/products/page-action-and-fragment-caching).

2. URL da subversão: http://obiefernandez.com/svn/projects/awruby/ prorails/lil_journal.

3. Se você seguir o caminho memcache, considere usar definitivamente o plug-in CacheFu de Err the Blog, disponível em http://require.errtheblog. com/plugins/browser/cache_fu.

Capítulo 11
Tudo sobre Assistentes

Obrigado por ajudar os Assistentes a Ajudarem os Assistidos. Sua ajuda foi muito... útil

- Sra. Duong no filme *The Weekenders*

Já explanamos sobre alguns métodos assistentes fornecidos pelo Rails para ajudar a montar a interface do usuário de seu aplicativo Web. Este capítulo lista e explica todos os módulos assistentes e seus métodos, seguido de instruções sobre como criar, com eficiência, seus próprios assistentes.

`PrototypeHelper` e `ScriptaculousHelper` foram rebaixados do núcleo Rails e agora vêm como plug-ins no Rails 2.0. São usados para adicionar facilmente a funcionalidade Ajax ao seu aplicativo Rails e serão tratados em profundidade no Capítulo 12, "Ajax on Rails".

NOTA

Este capítulo é basicamente um material de consulta. Portanto, todo esforço foi feito para torná-lo simples. Você poderá notar que as explicações dos módulos assistentes do `ActionView` estão organizadas em ordem alfabética, iniciando com `ActiveRecordHelper` e terminando com `UrlHelper`. Dentro da seção de cada módulo, sempre que necessário, os métodos foram divididos em grupos lógicos.

ActiveRecordHelper

O módulo `ActiveRecordHelper` contém métodos assistentes para criar rapidamente formulários a partir dos modelos `ActiveRecord`. O método `form` é capaz de criar um formulário inteiro para todos os tipos básicos de conteúdo de certo registro. Contudo, ele não sabe como montar os componentes da interface do usuário para manipular as associações. A maioria dos desenvolvedores Rails monta seus próprios formulários a partir do zero e usam métodos do `FormHelper` ao invés desse módulo.

Relatório dos erros de validação

Os métodos `error_message_on` e `error_messages_for` ajudam a adicionar informações do erro de validação formatadas aos seus modelos de um modo consistente.

`error_message_on(object, method, prepend_text = "",append_text = "", css_class = "formError")`

Retorna uma tag `DIV` contendo a mensagem de erro anexada ao método especificado no objeto, se existir. O conteúdo pode ser especializado com parâmetros para texto anteriores e posteriores e a classe CSS personalizada, como mostrado na assinatura.

O uso desse método é comum quando as exigências da interface do usuário especificam mensagens de validação individuais por campo de entrada de um formulário, como no seguinte exemplo real:

```
<div class="form_field">
```

```
<div class="field_label">
  <span class="required">*</span>
  <label>First Name</label>
 </div>
 <div class="textual">
  <%= form.text_field :first_name, :maxlength => 34, :tabindex => 1
%>
  <%= error_message_on :user, :first_name %>
 </div>
</div>
```

error_messages_for(*params)

Retorna uma tag `DIV` contendo todas as mensagens de erro para todos os objetos mantidos nas variáveis de instância identificadas como parâmetros. Esse método é usado pelo scaffold Rails, mas raramente nos aplicativos de produção reais. A documentação da API Rails aconselha usar a implementação desse método como inspiração para atender as suas próprias exigências:

> Esta é uma apresentação previamente montada dos erros com strings incorporadas e de certa estrutura HTML. Se o que você precisa for muito diferente da apresentação padrão, faz muito sentido que você mesmo acesse a instância object.errors e tente configurá-la. Exiba a fonte desse método para ver como é fácil.

Na verdade, iremos prosseguir e reproduzir a fonte do método aqui com o aviso de que você *não* deve tentar usá-la como inspiração, a menos que tenha uma boa noção do Ruby! Por outro lado, se você tiver tempo para estudar sobre esse método ele definitivamente vai lhe ensinar muito sobre como o Rails, que é seu próprio tipo distinto de Ruby, é implementado.

```
def error_messages_for(*params)
  options = params.last.is_a?(Hash) ? params.pop.symbolize_keys : {}
  objects = params.collect { |object_name|
              instance_variable_get("@#{object_name}")
            }.compact
  count = objects.inject(0) {|sum, object| sum + object.errors.count }
  unless count.zero?
   html = {}
   [:id, :class].each do |key|
     if options.include?(key)
       value = options[key]
       html[key] = value unless value.blank?
     else
       html[key] = 'errorExplanation'
     end
   end
   header_message = "#{pluralize(count, 'error')} prohibited this
   #{(options[:object_name] || params.first).to_s.gsub('_', ' ')}
```

```
      from being saved"

      error_messages = objects.map {|object|
        object.errors.full_messages.map {|msg| content_tag(:li, msg)}
      }
      content_tag(:div,
        content_tag(options[:header_tag] || :h2, header_message) <<
        content_tag(:p, 'There were problems with the following fields:') <<
        content_tag(:ul, error_messages), html )
    else
      ''
    end
  end
```

Posteriormente, ainda no capítulo, explicaremos sobre como escrever seus próprios métodos assistentes.

Criação automática do formulário

Os próximos métodos são usados para a criação automática do campo pelo código scaffold. Você pode tentar usá-los também, mas acho que sua utilidade é um pouco limitada nos aplicativos reais.

form(name, options)

Retorna um formulário inteiro com tags de entrada e tudo para um objeto do modelo `ActiveRecord` nomeado. Eis os exemplos de código dados na documentação API do Rails usando um objeto `Post` hipotético do aplicativo bulletin board como modelo:

```
> form("post")

=> <form action='/post/create' method='post'>
     <p>
       <label for="post_title">Title</label><br/>
       <input id="post_title" name="post[title]"
              size="30" type="text" value="Hello World" />
     </p>
     <p>
       <label for="post_body">Body</label><br/>
       <textarea cols="40" id="post_body" name="post[body]"
rows="20">
         Back to the hill and over it again!
</textarea>
</p>
<input type='submit' value='Create' />

</form>
```

Internamente, o método chama `record.new_record?` para deduzir se a ação para o formulário deve ser `create` ou `update`. É possível especificar explicitamente a ação do formulário (e junto o valor do botão de envio) usando a opção `:action`.

Se você precisar que o formulário tenha seu enctype definido para multipart, útil para os uploads do arquivo, defina options[`:multipart`] para `true`.

Você também pode passar uma opção `:input_block` usando o idioma `Proc.new` do Ruby para criar um novo bloco de código anônimo. O bloco fornecido será chamado para cada *coluna do conteúdo* de seu modelo e seu valor de retorno será inserido no formulário.

```
> form("entry", :action => "sign",
    :input_block => Proc.new { |record, column|
      "#{column.human_name}: #{input(record, column.name)}<br/>" })

=> <form action='/post/sign' method='post'>
     Message:
     <input id="post_title" name="post[title]" size="30"
            type="text" value="Hello World" /><br />
     <input type='submit' value='Sign' />
   </form>
```

O *bloco de construção* do exemplo, como é referido na documentação da API Rails, usa o método assistente input que também faz parte desse módulo e será tratado na próxima seção deste capítulo.

Finalmente, também é possível adicionar um conteúdo extra ao formulário fornecendo um bloco à chamada para form como mostramos no seguinte fragmento:

```
form("entry", :action => "sign") do |s|
  s << content_tag("b", "Department")
  s << collection_select("department", "id", @departments, "id",
"name")
end
```

O bloco gera um acumulador de strings (chamado de `s` no exemplo) ao qual você anexa qualquer conteúdo adicional que deseja que apareça entre os campos de entrada principais e a tag de envio.

input(name, method, options)

O método `input`, devidamente nomeado, tem algumas informações de identificação e gera automaticamente uma tag de entrada HTML com base em um atributo de um modelo `ActiveRecord`. Voltando ao exemplo `Post` usado na explicação de `form`, eis o fragmento de código dado na documentação da API Rails:

```
input("post", "title")

=> <input id="post_title" name="post[title]" size="30"
          type="text" value="Hello World" />
```

Para mostrar rapidamente os tipos de campos input gerados por esse método, simplesmente irei reproduzir uma parte do código do próprio módulo `ActiveRecordHelper`:

```
def to_tag(options = {})
  case column_type
   when :string
```

```
      field_type = @method_name.include?("password") ? "password" :
"text"
      to_input_field_tag(field_type, options)
    when :text
      to_text_area_tag(options)
    when :integer, :float, :decimal
      to_input_field_tag("text", options)
    when :date
      to_date_select_tag(options)
    when :datetime, :timestamp
      to_datetime_select_tag(options)
    when :time
      to_time_select_tag(options)
    when :boolean
      to_boolean_select_tag(options)
  end
end
```

Como personalizar o modo como os erros de validação são destacados

Por comportamento padrão, quando o Rails marca um campo em seu formulário que falhou em uma verificação de validação, ele faz isso colocando esse campo em um elemento `DIV`, com o nome de classe `fieldWithErrors`.

Esse comportamento realmente é personalizável, uma vez que é conseguido através de um objeto `Proc` armazenado como uma propriedade de configuração da classe `ActionView::Base`:

```
module ActionView
  class Base
    @@field_error_proc = Proc.new { |html_tag, instance|
      "<div class=\"fieldWithErrors\">#{html_tag}</div>"
    }
    cattr_accessor :field_error_proc
  end

  ...
```

Com esse conhecimento, mudar o comportamento do erro de validação é tão simples quanto anular o atributo `field_error_proc` de `ActionView` com seu próprio `Proc` personalizado. Eu sugeriria fazer isso em `config/environment.rb` ou em sua classe `ApplicationController`.

Na Listagem 11.1 mudei a definição para que os campos de entrada com erros de validação sejam prefixados com uma mensagem ERR em vermelho.

Listagem 11.1 A exibição dos erros de validação personalizada

```
ActionView::Base.field_error_proc =
  Proc.new do |html_tag,instance|
```

```
    %(<div style="color:red">ERR</div>) + html_tag
  end
```

Foi sugerido por muitas pessoas que encontraram uma solução padrão melhor simplesmente adicionando uma classe CSS `fieldWithErrors` à própria tag de entrada ao invés de colocá-la com uma tag `DIV` extra. Na verdade, isso teria tornado mais fácil nossas vidas uma vez que uma DIV extra geralmente danifica os layouts perfeitos com pixels. Contudo, como `html_tag` já está construído quando `field_error_proc` é chamado, é incomum modificar seu conteúdo.

Existem algumas soluções que usam expressões regulares e modificam a string `html_tag`. É o caso, por exemplo, de http://snippets.dzone. com/tag/field_error_proc encontrada em:

```
ActionView::Base.field_error_proc = Proc.new do |html_tag, instance|
  error_style = "background-color: #ffff80"
  if html_tag =~ /<(input|textarea|select)[^>]+style=/
    style_attribute = html_tag =~ /style=['"]/
    html_tag.insert(style_attribute + 7, "#{error_style}; ")
  elsif html_tag =~ /<(input|textarea|select)/
    first_whitespace = html_tag =~ /\s/
    html_tag[first_whitespace] = " style='#{error_style}' "
  end
  html_tag
end
```

Horrível! Essa é, certamente, uma área do `ActionView` que poderia ter uma melhoria.

`AssetTagHelper`

Segundo a documentação da API Rails esse módulo

> Fornece métodos para ligar uma página HTML a outros recursos como, por exemplo, imagens, javascripts, folhas de estilo e feeds. Você pode direcionar o Rails para se ligar aos recursos a partir de um servidor de recursos dedicado definindo `ActionController::Base.asset_host`em seu `environment.rb`. Esses métodos não verificam se os recursos existem antes de ligá-los.

O módulo `AssetTagHelper` inclui alguns métodos, particularmente `image_tag`, que você irá usar diariamente durante o desenvolvimento Rails.

Assistentes do cabeçalho

A maioria dos métodos assistentes nesse módulo ajuda a adicionar conteúdo ao `HEAD` de seu documento HTML.

`auto_discovery_link_tag(type = :rss, url_options = {}, tag_options = {})`

Retorna uma tag de link que os navegadores e newsreaders podem usar para detectar automaticamente um RSS ou feed ATOM. O tipo pode ser `:rss` (padrão) ou `:atom`. Também controla as opções de link no formato `url_for` usando `url_options`.

Você pode modificar a própria tag LINK usando o parâmetro `tag_options`:

- `:rel` Especifica a relação desse link; tem como padrão "alternate".
- `:type` Anula o tipo MIME (como "`application/atom+xml`") que o Rails automaticamente iria gerar para você.
- `:title` Especifica o título do link; tem como padrão um tipo com letras maiúsculas.

Eis os exemplos de usos de `auto_discovery_link_tag` como mostrado na documentação da API Rails:

```
auto_discovery_link_tag # =>
  <link rel="alternate" type="application/rss+xml" title="RSS"
  href="http://www.curenthost.com/controller/action" />

auto_discovery_link_tag(:atom) # =>
  <link rel="alternate" type="application/atom+xml" title="ATOM"
  href="http://www.curenthost.com/controller/action" />

auto_discovery_link_tag(:rss, {:action => "feed"}) # =>
  <link rel="alternate" type="application/rss+xml" title="RSS"
  href="http://www.curenthost.com/controller/feed" />

auto_discovery_link_tag(:rss, {:action => "feed"}, {:title => "My
RSS"}) # =>
  <link rel="alternate" type="application/rss+xml" title="My RSS"
  href="http://www.curenthost.com/controller/feed" />
```

A lição do ícone favorito

Por causa das opções fornecidas você poderia usar, teoricamente, `auto_discovery_link_tag` para gerar uma tag `LINK` para um ícone favorito, a pequena imagem que aparece na barra de endereço do navegador e em favoritos:

```
auto_discovery_link_tag('image/x-icon', 'favicon.ico',
  :rel => 'shortcut icon', :title => '')

<link rel="shortcut icon" href="favicon.ico"
type="image/x-icon" title="">
```

Dito isso, uma vez que a magia do Rails é realmente mais longa e mais complicada do que digitar o código HTML real, há pouco motivo (se realmente houver algum) para usar `auto_discovery_ link_tag` para gerar um link de ícone favorito! Nem mesmo há nada dinâmico na construção dessa tag que requeira uma lógica assistente.

Fiz questão de incluir esse exemplo para reforçar a lição de que não é como o Rails usa os assistentes para gerar a marcação que você poderia prosseguir e escrever por si mesmo.

image_path(source)

Calcula o caminho para um recurso de imagem no diretório `public/images`. Serão percorridos (começando com "/") os caminhos completos a partir da raiz do documento. Esse método é usado internamente por `image_tag` para construir o caminho da imagem. Passar um nome de arquivo sem uma extensão, como era feito nas versões anteriores do Rails, não é mais suportado.

```
image_path("edit.png") # => /images/edit.png

image_path("icons/edit.png") # => /images/icons/edit.png

image_path("/icons/edit.png") # => /icons/edit.png
```

image_tag(source, options = {})

Retorna uma tag `IMAGE` para usar em um modelo. O parâmetro source pode ser um caminho completo ou um arquivo que existe em seu diretório de imagens públicas. Você pode acrescentar atributos arbitrários adicionais à tag `IMAGE` através do parâmetro options.

As duas opções a seguir são tratadas especialmente:

- `:alt` Se nenhum texto alternativo for fornecido, a parte do nome de arquivo da fonte será usada depois de receber letras maiúsculas e de cortar a extensão.
- `:size` Fornecido como largura x altura, portanto, "`30x45`" se torna os atributos `width="30"` e `height= 45"`. A opção `:size` irá falhar sem aviso caso o valor não esteja no formato correto.

```
image_tag("icon.png") # =>
  <img src="/images/icon.png" alt="Icon" />

image_tag("icon.png", :size => "16x10", :alt => "Edit Entry") # =>
  <img src="/images/icon.png" width="16" height="10" alt="Edit Entry"
/>

image_tag("/photos/dog.jpg", :class => 'icon') # =>
  <img src="/photos/icon.gif" alt="Dog" class="icon"/>
```

Courtenay diz...

O método `image_tag` usa um método interno chamado `image_path`. Esse método útil determina o caminho a ser usado na tag. Infelizmente, ele também significa que, devido ao nome em conflito, não é possível chamar uma "imagem" do controlador e fazer com que funcione como um recurso.

javascript_include_tag(*sources)

Retorna uma tag `SCRIPT` para cada uma das fontes fornecidas. Você pode passar o nome de arquivo (a extensão `.js` é opcional) dos arquivos JavaScript que existem em seu diretório `public/javascripts` para a inclusão na página atual ou passar seu caminho completo relativo à raiz de seu documento.

Para incluir as bibliotecas JavaScript Prototype e Scriptaculous em seu aplicativo, passe `:defaults` como a fonte. Quando você estiver usando `:defaults`, caso um arquivo `application.js` exista em seu diretório `public/javascripts`, também será incluído. Você pode modificar os atributos da tag `SCRIPT` passando um hash *como o último argumento.*

```
javascript_include_tag "xmlhr", :defer => 'defer' # =>
  <script type="text/javascript" src="/javascripts/xmlhr.js"
  defer="defer"></script>
```

```
javascript_include_tag "common.javascript", "/elsewhere/cools" # =>
  <script type="text/javascript"
src="/javascripts/common.javascript"></script>
  <script type="text/javascript" src="/elsewhere/cools.js"></script>

javascript_include_tag :defaults # =>
  <script type="text/javascript"
src="/javascripts/prototype.js"></script>
  <script type="text/javascript"
src="/javascripts/effects.js"></script>
  ...
  <script type="text/javascript"
src="/javascripts/application.js"></script>
```

javascript_path(source)

Calcula o caminho para um recurso JavaScript no diretório public/javascripts. Se o nome de arquivo da fonte não tiver nenhuma extensão, `.js` será anexado. Os caminhos completos da raiz do documento serão percorridos. Também é usado internamente por `javascript_include_tag` para construir o caminho do script.

stylesheet_link_tag(*sources)

Retorna uma tag `LINK` da folha de estilo para as fontes especificadas como argumentos. Se você não especificar uma extensão, `.css` será anexado automaticamente. Exatamente como os outros métodos assistentes que têm um número variável de argumentos mais opções, você pode passar um hash de opções como o último argumento e elas serão adicionadas como atributos à tag.

```
stylesheet_link_tag "style" # =>
  <link href="/stylesheets/style.css" media="screen"
        rel="Stylesheet" type="text/css" />

stylesheet_link_tag "style", :media => "all" # =>
  <link href="/stylesheets/style.css" media="all"
        rel="Stylesheet" type="text/css" />

stylesheet_link_tag "random.styles", "/css/stylish" # =>
  <link href="/stylesheets/random.styles" media="screen"
        rel="Stylesheet" type="text/css" />
  <link href="/css/stylish.css" media="screen"
        rel="Stylesheet" type="text/css" />
```

stylesheet_path(source)

Calcula o caminho para um recurso da folha de estilo no diretório `public/stylesheets`. Se o nome de arquivo da fonte não tiver nenhuma extensão, `.css` será anexado. Os caminhos completos da raiz do documento serão percorridos. Também é usado internamente por `stylesheet_link_tag` para construir o caminho da folha de estilo.

Para plug-ins apenas, adicione inclusões JavaScript padrões

O método da classe `register_javascript_include_default` de `ActionView:: Helpers: :AssetTagHelper` permite que os autores do plug-in registrem um ou mais arquivos JavaScript adicionais para serem incluídos quando `javascript_include_tag :defaults` for chamado. Esse método deve ser chamado apenas a partir da inicialização do plug-in para registrar os arquivos `.js` adicionais que o plug-in instalou em `public/javascripts`. Você poderá encontrar mais detalhes sobre esse método no Capítulo 19, "Como estender o Rails com plug-ins".

BenchmarkHelper

Uma das inovações mencionadas com menos freqüência no Rails é a utilidade de suas facilidades em relação ao log. O módulo `BenchmarkHelper` adiciona o atributo de sincronização dos bits arbitrários de código do modelo e também é útil ao analisar um aplicativo procurando as obstruções do desempenho.

benchmark(message = "Benchmarking", level = :info)

Mede o tempo de execução de um bloco em um modelo e informa o resultado ao log.

```
<% benchmark "Notes section" do %>
  <%= expensive_notes_operation %>
<% end %>
```

O exemplo anterior irá adicionar algo como "Notes section (0.34523)" (Seção de notas (0.34523)) ao log quando o modelo for executado. É possível fornecer um nível de log opcional como o segundo argumento (`:debug, :info, :warn, :error`), mas o padrão é `:info`.

CacheHelper

Esse módulo contém apenas um método chamado cache. É usado para executar o fragmentos de de cache dentro dos modelos sem colocar em cache a saída de uma ação inteira completa. O Rails também apresenta o cache da página usando o método `caches_page` dos controladores no qual a saída inteira de uma ação é armazenada como um arquivo HTML que o servidor Web pode fornecer sem passar pelo Action Pack.

Em oposição, o fragmento de cache é útil quando certos elementos de uma ação mudam com freqüência ou dependem de um estado complicado enquanto outras partes raramente mudam ou podem ser compartilhadas entre diversas partes. Os limites de um fragmento a ser colocado em cache são definidos dentro de um modelo de exibição usando o método assistente `cache`. O tópico foi tratado em detalhes na seção de cache do Capítulo 2, "Como trabalhar com controladores".

CaptureHelper

Um dos ótimos recursos das exibições Rails é que você não está limitado a apresentar um único "fluxo" do conteúdo. No decorrer do processo, você poderá definir blocos de código do modelo que devem ser inseridos em outras partes da página durante a apresentação usando `yield`. A técnica é feita através de um par de métodos do módulo `CaptureHelper`.

capture(&block)

O método `capture` permite capturar parte da saída de um modelo (dentro de um bloco) e anexá-la a uma variável de instância. O valor dessa variável pode ser usado, conseqüentemente, em qualquer outro lugar no modelo.

```
<% @message_html = capture do %>
<div>This is a message</div>
<% end %>
```

Não acho que o método `capture` realmente seja particularmente útil em um modelo. É muito mais proveitoso quando você o utiliza em seus próprios métodos assistentes personalizados. Ele também fornece a capacidade de escrever seus próprios assistentes que têm o conteúdo do modelo integrado usando um bloco. Iremos explicar essa técnica ainda neste capítulo na seção "Como escrever seus próprios assistentes"

content_for(name, &block)

Mencionamos o método `content_for` no Capítulo 10 na seção "Como gerar o conteúdo". Ele permite designar uma parte de seu modelo como conteúdo para outra parte da página. Funciona de modo parecido com seu método `capture` (na verdade, usa o próprio `capture`). Ao invés de retornar o conteúdo do bloco fornecido, ele armazena o conteúdo a ser recuperado usando `yield` em outro lugar no modelo (ou mais comumente, no layout em volta).

Um exemplo comum é inserir o conteúdo da "seção separada" em um layout. No exemplo a seguir, o link não aparecerá no "fluxo" do modelo de exibição, mas em outro lugar no modelo onde `<%= yield :navigation_sidebar %>` aparece.

```
<% content_for :navigation_sidebar do %>
  <%= link_to 'Detail Page', item_detail_path(item) %>
<% end %>
```

DateHelper

O módulo `DateHelper` é usado basicamente para criar tags `select` HTML para diferentes tipos de dados do calendário. Também apresenta um dos métodos assistentes com maior nome, uma aberração peculiar do Rails chamada `distance_of_time_in_words_to_now`.

Assistentes de seleção de data e hora

Os métodos listados abaixo ajudam a criar as tags de entrada do campo do formulário que lida com os dados da data e da hora. Todos são preparados para a atribuição com diversos parâmetros para um objeto `ActiveRecord`. É um modo elegante de dizer que mesmo quando são retornados para o servidor apareçam no formulário HTML como campos de entrada separados são compreendidos como referindo-se a um único atributo do modelo. Uma mágica do Rails para você!

date_select(object_name, method, options = {})

Retorna um conjunto coincidido de tags `select` (uma para cada ano, mês e dia) selecionado previamente para acessar um atributo especificado baseado na data (identificado pelo parâmetro method) em um objeto atribuído ao modelo (identificado pelo parâmetro `object_name`).

É possível ajustar as seleções através do hash de opções que aceita todas as chaves que cada um dos construtores de seleção individuais faz (como `:use_month_numbers para select_month`).

O método `date_select` também tem as opções `:discard_year`, `:discard_month` e `:discard_day`, que remove a tag select correspondente do conjunto de três. Comumente, descartar a seleção do mês também descartará, automaticamente, a seleção do dia. Se o dia for omitido, mas não o mês, o Rails irá supor que o dia deve ser o primeiro do mês.

Também é possível definir explicitamente a ordem das tags através da opção `:order` com um array de símbolos :year, :month e :day na ordem desejada. Os símbolos podem ser omitidos e a tag select respectiva não será incluída.

Passar:disabled => true como parte das opções irá tornar os elementos inacessíveis para a mudança (veja Listagem 11.2).

Listagem 11.2 Exemplos de date_select

```
date_select("post", "written_on")

date_select("post", "written_on", :start_year => 1995,
                                  :use_month_numbers => true,
                                  :discard_day => true,
                                  :include_blank => true)

date_select("post", "written_on", :order => [:day, :month, :year])

date_select("user", "birthday", :order => [:month, :day])
```

datetime_select(object_name, method, options = {})

Funciona exatamente como date_select, exceto pelo acréscimo das tags select da hora e do minuto. Os segundos podem ser adicionados com a opção :include_seconds. Com o acréscimo das informações da hora surgem opções de descarte adicionais: :discard_hour, :discard_minute e :discard_ seconds.

time_select(object_name, method, options ={})

Retorna um conjunto de tags select (uma para hora, minuto e, opcionalmente, segundo) selecionado previamente para acessar um atributo especificado baseado na hora (identificado por method) em um objeto atribuído ao modelo (identificado por object_name). Você pode incluir os segundos com :include_seconds.

```
time_select("post", "sunrise")
time_select("post", "start_time", :include_seconds => true)
```

Assistentes de seleção de data e hora individuais

Algumas vezes você precisa apenas de um determinado elemento de data ou hora e o Rails obriga a ter um conjunto completo de assistentes de seleção de data e hora individuais. Em oposição aos assistentes de data e hora que acabamos de ver, os assistentes abaixo não estão vinculados a uma variável de instância na página. Ao contrário, eles têm um objeto Ruby de data ou hora como seu primeiro parâmetro. (Todos esses métodos têm um conjunto de opções comuns, tratados na seguinte subseção.)

select_date(date = Date.today, options = {})

Retorna um conjunto de tags select (uma para ano, mês e dia) selecionado previamente com a data fornecida (ou a data atual). É possível definir explicitamente a ordem das tags usando a opção :order com um array de símbolos :year, :month e :day na ordem desejada

select_datetime(datetime = Time.now, options = {})

Retorna um conjunto de tags select (uma para ano, mês, dia, hora e minuto) selecionado previamente com datetime. Adicione opcionalmente um campo de segundos usando a opção :include_seconds => true. Também é possível definir explicitamente a ordem das tags usando a opção :order com um array de símbolos `:year`, `:month` e `:day`, `:hour`, `:minute` e `:seconds` na ordem desejada. Além disso você pode adicionar valores de caractere para as opções `:date_separator` e `:time_separator` para controlar a exibição visual dos elementos (têm como padrão "/" e ":").

select_day(date, options = {})

Retorna uma tag select com opções para os dias 1 até 31 com o dia atual selecionado. A data também pode substituir um número da hora. Anule o nome do campo usando a opção `:field_name`. Tem como padrão day. O parâmetro date pode ser substituído por um valor de 1 a 31.

select_hour(datetime, options = {})

Retorna uma tag `select` com opções para cada hora de 0 até 23 com a hora atual selecionada. O parâmetro datetime pode ser substituído por um número da hora de 0 a 23.

select_minute(datetime, options = {})

Retorna uma tag `select` com opções para cada minuto de 0 até 59 com o minuto atual selecionado. Também pode retornar uma tag select com opções por `minute_step` de 0 a 59 com o minuto 00 selecionado. O parâmetro `datetime` pode ser substituído por um valor de segundos de 0 a 59.

select_month(date, options = {})

Retorna uma tag `select` para cada mês de janeiro até dezembro com o mês atual selecionado. Conforme o padrão, os nomes do mês são apresentados como as opções do usuário na seleção suspensa e os números do mês (1-12) são usados como valores enviados para o servidor.

Também é possível usar os números do mês para a apresentação (ao invés de nomes), definindo `:use_month_numbers => true`. Se você quiser números e nomes, defina `:add_month_numbers => true`. Se preferir mostrar os nomes do mês abreviados, defina `:use_short_month key => true`. E, finalmente, se quiser usar seus próprios nomes do mês, defina o valor de `:use_month_names key` em suas opções para um array de 12 nomes do mês.

```
# Usará chaves como "janeiro", "março"
select_month(Date.today)

# Usará chaves como "1", "3"
select_month(Date.today, :use_month_numbers => true)

# Usará chaves como "1 - janeiro", "3 - março"
select_month(Date.today, :add_month_numbers => true)

# Usará chaves como "jan", "mar"
select_month(Date.today, :use_short_ month => true)

# Usará chaves como "Januar", "Marts"
select_month(Date.today, :use_month_names => %w(Januar Februar Marts…))
```

Anule o nome do campo usando `:field_name` options. Tem como padrão month.

select_second(datetime, options = {})

Retorna uma tag `select` com opções para cada segundo de 0 até 59 com o segundo atual selecionado. O parâmetro `datetime` pode ser um objeto `DateTime` ou um segundo dado como um número.

select_time(datetime, options = {})

Retorna um conjunto de tags HTML select (uma para hora e minuto). Você pode definir a chave `:add_separator` para formatar a saída.

select_year(date, options = {})

Retorna uma tag `select` com opções para *cada um dos cinco anos em cada lado do ano atual* que está selecionado. O raio de cinco anos pode ser mudado usando as opções `:start_year` e `:end_year`. As listas de anos ascendentes e descendentes são suportadas marcando `:start_year` como menor ou maior que `:end_year`. O parâmetro date pode ser um objeto Date ou um ano dado como um número.

```
# valores ascendentes do ano
select_year(Date.today, :start_year => 1992, :end_year => 2007)

# valores descendentes do ano
select_year(Date.today, :start_year => 2005, :end_year => 1900)
```

Opções comuns para assistentes de seleção da data

Todos os métodos do tipo de seleção compartilham várias opções comuns que são as seguintes:

- `:discard_type` Definido para `true` se você quiser descartar a parte do tipo do nome selecionado. Se definido para true, o método `select_month` simplesmente usará `date` (que pode ser anulado usando `:prefix`) ao invés de `date[month]`.
- `:field_name` Permite anular o nome natural de uma tag `select` (de dia, minuto etc.)
- `:include_blank` Definido para `true` se for possível definir uma data vazia.
- `:prefix` Sobrescreve o prefixo padrão `date` usado para os nomes das tags `select`. Especificar `birthday` resultaria em um nome `birthday[month]`, ao invés de date[`month`] quando passado para o método `select_month`.
- `:use_hidden` Definido para true para incorporar o valor datetime na página como uma entrada oculta HTML, ao invés de uma tag `select`.

Método `distance_in_time` com nomes descritivos complexos

Alguns métodos `distance_in_time` têm nomes descritivos realmente longos e complexos que ninguém consegue lembrar sem pesquisar. Bem, pelo menos nas primeiras doze vezes ou mais você pode não se lembrar.

Considere os seguintes métodos como um exemplo perfeito do Rails na construção da API. Ao invés de seguir uma alternativa mais curta e necessariamente mais obscura, o autor da estrutura decidiu manter o nome longo e descritivo. É um daqueles casos onde uma pessoa que não tem experiência como programador pode ver seu código e entender o que ele está fazendo. Bem, provavelmente é isso...

Também acho esses métodos notáveis no sentido de integrarem-se aos motivos pelos quais as pessoas consideram, algumas vezes, o Rails como parte do fenômeno Web 2.0. Qual outra estrutura Web incluiria modos de *humanizar* a exibição das marcações da hora?

distance_of_time_in_words(from_time, to_time = 0, include_seconds = false)

Informa a distância aproximada no tempo entre dois objetos `Time` ou `Date` ou inteiros como segundos. Defina o parâmetro `include_seconds` para `true` se quiser aproximações mais detalhadas quando a distância for menor que um minuto.

Deseja saber como as horas mapeiam as expressões? Eis a implementação que considero um código Ruby muito legal:

```
def distance_of_time_in_words(from_time, to_time = 0, include_seconds =
false)
  from_time = from_time.to_time if from_time.respond_to?(:to_time)
  to_time = to_time.to_time if to_time.respond_to?(:to_time)
  d_minutes = (((to_time - from_time).abs)/60).round
  d_seconds = ((to_time - from_time).abs).round
  case d_minutes
    when 0..1
      unless include_seconds
        return (d_minutes==0) ? 'less than a minute' : '1 minute'
      end
      case d_seconds
        when 0..4   then 'less than 5 seconds'
        when 5..9   then 'less than 10 seconds'
        when 10..19 then 'less than 20 seconds'
        when 20..39 then 'half a minute'
        when 40..59 then 'less than a minute'
        else             '1 minute'
      end
    when 2..44       then "#{d_minutes} minutes"
    when 45..89      then 'about 1 hour'
    when 90..1439    then "about #{(d_minutes.to_f/60.0).round} hours"
    when 1440..2879       then '1 day'
    when 2880..43199      then "#{(d_minutes / 1440).round} days"
    when 43200..86399     then 'about 1 month'
    when 86400..525599    then "#{(d_minutes / 43200).round} months"
    when 525600..1051199 then 'about 1 year'
    else                       "over #{(d_minutes / 525600).round}
years"
  end
end
```

A documentação da API Rails pede que você note que o Rails calcula um ano como 365,25 dias.

`distance_of_time_in_words_to_now(from_time, include_seconds = false)`

Funciona exatamente como `distance_of_times_in_words`, exceto pelo fato de to_time ser codificado especificamente para a hora atual. Geralmente, chamado nos atributos `created_at` ou `updated_at` de seu modelo e seguido da string ago em seu modelo, como no exemplo a seguir:

```
<strong><%= comment.user.name %></strong><br/>
<small><%= distance_of_time_in_words_to_now review.created_at %>
ago</small>
```

DebugHelper

O módulo `DebugHelper` contém apenas um método chamado `debug`. Reproduza-o em seu modelo passando um objeto que você deseja descarregado no YAML e exibido no navegador dentro das tags `PRE`. Pode ser útil para depurar durante o desenvolvimento, mas não mais que isso.

FormHelper

O módulo `FormHelper` fornece um conjunto de métodos para trabalhar com os formulários HTML, especialmente quando eles se relacionam aos objetos de modelo `ActiveRecord` atribuídos ao modelo. Seus métodos correspondem a cada tipo dos campos de entrada HTML disponíveis (como, por exemplo, texto, senha, seleção etc.). Quando o formulário é enviado, o valor dos campos de entrada é colocado em `params`, que é passado ao controlador.

Existem dois tipos de métodos assistentes do formulário. Os tipos encontrados nesse módulo são para trabalhar especificamente com os atributos do modelo `ActiveRecord`. As versões nomeadas de modo semelhante no módulo `FormTagHelper` não são.

Como criar formulários para modelos `ActiveRecord`

O método principal deste assistente é chamado de `form_for` e o explicamos em parte no Capítulo 4, "REST, recursos e Rails". Você transmite a ele o nome do modelo para o qual deseja criar um formulário (a própria instância do modelo) como seu primeiro parâmetro, seguido das informações URL para o atributo da ação do formulário HTML. O método assistente gera um objeto `form` no qual você pode chamar os métodos assistentes de entrada omitindo seu primeiro argumento.

Suponha que desejamos um formulário do usuário para criar um novo registro `Person` e, somando-se a isso, suponha que `@person = Person.new` ocorreu na ação do controlador que está apresentando este código do modelo:

```
<% form_for :person, @person, :url => { :action => "create" } do
|form| %>
  <%= form.text_field :first_name %>
  <%= form.text_field :last_name %>
  <%= submit_tag 'Create' %>
<% end %>
```

Essa é a versão equivalente (da antiga escola) de `form_for` que não usa um objeto do formulário gerado e nomeia, explicitamente, o objeto usado nos campos de entrada:

```
<% form_for :person, @person, :url => { :action => "create" } do %>
  <%= text_field :person, :first_name %>
  <%= text_field :person, :last_name %>
  <%= submit_tag 'Create' %>
<% end %>
```

A versão tem menos repetição (lembre-se de seu princípio SIMPLES). Mas não esqueça inteiramente do estilo mais prolixo, ele é necessário em algumas circunstâncias.

As variáveis são opcionais

Se você especificar explicitamente o parâmetro de nome do objeto para os campos de entrada ao invés de deixar que sejam fornecidos pelo formulário, lembre-se de que ele não tem que coincidir com uma instância "viva" do objeto no escopo do modelo. O Rails não terá problemas se o objeto não estiver lá – simplesmente colocará valores em branco no formulário resultante.

Convenções do formulário geradas pelo Rails

O HTML gerado pelas chamadas `form_for` no exemplo anterior é característico dos formulários Rails e segue convenções de nomenclatura específicas:

```
<form action="/persons/create" method="post">
  <input id="person_first_name" name="person[first_name]" size="30"
type="text" />
  <input id="person_last_name" name="person[last_name]" size="30"
type="text" />
  <input name="commit" type="submit" value="Create" />
</form>
```

Quando este formulário for enviado o hash params ficará parecido com o seguinte exemplo (usando o formato refletido em seu log de desenvolvimento para cada solicitação):

```
Parameters: {"commit"=>"Create", "action"=>"create",
"controller"=>"persons",
 "person"=> {"first_name"=>"William", "last_name"=>"Smith"}}
```

Como você pode ver, o hash params tem um valor "`person`" aninhado que é acessado usando params[`:person`] no controlador. É fundamental o conhecimento do Rails e ficarei surpreso se você não o conhecer ainda. Prometo que não repetiremos mais assuntos sobre o conhecimento básico depois da seção seguinte.

Como exibir os valores existentes

Se você estivesse editando uma instância existente de Person, os valores de atributo desse objeto teriam sido preenchidos no formulário fazendo com que o HTML resultante ficasse assim:

```
<form action="/persons/create" method="post">
  <input id="person_first_name" name="person[first_name]" size="30"
type="text" value="Obie"/>
  <input id="person_last_name" name="person[last_name]" size="30"
type="text" value="Fernandez"/>
  <input name="commit" type="submit" value="Create" />
</form>
```

Tudo bem, também é fundamental o conhecimento do Rails aqui. E se você quiser editar uma nova instância do objeto de modelo preenchida com certos valores? Você terá que transmitir os valores como opções para os métodos assistentes de entrada? Não. Como os assistentes do formulário exibem os valores dos atributos do modelo, simplesmente seria uma questão de inicializar o objeto com os valores desejados no controlador, como a seguir:

```
def new
  @person = Person.new(:first_name => 'First', :last_name => 'Last')
end
```

Como você está usando apenas new, nenhum registro é conservado no banco de dados e seus valores padrões aparecem, de modo mágico, nos campos de entrada.

Como atualizar diversos objetos ao mesmo tempo

Está tudo muito bem com o processo de edição de um objeto de cada vez. Mas e se você quiser editar diversos registros ao mesmo tempo? Quando o nome do atributo passado para form_for ou os métodos assistentes individuais do campo de entrada contiverem um conjunto de colchetes, o id do objeto será incluído nos atributos name e id da tag de entrada que foram gerados automaticamente.

Acho essa técnica muito desafiadora, mas adicionar um par de colchetes em um símbolo (como :name []) é inválido. Somos forçados a usar uma string para nomear o objeto:

```
<% form_for "person[]" do |form| %>
 <% for @person in @people %>
  <%= form.text_field :name %>
  ...
```

Em segundo lugar, gera o HTML para as tags de entrada que fica assim:

```
<input type="text" id="person_8_name" name="person[8][name]"
 value="Obie Fernandez"/>
```

Pare! A estrutura do hash enviada para o controlador é muito diferente daquela que estamos acostumados a ver. Esse hash params aninhado terá três níveis de profundidade para "person" e, para ficar mais confuso, os ids dos objetos estão sendo usados como chaves has:

```
Parameters: {"person"=>{"8"=>{"name"=>"Obie Fernandez"},
                        "9"=>{"name"=>"Jodi Showers"}, ...}, ... }
```

Agora, o código do controlador para lidar com o formulário precisa mudar ou, provavelmente, você verá um rastreamento da pilha como o seguinte:

```
NoMethodError (undefined method `8=' for #<User:0x8762174>):
  /vendor/rails/activerecord/lib/active_record/base.rb:2032:in
`method_missing'
```

A novidade é que o modo como você lida com a estrutura de hash aninhada no método de atualização de seu controlador é, provavelmente, um dos exemplos mais bonitos de como o Rails é bem integrado em suas camadas MVC:

```
Person.update(params[:person].keys, params[:person].values)
```

Bonito! É o tipo de coisa que torna o Rails muito divertido.

Colchetes com novos registros?

Se você conhecer um modo de inserir dinamicamente o HTML em seu documento através das técnicas JavaScript e/ou AJAX poderá aproveitar o comportamento do Rails com referência aos colchetes vazios.

Quando você estiver usando a nomenclatura com colchetes, o Rails irá gerar, sem problemas, o HTML para os novos objetos de modelo desta forma:

```
<input type="text" id="person_name" name="person[][name]"/>
```

Se você estivesse adicionando dinamicamente linhas dos formulários de entrada do registro-filho a um formulário-pai poderia repetir facilmente a convenção. Apenas certifique-se que os nomes de seus campos de entrada tenham colchetes vazios.

Quando você enviar o formulário o dispatcher de solicitação Rails irá supor que o valor da chave `:person` no hash params deve ser um `Array`, e é com isso que você terá que lidar na ação do controlador como o valor params[`:person`] – um array!

Considerando que o método da classe `create` dos modelos `ActiveRecord` tem um array ou hashes para fazer diversas inserções, você terá ainda outro daqueles belos exemplos da integração das camadas do Rails:

```
def add_people
  Person.create(params[:person])
  ...
end
```

Porém, existem algumas desvantagens nessa técnica, pois ela funciona apenas quando *todos* os campos de entrada no espaço do nome `person` têm colchetes vazios. Coloque qualquer outro campo de entrada no mesmo objeto sem colchetes vazios e o dispatcher Rails terá muitos, muitos problemas:

```
DISPATCHER FAILSAFE RESPONSE (has cgi) Sun Jul 15 14:36:35 -0400 2007
  Status: 500 Internal Server Error
  Conflicting types for parameter containers. Expected an instance of
  Hash but found an instance of Array. This can be caused by colliding
  Array and Hash parameters like qs[]=value&qs[key]=value.
```

Campos de entrada indexados

Tudo bem... Vamos prosseguir. Eis um modo um pouco mais prolixo e menos encantador de definir diversos conjuntos de campos de entrada: use a opção `:index` dos próprios métodos do campo de entrada. Ele permite que você forneça explicitamente um identificador que será inserido nos nomes do campo e, ao fazer isso, ele abre algumas possibilidades muito interessantes.

Primeiro, permite repetir a técnica dos colchetes que acabamos de analisar na seção anterior. Por exemplo, eis um conjunto de campos para uma coleção de pessoas:

```
<% for @person in @people %>
<%= text_field :person, :name, :index => @person.id %>
...
```

O atributo id da pessoa será inserido no hash de parâmetros do modo como já analisamos com os colchetes e, desta forma, teremos o mesmo comportamento de aninhamento.

Agora, para ficar mais interessante, observe que a opção `:index` não é exigente com o tipo do identificar fornecido, o que a torna bem útil para definir os conjuntos enumerados de registros! É exatamente isso que a separa da técnica dos colchetes, e estou certo que preciso explicar um pouco mais.

Considere o código de modelo na Listagem 11.3 parte de um aplicativo de torneio de basquete (ou em um modo mais generalizado, qualquer aplicativo que armazena pessoas em papéis bem definidos):

Listagem 11.3 O formulário de entrada da equipe de basquete

```
<% form_for :team do |f|%>
```

```
  <h2>Team Name</h2>
  Name: <%= f.text_field :name %><br/>
  Coach: <%= f.text_field :coach %>
  <% ["guard_1", "guard_2", "forward_1", "forward_2", "center"].each
{|role| %>
    <h3><%= role.humanize %></h3>
    Name: <%= text_field :players, :name, :index => role %>
  <% } %>
<% end %>
```

Esse código produz a seguinte saída HTML quando você o executa:

```
<form method="post" action="/homepage/team">
  <h2>Team Name</h2>
  Name: <input id="team_name" type="text" size="30"
name="team[name]"/><br/>
  Coach: <input id="team_coach" type="text" size="30"
name="team[coach]"/>
  <h3>Guard 1</h3>
  Name: <input id="players_guard_1_name" type="text" size="30"
  name="players[guard_1][name]"/>
  <h3>Guard 2</h3>
  Name: <input id="players_guard_2_name" type="text" size="30"
  name="players[guard_2][name]"/>
  <h3>Forward 1</h3>
  Name: <input id="players_forward_1_name" type="text" size="30"
  name="players[forward_1][name]"/>
  <h3>Forward 2</h3>
  Name: <input id="players_forward_2_name" type="text" size="30"
  name="players[forward_2][name]"/>
  <h3>Center</h3>
  Name: <input id="players_center_name" type="text" size="30"
  name="players[center][name]"/>
</form>
```

Agora, quando você enviar esse formulário (como fiz usando uma de minhas equipes favoritas de basquete de todos os tempos), sua ação do controlador receberá o hash de parâmetros mostrados a seguir (tomei a liberdade de formatar bem a saída do log para assegurar que a estrutura seja clara):

```
Parameters: {"team"=>{
              "name"=>"Chicago Bulls",
              "coach"=>"Phil Jackson"},
{"players"=> {
              "forward_1"=>{"name"=>"Scottie Pippen"},
```

```
"forward_2"=>{"name"=>"Horace Grant"},
"center"=>{"name"=>"Bill Cartwright"},
"guard_1"=>{"name"=>"Michael Jordan"},
"guard_2"=>{"name"=>"John Paxson"}}, ... }
```

Fiz questão de fornecer seu próprio identificador `:players` a essas entradas do campo de texto para os nomes e as idades do jogador, ao invés de ligá-las ao objeto `team` do formulário. Você nem precisa se preocupar em inicializar uma variável `@players` do formulário para que funcione. Os métodos assistentes do formulário não terão problemas se a variável que precisarem refletir for `nil`, *contanto que você a identifique usando um símbolo e não passando a variável de instância diretamente para o método.*

Para completar, irei fornecer, na Listagem 11.4, um código simples de ação do controlador que é capaz de lidar com o envio do formulário.

Listagem 11.4 A ação do controlador para criar a equipe

```
def create
  @team = Team.create(params[:team])
  params[:players].keys.each do |role|
    @team.add_player(role, Player.new(params[:players][role]))
  end
  ...
end
```

Levando em conta o hash de parâmetros aninhados podemos separá-lo em um loop com base em `params[:players].keys` e fazer operações por papel. Naturalmente, este código supõe que a equipe tem um método de instância `add_player(role, player)`. Bem, acho que você entendeu...

Acessos falsos

"Ora, espere um segundo", provavelmente você está dizendo para si mesmo. Se nosso modelo `Team` de exemplo soubesse como lidar com a definição de um hash `players` como parte de seus atributos, o código do controlador poderia ser muito mais simples. Na verdade, poderíamos deixá-lo apenas com uma linha (excluindo a verificação de erro e a redireção):

```
def create
  @team = Team.create(params[:team])
  ...
end
```

Impressionante, hein? (Para mim é!). O que precisamos é *colar* o que Josh Susser chama de *acessos falsos*[1] – os setters que permitem inicializar partes de um modelo que não são atributos (suportados pelo banco de dados). Nosso modelo `Team` de exemplo precisaria de um método de escrita `players` que compreendesse como adicionar esses jogadores a si mesmo. Talvez parecesse com o exemplo na Listagem 11.5.

Listagem 11.5 Como adicionar métodos de escrita que compreendem os hashes Params

```
class Team < ActiveRecord::Base
  has_many :positions
  has_many :players, :through => :positions

  def players=(players_hash)
```

```
      players_hash.keys.each do |role|
        positions.create(:role => role,
                         :player => Player.new(players_hash[role]))
      end
    end
  end

class Position < ActiveRecord::Base
  belongs_to :player
  belongs_to :team
end

class Player < ActiveRecord::Base
  has_many :positions
  has_many :teams, :through => :positions
end
```

Para recapitular, o método de escrita `players=` é chamado como resultado da chamada de Team. create com a estrutura de hash `params` completa, que inclui um hash aninhado`:players`. Tenho que avisá-lo que, conforme se costuma dizer, sua milhagem pode *variar* com este tipo de técnica. É perfeito para o exemplo – com seu relacionamento `has_many :through` conectando as classes `Team`, `Position` e `Player` – mas pode não ser perfeito para seu modelo do domínio. A idéia mais importante é manter sua mente aberta para a possibilidade de escrever um código que *seja limpo*. É o que o Rails faz.

Courtenay diz...

Ocultar seu código atrás de um método como este irá torná-lo mais simples e eficiente. Agora você pode testar esse método isoladamente e poderá substituí-lo com stub em um teste do controlador. Usar o stub, neste caso, permite focar ao testar a lógica da ação do controlador e não no comportamento do banco de dados.

Também significa que você ou outro membro da equipe poderá mudar a implementação sem interromper os testes não relacionados e manter o código do banco de dados, ao qual ele pertence, no modelo.

Mudei um pouco de assunto – estamos falando sobre os assistentes do formulário, portanto, vamos explicar o aspecto mais importante deles antes de continuar.

Como os assistentes do formulário obtêm seus valores

Uma lição bem importante a aprender sobre os métodos assistentes do formulário Rails é a de que o valor exibido vem diretamente do banco de dados antes da "intromissão" do desenvolvedor. A menos que você saiba o que está fazendo, poderá ter alguns resultados inesperados se tentar anular os valores a serem exibidos em um formulário.

Iremos mostrar isso através de um modelo `LineItem` que tem um atributo `rate` decimal (em virtude de uma coluna rate em sua tabela do banco de dados). Iremos anular seu acesso rate *implícito* com um próprio:

```
class LineItem < ActiveRecord::Base
  def rate
    "A RATE"
  end
end
```

Em situações normais, o acesso anulado estaria ocultando o acesso para o atributo rate real, como podemos mostrar usando o console.

```
>> li = LineItem.new
=> #<LineItem:0x34b5d18>
>> li.rate
=> "A RATE"
```

Contudo, suponha que você fosse compor um formulário para editar os itens de linha usando assistentes do formulário:

```
<%- form_for :line_item do |f| -%>
  <%= f.text_field :rate %>
<%- end -%>
```

Você poderia achar que funcionaria normalmente como se o acesso `rate` anulado não existisse. O comportamento é intencional, ainda que seja bem confuso que tenha sido relatado diversas vezes como um erro.[2]

O fato é que os assistentes do formulário Rails usam métodos especiais chamados *attribute*`_before_type_cast` (que foram tratados no Capítulo 6, "Como trabalhar com `ActiveRecord`"). O exemplo anterior usaria o método `rate_before_type_cast` e iria ignorar o método de anulação definido.

FormOptionsHelper

Os métodos no módulo `FormOptionsHelper` são para ajudá-lo a trabalhar com os elementos HTML `select`, fornecendo maneiras de transformar as coleções de objetos em tags `option`.

Assistentes de seleção

Os métodos a seguir ajudam a criar tags `select` com base em um par de identificadores `object` e `attribute`.

collection_select(object, attribute, collection, value_method, text_method, options = {}, html_options = {})

Retorna as tags `select` e `option` para o `object` e o `attribute` informados usando `options_from_collection_for_select` (também nesse módulo) para gerar a lista de tags `option` do parâmetro `collection`.

country_select(object, attribute, priority_countries = nil, options = {}, html_options = {})

Retorna as tags `select` e `option` para o objeto e o método informados usando `country_options_for_select` para gerar a lista de tags `option`.

Nota: Os valores do país (country) inseridos pelo Rails não incluem os códigos padrões de países com 2 caracteres.

O argumento priority_countries permite especificar um array de nomes dos países para exibir no início da seleção suspensa para a conveniência do usuário:

```
<%= form.country_select :billing_country, ["United States"] %>
```

select(object, attribute, choices, options = {}, html_options = {})

Cria uma tag select e uma série de tags option contidas para o object_name fornecido e para o atributo. O valor do atributo mantido atualmente pelo objeto (se houver) será selecionado contanto que o objeto esteja disponível (não nil). Veja a seção options_for_select para obter o formato requerido do parâmetro choices.

Eis um pequeno exemplo onde o valor de @person.person_id é 1:

```
select("post", "person_id", Person.find(:all).collect {|p|
[ p.name, p.id ] }, { :include_blank => true })
```

Executar esse código assistente iria gerar a seguinte saída HTML:

```
<select name="post[person_id]">
  <option value=""></option>
  <option value="1" selected="selected">David</option>
  <option value="2">Sam</option>
  <option value="3">Tobias</option>
</select>
```

Se necessário, especifique :selected => *value* para definir explicitamente a seleção ou :selected => nil para deixar todas as opções sem seleção. A opção :include_blank => true insere uma tag option em branco no começo da lista para que não haja nenhum valor pré-selecionado.

time_zone_select(object, method, priority_zones = nil, options = {}, html_options = {})

Retorna as tags select e option para o objeto e o método informados usando time_zone_options_for_select para gerar a lista de tags options.

Além da opção :include_blank documentada na seção anterior, esse método também suporta uma opção :model que tem como padrão TimeZone. Isso pode ser usado pelos usuários para especificar um objeto de modelo do fuso horário (timezone) diferente. (Veja a seção time_zone_options_for_ select para obter mais informações.)

Assistentes de opção

Para todos os métodos a seguir, apenas as tags option são retornadas, portanto, você terá que chamá-los dentro de um assistente de seleção ou colocá-los em uma tag select.

country_options_for_select(selected = nil, priority_countries = nil)

Retorna uma string de tags option para praticamente qualquer país no mundo. Forneça um nome de país como selecionado e marque-o como a tag option selecionada. Você também pode fornecer um array de países como priority_countries de modo que sejam listados acima do resto da lista (longa).

option_groups_from_collection_for_select(collection, group_method, group_label_method, option_key_method, option_value_method, selected_key = nil)

Retorna uma string de tags option, como `options_from_collection_for_ select`, mas as envolve com as tags `OPTGROUP`. `collection` deve retornar um subarray de itens ao chamar `group_method`. Cada grupo em `collection` deve retornar seu próprio nome ao chamar `group_label_method`. Os parâmetros `option_key_method` e `option_value_method` são usados para calcular os atributos da tag `option`.

Provavelmente, é muito mais fácil mostrar em um exemplo do que explicar em palavras.

```
>> html_option_groups_from_collection(@continents, "countries",
  "continent_name", "country_id", "country_name",
@selected_country.id)
```

O exemplo poderia produzir o seguinte HTML:

```
<optgroup label="Africa">
 <select>Egypt</select>
 <select>Rwanda</select>
 ...
</optgroup>
 <optgroup label="Asia">
 <select>China</select>
 <select>India</select>
 <select>Japan</select>
 ...
</optgroup>
```

Para ter clareza, eis as classes de modelo refletidas no exemplo:

```
class Continent
  def initialize(p_name, p_countries)
    @continent_name = p_name; @countries = p_countries
  end

  def continent_name
    @continent_name
  end

  def countries
    @countries
  end
end

class Country
  def initialize(id, name)
    @id, @name = id, name
```

```
  end

  def country_id
    @id
  end

  def country_name
    @name
  end
end
```

options_for_select(container, selected = nil)

Aceita um contêiner (hash, array ou qualquer coisa enumerável) e retorna uma string de tags `option`.

Dado um contêiner onde os elementos respondem a primeiro e a último (como, por exemplo, um array com dois elementos), os "últimos" servem como valores de opção e os "primeiros" como o texto da opção. Não é muito difícil montar uma expressão que construa um array com dois elementos usando os iteradores `map` e `collect`.

Por exemplo, suponha que você tenha uma coleção de negócios a exibir e esteja usando um campo de seleção para permitir ao usuário filtrar com base na categoria dos negócios. A categoria não é uma string simples; neste exemplo é um devido modelo relacionado ao negócio através de uma associação `belongs_to`:

```
class Business < ActiveRecord::Base
  belongs_to :category
end

class Category < ActiveRecord::Base
  has_many :businesses

  def <=>(other)
end
```

Uma versão simplificada do código de modelo para exibir essa coleção de negócios poderia ser assim:

```
<% opts = @businesses.map(&:category).sort.collect {|c| [[c.name],
[c.id]]} %>
<% select_tag(:filter, options_for_select(opts, params[:filter])) %>
```

A primeira linha reúne o `container` esperado por `options_for_select` agregando primeiro os atributos `category` da coleção businesses usando map e a sintaxe `&:method` elegante suportada pelo Rails. A segunda linha gera a tag select usando estas opções (tratadas posteriormente no capítulo). Na realidade, você deseja mexer um pouco mais nessa lista de categorias para que ela seja corretamente ordenada e não contenha duplicatas:

```
...@businesses.map(&:category).uniq.sort.collect {...
```

Particularmente, com os conjuntos de dados menores é perfeitamente aceitável fazer esse nível de manipulação de dados no código Ruby. E provavelmente você não desejará empurrar centenas (ou até milhares) de linhas em uma tag `select`, o que significa que essa técnica é bem útil. Lembre-se de implementar o método de *nave espacial* em seu modelo caso precise que seja classificável pelo método `sort`.

E mais, nesses casos vale a pena experimentar o carregamento rápido para que você não acabe com uma consulta individual do banco de dados para cada um dos objetos representados na tag `select`. No caso de nosso exemplo, o controlador preencheria a coleção de negócios usando um código assim:

```
@businesses = Business.find(:conditions => ..., :include => :category)
```

Os hashes são transformados automaticamente em uma forma aceitável para `options_for_select` – as chaves tornam-se as "primeiras" e os valores os "últimos".

Se o parâmetro `selected` for especificado (com um valor ou array de valores para diversas seleções), o "último" coincidente ou o elemento irá obter o atributo selecionado:

```
>> options_for_select([["Dollar", "$"], ["Kroner", "DKK"]])
  <option value="$">Dollar</option>
  <option value="DKK">Kroner</option>

>> options_for_select([ "VISA", "MasterCard" ], "MasterCard")
  <option>VISA</option>
  <option selected="selected">MasterCard</option>

>> options_for_select({ "Basic" => "$20", "Plus" => "$40" }, "$40")
  <option value="$20">Basic</option>

  <option value="$40" selected="selected">Plus</option>

>> options_for_select([ "VISA", "MasterCard", "Discover" ],
                      ["VISA", "Discover"])
   <option selected="selected">VISA</option>
   <option>MasterCard</option>
   <option selected="selected">Discover</option>
```

Muitas pessoas têm problemas ao fazer com que esse método exiba corretamente seu item selecionado – certifique-se que o valor transmitido para `selected` coincida com o tipo contido na coleção de objetos de `select`; do contrário, não funcionará. No exemplo a seguir, supondo que `price` seja um valor numérico, sem `to_s`, a seleção seria danificada, uma vez que os valores transmitidos como opções são todos strings:

```
>> options_for_select({ "Basic" => "20", "Plus" => "40" }, price.to_s)
   <option value="20">Basic</option>
   <option value="40" selected="selected">Plus</option>
```

options_from_collection_for_select(collection, value_method, text_method, selected=nil)

Retorna uma string das tags option que foram compiladas fazendo uma iteração na coleção e supondo o resultado de uma chamada para `value_method` como o valor da opção e `text_method` como o texto da opção. Se `selected` for especificado, o elemento que retorna uma coincidência em `value_method` será pré-selecionado.

time_zone_options_for_select(selected = nil, priority_zones = nil, model = TimeZone)

Retorna uma string de tags `option` para praticamente qualquer fuso horário no mundo. Fornece um nome `TimeZone`, como selecionado, para que seja pré-selecionado. Você também pode fornecer um array de objetos `TimeZone` como `priority_zones` para que sejam listados acima do resto da lista (longa). `TimeZone.us_zone` é um método conveniente que fornece uma lista dos fusos horários apenas nos Estados Unidos.

O parâmetro `selected` deve ser nil ou uma string que nomeia um `TimeZone` (tratado no Apêndice A, "Referência da API ActiveSupport").

Segundo padrão, model é a constante `TimeZone` (que pode ser obtida em `ActiveRecord` como um objeto do valor). A única exigência é que o parâmetro model seja um objeto que responda a `all`, retornando um array de objetos representando os fusos horários.

FormTagHelper

Os seguintes métodos assistentes geram o formulário HTML e as tags de entrada com base na nomenclatura e nos valores explícitos em oposição aos métodos parecidos apresentados em `FormHelper` que requerem uma associação com uma instância do modelo `ActiveRecord`. Todos esses métodos assistentes têm um hash options que pode conter opções especiais ou simplesmente valores do atributo adicionais que devem ser adicionados à tag HTML gerada.

check_box_tag(name, value = "1", checked = false, options = {})

Cria um HTML para um campo de entrada da caixa de seleção. Diferente de seu primo mais elegante, `check_box` em `FormHelper`, este assistente não fornece um campo de entrada oculto extra para assegurar que um valor false seja transmitido mesmo que a caixa de seleção não esteja marcada.

```
>> check_box_tag('remember_me')
=> <input id="remember_me" name="remember_me" type="checkbox"
value="1"/>

>> check_box_tag('remember_me', 1, true)
=> <input checked="checked" id="remember_me" name="remember_me"
    type="checkbox" value="1" />
```

end_form_tag

Antes do Rails 2.0, `end_form_tag` era usado para produzir a string HTML `</form>` em seu modelo e era usado junto com `start_form_tag`. Atualmente, usamos um bloco para integrar o conteúdo de um formulário e esse método não é mais necessário.

file_field_tag(name, options = {})

Cria um campo de upload do arquivo. Lembre-se de definir seu formulário HTML para *multipartes* ou os uploads do arquivo misteriosamente podem não funcionar:

```
<%= form_tag { :action => "post" }, { :multipart => true } %>
 <label for="file">File to Upload</label>
 <%= file_field_tag :uploaded_data %>
 <%= submit_tag %>
<%= end_form_tag %>
```

A ação do controlador receberá um objeto `File` que aponta para o arquivo transferido com upload, contanto que ele exista em um arquivo de modelo em seu sistema. O processamento de um arquivo transferido com upload está além do escopo deste livro. Se você for esperto, irá usar o excelente plug-in AttachmentFu[3] de Rick Olson, ao invés de desenvolver seu próprio código da sub-rotina.

form_tag(url_for_options = {}, options = {}, *parameters_for_url, &block)

Inicia uma tag `FORM` com atributo da ação definido para a URL passada como o parâmetro `url_for_options`. Tem um álias `start_form_tag`.

A opção `:method` tem como padrão POST. Os navegadores lidam com HTTP GET e POST nativamente; se você especificar "put", "delete" ou qualquer outro verbo HTTP usado, um campo de entrada oculto será inserido com o nome `_method` e um valor correspondendo ao method será fornecido. O dispatcher de solicitação Rails compreende o parâmetro `_method` que é a base para as técnicas REST aprendidas no Capítulo 4.

A opção `:multipart` permite especificar a inclusão de campos de transferência do arquivo no envio do formulário e que o servidor deve estar pronto para lidar com esses arquivos de acordo.

```
>> form_tag('/posts')
=> <form action="/posts" method="post">

>> form_tag('/posts/1', :method => :put)
=> <form action="/posts/1" method="put">

>> form_tag('/upload', :multipart => true)
=> <form action="/upload" method="post" enctype="multipart/form-data">
```

Você pode notar que todos os parâmetros para `form_tag` são opcionais. Se você deixá-los de fora terá um formulário que envia de volta para a URL da qual veio – uma solução rápida e geral que uso com freqüência quando faço o protótipo ou a experimentação. Para configurar rapidamente uma ação do controlador que lida com postbacks, simplesmente inclua uma condição `if/else` que verifica o método de solicitação, algo como:

```
def add
  if request.post?
    # lide com os parâmetros enviados
    redirect_to :back
  end
end
```

Observe que se a solicitação for um envio será necessário lidar com a forma `params` e, então, irei redirecionar de volta para a URL original (usando `redirect_to :back`). Do contrário, a execução simplesmente irá falhar e apresentará qualquer modelo associado à ação.

hidden_field_tag(name, value = nil, options = {})

Cria um campo oculto com parâmetros parecidos com `text_field_tag`.

image_submit_tag(source, options = {})

Exibe uma imagem que, quando clicada, enviará o formulário. A interface para este método é igual ao seu primo `image_tag` no módulo `AssetTagHelper`.

As tags de entrada da imagem são substitutos populares para as tags de envio padrões pois fazem com que um aplicativo fique mais elegante. Também são usadas para detectar o local do cursor do mouse no clique – o hash `params` irá incluir dados `x` e `y`.

`password_field_tag(name = "password", value = nil, options = {})`

Cria um campo de entrada da senha. Esse método é idêntico a `text_field_tag`.

`radio_button_tag(name, value, checked = false, options = {})`

Cria um campo de entrada do botão de rádio. Forneça o mesmo `name` a todas as suas opções do botão de rádio para que o navegador as considere ligadas.

`select_tag(name, option_tags = nil, options = {})`

Cria uma caixa de seleção suspensa ou, se a opção `:multiple` estiver definida para true, uma caixa de seleção com diversas escolhas. O parâmetro `option_tags` é uma string real de tags `option` para colocar dentro da tag `select`. Você não deve precisar gerar essa string explicitamente – use os assistentes em `FormOptions` (tratados na seção anterior deste capítulo) que podem ser utilizados para criar caixas de seleção comuns como, por exemplo, países, fusos horários ou registros associados.

`start_form_tag`

Um álias para `form_tag`.

`submit_tag(value = "Save changes", options = {})`

Cria um botão de envio com o valor de texto como o título. A opção `:disable_with` pode ser usada para fornecer um nome para as versões desativadas do botão de envio.

`text_area_tag(name, content = nil, options = {})`

Cria um campo de entrada de texto com diversas linhas (a tag `TEXTAREA`). A opção `:size` permite especificar facilmente as dimensões da área de texto ao invés de ter que recorrer às opções `:rows` e `:cols` explícitas.

```
>> <%= text_area_tag "body", nil, :size => "25x10" %>

=> <textarea name="body" id="body" cols="25" rows="10"></textarea>
```

`text_field_tag(name, value = nil, options = {})`

Cria um campo de entrada de texto padrão.

> Courtenay diz...
>
> Muitas destas funções são boas para o novo programador Rails, mas os codificadores reais escrevem suas tags HTML e o Javascript à mão.

JavaScriptHelper

Fornece métodos assistentes para facilitar a inclusão do código JavaScript em seus modelos.

`button_to_function(name, function, html_options={}, &block)`

Retorna um `button` que inicializará uma função JavaScript através da sub-rotina `onclick`. O argumento `function` poderá ser omitido se você fornecer um bloco `update_page` contendo o código no estilo RJS. O hash `opts` tem atributos opcionais para a tag `button`.

```
button_to_function "Greeting", "alert('Hello world!')"

button_to_function "Delete", "if (confirm('Really?')) do_delete()"

button_to_function "Details" do |page|
  page[:details].visual_effect :toggle_slide
end

button_to_function "Details", :class => "details_button" do |page|
  page[:details].visual_effect :toggle_slide
end
```

define_javascript_functions( )

Inclui o código-fonte dentro de uma única tag `SCRIPT` para todas as bibliotecas JavaScript de seu projeto. A função inclui primeiro `prototype.js` e, então, suas extensões principais (determinadas pelos nomes de arquivo que começam com "prototype"). Posteriormente, qualquer script adicional em `public/javascript` será incluído em uma ordem indefinida.

É preferível usar o método assistente `javascript_include_tag` de `AssetTagHelper` para criar links `SCRIPT` remotos.

escape_javascript(javascript)

Aplica o escape nas quebras de linha, aspas simples e duplas para os segmentos JavaScript.

javascript_tag(content, html_options={})

Produz uma tag `SCRIPT` com conteúdo. São adicionados `html_options` como atributos da tag.

link_to_function(name, function, html_options={}, &block)

Retorna um link que irá inicializar uma função JavaScript usando a sub-rotina `onclick` do link. Uma instrução `return false;` é adicionada para que o navegador saiba parar o processamento do clique no link.

```
>> link_to_function "Greeting", "alert('Hello world!')"
=> <a onclick="alert('Hello world!'); return false;"
href="#">Greeting</a>

>> link_to_function(image_tag("delete"), "if (confirm('Really?'))
do_delete()")
>> <a onclick="if (confirm('Really?')) do_delete(); return false;"
href="#">
     <img src="/images/delete.png?" alt="Delete"/>
   </a>
```

Exatamente como `button_to_function`, você pode omitir o parâmetro da função e fornecer o estilo RJS JavaScript em um bloco de código.

```
>> link_to_function("Show me more", nil, :id => "more_link") do |page|
     page[:details].visual_effect :toggle_blind
     page[:more_link].replace_html "Show me less"
   end
```

```
>> <a href="#" id="more_link" onclick="try {
        $('details').visualEffect('toggle_blind');
        $('more_link').update('Show me less');
    }...
```

NumberHelper

Esse módulo fornece assistência ao converter dados numéricos em strings formatadas de forma adequada para expor em sua exibição. Os métodos são fornecidos para números de telefone, moeda, porcentagem, precisão, notação posicional e tamanho do arquivo.

human_size(size, precision=1)

O apelido para `number_to_human_size`.

number_to_currency(number, options = {})

Formata um número em uma string de moeda. Você pode personalizar o formato no hash de opções.

- `:precision` Define o nível de precisão e tem como padrão 2
- `:unit` Define a denominação da moeda e tem como padrão "$"
- `:separator` Define o separador entre as unidades e tem como padrão "."
- `:delimiter` Define o delimitador dos milhares e tem como padrão ","

```
>> number_to_currency(1234567890.50)
=> $1,234,567,890.50

>> number_to_currency(1234567890.506)
=> $1,234,567,890.51

>> number_to_currency(1234567890.506, :precision => 3)
=> $1,234,567,890.506

>> number_to_currency(1234567890.50, :unit => "&pound;",
=> :separator => ",", :delimiter => ""
=> &pound;1234567890,50
```

number_to_human_size(size, precision=1)

Formata os bytes no tamanho em uma representação mais compreensível. Útil para informar os tamanhos do arquivo para os usuários. Este método retornará nil se o tamanho não puder ser convertido em um número. Você pode mudar a precisão padrão 1.

```
number_to_human_size(123)           => 123 Bytes
number_to_human_size(1234)          => 1.2 KB
number_to_human_size(12345)         => 12.1 KB
number_to_human_size(1234567)       => 1.2 MB
number_to_human_size(1234567890)    => 1.1 GB
number_to_human_size(1234567890123) => 1.1 TB
number_to_human_size(1234567, 2)    => 1.18 MB
```

Esse método também tem como álias `human_size`.

number_to_percentage(number, options = {})

Formata um número como uma string de porcentagem. Você pode personalizar o formato no hash de opções.

- `:precision` Define o nível de precisão e tem como padrão 3
- `:separator` Define o separador entre as unidades e tem como padrão "."

```
number_to_percentage(100)      => 100.000%
number_to_percentage(100, {:precision   => 0}) => 100%
number_to_percentage(302.0574, {:precision   => 2}) => 302.06%
```

number_to_phone(number, options = {})

Formata um número como um número de telefone americano. Você pode personalizar o formato na hash de opções.

- `:area_code` Adiciona parêntesis em torno do código de área
- `:delimiter` Especifica o delimitador a usar e tem como padrão "-"
- `:extension` Especifica uma extensão a adicionar ao final do número gerado
- `:country_code` Define o código do país para o número de telefone

```
number_to_phone(1235551234)    => 123-555-1234
number_to_phone(1235551234, :area_code => true)  => (123) 555-1234
number_to_phone(1235551234, :delimiter => " ")   => 123 555 1234
```

number_with_delimiter(number, delimiter= ",", separator=".")

Formata um número com os milhares agrupados usando um delimitador. Você pode personalizar o formato usando parâmetros opcionais do delimitador e do separador.

- delimiter Define o delimitador de milhares e tem como padrão ","
- separator Define o separador entre as unidades e tem como padrão "."

```
number_with_delimiter(12345678)       => 12,345,678
number_with_delimiter(12345678.05)    => 12,345,678.05
number_with_delimiter(12345678, ".") => 12.345.678
```

number_with_precision(number, precision = 3)

Formata um número com o nível especificado de precisão. O nível padrão da precisão é 3.

```
number_with_precision(111.2345) => 111.235
number_with_precision(111.2345, 2) => 111.24
```

PaginationHelper

O módulo `PaginationHelper` foi retirado do Rails 2. Basicamente, influenciado e todos o odeiam. Pelo que posso me lembrar, o Rails *não* usa o assistente de paginação e utiliza alguma outra coisa.

Felizmente, você precisa desenvolver sua própria paginação, existem alguns plug-ins de paginação que valem seu peso em ouro. Não entraremos muito nesse assunto neste livro, mas pelo menos indicarei a direção certa.

> **Courtenay diz...**
>
> O paginador padrão funcionava bem o bastante, mas realmente não se dimensiona.

`will_paginate`

Este plug-in[4] escrito pelos rapazes que estão por trás do `ERR` the blog popular é a biblioteca de paginação escolhida pelos desenvolvedores Rails mais inteligentes. Instale-o usando o seguinte comando:

```
$ script/plugin install svn://errtheblog.com/svn/plugins/will_paginate
```

Resumindo, `will_paginate` funciona adicionando um método da classe paginate aos seus modelos `ActiveRecord` que substitui `find`. Além das convenções de nomenclatura usuais, argumentos e opções do `find`, por razões óbvias, ele tem um parâmetro `:page`.

Uma consulta no controlador poderia ser assim:

```
@posts = Post.paginate_by_board_id @board.id, :page => params[:page]
```

O código do modelo de exibição não sofre muito impacto; apenas tem menos registros a exibir. Para apresentar o controle de paginação, simplesmente, chame `will_paginate` com a coleção apresentada:

```
<%= will_paginate @posts %>
```

Os autores do plug-in fornecem ainda um grupo de código CSS para que você possa fazer com que o controle da paginação fique realmente bonito, como mostrado na Figura 11.1.

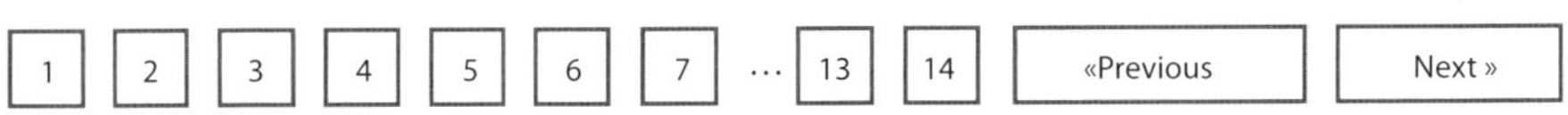

Figura 11.1 O controle da paginação formatado pelo código CSS

Os usuários com problemas com a otimização do mecanismo de pesquisa (SEO) provavelmente devem ficar com `will_paginate` porque ele gera links de páginas numeradas individualmente. Os robôs de pesquisa os vêem como links exclusivos e continuam clicando e indexando seu conteúdo. O critério SEO convencional é de que os robôs de pesquisa clicam nos próximos links apenas algumas vezes antes de ficarem entediados e encaminharem-se para sites mais interessantes.

`paginator`

Esse projeto[5], do notável especialista em Rails, Bruce Williams, está hospedado no Rubyforge e pode agradar a algumas pessoas por sua simplicidade. É um Rubygem e não um plug-in. Portanto, você digitaria sudo gem `install paginator` para lidar com ele.

Ao invés de se integrar ao `ActiveRecord` como `will_paginate` faz, a biblioteca de paginadores fornece uma pequena API ótima para colocar a chamada `find` em seu controlador, como a seguir:

```
def index
  @pager = ::Paginator.new(Foo.count, PER_PAGE) do |offset, per_page|
    Foo.find(:all, :limit => per_page, :offset => offset)
  end
```

```
  @page = @pager.page(params[:page])
  ...
end
```

O código de exibição, ao invés de contar com métodos assistentes especiais, tem o objeto `@page` à sua disposição:

```
<% @page.items.each do |foo| %>
  <%# Show something for each item %>
<% end %>
<%= @page.number %>
<%= link_to("Prev", foos_url(:page => @page.prev.number)) if @page.prev? %>
<%= link_to("Next", foos_url(:page => @page.next.number)) if@page.next? %>
```

Localizador de paginação

Se você for ousado, verifique http://svn.cardboardrocket.com/paginating_ find para obter uma biblioteca de paginação simples que estende o método find de `ActiveRecord` ao invés de tentar substituí-lo. Como projeto acho menos primoroso que `will_paginate` ou `paginator`, mas parece promissor.

RecordIdentificationHelper

Esse módulo, que integra os métodos `ActionController::RecordIdentifier`, encapsula várias convenções de nomenclatura para lidar com os registros como, por exemplo, os modelos `Active-Records`, os modelos `ActiveResource` ou qualquer outro tipo de objeto do modelo que você deseje apresentar no código de marcação (como HTML) e que tem um atributo `id`. Esses padrões são, então, usados para tentar elevar as ações da exibição a um nível lógico mais alto.

Por exemplo, suponha que você tenha `map.resources :posts` definido em seu arquivo de rotas e o código fica desta forma em sua exibição:

```
<% div_for(post) do %>
  <%= post.body %>
<% end %>
```

O HTML para o elemento `DIV` seria apresentado assim:

```
<div id="post_45" class="post">
  What a wonderful world!
</div>
```

Observe a convenção refletida no atributo `id`. Agora o controlador que tem um método `destroy` ativado para o AJAX. A idéia é que ele possa ser chamado para apagar o registro e fazer com que desapareça da página sem uma operação de recarregamento:

```
def destroy
  post = Post.find(params[:id])
  post.destroy

  respond_to do |format|
    format.html { redirect_to :back }
```

```
      format.js do
        # Calls: new Effect.fade('post_45');
        render(:update) { |page| page[post].visual_effect(:fade) }
      end
    end
  end
```

Como o exemplo anterior mostra, até certo ponto você não precisa se preocupar com o id real do modelo (ou seja, o elemento `DIV` que mantém as informações do modelo). Você só sabe que um id está sendo atribuído e que as chamadas subseqüentes em RJS esperam a mesma convenção de nomenclatura e permitem escrever menos código, caso você a siga. Você poderá encontrar mais informações sobre essa técnica no Capítulo 12.

dom_class(record_or_class, prefix = nil)

A convenção estabelecida para classe `DOM` é o uso a forma singular de um objeto ou classe.

```
dom_class(post)   # => "post"
dom_class(Person) # => "person"
```

Se você precisar endereçar diversas instâncias da mesma classe na mesma exibição, poderá prefixar `dom_class`:

```
dom_class(post, :edit)   # => "edit_post"
dom_class(Person, :edit) # => "edit_person"
```

dom_id(record, prefix = nil)

A convenção estabelecida para classe `DOM` é o uso a forma singular de um objeto ou classe com o id depois de um sublinhado. Se nenhum id for encontrado, prefixe com `new_`.

```
dom_class(Post.new(:id => 45)) # => "post_45"
dom_class(Post.new)            # => "new_post"
```

Se você precisar endereçar diversas instâncias da mesma classe na mesma exibição, poderá prefixar `dom_id assim: dom_class(Post.new(:id => 45), :edit)` resultará em `edit_post_45`.

partial_path(record_or_class)

Retorna plural/singular para um registro ou classe. Isso é muito útil para apresentar automaticamente modelos parciais por convenção.

```
partial_path(post)   # => "posts/post"
partial_path(Person) # => "people/person"
```

RecordTagHelper

Esse módulo está intimamente relacionado ao `RecordIdentificationHelper` pois ajuda na criação do código de marcação HTML que segue convenções de nomenclatura boas e claras.

content_tag_for(tag_name, record, *args, &block)

Este método assistente cria um elemento HTML com os parâmetros `id` e `class` que se relacionam ao objeto `ActiveRecord` especificado.

Por exemplo, supondo que `@person` é uma instância de uma classe `Person`, com um valor id `123`, o seguinte código do modelo...

```
<% content_tag_for(:tr, @person) do %>
  <td><%=h @person.first_name %></td>
  <td><%=h @person.last_name %></td>
<% end %>
```

vai produzir o seguinte HTML:

```
<tr id="person_123" class="person">
  ...
</tr>
```

Se você quiser que o atributo HTML id tenha um prefixo, você pode especificá-lo como um terceiro argumento:

```
>> content_tag_for(:tr, @person, :foo) do ...
=> <tr id="foo_person_123" class="person">...
```

O assistente `content_tag_for` também aceita um hash de opções que será convertido nos atributos HTML adicionais na tag. Se você especificar um valor `:class` ele será combinado com o nome da classe padrão para seu objeto ao invés de substituí-lo (uma vez que substituir anularia a finalidade do método!).

```
>> content_tag_for(:tr, @person, :foo, :class => 'highlight') do ...
=> <tr id="foo_person_123" class="person highlight">...
```

div_for(record, *args, &block)

Produz um elemento `DIV` integrante com parâmetros `id` e `class` que se relacionam ao objeto `ActiveRecord` especificado. Esse método é exatamente como `content_tag_for`, exceto pelo fato de que é codificado especificamente para produzir elementos `DIV`.

TagHelper

Esse módulo fornece métodos assistentes para gerar programaticamente as tags HTML.

cdata_section(content)

Retorna uma seção CDATA integrando o `content` dado. As seções CDATA são usadas para aplicar o escape nos blocos de texto que contêm caracteres que seriam reconhecidos como marcação. As seções CDATA começam a string <![CDATA[e terminam com (e pode não conter) a string]]>.

content_tag(name, content = nil, options = nil, &block)

Retorna uma tag do bloco HTML do tipo `name` em torno do conteúdo. Adiciona os atributos HTML passando um hash de atributos como `options`. Ao invés de passar o conteúdo como um argumento, você também pode usar o bloco para manter uma marcação adicional (e/ou chamadas adicionais para `content_tag`) sendo que, neste caso, você transmite suas `options` como o segundo parâmetro.

Eis alguns exemplos simples de uso de `content_tag` sem um bloco:

```
>> content_tag(:p, "Hello world!")
```

```
=> <p>Hello world!</p>

>> content_tag(:div, content_tag(:p, “Hello!”), :class => “message”)
=> <div class=”message”><p>Hello!</p></div>

>> content_tag(“select”, options, :multiple => true)
=> <select multiple=”multiple”>...options...</select>
```

Aqui está o conteúdo em um bloco (mostrado como um código do modelo ao invés do console):

```
<% content_tag :div, :class => “strong” do -%>
  Hello world!
<% end -%>
```

O código anterior produzirá o seguinte HTML:

```
<div class=“strong”><p>Hello world!”</p></div>
```

escape_once(html)

Retorna uma versão com escape do HTML sem afetar as entidades existentes com escape.

```
>> escape_once(“1 > 2 &amp; 3”)
=> “1 &lt; 2 &amp; 3”

>> escape_once(“&lt;&lt; Accept & Checkout”)
=> “&lt;&lt; Accept &amp; Checkout”
```

tag(name, options = nil, open = false)

Retorna uma tag HTML vazia do tipo `name` que, por padrão, é compatível com o XHTML. Definir open para `true` criará uma tag aberta compatível com o HTML 4.0 e inferior. Adicione os atributos HTML passando um hash de atributos para options.

O hash de opções é usado com atributos sem valor como (`disabled` e `readonly`) que você pode fornecer um valor true no hash de opções. Você também pode usar símbolos ou strings para os nomes do atributo.

```
>> tag(“br”)
=> <br />

>> tag(“br”, nil, true)
=> <br>

>> tag(“input”, { :type => ‘text’, :disabled => true })
=> <input type=”text” disabled=”disabled” />

>> tag(“img”, { :src => “open.png” })
=> <img src=”open.png” />
```

TextHelper

Os métodos neste módulo fornecem capacidades de filtragem, formatação e transformação da string.

auto_link(text, link = :all, href_options = {}, &block)

Transforma todas as URLs e endereços de e-mail dentro da string `text` em links clicáveis. O parâmetro link é usado para limitar, opcionalmente, aquilo que deve ser ligado; transmita-lhe `:email_addres-`

ses ou `:urls`. Você pode adicionar atributos HTML aos links gerados usando `href_options`.

Se por qualquer razão você estiver descontente com o modo como o Rails está transformando seus endereços de e-mail e URLs em links, poderá fornecer um bloco para esse método. Cada endereço encontrado será gerado e o valor de retorno do bloco será usado como o texto do link.

```
>> auto_link("Go to http://obiefernandez.com and say hello to
obie@obiefernandez.com")
=> "Go to <a
href="http://www.rubyonrails.org">http://www.rubyonrails.org</a> and
say hello to <a
href="mailto:obie@obiefernandez.com">obie@obiefernandez.com</a>"

>> auto_link("Welcome to my new blog at http://www.myblog.com/. Please
e-mail me at me@email.com.", :all, :target => '_blank') do |text|
     truncate(text, 15)
   end
=> "Welcome to my new blog at <a href=\"http://www.myblog.com/\"
target=\"_blank\">http://www.m...</a>.
        Please e-mail me at <a
href=\"mailto:me@email.com\">me@email.com</a>."
```

concat(string, binding)

O método preferido para produzir texto em suas exibições é o uso da sintaxe ERB <%= *expressão* %>. As colocações normais e os métodos de impressão não operam como o esperado em um bloco de código eRuby, isto é, se você espera produzir no navegador. Se você tiver que produzir o texto dentro de um bloco de código não de saída como <% *expressão* %>, poderá usar o método concat. Acredito que esse método possa ser especialmente útil em suas próprias implementações personalizadas do método assistente.

cycle(first_value, *values)

Cria um objeto `Cycle` cujo método `to_s` percorre os elementos do array de valores passados para ele, sempre que é chamado. Isso pode ser usado, por exemplo, para alternar as classes para as linhas da tabela.

Eis um exemplo que alterna as classes CSS para os números pares e ímpares, supondo que a variável `@items` mantém um array com 1 até 4:

```
<table>
 <% @items.each do |item| %>
   <tr class="<%= cycle("even", "odd") -%>">
    <td>item</td>
   </tr>
 <% end %>
</table>
```

Como você pode observar a partir do exemplo, você não precisa armazenar a referência para percorrer uma variável local ou qualquer coisa assim. Basta chamar o método `cycle` repetidamente. Isso é conveniente, mas significa que os ciclos aninhados precisam de um identificador. A solução é passar ao ciclo uma opção `:name = > nome_ciclo` como seu último argumento. E mais, você pode redefinir manualmente um ciclo chamando `reset_cycle` e transmitindo-lhe o nome do ciclo a redefinir.

Por exemplo, aqui estão alguns dados para fazer uma iteração:

```
# As classes CSS de ciclo para as linhas e as cores do texto para os valores
dentro de cada linha

@items =  [{:first => 'Robert', :middle => 'Daniel', :last => 'James'},

           {:first => 'Emily', :last => 'Hicks' },

           {:first => 'June', :middle => 'Dae', :last => 'Jones'},
```

E eis o código do modelo. Como o número de células apresentadas varia, queremos assegurar a redefinição do ciclo de cores antes do loop:

```
<% @items.each do |item| %>

<tr class="<%= cycle("even", "odd", :name => "row_class")

  <% item.values.each do |value| %>

    <td style="color:<%= cycle("red", "green", :name => "colors") -%>">

    <%= value %>

    </td>

  <% end %>

  <% reset_cycle("colors") %>

</tr>

<% end %>
```

excerpt(text, phrase, radius = 100, excerpt_string = "...")

Extrai um fragmento do texto que coincide com a primeira instância de `phrase`. O raio expande o fragmento em cada lado da primeira ocorrência de `phrase` com o número de caracteres definidos em `radius` (que tem como padrão 100). Se o fragmento `radius` ultrapassar o início ou o final do texto, `excerpt_string` será prefixado/anexado de acordo. Se a frase não for encontrada, nil será retornado.

```
>> excerpt('This is an example', 'an', 5)
=> "...s is an examp..."

>> excerpt('This is an example', 'is', 5)
=> "This is an..."

>> excerpt('This is an example', 'is')
=> "This is an example"

>> excerpt('This next thing is an example', 'ex', 2)
=> "...next t..."

>> excerpt('This is also an example', 'an', 8, '<chop> ')
=> "<chop> is also an example"
```

highlight(text, phrases, highlighter = '<strong class="highlight">\1 </strong>')

Destaca uma ou mais frases em qualquer lugar no texto inserindo-a em uma string de destaque (highlighter). O destaque pode ser especializado passando-o como uma string com aspas simples com \1 onde a frase será inserida.

```
>> highlight('You searched for: rails', 'rails')
=> You searched for: <strong class="highlight">rails</strong>

>> highlight('You searched for: ruby, rails, dhh', 'actionpack')
=> You searched for: ruby, rails, dhh

>> highlight('You searched for: rails', ['for', 'rails'],
'<em>\1</em>')
=> You searched <em>for</em>: <em>rails</em>

>> highlight('You searched for: rails', 'rails', "<a
href='search?q=\1'>\1</a>")
=> You searched for: <a href='search?q=rails>rails</a>
```

markdown(text)

Retorna o texto com todos os códigos Markdown transformados em tags HTML. Este método estará disponível apenas se a gem BlueCloth estiver disponível.

```
>> markdown("We are using __Markdown__ now!")
=> "<p>We are using <strong>Markdown</strong> now!</p>"

>> markdown("We like to _write_ `code`, not just _read_ it!")
=> "<p>We like to <em>write</em> <code>code</code>, not just
<em>read</em> it!</p>"

>> markdown("The [Markdown
website](http://daringfireball.net/projects/markdown/) has more
information.")
=> "<p>The <a
href="http://daringfireball.net/projects/markdown/">Markdown
website</a> has more information.</p>"

>> markdown('![The ROR logo](http://rubyonrails.com/images/rails.png
"Ruby on Rails")')
=> '<p><img src="http://rubyonrails.com/images/rails.png" alt="The ROR
logo" title="Ruby on Rails" /></p>'
```

pluralize(count, singular, plural = nil)

Tenta pluralizar a palavra singular, a menos que a contagem seja 1. Se o plural for fornecido, usará isso quando a contagem for > 1. Se o `ActiveSupport Inflector` for carregado, usará `Inflector` para determinar a forma plural; do contrário, irá adicionar apenas um "s" à palavra singular.

```
>> pluralize(1, 'person')
=> "1 person"

>> pluralize(2, 'person')
=> "2 people"

>> pluralize(3, 'person', 'users')
=> "3 users"
```

```
>> pluralize(0, 'person')
=> "0 people"
```

reset_cycle(name = "default")

Redefine um ciclo (veja o método `cycle` neste módulo) para que comece a percorrer a partir de seu primeiro elemento na próxima vez em que for chamado. Passe `name` para redefinir um ciclo nomeado.

sanitize(html)

Limpa o HTML convertendo as tags `<form>` e `<script>` em texto comum e removendo todos os atributos "on*" (por exemplo, `onClick`) para que um JavaScript arbitrário não possa ser executado. Também corta os atributos `href` e `src` que iniciam com "`javascript:`". Você pode modificar o que é limpo definindo `VERBOTEN_TAGS` e `VERBOTEN_ATTRS` antes desse módulo ser carregado.

```
>> sanitize('<script> do_nasty_stuff() </script>')
=> &lt;script> do_nasty_stuff() &lt;/script>

>> sanitize('<a href="javascript: sucker();">Click here for $100</a>')
=> <a>Click here for $100</a>

>> sanitize('<a href="#" onClick="kill_all_humans();">Click
here!!!</a>')
=> <a href="#">Click here!!!</a>

>> sanitize('<img src="javascript:suckers_run_this();" />')
=> <img/>
```

Courtenay diz...

Um modo ainda melhor de limpar é o plug-in Whitelist de Rick Olsen em http://svn.techno-weenie.net/projects/plugins/white_list.

simple_format(text)

Retorna o texto transformado em HTML usando regras de formatação simples. Duas ou mais novas linhas consecutivas (\n\n) são consideradas como indicadoras de um parágrafo e, assim, recebem tags P. Uma nova linha (\n) é considerada como uma quebra de linha e uma tag `BR` é anexada. Este método não remove as novas linhas do texto.

strip_links(text)

Corta todas as tags de link do texto deixando apenas o texto de link.

```
>> strip_links('<a href="http://www.rubyonrails.org">Ruby on
Rails</a>')
=> Ruby on Rails

>> strip_links('Please e-mail me at <a
href="mailto:me@email.com">me@email.com</a>.')
=> Please e-mail me at me@email.com.

strip_links('Blog: <a href="http://www.myblog.com/" class="nav"
target=\"_blank\">Visit</a>.')
=> Blog: Visit
```

strip_tags(html)

Corta todas as tags HTML do HTML, inclusive os comentários. Usa o tokenizer `html-scanner` e, assim, sua habilidade de análise do HTML é limitada pelo do `html-scanner`.

```
>> strip_tags("Strip <i>these</i> tags!")
=> Strip these tags!

>> strip_tags("<b>Bold</b> no more! <a href='more.html'>See more
here</a>...")
=> Bold no more! See more here

>> strip_tags("<div id='top-bar'>Welcome to my website!</div>")
=> Welcome to my website!
```

textilize(text)

Esse método estará disponível apenas se a gem RedCloth estiver disponível. Retorna `text` com todos os códigos Textile transformados em tags HTML. Aprenda mais sobre a sintaxe Textile em http://hobix.com/textile/.

```
>> textilize("*This is Textile!* Rejoice!")
=> "<p><strong>This is Textile!</strong> Rejoice!</p>"

>> textilize("I _love_ ROR(Ruby on Rails)!")
=> "<p>I <em>love</em> <acronym title="Ruby on
Rails">ROR</acronym>!</p>"

>> textilize("h2. Textile makes markup -easy- simple!")
=> "<h2>Textile makes markup <del>easy</del> simple!</h2>"

>> textilize("Visit Rails website "here":http://www.rubyonrails.org/.)
=> "<p>Visit the Rails website <a
href="http://www.rubyonrails.org/">here</a>.</p>"
```

textilize_without_paragraph(text)

Retorna o texto com todos os códigos Textile transformados em tags HTML, mas sem a tag <p> de vínculo que RedCloth adiciona.

truncate(text, length = 30, truncate_string = "...")

Se `text` for maior que `length`, ele será cortado com o comprimento especificado e os três últimos caracteres serão substituídos por `truncate_string`:

```
>> truncate("Once upon a time in a world far far away", 4)
=> "Once..."

>> truncate("Once upon a time in a world far far away")
=> "Once upon a time in a world f..."

>> truncate("And they found that many people were sleeping better.",
15, "... (continued)")
=> "And they found... (continued)"
```

word_wrap(text, line_width = 80)

Divide o texto em linhas menores que `line_width`. Este método é interrompido no primeiro caractere de espaço em branco que não excede `line_width` (que é 80 por padrão).

```
>> word_wrap('Once upon a time', 4)
=> "Once\nupon\na\ntime"

>> word_wrap('Once upon a time', 8)
=> "Once upon\na time"

>> word_wrap('Once upon a time')
=> "Once upon a time"

>> word_wrap('Once upon a time', 1)
=> "Once\nupon\na\ntime"
```

UrlHelper

Este módulo fornece um conjunto de métodos para criar links e obter URLs que dependem do subsistema de roteamento e foi bem explicado nos Capítulos 3 ao 5 deste livro.

button_to(name, options = {}, html_options = {})

Gera um formulário contendo um único botão que envia para o URL criado pelo conjunto de opções. É o método mais eficaz para assegurar que os links que causam mudanças em seus dados não sejam inicializados pelos robôs de pesquisa ou por aceleradores. Se o botão HTML não funcionar com seu layout, você também poderá considerar o uso do método `link_to` (também neste módulo) com o modificador `:method`.

O hash de opções aceita as mesmas opções do método `url_for` (também parte deste módulo).

O elemento `FORM` gerado tem um nome de classe `button_to` para permitir produzir o formulário e seus filhos. As opções `:method` e `:confirm` funcionam como o assistente `link_to`. Se nenhum modificador `:method` for fornecido, o padrão será executar uma operação POST. Você também pode desativar o botão transmitindo `:disabled => true`.

```
>> button_to "New", :action => "new"
=> "<form method="post" action="/controller/new" class="button-to">
      <div><input value="New" type="submit" /></div>
   </form>"

>> button_to "Delete Image", { :action => "delete", :id => @image.id },
:confirm => "Are you sure?", :method => :delete
=> "<form method="post" action="/images/delete/1" class="button-to">
     <div>
       <input type="hidden" name="_method" value="delete" />
       <input onclick="return confirm('Are you sure?');"
value="Delete"
type="submit" />
      </div>
   </form>"
```

current_page?(options)

Retornará `true` se a URI de solicitação atual foi gerada pelas opções dadas. Por exemplo, imaginemos que estamos apresentando atualmente a ação `/shop/checkout`:

```
>> current_page?(:action => 'process')
=> false

>>current_page?(:action => 'checkout') # controller is implied
=> true

>> current_page?(:controller => 'shop', :action => 'checkout')
=> true
```

link_to(name, options = {}, html_options = nil)

Um dos métodos assistentes fundamentais. Cria um tag de link do nome dado usando a URL criada pelo conjunto de opções. As opções válidas são explicadas na descrição do método `url_for` deste módulo. Também é possível passar uma string, ao invés de um hash de opções, para obter uma tag de link que usa o valor da string como o href para o link. Se nil for passado como um nome, o próprio link irá tornar-se o nome.

- `:confirm => 'question?'` Adiciona um prompt de confirmação JavaScript com a pergunta especificada. Se o usuário aceitar, o link será processado normalmente; caso contrário, nenhuma ação será tomada.
- `:popup =: true` Faz com que o link seja aberto em uma janela pop-up. Transmitindo true, uma janela padrão do navegador será aberta na URL. Você também pode especificar uma string de opções a ser transmitida para o método `window.open` do JavaScript.
- `:method => *símbolo*` Especifica um verbo HTTP alternativo para esta solicitação (diferente de GET). Este modificador irá criar, de maneira dinâmica, um formulário HTML e enviará, imediatamente, o formulário para o processamento usando o verbo HTTP especificado (`:post`, `:put`, `:delete` ou outra string personalizada como "`HEAD`" etc.)

Geralmente, as solicitações GET devem ser *idempotentes*, ou seja, aquelas que não modificam o estado de nenhum recurso no servidor e podem ser chamadas uma ou várias vezes sem causar problemas. As solicitações que modificam os recursos no servidor ou que inicializam ações perigosas (como apagar um registro) não devem ser ligadas a um hiperlink normal, uma vez que robôs de pesquisa e os conhecidos *aceleradores do navegador* podem seguir esses links ao visitar seu site, deixando um rastro de caos.

Se o usuário tiver o JavaScript desativado, a solicitação sempre irá recorrer ao uso de GET, independente de qual `:method` você tenha especificado. Isso é feito através da inclusão de um atributo `href` válido. Se você estiver contando com o comportamento POST, o código de seu controlador deverá verificá-lo usando os métodos `post?`, `delete?` ou `put?` de `request`.

Como sempre, `html_options` aceitará um hash de atributos HTML para a tag de link.

```
>> link_to "Visit Other Site", "http://www.rubyonrails.org/",
:confirm => "Are you sure?"
=> "<a href="http://www.rubyonrails.org/" onclick="return confirm('Are
you sure?');">Visit Other Site</a>"

>> link_to "Help", { :action => "help" }, :popup => true
=> "<a href="/testing/help/" onclick="window.open(this.href);return
false;">Help</a>"

>> link_to "View Image", { :action => "view" }, :popup =>
['new_window_name', 'height=300,width=600']
```

```
=> "<a href="/testing/view/" onclick="window.open(this.href,
'new_window_name','height=300,width=600');return false;">View
Image</a>"
>> link_to "Delete Image", { :action => "delete", :id => @image.id },
:confirm => "Are you sure?", :method => :delete
=> <a href="/testing/delete/9/" onclick="if (confirm('Are you sure?'))
{
var f = document.createElement('form');
       f.style.display = 'none'; this.parentNode.appendChild(f);
f.method = 'POST'; f.action = this.href;
       var m = document.createElement('input'); m.setAttribute('type',
'hidden'); m.setAttribute('name', '_method');
       m.setAttribute('value', 'delete'); f.appendChild(m);f.submit();
};return false;">Delete Image</a>
```

`link_to_if(condition, name, options = {}, html_options = {}, &block)`

Cria uma tag de link usando as mesmas opções de `link_to` caso a condição seja `true`; do contrário, apenas `name` será produzido (ou `block` será avaliado para obter um valor alternativo, caso tenha sido fornecido).

`link_to_unless(conditions, name, options = {}, html_options = {}, &block)`

Cria uma tag de link usando as mesmas opções de `link_to`. A menos que a condição seja `true`, nesse caso apenas name será produzido (ou block será avaliado para obter um valor alternativo, caso tenha sido fornecido).

`link_to_unless_current(name, options = {}, html_options = {}, &block)`

Cria uma tag de link usando as mesmas opções de `link_to`. A menos que a condição seja `true`, nesse caso apenas `name` será produzido (ou `block` será avaliado para obter um valor alternativo, caso tenha sido fornecido).

Algumas vezes esse método pode ser realmente muito útil. Lembre-se que o bloco (block) dado para `link_to_unless_current` será avaliado se a ação atual for a ação dada.

Portanto, se tivéssemos uma página de comentários e quiséssemos apresentar um link "Go Back" (Retornar) ao invés de um link com a página de comentários, poderíamos fazer algo assim:

```
<%= link_to_unless_current("Comment", { :controller => 'comments',
    :action => 'new'}) do
      link_to("Go back", { :controller => 'posts', :action => 'index'
    })
end %>
```

`mail_to(email_address, name = nil, html_options = {})`

Cria uma tag de link `mailto` para o `email_address` especificado que também é usado como o nome do link, a menos que `name` seja especificado. Atributos HTML adicionais para o link poderão ser passados em `html_options`.

O assistente `mail_to` tem várias técnicas para atrapalhar os coletores de e-mail e personalizar o próprio endereço de e-mail passando chaves especiais para `html_options`:

- `:encode` Esta chave aceitará as strings "`javascript`" ou "`hex`". Transmitir "`javascript`" criará e codificará dinamicamente o link `mailto:` e, então, irá avaliá-lo com eval no DOM da página. Este método não mostrará o link na página caso o usuário tenha o JavaScript desativado. Passar "`hex`" codificará com hex o `email_address` antes de produzir o link `mailto:`.
- `:replace_at` Quando o nome do link não é fornecido, email_address é usado para o rótulo do link. Você pode usar essa opção para confundir o email_address substituindo o sinal @ pela string dada como o valor.
- `:replace_dot` Quando o nome do link não é fornecido, `email_address` é usado para o rótulo do link. Você pode usar essa opção para confundir o `email_address` substituindo "." no e-mail pela string dada como o valor.
- `:subject` linha de assunto do e-mail.
- `:body` corpo do e-mail.
- `:cc` Adiciona recipientes cc ao e-mail.
- `:bcc` Adiciona recipientes bcc ao e-mail.

Eis alguns exemplos de usos:

```
>> mail_to "me@domain.com"
=> <a href="mailto:me@domain.com">me@domain.com</a>

>> mail_to "me@domain.com", "My email", :encode => "javascript"
=> <script type="text/javascript">eval(unescape('%64%6f%63...%6d%65'))
</script>

>> mail_to "me@domain.com", "My email", :encode => "hex"
=> <a href="mailto:%6d%65@%64%6f%6d%61%69%6e.%63%6f%6d">My email</a>

>> mail_to "me@domain.com", nil, :replace_at => "_at_", :replace_dot =>
"_dot_", :class => "email"
=> <a href="mailto:me@domain.com"
class="email">me_at_domain_dot_com</a>

>> mail_to "me@domain.com", "My email", :cc => "ccaddress@domain.com",
:subject => "This is an example email"
=> <a
href="mailto:me@domain.com?cc=ccaddress@domain.com&subject=This%20i
s%20an%20example%20email">My email</a>
```

url_for(options = {})

O método `url_for` retorna uma URL para o conjunto de opções fornecido e tem as mesmas opções de `url_for` em `ActionController` (muito analisado no Capítulo 3, "Roteamento").

Note que por padrão a opção `:only_path` é definida para true para que você obtenha `/controller/action` ao invés da URL totalmente qualificada como `http://example.com/controller/action`.

Quando chamado a partir de uma exibição, `url_for` retorna uma URL com o escape HTML. Se você precisar de uma URL sem escape, passe `:escape => false` nas opções.

Eis a lista completa de opções aceitas por `url_for`:

- `:anchor` Especifica um nome de âncora (`#anchor`) a ser anexado ao final do caminho.
- `:only_path` Especifica uma URL relativa (omitindo o protocolo, nome de host e porta).
- `:trailing_slash` Adiciona uma barra à direita, como em "`/archive/2005/`". Note que atualmente isto não é recomendado, uma vez que interrompe o cache.
- `:host` Irá anular o host padrão (atual), se for fornecido.
- `:protocol` Anulará o protocolo padrão (atual), se for fornecido.
- `:user` A autenticação HTTP em linha (requer a opção `:password`).
- `:password` A autenticação HTTP em linha (requer a opção `:user`).
- `:escape` Determina se a URL retornada terá o HTML com escape ou não.

```
>> url_for(:action => 'index')
=> /blog/

>> url_for(:action => 'find', :controller => 'books')
=> /books/find

>> url_for(:action => 'login', :controller => 'members', :only_path =>
false, :protocol => 'https')
=> https://www.railsapplication.com/members/login/

>> url_for(:action => 'play', :anchor => 'player')
=> /messages/play/#player

>> url_for(:action => 'checkout', :anchor => 'tax&ship')
=> /testing/jump/#tax&amp;ship

>> url_for(:action => 'checkout', :anchor => 'tax&ship', :escape =>
false)

=> /testing/jump/#tax&ship
```

Como contar com rotas nomeadas

Se você passar uma instância do modelo `ActiveRecord` ou `ActiveResource` ao invés de um hash para qualquer método em `UrlModule` que tem parâmetros `url_for`, você inicializará a geração de um caminho para a rota nomeada desse registro (supondo que existe um). A pesquisa é baseada no nome da classe e é inteligente o bastante para chamar `new_record?` no modelo passado para que descubra se é uma referência para uma rota de *coleção* ou *membro*.

Por exemplo, passar um objeto `Timesheet` tentará usar a rota `timesheet_path`. Se a rota desse objeto for aninhada em outra rota, você terá que usar explicitamente um método assistente do caminho, uma vez que o Rails não será capaz de descobri-lo automaticamente.

```
>> url_for(Workshop.new)
=> /workshops

>> url_for(@workshop) # existing record
=> /workshops/5
```

Como escrever seus próprios assistentes

Quando você desenvolver um aplicativo no Rails, deverá estar atento às oportunidades de decompor um código de exibição duplicado em seus próprios métodos assistentes. Quando você considerar esses assistentes, irá adicioná-los a um dos módulos assistentes definidos na pasta `app/helpers` de seu aplicativo.

Há uma arte na escrita eficaz dos métodos assistentes, parecido com a escrita de APIs eficientes. Os métodos assistentes são basicamente uma API personalizada no nível do aplicativo para seu código de exibição. É difícil ensinar a construção da API em forma de livro, é o tipo de conhecimento que você pode obter praticando com programadores mais experientes e através de muitas tentativas e erros. Todavia, nessa seção, iremos revisar alguns casos de uso variados e estilos de implementação que, esperamos, devem inspirá-lo em sua própria construção do aplicativo.

Pequenas otimizações: Assistente do título

Este é um método assistente simples que tem sido usado por mim em muitos projetos atuais. É chamado `page_title` e combina duas funções simples e essenciais para um bom documento HTML:

- Definir o `title` da página no `head` do documento
- Definir o conteúdo do elemento `h1` da página

Esse assistente supõe que você deseja que os elementos `title` e `h1` da página sejam iguais. Além disso, ele tem uma dependência no modelo de seu aplicativo. O código para o assistente está na Listagem 11.6 e seria adicionado a `app/helpers/application_helper.rb`, uma vez que é aplicável a todas as exibições.

Listagem 11.6 O assistente `title`

```
def page_title(name)
  @title = name
  content_tag("h1", name)
end
```

Primeiro ele define o valor de uma variável chamada `@title` e, então, produz um elemento `h1` contendo o mesmo texto. Eu poderia ter usado a interpolação de strings na segunda linha como, por exemplo, "`<h1>#{name}</h1>`", mas em minha opinião isso seria pior do que usar o método assistente Rails predefinido `content_tag`.

O modelo de meu aplicativo procura um `@page_title` disponível e, neste caso, irá prefixá-lo ao título do site, o nome do aplicativo:

```
<html>
  <head>
    <title><%= "#@page_title - " if @page_title %>Site Title</title>
```

Como deve parecer óbvio, você chama o método `page_title` no modelo de sua exibição onde deseja ter um elemento `h1`:

```
<%= page_title "New User" %>
<%= error_messages_for :user %>
<% form_for(:user, :url => user_path) do |f| %>
  ...
```

Como encapsular a lógica da exibição: Assistente `photo_for`

Eis outro assistente relativamente simples. Desta vez, ao invés de simplesmente produzir dados, estamos encapsulando alguma lógica da exibição que decide se exibe a foto do perfil do usuário ou uma imagem placeholder. É lógico que você teria que repetir sempre em todo seu aplicativo.

A dependência (ou contrato) para esse assistente em particular é que o objeto do usuário transmitido tem um `profile_photo` associado que é um modelo anexado baseado no excelente plug-in Rails `attachment_fu`[3] de Rick Olson. O código na Listagem 11.7 deve ser bastante fácil de entender sem que seja necessário entrar nos detalhes de `attachment_fu`. Como é um exemplo de código, dividi a lógica para a definição src em uma estrutura `if/else`; do contrário, esse seria um lugar perfeito para usar o operador *ternário* do Ruby.

Listagem 11.7 O assistente `photo_for` encapsulando a lógica comum da exibição

```
def photo_for(user, size=:thumb)
  if user.profile_photo
    src = user.profile_photo.public_filename(size)
  else
    src = 'user_placeholder.png'
   end
   link_to(image_tag(src), user_path(user)
end
```

Exibição inteligente: Assistente `breadcrumbs`

Muitos aplicativos Web apresentam conceitos da interface do usuário chamados *breadcrumbs*. Eles são construídos criando uma lista de links, posicionados no início da página, exibindo o quanto o usuário navegou em um aplicativo organizado hierarquicamente. Acredito que faça algum sentido extrair a lógica `breadcrumb` em seu próprio método assistente ao invés de deixá-la em um modelo de layout.

O truque para nossa implementação de exemplo (mostrada na Listagem 11.8) é usar a presença das variáveis de instância, com base em uma convenção específica de seu aplicativo, para determinar se é necessário adicionar ou não elementos a um array de links navegados.

Listagem 11.8 O método assistente breadcrumbs para um aplicativo do diretório da empresa

```
def breadcrumbs
  return if controller.controller_name = = 'homepage'
  html = [link_to('Home', home_path)]
  # primeiro nível
  html << link_to('Companies', companies_path) if @companies | |
  @ company
  html << link_to(@company, company_path(@company)) if @company
  # segundo nível
  html << link_to('Departments', departments_path) if @depts | | @dept
  html << link_to(@dept, department_path(@dept)) if @dept
  # terceiro nível final
   html << link_to('Employees', employees_path) if @employees | |
   @employee
```

```
12   html << link_to(@employee.name, employee_path(@employee)) if
     @employee
13   html.join(' &gt; ')
14 end
```

Aqui está a explicação, linha por linha, do código e de onde certas suposições de construção do aplicativo são feitas:

Na linha 1, abortaremos a execução se estivermos no contexto do controlador `homepage` do aplicativo, uma vez que suas páginas não precisam nem mesmo da lista de links. Um retorno simples, sem nenhum valor, retornará implicitamente `nil`, que é bom para nossas finalidades – nada será produzido para o modelo de layout.

Na linha 3, estamos começando a construir um array de links HTML mantido na variável local `html` que, basicamente, irá manter o conteúdo de nossa trilha de links. O primeiro link da trilha sempre aponta para a home page do aplicativo que, é claro, irá variar, mas como existirá sempre, usamos para inicializar o array. Neste exemplo, usa uma *rota nomeada* chamada `home_path`.

Depois do array `html` ser inicializado, tudo que temos a fazer é verificar a presença das variáveis que compõem a hierarquia (linhas 4 a 12). Supõe-se que se um departamento estiver sendo exibido, sua empresa-mãe também estará no escopo. Se um funcionário estiver sendo exibido, seu departamento e empresa estarão no escopo também. Isso não é apenas uma escolha de construção arbitrária – é um padrão comum aos aplicativos Rails modelados com base nos princípios REST e que usam rotas de recursos aninhadas.

Finalmente, na linha 13, o array de links HTML será reunido com o caractere > para fornecer à string inteira a aparência tradicional da lista de links.

Como integrar e generalizar parciais

Não acho que os parciais (por eles mesmos) levem a um código de modelo particularmente elegante ou conciso. Quando houver um modelo parcial compartilhado que seja usado frequentemente em meu aplicativo, reservarei um tempo para integrá-lo em um método assistente personalizado que transmite sua finalidade e formaliza seus parâmetros. Se for apropriado, irei generalizar sua implementação para torná-lo um componente mais leve e reutilizável.

Ah, que heresia! A palavra *componente* é uma palavra proibida entre os conhecedores Rails e os componentes Rails são tão desaprovados que foram removidos do Rails 2.0 e não os explico neste livro. Para ser claro, não estou falando sobre os componentes em nenhum outro sentido, a não ser como uma peça facilmente reutilizável da interface do usuário.

Assistente `tiles`

Refaçamos os passos da escrita de um método assistente que integra aquilo que considero como um parcial geral. A Listagem 11.9 contém o código para um parcial de uma parte da interface do usuário comum a muitos aplicativos e geralmente referida como *tile* (bloco). Une uma pequena foto em miniatura de algo no lado esquerdo do widget com um nome ligado e uma descrição à direita.

Os blocos também podem representar outros modelos em seu aplicativo como, por exemplo, usuários e arquivos. Como mencionei, os blocos são uma construção muito comum nas modernas interfaces do usuário e nos sistemas operacionais. Portanto, coloquemos as cidades em blocos parciais e iremos transformá-las em algo que possa ser usado para exibir outros tipos de dados.

> **NOTA**
>
> Acho que ficou obsoleto usar tabelas HTML e concordo que os layouts baseados em DIV mais CSS são muito mais divertidos e flexíveis de trabalhar. Porém, para simplificar, e como a estrutura UI que estamos descrevendo é tabular, decidi estruturá-la usando uma tabela.

Listagem 11.9 Um parcial em blocos antes da integração e da generalização

```
1 <table class="cities tiles">
2  <% cities.in_groups_of(columns) do |row| -%>
3   <tr>
4   <% row.each do |city| -%>
5    <td id="<%= dom_id(city) %>">
6     <div class="left">
7      <%= image_tag city.main_photo.public_filename(:thumb) -%>
8     </div>
9     <div class="right">
10      <div class="title"><%= city.name %></div>
11      <div class="description"><%= city.description %></div>
12     </div>
13    </td>
14   <% end # row.each -%>
15   </tr>
16  <% end # in_groups_of -%>
17 </table>
```

Explicação do código do parcial em blocos

Como iremos transformar esse parcial específico da cidade em um componente UI generalizado, desejo, em primeiro lugar, assegurar que o código com o qual iniciamos faça todo sentido. Antes de prosseguir, irei checar a implementação, linha por linha, e explicar tudo referente a Listagem 11.9.

A linha 1 abre o parcial com um elemento de tabela que lhe fornece classes CSS semanticamente significantes para que a tabela e seu conteúdo possam ser devidamente produzidos.

A linha 2 aproveita uma extensão `Array` útil, fornecida pelo Rails, chamada `in_groups_of`. Usa nossas variáveis locais: `cities` e `columns`. Ambas precisarão ser transmitidas nesse parcial usando a opção `:locals` do método `render :partial`. A variável `cities` irá manter a lista de cidades que cada linha deve conter. Um loop faz uma iteração nas várias linhas que serão exibidas nesta tabela.

A linha 3 inicia com uma linha da tabela usando o elemento `<tr>`.

A linha 4 inicia um loop nos blocos para cada linha a ser exibida gerando `city` para cada.

A linha 5 abre um elemento `<td>` e usa o método assistente dom_id para gerar automaticamente um identificador para a célula da tabela no estilo `city_98`, `city_99` etc.

A linha 6 abre um elemento `<div>` para o lado esquerdo do widget e é demarcado com o nome da classe CSS apropriado e necessário para que possa ser produzido devidamente.

A linha 7 chama o assistente `image_tag` para inserir uma foto em miniatura da cidade.

Pulando...

A linha 10 insere o conteúdo do elemento `DIV title`, neste caso, o nome e o estado da cidade.

A linha 11 chama diretamente o método `description` e, finalmente, o resto das linhas na listagem simplesmente fecha os loops e os elementos do contêiner.

Como chamar o código do parcial em blocos

Para usar este parcial temos que chamar `render :partial` com os dois parâmetros requeridos especificados no hash `:locals`:

```
render :partial => "cities/tiles",
       :locals => { :collection => @user.cities, :columns => 3 }
```

Estou supondo que os desenvolvedores Rails mais experientes escreveram um código parcial parecido com este e tentaram descobrir um modo de incluir valores padrões para alguns parâmetros. Neste caso, seria realmente bom não ter que sempre especificar `:columns`, uma vez que na maioria dos casos queremos que existam três.

O problema é que como os parâmetros são transmitidos através do hash `:locals` e transformam-se em variáveis locais, não há uma maneira fácil de inserir um valor padrão no parcial. Se você omitir a parte `:columns =>` *n* de sua chamada parcial, o Rails vai gerar uma exceção sobre as colunas que não são uma variável ou método local. Não é o mesmo que uma variável de instância que tem como padrão `nil` e pode ser usada quer queira quer não.

Os Rubystas experientes provavelmente sabem que você pode usar o método `defined?` para descobrir se uma variável local está ou não no escopo, mas o código resultante seria muito feio. O código a seguir poderia ser considerado elegante, *mas não funciona!*[6]

```
<% columns = 3 unless defined? columns %>
```

Ao invés de ensinar como passar por uma situação difícil e chata no Ruby, irei mostrar-lhe como lidar com esse desafio no modo Rails. E é onde posso iniciar a análise da técnica de integração do assistente.

Escreva o método assistente

Primeiro, irei adicionar um novo método assistente ao módulo `CitiesHelper` de meu aplicativo, como na Listagem 11.10. Inicialmente será bem simples. Ao pensar sobre o nome do método, ocorreu-me que gosto do modo como `titled(@cities)` será lido, ao invés de `tiles(@cities)` Portanto, vou nomeá-lo assim.

Listagem 11.10 O método em bloco `CitiesHelper`

```
module CitiesHelper

  def tiled(cities, columns=3)
    render :partial => "cities/tiles",
           :locals => { :collection => cities, :columns => columns }
  end

end
```

Logo, posso cuidar do parâmetro das colunas padrões fornecendo um valor padrão ao parâmetro do método assistente para as colunas. É simplesmente um recurso normal do Ruby.

Agora, ao invés de especificar a chamada `render :partial` em meu modelo de exibição, posso simplesmente escrever <%= tiled(@cities) %>, que é muito mais elegante e conciso. Também serve para separar a implementação da tabela da cidade em blocos da exibição. Se precisar mudar o modo como a tabela em blocos será apresentada no futuro, terei que fazer isso em um lugar específico: no método assistente.

Como generalizar os parciais

Agora que preparamos o terreno a diversão pode começar. A primeira coisa que faremos é mover o método assistente para o módulo ApplicationHelper para que fique disponível para todos os modelos de exibição. Também iremos mover o arquivo do modelo parcial para app/views/shared/_tiled_table.html.erb para indicar que não está associado a um determinado tipo de exibição e para transmitir com mais precisão seu uso. Para conseguir um bom estilo de código, vou fazer, também, uma limpeza na implementação e generalizar devidamente os identificadores. A referência para cities torna-se collection. A variável do bloco item torna-se item. A Listagem 11.1 tem o novo código parcial.

Listagem 11.11 Este código parcial com a nomenclatura revisada

```
<table class="tiles">
 <% collection.in_groups_of(columns) do |row| -%>
  <tr>
  <% row.each do |item| -%>
   <td id="<%= dom_id(item) %>">
    <div class="left">
     <%= image_tag(item.main_photo.public_filename(:thumb)) %>
    </div>
    <div class="right">
      <div class="title"><%= item.name %></div>
      <div class="description"><%= item.description %></div>
    </div>
   </td>
  <% end # row.each -%>
 </tr>
 <% end # in_groups_of -%>
</table>
```

Ainda há o problema de um contrato entre esse código parcial e os objetos que ele apresenta. Isso é, eles devem responder às seguintes mensagens: main_photo, name e description. Uma avaliação dos outros modelos em meu aplicativo mostra que preciso de mais flexibilidade. Algumas coisas têm nomes, mas outras têm títulos. Algumas vezes desejo que a descrição apareça sob o nome do objeto representado, mas, outras vezes, desejo ser capaz de inserir dados adicionais sobre o objeto e mais alguns links.

Lambda: A conclusão

O Ruby permite armazenar referências para métodos anônimos (também conhecidos como *procs* ou *lambdas*) e os chamamos à vontade sempre que desejamos.[7] Sabendo que esta capacidade existe, o que seria possível? Para os iniciantes, podemos usar lambdas para transmitir os blocos de código que irão preencher dinamicamente as partes de nosso parcial.

Por exemplo, o código atual para mostrar a miniatura é um grande problema. Como varia muito conforme o objeto lidado, desejo ser capaz de transmitir instruções sobre como obter a imagem em miniatura sem precisar recorrer às grandes instruções `if/else` ou colocar a lógica da exibição em minhas classes de modelo. Reserve um momento para compreender o problema que estou descrevendo e, então, dê uma olhada em como resolvê-lo na Listagem 11.12.

Sugestão: as variáveis `thumbnail`, `link`, `title` e `description` mantêm lambdas!

Listagem 11.12 O código parcial recomposto para usar lambdas

```
1  <div class="left">
2    <%= link_to thumbnail.call(item), link.call(item) %>
3  </div>
4  <div class="right">
5    <div class="title">
6      <%= link_to title.call(item), link.call(item) %>
7    </div>
8    <div class="description"><%= description.call(item) %></div>
9  </div>
```

Note que na Listagem 11.12 o conteúdo dos `DIV`s à esquerda e à direita vem das variáveis que contêm lambdas. Na linha 2 fazemos uma chamada para `link_to` e seus dois argumentos são dinâmicos. Uma construção parecida na linha 6 cuida da geração do link do título. Em ambos os casos o primeiro lambda deve retornar a saída de uma chamada para `image_tag` e o segundo deve retornar uma URL. Em todos esses usos de lambda o item apresentado é transmitido para os lambdas como uma variável de bloco.

> **Wilson diz...**
>
> Coisas como `link.call(item)` poderiam parecer, potencialmente, mais vivas como `link[item]`, exceto pelo fato de que você ficaria de olhos arregalados ao fazê-lo. (`Proc#[ ]` é um álias para `Proc#call`.)

O novo método do assistente tiled

Agora, se você voltar sua atenção para a listagem 11.13 irá notar que o método `tiled` mudou muito. Para manter minha lista de argumentos posicionais com um tamanho gerenciável foi necessário mudar para ter um hash de opções como o último parâmetro para o método. Essa abordagem é útil e imita o modo como quase todos os métodos assistentes têm opções no Rails.

Uma das opções, `:link`, não pode simplesmente ser adivinhada e sempre será exclusiva para o que quer que estejamos transmitindo. Portanto, irei torná-la requerida verificando-a na linha 3. Os valores padrões são fornecidos para todos os parâmetros opcionais e eles são transmitidos para o parcial através do hash `:locals` fornecido a `render :partial`.

Listagem 11.13 O método assistente da coleção `tiled` com parâmetros lambda

```
1  module ApplicationHelper
2    def tiled(collection, opts={})
3      raise 'link option is required' unless opts[:link]
4      opts[:columns] ||= 3
5      opts[:thumbnail] ||= lambda do |item|
6        image_tag(item.photo.public_filename(:thumb))
7     end
```

```
    opts[:title] ||= lambda {|item| item.to_s }
    opts[:description] ||= lambda {|item| item.description }
    render :partial => "shared/tiled_table",
           :locals => { :collection => collection,
           :columns => opts[:columns] || 3,
           :thumbnail => opts[:thumbnail],
           :title => opts[:title],
           :description => opts[:description] }
  end
end
```

Finalmente, para integrar este exemplo, eis um fragmento mostrando como chamar nosso método assistente `tiled` a partir de um modelo:

```
<%= tiled(@cities, :link => lambda {(|city| city_path(city)}) %>
```

O método `city_path` está disponível para o bloco lambda, uma vez que é um *fechamento*, o que significa que herda o contexto de execução no qual é criado.

Conclusão

Este longo capítulo serviu como uma referência completa dos métodos assistentes – aqueles fornecidos pelo Rails assim como as possíveis idéias para os que você mesmo desejar escrever. O uso eficiente dos métodos assistentes leva a modelos de exibição mais elegantes e gerenciáveis.

Antes de concluirmos totalmente nossa explicação sobre o ActionPack (o nome usado para se referir a `ActionController` e a `ActionView` juntos), iremos pular para o mundo do Ajax e do Javascript. Indiscutivelmente, uma das principais razões para a popularidade contínua do Rails é seu suporte para essas duas tecnologias cruciais da Web 2.0.

Referências

1. Josh Susser informa como enganar e fornecer valores padrões para os atributos do modelo não da coluna em http://blog.hasmanythrough.com/ 2007/1/22/using-faux-acessors-to-initialize-values.
2. Para se informar sobre a "Saga dos assistentes do campo do formulário que não usam os acessos do objeto" verifique http://dev.rubyonrails.org/ ticket/2322.
3. O plug-in Attachment Fu pode ser encontrado em http://svn.techno-weenie.net/projects/plugins/attachment_fu.
4. O plug-in WillPaginate pode ser encontrado em http://require.errtheblog. com/plugins/browser/will_paginate. Mas você já sabe disso, uma vez que os desenvolvedores Rails assinam o Err the Blog.
5. A home page do projeto Paginator é http://paginator.rubyforge.org/.
6. Se você quiser saber por que não funciona será preciso comprar o primeiro livro nesta série: Ruby A Bíblia, Segunda edição; ISBN: 0672328844.
7. Se você já estiver familiarizado com o Ruby, pode saber que Proc.new e seu apelido proc também são modos de criar blocos de código anônimos. Prefiro lambda pelas diferenças sutis de comportamento. Os blocos lambda verificam a aridade da lista de argumentos transmitida quando uma chamada é feita, e se chamar explicitamente o retorno em um bloco lambda funciona corretamente.

Capítulo 12
Ajax on Rails

> Ajax não é uma tecnologia. Na verdade são várias tecnologias, cada uma fazendo sua parte, que, juntas, oferecem novas funcionalidades poderosas - Jesse J. Garrett, que criou o termo.

Ajax é um acrônimo que significa Asynchronous JavaScript and XML (JavaScript Assíncrono e XML). Essas tecnologias envolvem técnicas que permitem animar páginas web com comportamentos que acontecem fora do ciclo de vida da solicitação HTTP normal (sem uma atualização de página).

Alguns exemplos de casos de uso de técnicas Ajax são:

- Envio de dados de formulário assincronamente
- Navegação ilimitada de mapas oferecidos pela web, como no Google Maps
- Atualização dinâmica de listas e tabelas, como no Gmail e em outros serviços de email baseados na web
- Planilhas eletrônicas baseadas na web
- Formulários que permitem edição in-place
- Visualização em tempo real da escrita formatada ao longo de um texto de entrada

O Ajax tornou-se possível graças ao XMLHttpRequestObject (ou XHR), uma API que está disponível em todos os navegadores modernos. Ele aceita código JavaScript no navegador para trocar dados com o servidor e o utiliza para mudar rapidamente a interface do usuário de sua aplicação sem precisar de uma atualização de página. Trabalhar diretamente com XHR em um modo compatível com vários navegadores é, no mínimo, difícil, porque o ecossistema de código aberto funciona muito bem com as bibliotecas JavaScript do Ajax.

Aliás, o Ajax, principalmente no Rails, tem muito pouco para fazer com XML, apesar de sua presença no final do acrônimo. A carga útil dessas solicitações assíncronas bidirecionais para o servidor pode ser qualquer uma. Freqüentemente, é apenas uma questão de parâmetros de formulário enviados ao servidor e fragmentos de HTML recebidos de volta, para inserção dinâmica no DOM da página. Muitas vezes, até faz sentido para o servidor devolver dados codificados em um tipo simples de JavaScript chamado JSON (JavaScript Object Notation).

Está fora do escopo deste livro explicar os fundamentos do JavaScript e/ou do Ajax, assim como aprofundar considerações sobre design de adicionar Ajax a sua aplicação, elementos que são prolongados e ocasionalmente controversos. A abordagem apropriada desses assuntos requereria um livro inteiro, e há muitos deles para se escolher no mercado. Portanto, o restante do capítulo simplesmente supõe que você saiba o que é o Ajax, bem como o motivo pelo qual você deve utilizá-lo em suas aplicações.

O Ruby on Rails torna a adição do Ajax em sua aplicação muito simples. Isso ocorre devido a sua integração inteligente com Prototype e Scriptaculous. Começaremos este capítulo examinando a filosofia e a implementação dessas duas importantes bibliotecas JavaScript e vamos seguir com uma seção de referência abrangente que abordará os principais auxiliares ActionPack que habilitam o Ajax on Rails. Abordaremos, também, o recurso RJS do Rails que permite invocar JavaScript com código Ruby baseado no servidor.

Para aproveitar este capítulo ao máximo você deve ter pelo menos um conhecimento básico da programação JavaScript.

Prototype

A biblioteca Prototype (localizada em http://prototype.conio.rede) foi registrada e é mantida em atividade por Sam Stephenson, um membro da equipe principal do Rails. O Prototype é descrito por seu criador como um "conjunto único e fácil de usar de ferramentas para desenvolvimento baseado na classe e, também, como a melhor biblioteca Ajax disponível".

O Prototype é distribuído com o Ruby on Rails e é reproduzido em novos projetos Rails como public/javascripts/prototype.js pelo script Rails. Suas aproximadamente 2000 linhas de JavaScript são uma base poderosa para construir todos os tipos de interação Ajax com o servidor e efeitos visuais no cliente. Na realidade, apesar de sua estreita conexão com o Ruby on Rails, o Prototype é, por si só, extremamente bem sucedido como uma biblioteca Ajax.

FireBug

FireBug[1], uma extensão extremamente poderosa para Firefox, é uma ferramenta necessária para fazer o Ajax funcionar. Ele permite que você analise solicitações Ajax e explore o DOM da página intensivamente, além de permitir que você altere rapidamente elementos e estilos CSS e visualize os resultados na tela do seu navegador. Ele também possui um depurador JavaScript muito poderoso que você pode utilizar para definir expressões de observação e pontos de parada. Veja a figura 12.1.

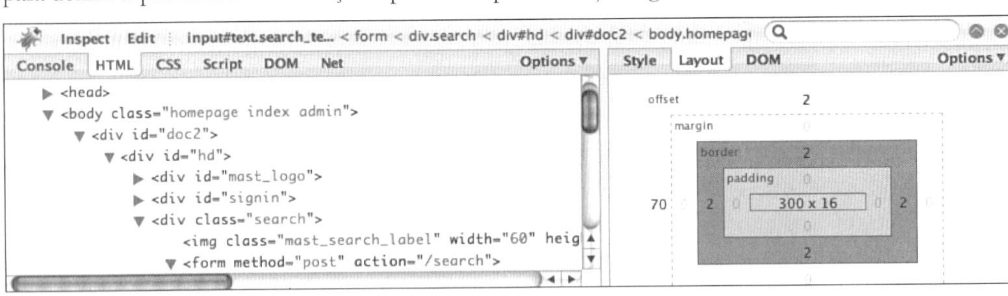

Figura 12.1 O FireBug é indispensável para fazer o Ajax funcionar.

O navegador DOM do FireBug pode ser utilizado para explorar a biblioteca Prototype, já que ela permanece no tempo de execução da página do seu navegador. O FireBug também tem um console interativo que você pode experimentar com JavaScript no navegador da mesma maneira que você usaria *irb* no Ruby. Em alguns casos, os exemplos de código deste capítulo são copiados do console FireBug que tem um prompt >>>.

Por exemplo, analisar Prototype com o console produz a seguinte saída:

```
>>> Prototype
```

```
Object Version=1.5.0_rc2 BrowserFeatures=Object
```

Ao abordar Ajax on Rails eu já disse, em tom de brincadeira, para muitos dos meus alunos de Ruby on Rails: "Mesmo que você não tenha escutado nada do que eu disse, use o FireBug! A produtividade adquirida com a experiência compensará meu pagamento rapidamente."

Prototype API

Compreender o Prototype API e saber como ele funciona não é estritamente necessário para compreender o Ajax on Rails, mas ajudará imensamente quando você quiser ir além dos casos de exemplos simples e escrever suas próprias rotinas JavaScript.

Boa parte do prototype.js é um código que define uma avançada linguagem orientada a objeto e que é construído com base no que já foi fornecido pelo JavaScript. Por exemplo, a função *extend* cria um modo de fazer herança. Muito do que se vê no Prototype será surpreendentemente familiar para programadores Ruby como, por exemplo, o método inspect em Object e o método gsub em String. Desde que as funções JavaScript operem como *closures* (assim como os blocos Ruby), o Prototype vai seguir o exemplo do Ruby ao utilizar o array e manipular iteradores e muitos outros aspectos da sua API.

Todo o código Prototype tem muito do Ruby tornando-o um confortável e produtivo acesso para hackers de Ruby e Rails. Você poderia até desenvolver uma preferência por JavaScript (se esse já não for o caso) que, apesar das origens humildes e má reputação, é, atualmente, uma linguagem de programação extremamente poderosa e expressiva. Não importa em que local esteja a palavra-chave da função no seu código, eventualmente, ela irá integrar-se em segundo plano.

Funções Top-Level

As seguintes funções são definidas no contexto top-level do Prototype:

$(id[, id2...])

A função $ é um atalho *e* uma extensão de uma das funções mais utilizadas em todas as programações de navegador JavaScript: document.getElementByID. O nome é curto porque é utilizado com muita freqüência, conforme um dos mais importantes princípios de efetivo design de API.

Você pode passar uma ou mais strings $ (), para as quais será retornado tanto um elemento combinado como um array, supondo que as strings do ID fornecido combinem os elementos presentes na página. Por conveniência, a função $ não será destruída se você passá-la como uma instância de elemento ao invés de passá-la como uma string em seus parâmetros. Ela simplesmente devolverá o elemento a você ou vai acrescentá-lo a sua lista de resultados.

Parâmetros ID sem elementos combinados irão resultar em valores de retorno undefined, como a função document.getElementByID destacada. Tentar recuperar mais de um elemento com o mesmo ID provavelmente não irá funcionar, e isso depende da implementação do navegador. É melhor fixar um markup bem formado e não ter identificadores duplicados.

$$(expr[, expr2...])

A função $$ recebe uma ou mais strings do seletor CSS e retorna um array de elementos combinados do DOM. A capacidade de encontrar elementos pelo seletor CSS é um dos recursos mais poderosos do Prototype.

$A(var)

A função $A é um alias para Array.from. Ela converte seus parâmetros em um objeto Array, incluindo as funções de Enumerable. (Veja a seção "Enumerable" neste capítulo).

Dentro do Prototype a função $A é utilizada, principalmente, para converter listas de argumentos e nós DOM em arrays. Observe que as últimas versões do Prototype combinam funções enumeráveis diretamente com o objeto Array nativo do JavaScript, o que torna essa função muito pouco utilizável.

$F(id)

A função $F é um alias para Form.Element.getValue. Ela retorna o valor de qualquer campo de formulário de uma página pelo ID. É um método útil porque funciona independente de você passar uma entrada de texto, uma entrada select ou uma área de texto.

$H(obj)

A função $H estende um objeto JavaScript simples com as funções de Enumerable e Hash tornando-o um hash no Ruby. (Veja a seção "Hash" neste capítulo).

$R(start, end, exclusive)

A função $R é um atalho para o construtor ObjectRange. (Veja a seção "ObjectRange" neste capítulo).

Try.these(func1, func2[, func3...]

Esta não é exatamente uma função top-level, mas acredito que faça sentido incluí-la nesta seção uma vez que *these* é a única função do objeto Try.

Ao fazer operações compatíveis com diversos navegadores é muito comum que seja preciso experimentar diferentes maneiras de fazer as coisas até que uma delas realmente funcione. O objeto Try define uma função these para a qual você passa uma lista de funções que devem ser experimentadas até que uma delas *não* dispare uma exceção.

Um exemplo clássico tirado diretamente do código-base do Prototype é a maneira como você captura uma referência para o objeto XMLHttpRequest, que varia significativamente entre Firefox e Internet Explorer:

```
var Ajax = {
  getTransport: function() {
    return Try.these(
      function() {return new XMLHttpRequest()},
      function() {return new ActiveXObject('Msxml2.XMLHTTP')},
      function() {return new ActiveXObject('Microsoft.XMLHTTP')}
    ) || false;
  },

  activeRequestCount: 0
}
```

Class

O objeto Class define uma função create utilizada para declarar novas instâncias do Ruby – como classes no restante do framework. Essas classes podem, então, declarar uma função *initialize* para servir como um construtor quando new for invocado para criar uma nova instância.

Aqui está um exemplo da implementação de ObjectRange:

```
ObjectRange = Class.create();
Object.extend(ObjectRange.prototype, Enumerable);
Object.extend(ObjectRange.prototype, {
  initialize: function(start, end, exclusive) {
    this.start = start;
    this.end = end;
    this.exclusive = exclusive;
  },
  ...
});
var $R = function(start, end, exclusive) {
  return new ObjectRange(start, end, exclusive);
}
```

Primeiro, uma classe é criada para o ObjectRange (que seria semelhante à classe ObjectRange em Ruby). Depois, o objeto prototype de ObjectRange é estendido a fim de estabelecer métodos de instância. As funções de Enumerable são combinadas, seguidas pelo objeto JavaScript anônimo definido pelas chaves dentro das quais a função initialize mais quaisquer outros métodos de instância são necessários.

Extensões para a classe Object do JavaScript

Uma razão pela qual o código Prototype pode ser tão limpo e conciso é que ele combina funções diretamente em classes base do JavaScript, como Object.

Object.clone(object)

Retorna uma cópia do objeto fornecido como um parâmetro, utilizando-o para estender uma nova instância Object:

```
clone: function(object) {
  return Object.extend({}, object);
}
```

Object.extend(destination, source)

A função estática *extend* literalmente faz um loop para cada propriedade do objeto source fornecido e as copia para o objeto destination, incluindo funções que, dessa forma, acabam servindo como um mecanismo de clonagem e herança. (O JavaScript não tem suporte integrado para herança).

O código fonte é instrucional e simples o suficiente para ser incluído aqui:

```
Object.extend = function(destination, source) {
  for (var property in source) {
    destination[property] = source[property];
  }
  return destination;
}
```

Object.keys(obj) e Object.values(obj)

No JavaScript, os objetos se comportam quase da mesma forma que arrays associativos (ou hashes) em outras linguagens e são utilizados intensivamente deste modo no código JavaScript. A função *estática keys* retorna uma lista de propriedades definidas em um objeto. A função estática *values* retorna uma lista de valores de propriedade.

Object.inspect(param)

Se o parâmetro for indefinido (que é diferente de nulo no JavaScript), a função estática *inspect* retornará a string 'undefined'. Se o parâmetro for nulo, ela retornará 'null'. Se uma função inspect() function for definida no parâmetro, ela será invocada; caso contrário, toString() será chamada como um último recurso.

Extensões para a classe Array do JavaScript

Os próximos métodos estão disponíveis em arrays além daqueles definidos em Enumerable.

array.clear()

Remove todos os elementos do array e os retorna. Curiosamente, a implementação desse método simplesmente define a extensão do array como zero:

```
clear: function() {
  this.length = 0;
  return this;
}
```

array.compact()

Remove todos os elementos null e undefined do array e os retorna. Observe o uso de select na implementação:

```
compact: function() {
return this.select(function(value) {
```

```
return value != undefined || value != null;
});
}
```

array.first() e array.last()

Retorna, respectivamente, o primeiro e o último elemento do array.

array.flatten()

Toma o array e recursivamente nivela seu conteúdo em um novo array que é retornado. Em outras palavras, essa função itera os elementos do array de origem e para cada elemento que existe um array, ele extrai seus elementos do novo array para ser retornado.

Observe o uso de inject na implementação:

```
flatten: function() {
 return this.inject([], function(array, value) {
   return array.concat(value && value.constructor == Array ?
     value.flatten() : [value]);
 });
}
```

array.indexOf(object)

Retorna o índice de um elemento particular pertencente a um array ou retorna -1 se o elemento não for encontrado.

```
indexOf: function(object) {
  for (var i = 0; i < this.length; i++)
    if (this[i] == object) return i;
  return -1;
  });
}
```

array.inspect()

Substitui o inspect padrão e exibe os elementos do array delimitados por vírgulas.

```
indexOf: function() {
  return '[' + this.map(Object.inspect).join(', ') + ']';
```

```
}
```

array.reverse(inline)

Reverte a ordem do array. O argumento inline, predeterminado para true, especifica se o array recebido será modificado ou permanecerá no seu estado original.

array.shift()

Remove o primeiro elemento do array e o retorna, reduzindo o tamanho do array para 1.

array.without(obj1[, obj2, ...])

Remove (ou diminui) os elementos especificados como argumentos do receptor. Toma um array ou uma lista de elementos que devem ser removidos, o que é facilmente realizado encapsulando *arguments* em uma chamada para $A. Observe o uso de select na implementação:

```
without: function() {
  var values = $A(arguments);
  return this.select(function(value) {
    return !values.include(value);
  });
}
```

Extensões para o objeto document

O método document.getElementsByClassName(className [, parentElement]) retorna uma lista de elementos do DOM que tem o className CSS fornecido. O parâmetro opcional parentElement permite que você limite a busca a uma seção específica do DOM (em vez de buscar pelo documento inteiro) a começar pelo elemento body (padrão).

Extensões para a classe Event

A lista de constantes abaixo é adicionada, por conveniência, à classe Event:

```
Object.extend(Event, {
  KEY_BACKSPACE: 8,
  KEY_TAB:        9,
  KEY_RETURN:    13,
  KEY_ESC:       27,
  KEY_LEFT:      37,
  KEY_UP:        38,
  KEY_RIGHT:     39,
  KEY_DOWN:      40,
  KEY_DELETE:    46
});
```

As constantes tornam fácil definir manipuladores de evento para eventos de teclado. No código-exemplo abaixo utilizamos uma instrução switch dentro de um manipulador de evento onKeyPress simples para detectar o momento em que o usuário pressiona a tecla Escape.

```
onKeyPress: function(event) {
  switch(event.keyCode) {
    case Event.KEY_ESC:
      alert('Canceled');
      Event.stop(event);
  }
}
```

Event.element()

Retorna o elemento que originou o evento.

Event.findElement(event, tagName)

Percorre a árvore DOM de baixo para cima a partir do elemento que originou o evento. Retorna o primeiro elemento encontrado que combina o parâmetro tagName (case-insensitive). Se nenhuma combinação do elemento pai for encontrada, esta função retornará, por padrão, o elemento que originou o evento em vez de retornar um erro, o que pode causar alguma confusão.

Event.isLeftClick(event)

Retorna true se um clique no botão esquerdo do mouse tiver causado o evento.

Event.observe (element, name, observer, useCapture) e Event.stopObserving (element, name, observer, useCapture)

A função observe encapsula a função addEventListener do próprio navegador, que faz parte da especificação Nível 2 do DOM. Ela estabelece uma relação de observador entre o element especificado e uma função observer. O parâmetro element pode referir-se a um ID da string ou ao próprio elemento, normalmente document, no caso de eventos de mouse e teclado.

A função stopObserving é basicamente igual, exceto pelo fato de desconectar o manipulador de evento e encapsular o método removeEventListener do DOM.

O parâmetro *name* refere-se a um nome de evento válido (como uma string), como definido na especificação DOM para navegadores (sujeira, clique e assim por diante).[2]

O parâmetro observer deveria ser uma função *reference* que significasse o nome de uma função sem parênteses (geralmente uma fonte de confusão!). Em quase todos os casos você desejará utilizar a função bindAsEventListener em conjunto com *observe* para que a função manipulador a de evento seja executada no contexto correto. (Veja "Extensões para a classe Function do JavaScript" na próxima seção).

A opção useCapture é padronizada para false e pode ser utilizada para especificar que o manipulador deve ser chamado na fase de captura ao invés de ser chamado na fase de concatenação.

Aqui está um exemplo de Event.observe tirado do objeto AutoCompleter do Scriptaculous:

```
addObservers: function(element) {
  Event.observe(element, "mouseover",
this.onHover.bindAsEventListener(this));
  Event.observe(element, "click",
this.onClick.bindAsEventListener(this));
}
```

Event.pointerX(event) e Event.pointerY(event)

Retorna as coordenadas *x* e *y* do cursor do mouse na página em que o evento ocorreu.

Event.stop(event)

Interrompe a propagação de um evento e cancela seu comportamento padrão, qualquer que tenha sido ele.

Extensões para a classe Function do JavaScript

As duas próximas funções são misturadas na classe Function nativa.

function.bind(obj)

Utilizada para ligar uma função no contexto do objeto passado como um parâmetro. Esse parâmetro quase sempre tem o valor *this*, o contexto do objeto atual, porque a principal função de bind é tomar uma função que foi definida em outro lugar e certificar-se que ela será executada com o contexto exato no qual você deseja que ela seja executada.

Por exemplo, veja a maneira como a função registerCallback de PeriodicalExecuter é implementada:

```
registerCallback: function() {
  setInterval(this.onTimerEvent.bind(this), this.frequency * 1000);
}
```

É necessário ligar a função onTimerEvent para executar no contexto de qualquer objeto em que a chamada de retorno está sendo registrada, em vez do objeto prototype do próprio objeto PeriodicalExecuter.

O uso de bind é reconhecidamente um conceito difícil de entender. A menos que você seja um programador JavaScript experiente ou tenha uma afinidade com a programação funcional, não se preocupe se você não conseguir entendê-lo de imediato.

function.bindAsEventListener(obj)

Utilizada para *fixar* uma função como manipulador a de evento do DOM de forma que o objeto do evento seja passada à função como um parâmetro. Utilizada de forma semelhante à bind, você deseja ter certeza de que algum método foi executado no contexto de uma instância específica, em lugar da classe prototype em que é definida. Este método não é utilizado pela biblioteca Prototype. Mas é intensivamente empregado no Scriptaculous e no caso de aplicação personalizada JavaScript toda vez que você quiser criar classes do estilo observador que contenham manipuladores de evento ligados aos elementos de uma página.

O exemplo de código abaixo é uma classe personalizada designada para alertá-lo para alterações em um campo de entrada com uma mensagem personalizável:

```
var InputObserver = Class.create();
InputObserver.prototype = {
  initialize: function(input, message) {
    this.input = $(input);
    this.message = message;
    this.input.onchange = this.alertMessage.bindAsEventListener(this);
  },

  alertMessage: function(e) {
    alert(this.message + ' (' + e.type + ')');
  }
};
var o = new InputObserver('id_of_some_input_field', 'Input field');
```

Extensões para a classe Number do JavaScript

As próximas três funções são misturadas na classe Number nativa:

number.toColorPart()

Retorna a representação hexadecimal de um valor RGB inteiro.

```
toColorPart: function() {
  var digits = this.toString(16);
  if (this < 16) return '0' + digits;
  return digits;
},
```

Lembre-se que, aparentemente, os números no JavaScript não são *encapsulados automaticamente*. Você deve atribuir o número a uma variável e encapsular o valor em uma instância Number ou simplesmente colocá-lo entre parênteses para invocar funções. Não está convencido? Você pode entender melhor utilizando o console FireBug:

```
>>> 12.toColorPart();
missing ; before statement 12.toColorPart();
>>> n = new Number(12)
12
>>> n.toColorPart();
"0c"
>>> n = 12
12
>>> n.toColorPart();
"0c"
>>> (12).toColorPart();
"0c"
>>> 12.toColorPart
missing ; before statement 12.toColorPart
>>> (12).toColorPart
function()
```

number.succ()

Simplesmente retorna o próximo número:

```
succ: function() {
  return this + 1;
},
```

number.times()

Da mesma forma que o método times disponível em numéricos no Ruby, number.times() toma um bloco de código e o invoca diversas vezes (de acordo com o valor do número que está sendo chamado). Observe o uso de $R para criar facilmente um intervalo, e o uso de each para invocar a função iterator fornecida:

```
times: function(iterator) {
   $R(0, this, true).each(iterator);
   return this;
}
```

Aqui está um simples exemplo que deve exibir uma caixa de alerta cinco vezes. Lembre-se que você não pode invocar uma função JavaScript diretamente de um número bruto. Isso irá confundir o analisador gramatical, portanto, os parênteses extras são necessários:

```
>>> (5).times(new Function("alert('yeah')"))
5
```

Extensões para a classe String do JavaScript

Os seguintes métodos são misturados na classe String nativa:

string.camelize()

Transforma strings separadas por hífen em lowerCamelCase (somente a primeira palavra em letra minúscula).

```
>>> “about-to-be-camelized”.camelize()
“aboutToBeCamelized”
```

string.dasherize()

Transforma strings separadas por *underscore* em strings separadas por hífen.

```
>>> “about_to_be_dasherized”.dasherize()
“about-to-be-dasherized”
```

string.escapeHTML() e string.unescapeHTML()

A função da instância escapeHTML deixa escapar todo markup XML e HTML da string receptora transformando os sinais de maior e menor das tags em entidades.

```
>>> ‘<script src=”http://evil.org/bad.js”/>’.escapeHTML()
“&lt;script src=”http://evil.org/bad.js”/&gt;”
```

A função unescapeHTML reverte a operação.

string.evalScripts() e string.extractScripts()

A função da instância evalScripts executa quaisquer tags <script> encontradas na string receptora.

A função da instância extractScripts retorna um array de strings contendo o texto de todas as tags <script> encontradas na string receptora. Observe que as tags <script> de abertura e de encerramento são omitidas, somente o código JavaScript é extraído.

string.gsub(pattern, replacement) e string.sub (pattern, replacement, count)

A função da instância gsub retorna uma *cópia* da string receptora com todas as ocorrências de pattern substituída pelo valor fornecido em replacement. A string receptora não é modificada. Pattern deve ser uma expressão regular e literal do JavaScript, delimitada pelos caracteres “/”.

A função sub é semelhante à função gsub, mas somente executa a quantidade de substituições especificada no parâmetro count, cujo padrão é 1.

string.scan(pattern, iterator)

A função da instância scan é muito semelhante à função gsub, exceto pelo fato de ela tomar uma função de iteração em vez de um valor de substituição.

string.strip()

A função da instância strip remove os espaços à esquerda ou à direita. Observe as chamadas encadeadas para replace na implementação:

```
strip: function() {
  return this.replace(/^\s+/, '').replace(/\s+$/, '');
}
```

string.stripScripts() e string.stripTags()

A função da instância stripScripts remove as tags <script> (incluindo seu conteúdo) da string receptora. A função de instância stripTags remove todas as tags HTML e XML da string receptora.

string.parseQuery() e string.toQueryParams()

Ambas as funções transformam uma string de consulta (formato de solicitação URL) em um objeto JavaScript.

```
>>> "?foo=bar&da=da+do+la".toQueryParams()
Object foo=bar da=da+do+la
```

string.toArray()

Retorna os caracteres de uma string receptora como um array.

string.truncate(length, truncationString)

Funciona da mesma forma que o método *truncate* que o Rails combina em strings. Se a string receptora for maior do que length, ela será truncada e os últimos três caracteres serão truncationString (padronizada como uma elipse "...").

```
>>> "Mary had a little lamb".truncate(14)
"Mary had a ..."
```

string.underscore()

É praticamente uma porta direta do método underscore combinado com strings no Rails. Transforma strings camelCase (em que cada palavra é iniciada com letra maiúscula e unidas sem espaço) em strings com underscore. Altera :: para / a fim de converter namespaces do estilo Ruby em caminhos.

```
>>> "ActiveRecord::Foo::BarCamp".underscore()
"active_record/foo/bar_camp"
```

O objeto Ajax

O objeto Ajax tem um comportamento útil e também serve como o namespace raiz para outros objetos relacionados ao Ajax no Prototype.

Ajax.activeRequestCount

Controla o número de solicitações Ajax que estejam sendo executadas em qualquer momento e pode haver mais de um desde que eles sejam ativados assincronamente. Anteriormente utilizado ao implementar indicadores de atividade (também conhecidos como "spinners"), esses pequenos ícones animados permitem que ao usuário saber o momento em que a comunicação com o servidor está acontecendo:

```
Ajax.Responders.register({
  onCreate: function() {
    if($('busy') && Ajax.activeRequestCount > 0)
      Effect.Appear('busy', { duration:0.5, queue:'end' });
  },

  onComplete: function() {
    if($('busy') && Ajax.activeRequestCount == 0)
      Effect.Fade('busy', {duration:0.5, queue:'end' });
  }
});
```

Ajax.getTransport()

Retorna uma referência à implementação XMLHttpRequestObject fornecida pelo navegador. Geralmente, você não precisa utilizar essa função – ela é utilizada internamente por outras funções Ajax.

Ajax.Responders

O objeto Responders gerencia a lista de manipuladoresde evento interessados na notificação sobre os eventos relacionados ao Ajax. O exemplo de código anterior mostra o Ajax.Responders utilizado para registrar duas funções de chamada de retorno customizadas, onCreate e onComplete, que são responsáveis por mostrar e ocultar um gráfico de spinner que indica a atividade do Ajax.

Além das funções estáticas descritas nas próximas seções, o Ajax.Responders estende o objeto Enumerable.

Ajax.Responders.register(responder)

Adiciona objetos *responder* à lista de respondedores registrados interessados em receber eventos relacionados ao Ajax. Os respondedores são invocados na ordem em que foram registrados e devem implementar pelo menos uma das seguintes chamadas de retorno Ajax: onCreate, onComplete ou onException.

Ajax.Responders.unregister(responder)

Remove um *responder* da lista de respondedores registrados.

Enumerable

O objeto Enumerable é utilizado da mesma forma que você utilizaria o módulo Enumerable como um *mixin* no Ruby. Depende do receptor ter uma função _each definida. O Prototype combina o Enumerable com inúmeros outros objetos, incluindo Array, Hash, ObjectRange, Ajax.Responders e Element.ClassNames.

Da mesma forma que no Ruby é possível combinar Enumerable em suas classes JavaScript personalizadas. Apenas forneça uma implementação de _each para que as funções Enumerable utilizem.

```
// Forneça sua classe personalizada com uma função _each
var MyCustomClass = Class.create();
MyCustomClass.prototype = {
  _each: function(iterator) {
    for (var i = 0, length = this.length; i < length; i++) {
      iterator(this[i]);
    }
  }
}
// Combine com funções iterator do Enumerable
Object.extend(MyCustomClass.prototype, Enumerable);
```

O JavaScript não suporta funções protegidas ou privadas; portanto, funções não destinadas a uso público são prefixadas com um underscore no Prototype. O design do Enumerable varia dependendo do Ruby ao qual foi fornecida uma função each pública que utiliza _each às escondidas. Com exceção disso, muitas das funções iterator fornecidas pelo Enumerable são muito parecidas com suas reproduções em Ruby.

enumerable.each(iterator)

A função each adota uma referência de função como seu parâmetro iterator e invoca essa função para cada um de seus elementos. O elemento individual é passado como o parâmetro para a função iterator.

Vamos ver um exemplo simples que irá alertar três vezes:

```
function alerter(msg) {
  alert(msg);
}

["foo", "bar", "baz"].each(alerter)
```

A maneira de passar uma função por referência no JavaScript é simplesmente para referi-la por nome, omitindo os parênteses.

Aqui está o restante das funções enumeráveis. A maioria dos iteradores são invocados com dois parâmetros: value e index.

enumerable.all(iterator)

A função all passa cada elemento do objeto Enumerable para o iterador e retorna true se a função iterator nunca retornar false. Se o parâmetro iterator for omitido, cada um dos elementos será considerado em um contexto booleano. Você pode considerar a função all como uma grande operação booleana AND.

enumerable.any(iterator)

A função any passa cada elemento do objeto Enumerable para o iterador e retorna true se a função iterator sempre retornar true. Se o parâmetro iterator for omitido, cada um dos elementos será considerado em um contexto booleano. Você pode considerar a função any como uma grande operação booleana OR.

enumerable.collect(iterator) e enumerable.map(iterator)

A função collect (também chamada de map) retorna os resultados função iterator em execução para cada um dos elementos em um objeto Enumerable.

```
>>> $R(1,4).collect(Prototype.K) // K retorna o quer que você passe
[1, 2, 3, 4]
>>> $R(1,4).collect(function(){return "cat"})
["cat", "cat", "cat", "cat"]
```

enumerable.detect(iterator) e enumerable.find(iterator)

A função detect (também chamada de find) é utilizada para encontrar o primeiro elemento de um enumerável que combina critérios definidos na função iterator.

```
>>> $R(1,100).detect(function(i){ return i % 5 == 0 && i % 6 == 0 })
30
```

enumerable.eachSlice(number[, iterator])

A função eachSlice divide os elementos do array na quantidade de trechos especificada pelo parâmetro number. Então, ela retorna os resultados da chamada collect com a função iterator opcional, na *lista de trechos resultantes*, que efetivamente organiza o resultado retornado em um array de dimensão única.

```
>>> $R(1,10).eachSlice(5)
[[1, 2], [3, 4], [5, 6], [7, 8], [9, 10]]

>>> $R(1,10).eachSlice(2, function(slice) { return slice.first() })
[1, 3, 5, 7, 9]
```

enumerable.findAll(iterator) e enumerable.select(iterator)

A função findAll (também chamada de select) é utilizada para encontrar todos os elementos de um enumerável que combina os critérios definidos na função iterator.

```
>>> $R(1,100).findAll(function(i){ return i % 5 == 0 && i % 6 == 0 })
[30, 60, 90]
```

enumerable.grep(pattern[, iterator])

A função grep retorna todos os elementos de um enumerável para o qual a expressão regular passada como o parâmetro pattern combina com um resultado não nulo.

A função iterator opcional é invocada para quaisquer valores combinados.

```
>>> quote = "The truth does not change according to our ability to
stomach it"
"The truth does not change according to our ability to stomach it"

>>> quote.split(' ').grep(/\w{5}/)
["truth", "change", "according", "ability", "stomach"]

>>> quote.split(' ').grep(/\w{5}/, function(val, i){ return i + ":" +
val })
["1:truth", "4:change", "5:according", "8:ability", "10:stomach"]
```

enumerable.include(obj) e enumerable.member(obj)

A função include (também chamada de member) retornará true se qualquer membro do enumerável for igual ao parâmetro obj. A comparação é feita utilizando a função ==.

```
>>> ['a','b','c'].include('a')
true
>>> ['a','b','c'].include('x')
false
```

enumerable.inGroupsOf(num[, filler])

A função inGroupsOf é, de certa forma, parecida com a função eachSlice, mas não toma um iterador. Ela sempre retorna um array bidimensional contendo grupos de tamanhos iguais e composto de elementos do enumerável. O parâmetro filler opcional permite que você especifique um valor que deve ser utilizado para preencher as lacunas restantes, caso existam, no último grupo e padronizá-las para null.

```
>>> $R(1,10).inGroupsOf(3)
 [[1, 2, 3], [4, 5, 6], [7, 8, 9], [10, null, null]]
>>> $R(1,10).inGroupsOf(3, 0) // bloco com zeros
[[1, 2, 3], [4, 5, 6], [7, 8, 9], [10, 0, 0]]
```

enumerable.inject(accumulator, iterator)

A função inject combina os elementos do enumerável aplicando a função iterator ao accumulator e a cada elemento, um após o outro. Em cada iteração, o valor do accumulator é definido para o valor retornado pela função iterator. Diferente da versão Ruby, a função inject do Prototype exige um valor inicial para o accumulator.

```
>>> $R(1,5).inject(0, function(acc, e) { return acc + e })
15
```

enumerable.invoke(functionName[, arg1, arg2...])

A função *invoke* invoca a função chamada functionName para cada elemento do enumerável e reúne os resultados. Os parâmetros opcionais serão passados como parâmetros para a função invocada.

```
>>> $$('.details li').invoke('hide')
```

enumerable.max([iterator]) e enumerable.min([iterator])

As funções *max* e *min* são muito parecidas e retornam, respectivamente, os elementos de valor mais alto e mais baixo do enumerável. Uma função opcional iterator pode ser fornecida para transformar o valor do elemento que está sendo utilizado para comparação.

```
>>> $R(1,5).min()
1
>>> ["1","2","3"].max(function(val) { return Number(val) })
3
```

enumerable.partition([iterator])

A função partition retorna um array de dois itens. O primeiro é um array contendo os elementos enumeráveis para cada função iterator opcional que retornou true. O segundo contém os elementos para os quais foi retornado false. Se um iterator não for fornecido, será utilizado o valor booleano do próprio elemento.

```
>>> ["1",null,"2",null,null].partition()
[["1", "2"], [null, null, null]]
```

enumerable.pluck(propertyName)

A função pluck convenientemente *puxa* uma lista dos valores de propriedade de um enumerável. Basicamente é um método conveniente parecido com o collect.

```
>>> $$('script').pluck('src')
["http://localhost:3000/javascripts/prototype.js?1165877878",
 "http://localhost:3000/javascripts/effects.js?1161572695",
"http://localhost:3000/javascripts/dragdrop.js?1161572695",
"http://localhost:3000/javascripts/controls.js?1161572695",
"http://localhost:3000/javascripts/application.js?1161572695", ""]
```

enumerable.reject(iterator)

A função reject retorna elementos do enumerável para o qual a função iterator solicitada retorna false.

enumerable.sortBy(iterator)

A função sortBy retorna os elementos do Enumerable ordenado de acordo com critérios retornados pela função iterator solicitada. Por acaso, quando estava propondo um exemplo para esta função percebi que, devido ao fato de ter utilizado a codificação Ruby, esqueci de citar return no corpo da função iterator. Infelizmente, isso não causará uma falha no script e pode gerar confusão. Não esqueça que as funções JavaScript precisam de uma instrução return explícita!

```
>>> linusQuote = "Software is like sex: It's better when it's free."
"Software is like sex: It's better when it's free."
>>> linusQuote.split(' ').sortBy(function(s,index) { return s.length })
["is", "it's", "sex:", "It's", "like", "when", "free.", "better",
"Software"]
```

enumerable.toArray() e enumerable.entries()

A função toArray (também chamada de entries) retorna os elementos de um enumerável como um array.

enumerable.zip(enum1, enum2[, enum3...][, iterator])

A função zip é modelada depois do iterador Ruby de mesmo nome. Não há nada a se fazer com compressão; pense, por exemplo, no comportamento do zíper de sua roupa. A função zip mescla os elementos de cada enumerável fornecido como um parâmetro, tal como aquela lista retornada que tem o mesmo número de elementos que o enumerável receptor.

Se o último parâmetro (opcional) for uma função, ele será utilizado como um iterator e invocado em cada elemento array que será retornado. Talvez, o modo mais fácil de explicar isso seja através de um exemplo parecido com o que é apresentado no livro "Pickaxe" (Programming Ruby):

```
>>> a = [4, 5, 6]
[4, 5, 6]
>>> b = [7, 8, 9]
[7, 8, 9]
>>> [1, 2, 3].zip(a, b)
[[1, 4, 7], [2, 5, 8], [3, 6, 9]]
```

Hash

A classe Object no JavaScript, que pode ser criada rapidamente com chaves literais, já é muito próxima de um array associativo (mais conhecido como hash). Sem alteração ela suporta uma notação entre colchetes para atribuição e busca. O Prototype nos fornece uma classe Hash que estende Enumerable e adiciona funções familiares àquelas disponíveis em hashes do Ruby.

hash.keys() e hash.values()

As funções keys e values retornam listas de chaves e valores, respectivamente.

hash.merge(another)

A função *merge* mescla valores passados do hash another para o receptor. Se existir alguma chave tanto no receptor quanto no hash transmitido, o valor da entrada do receptor será sobrescrito.

```
>>> $H({foo:'foo', bar:'bar'}).merge({foo:'F00', baz:'baz'})
Object foo=F00 bar=bar baz=baz
```

hash.toQueryString()

A função toQueryString formata os pares chave/valor de um hash como uma string de consulta apropriada para anexá-los a uma URL. Ela é muito prática, se comparada a tentativa de construir strings de consulta sozinho.

```
>>> $H(Prototype).toQueryString()
"Version=1.5.0_rc2&BrowserFeatures=%5Bobject%20Object%5D&ScriptFragment
=(%3F%3A%3Cscript.*%3F%3E)((%0A%7C%0D%7C.)*%3F)(%3F%3A%3C%2Fscript%3E)"
```

ObjectRange

O ObjectRange oferece uma maneira fácil de criar intervalos JavaScript. Ele fornece um construtor, mas o modo mais comum é a utilização de $R. O Prototype utiliza o método succ para descobrir qual é o próximo valor do intervalo e fornece um método em Number e String. O Prototype também combina no Enumerable tornando os intervalos muito mais utilizáveis.

```
>>> $A($R(1, 5)).join(', ')
'1, 2, 3, 4, 5'
>>> $R(1, 3).zip(['Option A', 'Option B', 'Option C'], function(tuple) {
  return tuple.join(' = ');
})
['1 = Option A', '2 = Option B', '3 = Option C']
```

É preciso tomar certo cuidado ao utilizar strings em intervalos pois o ObjectRange não utiliza limites alfabéticos mas experimenta toda a tabela de caracteres.

Se não for levado em consideração, isso pode criar um imenso array.

```
>>> $A($R('a', 'c'))
['a', 'b', 'c']
>>> $A($R('aa', 'ab'))
[..., 'ax', 'ay', 'az', 'a{', 'a|', 'a}', ...]  // Um array muito extenso
```

O objeto Prototype

O objeto Prototype controla o número da versão da biblioteca como a propriedade Version, uma expressão regular fragmentada para adaptar uma tag de script no markup HTML como ScriptFragment, e duas funções muito simples.

emptyFunction é exatamente assim: vazia. A função K não tem nada a fazer com números hiperfatoriais ou complexos; ele simplesmente retorna o valor que foi passado para ele como um argumento e é utilizado internamente pelo Prototype.

O módulo PrototypeHelper

Quando abordei os módulos dos auxiliares no Capítulo 11, propositalmente omiti o PrototypeHelper e seu parceiro, o auxiliar Scriptaculous. Eles fornecem um modo fácil de utilizar as bibliotecas Javascript Prototype e Scriptaculous (respectivamente) para adicionar a funcionalidade Ajax à sua aplicação.

link_to_remote

Agora que discutimos a funcionalidade do JavaScript no Prototype, "Tudo sobre auxiliares", podemos fazer uma chamada Ajax básica. O Rails reduz a quantidade de JavaScript que você precisa escrever manualmente. Um dos métodos auxiliares mais comuns é o link_to_remote que utilizaremos para trazer um número aleatório do controlador na Listagem 12.1. O controlador segue os princípios do RESTful e influencia o método respond_to para responder aos chamadores que esperam uma resposta JavaScript.

Listagem 12.1 Um método controlador para fazer chamadas utilizando as técnicas Ajax

```
Class RandomsController < ApplicationController
  def index
  end

  def new
    respond_to do |wants|
      wants.js { render :text => rand(1_000_000) }
    end
  end
end
```

Criaremos somente uma view index uma vez que o método new processa somente texto. Na view index, utilizaremos o auxiliar link_to_remote para gerar um link com Ajax para nosso método new. O resultado da solicitação será colocado dentro da tag div com o id do resultado. Nós definimos o que ligar utilizando o parâmetro url. Ele aceita os mesmos valores que o método link_to método padrão.

```
<html>
  <head>
```

```
    <%= javascript_include_tag :defaults %>
  </head>
  <body>
    <%= link_to_remote 'Random Number Please', :url =>
new_random_path,
:update => 'result' %>
    <br/><br/>
    <div id="result"></div>
  </body>
</html>
```

A página processada será semelhante a:

```
<html>
  <head>
    <script src="/javascripts/prototype.js?1184547490"
            type="text/javascript"></script>
    <script src="/javascripts/effects.js?1184547490"
            type="text/javascript"></script>
    <script src="/javascripts/dragdrop.js?1184547490"
            type="text/javascript"></script>
    <script src="/javascripts/controls.js?1184547490"
            type="text/javascript"></script>
    <script src="/javascripts/application.js?1184547490"
            type="text/javascript"></script>
  </head>
  <body>
    <a href="#" onclick="new Ajax.Updater('result',
  'http://localhost:3000/randoms/new', {asynchronous:true,
  evalScripts:true}); return false;">Random Number Please</a>
    <br/>
    <br/>
    <div id="result"></div>
  </body>
</html>
```

A chamada para javascript_include_tag :defaults adicionou a necessidade de tags script. O Rails acrescenta um número único à URL para ajudar a evitar problemas causados por versões antigas de armazenamento do navegador de seus arquivos JavaScript.

O auxiliar link_to_remote é altamente personalizável, o que significa que nós podemos utilizá-lo para reter todos os números aleatórios recebidos. Precisamos alterar a view para utilizar primeiro uma lista desordenada e não substituir os conteúdos da *tag ul* toda vez que clicamos no link Ajax. No lugar, o resultado deveria ser anexado abaixo da lista desordenada.

```
<html>
  <head>
    <%= javascript_include_tag :defaults %>
  </head>
  <body>
    <%= link_to_remote 'Random Number Please', :url =>
new_random_path,
:update => 'result', :position => :bottom %>
<br/><br/>
    <ul id="result"></ul>
  </body>
</html>
```

Depois, alteramos o controlador para processar uma tag do item da lista.

```
Class RandomsController < ApplicationController
  ...
  def new
    respond_to do |wants|
      wants.js { render :text => "<li>#{rand(1_000_000)}</li>" }
    end
  end
end
```

Agora, toda vez que clicarmos no link o resultado será colocado abaixo do último link. O parâmetro position passa por diferentes opções: :before, :after, :top e :bottom. Os valores :before e :after referem-se ao elemento, enquanto os valores :top e :bottom referem-se aos filhos do elemento. Se desejamos que o número aleatório mais recente apareça primeiro na lista, basta substituir :bottom por :top.

Se tivéssemos substituído por :before, iríamos inserir nossos itens da lista fora da lista desordenada da seguinte maneira:

```
...
   <br/><br/>
   <li>15416</li>
```

```
        <li>9871</li>
        <ul id="result"></ul>
    ...
```

O que acontece se ocorrer um problema durante nossa solicitação Ajax? O link_to_remote tem uma chamada de retorno para tratar dessas situações. Para utilizá-la você só precisa configurar o parâmetro :failure.

```
...
<%= link_to_remote 'Random Number Please', :url => new_random_path,
 :update => 'result', :position => :bottom, :failure => "alert('HTTP
Error ' + request.status + '!')" %>
...
```

O parâmetro :failure adota uma função JavaScript ou um fragmento como um valor.

A chamada de retorno tem acesso ao objeto XMLHttpRequest destacado. Nesse caso, o código de status é exibido, mas também poderíamos exibir a resposta completa chamando request.responseText. Há várias outras chamadas de retorno descritas na Tabela 12.1.

Tabela 12.1 Opção de chamada de retorno para link_to_remote

Parâmetro	Descrição
:before	Chamado antes da solicitação ser iniciada.
:after	Chamado imediatamente depois que a solicitação foi iniciada e antes de :loading.
:loading	Chamado quando o documento remoto está sendo carregado com dados pelo navegador.
:loaded	Chamado quando o navegador concluiu o carregamento do documento remoto.
:interactive	Chamado quando o usuário pode interagir com o documento remoto, mesmo que ele não tenha concluído o carregamento.
:success	Chamado quando o XMLHttpRequest é concluído e o código de status HTTP está no intervalo 2XX.
:failure	Chamado quando o XMLHttpRequest é concluído e o código de status HTTP não está no intervalo 2XX.
:complete	Chamado quando o XMLHttpRequest é concluído (ativado depois de success/failure se estiverem presentes).

Caso precise de mais controle, você poderá definir chamadas de retorno para códigos de status específicos. O exemplo abaixo configura uma chamada de retorno para um código de status 404. Observe que o código de status não é um símbolo e sim um inteiro.

```
...
<%= link_to_remote 'Random Number Please', :url => new_random_path,
:update => 'result', :position => :bottom, :failure => "alert('HTTP
Error ' + request.status + '!')", 404 => "alert('Not Found')" %>
...
```

O método link_to_remote tem diversos parâmetros para personalizar o comportamento do lado do navegador. Embora o Ajax seja tipicamente assíncrono, você pode mudar este comportamento para que seja síncrono ao definir :type => :synchronous. Isso fará com que o navegador seja bloqueado até que a solicitação tenha concluído o processamento. Você também pode adicionar um diálogo de confirmação definindo :confirm => true. Se precisar executar sua solicitação Ajax condicionalmente, você poderá definir o parâmetro :condition para uma expressão JavaScript das condições do lado do navegador.

remote_form_for

Da mesma maneira que o link_to tem o link_to_remote, o form_for tem o remote_form_for. Ele toma as mesmas opções e chamadas de retorno que o link_to_remote, mas retorna uma tag de formulário que apresenta os elementos do formulário que estão utilizando um XMLHttpRequest em segundo plano. Da mesma forma que o método form_for, o remote_form_for apresentará seus valores no *objeto params* padrão. Isso pode ser exemplificado através da criação de um formulário Ajax que irá criar um modelo Addition novo, somar os atributos e retornar o resultado. O controlador seria semelhante a:

```
Class AdditionsController < ApplicationController
  def new
    @addition = Addition.new
  end

  def create
    @addition = Addition.new(params[:addition])
    respond_to do |wants|
      wants.js { render :text => @addition.sum_x_and_y}
    end
  end
end
```

Na nova view, teríamos:

```
<html>
  <head>
```

```
    <%= javascript_include_tag :defaults %>
  </head>
  <body>
    <% remote_form_for :addition, @addition,
         :url => additions_path,
         :update => 'result' do |f| %>
       X: <%= f.text_field :x %>
       Y: <%= f.text_field :y %>
       <%= submit_tag 'Create' %>
    <% end %>
    <div id="result"></div>
  </body>
</html>
```

A view anterior é processada da seguinte maneira:

```
<html>
  <head>
    ...
  </head>
  <body>
    <form action="/additions/non_ajax_create" method="post"
          onsubmit="new Ajax.Updater('result', '/additions',
          {asynchronous:true,
  evalScripts:true, parameters:Form.serialize(this)}); return false;">
X: <input id="addition_x" name="addition[x]" size="30" type="text" />
Y: <input id="addition_y" name="addition[y]" size="30" type="text" />
<input name="commit" type="submit" value="Create" />
    </form>
    <div id="result"></div>
  </body>
</html>
```

O remote_form_for também pode tomar um objetivo de "falha" para navegadores que não suportam JavaScript. Essa é, por padrão, a mesma ação especificada no parâmetro url. Para definir mais alguma coisa, determine o parâmetro :action nas opções de html, assim:

```
...
<% remote_form_for :addition, @addition, :url => additions_path,
:update => 'result', :html => { :action => url_for(:controller =>
```

```
'additions', :action => 'non_ajax_create') } do |f| %>
...
```

Outra opção para apresentar um formulário por meio do Ajax é utilizar um form_for regular e um submit_to_remote em vez de uma apresentação padrão. O submit_to_remote aceita todas as opções do remote_form_for.

periodically_call_remote

Um método Ajax do Rails comum é o periodically_call_remote que chamará uma URL a cada número n de segundos. Ele aceita as mesmas opções e tem as mesmas chamadas de retorno do aslink_to_remote. É padrão chamar a URL a cada 10 segundos, embora você possa mudar isso definindo o parâmetro :frequency. Nós podemos mudar a view geradora de números aleatórios do exemplo anterior para trazer um número novo a cada cinco segundos.

Não precisamos mudar o controlador, somente a view:

```
<html>
  <head>
    <%= javascript_include_tag :defaults %>
  </head>
  <body>
    <%= periodically_call_remote :url => new_random_path, :update =>
  'result', :frequency => 5 %>
<br/><br/>
    <div id="result"></div>
  </body>
</html>
```

observe_field

Considerando que periodically_call_remote acontece a cada n segundos, observe_field, por sua vez, acontece a cada alteração em um campo de formulário específico. Podemos utilizá-lo para, assim que um usuário inserir um prefixo em um campo de texto, ele exiba uma lista de possíveis prefixos. Para fazer isso, empregamos a seguinte view index:

```
<html>
  <head>
    <%= javascript_include_tag :defaults %>
  </head>
  <body>
    Area Code: <%= text_field_tag 'number' %>
    <br/>d
    <span id="area_code_results"></span>
```

```
    <%= observe_field 'number', :url => { :controller => 'area_codes',
  :action => 'show'}, :frequency => 0.25, :update => '
area_code_results', :with => 'number' %>
</body>
</html>
```

Modificaremos nosso método show em nosso controlador de números.

```
Class AreaCodesController < ApplicationController
  def show
    respond_to do |wants|
      wants.js {
        @area_codes = AreaCode.find_like(params[:number])
`if @area_codes.empty? || params[:number].blank?
          render :text => ' '
        else
          render :text => @area_codes.map(&:to_s).join('<br/>')
        end
      }
   end
  end
end
```

O método observe_field verifica o elemento DOM identificado por número a cada 0.25 segundos para qualquer alteração. Se o campo tiver sido modificado, ou seja, se mais dados tiverem sido inseridos ou removidos do, um XMLHttpRequest será produzido. A solicitação é enviada à ação identificada pelo parâmetro url; nesse caso, show no controlador de prefixos. Este método busca todos os prefixos que começam com os números inseridos até então.

Podemos utilizar o objeto params padrão no controlador porque especificamos o parâmetro with no método observe_field. Se não tivéssemos utilizado o parâmetro with seria necessário olhar no corpo da solicitação atual utilizando algo como request.body.read. Também poderíamos enviar parâmetros adicionais definindo o parâmetro with para algo como: 'number='+ escape($("number").value) + '&other_value=-1'. Desta forma, seria possível acessar, mais uma vez, number e other_value a partir do objeto params.

De forma padrão, o método observe_field será acionado em eventos modificados para campos de texto e áreas de texto e em cliques nos botões de rádio e caixas de seleção. Se você quiser utilizar um evento diferente, simplesmente defina o parâmetro *on* para o manipulador apropriado como eventos blur do focus. No exemplo anterior, fizemos uma solicitação a uma URL, mas, ao invés disso, também poderíamos ter chamado uma função JavaScript. Para tal, nós definiríamos o parâmetro function como: :function => 'update_results'. Além disso, o método observe_field aceita todas as opções que o link_to_remote aceita.

observe_form

Se você precisar observar um formulário inteiro, observe_form pode ser uma escolha melhor do que observe_field. O observe_form toma o ID do DOM de um formulário e verifica todos os elementos dele. Ele aceita as mesmas opções do observe_field e se comporta da mesma maneira que ele, exceto pelo fato que o valor padrão do parâmetro with é o valor serializado do formulário (a string de solicitação)

RJS - Escrevendo Javascript no Ruby

O Rails inclui um recurso chamado RJS que, pode-se dizer, representa o JavaScript no Ruby. A API do RJS gera blocos de código JavaScript baseados em código Ruby permitindo, portanto, manipular uma view ou partes de uma view do lado do servidor. No exemplo de prefixos da seção anterior, processamos o resultado de uma busca por um prefixo utilizando render :text da seguinte maneira:

```
render :text => @area_codes.map(&:to_s).join('<br/>')
```

O que aconteceria se também quiséssemos prefixar os resultados com o número encontrado? Poderíamos apenas acrescentá-lo a string retornada da seguinte maneira:

```
render :text => "Found #{area_codes.size} Results<br/>
                  #{@area_codes.map(&:to_s).join('<br/>')}"
```

Isso funciona, mas o que aconteceria caso fosse necessário mostrar o cálculo dos resultados em outro lugar na view – em algum lugar onde uma concatenação de string simples como aquela utilizada no exemplo anterior não funcionasse.

Poderíamos começar utilizando RJS estruturando o modelo de view assim:

```
<html>
  <head>
    <%= javascript_include_tag :defaults %>
  </head>
  <body>
    Area Code: <%= text_field_tag 'number' %>
    <span id="area_code_results_message"></span>
    <br/>
    <hr/>
    <span id="area_code_results"></span>
    <%= observe_field 'number', :url => { :controller => 'area_codes',
  :action => 'show'}, :frequency => 0.25, :with => 'number' %>
</body>
</html>
```

Agora, utilizando RJS o bloco respond_to em nosso controlador seria semelhante a:

```
wants.js {
  @area_codes = AreaCode.find_like(params[:number])
if @area_codes.empty?
    render :update do |page|
      page.replace_html 'area_code_results_message',
                        'No Results Found'
      page.replace_html 'area_code_results', ''
    end
 else
   render :update do |page|
      page.replace_html 'area_code_results_message',
                        "Found #{@area_codes.size} Results"
      page.replace_html 'area_code_results',
@area_codes.map(&:to_s).join('<br/>')
end
end
}
```

Uma vez que utilizamos RJS, já não precisamos do parâmetro update no método observe_field. Isso porque observe_field e todos os métodos sobre os quais falamos até agora irão executar qualquer JavaScript recebido.

No controlador não processamos mais texto. Em lugar disso, a chamada para render :update informa ao ActionController que processe um bloco de JavaScript. O Rails fornece vários métodos auxiliares que nos ajudam a criar JavaScript para processamento.

O código anterior utiliza um deles: replace_html, que substitui o HTML interno do elemento identificado no primeiro argumento pelo valor do segundo argumento. Podemos utilizar o FireBug para visualizar o JavaScript retornado ao navegador no corpo de resposta.

```
Element.update("area_code_results_message", "Found 41 Results");
Element.update("area_code_results", "301 - MD, W Maryland: Silver
Spring, Frederick, Camp Springs, Prince George's County (see
 240)\074br/\076302 - DE, Delaware\074br/\076303 - CO, Central
 Colorado:Denver (see 970, also 720 overlay)\074br/\076...
```

Modelos RJS

Não estamos seguindo as melhores práticas lógicas. Em vez disso, estamos combinando o controlador e a lógica da view. Podemos, ainda, arrumar algumas coisas obtendo o código RJS de nosso controlador e arquivos modelo. Primeiro, criamos uma view chamada show.js.rjs que contém as seguintes linhas:

```
if @area_codes.empty? || params[:number].blank?
  page.replace_html 'area_code_results_message',
                    'No Results Found'
  page.replace_html 'area_code_results', ''
else
  page.replace_html 'area_code_results_message',
                    "Found #{@area_codes.size} Results"
page.replace_html 'area_code_results',
                    @area_codes.map(&:to_s).join('<br/>')
end
```

Agora, arrumamos nosso controlador:

```
class AreaCodesController < ApplicationController
  def show
    @area_codes = AreaCode.find(:all,
      :conditions => ['number like ?', "#{params[:number]}%"])
     end
end
```

A construção respond_to está feita e confiamos no comportamento padrão do Rails em escolher uma view que corresponda à solicitação. Em outras palavras, o Rails escolherá atender uma view JavaScript caso a solicitação seja de um XMLHttpRequest. O RJS também pode ser utilizado em auxiliares.

O Rails está associado a vários métodos RJS que serão descritos nas próximas seções.

<<(javascript)

Este método irá escrever um JavaScript bruto na página. Isso é útil se tivermos um método personalizado em application.js que desejamos chamar. Por exemplo:

```
// application.js
function my_method() {
  alert('my_method called');
}

// my_controllers.rb
class MyControllers < Application
  def show
```

```
    ...
     render :update do |page|
       page << 'my_method();'
     end
    ...
  end
end
```

[](id)

Retorna uma referência do elemento identificado pelo id no DOM. Além disso, as chamadas podem ser feitas nesta referência do elemento como hide, show e assim por diante. Este método comporá-se como o construtor $(id) no Prototype.

```
render :update do |page|
  page['my_div'].hide # same thing as $('my_div').hide
end
```

alert(message)

Exibirá um alerta JavaScript com uma determinada mensagem:

```
render :update do |page|
  page.alert('Something is not right here')
end
```

call(function, *arguments, &block)

Chama a função JavaScript com os argumentos determinados, se houver algum. Se for determinado um bloco, um gerador JavaScript novo será criado e tudo que foi gerado no JavaScript será encapsulado em um function() { ... } e passado como o argumento final da classe.

```
// application.js
function my_method() {
  alert('my_method called');
}
// my_controllers.rb
class MyControllers < Application
  def show
```

```
      ...
       render :update do |page|
         page.call('my_method)
       end
      ...
    end
  end
```

delay(seconds = 1) { ... }

Irá executar o bloco apontado depois que os números de segundos determinados tiverem passado.

```
render :update do |page|
  page.delay(5) {
    page.visual_effect :highlight, 'results_div', :duration => 1.5
  }
end
```

draggable(id, options = {})

Cria um elemento arrastável (elementos arrastáveis serão discutidos na seção "Arraste e solte").

drop_receiving(id, options = {})

Cria um elemento receptor de arraste que será discutido na seção "Arraste e solte").

hide(*ids)

Oculta os elementos identificados pelos ids de DOM fornecidos.

```
render :update do |page|
  page.hide('options_div')
  page.hide('options_form', 'options_message')
end
```

insert_html(position, id, *options_for_render)

Insere HTML na posição determinada e relativa ao elemento também determinado identificado pelo id do DOM. A posição pode ser qualquer um dos valores mostrados na Tabela 12.2.

Tabela 12.2 Opções para o método insert_html

Parâmetro	Descrição
:top	O HTML é inserido dentro do elemento antes do conteúdo existente do elemento.
:bottom	O HTML é inserido dentro do elemento depois do conteúdo existente do elemento.
:before	O HTML é inserido imediatamente antes do elemento.
:after	O HTML é inserido imediatamente após o elemento.

The options_for_render pode ser tanto uma string de HTML que será inserida quanto opções passadas para o render.

```
render :update do |page|
  page.insert_html :after, 'my_div', '<br/><p>My Text</p>'
  page.insert_html :before, 'my_other_div', :partial => 'list_items'
end
```

literal(code)

Utilizado para passar uma expressão literal JavaScript como um argumento para outro método gerador de JavaScript. O objeto retornado terá um método to_json que irá avaliar para o código.

redirect_to(location)

Faz o navegador redirecionar ao local determinado.

```
render :update do |page|
  page.redirect_to 'http://www.berlin.de'
end
```

remove(*ids)

Remove os elementos fornecidos identificados pelos ids do DOM.

replace(id, *options_for_render)

Substitui o elemento inteiro (não apenas seu HTML interno) identificado pelo id do DOM com uma string ou opções de processamento definidas em options_for_render.

```
render :update do |page|
  page.replace 'my_div', '<div>Message</div>'
  page.replace 'my_div', :partial => 'entry'
end
```

replace_html(id, *options_for_render)

Substitui o HTML interno identificado pelo id de DOM com uma string ou opções de processamento definidas em options_for_render.

select(pattern)

Obtém uma coleção de referências do elemento encontrando-os através de um padrão CSS. Você pode utilizar enumerações de protótipo padrões com a coleção retornada.

```
render :update do |page|
  page.select('div.header p').first
  page.select('div.body ul li).each do |value|
     value.hide
  end
end
```

show(*ids)

Mostra os determinados elementos ocultos identificados pelos ids do DOM.

sortable(id, options = {})

Cria um elemento classificável que será discutido na seção "Sortable."

toggle(*ids)

Alterna a visibilidade dos elementos identificada pelo id. Em outras palavras, elementos visíveis ficarão ocultos e elementos ocultos ficarão visíveis.

visual_effect(name, id = nil, options = {})

Iniciará o efeito nomeado no elemento identificado pelo id do DOM. A partir do RJS você pode chamar appear, fade, slidedown, slideup, blinddown e blindup. Cada um destes efeitos resulta em um elemento que será mostrado ou ocultado na página. Você também pode chamar toggle_appear, toggle_slide e toggle_blind para alternar o efeito. Para uma lista completa de efeitos visuais (não somente relativos a exibição de elementos e opções que eles aceitam), consulte a documentação Scriptaculous. Para aplicar o efeito fade em um elemento faríamos o seguinte:

```
render :update do |page|
  page.visual_effect :fade, 'my_div'
end
```

JSON

JSON (JavaScript Object Notation) é um modo simples de codificar objetos JavaScript. O Rails fornece um to_json para cada objeto e nós podemos utilizar JSON em vez de RJS para executar resultados semelhantes. A principal diferença está na lógica para controlar o resultado. Utilizando RJS, há lógica no Rails; utilizando JSON, há lógica no JavaScript. Para ilustrar, vamos alterar nosso controlador exemplo para retornar JSON.

```
class AreaCodesController < ApplicationController
  def show
    respond_to do |wants|
      wants.json {
        @area_codes=
          AreaCode.find_all_by_number(params[:area_code][:number])
        render :json => @area_codes.to_json
        }
    end
  end
end
```

Será retornado o seguinte:

```
[{attributes: {updated_at: "2007-07-22 20:47:18", number: "340", id:
"81", description: "US Virgin Islands (see also 809)", created_at:
"2007-07-22 20:47:18", state: "VI"}}, {attributes: {updated_at: "2007-
07-22 20:47:18", number: "341", id: "82", description: "(overlay on
510; SUSPENDED)", created_at: "2007-07-22 20:47:18", state: "CA"}},
{attributes: {updated_at: "2007-07-22 20:47:18", number: "345", id:
"83", description: "Cayman Islands", created_at: "2007-07-22
20:47:18", state: "-"}}, {attributes: {updated_at: "2007-07-22
20:47:18", number: "347", id: "84", description: "New York (overlay
for 718: NYC area, except Manhattan)", created_at: "2007-07-22
```

```
20:47:18", state: "NY"}}]
```

Agora precisamos alterar nossa view para tratar o conteúdo JSON retornado.

```
<html>
  <head>
    <%= javascript_include_tag :defaults %>
  </head>
  <body>
    Area Code: <%= text_field_tag 'number' %>
    <span id="area_code_results_message"></span>
    <br/>
    <hr/>
    <span id="area_code_results"></span>
    <%= observe_field 'number',
          :url => { :controller => 'area_codes',:action => 'show'},
          :frequency => 0.25,
          :with => 'number',
          :complete => "process_area_codes(request)" %>
  </body>
</html>
```

A única alteração é a adição de uma chamada de retorno à função JavaScript process_area_codes que definiremos em application.js.

```
function process_area_codes(request) {
  area_codes = request.responseText.evalJSON();
  $('area_code_results').innerHTML = ' '
  area_codes.each(function(area_code, index) {
    new Insertion.Bottom("area_code_results", "<li>" +
      area_code.attributes.number + " - " +
      area_code.attributes.state + ", " +
      area_code.attributes.description + "</li>");
  });
}
```

Arraste e solte

O Scriptaculous torna a ação de arrastar e soltar mais fácil e o Rails fornece alguns métodos auxiliares para torná-la ainda mais fácil. Podemos ilustrar isso tornando a lista de prefixos retornada arrastável para uma área de arraste onde possa ser selecionada. Primeiro, precisamos alterar nossa view.

```
<html>
  <head>
    <%= javascript_include_tag :defaults %>
  </head>
  <body>
    Area Code: <%= text_field_tag 'number' %>
    <span id="area_code_results_message"></span>
    <hr/>
    Selected: <span id="selected" style="padding: 0 100px; width:
200px; height: 200px; background-color: lightblue;"></span>
<%= drop_receiving_element 'selected', :onDrop =>
"function(element) { $('selected').innerHTML = element.innerHTML; }",
:accept=>'area_code' %>
   <hr/>
   <span id="area_code_results"></span>
   <%= observe_field 'number', :url => { :controller => 'area_codes',
:action => 'show'}, :frequency => 0.25, :with => 'number' %>
 </body>
</html>
```

Utilizamos um auxiliar JavaScript chamado drop_receiving_element para permitir que o elemento identificado pelo ID do DOM 'selected' receba elementos arrastáveis da classe 'area_code.' Depois, o personalizamos configurando o parâmetro onDrop como uma função JavaScript para copiar o HTML do elemento arrastado. Com o elemento de arraste definido precisamos alterar nossa view show.js.rjs para tornar cada prefixo retornado um elemento arrastável.

```
if @area_codes.empty? || params[:number].blank?
  page.replace_html 'area_code_results_message',
                    'No Results Found'
  page.replace_html 'area_code_results', ''
else
  page.replace_html 'area_code_results_message',
                    "Found #{@area_codes.size} Results"
page.replace_html 'area_code_results', ''
  @area_codes.each do |area_code|
    id = area_code.number.to_s
    page.insert_html :bottom,
                     'area_code_results',
                     content_tag(:div,
                                 area_code,
```

```
                                    :id => id, :class => 'area_code')
page.draggable id, :revert => true
  end
end
```

Aqui, nós iteramos a coleção de prefixos e tornamos cada um deles um elemento *div* arrastável. Nós definimos o *id* do elemento para o número do prefixo e definimos a classe para 'area_code.' A classe é importante uma vez que o elemento de arraste criado no exemplo anterior aceitará somente elementos cuja classe seja 'area_code.'

Agora podemos atualizar a página e arrastar um prefixo até a caixa de seleção colorida. Isso é interessante, mas seria mais útil devolver ao servidor o prefixo que foi selecionado. Podemos fazer isso alterando o elemento de arraste:

```
<%= drop_receiving_element 'selected',
         :onDrop => "function(element) {$('selected').innerHTML =
                                         element.innerHTML; }",
         :accept => 'area_code',
         :url => { :controller => 'area_codes',
         :action => 'area_code_selected' } %>
```

Agora, quando um elemento for arrastado, um XMLHttpRequest será processado para o método area_code_selected. Por padrão, o id do elemento arrastado é enviado ao servidor que, nesse caso, é o número do prefixo. Em nosso controlador podemos registrar o prefixo selecionado.

```
Class AreaCodesController < ApplicationController
  def area_code_selected
    area_code = AreaCode.find_by_number(params[:id])
    # do something with area_code
    render :nothing => true
  end
end
```

Sortable

O Scriptaculous e o Rails baseiam-se no "arraste e solte" para criar listas classificáveis. Podemos utilizar isso para classificar os prefixos retornados. Primeiro, precisamos alterar nossa view para utilizar uma lista desordenada uma vez que o JavaScript classificável espera por isso.

```
<html>
   ...
```

```
    <ul id="area_code_results"></ul>
    ...
  </html>
```

Na view show.js.rjs, nós também já sabemos converter para listar itens e tornar a lista classificável. Também removemos a declaração arrastável já que adquirimos esse comportamento automaticamente quando a lista foi declarada como classificável.

```
if @area_codes.empty? || params[:number].blank?
  ...
else
  ...
  @area_codes.each do |area_code|
    id = area_code.number.to_s
    page.insert_html :bottom, 'area_code_results', content_tag(:li,
  area_code, :id => id, :class => 'area_code')
end
  page.sortable 'area_code_results', :url => { :controller =>
  'area_codes', :action => 'sorted_area_codes' }
end
```

Com isso, podemos, agora, classificar o resultado do prefixo retornado arrastando e soltando-o dentro da lista. Cada vez que arrastamos um elemento do prefixo, um XMLHttpRequest é processado para o método sorted_area_codes. Acessamos a lista através de params [: area_code_results] que contém um array de prefixos em uma ordem classificada utilizando o ID do DOM dos prefixos. Se houver um underscore no ID do DOM, somente a última parte dele será serializada e enviada ao servidor. Por exemplo, um elemento classificado com um ID do DOM como 'string_1' será enviado como 1.'

Autocompleter

Embora esta funcionalidade seja planejada para um plugin no Rails 2.0, ela ainda é bastante útil. Geralmente, os Autocompleters são utilizados para sugerir valores assim que você insere caracteres em um campo de texto. Voltando ao nosso exemplo, podemos utilizar um autocompleter para exibir possíveis combinações de prefixos assim que você digitar algum. Em outras palavras: se eu inserir o número 6, um autocompleter mostrará para mim todos os prefixos que começam com o número 6. Vamos começar com um campo de texto especial:

```
<html>
  <head>
    <%= javascript_include_tag :defaults %>
  </head>
  <body>
```

```
    Area Code: <%= text_field_with_auto_complete :area_code, :number
%>
  </body>
</html>
```

Isso irá criar um campo de texto e o associá-lo com um Ajax.Autocompleter que deve executar um XMLHttpRequest para um método chamado auto_complete_for_area_code_number toda vez que uma tecla for pressionada. Conforme o padrão, text_field_with_auto_complete procura por um método chamado auto_complete_for_ #{object_name} _ #{field}. Este método, em nosso controlador, seria semelhante a isto:

```
class AreaCodesController < ApplicationController
  ...
  def auto_complete_for_area_code_number
    @area_codes = AreaCode.find_by_number(params[:area_code][:number])
render :inline => "<%=auto_complete_result(@area_codes, :number)%>"
  end
  ...
end
```

Nós processamos de forma alinhada porque o auto_complete_result é um auxiliar do ActionView e não está disponível diretamente no controlador.

Editores in-place

Também podemos utilizar o Rails e o Scriptaculous para criar editores XMLHttpRequest in-place. Novamente, esta funcionalidade será removida do núcleo do Rails e fará parte de um plug-in no Rails 2.0. Se quiséssemos editar o texto descritivo de um prefixo, nossa view se pareceria com isto:

```
<html>
  <head>
    <%= javascript_include_tag :defaults %>
  </head>
  <body>
    Number: <%= in_place_editor_field :area_code, :number %><br/>
    State: <%= in_place_editor_field :area_code, :state%><br/>
    Description: <%= in_place_editor_field :area_code, :description %>
  </body>
</html>
```

Por comportamento padrão, os campos do editor in-place devem procurar um nome de método set_#{object_name}_#{field}. No caso do número, esse método seria set_area_code_number, que é semelhante a:

```
Class AreaCodesController < ApplicationController
  ...
  def set_area_code_number
   @area_code = AreaCode.find(params[:id])
   render :text => @area_code.number
  end
  ...
end
```

Conclusão

Geralmente, o sucesso do Rails está correlacionado ao surgimento da Web 2.0 e um dos fatores que une o Rails a este fenômeno é seu suporte integrado ao Ajax. Existe uma tonelada de livros sobre programação Ajax, inclusive alguns específicos sobre a utilização em conjunto de Ajax e Rails. É um assunto tão bom que sentimos a necessidade de incluí-lo como parte do "The Rails Way".

Neste capítulo, você foi estimulado a utilizar o plugin FireBug para Firefox, se você já não estiver utilizando. Depois, fornecemos um guia de referência complementar para a biblioteca Prototype do JavaScript. Esse guia é essencial para fazer a programação Ajax junto a uma revisão da funcionalidade fornecida pelo módulo PrototypeHelper do Rails. Nas seções que trataram do RJS você aprendeu como escrever JavaScript no Ruby, o que às vezes pode ser muito útil. E, finalmente, você aprendeu também sobre os auxiliares integrados ao Rails para efeitos e controles Scriptaculous.

Referências

1. O primeiro passo para obter o plugin FireBug para Firefox é acessar http://www.getfirebug.com/.
2. Acesse http://www.quirksmode.org/dom/w3c_events.html para uma explicação completa sobre os eventos do DOM e sobre como utilizá-los. Sit alit, quatem ex erci bla feu feuis doloborpero odit et, volor augiam velit accumsandrer sequat volor sustism odoluptat, volore consecte commy num eugait lor sequisc inisissis et nonsecte conse feuis num in hendre ming euiscing eui blaorpe rcincil ex ecte doluptatie commy nonsequipit eu faccum in verat. Dui te miniam, quam nit volore molor sim dolore eugait adiat digna feui blaortie coreet aut iriusto exer adipit acinim venibh exerat. Ectem vulla adit lute vel diamet doloborerit vel dolesed molorper alit aci estrud ectet autpat, consequis non veliquis at wis nummy nos nim vel esto dio dunt nullan henim accumsandit nonsenisi blaor irit lum velisim at ing ercilluptat. Is enit ute eugiat prat. Em dipis nullaore feugiam ipit vendio odip enim vel ecte facipisi.

Capítulo 13
Gerenciamento de sessão

Odeio acordar de manhã e descobrir que você não esteve aqui! Dr. Miles J. Binnell (Kevin McCarthy) em "Invasion of the Body Snatchers"
- Allied Artists, 1956

O HTTP é um protocolo stateless. Isso significa que sem o conceito de sessão (conceito que não é exclusivo do Rails) não haveria como saber se alguma solicitação HTTP estava relacionada à outra. Sem ele, não haveria um modo fácil de saber quem está acessando sua aplicação! A identificação do seu usuário (e supostamente a autenticação) teria que acontecer em todas as solicitações tratadas pelo servidor. [1]

Felizmente, toda vez que um novo usuário acessa nossa aplicação Rails, uma nova sessão é criada automaticamente. Utilizando a sessão podemos manter somente o estado do lado do servidor. Isso irá tornar nossas vidas de programadores web significativamente mais fáceis.

Utilizamos a palavra *sessão* para nos referirmos tanto ao período que um usuário esteja utilizando efetivamente a aplicação, quanto à estrutura de dados hash persistentes que mantemos disponível para este usuário. Essa estrutura de dados tem o formato de um hash identificado por um id de sessão único e uma string de números aleatórios hexadecimais de 32 caracteres. Quando uma nova sessão é criada, o Rails, para referência futura, automaticamente envia um cookie ao navegador que contém o id da sessão. A partir desse ponto, cada solicitação do navegador retorna o id da sessão ao servidor e a seqüência pode ser mantida.

O Rails Way, para projetar aplicações web, determina o uso mínimo da sessão para armazenamento de dados stateful. De acordo com a filosofia "share nothing" adotada pelo Rails, o lugar apropriado para armazenamento de dados persistentes é o banco de dados e ponto final.

O fundamental é que quanto mais longe você mantiver os objetos do hash da sessão do usuário, mais problemas você terá ao tentar evitar que esses objetos fiquem velhos (ou seja, ultrapassados em relação ao banco de dados).

Este capítulo trata de assuntos relacionados ao uso da sessão, a começar pela questão do que deve ser colocado nela.

O que armazenar na sessão

Decidir o que armazenar no hash da sessão não será uma tarefa muito difícil se você se comprometer a armazenar o menos possível. De modo geral, inteiros (para valores-chave) e mensagens de string curtas são permitidos. Objetos não são.

O usuário atual

Há um inteiro importante e que a maioria das aplicações Rails armazena na sessão: o current_user_id. Não é o usuário do objeto atual, mas seu id. Mesmo que você registre seu próprio login e seu próprio código de autenticação (o que você não deveria fazer), não armazene User (ou Person) na sessão enquanto o usuário estiver logado (veja o Capítulo 14 "Login e Autenticação" para obter mais informações sobre como localizar o usuário atual). O sistema de autenticação deve ser responsável pelo carregamento da instância do usuário do banco de dados antes de cada solicitação e deve torná-la disponível de forma consistente, através de um método no seu ApplicationController. Em particular, acredito que seguir esta recomendação irá garantir que você possa desativar o acesso a determinados usuários sem ter de esperar que a sessão deles expire.

Diretrizes para uso de sessão

Abaixo, estão mais algumas diretrizes gerais sobre o armazenamento de objetos na sessão:

- Eles devem ser serializados pela API Marshal do Ruby que exclui determinados tipos de objetos, como conexão a banco de dados e outros tipos de objetos E/S.
- Gráficos de objetos grandes podem exceder o tamanho disponível para o armazenamento de sessão. Conforme o armazenamento de sessão escolhido poderá haver essa limitação, que será abordada mais tarde no capítulo.
- Dados críticos não devem ser armazenados na sessão, uma vez que podem ser perdidos de repente pelo usuário que está concluindo sua sessão (fechando o navegador ou limpando seus cookies).
- Objetos com atributos alterados frequentemente não devem ser mantidos na sessão. Pense em uma situação onde você armazena um modelo com atributos "counter cache" e, constantemente, refere-se a ele fora da sessão em vez de capturá-lo do banco de dados. Os contadores nunca estariam atualizados.
- Modificar a estrutura de um objeto e manter suas antigas versões armazenadas na sessão é uma fórmula para o desastre. Scripts de distribuição devem limpar as sessões antigas para evitar que este tipo de problema ocorra, mas com determinados tipos de armazenamentos de sessão, como armazenamento de cookie, é difícil aliviar este tipo de problema. A solução simples (novamente) é não manter os objetos na sessão.

Opções de sessão

Inúmeras opções de sessão básicas estão disponíveis para uso em controladores através do método da classe session. Chamadas para session podem ser localizadas no ApplicationController ou no topo de controladores específicos da sua aplicação.

Por exemplo, algumas aplicações não precisam rastrear sessões de usuário, neste caso você pode adquirir um tremendo aumento de desempenho desativando esta parte do tratamento de solicitação do Rails:

```
# turn off session management for all actions.
session :off
```

Como ocorre com outros tipos de configuração de métodos de classe nos controladores as opções :except e :only são suportadas:

```
# turn off session management for all actions _except_ foo and bar.
session :off, :except => %w(foo bar)
# turn off session management for only the atom and rss actions.
session :off, :only => %w(atom rss)
```

A opção `:if` também está disponível e é útil para ações como verificar se atributos de uma solicitação específica merecem ou não uma sessão:

```
# the session will only be disabled for 'foo',
# and only if it is requested as a web service
session :off, :only => :foo, :if => lambda { |req| req.parameters[:ws]
}
```

Desativando sessões para robôs

Se você estiver executando um website público agentes spider e de busca e indexação (também conhecidos como *robôs*) eventualmente encontrarão você. Uma vez que não suportam cookies, cada solicitação feita ocasionará, na criação de uma nova sessão, uma carga totalmente desnecessária no seu servidor.

Desativar sessões especificamente para robôs é muito fácil, desde que elas se identifiquem por meio do cabeçalho do agente de usuário da solicitação HTTP. Tudo o que você tem a fazer é adicionar session :off ao seu

ApplicationController com uma condição :if dinâmica, como mostrado na Listagem 13.1.

Listagem 13.1 Desativando Sessões para Robôs Inspecionando a String do Agente de Usuário

```
class ApplicationController < ActionController::Base
  session :off, :if => lambda {|req| req.user_agent =~
/(Google|Slurp)/i}
```

Um típico Googlebot identifica-se como: "Mozilla/5.0 (compatible; Googlebot/2.1; +http://www.google.com/bot.html)". O robô do Yahoo identifica-se como: "Mozilla/5.0 (compatible; Yahoo! Slurp; http://help.yahoo.com/help/us/ysearch/slurp)". Vale a pena fazer uma busca utilizando seus registros de acesso ao servidor web para determinar quais robôs estão visitando seu site e quais strings de agente de usuário você precisa combinar. Então, após essa verificação, acrescente essas strings à expressão regular dentro do bloco lambda.

Há mais um aspecto para esta técnica que deve ser feito com teste. A partir desta escrita, a classe TestRequest não tem um método user_agent. Isso significa que seus testes ou especificações do controlador irão estourar depois que uma chamada para req.user_agent for adicionada, como mostrado na Listagem 13.1. Felizmente, as classes abertas do Ruby significam que podemos remediar a situação com facilidade. Basta adicionar o código da Listagem 13.2 ao seu arquivo test_helper.rb ou spec_helper.rb.

Listagem 13.2 Monkeypatching da Classe TestRequest para incluir user_agent

```
class ActionController::TestRequest
  def user_agent
    "Mozilla/5.0"
  end
end
```

Ativando sessões seletivamente

Suponha que você tenha uma aplicação nonstateful autêntica e tenha desativado todas as sessões em seu ApplicationController:

```
class ApplicationController < ActionController::Base
  session :off
```

Pode ser que você queira ativar as sessões seletivamente de acordo com determinados controladores como, por exemplo, um console administrativo. Você não pode declarar session :on em uma subclasse do ApplicationController – isso não funcionaria – mas por incrível que pareça, você *pode* declarar session `:disable => false.`

```
class AdminController < ApplicationController
  session :disable => false
```

Sessões de segurança

Algumas vezes você precisa configurar sua aplicação Rails de forma que as sessões funcionem somente com HTTPS:

```
# the session will only work over HTTPS
session :session_secure => true
```

A opção session_secure também pode ser utilizada em conjunto com as opções :only, :except e :if para garantir a segurança somente de partes específicas de sua aplicação. Lembre-se que seu servidor web precisa estar configurado para trabalhar com segurança para que esta opção funcione.

Mecanismos de armazenamento

O mecanismo pelo qual as sessões são persistidas em seu servidor Rails pode variar e você deve escolher aquele mais adequado às suas necessidades particulares. Calculo que 80% ou mais da produção de distribuições Rails utiliza o ActiveRecord Session Store.

ActiveRecord Session Store

O comportamento padrão do Rails é armazenar os dados da sessão como arquivos na pasta /tmp/sessions de seu projeto, o que é bom para testes e aplicações muito pequenas. Para aplicações maiores é aconselhável diminuir a quantidade de interação que o Rails tem com o sistema de arquivo, e isso inclui as sessões.

Há diversas opções para otimizar o armazenamento da sessão, mas o mais comum é utilizar o ActiveRecord de forma que os dados da sessão sejam armazenados no banco de dados. Na realidade, isso é tão comum que as ferramentas de alteração para esta configuração já estão embutidas no Rails.

A primeira etapa é criar a migração necessária utilizando uma tarefa rake fornecida para esse propósito específico e executar a migração para, de fato, criar uma tabela nova:

```
$ rake db:sessions:create
      exists  db/migrate
      create  db/migrate/009_add_sessions.rb

$ rake db:migrate
(in /Users/obie/prorails/time_and_expenses)
== AddSessions: migrating
==============================================
-- create_table(:sessions)
-> 0.0049s
-- add_index(:sessions, :session_id)
-> 0.0033s
-- add_index(:sessions, :updated_at)
-> 0.0032s
== AddSessions: migrated (0.0122s)
=====================================
```

A segunda (e última) etapa é informar ao Rails que utilize a nova tabela de sessões para armazenar as sessões através de uma configuração em `config/environment.rb`:

```
config.action_controller.session_store = :active_record_store
```

E isso é tudo.

PStore (baseado em arquivo)

O mecanismo de armazenamento de sessão padrão do Rails é manter os dados da sessão como arquivos no formato PStore em um diretório tmp. Os arquivos irão conter o conteúdo dos hashes da sessão em seu formato serializado nativo. Você não precisa mudar qualquer configuração para utilizar esta opção.

Se estiver executando um site de tráfego intenso você definitivamente *não* vai querer utilizar esta opção! Ela é lenta, pois serializar/deserializar estruturas de dados no Ruby é muito demorado. O servidor também irá sofrer uma grave alteração por precisar manter milhares de arquivos de sessão em um único diretório, talvez executando fora dos descritores de arquivo. Tenho visto (e postado sobre isso no blog) um site do Rails ativo ficar offline porque a partição que controla seus arquivos de sessão ficou sem espaço!

Armazenamento de sessão DRb

DRb é o serviço remoto do Ruby. Ele permite que o Ruby processe facilmente o compartilhamento de objetos pela rede. Para utilizar o armazenamento de sessão DRb você precisa executar um processo de servidor DRb separado que irá servir como o local de armazenamento da sessão. Quando você começa a trazer os processos adicionais, torna-se mais complicado manter a implementação da forma apropriada. Portanto, a menos que você realmente precise considerar esta opção por razões de desempenho, é melhor aderir ao ActiveRecord Session Store.

No momento em que escrevi esse livro o armazenamento de sessão DRb realmente não era popular e, segundo alguns blogs, ele nem mesmo funciona adequadamente. Se você quiser experimentá-lo com as sessões Rails e DRb, procure o script drb_server.rb no código-fonte do Rails.

```
config.action_controller.session_store = :drb_store
```

Se você acha que está se livrando do ActiveRecord Session Store, analise a versão super-hiper-otimizada de Stefan Kaes[2] ou considere o armazenamento de sessão memcache.

Armazenamento de sessão memcache

Se você está executando uma distribuição Rails de tráfego extremamente intenso, provavelmente você já investiu no memcache de alguma forma. Memcache é um cache de memória de processo remoto que ajuda a potencializar alguns dos sites mais trafegados da Internet.

A opção de armazenamento de sessão memcache está evoluindo rapidamente e permite que você utilize seu servidor memcache como o local de armazenamento dos dados da sessão. Essa opção também é boa porque possui uma expiração embutida, o que significa que você não precisa expirar as sessões antigas. Contudo, também é muito mais complicada de configurar e manter.[3]

```
config.action_controller.session_store = :mem_cache_store
```

Para fazer o armazenamento de sessão memcache funcionar você precisa ter certeza de que as configurações do memcache estão incluídas no seu arquivo environment.rb:

```
require 'memcache'
memcache_options = {
  :c_threshold => 10_000,
  :compression => true,
  :debug => false,
  :namespace => :app-#{RAILS_ENV}",
  :readonly => false,
  :urlencode => false
}
CACHE = MemCache.new memcache_options
CACHE.servers = 'localhost:11211'
ActionController::Base.session_options[:expires] = 1800
ActionController::Base.session_options[:cache] = CACHE
```

O polêmico CookieStore

Em fevereiro de 2007 Jeremy Kemper, membro da equipe principal, mudou do mecanismo de armazenamento de sessão padrão do respeitável PStore para um sistema novo baseado em um CookieStore e escreveu uma bela mensagem que resume muito bem tudo isso:

> Inicie um armazenamento de sessão baseado em cookie como o padrão do Rails. Normalmente as sessões contêm, no máximo, um user_id e uma mensagem relâmpago; ambos se adaptam ao tamanho limite de 4K do cookie. Um hash seguro está

incluído com o cookie para garantir a integridade dos dados (um usuário não pode alterar seu user_id sem saber a chave secreta incluída no hash). Se você tiver mais que 4K de dados de sessão ou não quiser que seus dados fiquem visíveis ao usuário escolha outro armazenamento de sessão. Sessões baseadas em cookie são muito mais rápidas do que as outras.

Para utilizar o CookieStore, você precisa executar o Rails 2.0 (padrão) ou adicionar a seguinte configuração ao environment.rb:

```
config.action_controller.session = {
  :session_key => '_my_app_session',
  :secret      => 'some_really_long_and_hashed_key'
}
```

Eu descrevo o CookieStore como polêmico devido à maneira como ele acabou tornando-se o novo mecanismo de armazenamento de sessão padrão. Por exemplo, ele impõe um limite de tamanho muito restrito: somente 4K. Uma restrição de tamanho significante como esta será boa se você estiver seguindo o caminho do Rails e não estiver armazenando outra coisa que não sejam inteiros ou strings curtas na sessão. Se estiver resistindo às diretrizes você pode vir a ter um problema com isso.

Muitas pessoas também se queixaram da insegurança inerente em armazenar informações sobre sessão, inclusive informações sobre o usuário atual no navegador do usuário. Porém, há medidas de segurança adequadas que fazem o armazenamento de cookie algo difícil de ser decifrado. Como exemplo você precisaria abrir mão do SHA512, o que é um tanto difícil de fazer.

Se quiser uma segurança maior[4] você pode, por exemplo, substituir facilmente o código hash existente:

```
class CGI::Session::CookieStore
  def generate_digest(data)
    # replace this line with your own encryption logic
    Digest::SHA512.hexdigest "#{data}#{@secret}"
  end
end
```

Outro problema com o armazenamento de sessão baseado em cookie é sua vulnerabilidade em *repetir* ataques, o que gerou uma enorme corrente de mensagens na principal lista de discussão do Rails. S. Robert James deu início à corrente[5] descrevendo um ataque de repetição:

Exemplo:

1. O usuário recebe os créditos armazenados em sua sessão.
2. O usuário compra alguma coisa.
3. O usuário tem seus créditos novos e inferiores armazenados em sua sessão.
4. Um hacker mal intencionado captura o cookie salvo na primeira etapa e o coloca de volta no cookie jar do navegador. Agora ele recebe seus créditos de volta.

Normalmente isso pode ser resolvido utilizando algo chamado nonce. Nele cada assinatura inclui um código que pode ser utilizado somente uma vez, o sinalizador fica de olho em todos os códigos e rejeita qualquer mensagem com o código repetido. Mas isso é muito difícil de fazer, uma vez que pode haver diversos servidores de

aplicações (híbridos).
Claro que poderíamos armazenar o nonce no banco de dados, mas isso acaba com o nosso propósito!

A resposta curta é: não armazene dados sensíveis na sessão. Nunca. A resposta mais longa é que a coordenação de nonces através de servidores múltiplos exigiria a interação de processo remoto em uma base por solicitação, o que, antes de qualquer coisa, contradiz os benefícios de utilizar o armazenamento de sessão de cookie.

O armazenamento de sessão de cookie também tem problemas potenciais com os ataques de repetição que deixam usuários mal intencionados em computadores compartilhados utilizarem cookies roubados para efetuar login em uma aplicação que o usuário pensou que tivesse efetuado logoff. O mais importante é: caso decida utilizar o armazenamento de sessão de cookie, por favor, pense muito sobre as implicações que isso pode causar.

Tempo limite e ciclo de vida da sessão

Com bastante freqüência é solicitado a você que interrompa uma sessão se usuário se ele ficar ocioso por um determinado período de tempo. Por incrível que pareça, esta funcionalidade básica não está disponível por padrão no Rails. Utilizando opções de sessão embutidas, você pode determinar um tempo de expiração específico; porém, quando suas aplicações Rails iniciarem no modo de produção, o tempo de expiração será definido apenas uma vez. Isso é bom se você estiver definindo seu tempo de expiração para um futuro distante (além do tempo que é provável que você reinicie seus processos de servidor).

O que acontece se você quiser definir seu tempo limite para um futuro próximo? Digamos, talvez, 20 minutos a partir do momento de criação da sessão? O código abaixo funcionaria?

```
class ApplicationController < ActionController::Base
  session :session_expires => 20.minutes.from_now
end
```

O problema está no fato de que 20 minutos a partir de agora (o horário que o processo de servidor é iniciado), em breve, irá se tornar um tempo no passado. Quando a data de expiração da sessão está no passado cada solicitação nova fará com que uma nova sessão seja criada, o que irá causar muita confusão.

Plugin de tempo limite de sessão para Rails

Felizmente existe um plugin bastante testado e que resolve nosso problema. Ele está registrado por Luke Redpath e disponível em http://opensource.agileevolved.com / trac / wiki / SessionTimeout.

Depois de instalar o plugin em sua aplicação, haverá um método session_times_out_in disponível para uso no ApplicationController. O primeiro parâmetro é a duração em segundos depois da qual a sessão deve expirar e você pode utilizar os métodos de conveniência do Rails para manter seu código legível.

Por exemplo, vamos implementar aquele tempo limite de 20 minutos que nós acabamos de discutir:

```
class ApplicationController < ActionController::Base
```

```
    session_times_out_in 20.minutes
  end
```

O segundo parâmetro (opcional) permite que você especifique um método de chamada de retorno que deverá ser invocado assim que chegar uma solicitação que possa fazer com que a sessão seja expirada. Pode ser necessário realizar alguma limpeza no final da sessão, redirecionar o usuário para um lugar específico ou coisas desse tipo.

Como é comum em chamadas de retorno, o valor do segundo parâmetro pode ser um símbolo que se refere a um método:

```
  class ApplicationController < ActionController::Base
    session_times_out_in 20.minutes, :after_timeout => :log_timeout_msg
    private
    def log_timeout_msg
      logger.info "Session expired"
    end
  end
```

Você pode, ainda, especificar um Proc ou lambda. Será passada uma instância do controlador atual que neste exemplo eu vou ignorar:

```
  class ApplicationController < ActionController::Base
    session_times_out_in 20.minutes,
       :after_timeout => proc {|controller| logger.info "Session expired"
  }
  end
```

Elegante, não é?

Rastreando as sessões ativas

Com bastante freqüência, queremos uma maneira de exibir o número de usuários ativos de uma aplicação. Se você estiver utilizando o ActiveRecord Session Store. Isso é muito fácil de realizar. A tabela sessions, por padrão, é criada com uma coluna updated_at. Vamos supor que sua definição de *ativo* seja de uma hora, o código para contar os usuários ativos se pareceria com isso:

```
  CGI::Session::ActiveRecordStore::Session.count :conditions =>
  ["updated_at > ?", 1.hour.ago ]
```

Na realidade, ao encontrar objetos que estejam utilizando a classe Session, estes podem ser utilizados como qualquer outra instância ActiveRecord. O conteúdo da sessão é armazenado no atributo data, serializado (de um modo que não possa ser lido por ninguém) em uma coluna de texto e, portanto, não é possível (por padrão) consultar sessões pelo seu conteúdo. Quer ver com que ele se parece?

```
  >> CGI::Session::ActiveRecordStore::Session.find:first
  => #<CGI::Session::ActiveRecordStore::Session:0x26fe65c
  @attributes={"updated_at"=>"2006-11-29 02:06:01",
  "session_id"=>"73bb9cd7fd19a5c1cae8cd0fda0cb6bb", "id"=>"1",
  "data"=>"BAh7BiIKZmxhc2hJQzonQWN0aW9uQ29udHJvbGxlcjo6Rmxhc2g6OkZsYXNo\nSG
  FzaHsABjoKQHVzZWR7AA==\n"}>
```

Desta forma, se você quiser, por exemplo, consultar dados contidos nos dados da sessão, exibir uma lista de nomes dos usuários atuais vai ser um pouco mais trabalhoso. Em resumo, você teria de acrescentar outra coluna à tabela sessions e acrescentar um after_filter ao seu ApplicationController que armazena os dados que você quer em uma base por solicitação. (A implementação completa será deixada como um exercício para o leitor.)

Segurança da sessão aprimorada

Erik Elmore nos oferece, em seu blog[6], uma descrição longa e bem detalhada de como escrever um armazenamento de sessão "paranóico". Entre outras coisas, sua implementação fornece proteção contra ataques de fixação de sessão capturando endereços IP como parte do registro da sessão (uma facilidade que possibilita saber quais usuários estão "online") e capacita para concluir administrativamente sessões de causadores de problemas. Além disso, é muito rápida porque utiliza o banco de dados diretamente em vez de instanciar objetos ActiveRecord. Seu artigo pode não ser completamente aplicável a você, principalmente porque foi escrito para MySQL, mas, sem dúvida, é digno de análise se você estiver lidando com a manipulação de sessão avançada.

Limpando sessões antigas

Se você estiver utilizando o plugin session_timeout de Luke Redpath e ActiveRecordStore, limpar sessões antigas será realmente fácil. Lembre-se que o tempo limite da sessão fornece uma opção :after_timeout?

Você também pode escrever suas próprias utilidades para manter suas sessões. A Listagem 13.3 é uma classe que você pode adicionar à sua pasta /lib e invocá-la a partir do console de produção ou de um script sempre que for necessário.

Listagem 13.3 Classe SessionMaintenance para Limpar Sessões Antigas

```
class SessionMaintenance
 def self.cleanup(period=24.hours.ago)
   session_store = CGI::Session::ActiveRecordStore::Session
   session_store.destroy_all( ['updated_at < ?', period] )
 end
end
```

Cookies

Esta seção é sobre a utilização de cookies e não sobre o armazenamento de sessão do cookie. O *container cookie*, como é conhecido, é semelhante a um hash e está disponível pelo método cookies no escopo dos controladores. A maioria dos desenvolvedores Rails utiliza cookies para armazenar as preferências do usuário e outras pequenas partes de dados não sensíveis. Sempre tenha cuidado para não armazenar dados sensíveis em cookies, uma vez que eles podem ser facilmente lidos e modificados por usuários mal intencionados. O banco de dados é um local mais apropriado para armazenar dados sensíveis.

Ao contrário do que alguns desenvolvedores poderiam esperar, o container cookies, por padrão, não está disponível em modelos de view ou auxiliares. Se necessário, e de acordo com a prática adequada do MVC (model-view-controller), você deve definir uma variável de instância em seu controlador com o valor de um cookie para utilizar em sua view:

```
@list_mode = cookies[:list_mode] || 'expanded'
```

Se você realmente tem a intenção de acessar cookies em seus auxiliares ou em suas views, há uma solução simples. Basta declarar cookies para ser um método auxiliar:

```
class MyController < ActionController::Base
  helper_method :cookies
```

Lendo e escrevendo Cookies

O container do cookie é repleto de cookies recebidos junto com a solicitação e emite qualquer cookie que você escreve para ele com a resposta. Observe que os cookies são lidos por valor, portanto, você não obterá de volta o próprio objeto cookie mas apenas o valor que ele mantém como uma string (ou como um array de strings se ele mantiver valores múltiplos). Isso é uma limitação mas, na prática, não estou certo da intensidade dessa limitação.

Para criar ou atualizar cookies basta atribuir valores utilizando o operador colchetes. Você pode atribuir um valor de string único ou um hash contendo opções como, por exemplo, :expires, que aceita alguns segundos antes dos quais o cookie deve ser apagado pelo navegador. Lembre-se que os métodos de conveniência do Rails para tempo são úteis aqui:

```
# writing a simple session cookie
cookies[:list_mode] = params[:list_mode]
# specifying options, curly brackets are needed to avoid syntax error
cookies[:recheck] = {:value => "false", :expires => Time.now +
5.minutes}
```

Acredito que as opções :path sejam úteis porque permitem que você defina opções específicas para segmentos específicos ou mesmo para registros específicos de sua aplicação. A opção :path, por padrão, é definida como '1', a raiz da sua aplicação.

A opção :domain permite que você especifique um domínio que é utilizado com mais freqüência quando você está servindo sua aplicação a partir de um host específico mas deseja definir cookies para o domínio inteiro.

```
cookies[:login] = {:value => @user.security_token,
                   :domain => '.domain.com',
                   :expires => Time.now.next_year }
```

Os cookies também podem ser escritos utilizando a opção :secure e o Rails irá transmiti-los somente em uma conexão HTTPS segura:

```
# writing a simple session cookie
cookies[:account_number] = { :value => @account.number, :secure =>
true }
```

Finalmente, você pode apagar cookies utilizando o método delete:

```
cookies.delete :list_mode
```

Conclusão

Decidir como utilizar a sessão é um das tarefas mais desafiadoras com a qual um desenvolvedor de aplicação web se depara. Esse é o motivo pelo qual incluímos diversas seções sobre isso no início deste capítulo. Também abordamos as diversas opções disponíveis para configurar sessões, incluindo mecanismos de armazenamento e métodos para interromper sessões e o ciclo de vida da sessão. No capítulo seguinte continuaremos com um assunto ainda relacionado a essas questões: login e autenticação.

Referências

1. Se você é realmente novo na programação web e quer uma explicação bem completa de como o gerenciamento de sessão baseada em web funciona poderá ler informações disponíveis em http://www.technicalinfo.net/papers/WebBasedSessionManagement.html.
2. Você pode encontrar o ActiveRecord SessionStore superotimizado de Stefan Kaes em http://railsexpress.de/blog/articles/2005/12/19/roll-your-own-sql-session-store.
3. Geoffrey Grosenbach tem um tutorial fantástico sobre os conceitos básicos do memcache em http://nubyonrails.com/articles/2006/08/17/memcached-basics-for-rails.
4. Meu companheiro Courtenay escreveu um ótimo post sobre o armazenamento de sessão de cookie no blog http://blog.caboo.se/articles/2007/2/21/new-controversial-default-rails-session-storage-cookies.
5. Se você quiser ler o thread completo (todas as 83 mensagens dele), basta pesquisar no Google por "Replay attacks with cookie session". Os resultados devem incluir um link para o tópico em Ruby on Rails: Core Google Group.
6. http://burningtimes.net/articles/2006/10/15/paranoid-rails-session-storage

Capítulo 14
Login e Autenticação

> "Graças a Deus, existe somente cerca de um bilhão desses porque David Heinemeir Hansson (DHH) não acha que auth/auth pertence ao núcleo". – Comentário em http://del.icio.us/revgeorge/authentication

Aposto que toda aplicação web na qual você já trabalhou precisou, em alguma medida, de segurança de usuário e que algumas pessoas acreditam que faz sentido incluir algum tipo de funcionalidade de autenticação padrão em um framework "kitchen-sink" como o Rails.

No entanto, a segurança de usuário é uma daquelas áreas do design de aplicação que, normalmente, envolve mais lógica de negócios do que qualquer um poderia perceber logo de início.

David expressou com clareza suas opiniões sobre o assunto a fim de nos ajudar a entender por que o Rails não inclui qualquer tipo de mecanismo de autenticação padrão: para ele contexto supera consistência. Reutilização funciona bem somente quando determinadas instâncias são tão semelhantes que você resolve utilizar as pequenas diferenças para uma produtividade maior. Geralmente, esse é o caso de uma infra-estrutura como o Rails, mas raramente o caso da lógica de negócios, como autenticação e módulos e componentes em geral.

> Qualquer que seja o resultado, nós precisamos escrever nosso próprio código de autenticação ou olhar para fora do núcleo do Rails para encontrar uma solução adequada. Não é muito difícil escrever seu próprio código de autenticação, já que, na verdade, não é difícil escrever *qualquer coisa* em Rails. Mas por que reinventar a roda? Esse não é o modo Rails!

Como mencionado na abertura desse capítulo, temos muitas opções diferentes para escolher. Parece que uma vez que a autenticação é um dos primeiros recursos que você acrescenta a uma aplicação nova, também é um dos primeiros projetos experimentados por muitas pessoas, como o caso de um autor de plugin ambicioso.

A variedade de opções pode ser uma coisa boa, mas eu afirmo que, neste caso específico, não é. Uma pesquisa no Google por "autenticação Rails" retorna *mais de cinco milhões de resultados*! Observando somente a primeira página de resultados poderia contar pelo menos 10 abordagens diferentes para tratar desse problema – no entanto, em que condições poderia existir um *gerador de senha esperto*?

Não precisa ficar preocupado ou confuso. Acontece que os profissionais Rails concordam que os dois melhores plugins de autenticação foram criados por Rick Olson, membro da equipe principal do Rails, também conhecido como *techno weenie* [1]. Neste capítulo, vamos analisar ambos detalhadamente.

Acts as Authenticated

Acts as Authenticated é descrito por Rick como "um simples plugin gerador de autenticação". Ele permite que você adicione facilmente à sua aplicação uma *autenticação baseada em formulário*. Ele também fornece uma API padrão para acessar informações e saber, por exemplo, se um usuário está logado ou tem permissões de administrador, assim como acessar o próprio objeto User.

Courtenay diz...
Acts as Authenticated também funciona perfeitamente com o HTTP Basic Authentication (também conhecido como *caixa de login feia*), portanto, você não precisa fazer nada extraordinário para obter uma API protegida para suas aplicações RESTful. Ele até retorna a resposta 401 Unauthorized quando necessário.

Instalação e configuração

Instale `acts_as_authenticated` como um plugin invocando `script/plugin install acts_as_authenticated`. Primeiro, você gera o código-base para a autenticação utilizando um gerador Rails incluído no plugin, depois você personaliza a implementação básica para que ele se comporte de acordo com as necessidades de sua aplicação específica.

O gerador de código é invocado utilizando `script/generate` e apresenta dois parâmetros: um para o nome do modelo e um para o nome do controlador. Iremos invocar o gerador especificando user e account como os nomes desejados para o nosso modelo de autenticação e controlador.

```
$ script/generate authenticated user account
exists app/models/
exists app/controllers/
exists app/helpers/
create app/visualização/account
exists test/functional/
exists test/unit/
create app/models/user.rb
create app/controllers/account_controller.rb
create lib/authenticated_system.rb
create lib/authenticated_test_helper.rb
create test/functional/account_controller_test.rb
create app/helpers/account_helper.rb
create test/unit/user_test.rb
create test/fixtures/users.yml
create app/visualizaçãos/account/index.rhtml
create app/visualizaçãos/account/login.rhtml
create app/visualizaçãos/account/signup.rhtml
create db/migrate
create db/migrate/001_create_users.rb
```

Semelhante ao modo como o código de scaffolding é gerado, vemos que diversos arquivos para um modelo e controlador, migração e testes associados são criados. Eu explicarei a você o uso do plugin e mostrarei o que nós podemos aprender com isso em relação ao nosso próprio código de aplicação.

O modelo User

Primeiro, vamos observar a migração que foi criada automaticamente pelo gerador: `db/migrate/001_create_users.rb`.

```
class CreateUsers < ActiveRecord::Migration
  def self.up
    create_table "users", :force => true do |t|
      t.column :login, :string
      t.column :email, :string
      t.column :crypted_password, :string, :limit => 40
      t.column :salt, :string, :limit => 40
      t.column :created_at, :datetime
      t.column :updated_at, :datetime
      t.column :remember_token, :string
      t.column :remember_token_expires_at, :datetime
  end
end
  def self.down
    drop_table "users"
  end
end
```

As colunas padrão deveriam ser parecidas com aquelas que você associaria a um modelo User. Daqui a pouco, neste capítulo, abordaremos o significado de crypted_password e salt. Se você quiser colunas adicionais, tais como primeiro e último nomes, basta acrescentá-las a esta migração.

Agora, vamos abrir app/models/user.rb e ver com o que nosso novo brilhante modelo User se parece na Listagem 14.1.

Listagem 14.1 O modelo User gerado pelo Acts as Authenticated

```
require 'digest/sha1'
class User < ActiveRecord::Base
  # Virtual attribute for the unencrypted password
  attr_accessor :password
  validates_presence_of :login, :email
  validates_presence_of :password,
  :if => :password_required?
  validates_presence_of :password_confirmation,
```

```
  :if => :password_required?
  validates_length_of :password, :within => 4..40,
  :if => :password_required?
  validates_confirmation_of :password,
  :if => :password_required?
  validates_length_of :login, :within => 3..40
  validates_length_of :email, :within => 3..100
  validates_uniqueness_of :login, :email, :case_sensitive => false
  before_save :encrypt_password
  # Authenticates a user by their login name and unencrypted password,
  # returning the user or nil.
  def self.authenticate(login, password)
    u = find_by_login(login) # need to get the salt
    u && u.authenticated?(password) ? u : nil
end
  # Encrypts some data with the salt.
  def self.encrypt(password, salt)
    Digest::SHA1.hexdigest("—#{salt}--#{password}--")
End
# Encrypts the password with the user salt
def encrypt(password)
  self.class.encrypt(password, salt)
end
def authenticated?(password)
  crypted_password == encrypt(password)
end
def remember_token?
  remember_token_expires_at &&
  (Time.now.utc < remember_token_expires_at)
end
# These create and unset the fields required
# for remembering users between browser closes
def remember_me
  self.remember_token_expires_at =
    2.weeks.from_now.utc
  self.remember_token =
    encrypt("#{email}--#{remember_token_expires_at}")
  save(false)
end
def forget_me
```

```
    self.remember_token_expires_at = nil
    self.remember_token = nil
    save(false)
  end
  protected
    def encrypt_password
      return if password.blank?
      self.salt =
        Digest::SHA1.hexdigest("--#{Time.now}--#{login}--") if
  new_record?
        self.crypted_password = encrypt(password)
    end
    def password_required?
      crypted_password.blank? || !password.blank?
    end
  end
```

Uau! Claro que há mais código do que estamos acostumados a ver em uma classe gerada no Rails. Vamos analisar o modelo User para ver o que podemos aprender.

Atributos sem banco de dados

Algumas vezes, pode fazer sentido adicionar atributos sem banco de dados aos seus modelos `ActiveRecord`. Eles são adicionados utilizando macros `attr_*`, as quais você deve conhecer de qualquer manual de linguagem Ruby existente.

Observe que bem no topo do modelo User, foi especificado um atributo para :password. Isso parece um pouco estranho? A senha de usuário não deveria ser mantida no banco de dados?

Pode fazer mais sentido se considerarmos que os atributos sem banco de dados normalmente são utilizados em modelos ActiveRecord para manter os dados *temporários*. A senha aparece no texto simples somente durante uma solicitação, quando ela está sendo submetida de um formulário HTML. Antes de ser salva, a string da senha do texto simples precisa ser criptografada pelo método `encrypt_password`.

```
def encrypt_password
  return if password.blank?
  if new_record?
    self.salt = Digest::SHA1.hexdigest("--#{Time.now.to_s}--#{login}--")
  end
  self.crypted_password = encrypt(password)
end
```

Observe que a propriedade password é referenciada na chamada para password.blank? e encrypt(password). Uma vez que atributos sem banco de dados estão fora do conhecimento do ActiveRecord, quando o atributo password é definido? É explicitamente?

O fato de termos uma cobertura de teste de unidade significa que nós temos um ótimo modo de ver exatamente onde nosso atributo password está definido. Minha intuição diz que, na maioria das vezes, esses atributos extras são definidos pelos métodos construtores do ActiveRecord, mas utilizando o teste de unidade User posso provar claramente isso a você.

A que teste de unidade me refiro? Aquele que o plugin gerou. Antes de alterar qualquer coisa, vamos executar o rake test para ter certeza de que, acima de tudo, estamos passando testes.

```
$ rake
(in /Users/obie/time_and_expense)
/opt/local/bin/ruby -Ilib:test
"/opt/local/lib/ruby/gems/1.8/gems/rake-
0.7.1/lib/rake/rake_test_loader.rb" "test/unit/user_test.rb"
Loaded suite /opt/local/lib/ruby/gems/1.8/gems/rake-
0.7.1/lib/rake/rake_test_loader
Started
..........
Finished in 0.312914 seconds.
10 tests, 17 assertions, 0 failures, 0 errors
/opt/local/bin/ruby -Ilib:test
"/opt/local/lib/ruby/gems/1.8/gems/rake-
0.7.1/lib/rake/rake_test_loader.rb"
"test/functional/account_controller_test.rb"
Loaded suite /opt/local/lib/ruby/gems/1.8/gems/rake-
0.7.1/lib/rake/rake_test_loader
Started
..............
Finished in 0.479761 seconds.
14 tests, 26 assertions, 0 failures, 0 errors
/opt/local/bin/ruby -Ilib:test
"/opt/local/lib/ruby/gems/1.8/gems/rake-
0.7.1/lib/rake/rake_test_loader.rb"
```

Barra verde – todos os testes passaram! Isso significa que é seguro fazer qualquer experimentação. Lembre-se que estávamos querendo saber como aquele atributo password é utilizado. O que irá acontecer se mudarmos o attribute_accessor para attribute_reader, tornando o atributo password somente leitura?

```
class User < ActiveRecord::Base
  # Non-database attribute for the unencrypted password
  attr_reader :password
```

Quando executamos o conjunto de teste novamente, descobrimos que um grupo inteiro de testes é interrompido, apontando efetivamente para cada local do código-base onde o valor de password está definido. Todos eles são, de fato, construtores do ActiveRecord.

Um dos erros, por exemplo, ocorre no teste para o método signup do AccountController.

```
4) Error:
test_should_require_pwd_confirmation_on_signup(AccountControllerTest):
NoMethodError: undefined method `password=' for #<User:0x2a45068>
    active_record/base.rb:1842:in `method_missing'
    active_record/base.rb:1657:in `attributes='
    active_record/base.rb:1656:in `attributes='
    active_record/base.rb:1490:in `initialize_without_callbacks'
    active_record/callbacks.rb:225:in `initialize'
    app/controllers/account_controller.rb:23:in `signup'
```

Uma olhada rápida no método signup confirma que o atributo password está sendo passado para o construtor de User, empacotado no hash dos parâmetros de usuário, que é gerado quando o formulário signup é enviado pela visualização.

```
def signup
  @user = User.new(params[:user])
  return unless request.post?
  ...
end
```

Atributos sem banco de dados são significantes porque podem ser conduzidos a mascarar as opções de implementação da visualização. Isso iria oferecer um risco ao expor as propriedades salt e crypted_password à visualização.

Validações

Voltando nossa atenção ao modelo User, observamos que Rick forneceu padrões lógicos para a validação da senha. Claro que você tem a liberdade de modificá-los o quanto quiser de forma a atingir suas necessidades e seu objetivo.

```
validates_presence_of :password
                      :if => :password_required?
validates_presence_of :password_confirmation,
                      :if => :password_required?
```

```
validates_length_of       :password, :within => 4..40,
                          :if => :password_required?
validates_confirmation_of :password,
                          :if => :password_required?
```

Essas regras de validação devem executar somente sob uma condição, se o atributo crypted_password estiver vazio e o atributo password não estiver. Caso contrário, qualquer atualização no modelo de usuário desativaria a senha.

```
def password_required?
  crypted_password.blank? || !password.blank?
end
```

Chamadas de retorno condicionais

Observe o uso dos parâmetros :if nos métodos de validação para especificar uma chamada de retorno condicional. O símbolo : password_required? identifica o método que deve ser invocado para determinar se a validação deve ser ativada ou não. À primeira vista, parece que este código poderia ser menos repetitivo, uma vez que a cláusula :if =>:password_required? é repetida quatro vezes. Podemos refatorá-lo para ser mais conciso?

```
# looks more DRY, but will it work?
if password_required?
  validates_presence_of :password
  validates_presence_of :password_confirmation
  validates_length_of :password, :within => 4..40,
  validates_confirmation_of :password
end
```

Não! Pense na sincronização temporal da cláusula if:. Precisamos verificar password_required? durante a etapa de validação do ciclo de vida do modelo e não no momento que a classe User é definida. É possível reduzir a duplicação deste código utilizando o método with_options do Rails, embora isso *possa* ser um daqueles casos onde a recompensa não justifica o esforço.

```
with_options :if => :password_required? do |u|
  u.validates_presence_of :password
  u.validates_presence_of :password_confirmation
  u.validates_length_of :password, :within => 4..40
  u.validates_confirmation_of :password
end
```

A chamada de retorno before_save

Como abordado no Capítulo 2, "Trabalhando com controladores", as chamadas de retorno permitem que você aponte um método que deve ser invocado em um determinado estágio do ciclo de vida de um objeto ActiveRecord. Desta forma:

```
before_save :encrypt_password
```

Voltando à analise do modelo User, observe que há uma necessidade de criptografar a senha de usuário antes de salvar um novo registro de usuário no banco de dados. O símbolo encrypt_password aponta para o método protegido de mesmo nome que estiver mais próximo da parte inferior da classe:

```
def encrypt_password
  return if password.blank?
  if new_record?
    self.salt = Digest::SHA1.hexdigest("--#{Time.now}--#{login}--")
  end
self.crypted_password = encrypt(password)
end
```

Isso quer dizer: "Em primeiro lugar, se a senha estiver vazia não tente criptografá-la. Caso contrário, calcule e capture os atributos salt e crypted_password para salvar."

A coluna salt armazena uma chave de hashing única que ajuda a tornar nosso sistema de autenticação mais seguro do que se utilizássemos uma constante system-wide.

O método authenticate

Continuando, o método authenticate de duas linhas serve como um bom exemplo de um método de classe para seu código de aplicação. É uma parte genérica da lógica de classe, sem estar associado a qualquer instância específica. Entretanto, sua implementação pode ser um tanto densa e obscura, a menos que você conheça Ruby muito bem. Tentarei dissecar isso para você.

```
# Authenticates a user by their login name and unencrypted password,
# returning the user or nil.
def self.authenticate(login, password)
  u = find_by_login(login) # need to get the salt
  u && u.authenticated?(password) ? u : nil
end
```

A primeira linha tenta encontrar um registro de usuário utilizando o valor login fornecido. Se o registro não existir, o finder retornará nil, que será atribuído a u, fazendo com que a expressão && na linha 2 retorne false.

Porém, se um registro de usuário *for* encontrado, então está na hora de verificar a senha. O comentário de Rick diz sucintamente: "É preciso obter o salt", porque se nós não utilizarmos um valor salt exclusivo para cada usuário, a autenticação poderá, portanto, ser feita simplesmente através da consulta ao banco de dados por nome de usuário *e* pela senha criptografada. Supondo que a chamada para find_by_login retornou uma instância de usuário, a *expressão ternária* na linha 2 invocará authenticated? para determinar se o que deve ser retornado é a instância de usuário ou nil.

remember_token

Você sabe que muitas aplicações web apresentam uma pequena caixa de seleção abaixo dos campos login e uma senha de forma que você não tenha que realizar a autenticação manualmente toda vez? Isso é realizado por um *segredo compartilhado* parecido com o remember_token. Sempre que o método remember_me de User é invocado, uma string criptografada é criada para ser armazenada como um cookie no navegador web do usuário. A implementação padrão de Rick dura duas semanas antes de expirar, mas você pode mudar isso a fim de satisfazer sua necessidade.

O método forget_me simplesmente remove os atributos.

```
def remember_me
  self.remember_token_expires_at = 2.weeks.from_now.utc
  self.remember_token =
      encrypt("#{email}--#{remember_token_expires_at}")
  save(false)
end
def forget_me
  self.remember_token_expires_at = nil
  self.remember_token = nil
  save(false)
end
```

Nota

Aqui há um pouco da trivialidade do Rails a respeito de save com um argumento booleano, como visto nos dois últimos métodos. Isso significa *salvar sem executar validações*. Eu chamo isso de "um pouco de trivialidade" porque os documentos da API do Rails não mencionam que save aceita um argumento booleano. Na realidade, isso acontece porque a implementação normal não aceita – *a menos que você especifique validações em seu modelo* – significando que a assinatura de método de save é alterada no tempo de execução.

O método remember_token? confere se temos um token que não tenha expirado para verificar. Observe que, por padrão, ele funciona em UTC (Tempo Universal Coordenado), não em tempo local.

```
def remember_token?
  remember_token_expires_at && (Time.now.utc <
remember_token_expires_at)
end
```

Essa é a nossa análise do modelo User gerado pelo plugin acts_as_authenticated. Claro que você pode acrescentar um código de aplicação adicional a User para representar sua própria lógica de negócios relacionada ao usuário.

Account Controller

Agora, vamos abrir app/controllers/account_controller.rb e analisar as ações que foram geradas para nós pelo plugin na Listagem 14.2.

Listagem 14.2 A classe AccountController

```
class AccountController < ApplicationController
  # Be sure to include AuthenticationSystem in Application Controller
  # instead of here
  include AuthenticatedSystem
  # If you want "remember me" functionality, add this before_filter
  # to Application Controller
  before_filter :login_from_cookie
  # say something nice, you goof! something sweet.
  def index
    redirect_to(:action => 'signup') unless logged_in? || User.count > 0
end
def login
  return unless request.post?
  self.current_user =
    User.authenticate(params[:login], params[:password])
  if current_user
    if params[:remember_me] == "1"
      self.current_user.remember_me
      cookies[:auth_token] =
        { :value => self.current_user.remember_token,
          :expires => self.current_user.remember_token_expires_at }
    end
    redirect_back_or_default(:controller => '/account',
```

```
                                  :action => 'index')
      flash[:notice] = "Logged in successfully"
        end
      end
      def signup
        @user = User.new(params[:user])
        return unless request.post?
        @user.save!
        self.current_user = @user
        redirect_back_or_default(:controller => '/account',
                                  :action => 'index')
      flash[:notice] = "Thanks for signing up!"
      rescue ActiveRecord::RecordInvalid
        render :action => 'signup'
      end
      def logout
        self.current_user.forget_me if logged_in?
        cookies.delete :auth_token
        reset_session
        flash[:notice] = "You have been logged out."
        redirect_back_or_default(:controller => '/account',
                                  :action => 'index')
    end
    end
```

Observe as importantes instruções feitas nos comentários perto do topo do arquivo. Há duas linhas de código que podemos mover para nosso controlador de aplicação.

```
class ApplicationController < ActionController::Base
  include AuthenticatedSystem
```

Em primeiro lugar, devemos incluir o módulo AuthenticatedSystem em nosso ApplicationController de forma que seus métodos fiquem disponíveis a todos os controladores do nosso sistema. O módulo AuthenticatedSystem nos fornece métodos de leitura e de escrita em nossos controladores para current_user (como armazenado na sessão). Ele também nos fornece um método logged_in? muito útil. Podemos utilizar esses métodos no cabeçalho de nosso esquema de aplicação, por exemplo, para exibir links de login e logout baseados no fato de o usuário estar logado ou não:

```
<div id="login_message">
 <% if logged_in? -%>
  <%= "Logged in as <strong>#{current_user.name}</strong>" %> |
  <%= link_to "Logout", :controller => 'account', :action => 'logout' %>
 <% else -%>
  <%= link_to "Logout", :controller => 'account', :action => 'login' %>
|
   <%= link_to "Signup", :controller => 'account', :action => 'signup' %>
  <% end -%>
</div>
```

Isso gera uma questão muito interessante e potencialmente enigmática: como é que você pode acessar current_user e logged_in? a partir de métodos visualização? Controller (que são acessados pelo módulo AuthenticatedSystem). Eles devem estar disponíveis a partir da visualização somente se estiverem declarados como métodos auxiliares. Dando uma olhada rápida em application.rb, percebemos que não há uma chamada para helper_method à vista.

A resposta encontra-se mais ou menos no centro de authenticated_system.rb no método self.included:

```
# Inclusion hook to make #current_user and #logged_in?
# available as ActionVisualização helper methods.
def self.included(base)
  base.send :helper_method, :current_user, :logged_in?
end
```

Aha! Particularmente, eu não gosto de colocar ganchos included em outro lugar que não seja no topo dos módulos porque pode causar um pouco de confusão se você não visualizá-los imediatamente.

Para explicar, o que está acontecendo aqui é que quando AuthenticatedSystem está incluído em outra classe, este gancho será invocado no *contexto de classe* do objeto que está fazendo a inclusão e, assim, o helper_method acontecerá exatamente como se estivesse embutido no código da classe original. Seria isso um pouco da magia da metaprogramação? Não, apenas o uso adequado da funcionalidade dos módulos de Ruby e muito do modo Rails.

Login a partir do cookie

Em segundo lugar, há o filtro opcional que ativa o login utilizando um cookie de navegador que nos fornece a chamada funcionalidade "Lembre-se de mim". Por enquanto, vamos supor que pretendemos deixar os usuários ficarem logados em nossa aplicação, portanto vamos mover também before_filter: login_from_cookie para ApplicationController. Vamos dar uma olhada no que, de fato, o método login_from_cookie de AuthenticatedSystem faz:

```
# When called with before_filter :login_from_cookie will check for an
# :auth_token cookie and log the user back in if apropriate
```

```
def login_from_cookie
  return unless cookies[:auth_token] && !logged_in?
  user = User.find_by_remember_token(cookies[:auth_token])
  if user && user.remember_token?
    user.remember_me
    self.current_user = user
    cookies[:auth_token] = {
      :value => self.current_user.remember_token,
      :expires => self.current_user.remember_token_expires_at
    }
    flash[:notice] = "Logged in successfully"
  end
end
```

Este código lê razoavelmente bem, mas vamos fazer uma análise rápida de outro exemplo do código idiomático Ruby e Rails, como também da utilização do objeto cookies.

A primeira linha do método demonstra o uso adequado da palavra-chave return opcional de Ruby, a menos que haja um cookie :auth_token e não estivermos logados. É importante não gastar muitos ciclos antes de sair, uma vez que esta linha será executada durante cada solicitação no sistema.

O próximo passo é utilizar o :auth_token do cookie para procurar o usuário a partir do banco de dados. O modo como a cláusula if é estruturada é um linguagem muito comum. O && causará um curto-circuito e retornará falso se o usuário for nil, o que impede o NoMethodError de ocorrer caso remember_token seja invocado em nil. Você verá esta linguagem específica inúmeras vezes no código Rails e você deve aprender a utilizá-la em sua própria codificação.

Se a condição passar, nós chamamos remember_me no objeto de usuário e o definimos como o usuário atual (que é efetivamente o usuário que realiza o "login"). Finalmente, valores de cookie atualizados são definidos e uma mensagem "Login efetuado com sucesso" é colocada em armazenamento de flash para ser exibida ao usuário.

O usuário atual

Por acaso, meu cérebro estragado pelo Java encontrou linhas confusas como self.current_user = user. " Por que estaríamos configurando o usuário atual como uma *variável de instância no controlador*!?!?" O importante é que a implementação dos métodos de leitura e escrita current_user seja mais do que os famosos *getters* e *setters*! Na verdade, existe bastante de lógica neles, embora sejam escritos em código Ruby um tanto resumido.

```
# Accesses the current user from the session.
def current_user
  @current_user ||=
  (session[:user] && User.find_by_id(session[:user])) || :false
end
```

```
# Store the given user in the session.
def current_user=(new_user)
  session[:user]=
    (new_user.nil? || new_user.is_a?(Symbol)) ? nil : new_user.id
@current_user = new_user
end
```

Wilson diz...

Aparentemente, o editor de texto de Rick o carrega pela linha.
Uma vez que você interpreta o código, você pode ser pego de surpresa ao perceber que o id do usuário atual é o que está sendo armazenado na sessão, nunca a instância do usuário atual. Armazenar o id de um objeto e consultá-lo quando necessário, em vez de armazenar o próprio objeto, é considerada a melhor prática do Rails. Isso se dá por causa dos problemas inerentes ao serializar objetos e por ter de mantê-los sincronizados.
Além disso, o uso idiomático de ||= assegura que o usuário atual só é lido uma vez a partir do banco de dados por solicitação – depois da primeira vez, é armazenado em cache como uma variável de instância no controlador. A propósito, instâncias de controlador novas são criadas pelo expedidor de Rails para cada solicitação de entrada, portanto, você não precisa se preocupar com o fato de a variável de instância current_user tornar-se uma questão de segurança.
Por experiência própria, posso lhe dizer que o método current_user que retorna :false quando ninguém está logado é um pé no saco. Você acha que estou sendo rude? Você tenta manter todas as verificações if logged_in? que você precisará para impedir que usuários não-autenticados descontrolem uma aplicação ampla com todos os tipos de NoMethodErrors. Uma das primeiras coisas que você deve fazer é evitar que esse tipo de dificuldade substitua a versão current_user do AuthenticatedSystem de seu ApplicationController. A implementação pode parecer quase que a mesma, mas retorna um *objeto nulo* GuestUser sensível em vez de retornar :false.

```
# Accesses the current user from the session.
def current_user
  @current_user ||=
  (session[:user] && User.find_by_id(session
:user])) || GuestUser.new
end
```

Dependendo das necessidades da sua aplicação, sua implementação do GuestUser irá variar. Você pode estar propenso a imitar a interface de um objeto User real, exceto com atributos vazios.

Uma abordagem diferente seria fornecer a seu GuestUser uma chamada de retorno method_missing que faz com que um LoginRequiredError seja salvo pelo sistema de autenticação. A idéia é solicitar informação de um login automaticamente antes que o acesso a um determinado recurso possa continuar, ao invés de ter de codificar o caso específico ou, o que é ainda pior, causar um erro de servidor.

Efetuando logon durante o teste

Rick também nos fornece um módulo Ruby chamado AuthenticatedTestHelper, que podemos incorporar ao TestUnit em nosso arquivo test_helper.rb para que seus métodos estejam sempre disponíveis em casos de teste.

```
class Test::Unit::TestCase
  include AuthenticatedTestHelper
```

O método mais importante deste módulo é o login_as, que você pode chamar a partir de um método setup ou de um caso de teste para estabelecer uma sessão. Passe um objeto User para efetuar o logon e o método login_as saberá como referenciar os fixtures de usuário (test/fixtures/users.yml) quando, em vez disso, você passar um símbolo:

```
def setup
  login_as(:quentin) # quentin was added by acts_as_authenticated
```

O AuthenticatedTestHelper também fornece um método chamado authorize_as que simula a autenticação básica HTTP, em vez de simplesmente atribuir o usuário que você identifica como o current_user para a sessão. Você pode utilizar o método authorize_as para testar ações do controlador que estejam oferecendo serviços web e outros usuários que estejam autenticando-se por meio de HTTP, em vez de efetuar o logon por meio de um formulário.

Finalmente, os métodos auxiliares assert_requires_login e assert_http_authentication_required aceitam blocos e permitem que você verifique aquelas determinadas ações do controlador que, de fato, forçam o usuário a efetuar logon ou utilizar autenticação básica.

Conclusão

Quase toda aplicação Rails precisa de algum tipo de funcionalidade de login e de controle de acesso. Por esse motivo é tão conveniente aprender a usar o plugin Acts as Authenticated, o assunto principal deste capítulo. Além do gerador de código e da classe de usuário do plugin, também vimos como o controlador de conta é gerado, como efetuar logon a partir de um cookie e como acessar o usuário atual a partir do restante do nosso código de aplicação.

Referências

1. O website do Rick é http://techno-weenie.net/.

Capítulo 15
XML e ActiveResource

> A estrutura não é nada se ela for tudo o que você tiver. Esqueletos irão assustar as pessoas se tentarem andar por aí sozinhos. Eu realmente me pergunto por que o XML não faz o mesmo. — Erik Naggum

O XML não é muito respeitado pela comunidade Rails. Ele é "enterprisey". No mundo Ruby essa outra linguagem de marcação, YAML (Yet Another Markup Language), ganha muito mais atenção. Contudo, o uso do XML é uma realidade para muitas aplicações, principalmente tratando-se da interoperabilidade com outros sistemas. Felizmente o Ruby on Rails fornece algumas ótimas funcionalidades ligadas ao XML.

Este capítulo examina como criar e analisar XML nas suas aplicações Rails, iniciando com uma análise completa do método to_xml, presente em todos os objetos Rails.

O método to_xml

Algumas vezes você deseja apenas uma representação XML de um objeto e os modelos ActiveRecord fornecem uma geração XML automática e fácil através do método to_xml. Vamos brincar com este método no console e ver o que ele pode fazer.

Irei acionar o console para a minha aplicação exemplo de criação de um livro e localizar um objeto ActiveRecord para manipular.

```
>> Book.find(:first)
=> #<Book:0x264ebf4 @attributes={"name"=>"Professional Ruby on Rails
Developer's Guide", "uri"=>nil, "updated_at"=>2007-07-02T13:58:19-
05:00, "text"=>nil, "created_by"=>nil, "type"=>"Book", "id"=>"1",
"updated_by"=>nil, "version"=>nil, "parent_id"=>nil, "position"=>nil,
"state"=>nil, "created_at"=>2007-07-02T13:58:19-05:00}>
```

Muito bem, uma instância Book. Vamos ver essa instância como sua representação XML genérica.

```
>> Book.find(:first).to_xml
=> "<?xml version=\"1.0\" encoding=\"UTF-8\"?>\n<book>\n <created-at
type=\"datetime\">2007-07-02T13:58:19-05:00</created-at>\n <created-by
type=\"integer\">\n </created-by>\n <id type=\"integer\">\n1 </id>\n
<name>Professional Ruby on Rails Developer's Guide</name>\n <parent-id
type=\"integer\">\n </parent-id>\n <position type=\"integer\">\n
</position>\n <state></state>\n <text>Empty</text>\n <updated-at
type=\"datetime\">2007-07-02T13:58:19-05:00</updated-at>\n <updated-by
type=\"integer\">\n </updated-by>\n <uri></uri>\n <version
type=\"integer\">\n </version>\n</book>\n"
```

Argh, que feio! A função print do Ruby pode nos ajudar a sair dessa.

```
>> print Book.find(:first).to_xml
<?xml version="1.0" encoding="UTF-8"?>
<book>
   <created-at type="datetime">2007-07-02T13:58:19-05:00</created-at>
   <created-by type="integer"></created-by>
   <id type="integer">1</id>
   <name>Professional Ruby on Rails Developer's Guide</name>
   <parent-id type="integer"></parent-id>
   <position type="integer"></position>
   <state></state>
   <text>Empty</text>
   <updated-at type="datetime">2007-07-02T13:58:19-05:00</updated-at>
   <updated-by type="integer"></updated-by>
   <uri></uri>
   <version type="integer">
   </version>
</book>
```

Muito melhor! Então, o que temos aqui? Parece uma representação serializada bem simples da nossa instância Book em XML.

Personalizando a saída to_xml

A instrução do processo padrão está na parte superior, seguida por uma tag name correspondente ao nome da classe do objeto. As propriedades são representadas como subelementos com campos de dados nonstring que incluem um atributo type. Veja bem, este é o comportamento padrão e podemos personalizá-lo com alguns parâmetros adicionais ao método to_xml.

Iremos desmontar a representação XML de um livro para apenas um nome e URI utilizando o parâmetro only. Ele é fornecido em um hash de opções familiar com o valor do parâmetro :only como um array:

```
>> print Book.find(:first).to_xml(:only => [:name,:uri])
<?xml version="1.0" encoding="UTF-8"?>
<book>
   <name>Professional Ruby on Rails Developer's Guide</name>
   <uri></uri>
</book>
```

Seguindo a convenção Rails habitual, o parâmetro only é complementado por seu inverso, except, que irá excluir as propriedades especificadas.

E se eu quisesse que o título do meu livro e meu URI fossem uma parte do XML que será incluído em outro documento? Vamos nos livrar também dessa instrução maçante utilizando o parâmetro skip_instruct.

```
>> print Book.find(:first).to_xml(:skip_instruct => true, :only =>
[:name,:uri])
<book>
   <name>Professional Ruby on Rails Developer's Guide</name>
   <uri></uri>
</book>
```

Podemos alterar o elemento raiz na nossa representação XML de Book e a endentação de dois para quatro espaços utilizando os parâmetros root e indent respectivamente.

```
>> print Book.find(:first).to_xml(:root => 'textbook', :indent => 4)
<?xml version="1.0" encoding="UTF-8"?>
<textbook>
    <created-at type="datetime">2007-07-02T13:58:19-05:00</created-at>
    <created-by type="integer"></created-by>
    <id type="integer">1</id>
    <name>Professional Ruby on Rails Developer's Guide</name>
    <parent-id type="integer"></parent-id>
    <position type="integer"></position>
    <state></state>
    <text>Empty</text>
    <updated-at type="datetime">2007-07-02T13:58:19-05:00</updated-at>
    <updated-by type="integer"></updated-by>
    <uri></uri>
    <version type="integer">
    </version>
</textbook>
```

Por padrão, o Rails converte CamelCase e nomes de atributo com underscore para hífens como em created-at e parent-id. Você pode forçar nomes de atributo com underscore configurando o parâmetro dasherize para false.

```
>> print Book.find(:first).to_xml(:dasherize => false, :only =>
[:created_at,:created_by])
<?xml version="1.0" encoding="UTF-8"?>
<book>
  <created_at type="datetime">2007-07-02T13:58:19-05:00</created_at>
  <created_by type="integer"></created_by>
</book>
```

Na saída anterior, o tipo de atributo está incluído. Isso também pode ser configurado com a utilização do parâmetro skip_types.

```
>> print Book.find(:first).to_xml(:skip_types => true, :only =>
[:created_at,:created_by])
<?xml version="1.0" encoding="UTF-8"?>
<book>
  <created-at>2007-07-02T13:58:19-05:00</created-at>
  <created-by></created-by>
</book>
```

Associações e to_xml

Até agora, trabalhamos apenas com uma base ActiveRecord e não com suas associações. O que aconteceria se quiséssemos uma representação XML não apenas de um livro, mas também de seus capítulos relacionados? O Rails fornece o parâmetro :include somente para esse propósito. O parâmetro :include também utiliza um array ou associações para representar em XML.

```
>> print Book.find(:first).to_xml(:include => :chapters)
<?xml version="1.0" encoding="UTF-8"?>
<book>
   <created-at type="datetime">2007-07-02T13:58:19-05:00</created-at>
   <created-by type="integer"></created-by>
   <id type="integer">1</id>
   <name>Professional Ruby on Rails Developer's Guide</name>
   <parent-id type="integer"></parent-id>
   <position type="integer"></position>
   <state></state>
   <text>Empty</text>
   <updated-at type="datetime">2007-07-02T13:58:19-05:00</updated-at>
   <updated-by type="integer"></updated-by>
   <uri></uri>
   <version type="integer">
   </version>
   <chapters>
     <chapter>
       <name>Introduction</name>
       <uri></uri>
     </chapter>
     <chapter>
       <name>Your Rails Decision</name>
```

```
        <uri></uri>
  </chapter>
</chapters>
</book>
```

O método to_xml também irá funcionar em qualquer array desde que cada elemento daquele array responda ao to_xml. Se tentarmos chamar o to_xml em um array cujos elementos não respondam ao to_xml, obteremos este resultado:

```
>> [:cat,:dog,:ferret].to_xml
RuntimeError: Not all elements respond to to_xml
        from /activesupport/lib/active_support/core_ext/array/
        conversions.rb:48:in `to_xml'
        from (irb):6
```

Diferente dos arrays, os hashes do Ruby são representáveis em XML com chaves correspondendo a tag names e seus valores correspondendo a tag contents. O Rails chama automaticamente o to_s sobre os valores para obter valores de string para eles.

```
>> print ({:pet => 'cat'}.to_xml)
<?xml version="1.0" encoding="UTF-8"?>
<hash>
  <pet>cat</pet>
</hash>
```

Tanto o objeto Array como o objeto Hash levam os mesmos argumentos do método to_xml, exceto :include.

to_xml Avançado

Por padrão, o método to_xml do ActiveRecord serializa somente os atributos persistentes do XML. No entanto, há vezes em que valores temporários, derivados ou calculados também precisam ser serializados fora do formato XML. Por exemplo, nosso modelo Book poderia ter um método que fornecesse a média de páginas por capítulo.

```
class Book < ActiveRecord::Base

  def pages_per_chapter
self.pages / self.chapters.length
  end

end
```

Para incluir o resultado deste método quando serializamos o XML, utilizamos o parâmetro :methods:

```
>> print Book.find(:first).to_xml(:methods => :pages_per_chapter)
```

```
<?xml version="1.0" encoding="UTF-8"?>
<book>
  <created-at type="datetime">2007-07-02T13:58:19-05:00</created-at>
  <created-by type="integer"></created-by>
  <id type="integer">1</id>
  <name>Professional Ruby on Rails Developer's Guide</name>
  <parent-id type="integer"></parent-id>
  <position type="integer"></position>
  <state></state>
  <text>Empty</text>
  <updated-at type="datetime">2007-07-02T13:58:19-05:00</updated-at>
  <updated-by type="integer"></updated-by>
  <uri></uri>
  <version type="integer"></version>
  <pages-per-chapter>45</pages-per-chapter>
</book>
```

Também podemos configurar o parâmetro methods para que um array dos nomes do método seja chamado.

Atributos de tempo de execução dinâmicos

Em casos onde queremos incluir elementos extras desvinculados do objeto que está sendo serializado, podemos utilizar a opção :procs. Apenas passe uma ou mais instâncias Proc. Eles serão chamados com o hash de opção do to_xml através do qual acessamos a base XmlBuilder (o XmlBuilder fornece os principais recursos da geração de XML no Rails e será abordado mais tarde neste capítulo na seção "O XML Builder").

```
>> copyright = Proc.new {|opts|
opts[:builder].tag!('copyright','2007')}

>> print Book.find(:first).to_xml(:procs => [copyright])

<?xml version="1.0" encoding="UTF-8"?>
<book>
   <created-at type="datetime">2007-07-02T13:58:19-05:00</created-at>
   <created-by type="integer"></created-by>
   <id type="integer">1</id>
   <name>Professional Ruby on Rails Developer's Guide</name>
   <parent-id type="integer"></parent-id>
   <position type="integer"></position>
```

```
    <state></state>
    <text>Empty</text>
    <updated-at type="datetime">2007-07-02T13:58:19-05:00</updated-at>
    <updated-by type="integer"></updated-by>
    <uri></uri>
    <version type="integer"></version>
    <color>blue</color >
</book>
```

Infelizmente, a técnica :procs é dificultada por uma limitação surpreendente: o registro que está sendo serializado não é exposto às procs que estão sendo passadas como argumentos. Portanto, somente os dados externos ao objeto podem ser acrescentados a este modelo.

Para obter um controle completo sobre a serialização XML de objetos Rails, você precisa substituir o método to_xml e implementá-lo por si só.

Substituindo to_xml

Algumas vezes, é preciso fazer algo fora do comum ao tentar representar dados no formato XML. Nessas situações, você pode criar o XML manualmente.

```
class Book < ActiveRecord::Base

  def to_xml(options = {})
   xml = options[:builder] ||= Builder::XmlMarkup.new(options)
   xml.instruct! unless options[:skip_instruct]
   xml.book do
     xml.tag!(:color, 'red')
   end
  end
  ...
end
```

Isso daria o seguinte resultado:

```
>> print Book.find(:first).to_xml
<?xml version="1.0" encoding="UTF-8"?><book><color>red</color></book>
```

Aprendendo a partir do método to_xml do Array

O método to_xml do array é um bom exemplo das possibilidades de poder e elegância ao programar com Ruby. Vamos observar o código que faz parte das extensões Rails para a classe Array do Ruby localizado em core_ext/array/conversions.rb do ActiveSupport.

```
def to_xml(options = {})
  raise "Not all elements respond to to_xml" unless all? { |e|
    e.respond_to? :to_xml }
```

Você percebeu o quão próxima é do inglês a primeira linha? A maneira como o método to_xml verifica os elementos do array é um belo exemplo da legibilidade alcançável ao programar em Ruby e do nível de elegância que você pode alcançar em seu próprio código.

Seguindo adiante podemos ver como o Rails descobre o que nomear na container tag.

```
options[:root]||= all? { |e|
  e.is_a?(first.class) && first.class.to_s != "Hash" } ?
  first.class.to_s.underscore.pluralize : "records"
```

Em primeiro lugar o operador de atribuição short-circuiting ||= utiliza o valor fornecido para options [: root] ou o calcula. Esse estilo de atribuição condicional é uma linguagem muito comum no código Ruby e você deveria estar acostumado a usá-la. Se options [: root] for igual a nil (zero), um pouco de lógica acontecerá, começando com uma verificação para ver se todos os elementos são instâncias da mesma classe (e que essas instâncias não são hashes).

Se essa condição for verdadeira, ou seja, se todos os elementos forem do mesmo tipo que o primeiro elemento do array, a seguinte expressão irá gerar o nome da nossa container tag: `first.class.to_s.underscore.pluralize`.

Caso contrário, a container tag será padrão para a constante "records", um fato que não é mencionado na documentação da API do Rails. Quando estava analisando este código, me perguntei: "A que a variável first se refere?"

Então, lembrei que este código é executado no contexto de uma instância Array, portanto first é, de fato, uma chamada de método que retorna o primeiro elemento do array. Legal! Vamos seguir para a próxima linha do método to_xml, que controla o nome utilizado para as tags dos elementos do array: `options[:children] ||=options[:root].singularize`.

Isso foi fácil. A menos que seja configurado explicitamente, o Rails irá utilizar a inflexão singular da container tag. Uma das primeiras coisas que aprendemos no mundo Rails é como o ActiveRecord entende automaticamente formas no singular e no plural em relação aos nomes da classe e tabelas de banco de dados. O que muitos de nós normalmente demoramos para perceber é a importância da classe Inflector e como ela é amplamente utilizada no restante do código-base de Rails. Esperançosamente esse acompanhamento do código está reforçando a importância de cooperar com o Inflector do Rails em vez de agir contra ele, configurando nomes manualmente.

E o que podemos dizer sobre a endentação? Ela retorna dois espaços: options[:indent] ||= 2.

Agora as coisas estão começando a ficar um pouco mais interessantes. Como podemos ver na próxima linha, o método to_xml utiliza o Builder::XmlMarkup para gerar o XML.

```
options[:builder] ||=
  Builder::XmlMarkup.new(:indent => options[:indent])
```

A opção :builder permite passar uma instância Builder existente em vez de utilizar uma nova, e a importância desta opção tornar-se-á mais clara mais tarde quando discutirmos formas de integrar o uso do método to_xml em rotinas de geração de XML mais específicas.

```
root = options.delete(:root).to_s
children = options.delete(:children)
```

Iremos precisar desses valores para as tag names root e children, portanto, vamos capturá-los ao mesmo tempo em que os removeremos do hash de opções. Esta é nossa primeira pista de que o hash de opções será reutilizado para outra chamada (quando chegar o momento de gerar XML para nossos elementos child).

```
if !options.has_key?(:dasherize) || options[:dasherize]
  root = root.dasherize
end
```

A opção :dasherize é predefinida para true, e isso faz sentido uma vez que as convenções no mundo XML estabelecem que tag names compostas sejam delimitadas por traços. É difícil precisar o quanto do requinte do código Rails vem do modo como suas bibliotecas se baseiam umas nas outras, como demonstrado pelo uso da opção curiosamente chamada dasherize.

Continuemos, vamos voltar para nosso parâmetro :instruct, discutido anteriormente neste capítulo. Builder tem um método instruct!, o qual permite que a linha de instrução XML seja inserida. É claro que uma vez inserida, não desejaremos inseri-la novamente e, por este motivo, o hash de opções que iremos utilizar recursivamente agora tem seu parâmetro :skip_instruct de código fixo predefinido para true.

```
options[:builder].instruct! unless options.delete(:skip_instruct)
opts = options.merge({:skip_instruct => true, :root => children })
```

Finalmente, invocamos tag! em nosso builder XML para, de fato, escrever o container XML seguido imediatamente por uma chamada recursiva (através de cada método) que chama to_xml em nossos elementos filho.

```
  options[:builder].tag!(root) { each { |e| e.to_xml(opts) } }
end
```

O XML Builder

Como apresentado na seção anterior, Builder::XmlMarkup é a classe utilizada internamente pelo Rails quando ele precisa gerar XML. Quando to_xml não é suficiente e torna-se necessário gerar um XML personalizado, você deve utilizar instâncias Builder diretamente. Felizmente, a API do Builder é uma das mais poderosas bibliotecas Ruby disponíveis e, uma vez que você entenda seu princípio, fica muito fácil utilizá-la.

A documentação da API diz: "Todos os métodos (quer dizer, quase todos) enviados a um objeto XmlMarkup serão convertidos em uma marcação XML equivalente. Qualquer método com um bloco será tratado como uma tag de marcação XML com a marcação aninhada no bloco."

De fato, essa é uma maneira muito concisa de descrever como o Builder funciona, mas é mais fácil entender isso com alguns exemplos, novamente tirados da documentação da API do Builder. A variável xm é uma instância Builder::XmlMarkup:

```
xm.em("emphasized")                # => <em>emphasized</em>

xm.em { xm.b("emp & bold") }       # => <em><b>emph &amp; bold</b></em>


xm.a("foo", "href"=>"h ttp://foo.org")


                                   # => <a href="http://foo.org">foo</a>

xm.div { br }                      # => <div><br/></div>


xm.target("name"=>"foo", "option"=>"bar")

                                   # => <target option="foo" name="bar"\>


xm.instruct!                       # <?xml version="1.0" encoding="UTF-8"?>


xm.html {                          # <html>

  xm.head {                        # <head>

    xm.title("History")            # <title>History</title>

  }                                # </head>

  xm.body {                        # <body>

    xm.comment! "HI"               # <!-- HI -->

    xm.h1("Header")                # <h1>Header</h1>

    xm.p("paragraph")              # <p>paragraph</p>

  }                                # </body>

}                                  # </html>
```

Um uso comum para Builder::XmlBuilder é processar o XML em resposta a uma solicitação. Anteriormente, falamos sobre substituir o to_xml no ActiveRecord para gerar nosso XML customizado. Outra maneira, embora não seja a recomendada, é utilizar um modelo de XML.

Poderíamos modificar nosso método show do BooksController para utilizar um modelo de XML alterando de

```
def BooksController < ApplicationController

  ...

  def show

    @book = Book.find(params[:id])

    respond_to do |format|

    format.html

    format.xml { render :xml => @book.to_xml }

  end
```

```
  ...
end
```

para:

```
def BooksController < ApplicationController
  ...
  def show
@book = Book.find(params[:id])
    respond_to do |format|
    format.html
    format.xml
  end
  ...
end
```

Agora o Rails irá procurar um arquivo chamado show.xml.builder no diretório RAILS_ROOT/ views/books. Esse arquivo contém um código Builder::XmlMarkup como este:

```
xml.book {
  xml.title @book.title
  xml.chapters {
    @book.chapters.each { |chapter|
      xml.chapter {
        xml.title chapter.title
      }
    }
  }
}
```

Nesta visualização, a variável xml é uma instância de Builder::XmlMarkup. Da mesma forma como ocorre em views ERb, temos acesso às variáveis de instância que definimos no nosso controlador, neste caso, @book. Utilizar o Builder em uma visualização pode proporcionar um modo conveniente de gerar XML.

Analisando XML sintaticamente

O Ruby possui uma biblioteca XML, denominada REXML, repleta de recursos e abordá-la em qualquer nível de detalhes está fora do escopo deste livro. Se você tiver necessidade de analisar sintaticamente, bem como analisar respostas de serviços web, poderá utilizar a capacidade de análise do simple XML construído no Rails.

Transformando XML em Hashes

O Rails permite que você transforme, arbitrariamente, fragmentos da marcação XML em hashes Ruby, com o método from_xml que é adicionado à classe Hash.

Para demonstrar isso, iremos acionar uma string de um XML simples e torná-la um hash:

```
>> xml = <<-XML
<pets>
  <cat>Franzi</cat>
  <dog>Susie</dog>
  <horse>Red</horse>
</pets>
XML

>> Hash.from_xml(xml)
=> {"pets"=>{"horse"=>"Red", "cat"=>"Franzi", "dog"=>"Susie"}}
```

Não existem opções para from_xml. Você pode omitir o argumento, passá-lo para uma string de XML ou passá-lo para um objeto IO. Se você não passar nada, o método from_xml irá procurar um arquivo chamado scriptname.xml (ou mais corretamente $0.xml). Isso não é muito útil em Rails, mas pode ter alguma utilidade se você empregar essa funcionalidade em seus scripts externos ao tratamento de solicitação HTTP no Rails.

Um uso mais comum é passar uma string para from_xml, como no exemplo anterior, ou passá-la para um objeto IO. Isso é útil, principalmente, ao analisar sintaticamente um arquivo XML.

```
>> Hash.from_xml(File.new('pets.xml')
=> {"pets"=>{"horse"=>"Red", "cat"=>"Franzi", "dog"=>"Susie"}}
```

XmlSimple

Além disso, o Rails utiliza uma biblioteca chamada XmlSimple para transformar o XML em uma classe Hash.

```
class Hash

  ...

  def from_xml(xml)
    typecast_xml_value(undasherize_keys(XmlSimple.xml_in(xml,
              'keeproot' => true,
              'forcearray' => false,
              'forcecontent' => true,
```

```
                'contentkey' => '__content__')
            ))
  end
  ...
end
```

O Rails estabelece quatro parâmetros ao utilizar XmlSimple. O primeiro parâmetro, :keeproot, informa ao XmlSimple que não exclua o elemento root, que por padrão seria excluído.

```
>> XmlSimple.xml_in('<book title="The Rails Way" />', :keeproot =>
true)
=> { 'book' => [{'title' => 'The Rails Way'}]
>> XmlSimple.xml_in('<book title="The Rails Way" />', :keeproot =>
false)
=> {'title' => 'The Rails Way'}
```

O segundo parâmetro Rails, :forcearray, obriga que elementos aninhados sejam representados como os arrays mesmo que haja somente um. O padrão do XmlSimple é defini-lo como true. A diferença é mostrada no seguinte exemplo:

```
>> XmlSimple.xml_in('<book><chapter index="1"/></book>', :forcearray =>
true)
=> {"chapter"=>[{"index"=>"1"}]}
>> XmlSimple.xml_in('<book><chapter index="1"/></book>', :forcearray =>
false)
=> {"chapter" => {"index"=> "1"}}
```

O terceiro parâmetro configurado como true é :forcecontent, o qual garante que um par de valores-chave do conteúdo seja adicionado ao hash resultante mesmo que o elemento que está sendo analisado sintaticamente não tenha conteúdo ou atributos. Configurando este parâmetro como true, elementos irmãos serão normalizados, o que torna o hash resultante muito mais útil, como você deve ser capaz de deduzir a partir do seguinte fragmento:

```
>> XmlSimple.xml_in('<book>
                       <chapter index="1">Words</chapter>
                       <chapter>Numbers</chapter>
                     </book>', :forcecontent => true)
=> {"chapter" => [{"content"=>"Words", "index"=>"1"},
{"content"=>"Numbers"}]}
```

```
>> XmlSimple.xml_in('<book>
                      <chapter index="1">Words</chapter>
                      <chapter>Numbers</chapter>
                     </book>', :forcecontent => false)
=> {"chapter" => [{"content"=>"Words", "index"=>"1"}, "Numbers"]}
```

O último parâmetro é :contentkey. Por padrão o XmlSimple utiliza a string chave "content" para representar os dados contidos em um elemento. O Rails a altera para "__content__" a fim de diminuir a possibilidade de confronto de nomes com as atuais tags de XML chamadas "content".

Typecasting

Quando utilizamos Hash.from_xml, o hash resultante não tem nenhuma chave "__content__". O que aconteceu com elas? O Rails não passa o resultado da análise sintática do XmlSimple imediatamente para o chamador de from_xml. Em vez disso, ele o envia através de um método denominado typecast_xml_value que converte os valores da string em tipos apropriados. Isso é feito utilizando um atributo type nos elementos XML. Por exemplo, observe o XML gerado automaticamente para um objeto Book:

```
>> print Book.find(:first).to_xml
<?xml version="1.0" encoding="UTF-8"?>
<book>
  <created-at type="datetime">2007-07-02T13:58:19-05:00</created-at>
  <created-by type="integer"></created-by>
  <id type="integer">1</id>
  <name>Professional Ruby on Rails Developer's Guide</name>
  <parent-id type="integer"></parent-id>
  <position type="integer"></position>
  <state></state>
  <text>Empty</text>
  <updated-at type="datetime">2007-07-02T13:58:19-05:00</updated-at>
  <updated-by type="integer"></updated-by>
  <uri></uri>
  <version type="integer">
  </version>
</book>
```

Como parte do método to_xml, o Rails define atributos denominados type que identificam a classe do valor que está sendo serializado. Se pegarmos esse XML e o alimentarmos no método from_xml, o Rails irá fazer o typecast das strings para seus objetos Ruby correspondentes:

```
>> Hash.from_xml(Book.find(:first).to_xml)
=> {"book"=>{"name"=>"Professional Ruby on Rails Developer's Guide",
"uri"=>nil, "updated_at"=>Mon Jul 02 18:58:19 UTC 2007,
```

```
"text"=>"Empty", "created_by"=>nil, "id"=>1, "updated_by"=>nil,
 "version"=>0, "parent_id"=>nil, "position"=>nil, "created_at"=>Mon Jul
02 18:58:19 UTC 2007, "state"=>nil}}
```

ActiveResource

Geralmente, as aplicações Web precisam atender tanto usuários à frente de navegadores web como de outros sistemas via alguma API. Outras linguagens realizam isso utilizando SOAP ou algum formato XML-RPC, mas o Rails apresenta uma abordagem mais simples. No Capítulo 4, "REST, Recursos e Rails", falamos sobre construir controladores RESTful e utilizar respond_to para retornar representações de recursos diferentes. Ao fazer isso, poderíamos nos conectar a http://localhost: 3000/auctions.xml e retornar uma representação XML de todos os leilões no sistema. Agora, podemos registrar um cliente para consumir estes dados utilizando o ActiveResource.

O ActiveResource é uma parte padrão do pacote Rails que substituiu o ActionWebService (ainda disponível como um plugin). O ActiveResource entende completamente o roteamento do RESTful e a representação XML. Um ActiveResource mínimo para o exemplo de leilões anterior é

```
class Auction < ActiveResource::Base
  self.site = 'http://localhost:3000'
end
```

Para obter uma lista de leilões poderíamos chamar seu método find:

```
>> auctions = Auction.find(:all)
```

```
ActiveResource is designed to look and feel much like ActiveRecord.
```

O ActiveResource foi projetado para ser muito parecido com o ActiveRecord.

Find

O ActiveResource tem os mesmos métodos find do ActiveRecord, como visto na Tabela 15.1. A única diferença é o uso de :params em vez de :conditions.

Tabela 15.1 Métodos find para o ActiveResource

ActiveRecord	ActiveResource	URL

<table>
<tr><td>Auction.find(:all)</td><td>Auction.find(:all)</td><td>GET http://localhost:3000/auctions.xml</td></tr>
<tr><td>Auction.find(1)</td><td>Auction.find(1)</td><td>GET http://localhost:3000/auctions/1.xml</td></tr>
<tr><td></td><td></td><td>*obtém uma lista completa e então recupera o primeiro elemento da lista</td></tr>
<tr><td>Auction.find(:first)</td><td>Auction.find(:first)</td><td>GET http://localhost:3000/auctions.xml</td></tr>
<tr><td>ActiveRecord</td><td>ActiveResource</td><td>URL</td></tr>
<tr><td>Auction.find(:all, :conditions => { :first_name => 'Matt')</td><td>Auction.find(:all, :params => { :first_name => 'Matt')</td><td>GET http://localhost:3000/ auctions.xml?first_name=Matt</td></tr>
<tr><td>Item.find(:all, :conditions => { :auction_id => 6 })</td><td>Item.find(:all, :params => { :auction_id => 6 })</td><td>GET http://localhost:3000/ auctions/6/items.xml</td></tr>
<tr><td>Item.find(:all, :conditions => { :auction_id => 6, :used => true })</td><td>Item.find(:all, :params => { :auction_id => 6, :used => true })</td><td>GET http://localhost:3000/auctions/ 6/items.xml?used=true</td></tr>
</table>

Os últimos dois exemplos da Tabela 15.1 mostram como utilizar o ActiveResource com um recurso aninhado. Também poderíamos criar um método used personalizado em nosso controlador items desta forma:

```
class ItemController < ActiveResource::Base
  def used
    @items = Item.find(:all,
                :conditions => {:auction_id => params[:auction_id],
                                :used => true })
    respond_to do |format|
      format.html
      format.xml { render :xml => @items.to_xml }
    end
  end
end
```

No nosso arquivo routes.rb poderíamos adicionar outros recursos items assim:

```
map.resources :items, :member => {:used => :get }
```

Com isso, no lugar, agora temos a seguinte URL:

```
http://localhost:3000/auctions/6/items/used.xml
```

Agora podemos acessar esta URL e seus dados utilizando o ActiveResource com a seguinte chamada:

```
>> used_items = Item.find(:all, :from => :used)
```

Este método personalizado retorna uma coleção de items e, portanto, o parâmetro :all. Vamos supor que um método personalizado retornou somente o item newest, como no seguinte exemplo:

```
class ItemController < ActiveResource::Base
  def newest
    @item = Item.find(:first,
              :conditions => {:auction_id => params[:auction_id]},
              :order => 'created_at DESC',
              :limit => 1)
    respond_to do |format|
      format.html
      format.xml { render :xml => @items.to_xml }
    end
  end
end
```

Poderíamos, portanto, fazer a seguinte chamada:

```
>> used_items = Item.find(:one, :from => :newest)
```

É importante observar como uma solicitação para um item inexistente é tratada. Se tentássemos acessar um item com um id de -1 (não existe nenhum item como esse), teríamos um código de retorno de status HTTP 404. É exatamente isso que o ActiveResource recebe e que causa uma exceção ResourceNotFound. O ActiveResource faz um uso intenso de códigos de status HTTP, como veremos ao longo deste capítulo.

Create

O ActiveResource não está limitado somente a recuperar dados; ele também pode criá-los. Se quisermos inserir um novo lance em um item por meio do ActiveResource, devemos fazer o seguinte:

```
>> Bid.create(:username => 'me', :auction_id => 3, :item_id => 6,
:amount => 34.50)
```

Isso criaria um HTTP POST para a URL: http://localhost:3000/auctions/6/items/6.xml com os dados fornecidos. Em nosso controlador, existiria o seguinte:

```
class BidController < ActiveResource::Base
  ...
  def create
```

```
    @bid = Bid.new(params[:bid])
    respond_to do |format|
      if @bid.save
       flash[:notice] = 'Bid was successfully created.'
       format.html { redirect_to(@bid) }
       format.xml { render :xml => @bid, :status => :created,
:location => @bid }
      else
       format.html { render :action => "new" }
       format.xml { render :xml => @bid.errors, :status =>
:unprocessable_entity}
      end
    end
  end
  ...
end
```

Se o lance for criado com êxito, aquele que for criado por último será retornado com um código de status HTTP 201 e o cabeçalho Location será configurado indicando o local do lance mais recentemente criado. Com o cabeçalho Location configurado, podemos determinar qual é o id do lance criado por último. Por exemplo:

```
>> bid = Bid.create(:username => 'me', :auction_id => 3, :item_id =>
6, :amount => 34.50)
>> bid.id # => 12
>> bid.new? # => false
```

Se tentássemos criar o lance anterior novamente – mas sem uma quantia de dólar – poderíamos investigar os erros.

```
>> bid = Bid.create(:username => 'me', :auction_id => 3, :item_id => 6)
>> bid.valid? # => false
>> bid.id # => nil
>> bid.new? # => true
>> bid.errors.class # => ActiveResource::Errors
>> bid.errors.size # => 1
>> bid.errors.on_base # => "Amount can't be blank"
>> bid.errors.full_messages # => "Amount can't be blank"
>> bid.errors.on(:amount) # => nil
```

Nesse caso, um novo objeto Bid é retornado do método create, mas não é válido. Se tentarmos ver qual é o seu id, também vamos obter um valor nulo (nil). Podemos ver o que causou a falha no create chamando o método ActiveResources.errors. Este método se comporta da mesma maneira que o ActiveRecord.error, mas com uma importante exceção. No ActiveRecord, se chamássemos Errors.on, iríamos obter o erro para aquele atributo. No exemplo anterior, no lugar, obtivemos um valor nulo (nil). A razão para tal é que o ActiveResource, diferente do ActiveRecord, não sabe quais são os atributos. O ActiveRecord executa um SHOW FIELDS FROM <table> para saber, mas o ActiveResource não tem nenhum equivalente. O único modo do ActiveResource saber que um atributo existe é se nós informarmos isso a ele. Por exemplo:

```
>> bid = Bid.create(:username => ‘me’, :auction_id => 3, :item_id =>
6, :amount => nil)
>> bid.valid? # => false
>> bid.id # => nil
>> bid.new? # => true
>> bid.errors.class # => ActiveResource::Errors
>> bid.errors.size # => 1
>> bid.errors.on_base # => “Amount can’t be blank”
>> bid.errors.full_messages # => “Amount can’t be blank”
>> bid.errors.on(:amount) # => “can’t be blank”
```

Nesse caso, informamos ao ActiveResource que existe um atributo de título por meio do método create. Agora, conseqüentemente, podemos chamar Errors.on sem nenhum problema.

Update

A edição de um ActiveResource segue o mesmo padrão de edição do ActiveRecord.

```
>> bid = Bid.find(1)
>> bid.amount # => 10.50
>> bid.amount = 15.00
>> bid.save # => true
>> bid.reload
>> bid.amount # => 15.00
```

Se definíssemos a quantia como nula, o ActiveResource.save retornaria um valor false. Nesse caso, poderíamos indagar ao ActiveResource::Errors a razão disso, da mesma maneira que faríamos com create. Uma importante diferença entre o ActiveResource e o ActiveRecord é a ausência dos métodos save! e update!

Delete

Remover um ActiveResource pode ser feito de duas maneiras. A primeira é sem instanciar o ActiveResource:

```
>> Bid.delete(1)
```

A outra maneira exige instanciar o ActiveResource primeiro:

```
>> bid = Bid.find(1)
>> bid.destroyAuthorization
```

O ActiveResource vem com suporte para o HTTP Basic Authentication. Lembrando rapidamente, o Basic Authentication é realizado por meio da configuração de um cabeçalho http e pode facilmente ser inspecionado. Por esta razão, uma conexão HTTPS poderia ser utilizada. Com uma conexão segura no lugar, o ActiveResource precisaria somente de um nome de usuário e uma senha para conectar-se.

```
Class MoneyTransfer < ActiveResource::Base
  self.site = 'https://localhost:3000'
  self.username = 'administrator'
  self.password = 'secret'
end
```

Agora o ActiveResource irá autenticar-se em cada conexão. Se o nome de usuário e/ou a senha forem inválidos, um ActiveResource::ClientError será gerado. Podemos implementar uma Basic Authentication em nosso controlador utilizando um plugin.

```
$ ./script/plugin install http_authentication
```

Depois, precisamos configurar nosso controlador:

```
class MoneyTransferController < ApplicationController
  USERNAME, PASSWORD = "administrator", "secret"

  before_filter :authenticate

  ...
  def create
    @money_transfer = Bid.new(params[:money_transfer])
    respond_to do |format|
      if @ money_transfer.save
       flash[:notice] = 'Money Transfer was successfully created.'
       format.html { redirect_to(@money_transfer) }
       format.xml { render :xml => @ money_transfer, :status =>
:created, :location => @ money_transfer }
      else
```

```
      format.html { render :action => "new" }
      format.xml { render :xml => @ money_transfer.errors, :status
=> :unprocessable_entity}
      end
    end
end
...

private
  def authenticate
    authenticate_or_request_with_http_basic do |username, password|
      username == USERNAME && password == PASSWORD
    end
  end
end
```

Headers

O ActiveResource também leva em conta a configuração dos cabeçalhos HTTP em cada solicitação. Isso pode ser feito de duas maneiras. A primeira é defini-lo como uma variável:

```
Class Auctions< ActiveResource::Base
self.site = 'http://localhost:3000'
@headers = { 'x-flavor' => 'orange' }
end
```

Isso fará com que a cada conexão ao site seja incluído o cabeçalho HTTP: HTTP-X-FLAVOR: orange. Em nosso controlador, poderíamos utilizar o valor do cabeçalho.

```
class AuctionController < ActiveResource::Base
  ...
  def show
      @auction = Auction.find_by_id_and_flavor(params[:bid],
request.headers['HTTP_X_FLAVOR']) respond_to do |format|
      format.html
      format.xml { render :xml => @auction.to_xml }
    end
  end
  ...
end
```

A segunda maneira de definir cabeçalhos para um ActiveResource é substituir o método headers.

```
Class Auctions< ActiveResource::Base
self.site = 'http://localhost:3000'
def headers
{ 'x-flavor' => 'orange' }
end
end
```

Personalização

O ActiveResource aceita URLs RESTful, mas isso nem sempre acontece. Felizmente você pode personalizar o prefixo da URL e do collection_name. Suponha que nós tenhamos o seguinte ActiveResource:

```
Class OldAuctionSystem < ActiveResource::Base
  self.site = 'http://s60:3270'

  self.prefix = '/cics/'
  self.collection_name = 'auction_pool'
end
```

As seguintes URLs serão utilizadas:

```
OldAuctionSystem.find(:all) GET http://s60:3270/cics/auction_pool.xml
OldAuctionSystem.find(1) GET http://s60:3270/cics/auction_pool/1.xml
OldAuctionSystem.find(1).save PUT http://s60:3270/cics/auction_pool/1.xml
OldAuctionSystem.delete(1) DELETE http://s60:3270/cics/auction_pool/1.xml
OldAuctionSystem.create(...) POST http://s60:3270/cics/auction_pool.xml
```

Também poderíamos alterar o nome do elemento utilizado para gerar o XML. No ActiveResource anterior um create de um OldAuctionSystem seria semelhante ao seguinte código em XML:

```
<?xml version=\"1.0\" encoding=\"UTF-8\"?>
  <OldAuctionSystem>
    <title>Auction A</title>
    ...
</OldAuctionSystem>
```

O nome do elemento pode ser alterado desta forma:

```
Class OldAuctionSystem < ActiveResource::Base
  self.site = 'http://s60:3270'

  self.prefix = '/cics/'
  self.element_name = 'auction'
end
```

isso irá gerar:

```
<?xml version=\"1.0\" encoding=\"UTF-8\"?>
<Auction>
  <title>Auction A</title>
  ...
</Auction>
```

Uma conseqüência de configurar o element_name é que o ActiveResource vai utilizar a forma plural para gerar URLs. Neste caso, seria 'auctions' e não 'OldAuctionSystems'. Para fazer isso, você também deve precisar configurar o collection_name

Também é possível configurar os usos do campo de chave primária ActiveResource com

```
Class OldAuctionSystem < ActiveResource::Base
  self.site = 'http://s60:3270'

  self.primary_key = 'guid'
end
```

Formulários Hash

Os métodos Find, Create, Save e Delete correspondem, respectivamente, aos métodos HTTP GET, POST, PUT e DELETE. O ActiveResource também possui um método para cada um desses métodos HTTP. Eles recebem os mesmos argumentos que Find, Create, Save e Delete, mas retornam um hash do XML recebido. Por exemplo:

```
>> bid = Bid.find(1)
>> bid.class # => ActiveRecord::Base
>> bid_hash = Bid.get(1)
>> bid_hash.class # => Hash
```

Conclusão

Na prática, os métodos to_xml e from_xml satisfazem as necessidades de tratamento do XML para a maioria das situações que o desenvolvedor Rails habitual venha a encontrar. A simplicidade destes métodos esconde um notável grau de flexibilidade e poder, e neste capítulo tentamos explicá-los em detalhes suficientes para inspirar sua própria exploração do tratamento do XML no mundo Ruby.

Como um par, os métodos to_xml e from_xml também permitem a criação de uma estrutura de fácil utilização e que interliga as aplicações Rails utilizando serviços web RESTful. Essa estrutura é chamada ActiveResource e este capítulo forneceu uma introdução rápida a ele.

Capítulo 16
ActionMailer

É legal enviar e-mails sem toneladas de código - Jake Scruggs[1]

Integração com e-mail é uma parte fundamental da maioria dos modernos projetos de aplicação web modernos. Se houver suporte para recuperar senhas perdidas ou permitir que os usuários controlem suas contas por e-mail, você ficará feliz em saber que o Rails oferece um ótimo suporte tanto para enviar como para receber e-mail, graças ao seu framework ActionMailer.

Neste capítulo, abordaremos o que é preciso para configurar sua implementação de forma que ela seja capaz de enviar e receber e-mail com o framework ActionMailer e escrever *modelos de mailer*, entidades no Rails que encapsulam código relacionado à manipulação de e-mail.

Configuração

De acordo com um comportamento padrão, o Rails tentará enviar e-mail via SMTP (porta 25) do host local. Se você estiver executando o Rails em um host que tem um deamon SMTP e que aceita e-mail de SMTP localmente, você não precisa fazer mais nada para enviar e-mail. Se você não tiver SMTP disponível no host local, você terá de decidir como seu sistema enviará e-mail de saída.

Se você não utiliza SMTP diretamente, as principais opções são utilizar o *sendmail* ou fornecer informações Rails sobre como conectar-se a um servidor de mensagens externo. A maioria das organizações tem servidores SMTP disponíveis para este tipo de utilização, embora valha a pena citar que, devido ao abuso, muitos provedores de hospedagem pararam de oferecer serviço SMTP compartilhado.

Modelos de mailer

Agora que o sistema de mensagem está configurado podemos prosseguir e criar um modelo de mailer que irá conter o código para enviar e receber uma classe de e-mail. O Rails fornece um gerador para que possamos fazer isso rapidamente.

Como demonstração vamos criar um mailer para enviar notificações tardias aos usuários de nossa aplicação exemplo de tempo e registro:

```
$ script/generate mailer LateNotice
      exists app/models/
      create app/views/late_notice
      exists test/unit/
      create test/fixtures/late_notice
      create app/models/late_notice.rb
      create test/unit/late_notice_test.rb
```

Uma pasta de visualização é criada para o mailer em app/views/late_notice e o próprio mailer é excluído em app/models/late_notice.rb:

```
class LateNotice < ActionMailer::Base
end
```

Da mesma forma em que uma classe derivada padrão do ActiveRecord, não existe muita coisa no início. E o que dizer sobre o teste? Veja Listagem 16.1.

Listagem 16.1 Um teste do ActionMailer

```
require File.dirname(__FILE__) + '/../test_helper'

class LateNoticeTest < Test::Unit::TestCase

  FIXTURES_PATH = File.dirname(__FILE__) + '/../fixtures'
  CHARSET = "utf-8"

  include ActionMailer::Quoting

  def setup
    ActionMailer::Base.delivery_method = :test
    ActionMailer::Base.perform_deliveries = true
    ActionMailer::Base.deliveries = []
    @expected = TMail::Mail.new
    @expected.set_content_type "text", "plain", { "charset" => CHARSET }
    @expected.mime_version = '1.0'
  end

  private
    def read_fixture(action)
      IO.readlines("#{FIXTURES_PATH}/late_notice/#{action}")
  end

  def encode(subject)
      quoted_printable(subject, CHARSET)
  end
end
```

Uau! Há muito mais configuração envolvida neste teste do que estamos acostumados a ver! E isso reflete uma maior complexidade em trabalhar com um subsistema de mensagem.

Preparando mensagens de e-mail de saída

Você trabalha com classes do ActionMailer que definem métodos *mailer* públicos que correspondem aos tipos de e-mails que você deseja enviar. Dentro do método público você configura as opções para a mensagem e atribui, pelo modelo de mensagem de e-mail, qualquer variável que poderá vir a ser necessária.

Continuando com nosso exemplo, vamos escrever um método mailer late_timesheet que leva os parâmetros user e week_of. Note que ele define as informações básicas necessárias para enviar nosso e mail de notificação (veja Listagem 16.2).

Listagem 16.2 Um método mailer

```
def late_timesheet(user, week_of)
  recipients user.email
  subject "[Time and Expenses] Late timesheet notice"
  from "system@timeandexpenses.com"
  body :recipient => user.name, :week => week_of
end
```

A seguir você verá uma lista de todas as opções relacionadas à mensagem e que você pode configurar dentro de métodos mailer.

attachment

Especifica um arquivo anexo. Pode ser invocada diversas vezes para criar arquivos anexos múltiplos.

bcc

Especifica os endereços dos destinatários da mensagem com cópia oculta (Cco), tanto como uma string (para um único endereço) quanto como um array (para diversos endereços).

body

Define o corpo da mensagem. Leva um hash (que especifica as variáveis que serão passadas ao modelo quando ele é processado) ou uma string que, neste caso, especifica o texto atual da mensagem.

O ActionMailer automaticamente *padroniza linhas* para conteúdo de texto simples, ou seja, assegura que as linhas terminem com \n em vez de um caractere específico de plataforma.

cc

Especifica os endereços dos destinatários da mensagem com cópia (Cc:), tanto como uma string (para um único endereço) quanto como um array (para diversos endereços).

charset

É o caractere definido para se utilizar na mensagem. É padrão para o valor da configuração default_charset especificada para ActionMailer::Base.

content_type

Especifica o tipo de conteúdo da mensagem. É padrão para text/plain.

from

Especifica o endereço a partir do qual a mensagem será enviada como uma string (obrigatório).

headers

Especifica cabeçalhos adicionais a serem acrescentados à mensagem como um hash.

implicit_parts_order

Um array que especifica a ordem na qual as partes de um e-mail multipart devem ser organizadas com base em seu tipo de conteúdo MIME. É padrão para o valor da configuração default_implicit_parts_order especificado em ActionMailer::Base e padrão para ["text/html", "text/enriched", "text/plain"].

mailer_name

Substitui o nome do mailer, que é padrão para uma versão declinada do nome da classe do mailer, e controla o local dos modelos deste mailer. Se você quiser utilizar um modelo em um local que não é o padrão, você pode utilizar este para especificar o local.

mime_version

Padrão para "1.0", mas pode ser fornecido explicitamente se necessário.

part

Permite enviar mensagens de e-mail multipart deixando você definir as configurações de tipo de conteúdo, modelo e variáveis do corpo do e-mail. Observe que, normalmente, você não precisa utilizar este método, porque o ActionMailer automaticamente irá detectar e utilizar modelos multipart no qual cada um deles é nomeado depois do nome da ação, seguido pelo tipo de conteúdo.

Por outro lado, este método é necessário se você estiver tentando enviar mensagens HTML com anexos incorporados (geralmente arquivos de imagem). Veja a seção "Mensagens Multi-Part" mais adiante no capítulo para obter mais informações, incluindo a pequena API especial do método part.

recipients

Os endereços dos destinatários da mensagem, tanto como uma string (para um único destinatário) quanto como um array (para diversos destinatários). Lembre-se que este método espera *strings* do destinatário atual e não objetos de usuário da sua aplicação.

```
recipients users.map(&:email)
```

sent_on

Uma data de envio da mensagem explícita opcional, normalmente passado como Time.now. Será configurado automaticamente pelo mecanismo de entrega se você não fornecer um valor.

subject

A linha de assunto da mensagem.

template

Especifica o nome do modelo para utilizar na mensagem atual. Uma vez que o modelo é padrão para o nome do método mailer, esta opção pode ser utilizada para ter diversos métodos mailer compartilhando o mesmo modelo. O corpo do e-mail é criado utilizando um modelo ActionView (o corriqueiro ERb), que tem o conteúdo do parâmetro hash do corpo disponível como variáveis de instância. Desta forma, o modelo do corpo correspondente ao método mailer da Listagem 16.2 poderia ser assim:

```
Dear <%= @recipient %>,

Your timesheet for the week of <%= @week %> is late.
```

Se David fosse o destinatário, o e-mail gerado seria parecido com esse:

```
Date: Sun, 12 Dec 2004 00:00:00 +0100
From: system@timeandexpenses.com
To: david@loudthinking.com
Subject: [Time and Expenses] Late timesheet notice
```

Dear David Hansson,

```
Your timesheet for the week of Aug 15th is late.
```

Mensagens de e-mail HTML

Para enviar uma mensagem como HTML, tenha certeza de que seu modelo de visualização gera HTML e configure o tipo de conteúdo para html em seu método mailer, como mostrado na Listagem 16.3.

Listagem 16.3 Um método mailer HTML

```
class MyMailer < ActionMailer::Base

  def signup_notification(recipient)
    recipients    recipient.email_address_with_name
    subject       "New account information"
    body          "account" => recipient
    from          "system@example.com"
    content_type  "text/html"
  end
end
```

Exceto pelo valor content_type diferente, o processo é exatamente igual ao processo para enviar e-mail de texto simples. Deseja *embutir* imagens no HTML que irá junto com o e-mail (como anexos incorporados) e exibir ao usuário final? Neste momento há um problema pendente com o ActionMailer que tornará difícil esse processo.

Para obter mais informações e um patch que fornece uma solução para o problema, acesse http://dev.rubyonrails.org/ticket/2179.[2]

Mensagens multipart

O método part é uma pequena API para criar mensagens multipart. Ao utilizar o método part você pode criar mensagens de e-mail compostas de tipos distintos de conteúdo. Uma técnica bastante conhecida (como demonstrado na Listagem 16.4) utiliza multiparts para enviar uma parte de texto simples com uma mensagem de e-mail HTML de forma que os destinatários que podem ler somente texto simples não fiquem sem receber as informações.

Listagem 16.4 A Um método mailer de notificação signup multipart

```
class ApplicationMailer < ActionMailer::Base

  def signup_notification(recipient)
    recipients recipient.email_address_with_name
    subject "New account information"
    from "system@example.com"

    part :content_type => "text/html",
         :body => render_message("signup_as_html", :account =>recipient)

    part "text/plain" do |p|
```

```
        p.body = render_message("signup_as_plain", :account =>recipient)
        p.transfer_encoding = "base64"
      end
    end

  end
```

Opções do método part

O método part aceita uma variedade de opções, seja como uma inicialização em hash, seja em bloco. (Ambos os tipos de inicialização são demonstrados na Listagem 16.4.)

- :body Representa o corpo da parte, *como uma string*! *Não deve ser um hash* (como ActionMailer::Base.). Se quiser que um modelo seja passado no corpo de uma subparte, você pode fazer isso utilizando os métodos render ou render_template do mailer e atribuir o resultado a esta opção (como na Listagem 16.4).
- :charset Especifica o conjunto de caracteres para esta subparte. Por padrão, será o conjunto de caracteres da parte ou do mailer (por exemplo: UTF8).
- :content_type O tipo de conteúdo MIME da parte.
- :disposition A disposição do conteúdo desta parte, geralmente "incorporado" ou "anexo."
- :filename O nome do campo que será utilizado para esta subparte, geralmente anexos. O valor dessa opção é o nome de arquivo que os usuários irão visualizar quando tentarem salvar o anexo e não tiverem nada para fazer com o nome dos arquivos em seu servidor.
- :headers Especifica cabeçalhos adicionais para incluir nesta parte como um hash.
- :transfer_encoding A codificação de transferência para utilizar nesta subparte, como "base64" ou "quoted-printable".

Mensagens multipart implícitas

Como mencionado anteriormente, as mensagens multipart também podem ser utilizadas implicitamente sem invocar o método part. Isso ocorre porque o ActionMailer automaticamente irá detectar e utilizar os modelos multipart no qual cada modelo é nomeado depois do nome da ação, seguido pelo tipo de conteúdo. Cada modelo detectado será adicionado como uma parte separada da mensagem.

Por exemplo, se os modelos abaixo existissem, cada um seria processado e adicionado como uma parte separada da mensagem, com o tipo de conteúdo correspondente. O mesmo hash do corpo é passado para cada modelo.

- signup_notification.text.plain.erb
- signup_notification.text.html.erb
- signup_notification.text.xml.builder
- signup_notification.text.x-yaml.erb

Arquivos anexos

Anexos podem ser adicionados utilizando o método attachment junto com o método File.read do Ruby ou um código de aplicação que gera o conteúdo do arquivo. Veja a Listagem 16.5.

Listagem 16.5 Adicionando anexos a um e-mail

```
class ApplicationMailer < ActionMailer::Base
  def signup_notification(recipient)
    recipients     recipient.email_address_with_name
    subject        "New account information"
    from           "system@example.com"

    attachment :content_type => "image/jpeg",
      :body => File.read("an-image.jpg")

    attachment "application/pdf" do |a|
      a.body = generate_your_pdf_here()
    end
  end
end
```

O método attachment é, de fato, um wrapper convenientemente disponível na API part. O primeiro anexo da Listagem 16.5 poderia ter sido criado (um pouco menos refinado) com o seguinte código:

```
part :content_type => "image/jpeg",
     :disposition => "inline",
     :filename => "an-image.jpg",
     :transfer_encoding => "base64" do |attachment|
  attachment.body = File.read("an-image.jpg")
end
```

Até agora falamos bastante sobre preparar mensagens de e-mail para envio, mas o que podemos falar sobre enviá-los, de fato, aos destinatários?

Enviando um e-mail de fato

Nunca tente chamar diretamente os métodos de instância como signed_up. Em vez disso, chame um dos dois métodos de classe que são gerados para você com base nos métodos de instância definidos em sua classe mailer. Esses métodos de classe são prefixados por deliver_ e create_, respectivamente. Realmente, a principal coisa com a qual você deve se preocupar é o deliver.

Por exemplo, se você escreveu um método de instância signed_up_notification em uma classe chamada ApplicationMailer utilizando-o, seria parecido com o seguinte exemplo:

```
# create a tmail object for testing
ApplicationMailer.create_signed_up_notification("david@loudthinking.com")

# send the signed_up_notification email
ApplicationMailer.deliver_signed_up("david@loudthinking.com")

# wrong!
ApplicationMailer.new.signed_up("david@loudthinking.com")
```

Recebendo E-Mails

TMail é uma biblioteca Ruby para processamento de e-mail que surgiu antes de 2003. Ela vem junto com o Rails como uma dependência incluída do ActionMailer. No papel de desenvolvedor Rails você precisa se preocupar somente com uma classe TMail, que é a classe TMail::Mail.

Para receber e-mails, você precisa escrever um método público chamado *receive* em uma das subclasses ActionMailer::Base da sua aplicação. Ele levará uma instância de objeto Tmail como seu único parâmetro. Quando houver um e-mail de entrada para controlar, você chama um *método de classe* denominado receive em sua classe Mailer. A string de e-mail crua é convertida automaticamente em um objeto Tmail e seu método receive é invocado para processamento posterior. Você não precisa implementar o método de *classe* receive, ele é herdado de ActionMailer::Base.

Isso é bastante complicado para explicar, mas na prática pode ser simples. A Listagem 16.6 mostra um exemplo.

Listagem 16.6 A simples classe mailer MessageArchiver com um método receive

```
class MessageArchiver < ActionMailer::Base

  def receive(email)
    person = Person.find_by_email(email.to.first)
    person.emails.create(:subject => email.subject, :body =>
email.body)
  end

end
```

O método de *classe* receive pode ser o objetivo para uma fórmula Postfix ou qualquer outro processo de gerenciamento de mensagem que pode transportar os conteúdos do e-mail para outro processo. O script mensageiro do Rails torna fácil o gerenciamento do correio de entrada.

```
./script/runner 'MessageArchiver.receive(STDIN.read)'
```

Dessa forma, quando uma mensagem fosse recebida, o método de *classe* receive alimentaria o conteúdo da string crua do correio de entrada via STDIN.

Referência da API TMail::Mail

Uma vez que a representação do objeto da mensagem do correio de entrada é uma instância de TMail::Message, acredito que faça sentido ter, pelo menos, uma referência para os atributos básicos da classe que você irá utilizar. A documentação online a respeito de informações relacionadas ao TMail está em http://i.loveruby.net/en/projects/tmail/doc/, mas a lista de métodos abaixo fornece quase tudo o que você precisa.

attachments

Um array de objetos TMail::Attachment associado ao objeto da mensagem.

O TMail::Attachment fornece a própria classe StringIO do Ruby e adiciona a esta atributos original_filename e content_type. A não ser por esse caso, você o utiliza exatamente da forma como utilizaria qualquer outra StringIO (Veja a Listagem 16.7, por exemplo).

body

É o texto do corpo da mensagem de e-mail – supondo que seja uma mensagem com uma única parte e de texto simples; mensagens multipart retornarão o *preâmbulo* quando o corpo for chamado.

date

Um objeto Time correspondente ao valor do campo de cabeçalho Date:

has_attachments?

Retorna true ou false com base no fato da mensagem conter ou não um anexo.

multipart?

Retorna true se a mensagem for uma mensagem de e-mail MIME-multipart.

parts

Um array de objetos TMail::Mail – um para cada parte da mensagem de e-mail MIME-multipart.

subject

A linha de assunto da mensagem de e-mail.

to

Um *array* de strings representando os destinatários *To:* associados à mensagem. Os atributos cc, bcc e from funcionam da mesma forma em relação aos seus respectivos campos de endereço.

Controlando anexos

Processar arquivos anexos para mensagens de e-mails de entrada é apenas uma questão de saber utilizar o atributo attachments do TMail, como na Listagem 16.7. Este exemplo supõe que você tenha uma classe Person com uma associação has_many para um objeto attachment_fu chamado photos.

```
class PhotoByEmail < ActionMailer::Base

  def self.receive(email)
    from = email.from.first
    person = Person.find_by_email(from)
    logger.warn("Person not found [#{from}]") and return unless person

    if email.has_attachments?
      email.attachments.each do |file|
        person.photos.create(:uploaded_data => file)
      end
    end
  end
end
```

Não há muito mais a se fazer do que isso, exceto, é claro, ter de lidar com a configuração do seu processador de correio (externo ao Rails), uma vez que estes são notoriamente difíceis de configurar.[3] Depois que o seu processador de correio estiver chamando corretamente o script mensageiro do Rails, acrescente um crontab de forma que o correio de entrada seja controlado aproximadamente a cada cinco minutos, conforme as necessidades de sua aplicação.

Configuração

Na maioria das vezes você não precisa configurar especificamente nada para fazer com que o envio de e-mail funcione, pois seu servidor de produção terá o sendmail instalado e o ActionMailer irá utilizá-lo para enviar e-mails.

Se você não tiver o sendmail instalado no seu servidor, tente configurar o Rails para enviar e-mail diretamente via SMTP. A classe ActionMailer::Base tem um hash chamado smtp_settings (server_settings antes do Rails 2.0) que mantém as informações de configuração. Neste caso, as configurações irão variar dependendo do servidor SMTP que você utiliza. O exemplo (como mostrado na Listagem 16.7) mostra as configurações disponíveis do servidor SMTP (e seus valores padrão). Você pode querer acrescentar um código semelhante ao seu arquivo config/environment.rb:

Listagem 16.7 Configurações SMTP para ActionMailer

```
ActionMailer::Base.smtp_settings = {
  :address => 'smtp.yourserver.com',      # default: localhost
  :port => '25', # default: 25
```

```
  :domain => 'yourserver.com',              # default:
localhost.localdomain
  :user_name => 'user',                     # no default
  :password => 'password',                  # no default
  :authentication => :plain                 # :plain, :login or :cram_md5
}
```

Conclusão

Neste capítulo, aprendemos como o Rails torna fácil o envio e o recebimento de e-mails. Com relativamente pouco código você pode configurar sua aplicação para enviar e-mail, até mesmo e-mail HTML com anexos gráficos incorporados. Receber e-mail é até mais fácil, com exceção, talvez, do fato de configurar scripts de processamento de correio e tarefas agendadas. Também falamos brevemente sobre as opções de configuração do seu arquivo config/environment.rb relacionadas ao correio.

Referências

1. http://jakescruggs.blogspot.com/2007/02/actionmailer-tips.html
2. Observe que uma pesquisa no Google sobre anexos de imagens incorporados, geralmente, levará você para http://blog.caboo.se/articles/2006/02/19/how-to-send-multipart-alternative-e-mail-with-inlineattachments. Esse blog pretende fornecer uma solução fácil para o problema, mas na prática ela não funciona.
3. Rob Orsini, autor de *Rails Cookbook* da O'Reilly , recomenda o getmail. Você pode obtê-lo em http://pyropus.ca/software/getmail.

Capítulo 17
Testando

> Não é que o Rails incentive você a fazer um desenvolvimento orientado a teste, é que é difícil você não fazer um desenvolvimento orientado a teste. — Brian Eng, entrevistado no podcast do Rails.

Testes automatizados nos permitem verificar a funcionalidade de nossa aplicação, evitam a regressão (introdução de bugs novos e previamente ajustados) e nos ajudam a manter nosso código flexível. A cobertura de teste refere-se à qualidade e ao número de testes automatizados que temos em relação ao código de produção. Quando nossa cobertura de teste é deficiente, não há prova que o sistema funciona como o planejado. Pode acontecer de alterarmos algo que interrompa a aplicação e, ainda, que fiquemos muito tempo sem perceber a falha. Então quando acontecer, será muito mais difícil fazer o diagnóstico e consertá-la.

A importância de testar seu código Ruby não pode ser descrita com exagero. Sem um compilador não existe nenhum modo de saber se o código que você escreveu está mesmo livre de erros de sintaxe! Você deve presumir que seu código está quebrado apenas quando testá-lo completamente. Você deseja ter seu computador de desenvolvimento sob controle e poder diagnosticar problemas? Ou prefere descobrir os erros quando sua aplicação distribuída fizer o servidor parar e irritar seus chefes, colegas e usuários finais? Isso é um assunto muito sério.

David e todas as pessoas da equipe principal do Rails acreditam piamente no teste automatizado de alta qualidade e orientam a comunidade através do exemplo do próprio Rails que tem uma quantidade extraordinária de cobertura de teste. Patches, mesmo para pequenos reparos, não são aceitos a menos que sejam acompanhados por casos de teste em funcionamento. Desde o princípio, fazer o teste tem sido uma parte essencial e integral do modo Rails e isso é o que diferencia o Rails da maioria de outros frameworks.

Quando você tem o hábito de conduzir seu desenvolvimento com teste, você acaba esclarecendo e elaborando os pré-requisitos logo no início, ao invés de precisar fazer isso depois de seu trabalho passar pelo departamento de controle de qualidade diversas vezes. Portanto, o ato de desenvolver testes durante a codificação é basicamente um tipo de atividade de especificação. O RSpec é uma biblioteca Ruby que emprega literalmente o conceito de desenvolvimento dirigido com especificações e você pode utilizá-lo com o Rails *ao invés de* fazer teste. Infelizmente o RSpec ainda não é uma escolha predominante por parte de desenvolvedores Rails e, uma vez que o título deste capítulo é "Testando", evitaremos falar sobre o RSpec até o Capítulo 18, "RSpec on Rails".

Naturalmente, os tópicos incluídos neste capítulo poderiam encher um (grande) livro. Tem sido um grande desafio organizar o material de modo que faça sentido para a maioria dos leitores. Também tem sido realmente difícil decidir sobre o nível apropriado de detalhes a incluir.

Uma vez que *The Rails Way* é, principalmente, um trabalho de referência, tentei também não passar por muitas tangentes filosóficas relacionadas a teste e limitar a discussão aos seguintes tópicos:

- Terminologia de teste Rails
- Uma revisão sobre o Test::Unit, framework de teste de unidade do Ruby, e sobre como ele está relacionado ao Rails

- Fixtures para gerenciar dados de teste e análise do motivo pelo qual todo mundo as odeia
- Teste de unidade, funcionalidade e integração com Test::Unit
- Tarefas rake relacionadas ao teste
- Teste de aceitação e o Selenium

Terminologia de teste Rails

Antes de seguir adiante, preciso esclarecer algo que tende a ser muito confuso para os recém-chegados ao Rails e que ainda possuem familiaridade com o conservadorismo do teste de unidade. Os diretórios padrão da pasta test de sua aplicação são mostrados na Figura 17.1.

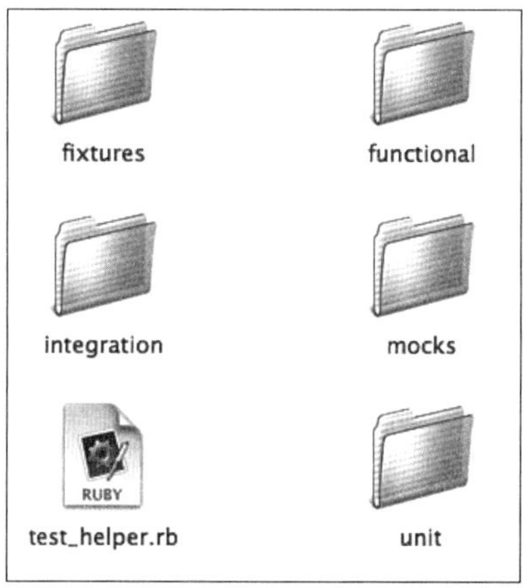

Figura 17.1 Diretórios padrão de uma pasta test do Rails

Os termos *fixtures*, *functional*, *integration*, *mocks* e *unit* têm seus significados, próprios e especiais no Rails, que são um pouco diferentes ou completamente divergentes das definições comumente aceitas nos meios mais importantes da engenharia de software. A dissonância cognitiva resultante torna o teste do Rails um dos aspectos menos apreciados do framework como um todo.

Chega de isolamento...

Tanto os testes de funcionalidade como os testes de unidade no Rails utilizam a API Fixtures que interage com o banco de dados. Na verdade, precisa haver bastante *hacking* para fazer testes de unidade no Rails que *não* envolvam o banco de dados. Supondo que testes de Rails normais nunca testam unidades isoladas do código Ruby, eles podem não ser testes de unidade (verdade); todos devem ser testes de funcionalidade, pelas definições tradicionais do termo. Espere um minuto! Se todos são testes de funcionalidade, por que existe uma pasta chamada unit? Ah, então você percebeu o conflito.

Receio que não haja uma defesa particularmente boa para a nomenclatura escolhida. Testes que residem na pasta *unit* são, na verdade, testes de funcionalidade de modelos que, no modo de teste de unidade tradicional, são voltados para teste de métodos individuais. Testes que residem na pasta *functional* são realmente testes de funcionalidade de controladores voltados para teste de ações de controladores individuais. Nós fornecemos, neste capítulo, seções completas sobre ambos os tipos.

Mocks no Rails?

A pasta *mocks* é manejada principalmente durante a execução de testes. Nela as classes são carregadas por último. Isso significa que elas podem sobrescrever o comportamento de outras classes em seu sistema. Essa habilidade é útil, principalmente, quando você depende de classes que fazem algumas coisas que não deveriam ser feitas durante a execução de um teste. Coisas como:

- Interação com sistemas externos como portais de pagamento, geocoders ou outro serviços web
- Execução de processos ramificados ou de execução longa
- Alteração do estado do sistema de um modo irrecuperável

Utilizando as classes abertas do Ruby você pode escrever suas próprias versões *mock* de métodos que você não deseja executar durante a realização do seu teste. Por exemplo, suponha que você tenha um código que submete transações para processamento através de uma classe PaymentGateway. Seu código de produção invoca o método process. A menos que você o simule externamente, sempre que você executar um teste uma transação será enviada para o portal de pagamento atual. E isso provavelmente é algo ruim.

Entretanto, você pode solucionar esse problema se fizer *monkeypatch*[1] na classe PaymentGateway com a própria implementação de process que, de fato, não dialoga com o portal de pagamento real. Você poderia adicionar uma classe como esta em seu diretório mocks:

```
class PaymentGateway
  def process(transaction)
    # In ur gateway, mocking ur transactions!
  end
end
```

O conceito lembra um pouco o tradicional simulador de teste, mas não tem nada a ver com ele. (Na verdade, é uma forma de *stubbing* – você está apagando a funcionalidade real da classe). Agora, se você estivesse fazendo uma simulação do portal de pagamento deste modo, provavelmente, você daria a ele algum estado, para ser capaz de verificar depois se o método process, de fato, foi chamado.

```
class PaymentGateway
  attr :processed_transaction
  def process(transaction)
    # In ur gateway, mocking your transactions!
    @processed_transaction = transaction
  end
end
```

Veja, caso não fizesse a verificação para se certificar que *process* foi chamado, você nunca saberia se seu código está funcionando corretamente. Não vou prosseguir com esse exemplo ou continuar discorrendo sobre os mocks do Rails nesse sentido. Até onde nos interessa, você deveria apagar o diretório mocks. Ninguém o utiliza. Na realidade, muitos de nós consideramos este recurso do Rails uma abominação que nunca deveria ter sido criada.[2]

Mocks e stubs reais

A biblioteca Mocha[3] deveria ser sua escolha para acrescentar simulação aos seus testes Rails. Ela está incluída no Rails como uma dependência da suíte de teste do próprio Rails. Porém, Mocha é um RubyGem e você deveria adquirir uma cópia da última versão através do habitual comando mágico de instalação:

```
sudo gem install mocha
```

A biblioteca Mocha fornece uma sintaxe legível, simples e unificada tanto para o mock tradicional quanto para o mock com objetos reais. Um mock *tradicional* é um objeto que você pode escrever com alguma expectativa de seus métodos sejam chamados durante um teste. Se essas expectativas não forem cumpridas o objeto mock fará o teste falhar.

A biblioteca Mocha também permite fazer *stubbing*, que é o ato de sobrescrever métodos existentes para retornar valores conhecidos. Ela permite até mesmo que você simule e apague métodos em classes e instâncias reais (que não sejam simulações). Por exemplo, você pode apagar métodos de instância do ActiveRecord como *find* ou acessadores de associação e diminuir a dependência de configurações de fixture complicadas.

Por exemplo, aqui está um exemplo real da utilização de Mocha para simular o comportamento que, *de fato*, não queremos ativar durante a execução de um teste – aquele do serviço Geocoder do Google. Além de ser lento, nunca seríamos capazes de executar esse teste com êxito a menos que estivéssemos online:

```
class SearchControllerTest < Test::Unit::TestCase

  def test_should_geolocate_zip_codes_to_return_cities_result
    res = mock('response')
    res.stubs(:lat => 40, :lng => 50)
    GoogleGeocoder.expects(:geocode).with('07601').returns(res)
    place = mock('place')
    Place.expects(:new).with(:lat => 40, :lng => 50).returns(place)
    hackensack = mock('city')
    City.expects(:near).with(place, 10.miles).returns([hackensack])
    post :index, :text => '07601'

    assert_include hackensack, assigns(:places)
  end
end
```

Caso não esteja evidente, esse teste faz a verificação para ter certeza que o controlador de busca invoca o serviço de localização geográfica a fim de ajudar a encontrar cidades próximas de um determinado CEP.

O método mock cria um novo objeto de resposta mock. O tipo do objeto atual não importa, graças ao *duck typing*. O método stubs informa ao mock quais métodos devem retornar valores específicos se forem invocados, utilizando uma bela sintaxe hash.

Agora, vou parar de discorrer sobre a biblioteca Mocha e, portanto, não vamos fugir totalmente do assunto principal do capítulo que é, claro, fazer testes. Porém, ao longo do capítulo incluí alguns exemplos de como a utilização da biblioteca Mocha torna suas tarefas de teste do Rails mais fáceis.

Testes de integração

Os testes de integração do Rails apareceram pela primeira vez no Rails 1.1 e provavelmente estão mais próximos do significado real de seus nomes no mundo da engenharia de software. Eles empregam toda a pilha dos componentes do Rails e permitem que você encadeie diversas solicitações para testar interações em grande escala do código de aplicação.

```
class AdvancedTest < ActionController::IntegrationTest
  fixtures :people, :forums

  def test_login_and_create_forum
    login_as :admin
    get '/forums'
    assert_response :success

    post '/forums', :forum => {:name => 'a new forum'}
    assert_response :redirect
    follow_redirect!
    assert_select 'div#topics div.title:last-of-type', 'a new forum'
  end
end
```

Os testes de integração são como alguns tipos de testes de funcionalidade em esteróides. Você não precisa de muitos deles em seus projetos e nem mesmo vai querer uma grande quantidade deles, já que são lentos. No entanto, eles devem provar sua importância quando ajudarem a revelar bugs de interação difíceis de encontrar. Mais adiante, neste capítulo, há uma seção inteira sobre testes de integração ("Testes de integração do Rails").

Lidando com a confusão

A nomenclatura de teste do Rails é confusa? *Sim, claro!* E será arrumada em breve? *Não.*[4]

Há opções? Claro que sim! Caso contrário, não seria Ruby. De qualquer forma, devo avisar que diminuir estes meios significa abandonar o modo Rails e sua quilometragem pode variar.

Aqui está um rápido resumo de como vejo suas opções:

- Minha alternativa favorita: descartar o teste de Rails completamente e utilizar RSpec no lugar. (Não deixe de dar uma olhada na seção sobre fixtures e testes de integração ainda neste capítulo. Somente após isso passe para o próximo capítulo).
- Renomeie seus diretórios de teste para models, controllers, views e assim por diante. As alterações resultantes para as tarefas Rake serão deixadas como um exercício para o leitor.

- Proíba o acesso a banco de dados a partir de testes de unidade aplicando o conselho de Jay Fields em http://blog.jayfields.com/2006/06/ruby-on-rails-unit-tests.html.

A única alternativa que você nunca deveria aceitar é descartar o teste completamente. Distribuir aplicações Rails sem cobertura de teste automatizada é uma atitude irresponsável e não profissional.

> **Wilson diz...**
>
> Escrever aplicações sem testes faz de você uma pessoa má, incapaz de amar.

Test::Unit

Todos os testes padrão no Rails oferecem um framework de teste integrado ao Ruby, chamado Test::Unit, que é considerado parte da família *xUnit*. Existem frameworks similares para todas as outras principais linguagens de programação. Se você já utilizou o JUnit do Java ou o NUnit do NET, você deve estar familiarizado com os principais conceitos que seus usos envolvem. Caso contrário, a revisão a seguir dos conceitos do xUnit podem ser valiosos.

Um exemplo de teste é feito através da derivação da classe de Test::Unit::TestCase e populando-a com uma coleção de métodos de teste que dão ênfase a algum aspecto da sua aplicação. Um caso de teste no Rails é parecido com isso:

```
require File.dirname(__FILE__) + '/../test_helper'

class UserTest < Test::Unit::TestCase

  fixtures :models
  def setup
    # code to be run before all test methods
  end

  def test_some_bit_of_functionality
    # logic and assertions
  end

  def teardown
    # code to be run after all test methods
  end
end
```

Um *teste* é um método público simples de um caso de teste, cujo nome começa com o prefixo test_ e cujo corpo contém o código que mostra a operação correta de algumas partes pequenas do programa. Os nomes do método de teste devem ser representativos e descrever a intenção do teste de maneira explícita. Um nome longo como test_only_authorized_user_may_be_associated_as_approver é bom e um nome curto como test_works é considerado um formato ruim. Ler o teste e conseguir descobrir rapidamente o que é esperado do código relacionado a ele precisa ser uma tarefa fácil. Com esse intuito, mantenha os corpos dos métodos de teste curtos e diretos ao ponto.

Uma *asserção* é a comparação de um valor esperado com o resultado de uma expressão. Por exemplo, em um teste você pode definir um atributo em um modelo de tal forma que a validação deve falhar. Depois você pode utilizar uma instrução *assert* para garantir que a mensagem de erro produzida seja aquela que deveria ser.

Um método *setup* é executado antes de cada método de teste. Um método *teardown* é executado depois de cada método. Os métodos setup são muito comuns em testes Rails. Os métodos teardown não.

Um teste bem-sucedido é aquele que é executado sem falhas de asserção ou exceções destacadas. Os testes têm dois modos mal-sucedidos, *failure* e *error*. Uma falha no teste significa que uma asserção falhou, enquanto um erro no teste significa que uma exceção ou um erro de execução interrompeu a execução do teste.

Algumas vezes chamamos uma execução de teste bem-sucedida de *barra verde* e uma execução de teste mal-sucedida de *barra vermelha*. Isso é baseado no tradicional comportamento dos testes de unidade de GUIs. Quando você executa testes a partir de um prompt de comando, você vê uma série de pontos aparecendo e sinalizando a execução de métodos de teste individuais. Os caracteres F e E indicam os status *failure* e *error*, respectivamente.

Suítes de teste são coleções de casos de teste e em outras linguagens, normalmente, são definidos pelo desenvolvedor. Os projetos Rails padrão não têm conhecimento das suítes de teste definidas pelo desenvolvedor. Ao contrário, as coleções de testes são mantidas em três subdiretórios da pasta test: functional, integration e unit e são executadas com tarefas rake.

Executando testes

Devido ao modo como as classes Test::Unit funcionam, o simples fato de executar um arquivo de teste a partir da linha de comando com o intérprete Ruby irá executar seus métodos de teste. Também é possível executar um único método de teste acrescentando ao seu nome uma opção de linha de comando -n:

```
$ ruby test/unit/timesheet_test.rb -n
  test_only_authorized_user_may_be_associated_as_approver

Loaded suite test/unit/timesheet_test
Started
.
Finished in 1.093507 seconds.

1 tests, 2 assertions, 0 failures, 0 errors
```

Na maioria das vezes, executamos a suíte de teste inteira para nossa aplicação apenas digitando rake test no prompt de comando do nosso diretório do projeto. Até somente rake funcionará, uma vez que test é a tarefa padrão. Posteriormente, neste capítulo, vamos falar sobre todas as tarefas Rake relacionadas a teste.

Fixtures

A capacidade de obter uma referência nomeada a um bloco específico de um gráfico de objeto conhecido é totalmente formidável. –Michael Koziarski, membro da equipe principal do Rails.

Em produção, *fixtures* são utilizadas para construir e testar circuitos eletrônicos, dispositivos eletrônicos, matérias-primas e produtos acabados. Como são aplicadas especificamente na engenharia de software, as fixtures são um mecanismo para definir o estado da linha de base de um sistema antes de se realizar algum teste nele.

Sempre que você utiliza a geração de código Rails, arquivos fixture padrão para modelos novos são criados dentro do diretório test/fixtures de seu projeto com conteúdos que se parecem com a Listagem 17.1.

O arquivo tem uma extensão .yml indicando que se trata de um arquivo YAML (Yet Another Markup Language)[5]. YAML é, primeiramente, uma linguagem de serialização de dados e não tem nenhuma relação direta com XML. Seu escopo baseado em endentação lembra o Python.

Listagem 17.1 Um exemplo de um arquivo fixture YAML simples: test/fixtures/users.yml

```
quentin:
  id: 1
  email: quentin@example.com
  created_at: <%= 6.months.ago.to_s(:db) %>
newbie:
  id: 2
  email: newbie@domain.com
  crypted_password: <%= Digest::SHA1.hexdigest("password") %>
  created_at: <%= 1.minute.ago.to_s(:db) %>
```

A endentação dos campos em sua fixture deve ser consistente, caso contrário o programa de análise sintática do YAML será interrompido. Além disso, a endentação *não deve conter nenhum caractere de tabulação.* De acordo com a especificação YAML, a quantidade de endentação é um detalhe de apresentação utilizado exclusivamente para delinear a estrutura e, normalmente, é ignorado. Meu conselho é continuar utilizando o esquema de endentação de dois espaços comum ao mundo Ruby.[6]

Dê outra olhada na fixture da Listagem 17.1. O arquivo contém o conteúdo da tabela de banco de dados dos usuários, como deve haver em seu banco de dados de teste quando você executar seu teste. Caso isso não esteja evidente, o mapeamento do arquivo fixture para a tabela de banco de dados é baseado no nome do arquivo.

Basicamente, fixtures são hashes serializados bidimensionais. Em nosso exemplo, a tag quentin: é a chave (nome) que é utilizada para identificar exclusivamente o hash das propriedades que correspondem ao primeiro registro de nossa tabela de banco de dados dos usuários de teste. Sempre que possível você deve ter como objetivo nomear seus registros fixture de um modo informativo e semanticamente significativo. Você utiliza a chave para poder obter rapidamente uma referência a um objeto fixture em seu teste, sem precisar carregá-lo via ActiveRecord.

As chaves de segundo-nível (: id, :e-mail, :created_at etc.) devem corresponder aos nomes da coluna da tabela do usuário. Como você pode ver no exemplo, não é necessário acrescentar chaves para cada coluna da tabela mapeada. Na realidade, você deve tomar como uma prática acrescentar a quantidade mínima de dados necessários aos propósitos do seu teste. O campo :id sempre é necessário e, geralmente, você enfrentará problemas desordenando a seqüência de ids pois seu banco de dados ficará bastante confuso. Abordaremos uma técnica para evitar esse inconveniente quando explicarmos, posteriormente nesta seção, sobre dados fixture.

Fixtures CSV

As fixtures também podem ser formatadas como valores separados por vírgula (conhecidos como CSV). Caso você não tenha ouvido falar sobre isso, CSV é um formato de arquivo de texto manual e antigo que, atualmente, é conhecido como a melhor maneira de obter dados do Microsoft Excel de modo compatível com diversas plataformas.

Aqui está a mesma fixture de antes (porém muito mais difícil de ler), formatada pelo CSV:

```
id, email, crypted_password, created_at
1, quentin@example.com, , <%= 6.months.ago.to_s(:db) %>
2, newbie@domain.com, <%= Digest::SHA1.hexdigest("password") %>,
<%= 1.minute.ago.to_s(:db) %>
```

Argh, que feio! Dependendo da natureza de seus dados de amostra, gerenciá-los com uma ferramenta de planilha como Excel pode fazer algum sentido. Entretanto, YAML é, sem dúvida, uma escolha mais conhecida pois é muito mais legível e fácil de editar manualmente.

Acessando registros de fixture a partir de testes

O fato dos registros em um arquivo de fixture YAML serem compostos de nomes significativos é outro determinante que faz do YAML uma escolha melhor. Para acessar um registro de seu arquivo de fixture você precisa especificar o uso da fixture no contexto de classe de seu teste. Então, a partir dos métodos você invoca um método que tenha o mesmo nome do seu arquivo de fixture e passa o nome do registro de fixture como seu parâmetro; por exemplo: users(:quentin) ou timesheets(:first). É um modo rápido e fácil de acessar seus dados de amostra, e o fato de poder escolher os nomes indica que você pode dar a eles um significado semântico rico.

```
fixtures :users

def test_can_access_quentin_fixture
  assert(users(:quentin) != nil)
end
```

Por outro lado, os nomes dos registros em fixtures CSV são gerados automaticamente, criados pela derivação do nome de classe do arquivo de fixture e pelo acréscimo de um número de incremento no final. Em nosso exemplo o primeiro fixture iria se chamar :user_1, o próximo iria se chamar :user_2 e assim por diante. Não há nenhum significado semântico nesses nomes, exceto pelo fato de indicar que estamos lidando com uma instância de usuário.

Dados fixture dinâmicos

Antes de carregar os registros de uma fixture no banco de dados de teste, o Rails executa seu conteúdo textual através do analisador gramatical modelo do ERb. Isso significa que você pode embutir o código Ruby atual em seus arquivos de fixture utilizando a marcação <% %> e <%= %>, da mesma forma que você faz em seus modelos de view. Esse comportamento dinâmico pode ser otimizado para melhorar efetivamente o trabalho envolvido na utilização de fixtures.

Os exemplos anteriores têm um conteúdo dinâmico. <%= Digest::SHA1.hexdigest (“password”) %> evita que precisemos fazer a codificação e copiar manualmente em uma string ilegível e propensa ao erro como 00742970dc9e6319f8019fd54864d3ea740f04b1.

Outro exemplo é como os valores de datas são populados, deixando o Rails cuidar da formatação de datas da forma como o banco de dados espera:

```
<%=
5.days.ago.to_s(:db) %>
```

Apesar disso, a utilização de conteúdo dinâmico em fixtures não é limitada à conversão e formatação de valores. Você também pode utilizar construções em loop para criar facilmente muitos dados de fixture. O exemplo fornecido na documentação do Rails demonstra a técnica básica:

```
<% for i in 1..1000 %>
fix_<%= i %>:
 id: <%= i %>
 name: guy_<%= 1 %>
<% end %>
```

Não esqueça que você pode pôr qualquer Ruby válido dentro dessas tags ERb. E isso inclui definir novos métodos auxiliares e incluir módulos.

Um dos meus maiores aborrecimentos com arquivos de fixture costumava ser o fato de precisar manter manualmente os números de id em uma seqüência adequada. Então percebi que posso apenas acrescentar um método auto_increment no arquivo de fixture (encurtei os registros de fixture para ser mais conciso):

```
<%
  def auto_increment
    @id ||= 0; @id += 1
  end
%>
quentin:
  id: <%= auto_increment %>
  login: quentin
aaron:
```

```
id: <%= auto_increment %>
login: aaron
```

Se você quiser tornar métodos como o auto_increment do exemplo anterior disponíveis para *todos* os seus arquivos de fixture, defina-os em um arquivo Ruby chamado fixture_helpers.rb. Coloque-os no diretório /lib do seu projeto e tenha certeza que eles estão disponíveis acrescentando a linha require 'fixture_helpers' na parte superior do test/test_helper.rb.

Utilizando dados fixture no modo de desenvolvimento

Depois de passar bastante tempo criando cuidadosamente dados de amostra para testar uma aplicação, não é raro querer desfazer-se de seus registros de fixture que estão no banco de dados de desenvolvimento de forma que possa utilizar esses dados de amostra interativamente através de seu navegador ou console.

A configuração rake do Rails padrão inclui uma target que faz exatamente isso, invoca rake db:fixtures:load a partir da linha de comando para importar registros fixture para o ambiente atual. Essa rake target permite que você escolha um subconjunto de fixtures para carregar, acrescentando a expressão variável FIXTURE=table1, table2 ao término da linha de comando.

> **NOTA**
>
> Se você está utilizando métodos auxiliares de fixture como descrito na seção anterior, lembre-se de que a tarefa db:fixtures:load não exige test_helper.rb. Portanto, provavelmente, no lugar dele você precisará colocar require 'fixture_helpers' na parte inferior de config/environments/development.rb.

Gerando fixtures a partir de dados de desenvolvimento

Da mesma maneira, se sua aplicação tem relacionamentos complicados ou se você estiver com muita preguiça[7] de criar seus arquivos de fixture manualmente, pode ser que você prefira gerar seus arquivos de fixture automaticamente a partir de dados que estão no banco de dados de desenvolvimento. Supondo que você já tenha uma aplicação em funcionamento, você poderia apenas apontar e clicar no seu caminho para dados de amostra. Tudo o que você precisa é uma maneira de obter dados fora do banco de dados e inseri-los no formato YAML correto.

Por alguma razão, desfazer-se de dados fixtures *não faz parte* do núcleo Rails[8]. Considerando que o Rails fornece um método to_yaml nos modelos do ActiveRecord e objetos Hash, não seria muito difícil escrever sua própria tarefa Rake. Porém, não é necessário fazê-lo porque existe um plugin (bastante testado) criado por Geoff Grosenbach. Seu nome é ar_fixtures e você pode instalá-lo com o seguinte comando:

```
$ script/plugin install http://topfunky.net/svn/plugins/ar_fixtures
```

Uma vez instalado o plugin, desfazer-se de um fixture é uma simples questão de invocar uma tarefa rake nova chamada rake db:fixtures:dump. Diferente da tarefa rake de carregamento integrada, esta leva um parâmetro MODEL com o nome da classe ActiveRecord de cujos dados você quer se desfazer:

```
$ rake db:fixtures:dump MODEL=BillingCode
```

Não é fornecido nenhum feedback, portanto examine o arquivo de fixtures para verificar o que aconteceu:

```
--
billing_code_00001:
  code: TRAVEL
  client_id:
  id: 1
  description: Travel expenses of all sorts
billing_code_00002:
  code: DEVELOPMENT
  client_id:
  id: 2
  description: Coding, etc.
```

Sinceramente, eu também não estou muito entusiasmado a respeito do modo como os dados são desfeitos com este plugin, mas somente por ser exigente em querer que minha coluna id apareça primeiro e outras coisas desse tipo. Também não gosto de ter entradas para colunas nulas. No entanto, este plugin poderia ser um bom ponto de partida para nossos objetivos.

A propósito, você não precisa se preocupar com os caracteres -- no topo do arquivo. Eles apenas indicam o começo de um documento YAML e podem ser apagados.

Opções de fixtures

A opção use_transactional_fixtures fornecida junto com a documentação explicativa do arquivo test/test_helper.rb padrão do seu projeto mantém o controle caso o Rails tente acelerar seus testes escondendo cada método de teste em uma transação revertida na conclusão. A reversão aumenta a velocidade da execução da suíte de teste desde que os dados da fixture não tenham de ser recarregados no banco de dados a cada teste. A configuração padrão para esta opção é true.

Utilizar fixtures transacionais é importante não somente em relação ao desempenho. Reverter mudanças depois de cada método de teste garante que você não escreva métodos de teste que sejam integrados uns aos outros dependendo das alterações no banco de dados que aconteceram fora de seu escopo. Métodos de teste interligados são notoriamente difíceis de depurar e horríveis de realizar.

A opção use_instantiated_fixtures, definida por padrão como false, é outra opção presente no arquivo test_helper.rb padrão. Ativar esta opção fará com que as variáveis de instância fiquem automaticamente disponíveis para cada registro de fixture; isso acontece em detrimento de um desempenho severamente reduzido de seus testes. Esse procedimento data de antes das primeiras versões do Rails e, pelo que sei, realmente caiu em desuso.

Todo mundo odeia fixtures

Durante a Railsconf 2006, um dos oradores pergunta: "Quem da platéia *gosta* de fixtures?"

Eu estava em pé no fundo da sala, vagando um pouco... e sou o tipo de pessoa que não hesita em levantar a mão em situações públicas. Desta forma, me coloquei em uma situação constrangedora pois fui uma das únicas pessoas a responder positivamente.

Por que *então* tantas pessoas experientes em Rails odeiam fixtures? Existem muitas respostas para essa questão – todas complexas. Aqui estão minhas interpretações das razões mais comuns para odiar fixtures seguidas por minhas próprias impressões sobre o modo como o Rails utiliza fixtures.

Fixtures tornam minha suíte de teste lenta

Isso é verdade. As fixtures entram em conflito com a camada de banco de dados e fazem com que suítes de teste longas fiquem travadas em uma densa camada de atividade de E/S frenéticas. Omita fixtures da equação e não será raro ter suítes de teste com milhares de casos de teste executadas em alguns segundos. Essa razão é bastante popular entre o grupo "purista" de teste de unidade. Como regra geral, não inclua fixtures que não sejam necessários para o seu teste. Se puder administrar os testes utilizando objetos criados "do zero" ou utilizando somente mocks e stubs com uma biblioteca como a Mocha será até melhor.

Fixtures permitem dados inválidos

Se você for o tipo de pessoa que dá ênfase à importância de dados válidos no banco de dados, é provável que ache as fixtures completamente nocivas. Por quê? Porque não acontece nenhuma validação quando os dados de fixtures são inseridos no banco de dados. O Rails não se importa se você definir um único dado de coluna em um objeto fixture ou em todos eles. Ele irá popular uma linha no banco de dados com quaisquer dados que você fornecer. A única exigência é que o tipo de coluna seja compatível com o que você está tentando inserir nela. Isso é pura maldade.

O caso é que se você fica muito aborrecido com o fato de ter dados inválidos em seu banco de dados, *não escreva fixtures com dados inválidos*. Problema resolvido! Se essa razão para odiar fixtures o sensibilizou, você poderia acreditar na utilização de restrições de chave estrangeira de banco de dados. Fixtures não funcionam muito bem com restrições de chave estrangeira, uma vez que é difícil definir de forma consistente a ordem na qual elas são carregadas no banco de dados.

Desafios de sustentabilidade

Essa razão é uma das mais aplicáveis mundialmente. Se você tentar manter muitos dados em fixtures, eventualmente começará a ter problemas em mantê-las da forma apropriada. É muito difícil gerenciar conjuntos de banco de dados grandes no formato de fixtures... por esse motivo é que mantemos os dados em bancos de dados!

Também é difícil manter relacionamentos de chave estrangeira entre objetos armazenados em fixtures. A maioria de nossas mentes não é muito boa para lembrar-se de relacionamentos que não sejam baseados em pequenos inteiros.

Todo esse tempo em que trabalhei com Rails não encontrei qualquer razão para manter mais que algumas instâncias representativas de objetos modelo em arquivos fixture. No entanto, você pode querer arriscar!

Fixtures são frágeis

Outra boa razão para odiar fixtures é o fato de serem *frágeis*. Fragilidade é um termo que denota a resistência de seu código a mudanças (ou falta dela). Se qualquer pequena mudança em suas fixtures interromper um grupo de testes, significa que elas são frágeis. Se você tiver muitos testes frágeis, você irá parar de testar completamente e quando você morrer, definitivamente você irá para o inferno. Perceba como as fixtures *são* más!

Falando sério, existem algumas estratégias boas para fazer com que as fixtures não sejam frágeis. Vou repetir meu conselho para reduzir seu conjunto de fixtures a um tamanho controlável. Isso deve diminuir a dificuldade de mudanças. Também existem disponíveis plugins que permitem definir conjuntos distintos de fixtures[9] representando diferentes cenários de teste em vez de ter de condensar todas as possibilidades em um único conjunto global. Além disso, o plugin fixtures_references[10] fornece outra solução interessante para o problema da fragilidade: ele permite que você referencie fixtures dentro de fixtures. Sim, isso mesmo! Se utilizar este plugin, você não precisará mais referenciar chaves estrangeiras pela memória. Apenas referencie o registro de fixture relacionado utilizando a mesma sintaxe que você utilizaria em seu teste:

```
<% fixtures :employees %>

packaging:
  id: 1
  name: Packaging
  manager_id: <%= employees(:bob)['id'] %>
```

Na verdade, fixtures não são tão ruins assim

Em meus projetos tenho provado para mim mesmo que quando você utiliza um framework para mocking, como a biblioteca Mocha, você pode reduzir a utilização de fixtures de forma que não causem tantas dificuldades como as descritas na seção anterior.

Algumas vezes você pode ter bons resultados caso não utilize nenhuma fixture, o que é ótimo. Outras vezes, no entanto, elas podem ser convenientes. O segredo, acredito eu, é manter uma quantidade de fixtures dentro de um limite de casos representativos e agrupá-las conforme o necessário.

Ocasionalmente devem existir situações em que as fixtures serão fundamentais (a menos que você queira criar um grupo de objetos modelo a partir do zero e salvá-los no banco de dados dentro de seu teste, coisa que eu odeio fazer). A única situação que me lembro de imediato é testar os usos de find_by_sql em seu modelo. Considerando que você está escrevendo em SQL, acredito que, definitivamente, você irá desejar executar isso em um banco de dados real e ter certeza que funciona. Não existe nenhum modo de fazer o teste unitário completamente a menos que você mesmo analise o SQL!

Conclusão: você não precisa *odiar* as fixtures; apenas tente utilizá-las de modo inteligente.

Asserções

Métodos de asserção são mecanismos pelos quais você executa a verificação em seus métodos de teste. Os métodos de asserção sempre levam um parâmetro opcional (no final) que especifica uma mensagem de falha. Utilizar mensagens de falha é uma garantia contra futuras confusões quando alguém (talvez até mesmo você) estiver tentando entender uma falha no teste.

Asserções básicas

O módulo Test::Unit::Assertions (parte do próprio Ruby) fornece uma variedade de métodos de asserção básicos que podem ser utilizadas em todos os seus testes Rails. Para economizar espaço, a lista a seguir combina as asserções com variantes *not* sob o mesmo cabeçalho – eu omiti um par que não é pertinente para a programação Rails.

assert e deny

Se as asserções fossem ferramentas manuais, assert e deny seriam como marretas: simples, vão direto ao ponto e não devem ser muito utilizadas em tarefas que requerem detalhes. Forneça expressões booleanas básicas assert ou deny e elas ficarão satisfeitas. Mais do que quaisquer outras asserções, as tradicionais assert e deny merecem mensagens de falha explícitas. Caso contrário, você irá obter resultados frustrantes como "falso deveria ser verdadeiro."

```
assert @user.valid?, "user was not valid"

deny @user.valid?, "user was valid"
```

Se for utilizar assert, tenha certeza absoluta de passar a ela um valor booleano. Lembre-se que nil é considerado falso em um contexto booleano. Se você está verificando propositalmente se uma expressão avalia nil ou não, então utilize assert_nil ou assert_not_nil para comunicar sua intenção.

assert_block

Verifica se o valor de retorno final de um bloco de código Ruby é *true*.

```
assert_block "Failed because couldn't do the thing" do
  # do some processing required to do_the_thing
  do_the_thing
end
```

assert_empty

Verifica se uma coleção é *empty*?

```
assert_empty @collection
```

assert_equal e assert_not_equal

Leva dois parâmetros para verificar a igualdade (ou não), utilizando o método *equal?*. O primeiro parâmetro é o valor de referência e o segundo é a expressão a ser verificada.

```
assert_equal "passed", @status
```

assert_in_delta e assert_in_epsilon

Verifica se um valor flutuante está dentro de uma determinada tolerância. As documentações do Ruby afirmam que assert in_epsilon é "como assert_in_delta, mas melhor para lidar com erros proporcionais aos tamanhos de [parâmetros]".

```
assert_in_delta(expected, actual, 0.01, message="exceeded tolerance")
```

assert_include

Verifica se um item está incluído em uma coleção.

```
assert_include item, @collection
```

assert_instance_of

Verifica se um objeto é uma instância de uma classe (não um módulo). A parte *of* do nome deve ajudar você a se lembrar que a classe é o primeiro parâmetro.

```
assert_instance_of Time, @timestamp
```

assert_kind_of

Verifica se um objeto é uma classe *ou* um módulo *kind_of?* . Novamente, a parte *of* do nome indica que a classe ou o módulo deve ser verificado primeiro.

```
assert_instance_of Enumerable, @my_collection
```

assert_match and assert_no_match

Verifica se uma expressão regular corresponde ou não a um determinado valor. A expressão regular vem primeiro.

```
assert_match /\d{5}(-\d{4})?/, "78430-9594"
```

assert_nil and assert_not_nil

Verifica se uma referência é nula ou não.

```
assert_not_nil User.find(:first)
```

assert_same e assert_not_same

Verifica se duas referências apontam ou não para o mesmo objeto.

```
assert_same "foo".intern, "foo".intern
```

assert_raise e assert_nothing_raised

Verifica se as exceções estão ou não destacadas no bloco fornecido. Eu adoro o exemplo dado nas documentações do Ruby.

```
assert_raise RuntimeError, LoadError do
  raise 'Boom!!!'
end
```

assert_respond_to

Verifica se há um objeto *respond_to?* para uma determinada mensagem. O objeto vem primeiro, seguido pela mensagem.

```
assert_respond_to @playlist, :shuffle
```

flunk

Indica uma falha no teste com a mensagem fornecida.

```
flunk "REDO FROM START"
```

É fácil cometer o erro de utilizar *fail* (pertencente à classe Kernel e, portanto, disponível em todos os lugares) em vez de flunk). O método fail causa um erro de tempo de execução, o que irá interromper seu teste, mas com uma condição de erro em vez de uma falha.

Asserções do Rails

O Rails acrescenta um número de asserções que complementa aquelas fornecidas pelo Test::Unit.

- `assert_difference e assert_no_difference`
- `assert_generates, assert_recognizes e assert_routing`
- `assert_response e assert_redirected_to`
- `assert_tag (desaprovada) e assert_select`
- `assert_template`
- `assert_valid`

As únicas da lista que são de uso generalizado são assert_difference e assert_no_difference. Falaremos sobre todas nas seções seguintes, com exemplos de código e de como são aplicadas para testar partes específicas do Rails.

Uma asserção por método de teste

> Na primeira vez que eu executo a suíte, prefiro saber que 10 coisas estão falhando do que saber que 5 estão falhando e algumas outras podem ou não falhar. - Jay Fields

Gosto de fazer meus testes tão elegantes e expressivos quanto possível. A idéia de limitar cada método de teste a uma asserção é, normalmente, atribuída a Dave Astels, mestre do TDD (Desenvolvimento Orientado a Teste), e tem sido popularizada na comunidade Rails por Jay Fields[11] e outros.

Se você estiver seguindo as diretrizes de asserção única, em vez de um método de teste único parecido com isso:

```
def test_email_address_validation
  u = users(:sam)
  u.email = "sam"
  assert ! u.valid?
  u.email = "johh.doe@google.com"
  assert u.valid?
  u.email = "johh_doe@mail.mx.1.google.com"
  assert u.valid?
  u.email = "johh_doe+crazy-iness@mail.mx.1.google.com"
  assert u.valid?
  u.email = "sam@@colgate.com"
  assert ! u.valid?
end
```

você teria escrito pelo menos cinco métodos de teste, cada um com uma descrição melhor do comportamento que está sendo testado. Por conveniência, eu também moveria a atribuição de uma variável curta para users(:sam) até um método setup:

```
def setup
  @sam = users(:sam)
end

def test_email_validation_fails_with_simple_string_name
  @sam.email = "sam"
  assert not @sam.valid? # prefer not over ! for readability
end

def
test_email_validation_should_succeed_for_valid_email_containing_dot
  @sam.email = "johh.doe@google.com"
  assert @sam.valid?
end

... # you get the picture, I hope
```

A principal vantagem de seguir a diretriz é aumentar a sustentabilidade de seus testes, mas também há outros benefícios importantes, tais como:

- Você é forçado a explicar claramente o significado de seus testes no nome do teste, que é produzido nos resultados do teste com falha. Caso contrário, a intenção da asserção ficaria oculta em um comentário ou não estaria presente no teste de nenhuma maneira.
- Você adquire um quadro mais preciso do *quão* quebrado um teste pode estar. Quando existem asserções múltiplas (possivelmente sem conexão) em um método de teste único, tudo que é passado é para a primeira asserção quebrar e o restante não será executado.
- Jay também reivindica que seguir a diretriz de asserção única o ajuda a pensar mais criticamente no projeto de seu modelo de domínio: "Freqüentemente, os métodos de meu modelo de domínio terminam com uma única responsabilidade."

Vamos falar um pouco mais sobre testar o modelo de domínio de sua aplicação Rails, seus modelos ActiveRecord.

Testando modelos com testes de unidade

Como mencionado anteriormente neste capítulo, um teste de unidade Rails é, de fato, um teste de funcionalidade de um modelo ActiveRecord. Não é necessário testar a operação de métodos integrados como find desde que estejam adequadamente cobertos pelos testes fornecidos pelo próprio Rails. Por exemplo, o teste a seguir poderia, de algum modo, ser instrutivo, mas é completamente inútil para o seu projeto Rails:

```
def test_find
  @user = User.create(:name => "John Foster")
  assert_equal @user, User.find_by_name("John Foster")
end
```

Por que ele é inútil? Pois testa a funcionalidade nativa do Rails, que já tem cobertura de teste adequada. A menos que codifique manualmente um método find_by_name, você não terá comprovado nada sobre o *seu* código, somente que o Rails se comporta como o esperado.

Vale mencionar que, além dos métodos de instância, nossos modelos ActiveRecord também são repletos de código de *macroestilo* declarativo no topo de seus arquivos. É fácil estragar esse código, portanto, tenha certeza de também fornecer a eles alguma cobertura de teste.

Fundamentos do teste modelo

Sempre que utiliza um gerador para criar um modelo ActiveRecord, o Rails automaticamente cria um esqueleto do teste de unidade no diretório test/unit de seu projeto. Ele é parecido com isso:

```
require File.dirname(__FILE__) + '/../test_helper'

class BillableWeekTest < Test::Unit::TestCase
  fixtures :billable_weeks
```

```
  # Replace this with your real tests.
  def test_truth
    assert true
  end
end
```

> **Wilson Diz...**
>
> A média da aplicação Rails seria 120% melhor se o teste padrão gerado para o modelo fosse flunk "write me" em vez de assert true.

Geralmente, um teste de unidade limita-se a avaliar um método público de um objeto e nada mais.[12] Quando estamos testando um modelo ActiveRecord no Rails, normalmente, incluímos métodos de teste múltiplos para cada método público para ter certeza que o comportamento foi completamente verificado.

A Listagem 17.2 contém alguns métodos de teste do TimesheetTest de nossa recorrente aplicação exemplo.

Listagem 17.2 Teste modelo de Timesheet da aplicação exemplo Time & Expenses

```
class TimesheetTest < Test::Unit::TestCase

  fixtures :users

  def test_authorized_user_may_be_associated_as_approver
    sheet = Timesheet.create
    sheet.approver = users(:approver)
    assert sheet.save
  end

  def test_non_authorized_user_cannot_be_associated_as_approver
    sheet = Timesheet.create
    begin
      sheet.approver = users(:joe)
      flunk "approver assignment should have failed"
    rescue UnauthorizedApproverException
      # expected
    end
  end
end
```

Como vimos anteriormente neste capítulo, é possível otimizar o sistema de fixtures de forma a ter objetos prontos para serem testados. (A linha 3 invoca fixtures :users). Você pode utilizar tantas fixtures quantas forem necessárias e os nomes sempre devem estar no plural. Não carreguei as fixtures do timesheet porque não preciso delas. Uma instância Timesheet básica e recém-criada atende muito bem as minhas necessidades (linhas 6 e 12).

Se eu quisesse utilizar mais Ruby idiomático nesse exemplo de teste, provavelmente iria refatorar as linhas 13 -18 para utilizar assert_raises.

Decidindo o que testar

A implementação que determina se um usuário é um aprovador autorizado ou não está escondida da visualização nesse teste. Isso pode ou não ser uma coisa ruim. A mim parece uma coisa boa. Afinal de contas, isso é um teste de timesheet e não um teste de autorização ou de usuário. Tudo que quis verificar quando escrevi este caso de teste era uma atribuição bem-sucedida e outra não. A lógica para autorização não é pertinente nesse caso de teste.

Testando controladores com testes de funcionalidade

Sempre que você utiliza um gerador para criar um controlador ActiveRecord o Rails automaticamente cria um teste de funcionalidade para ele. Os testes de funcionalidade permitem que você verifique se seus controladores estão exibindo o comportamento correto em solicitações de tratamento que chegam até eles. Uma vez que o subsistema de teste de funcionalidade também invoca o código da visualização para as ações invocadas, os testes de funcionalidade podem incluir asserções no conteúdo da resposta.

Estrutura e configuração

Os testes de funcionalidade seguem determinadas convenções e a maioria dos novos desenvolvedores Rails é apresentada a elas ao abrir pela primeira vez um teste de funcionalidade gerado em scaffolding. Para nossos principais exemplos vamos utilizar um teste de funcionalidade de um pacote de quadro de avisos de código aberto para o Rails chamado Beast.[13]

A linha do topo é semelhante a um teste de unidade que solicita o arquivo comum test_helper. Depois, o controlador sujeito a teste é solicitado:

```
require File.dirname(__FILE__) + '/../test_helper'
```

Normalmente, qualquer erro causado durante a execução do controlador é salvo de forma que a página de erro apropriada possa ser exibida ao usuário. Mas, durante o teste, você deseja que esses erros sejam exibidos no topo onde o framework de teste pode registrar que eles ocorreram. Em um ótimo exemplo sobre a utilidade das classes abertas no Ruby a solução para nossos testes de funcionalidade encontra-se em, simplesmente, sobrescrever o método rescue_action do ActionController.

```
require 'forums_controller'
# Re-raise errors caught by the controller.
class ForumsController; def rescue_action raise e end; end
```

Ponto-e-vírgulas (delimitadores de linha opcionais no Ruby) são utilizados para manter o comprimento da linha do arquivo o menor possível. Logo acima é a abertura da própria classe de teste de funcionalidade que, por convenção de nomenclatura, começa com o nome do controlador que está sendo testado. Se o teste utilizar fixtures, elas normalmente são especificadas na linha seguinte:

```
class ForumsControllerTest < Test::Unit::TestCase
  fixtures :forums, :posts, :users
```

Os testes de funcionalidade sempre têm um método de configuração como o método abaixo. Ele estabelece três variáveis de instância exigidas para o teste e será executado antes de cada invocação de método de teste:

```
def setup
  @controller = ForumsController.new
  @request = ActionController::TestRequest.new
  @response = ActionController::TestResponse.new
end
```

Você pode utilizar os objetos @request e @response, mas acessadores de conveniência adicionais também são fornecidos para session, flash e cookies. Sempre que desejar você pode acessar essas estruturas em seu método de teste, seja para definir valores ou para fazer asserções sobre mudanças de estado devido à execução de ação do controlador.

Métodos de teste de funcionalidade

Geralmente, você deve ter pelo menos um par de métodos de teste por ação do controlador para verificar a manipulação do *caminho feliz* e condições de erro. O fluxo de trabalho geral de um método de teste de funcionalidade é estabelecer qualquer condição prévia necessária e, então, chamar um método no próprio teste (como GET, POST, PUT, DELETE ou HEAD) que corresponda à solicitação HTTP desejada. Um método xhr também é fornecido e permite que você simule uma interação XMLHttpRequest, como aconteceria se o navegador fizesse uma solicitação Ajax.

O primeiro parâmetro para o método de solicitação é um símbolo que corresponde ao nome do método de ação a ser testado seguido por um hash de parâmetros.

O exemplo a seguir testa se uma solicitação GET para /forums/edit/1 é bem sucedida.

```
def test_should_get_edit_form
  login_as :Aaron
  get :edit, :id => 1
  assert_response :success
end
```

Asserções comuns

Os tipos de asserções seguintes são os mais comuns para testes de funcionalidade. Você pode propor suas próprias asserções, mas lembre-se que os controladores não devem fazer muito mais que invocar a lógica de negócios em seus modelos e determinar um ambiente para a visualização ser adequadamente processada.

Declare que as variáveis foram atribuídas de maneira adequada para que possam ser utilizadas pelos templates

Um dos principais comportamentos de ações do controlador que processam um template é a configuração de variáveis de instância a serem utilizadas na visualização. Há inúmeros modos diferentes de fazer asserções deste tipo, mas todas giram em torno do fato que, depois de invocar a ação do controlador, o método assigns retorna um hash de variáveis de instância predefinidas para o template. O código de scaffolding tem feito com que muitas pessoas afirmam que as variáveis atribuídas não são nulas. Isso não é tão seguro quanto fazer asserções sobre o conteúdo dessas variáveis.

```
def test_that_users_are_assigned_properly

  # lame assertion
  assert_not_nil assigns(:users)

  # getting better
  assert_equal 3, assigns(:users).size

  # best, check the contents of users but get a sane error on failure
  assert_equal %w(Bobby Sammy Jonathan), assigns(:users).map(&:login)

end
```

Como mencionado no último comentário e asserção, nós iremos obter um "erro lógico na falha" fazendo um pouco de mágica com o método map a fim de verificar um array de nomes em vez de verificar um array de objetos. O caso é que quando assert_equal falha o resultado será um depósito *inspect* dos objetos que não são correspondentes – o que para um modelo ActiveRecord grande pode gerar um volumoso amontoado de código em múltiplas linhas que não será muito legível.

Declare o código de status HTTP de uma resposta e seu tipo de conteúdo MIME

O método assert_response de testes de funcionalidade é um método de conveniência que declara que a resposta seja um dos seguintes tipos:

- :success O código de status foi 200.
- :redirect O código de status estava na faixa 300-399.
- :missing O código de status foi 404.
- :error O código de status estava na faixa 500-599.

```
def test_should_get_index_successfully
  get :index
  assert_response :success
end
```

Você também pode passar um número de status explícito como assert_response(501) ou seu equivalente simbólico[14] assert_response(:not_implemented).

Declare o tipo de conteúdo MIME de uma resposta (ou outros valores de cabeçalho)

O objeto @response é repleto de informações (tente apenas adicionar puts @response.inspect depois de processar uma solicitação para ver o que acontece). Entre os atributos de uma resposta está o hash de cabeçalhos que pode ser utilizado para verificar coisas como o tipo de conteúdo MIME e a codificação de caractere.

```
XML_UTF8 = "application/xml; charset=utf-8"

def test_should_get_index_with_xml
  request.env['Content-Type'] = 'application/xml'
  get :index, :format => 'xml'
  assert_response :success
  assert_equal XML_UTF8, @response.headers['Content-Type']
end
```

Declare o processamento de um template específico

O método assert_template torna simples o teste que verifica se um template específico foi processado pela ação sujeita ao teste:

```
def test_get_index_should_render_index_template
  get :index
  assert_template 'index'
end
```

Declare o redirecionamento para uma URL específica

De forma semelhante, o método assert_redirected_to torna fácil verificar se as opções de redirecionamento passaram pela comparação do redirecionamento chamado na última ação. Esta comparação pode ser parcial, de forma que assert_redirected_to(:controller => "weblog") também irá comparar o redirecionamento de redirect_to(:controller => "weblog", :action => "show") e assim por diante.

```
def test_accessing_protected_content_redirects_to_login
  get :protected
  assert_redirected_to :controller => "session", :action => "new"
end
```

Supõe-se que o método follow_redirect permita que você continue a fazer asserções para uma segunda ação no mesmo controlador.[15] Tentar direcionar um redirecionamento para outro controlador ocasionará um erro. Veja a seção "Testes de integração do Rails" posteriormente, neste capítulo, para aprender como fazer mais de uma solicitação por método de teste.

Declare a configuração de mensagens instantâneas

O método de conveniência flash dá a você acesso direto ao hash do flash da sessão de usuários.

```
def test_accessing_protected_content_redirects_to_login
  post :create ... # bad attributes

  assert_equal "Problem saving. Check form and try again.",
flash[:error]
end
```

Declare mudanças no banco de dados resultantes de ações

O método assert_difference fornece um modo fácil de verificar as ações do controlador que causam a adição de registros no banco de dados.

```
assert_difference 'Article.count' do
  post :create, :article => {...}
end
```

Podem ser especificadas diferenças positivas ou negativas. O padrão é +1, mas se especificarmos -1 teremos um modo fácil de testar operações de exclusão.

```
assert_difference 'Article.count', -1 do
  delete :destroy, :id => ...
end
```

Um array de expressões também pode ser passado e avaliado.

```
assert_difference [ Report.count', 'AuditLog.entries.size' ], +2 do
  post :create, :article => {...}
end
```

A propósito, +2 é uma sintaxe Ruby legítima (embora um pouco rara). Ainda que seja desnecessária neste caso, ela transmite a idéia dessa asserção de forma bastante expressiva. Torne a legibilidade de seu código uma meta importante em suas atividades de codificação cotidianas, principalmente em testes.

Se você quiser ter certeza que registros não foram adicionados ou removidos do banco de dados, você pode utilizar o método assert_no_difference:

```
assert_no_difference 'Article.count' do
  post :create, :article => {...} # invalid_attributes
end
```

Declare a validade de um modelo

O método assert_valid assegura que o registro passado é válido pelos padrões ActiveRecord e que mensagens de erro serão geradas caso haja falha.

```
def test_create_should_assign_a_valid_model
  post :create ... # good attributes
  assert_valid assigns(:post)
end
```

Declarando o resultado da view

O modo Rails de testar o resultado do template da view é fazê-lo dentro do escopo dos métodos de teste do controlador. Ativar uma ação do controlador faz com que ocorra toda a cadeia de processamento e o resultado HTML (ou outro tipo) seja definido para response.body. O Rails tem uma poderosa API para fazer asserções nesse resultado: assert_select. Se você estiver analisando um código de Rails mais antigo, pode ser que você encontre usos de um método de asserção de view mais antigo chamado assert_tag. No entanto, ele foi desaprovado em favor de assert_select.

Testando views com testes de funcionalidade

O método assert_select utiliza a sintaxe do seletor CSS para declarar conteúdos HTML ou XML. Ele é extraordinariamente flexível e poderoso, pois a seleção CSS é muito flexível e poderosa. Se você já entende a sintaxe do seletor CSS (e como você é um desenvolvedor de aplicação web, provavelmente você já entende), então assert_select definitivamente deve ser seu método preferido para testar o conteúdo de suas visualizações. [16]

Observe alguns exemplos sugeridos pela documentação e que mostram como verificar a existência de elementos selecionados, conteúdo de texto específico, número de teste, ordem dos elementos e mais:

```
def test_page_has_right_title
  get :index
  assert_select "title", "Welcome"
end

def test_form_includes_four_input_fields
  get :new
  assert_select "form input", 4
end

def test_show_does_not_have_any_forms_in_it
```

```
    get :show, :id => 1
    assert_select "form", false, "Show page must contain no forms"
  end

  def page_has_one_link_back_to_user_page
    get :show, :id => 1
    assert_select "a[href=?]",
                  url_for(:controller=>"user", :id=>user_id),
                  :count => 1, :text => "Back to page"
  end
```

O método assert_select apresenta duas variantes e tem uma das APIs mais complicadas dentre os métodos Rails que conheço. Ele é incomum, já que o primeiro parâmetro é opcional. Em ambos os formatos, value, equality e message, assim como os parâmetros em bloco, são opcionais.

assert_select(selector, [*values, equality, message, &block])

O primeiro formato (mais comum) utiliza a string do seletor CSS para selecionar elementos da resposta no contexto de um teste de funcionalidade.

assert_select(element, selector, [*values, equality, message, &block])

O segundo formato, que acredito ser raramente utilizado pela maioria dos desenvolvedores, leva uma instância explícita de HTML::Nodes como o parâmetro *element* e seleciona todos os elementos relacionados a partir desse elemento (e ele inclusive) e todos os seus filhos em ordem de busca em profundidade.

O parâmetro em bloco opcional

Chamar assert_select dentro de um bloco assert_select automaticamente executará a asserção para cada elemento selecionado pela asserção incluída. Como nos exemplos a seguir que têm exatamente o mesmo comportamento:

```
assert_select "ol > li" do |elements|
  elements.each do |element|
    assert_select element, "li"
  end
end
# use the shorter version

assert_select "ol > li" do
  assert_select "li"
end
```

Referência do seletor

O método assert_select entende o conjunto dos formatos do seletor CSS listados na Tabela 17.1. Combine-os para identificar um formato ou elementos para asserção.

Tabela 17.1 Referência do seletor CSS

Seletor	Comportamento
E	Um elemento com o nome da tag E. (Por exemplo "DIV" corresponde ao primeiro elemento DIV[17] encontrado). Nas entradas da tabela subseqüentes, E pode referir-se a um nome da tag ou a qualquer outra expressão CSS válida que identifica um ou mais elementos a serem combinados.
E F	O elemento F presente em qualquer lugar na hierarquia filha do elemento E.
E > F	O elemento F como um filho imediato do elemento E. Exemplo: Verificar o título de uma página de Login: assert_select "html:root > head > title", "Login"
E ~ F	O elemento F sendo precedido pelo elemento E. Exemplo: Garantir que o conteúdo patrocinado em uma lista está antes do conteúdo não patrocinado: `assert_select 'LI.sponsored ~ LI:not(.sponsored)'`
E + F	O elemento F sendo imediatamente precedido pelo elemento E. Exemplo: Declarar que seu conteúdo DIV segue imediatamente seu cabeçalho DIV sem nada entre eles: `assert_select 'DIV#header + DIV#content'`
E.class	
E.class. otherclass	Elementos atribuídos com uma classe CSS chamada class.
E#myid	Elementos atribuídos com um ID igual a myid.
E[attribute]	Elementos com um nome de atributo específico.
E[attribute= "value"]	Elementos com um attributo que corresponde exatamente a um value.
E[attribute~= "value"]	Elementos com um attributo que contém valores delimitados por espaço, um dos quais corresponde exatamente a value.
E[attribute^= "start"]	Elementos ccujo valor do atributo começa com "start".
E[attribute$= "end"]	Elementos cujo valor do atributo termina com "end".
E[attribute*= "str"]	Elementos cujo valor do atributo contém a substring "str".
E[attribute|= "value"]	Elementos com um attributo que contém uma lista de valores separadas por hífen que começam com "value".

Seletor	Comportamento
E:root	Um elemento que é o elemento raiz do documento.
E:first-child	O primeiro elemento filho de E. Nota: Esse e outros seletores desse tipo irão combinar elementos múltiplos se E corresponder a elementos múltiplos.
E:last-child	O último elemento filho de E.
E:nth-child(n)	
E:nth-last- first.	O filho n-th de um elemento E que começa com o primeiro (No CSS, n é sempre indexado por 1).
child(n)	A variante last-child contada a partir do último filho.
E:first-of-type	O primeiro irmão do tipo E. Exemplo: Declarar que todas as caixas de seleção de menu suspenso em um determinado documento sempre incluam uma opção vazia no topo: `assert_select('SELECT OPTION:first-of-type','')`
E:last-of-type	O último irmão(s) do tipo E.
E:nth-of-type(n)	
E:nth-last- of-type(n)	O(s) irmão(s) n-th de seu tipo. A variante last-of-type contada a partir do último irmão. Exemplo: Declarar a ordem e o conteúdo das tags OPTION para a seguinte marcação SELECT:

```
<SELECT id="filter">
<OPTION>None</OPTION>
<OPTION>Businesses</OPTION>
<OPTION>People</OPTION>
</SELECT>
assert_select('SELECT#filter option:nth-of-type(1)',
'None')

assert_select('SELECT#filter option:nth-of-type(2)',
'Businesses')
assert_select('SELECT#filter option:nth-of-type(3)',
'People')
```

E:only-child	Elementos que são os únicos filhos de seu pai que corresponde a E.
E:only-of-type	Elementos que são os únicos irmãos de seus tipos que correspondem a E. Exemplo: Garantir que somente um arquivo JavaScript externo seja sempre incluído na página. (Uma regra algumas vezes forçada por

	razões de desempenho...) `assert_select('HEAD SCRIPT[src]:only-of-type')`
E:empty	Elementos que não têm filhos (inclui os nós de texto).
E:not(selector)	Elementos que não correspondem a string selector fornecida.

Às vezes você quer utilizar um valor de substituição em vez de combinar um existente ou considerar o da string do seletor CSS definida. Neste caso, você pode utilizar o caractere ? como um placeholder. Funciona com nomes de classe (.?, classname), com atributos de identificador (#?, id) e com atributos regulares ([attr =?], string ou regexp).

```
assert_select "form[action=?]", url_for(:action=>"login") do
  assert_select "input[type=text][name=username]"
  assert_select "input[type=password][name=password]"
end
```

Testes de igualdade

O parâmetro de igualdade é opcional e pode ser um dos valores listados na Tabela 17.2. O valor padrão é true, o que significa que pelo menos um elemento correspondeu ao seletor CSS. Se você desejar fornecer somente um critério para os elementos correspondentes, utilize o formato singular. Caso contrário, passe os critérios como um hash.

Tabela 17.2 Opções para o parâmetro equality de assert_select

Formato singular	Formato Hash	Explicação
true :	minimum => 1	Pelo menos um elemento correspondente.
false	:count => 0	Nenhum elemento correspondente.
"something" :	text => "something"	Todos os elementos correspondentes têm o conteúdo de texto.
/^[a-z]{2}$/i	:text => /^[a-z]{2}$/i	Todos os elementos correspondentes são compatíveis com a expressão regular.
n	:count => *n*	Exatamente *n* elementos correspondentes.
	:minimum => *n*	No mínimo *n* elementos correspondentes.
	:maximum => *n*	No máximo *n* elementos correspondentes.
n..m	:minimum => *n*,	
	:maximum => *m*	Número de elementos correspondentes abaixo do Range fornecido.

Testando o comportamento RJS

As variantes de assert_select_rjs são utilizadas em testes de funcionalidade para verificar a manipulação do estilo RJS da view por seus controladores.

assert_select_rjs(*args, &block)

A omissão de args simplesmente declara que um ou mais elementos foram atualizados ou inseridos através do RJS. Com todas as variantes de assert_select_rjs as instruções assert_select aninhadas podem ser utilizadas para verificar a carga útil HTML da atualização ou inserção:

```
# Check that RJS inserts or updates a list with four items.
assert_select_rjs 'my_list' do
  assert_select "ol > li", 4
end
```

assert_select_rjs(id)

Semelhante à assert_select_rjs(*args, &block). No entanto, especifica um *id* em particular que está sendo atualizado ou inserido.

assert_select_rjs(operation, id)

Semelhante à assert_select_rjs(*args, &block). No entanto, especifica o *operation* aplicado a um *id* específico como replace, chained_replace, replace_html, chained_replace_html ou insert_html.

assert_select_rjs(:insert, position, id)

Semelhante à assert_select_rjs(*args, &block). Mas especifica que a operação RJS é um :insert e *position* é um destes :top, bottom, before ou after.

Outros métodos de seleção

Refinar o código assert_select significa utilizar métodos para verificar e-mail e HTML codificado, assim como o método css_select, que é útil em conjunto com a versão do assert_select que leva um nó HTML como seu primeiro parâmetro.

assert_select_email(*args, &block)

Asserções no corpo (HTML) do e-mail enviado.

assert_select_encoded(*args, &block)

Para operações em HTML codificado como descrições do item RSS.

css_select(selector, *values) and css_select(element, selector, *values)

Retorna arrays de elementos selecionados que estão vazios caso nenhum elemento seja selecionado.

Testando as regras de roteamento

O Rails fornece um conjunto de asserções para uso em testes de funcionalidade que permitem verificar se seu arquivo de roteamento está configurado da forma como você espera que esteja.

assert_generates(expected_path, options, defaults={}, extras = {}, message=nil)

Declara que as opções oferecidas podem ser utilizadas para gerar o caminho fornecido, que é o comportamento inverso de assert_recognizes.

```
assert_generates("/items", :controller => "items",
                 :action => "index")
assert_generates("/items/list", :controller => "items",
                 :action => "list")
assert_generates("/items/list/1", :controller => "items",
                 :action => "list", :id => "1")
```

assert_recognizes(expected_options, path, extras={}, message=nil)

Declara que o roteamento do caminho fornecido foi tratado corretamente e que as opções de análise são correspondentes, que é o comportamento inverso de assert_generates.

```
# check the default action
assert_recognizes({:controller => 'items', :action => 'index'},
'items')

# check a specific action
assert_recognizes({:controller => 'items', :action => 'list'},
'items/list')

# check an action with a parameter
assert_recognizes({:controller => 'items', :action => 'list',
:id => '1'}, 'items/list/1')
```

Passe um hash no segundo argumento para especificar o método solicitado.

Isso é útil para rotas que exigem um método HTTP específico. O hash deve conter um :path com o caminho de solicitação de entrada e um :method que contenha o verbo HTTP exigido.

```
# assert that POSTing to /items will call create on ItemsController
```

```
assert_recognizes({:controller => 'items', :action => 'create'},
                  {:path => 'items', :method => :post})
```

Você também pode passar "extras" com um hash contendo parâmetros que normalmente estariam presentes na string de consulta. Isso pode ser utilizado para declarar que os parâmetros de consulta URL sejam acrescentados corretamente ao hash params. Para testar strings de consulta, você deve utilizar o argumento *extras* (anexar a string de consulta no caminho da forma como você normalmente faz em seu código de aplicação não irá funcionar).

```
# assert that a path of '/items/list/1?view=print' returns correct options as-
sert_recognizes({:controller => 'items', :action => 'list',
                 :id => '1', :view => 'print'},
               'items/list/1', { :view => "print" })
```

assert_routing(path, options, defaults={}, extras={}, message=nil)

Declara que o caminho e as opções correspondem nos dois sentidos. Ou seja, a URL gerada a partir de options é a mesma de path, e options reconhecidas pelo path são iguais as de options. Isto basicamente unifica assert_recognizes e assert_generates em uma etapa.

Testes de integração do Rails

O Rails 1.1 apresentou uma API de *teste de integração* integrada como uma "progressão lógica nas séries de testes disponíveis existentes." [18] Os testes de integração diferem de testes de funcionalidade porque verificam interações através de solicitações de navegador múltiplas abrangendo qualquer quantidade de controladores e ações. Além de validar a funcionalidade da aplicação, os testes de integração bem-escritos devem ajudar a revelar quaisquer bugs que possam estar participando de seu uso de roteamento e sessões de usuário.

Quando utilizados dessa maneira, os testes de integração do Rails *podem* ser testes de aceitação adequados para o seu projeto.

Conceitos básicos

Os testes de integração são mantidos como arquivos no diretório test/integration. Eles são executados pela target do rake test:integration ou, como em outros testes Rails, invocando o arquivo diretamente com o intérprete Ruby.

Uma vez que um gerador é fornecido, você não precisa escrever o código esqueleto para um teste de integração. Forneça um nome de teste de integração ao gerador como seu argumento no formato CamelCase ou no formato under_score.

```
$ script/generate integration_test user_groups
      exists test/integration/
      create test/integration/ user_groups_test.rb
```

O gerador irá criar um template de teste de integração pronto para edição, como este:

```
require "#{File.dirname(__FILE__)}/../test_helper"

  class UserGroupsTest < ActionController::IntegrationTest
    # fixtures :your, :models

    # Replace this with your real tests.
    def test_truth
      assert true
    end
  end

end
create test/integration/ user_groups_test.rb
```

Até agora o processo é bem parecido com o modo como escrevemos testes para modelos e controladores; no entanto, para prosseguir, temos que tomar algumas decisões sobre como desejamos implementar o recurso a ser testado. Nesse sentido, escrever o teste de integração antes da implementação de um recurso deve servir como uma ferramenta de especificação e design. Antes de ir mais adiante com nosso exemplo, vamos dar uma olhada rápida nos métodos API disponíveis para codificar nossos testes de integração.

A API do teste de integração

Os métodos get e post levam um caminho de string como seu primeiro argumento e parâmetros de solicitação como o segundo argumento; assim como um hash. Para utilizar o conhecido hash controlador/ação para o primeiro parâmetro em vez de uma string URL, utilize o método url_for.

O método follow_redirect! orienta seu teste para seguir qualquer redirecionamento iniciado pela última solicitação. O método status retorna o código de status HTTP da última solicitação. Ao declarar um redirecionamento, o método redirect? declara que o código de status da última solicitação é igual a 300.

ActionController::Assertions::ResponseAssertions é um módulo que contém as asserções que utilizamos em nossos testes de integração. Lembre-se que todos os métodos de asserção no Rails têm um parâmetro de mensagem opcional que é exibido quando a asserção falha durante um teste de execução.

assert_redirected_to(options = {}, message = nil)

Declara que as opções de redirecionamento passadas correspondem ao redirecionamento chamado na última ação. Essa correspondência pode ser parcial, tal como assert_redirected_to (:controller => "weblog") também irá corresponder ao redirecionamento de redirect_to(:controller => "weblog", :action => "show") e assim por diante.

assert_response(type, message = nil)

Declara que o código de status de resposta HTTP corresponde aos critérios fornecidos. A lista de símbolos a seguir pode ser utilizada no lugar de um valor inteiro atual como assert_response (501).

- :success Código de status foi 200.
- :redirect Código de status estava na faixa de 300–399.
- :missing Código de status foi 404.
- :error Código de status estava na faixa de 500–599.

assert_template(expected = nil, message = nil)

Declara que a solicitação foi processada com o arquivo template apropriado.

Trabalhando com sessões

Uma instância Session de integração representa um conjunto de solicitações e respostas executado consecutivamente por algum usuário virtual. Pelo fato de poder instanciar sessões múltiplas e executá-las lado a lado, você também pode simular (para alguma extensão limitada) múltiplos usuários simultâneos interagindo com seu sistema. Geralmente, você deverá instanciar uma sessão nova utilizando IntegrationTest #open_session em vez de instanciar Integration::Session diretamente.

Tarefas rake relacionadas ao teste

O arquivo Rake padrão para projetos Rails inclui 10 tarefas relacionadas ao teste, como mostrado na Tabela 17.3.

Tabela 17.3 Tarefas de teste rake

Target	Descrição
rake db:test:clone	A tarefa clone cria novamente o banco de dados de teste a partir do esquema de banco de dados do ambiente atual.
rake db:test: clone_structure	A tarefa clone_structure cria novamente o banco de dados de teste utilizando o banco de dados de desenvolvimento. Semelhante a db:test:clone, exceto pelo fato de copiar somente o esquema do banco de dados e não o conteúdo. Você não deveria precisar invocar qualquer uma dessas tarefas durante o trabalho cotidiano pois elas são dependências de outras tarefas de teste.
rake db:test:prepare	Prepara o banco de dados de teste para a execução de um teste e carrega o esquema de desenvolvimento atual nele. Se você estiver executando um teste imediatamente após ter feito mudanças no esquema de seu banco de dados, você deverá executar essa tarefa primeiro ou seu teste irá falhar.
rake db:test:purge	Esvazia o banco de dados de teste.
rake test	A target test é marcada como a padrão nos arquivos rake padrão do Rails. Isso significa que você pode executá-la sim-

	plesmente digitando rake na linha de comando. Ela executa todos os testes nas pastas test/units e test/functionals.
rake test:functionals	Executa somente os testes da pasta test/functionals.
rake test:integration	Executa somente os testes da pasta test/integration.
rake test:units	Executa somente os testes da pasta test/units.
rake test:recent	Executa somente os testes que tenham sido modificados nos últimos 10 minutos.
rake test:uncommitted	Executa somente os testes que tenham sido modificados de acordo com o Subversion.

Testes de aceitação

Uma suíte de teste de aceitação bem escrita é um ingrediente essencial para o sucesso de qualquer projeto de software complexo, principalmente aqueles executados nos princípios do Agile e metodologias como programação extrema. Na realidade, uma das melhores definições com a qual me deparei para *teste de aceitação* é a do site oficial do Extreme Programming:

> O cliente especifica cenários para testar quando uma história de usuário foi implementada corretamente. Uma história pode ter um ou muitos testes de aceitação, o que já garante que a funcionalidade funciona. [19]

Declarados de forma simples, os testes de aceitação permitem que saibamos o que fizemos quando implementamos um determinado recurso ou uma história de usuário em linguagem XP. Tradicionalmente, os testes de aceitação consistem em scripts de teste – uma lista de ações adotada por um testador (ou codificada em uma ferramenta de teste) para garantir que a aplicação funcione corretamente. Hoje em dia, confiar em testes de aceitação manuais para verificar aplicações web pode ser considerada a pior das práticas. É lenta, propensa a erro e dispendiosa.

Um teste de aceitação individual é útil para o desenvolvedor que o escreve como uma ferramenta de tarefa e design. Uma suíte inteira de testes de aceitação automatizados abrangendo a funcionalidade desejada de nossa aplicação é um indicador útil e contínuo do estado de conclusão do seu projeto.

Primeiro teste de aceitação?

No papel de um desenvolvedor Rails que trabalha em uma determinada história de usuário ou recurso, ter um teste de aceitação automatizado que me mantém focado na tarefa manual ajuda a manter minha produtividade em ótimos níveis. Os mesmos princípios do TDD (Desenvolvimento Orientado a Teste) se aplicam, quase em um nível conceitual mais alto do que os testes de unidade. É tão fácil fazer a maioria das coisas no Rails que você poderia achar difícil limitar-se a trabalhar em uma determinada tarefa, o que é um hábito perigoso de se cultivar.

Além disso, a experiência tem mostrado que a maioria das aplicações Rails (e aplicações Web 2.0 em geral) são dados e muita interface de usuário. Elas simplesmente não têm muita lógica de negócios conduzindo uma necessidade crítica de testes de unidade extensivos. Porém, você não pode simplesmente deixar partes de sua aplicação sem uma cobertura de teste – em uma linguagem interpretada como Ruby isso é uma receita para o desastre!

É neste ponto que os testes automatizados de aceitação entram: codificar os critérios de aceitação para uma determinada história de usuário ou recurso antes de implementá-la. Os pré-requisitos não estão claros? Busque clareza! Não tem certeza de como os modelos e controladores de sua aplicação precisam ser definidos? Vá em frente! Tome algumas decisões iniciais e utilize como base para seu teste. Antes de trabalhar na implementação seu teste de aceitação irá falhar no começo. Assim que você codificar a implementação, execute o teste de aceitação inúmeras vezes e observe se as barras vermelhas se transformam em barras verdes. Quando o teste inteiro estiver verde, significa que você terminou! Nesse processo você criou uma suíte de regressão automatizada que, mais à frente, vai lhe render muitos benefícios.

Felizmente, pelo fato de tantos desenvolvedores Rails serem fãs do Agile, há opções poderosas disponíveis que permitem que você crie, de maneira fácil e rápida, suítes de teste de aceitação para seus próprios projetos Rails.

Este capítulo discorre sobre as mais significantes dentre as opções disponíveis. A começar por um produto de código aberto chamado Selenium on Rails, continuando com uma olhada nos recursos do teste de aceitação integrados no próprio Rails e finalizando com descrições de outras ferramentas de teste de aceitação úteis para o Rails.

Selenium

Selenium é o nome de uma família de ferramentas de teste que caracteriza testes que são executados diretamente no navegador da web, reproduzindo exatamente as ações de um usuário real. O Selenium foi desenvolvido por uma equipe de programadores e testadores da ThoughtWorks e é projetado especificamente para os pré-requisitos de teste de aceitação das equipes Agile.

Conceitos básicos

Um script Selenium consiste em uma série de comandos que manipulam e verificam o estado do navegador da web. Há três tipos de comandos Selenium: ações, acessadores e asserções. No começo, você irá utilizar principalmente ações e asserções. A maioria dos comandos leva dois parâmetros: target e value.

Alguns comandos esperam uma condição tornar-se verdadeira, o que permite ao Selenium testar as transições de página e a funcionalidade Ajax. Tais comandos terão sucesso imediatamente se a condição já for verdadeira, mas irão falhar e interromper o teste se um valor de tempo limite for excedido antes da condição tornar-se verdadeira.

Ações e asserções

Ações são comandos que geralmente manipulam o estado da aplicação. Elas fazem coisas como "abrir uma URL" e "clicar em um hyperlink específico". Quando uma ação falha ou gera um erro, a execução do teste é interrompida.

Ações com o sufixo "AndWait", como click_and_wait, informam ao Selenium que a ação fará com que o navegador faça uma chamada para o servidor e que o Selenium deve esperar por uma página nova para carregar ou uma chamada do Ajax para concluir.

As asserções são utilizadas para verificar se o estado da aplicação está conforme o esperado. Exemplos incluem "ter certeza de que o título da página é X" e "verificar se esta caixa de seleção está marcada". Todas as asserções do Selenium podem ser utilizadas em três modos: assert, verify e wait_for. Por exemplo, você pode utilizar assert_text, verify_text e wait_for_text.

Quando um assert falha, o teste pára a execução. Quando um verify falha, o teste registrará o fracasso, mas continuará executando. Portanto, utilize asserts para verificar qual estado é necessário para continuar o teste e verify para conferir itens como valores de campo de formulário, o que necessariamente não significa que você precisa interromper o teste.

Localizadores

Você aponta ações e asserções do Selenium em algum elemento HTML na página sujeita a teste utilizando localizadores de elemento. Há vários tipos de strings localizadoras com convenções próprias no Selenium, mas os mais comuns são automaticamente entendidos pelo mecanismo. Localizadores que começam com document. são tratados como uma expressão DOM traversal no JavaScript. Localizadores que começam com // são tratados como uma expressão DOM traversal no XPath. Qualquer outra string localizadora (exceto prefixada) é tratada como um identificador (atributo id de um elemento).

Padrões

Os padrões são utilizados para especificar valores esperados de texto arbitrário na página, valores de campo de formulário, nós específicos na marcação, atributos de elemento e assim por diante.

O Selenium suporta vários tipos de padrão, inclusive expressões regulares, mas, na maioria das vezes, seu padrão será simplesmente uma string de texto.

Referência do Selenium

Uma referência completa do Selenium está disponível online.[20] Este capítulo apresenta o uso de comandos Selenium, mas não fornece um guia de uso completo para eles.

Iniciando

Selenium on Rails[21] é o nome do produto Selenium criado especificamente para desenvolvedores Rails e é distribuído como um plugin para o Rails. Ele foi projetado para funcionar perfeitamente com o ambiente de teste do Rails e fixtures.

É fácil instalar e iniciar o Selenium on Rails:

1. Instale os arquivos principais do Selenium necessários para o plugin: gem install selenium
2. Instale o plugin Selenium on Rails para um determinado projeto: script/plugin install http://svn.openqa.org/svn/selenium-on-rails/selenium-on-rails/
3. Gere o diretório de teste e um script de teste: script/generate selenium first.rsel
4. Inicie seu servidor Rails em seu ambiente de teste: server -e test
5. Abra o Selenium Test Runner no seu navegador: http://localhost:3000/selenium

Se sua instalação e configuração tiveram sucesso, você visualizará o Selenium Test Runner no seu navegador. Você também deve saber que os testes do Selenium podem ser executados a partir da linha de comando e integrados em uma suíte de testes automatizada. Entretanto, para propósitos de demonstração, vamos utilizar a interface da web integrada para executar nossos testes.

Primeiro teste

Prossiga e clique em todos os botões All do painel de controle *Execute Tests*. O Selenium executará o script de teste First exibido no topo do painel central da interface. A menos que o título da página na base URL de sua aplicação Rails leia "Home", o teste irá falhar.

Os primeiros dois comandos do teste têm uma cor de fundo verde clara. Isso indica que eles foram executados corretamente. Porém, a célula do cabeçalho e a fileira que contém o comando assertTitle têm uma luz de fundo vermelha indicando falha. O painel de controle na parte superior direita da interface mostra o status da execução do teste.

Para fazer o teste passar abra o arquivo test/selenium/first.rsel e edite o comando assert_title de forma que ele verifique o conteúdo atual do elemento de título para o seu site. No meu caso, eu o alterei para verificar "Ruby on Rails: Welcome aboard."

```
setup
open '/'
assert_title 'Ruby on Rails: Welcome aboard'
```

Volto todo o navegador e atualizo a página de forma que minhas alterações sejam assimiladas. Agora, quando executar o teste, ele deve passar com sucesso e ficar verde, a cor do progresso!

RSelenese

Os scripts do Selenium on Rails são escritos em Ruby utilizando uma API que os autores apelidaram de RSelenese. É uma porta direta da linguagem de comando Selenium, com exceção dos comandos em letras minúsculas e delimitados por underscore em vez de CamelCase. O mecanismo Selenium on Rails é semelhante aos testes RSelenese na árvore de diretório test/selenium em arquivos que terminam com a extensão .rsel. O Selenium on Rails também reconhece scripts no formato HTML e executará qualquer coisa que encontre em arquivos com uma extensão .sel. Porém, na prática, é melhor manter tantas aplicações escritas em Ruby quantas forem possíveis, e os testes necessariamente não são uma exceção à regra. Além disso, uma vez que RSelenese é apenas um Ruby simples, você pode utilizar, sempre que necessário, construções de linguagem normais como condicionais e loops para uma capacidade extra significativa.

Este exemplo mostra a utilização de um iterator no RSelenese para abrir 10 páginas sucessivamente:

```
(1..10).each do |num|

  open :controller => 'user', :action => 'list', :page => num
end
```

Scripts parciais

Com bastante freqüência, há partes de sua suíte de teste de aceitação que devem aparecer exatamente da mesma forma em cada caso de teste. Para mantê-las de acordo com o princípio DRY, você pode definir scripts parciais e incluí-los dentro de scripts de teste. Se houver algumas ações comuns que deseje fazer em vários casos de teste, você pode colocá-las em um caso de teste parcial separado e incluí-las em outros casos de teste.

Um caso de teste parcial é como um caso de teste normal, exceto pelo fato de seus nomes de arquivo começarem com um underscore.

```
#_login.rsel
open '/login'
type 'name', 'john'
type 'password', 'password'
click 'submit'
```

Para incluir um caso de teste parcial em um caso de teste RSelenese utilize include_partial:

```
include_partial 'login'
```

A capacidade de passar variáveis para parciais os torna até mais úteis. Por exemplo, vamos supor que queremos utilizar o parcial _login não apenas para o usuário John. Dentro do parcial, coloque placeholders de variáveis locais para os parâmetros

```
#_login.rsel with params
open '/login'
type 'name', name
type 'password', password
click 'submit'
```

Depois passe valores para esses parâmetros na chamada para include_partial como um hash.

```
include_partial 'login', :name => 'jane', :password => 'foo'
```

Conclusão

Este capítulo foi um dos mais difíceis de escrever em todo livro. Isso aconteceu, provavelmente, porque seu conteúdo merece um livro próprio. Durante a leitura, aprendemos bastante sobre o teste no Rails e – para nos mantermos livres de problemas – aprendemos a ser espertos ao utilizar fixtures e bibliotecas de mocking terceirizadas, como a biblioteca Mocha. Também discutimos as diferenças entre testes de unidade, funcionalidade, integração e aceitação do Rails, abordando muito material de referência que será útil para sua codificação durante os trabalhos cotidianos.

Acontece que muitos desenvolvedores Rails optaram por excluir completamente os testes no Rails e adotaram um modo de pensar um pouco diferente para verificar seus projetos. A filosofia é chamada *desenvolvimento orientado pelo comportamento* e a biblioteca que eles utilizam é chamada *RSpec*.

Referências

1. *Pythonistas* arrogantes odeiam o termo "monkeypatching" utilizado para descrever a modificação na implementação de classes que você não escreveu graças a classes abertas. *Rubyistas* rígidos também não gostam deste termo, porque eles não acham a prática incomum o su-

ficiente para merecer um termo especial. Adão Keys sugere o termo "duck-punching" que agora está na moda. Eu simplesmente acho que uma frase inteira é mais adequada que uma única palavra: "alterar o comportamento de uma classe ou um objeto existente graças às classes abertas do Ruby".

2. Admito que isso seja uma hipérbole. Quando passei este parágrafo para Rick Olson, ele defendeu de maneira implícita a equipe principal dizendo-me: "Mocha não estava disponível".

3. Aprenda mais sobre Mocha em http://mocha.rubyforge.org/.

4. Pedi para David explicar o motivo de serem categorizados do modo que são e ele disse: "Os testes de unidade foram escolhidos para indicar que eles servem para lidar com métodos individuais dos modelos ou serviços, enquanto testes de funcionalidade lidariam com composições de mais elementos (tanto controladores como modelos). Na prática, existe muita coisa e atualmente seria melhor chamá-los de testes de modelos e controladores. Não é uma área de muita importância para nós".

5. Acesse http://yaml.org para mais informações sobre YAML.

6. Não é incomum desordenar acidentalmente a endentação de arquivos fixture. Felizmente, a mensagem de erro que o Rails emite quando você tem uma fixture ruim normalmente é bem informativa.

7. Ei! Como programador, na verdade, é um elogio ser chamado de preguiçoso, não um insulto.

8. Quando eu perguntei sobre isso no #caboose, Courtenay disse: "É sobre se alguém do núcleo já quis despejar suas fixtures em um arquivo". Provavelmente é tão simples quanto isso.

9. Aprimore sua experiência com fixtures em http://thatswhatimtalkingabout.org/news/2006/8/31/fixture-sets-for-rails.

10. Aprimore ainda mais sua experiência com fixtures em http://www.pluginaweek.org/2007/04/07/14-fix-your-fixtures-with-fewer-foreign-key-ids/.

11. Jay tem uma das melhores explicações sobre o motivo pelo qual você deve limitar o número de asserções em um teste único em http://blog.jayfields.com/2007/06/testing-one-assertion-per-test.html.

12. Se dependências externas ao objeto sujeito a teste forem exigidas para escrever um teste de unidade, elas devem passar pelo processo de mock e stub para que a operação correta dessas dependências externas não se torne partes deste caso de teste em particular. Falaremos sobre mocks e stubs mais adiante.

13. Beast é um fórum pequeno e sem muita importância do Rails com um nome assustador e um com o objetivo de cerca de 500 linhas de código". Visite http://beast.caboo.se/ para mais informações.

14. Procure por ActionController::StatusCodes no código-fonte do Rails para obter uma lista completa de símbolos de resposta.

15. Até o momento da escrita deste livro o método follow_redirect para testes de funcionalidade estava apresentando falhas. Acesse http://dev.rubyonrails.org/ticket/7997 para mais informações e status deste bug.

16. Por acaso, assert_select é a prova de que a filosofia do plugin Rails está em ação. Começou

como um plugin escrito por Assaf Arkin e revelou-se tão útil que a equipe principal o executou no lançamento do Rails 1.2 em janeiro de 2007.

17. Os seletores da tag CSS não fazem diferenciação entre letras maiúsculas e minúsculas. Geralmente, no decorrer deste livro, realçamos nomes de tag HTML em letras maiúsculas apenas por motivos de clareza.

18. Jamis tem uma boa introdução em http://jamis.jamisbuck.org/articles/2006/03/09/integration-testing-in-rails-1-1.

19. A definição de testes de aceitação está em http://www.extremeprogramming.org/rules/functionaltests.html.

20. A referência do Selenium está disponível em http://release.openqa.org/selenium-core/nightly/reference.html.

21. Para o plugin Selenium on Rails acesse http://openqa.org/selenium-on-rails/.

Capítulo 18
RSpec on Rails

> Eu acho que não existe nenhuma emoção que o coração humano possa sentir comparada à emoção sentida pelo inventor assim que ele vê alguma criação dele revelando-se para o sucesso. - Nikola Tesla

RSpec é uma linguagem de domínio específico do Ruby para especificar o comportamento desejado de uma aplicação Ruby. Seu principal atrativo é que os scripts RSpec tendem a ser muito legíveis, permitindo que os autores expressem suas intenções com mais legibilidade e fluidez do que é possível atingir utilizando métodos e asserções do Test::Unit.

O *RSpec on Rails*, um substituto drop-in do subsistema de teste do Rails, foi lançado pela equipe RSpec no final de 2006. Ele fornece recursos de verificação, mock e stub personalizados para serem utilizados com modelos, controladores e visualizações do Rails. Fico feliz em dizer que eu tenho utilizado o plugin *RSpec* diariamente para meus projetos Rails desde que foi lançado, e nunca mais precisei entrar em contato com o Test::Unit novamente para qualquer coisa importante.[1] O RSpec é simplesmente essa maravilha.

Introdução ao RSpec

Uma vez que os scripts RSpec (ou especificações) são tão legíveis, eu realmente não consigo pensar em um modo melhor de apresentá-lo ao framework do que me aprofundar em algumas especificações atuais. Ao longo do capítulo, destacarei os conceitos fundamentais que você precisa saber.

A Listagem 18.1 faz parte de um script RSpec do mundo real definindo o comportamento de uma classe modelo CreditCard.

Listagem 18.1 Um bloco descritivo da especificação CreditCard do Monkeycharger [2]

```
1   describe "A valid credit card" do
2     before(:each) do
3       @credit_card = generate_credit_card
4     end
5
6     it "should be valid after saving" do
7       @credit_card.save
8       @credit_card.should be_valid
9     end
10  end
```

Os scripts RSpec são coleções de *comportamentos* que, por sua vez, são coleções de exemplos. A linha 1 utiliza o método describe para criar um objeto Behavior implícito. O comportamento define o contexto para um conjunto de exemplos de especificação e você deve passar a ele um fragmento de sentença que descreve com precisão o contexto que você está a ponto de especificar.

O método before na linha 2 (e seu concomitante after) são parecidos com os métodos setup e teardown de frameworks xUnit como Test::Unit. Eles são utilizados para definir o estado da maneira como deve estar antes de executar um exemplo e, se necessário, limpar o estado depois que o exemplo tiver sido executado. Este comportamento específico não exige um bloco after. (Para resumir, a fonte do método generate_credit_card na linha 3 não está incluída nesta listagem. Trata-se simplesmente de um método de fábrica que retorna instâncias do CreditCard predefinido com valores de atributo conhecidos e que podem ser substituídos. Nós aprenderemos mais sobre a utilização de métodos auxiliares para escrever um código de especificação mais legível mais tarde neste capítulo).

O método it na linha 6 é utilizado para criar um objeto Example e você também deve fornecer uma descrição a ele. A idéia é completar o pensamento que foi iniciado no método describe, de forma que uma sentença completa seja formada. Nosso exemplo lê "A valid credit card should be valid after saving". Entendeu?

Should e expectativas

Continuando, a linha 7 da Listagem 18.1 invoca save no objeto de cartão de crédito e, uma vez que ele é um modelo ActiveRecord, nós sabemos que será validado. Portanto, tudo o que nos resta é verificar se a instância cartão de crédito é válida. Em vez de asserções no estilo xUnit, o RSpec apresenta alguma sintaxe de linguagem de domínio específico (DSL) da moda para fazer a verificação, baseado em um par de métodos chamado should e should_not.

O RSpec mescla should e should_not na classe base Object do Ruby no tempo de execução para que eles fiquem disponíveis em todos os objetos. Espera-se receber objetos Matcher, que você gerou utilizando a sintaxe de expectativa RSpec.

```
@credit_card.should be_valid
```

Há diversas maneiras de gerar matchers de expectativa e passá-los para should (e should_not):

```
receiver.should(matcher)                    # the simplest example
# Passes if matcher.matches?(receiver)

receiver.should == expected #any value
# Passes if (receiver == expected)

receiver.should === expected #any value
# Passes if (receiver === expected)

receiver.should =~ regexp
# Passes if (receiver =~ regexp)
```

O processo para aprender a escrever expectativas provavelmente é uma das partes mais significativas da curva de aprendizagem do RSpec. Uma das expressões mais comuns é "deve ser igual a", semelhante à asserção assert_equal do Test::Unit. Você deveria reescrever a asserção "cartão de crédito deve ser válido" utilizando a sintaxe de igualdade should da seguinte forma:

```
@credit_card.valid?.should == true
```

O método valid? retorna true ou false e, de acordo com nossa especificação, deve ser true. Agora, por que nós não escrevemos a expectativa deste modo no início? Simplesmente porque essa combinação de ponto de interrogação e ponto final é feia. Funciona, mas não é tão elegante ou legível quanto dizer: should be_valid. Não existe nenhum método be_valid predefinido em RSpec – ele é um *predicado arbitrário.*

Predicados

Graças à magia de method_missing, o RSpec pode suportar predicados arbitrários, ou seja, ele entende que se você invocar alguma coisa que comece com be_, então ele deve utilizar o restante do nome de método como um indicador para um atributo booleano do objeto designado.

Os matchers de estilo de predicado de código fixo mais simples são utilizados para declarar valores booleanos e valores designados como nulos:

```
target.should be_true
target.should be_false
target.should be_nil
target.should_not be_nil
```

Os matchers de predicado arbitrário podem declarar-se contra qualquer designação booleana e suportam até mesmo parâmetros!

```
collection.should be_empty #passes          if target.empty?
target.should_not be_empty                  # passes unless target.empty?
target.should_not be_under_age(13)          # passes unless
target.under_age?(13)
```

Como uma alternativa para prefixar matchers de predicado arbitrário com be_, você pode escolher entre as versões de artigo indefinido be_an_ e be_an_, fazendo suas especificações lerem de forma mais natural:

```
"a string".should be_an_instance_of(String)
3.should be_a_kind_of(Fixnum)
3.should be_a_kind_of(Numeric)
3.should be_an_instance_of(Fixnum)
3.should_not be_instance_of(Numeric) #fails
```

A inteligência (loucura?) não para por aí. O RSpec entenderá até prefixos have_ que estejam se referindo a predicados como has_key?:

```
{:foo => "foo"}.should have_key(:foo)
{:bar => "bar"}.should_not have_key(:foo)
```

O RSpec tem inúmeros matchers de expectativa para trabalhar com classes que implementam o módulo Enumerable. Você pode especificar se um array deve incluir um elemento específico ou se uma string deve conter uma substring.

```
[1, 2, 3].should include(1)
[1, 2, 3].should_not include(4)
 "foobar".should include("bar")
"foobar".should_not include("baz")
```

Você obtém um ótimo fragmento de sintaxe acuçarada para testar o comprimento das coleções:

```
[1, 2, 3].should have(3).items
```

E o que acontece se você quiser especificar o comprimento de uma coleção has_many? "Schedule. days.should have(3).items" evidentemente é muito feio. O RSpec também fornece um pouco mais de doçura aqui.

```
schedule.should have(3).days # passes if schedule.days.length == 3
```

Matchers de expectativa personalizados

Quando você acha que nenhum dos matchers de expectativa comuns fornece uma expectativa que passa uma impressão natural, você pode escrever seu próprio matcher de maneira muito fácil. Tudo o que você precisa fazer é escrever uma classe Ruby que implemente os quatro métodos seguintes (somente dois são exigidos):

```
matches?(actual)
failure_message
negative_failure_message #optional
description #optional
```

O exemplo dado na documentação API do RSpec é um jogo no qual os jogadores podem estar em várias zonas de um placa virtual. Para especificar se um jogador chamado bob deveria estar na zona 4, você poderia escrever uma especificação como esta:

```
bob.current_zone.should eql(Zone.new("4"))
```

No entanto, é mais expressivo dizer uma das seguintes especificações, utilizando o matcher personalizado da Listagem 18.2:

```
bob.should be_in_zone("4") and bob.should_not be_in_zone("3")
```

Listagem 18.2 Classe matcher de expectativa personalizada BeInZone

```
class BeInZone
  def initialize(expected)
    @expected = expected
  end
  def matches?(target)
    @target = target
    @target.current_zone.eql?(Zone.new(@expected))
    end

    def failure_message
      "expected #{@target.inspect} to be in Zone #{@expected}"
    end

    def negative_failure_message
      "expected #{@target.inspect} not to be in Zone #{@expected}"
    end
end
```

Além das classes matcher você também precisaria escrever o seguinte método no escopo da sua especificação:

```
def be_in_zone(expected)
  BeInZone.new(expected)
end
```

Geralmente, isso é feito incluindo o método e a classe em um módulo, que é então incluído na sua especificação.

```
describe "Player behaviour" do include CustomGameMatchers
  ...
end
```

Ou você pode incluir auxiliares de modo geral em um arquivo spec_helper.rb solicitado por seu(s) arquivo(s) de especificação:

```
Spec::Runner.configure do |config|
  config.include(CustomGameMatchers)
```

```
end
```

Observe que você não tem de se preocupar com as instâncias de objeto Behavior e Example enquanto você estiver escrevendo scripts RSpec. (Elas são utilizadas somente internamente pelo framework).

Múltiplos exemplos por comportamento

O exemplo do Monkeycharger apresentado na Listagem 18.1 é bem simples e têm apenas um exemplo, mas o utilizei somente porque eu queria uma introdução simples para a maioria dos conceitos básicos do RSpec.

Normalmente, um comportamento contém mais de um exemplo. Agora, fica mais fácil mostrar a você mais alguns códigos do Monkeycharger. A Listagem 18.3 é o próximo bloco describe daquela especificação CreditCard e tem cinco exemplos.

Listagem 18.3 Outro bloco descritivo da especificação CreditCard do Monkeycharger

```
describe CreditCard do
  it "should have a valid month" do
    card = generate_credit_card(:month => 'f')
    card.errors.on(:month).should == "is not a valid month"
  end

  it "should have a valid year" do
    card = generate_credit_card(:year => 'asdf')
    card.errors.on(:year).should == "is not a valid year"
  end

  it "date should not be in the past" do
    past_month = (Date.today << 2)
    card = generate_credit_card(:year => past_month.year,
                                :month => past_month.month)
    card.should_not be_valid
  end
  it "should have two words in the name" do
    card = generate_credit_card(:name => "Sam")
    card.errors.on(:name).should == "must be two words long."
  end

  it "should have two word last_name if name is three words long" do
    card = generate_credit_card(:name => "Sam Van Dyk")
    card.last_name.should == "Van Dyk"
```

```
    end

    it "should have one word first_name if name is three words long" do
      card = generate_credit_card(:name => "Sam Van Dyk")
      card.first_name.should == "Sam"
    end
  end
```

Mesmo que você não entenda muita coisa sobre cartões de crédito (ou RSpec, a propósito), você deve ser capaz de ler esta especificação do princípio ao fim sem muitos problemas.

Para planejar scripts RSpec antigos é preciso que uma string seja passada para o método describe. A especificação da Listagem 18.3 por acaso é uma especificação do modelo ActiveRecord baseada no plugin RSpec on Rails, portanto, pode-se passar uma classe do modelo ActiveRecord em vez de passar uma string de descrição. (Saberemos sobre isso mais tarde, quando entrarmos nos detalhes do Rails. Neste momento, ainda estamos passando pelos conceitos básicos do RSpec).

Comportamentos compartilhados

Muitas vezes, você desejará especificar múltiplos comportamentos que compartilhem grande parte do mesmo comportamento. Seria tolice digitar o mesmo código repetidas vezes. A maioria dos programadores extrairá o código comum de métodos individuais. Porém, o problema é que um comportamento RSpec contém muitas partes:

- before(:all)
- before(:each)
- after(:each)
- after(:all)
- todas as expectativas
- qualquer módulo incluído

Até mesmo com uma boa refatoração, você acabará com muita duplicação. Felizmente, o RSpec permite que tiremos vantagem de comportamentos compartilhados. Comportamentos compartilhados não são executados individualmente, mas são bastante incluídos em outros comportamentos. Nós fazemos isso passando a opção :shared para describe.

Digamos que queremos especificar duas classes, Teacher e Student. Além de seus comportamentos exclusivos, eles têm algum comportamento em comum, o que interessa a nós. Em vez de especificar o mesmo comportamento duas vezes, nós podemos criar um comportamento compartilhado e incluí-lo na especificação de cada classe.

```
describe "people in general", :shared => true do
  it "should have a name" do
    @person.name.should_not be_nil
  end

  it "should have an age" do
```

```
    @person.age.should_not be_nil
  end
end
```

De onde vem a variável de instância @person? Nós nunca a atribuímos em nenhum lugar. Acontece que esta especificação não será executada porque ainda não há nada para executar. Comportamentos compartilhados são utilizados somente para fatorar especificações de comportamento comuns. Nós precisamos escrever outra especificação que utilize o comportamento compartilhado.

```
describe Teacher do
  before(:each) do
    @person = Teacher.new("Ms. Smith", 30, 50000)
  end

  it_should_behave_like "people in general"

  it "should have a salary" do
    @person.salary.should == 50000
  end
end
```

A instrução it_should_behave_like leva um argumento de string. O RSpec, então, encontra o comportamento compartilhado com esse nome e o inclui na especificação da classe Teacher. Nós podemos fazer a mesma coisa com a classe Student.

```
describe Student do
  before(:each) do
    @person = Student.new("Susie", 8, "pink")
  end

  it_should_behave_like "people in general"

  it "should have a favorite color" do
    @person.favorite_color.should == "pink"
  end
end
```

Passar - format specdoc (ou - f s no formato abreviado) para o comando spec mostra que o comportamento compartilhado realmente está incluído nas especificações de classe individuais.

```
Teacher
```

```
- deve ter um nome
- deve ter uma idade
- dev ter um salário

Student
- deve ter um nome
- deve ter uma idade
- deve ter uma cor favorita
```

É importante observar que, a partir deste script, o RSpec executa os métodos before e after na ordem em que estão definidos na especificação. Você pode ver isso acrescentando uma instrução de saída para cada um.

```
describe "people in general"
  before(:each) do
    puts "shared before()"
  end

  after(:each) do
    puts "shared after()"
  end
  ...
end

describe Teacher do
  before(:each) do
    puts "teacher before()"
    @person = Teacher.new("Ms. Smith", 30, 50000)
  end
  after(:each) do
    puts "teacher after()"
  end

  it_should_behave_like "people in general"
  ...
end
```

Isso irá gerar o seguinte resultado:

```
teacher before()
shared before()
```

```
teacher after()
shared after()
.
```

Mova a instrução it_should_behave_like para o começo da especificação e perceba como o método before do comportamento compartilhado é executado primeiro.

Mocks e Stubs do RSpec

No Capítulo 17, "Testando", nós apresentamos os conceitos de mocks e stubs associados à biblioteca Mocha. O RSpec depende muito dos processos de mock e stub.[3] É possível utilizar Mocha junto com RSpec, mas em nossos exemplos vamos utilizar os próprios recursos de mocking e stubbing, que são igualmente poderosos. Na verdade, eles são quase a mesma coisa – na maioria das vezes, os nomes de método mudam um pouco.

Objetos mock

Para criar um objeto mock, você simplesmente chama o método mock em qualquer lugar de uma especificação e lhe dá um nome como um parâmetro opcional. É uma boa idéia dar nomes a um objeto mock se você estiver utilizando mais de um na sua especificação. Se você utilizar diversos mocks anônimos, provavelmente, será muito difícil distingui-los caso um deles falhe.

```
echo = mock('echo')
```

Lembre-se que você define expectativas sobre quais mensagens são enviadas ao seu mock durante o processo de sua especificação – os mocks causarão a falha de uma especificação se suas expectativas não forem encontradas. Onde você diria expects na biblioteca Mocha para definir uma expectativa sobre esse mock para o qual uma mensagem será passada, no RSpec nós dizemos should_receive ou should_not_receive.

```
echo.should_receive(:sound)
```

Ambos os frameworks têm um método encadeado chamado with, que é utilizado para definir os parâmetros esperados e onde diríamos returns na biblioteca Mocha para definir o valor de retorno, no RSpec nós dizemos and_return. São tão parecidos que você poderá alternar entre os frameworks de maneira bem fácil, caso seja necessário.

```
echo.should_receive(:sound).with("hey").and_return("hey")
```

Objetos null

Algumas vezes, você apenas quer um objeto para propósitos de teste que aceite qualquer mensagem passada para ele – um padrão conhecido como *objeto null*. É possível fazer um utilizando o método mock e a opção :null_object.

```
null_object = mock('null', :null_object => true)
```

Objetos stub

Você pode criar um *objeto stub* facilmente no RSpec através do factory method stub. Você passa stub como um nome (exatamente como um mock) e atributos padrão como um hash.

```
yodeler = stub('yodeler', :yodels? => true)
```

A propósito, não há nenhuma regra que diz que o parâmetro de nome de um mock ou stub precisa ser uma string. É bem comum passar uma referência de classe mock ou stub que corresponda ao tipo de objeto real.

```
yodeler = stub(Yodeler, :yodels? => true)
```

O esqueleto do método de fábrica, apenas uma conveniência – o que você retorna é um objeto Mock, com métodos stubs predefinidos, como você pode ver a partir de sua implementação mostrada na Listagem 18.4:

Listagem 18.4 Arquivo rspec/lib/spec/mocks/spec_methods.rb, Linha 22

```
def stub(name, stubs={})
  object_stub = mock(name)
  stubs.each { |key, value| object_stub.stub!(key).and_return(value) }
  object_stub
end
```

Mocking e stubbing parcial

Notou o método stub! na Listagem 18.4? Você pode utilizá-lo para instalar ou substituir um método em qualquer objeto, não apenas mocks – uma técnica chamada mocking e stubbing parcial.

Parcial é um modo do RSpec de descrever uma instância de uma classe existente que apresenta algum comportamento simulado ou implementado. Embora os autores do Rspec nos advirtam sobre a prática em suas documentações, a capacidade de fazer mocking e stubbing parcial realmente é crucial para o RSpec funcionar tão bem com o Rails, principalmente quando se trata de interações que envolvem os métodos create e find do ActiveRecord.

Para ver o mocking e stubbing do RSpec em ação, vamos voltar e dar uma olhada em outra especificação modelo Monkeycharger, desta vez para a classe Authorizer. Ela conversa com um portal de pagamento e especifica como as transações do cartão de crédito são tratadas.

Você poderia retornar ao Capítulo 17, na seção “Mocks no Rails?”, em que falamos sobre a maneira como os serviços externos precisam ser simulados, para que nós não terminemos enviando dados de teste para um serviço real. A Listagem 18.5 mostra esta técnica em ação, utilizando mocks e stubs RSpec.

Listagem 18.5 Especificação do modelo Authorizer do Monkeycharger

```
describe Authorizer, "processing a non-saved card" do

  before(:each) do
    @card = CreditCard.new(:name => 'Joe Van Dyk',
                           :number => '4111111111111111',
                           :year => 2009, :month => 9,
                           :cvv => '123')
  end

  it "should send authorization request to the gateway" do
    $gateway.should_receive(:authorize)
        .with(599, @card).and_return(successful_authorization)

    Authorizer::authorize!(:credit_card => @card, :amount => '5.99')
  end

  it "should return the transaction id it receives from the gateway" do
    $gateway.should_receive(:authorize)
        .with(599, @card).and_return(successful_authorization)
    Authorizer::authorize!(:credit_card => @card, :amount => '5.99')
        .should == successful_authorization.authorization
  end

  it "authorize! should raise AuthorizationError on failed authorize" do
    $gateway.should_receive(:authorize)
        .with(599, @card).and_return(unsuccessful_authorization)
     lambda {
       Authorizer::authorize!(:credit_card => @card, :amount =>
'5.99')
     }.should raise_error(AuthorizationError,
                          unsuccessful_authorization.message)
  end

  private
```

```
  def successful_authorization
     stub(Object, :success? => true, :authorization => '1234')
  end

  def unsuccessful_authorization
     stub(Object, :success? => false, :message => 'reason why it
failed')
  end
end
```

Executando especificações

Especificações são documentos executáveis. Cada bloco de exemplo é executado dentro de sua própria instância de objeto, para ter certeza de que a integridade de cada uma seja preservada (com relação às variáveis de instância etc).

Se eu executar as especificações do cartão de crédito a partir das Listagens 18.1 e 18.2 utilizando o comando spec, que deve ter sido instalado em meu sistema pelo RSpec, obterei um resultado similar àquele do Test::Unit – familiar, confortável e passando... apenas não tão informativo.

```
$ spec spec/models/credit_card_spec.rb
.........

Finished in 0.330223 seconds

9 examples, 0 failures
```

Adeus Test::Unit

Caso não esteja claro até agora, quando estamos utilizando RSpec, nós não temos mais de utilizar Test::Unit. Eles oferecem funções semelhantes, mutuamente exclusivas: especificar e verificar a operação de nossa aplicação. Ambos podem ser utilizados para orientar o planejamento de uma aplicação de maneira evolutiva de acordo com os preceitos do Desenvolvimento Orientado a Teste (TDD).

Há um projeto chamado test/espec que implementa os princípios do Desenvolvimento Orientado a Comportamento (BDD) no Test::Unit, mas no momento que estou escrevendo isso, está muito atrás do RSpec e não parece ter muita força.

O RSpec é capaz de produzir resultados de uma execução de especificação em muitos formatos. Os tradicionais pontos produzidos que parecem com Test::Unit são chamados de *progresso* e, como vimos agora há pouco, é um padrão.

Se nós acrescentarmos o parâmetro de linha de comando -fs à spec, podemos fazer com que os resultados de sua execução sejam produzidos em um formato muito diferente e muito mais interessante, o formato *specdoc*. Ele supera qualquer coisa que o Test::Unit é capaz de fazer em seu próprio "pronto para uso".

```
$ spec -fs spec/models/credit_card_spec.rb

A valid credit card
- should be valid

CreditCard
- should have a valid month
- should have a valid year
- date should not be in the past
- should have two words in the name
- should have two words in the last name if the name is three words long
- should have one word in the first name if the name is three words long

We only take Visa and MasterCard
- should not accept amex
- should not accept discover

Finished in 0.301157 seconds
9 examples, 0 failures
```

Legal, hein? Se esta é a primeira vez que você está vendo este tipo de resultado, eu não ficaria surpreso se você se deixasse levar pela imaginação na especulação sobre se o RSpec poderia lhe ajudar a lidar com as exigências de documentação sádicas impostas pelo PHB.

Também podemos gerar o resultado no estilo RDoc do Ruby:

```
$ spec -fr spec/models/authorization_spec.rb
# Authorizer a non-saved card
# * the gateway should receive the authorization
# * authorize! should return the transaction id
# * authorize! should throw an exception on a unsuccessful authorization

Finished in 0.268268 seconds

3 examples, 0 failures
```

E talvez o resultado mais bonito de todos, o resultado HTML codificado por cor, que é o que o TextMate dispara em uma janela sempre que eu executo uma especificação no editor.

A Figura 18.1 mostra uma execução de especificação bem-sucedida. Se nós tivéssemos exemplos de falha, algumas dessas barras teriam ficado vermelhas. Ter estes tipos de habilidades de autodocumentação é um dos maiores benefícios que você tem ao escolher o RSpec. Na verdade, ele influencia a maioria das pessoas a trabalharem voltados para uma melhor cobertura de seus projetos. Por experiência, também sei que os gerentes de desenvolvimento tendem a apreciar de verdade o resultado do RSpec, até mesmo incorporando-o às suas entregas de projeto.

Além do formato diferente, há todos os tipos de outras opções de linha de comando disponíveis. Apenas digite spec --help para ver todos eles.

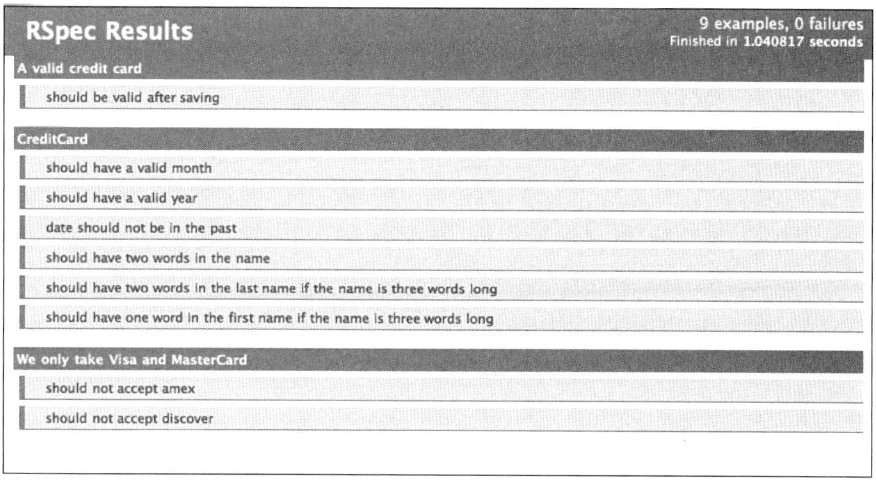

Figura 18.1 Resultados no formato HTML do RSpec

Instalando o RSpec e o Plugin RSpec on Rails

Para começar a utilizar o RSpec on Rails, você precisa instalar o principal RSpec da biblioteca RSpec. Depois, instalar o plugin RSpec on Rails[4] no seu projeto:

```
sudo gem install rspec

script/plugin install
   svn://rubyforge.org/var/svn/rspec/tags/CURRENT/rspec_on_rails
```

Na verdade, o projeto também aconselha você a instalar o RSpec como um plugin do Rails, de forma que você possa ter versões diferentes em uma base por projeto.

Isso é suficiente para a introdução ao RSpec. Agora,vamos dar uma olhada na utilização do RSpec com Ruby on Rails.

O plugin RSpec on Rails

O plugin RSpec on Rails fornece quatro contextos diferentes para especificações, que correspondem aos quatro principais tipos de objetos que você escreve no Rails. Junto com o suporte da API que você precisa para escrever especificações Rails, ele também fornece geradores de código e um pacote de tarefas Rake.

Geradores

Supondo que você já tenha o plugin instalado, você deve executar o gerador rspec fornecido para configurar seu projeto para utilizá-lo com RSpec.

```
$ script/generate rspec
      create spec
      create spec/controllers
      create spec/fixtures
      create spec/helpers
      create spec/models
      create spec/views
      create spec/spec_helper.rb
      create spec/spec.opts
      create previous_failures.txt
      create script/spec_server
      create script/spec
```

Um diretório spec é criado, contendo subdiretórios para cada um dos quatro tipos de especificação. Um grupo de arquivos de suporte adicionais também é criado, o qual veremos em detalhes mais tarde.

Especificações model

As especificações model ajudam você a projetar e verificar o modelo de domínio de sua aplicação Rails, tanto ActiveRecord como suas próprias classes. O RSpec on Rails não fornece muita funcionalidade especial para as especificações model, porque realmente não há muita necessidade além do que é fornecido pela biblioteca base.

Um gerador rspec_model é fornecido, o qual pode ser utilizado no lugar do gerador model padrão que está incluído no Rails. Ele funciona quase da mesma maneira que seu correspondente padrão, exceto pelo fato de ele criar uma especificação stubbed-out no diretório models em vez de criar um teste stubbed-out no diretório test. Passe um nome de classe (em letras maiúsculas) e pares de valores attribute_name:type a ele. As colunas datetime (updated_at /created_at) são acrescentadas automaticamente à migração; sem haver necessidade de especificá-las.

```
$ script/generate rspec_model Schedule name:string
      exists app/models/
      exists spec/models/
      exists spec/fixtures/
      create app/models/schedule.rb
      create spec/fixtures/schedules.yml
      create spec/models/schedule_spec.rb
      exists db/migrate
      create db/migrate/001_create_schedules.rb
```

A classe Schedule gerada está vazia e não é muito interessante. O esqueleto spec/models/schedule.rb se parece com isso:

```
require File.dirname(__FILE__) + '/../spec_helper'

describe Schedule do
  before(:each) do
    @schedule = Schedule.new
  end

  it "should be valid" do
    @schedule.should be_valid
  end
end
```

Suponha por um momento que a classe Schedule tenha uma coleção de objetos day.

```
class Schedule < ActiveRecord::Base
  has_many :days
end
```

Vamos especificar que nós devemos obter um total de horas acumuladas a partir dos objetos de agendamento. Em vez de utilizar fixtures, iremos fazer o mock da dependência days.

```
require File.dirname(__FILE__) + '/../spec_helper'

describe Schedule do
  before(:each) do
    @schedule = Schedule.new
  end

  it "should calculate total hours" do
    days_proxy = mock('days')
    days_proxy.should_receive(:sum).with(:hours).and_return(40)
    @schedule.stub!(:days).and_return(days_proxy)
    @schedule.total_hours.should == 40
  end
end
```

Aqui, nós tiramos proveito do fato de as proxies de associação no Rails serem objetos ricos. O ActiveRecord nos fornece diversos métodos para executar funções agregados no banco de dados. Nós configuramos uma expectativa que days_proxy deve receber o método sum com um argumento (:hours) e retornar 40.

Podemos satisfazer esta especificação com uma implementação muito simples:

```
class Schedule
  has_many :days

  def total_hours
    days.sum :hours
  end
end
```

Uma crítica válida desta abordagem é que ela faz com que o nosso código seja muito mais difícil de refatorar. Nossa especificação falharia se nós mudássemos a implementação de total_hours para utilizar Enumerable#inject, embora o comportamento externo não mude. As especificações não descrevem somente o comportamento visível dos objetos, como também as interações entre um objeto e seus objetos associados. Fazer o mock da proxy de associação, neste caso, permite que especifiquemos como um Schedule deve interagir com seus Days.

Um ótimo benefício de fazer o mock da proxy days é que nós não dependemos mais do banco de dados[5] para escrever nossas especificações e implementar o método total_hours. Nossas especificações serão executadas rapidamente e nós não teremos fixtures desordenadas para tratar!

Defensores que lidam com objetos mock vêem os objetos mock como uma ferramenta de design temporária. Você deve ter notado que nós ainda não definimos a classe Day. Portanto, outro benefício de utilizar objetos mock é que eles permitem que especifiquemos o comportamento em um verdadeiro isolamento, e durante o tempo de criação. Não há necessidade de quebrar nosso ritmo do projeto parando para criar a classe Day e a tabela de banco de dados. Isso pode não parecer grande coisa para um exemplo tão simples, mas para mais especificações envolvidas é realmente útil concentrar-se na tarefa de design manual. Depois que os modelos de objeto reais e o banco de dados existirem, você pode voltar e substituir o mock days_proxy com chamadas para a transação real. Esta é uma mensagem sutil sobre os mocks, mas muito poderosa, que normalmente faz falta.

Mock rápido de modelos ActiveRecord

```
mock_model(model_class, stubs = {})
```

O método mock_model cria mocks com ids numéricos gerados automaticamente e alguns métodos stubbed out comuns:

- id Retorna o valor do id gerado automaticamente
- to_param Retorna o valor do id como uma string
- new_record? Retorna false
- errors Retorna uma coleção de erros de stub que irão reportar uma conta de erro igual a 0

- is_a? Retorna true se o parâmetro corresponder a model_class
- class Retorna model_class

Você deve passar qualquer valor de método stubbed adicional através do argumento hash stubs ou defini-los em um bloco utilizando a instância de mock produzida.

Especificações de controlador

O RSpec permite que você especifique seus controladores tanto isolados de suas visualizações associadas como junto delas, como em testes Rails regulares. Segundo as documentações da API:

> As especificações de controlador utilizam Spec::Rails::DSL::ControllerBehaviour, que suporta executar especificações para controladores de dois modos, o que representa a tensão entre o teste granular mais comum em TDD e o teste do mais alto nível integrado ao Rails. O BDD situa-se em um lugar intermediário: nós queremos alcançar um equilíbrio entre especificações que são próximas o bastante do código para habilitar o isolamento com falha rapidamente e distantes o bastante do código para habilitar a refatoração com mudanças mínimas para as especificações existentes.

A classe Controller é passada para o método describe dessa forma:

```
describe MessagesController do
```

Um segundo parâmetro opcional pode fornecer informações adicionais ou você pode utilizar o método controller_name explicitamente dentro de um bloco describe para informar ao RSpec qual controlador deve ser utilizado.

```
describe "Requesting /messages using GET" do
  controller_name :messages
  fixtures :people
```

Normalmente, eu agrupo meus exemplos de controlador por ação e por método HTTP. Fixtures estão disponíveis se necessário, como qualquer outro teste ou especificação Rails. Este exemplo requer que um usuário tenha efetuado login, dessa forma, eu faço o stub do acessador current_person do controlador da minha aplicação para retornar uma fixture.

```
before(:each) do
  controller.stub!(:current_person, people(:quentin))
```

Em seguida, eu crio um objeto mock Message utilizando o método mock_model. Eu quero que esta mensagem mock seja retornada sempre que Message.find for chamado durante a especificação.

```
@message = mock_model(Message)
  Message.stub!(:find).and_return([@message])
end
```

Agora, eu posso começar a especificar o comportamento das ações (neste caso, a ação index). A expectativa mais básica é que a resposta deve ser de sucesso, o código de resposta de HTTP 200 OK.

```
it "should be successful" do
  get :index
  response.should be_success
end
```

Eu também quero especificar que o método find de Message seja chamado com os argumentos apropriados.

```
it "should find all the messages" do
  Message.should_receive(:find).with(:all).and_return [@message]
  get :index
end
```

As expectativas adicionais que devem ser feitas para a maioria das ações de controlador incluem o modelo a ser processado e a atribuição da variável.

```
it "should render index.rhtml" do
  get :index
  response.should render_template(:index)
end

it "should assign the found messages for the view" do
  get :index
  assigns[:messages].should include(@message)
end
```

Antes, nós vimos como excluir uma proxy de associação de um modelo. Seria bom não ter de utilizar fixtures nas especificações do controlador. Em vez de fazer o stub do método current_person do controlador para retornar uma fixture, nós podemos fazê-lo retornar um mock person.

```
@mock_person = mock_model(Person, :name => "Quentin")
controller.stub!(:current_person).and_return @mock_person
```

Modos de isolamento e de integração

Por padrão, as especificações de controlador do RSpec on Rails são executadas em *modo de isolamento*, o que significa que os modelos de visualização não estão envolvidos. O benefício deste modo é que você pode especificar o controlador em total isolamento da visualização, conseqüentemente, do nome. Quem sabe você possa enganar alguém mantendo as especificações da visualização? (O próximo tópico deste capítulo é sobre as especificações da visualizações).

De fato, esse termo "enganar" é engraçado. Ter especificações de visualização separadas não é tão difícil quanto pareceu ser algumas vezes. Ele também fornece isolamento de falha muito melhor, que é um modo elegante de dizer que será mais fácil descobrir o que está errado quando algo falhar.

Se você prefere utilizar suas visualizações junto com sua lógica de controlador dentro das mesmas especificações de controlador, da mesma maneira que os tradicionais testes de funcionalidade do Rails fazem, então você pode informar ao RSpec on Rails que execute em *modo de integração* utilizando a macro integrate_views. Não é uma decisão de tudo ou nada – você pode especificar os modos em uma base por comportamento.

```
describe "Requesting /messages using GET" do
  integrate_views
```

Quando você executa no modo integrado, as especificações de controlador serão executadas uma vez com o processamento da visualização ativado.

Especificando erros

Geralmente, o Rails salva exceções que ocorrem durante o processamento da ação, de forma que ele possa responder com um código de erro 501 e fornecer aquela grande página de erro com o stack trace e variáveis solicitadas, e assim por diante. Para especificar diretamente que uma ação deve ocasionar um erro, você deve sobrescrever o método rescue_action do controlador, fazendo algo parecido com isso:

```
controller.class.send(:define_method, :rescue_action) { |e| raise e }
```

Se você não se importa em verificar se o código de resposta foi um erro, você pode apenas utilizar o predicado be_an_error ou o acessador response_code do objeto response:

```
it "should return an error in the header" do
  response.should be_an_error
end

it "should return a 501" do
  response.response_code.should == 501
end
```

Especificando rotas

Um dos principais componentes do Rails é o roteamento. O mecanismo de roteamento é o modo pelo qual o Rails aceita uma URL de solicitação de entrada e a mapeia para o controlador e ação corretos. Dada sua importância, é uma boa idéia especificar as rotas em sua aplicação. Você pode fazer isso com o método route_for em uma especificação de controlador.

```
describe MessagesController, "routing" do
  it "should map { :controller => 'messages', :action => 'index' } to
  /messages" do
  route_for(:controller => "messages", :action => "index").should ==
  "/messages"
  end

  it "should map { :controller => 'messages', :action => 'edit',
  :id => 1 }
  to /messages/1;edit" do
     route_for(:controller => "messages", :action => "edit",
   :id => 1).should == "/messages/1;edit"
   end
end
```

Especificação de Visualizações

As especificações de controlador permitem que integremos a visualização para termos certeza de que não há nenhum erro com a visualização, mas nós podemos fazer algo melhor especificando as próprias visualizações. O RSpec permite que escrevamos uma especificação para uma visualização, completamente isolada do controlador subjacente. Nós podemos especificar que determinadas tags existem e que os dados corretos são produzidos.

Digamos que queremos escrever uma página que exiba uma mensagem privada enviada entre os membros de um fórum da internet. O RSpec cria o diretório spec/views/messages quando nós utilizamos o gerador rspec_controller. A primeira coisa que faríamos seria criar um arquivo nesse diretório para a exibição da visualização, nomeando-o como show_rhtml_spec.rb. Depois, nós iríamos definir as informações a serem exibidas na página.

```
describe "messages/show.rhtml" do
  before(:each) do
    @message = mock_model(Message, :subject => "RSpec rocks!")
    sender = mock_model(Person, :name => "Obie Fernandez")
    @message.stub!(:sender).and_return(sender)
    recipient = mock_model(Person, :name => "Pat Maddox")
    @message.stub!(:recipient).and_return(recipient)
```

Caso você queira ser um pouco mais conciso à custa de uma linha de código realmente longa que você terá de quebrar em múltiplas linhas, você pode alinhar a criação de mocks desta forma:

```
describe "messages/show.rhtml" do
  before(:each) do
    @message = mock_model(Message,
      :subject => "RSpec rocks!",
      :sender => mock_model(Person, :name => "Obie Fernandez"),
      :recipient => mock_model(Person, :name => "Pat Maddox"))
```

De qualquer forma, este é um uso padrão do mock semelhante àquele que vimos antes. Novamente, fazer o mock de objetos utilizados na visualização permite que isolemos a especificação completamente.

Atribuindo variáveis de instância

Agora, nós precisamos atribuir a mensagem à visualização. O plugin rspec_on_rails nos fornece um método assigns que parece familiar, o qual você pode tratar como um hash.

```
  assigns[:message] = @message
end
```

Fantástico! Agora nós estamos prontos para começar a especificar a página de visualização. Nós gostaríamos de especificar que o assunto da mensagem seja exibido, escondido em uma tag <h1 >. A expectativa have_tag aceita dois argumentos – o seletor da tag e o conteúdo dentro dessa tag. Ele esconde a funcionalidade assert_select incluída em testes Rails, que nós abordamos bastante no Capítulo 17.

```
it "should display the message subject" do
  render "messages/show"
  response.should have_tag('h1', 'RSpec rocks!')
end
```

Normalmente, as tags HTML têm um ID associado a elas. Nós gostaríamos que nossa página criasse um <div> com o ID message_info para exibir os nomes do remetente e do destinatário. Nós também podemos passar o ID para have_tag.

```
it "should display a div with id message_info" do
  render "messages/show"
  response.should have_tag('div#message_info')
end
```

O que acontece se quisermos especificar que os nomes do remetente e do destinatário devem aparecer em tags <h3> dentro de div?

```
it "should display sender and recipient names in div#message_info" do
  render "messages/show"
```

```
    response.should have_tag('div#message_info') do
      with_tag('h3#sender', 'Sender: Obie Fernandez')
      with_tag('h3#recipient', 'Recipient: Pat Maddox')
    end
  end
```

Fazendo stub em métodos auxiliares

Note que as especificações da visualização não se misturam com métodos auxiliares automaticamente a fim de preservar o isolamento. Se seu código de modelo de visualização depende de métodos auxiliares, você precisa fazer mock ou stub neles no objeto template fornecido.

A decisão de fazer mock ou stub desses métodos auxiliares devem depender se eles são um participante ativo no comportamento que você quer especificar, como no seguinte exemplo:

```
it "should truncate subject lines" do
  template.should_receive(:truncate).exactly(2).times
  render "messages/index"
end
```

Se você esquecer de fazer mock ou stub em chamadas de métodos auxiliares, sua especificação irá falhar com um NoMethodError.

Especificações auxiliaries

Falando em auxiliares, é realmente fácil escrever especificações para seus módulos auxiliares personalizados. Apenas passe describe para o seu módulo auxiliar e ele será misturado na classe de especificação de forma que seus métodos fiquem disponíveis para o seu código de exemplo.

```
describe ProfileHelper do
  it "profile_photo should return nil if user's photos is empty" do
    user = mock_model(User, :photos => [])
    profile_photo(user).should == nil
  end
end
```

Vale a pena notar que, em comparação às especificações da visualização, todos os módulos ActionView::Helper fornecidos pelo framework são misturados em especificações auxiliares, de forma que eles fiquem disponíveis para o seu código auxiliar. Todos os métodos auxiliares de rotas geradas dinamicamente também são adicionados.

Scaffolding

O Rails vem com o gerador scaffold_resource para criar controladores RESTful e os modelos subjacentes de forma fácil. O plugin rspec_on_rails fornece o gerador rspec_scaffold, que faz a mesma coisa utilizando o RSpec em vez de utilizar o Test::Unit.

Experimente o rspec_scaffold quando você tiver algum tempo livre – as especificações geradas são outra fonte de ótimos exemplos de código de especificação para todas as três camadas MVC. Ele gera especificações que cobrem 100% do código gerado pelo Rails, tornando-o uma ótima ferramenta de aprendizagem.

Ferramentas RSpec

Há diversos projetos de código aberto que melhoram a funcionalidade do RSpec e sua produtividade. (Nenhuma destas ferramentas são exclusivas para o RSpec. Na verdade, todas elas foram escritas originalmente para o Test::Unit.)

Autotest

O projeto Autotest faz parte da suíte ZenTest[6] criada por Ryan Davis e Eric Hodel. Como o nome sugere, ele executa sua suíte de teste automaticamente para você. Toda vez que você salva um arquivo em seu projeto, o Autotest executa quaisquer arquivos de especificação que possam ter sido afetados pela mudança. Esta é uma ferramenta excelente para obter um ritmo de refatoração vermelho-verde porque você não terá que alternar entre as janelas para executar os testes manualmente. Na realidade, você nem mesmo precisa executar qualquer comando! Apenas cd para o diretório de seu projeto e digitar autospec para iniciar as coisas.

RCov

RCov é uma ferramenta de cobertura de código para Ruby.[7] Você pode executá-la em um arquivo de especificação para ver quanto do seu código de produção está coberto. Ele fornece resultados HTML para informar facilmente qual código está coberto pelas especificações e quais não estão. Você consegue o RCov individualmente em um arquivo de especificação, ou o plugin rspec_on_rails fornece a tarefa spec:rcov para executar todas as suas especificações sob RCov. Os resultados são produzidos em um diretório chamado coverage e contêm um conjunto de arquivos HTML que você pode pesquisar abrindo index.html (como mostrado na Figura 18.2):

O Heckle faz parte da impressionante coleção de projetos do Seattle Ruby Brigade[8], e é outra ferramenta de cobertura de código. Em vez de simplesmente verificar o escopo de seus testes, o Heckle ajuda você a mensurar a efetividade de suas especificações. Na verdade, ele entra em seu código e mescla coisas como valores de variáveis e instruções if. Se nenhuma de suas especificações quebrar, você está perdendo uma especificação em algum lugar.

As versões atuais do RSpec têm suporte integrado ao Heckle. Somente experimente com a opção –heckle e veja o que acontece.

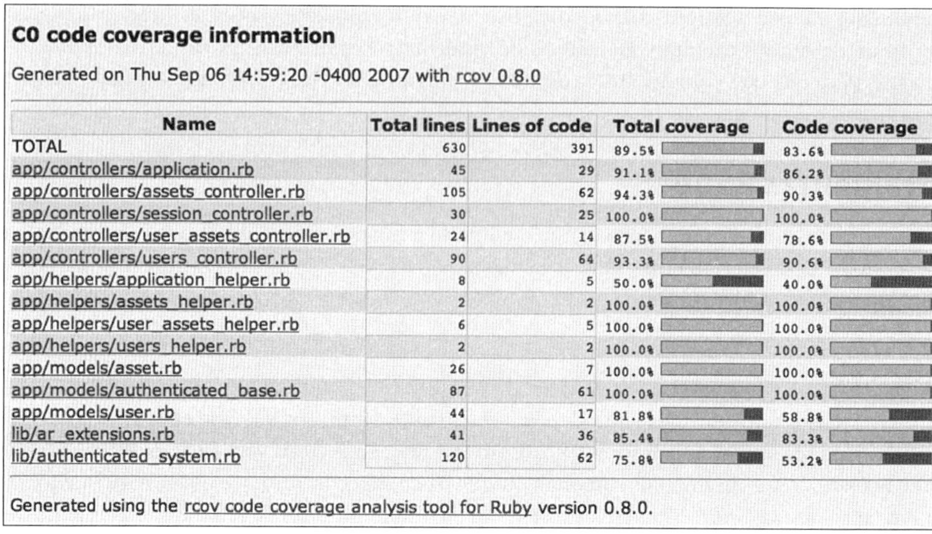

C0 code coverage information

Generated on Thu Sep 06 14:59:20 -0400 2007 with rcov 0.8.0

Name	Total lines	Lines of code	Total coverage	Code coverage
TOTAL	630	391	89.5%	83.6%
app/controllers/application.rb	45	29	91.1%	86.2%
app/controllers/assets_controller.rb	105	62	94.3%	90.3%
app/controllers/session_controller.rb	30	25	100.0%	100.0%
app/controllers/user_assets_controller.rb	24	14	87.5%	78.6%
app/controllers/users_controller.rb	90	64	93.3%	90.6%
app/helpers/application_helper.rb	8	5	50.0%	40.0%
app/helpers/assets_helper.rb	2	2	100.0%	100.0%
app/helpers/user_assets_helper.rb	6	5	100.0%	100.0%
app/helpers/users_helper.rb	2	2	100.0%	100.0%
app/models/asset.rb	26	7	100.0%	100.0%
app/models/authenticated_base.rb	87	61	100.0%	100.0%
app/models/user.rb	44	17	81.8%	58.8%
lib/ar_extensions.rb	41	36	85.4%	83.3%
lib/authenticated_system.rb	120	62	75.8%	53.2%

Generated using the rcov code coverage analysis tool for Ruby version 0.8.0.

Figura 18.2 Um exemplo da cobertura RCov reportHeckle

Conclusão

Você passou por diferentes experiências de teste fornecidas pelo RSpec. No início, pode ter dado a impressão de que era a mesma coisa que o Test::Unit com algumas palavras substituídas e trocadas de lugar. Um dos pontos principais do Desenvolvimento Orientado a Teste (TDD) é que se trata de planejar em vez de testar. Esta é uma lição que todo bom desenvolvedor TDD aprende ao adquirir experiência. O RSpec utiliza um vocabulário e um estilo diferentes para enfatizar este ponto. Vem com a lição pronta, de forma que você pode alcançar os maiores benefícios do TDD imediatamente.

Referências

1. Bom, exceto escrever o Capítulo 17, que está repleto de Test::Unit.
2. Você pode obter uma cópia do projeto Monkeycharger em http://monkeycharger.googlecode.com/.
3. Confuso sobre a diferença entre mocks e stubs? Leia a explicação de Martin Fowler em http://www.martinfowler.com/articles/mocksArentStubs.html.
4. Se você tem problemas de firewall com esse plugin devido ao endereço svn://, favor seguir as instruções em http://rspec.rubyforge.org/documentation/rails/install.html.
5. De fato, isso não é bem uma verdade. O ActiveRecord ainda conecta-se ao banco de dados para obter as informações de coluna para Schedule. Entretanto, você também poderia excluir essas informações para remover completamente a dependência do banco de dados.
6. http://rubyforge.org/projects/zentest/.
7. http://rubyforge.org/projects/rcov.
8. http://rubyforge.org/projects/seattlerb/.

Capítulo 19
Estendendo Rails com Plugins

> Mais uma vez, quando nos deparamos com coisas criadas pelas pessoas, a forma que este descobrimento toma é sempre para agradar a você mesmo. Nós não podemos executar o processo de descobrimento sem saber como agradar a nós mesmos. - Christopher Alexander

Embora as APIs padrão do Ruby on Rails sejam muito úteis, mais cedo ou mais tarde você irá desejar um recurso específico que não esteja no núcleo do Rails ou, ainda, que aquele comportamento padrão do Rails fosse um pouco diferente. É nesse momento que os plugins entram em jogo. E este livro já descreveu muitos plugins úteis que você irá utilizar em suas tarefas cotidianas para escrever aplicações Rails.

Que tal plugins como um modo de reutilizar seu próprio código? Será que aprender a escrever plugins poderia ajudar a escrever aplicações mais modulares e a entender melhor como o próprio Rails é implementado? Com certeza!

Neste capítulo vamos explicar os assuntos básicos do gerenciamento de plugins em seu projeto, incluindo o uso de uma ferramenta que alguns consideram indispensáveis para a tarefa: o Piston. Também iremos fornecer informações suficientes para você começar a escrever seus próprios plugins no Rails.

Gerenciando plugins

O Rails 1.0 apresentou um sistema de plugin que permite aos desenvolvedores acrescentar, de uma maneira fácil, novas funcionalidades ao framework. Um mecanismo oficial tornou possível extrair alguns dos recursos úteis e originais que você sugeriu em suas aplicações individuais e compartilhar essas soluções extraídas com outros desenvolvedores, como uma unidade autônoma única que é fácil tanto de manter como de compartilhar.

Os plugins não são úteis somente para compartilhar recursos novos: conforme o Rails evolui, destaca-se cada vez o uso de plugins para testar alterações do próprio framework do Rails. Quase todas as novas e significativas partes de funcionalidade ou reparo podem ser implementadas como um plugin e facilmente testadas por diversos desenvolvedores antes de serem aprovadas para inclusão no framework central. Caso encontre um bug no Rails e consiga descobrir como arrumá-lo ou sugerir uma significativa otimização do recurso, você vai desejar colocar seu código em um plugin para que seja distribuído e testado facilmente.

Claro que mudar o comportamento central do framework exige um entendimento sólido sobre o funcionamento interno do Rails e isso está além do escopo deste livro. Contudo, algumas das técnicas aqui demonstradas podem ajudar a entender o modo como o próprio Rails é implementado. Acreditamos que isso vai auxiliar você a iniciar o comportamento central de reparação quando for necessário fazê-lo.

Reutilizando código

Nosso trabalho como programadores exige que solucionemos problemas abstratos. Desta forma, resolvemos problemas que vão desde buscar bancos de dados para atualização on-line até o gerenciamento da autenticação do usuário. O resultado de nosso trabalho é uma coleção de soluções, normalmente na forma de uma aplicação, para um conjunto de problemas específicos que nos pedem para resolver.

No entanto, eu duvido que muitos de nós *ainda se dispusessem a* ser programadores se precisassem resolver exatamente os mesmos problemas repetidas vezes, dia após dia. Em vez disso, estamos sempre buscando modos de reaplicar soluções existentes aos problemas que encontramos. Seu código representa a solução abstrata para um problema e, portanto, você está se esforçando freqüentemente tanto para reutilizar esta abstração (embora em contextos ligeiramente diferentes) como para refinar sua solução de forma que ela *possa* ser utilizada novamente. Através da reutilização de algumas soluções você pode economizar tempo, dinheiro e esforço e ter a oportunidade de se concentrar nos aspectos novos e interessantes de um problema específico que você esteja tentando solucionar. Afinal de contas, propor soluções novas e interessantes para problemas é o que realmente nos torna bem-sucedidos.

O script do plugin

Utilizar o comando script/plugin geralmente é o modo mais simples e fácil de instalar plugins. Ele deve ser executado a partir do diretório raiz da aplicação que você está desenvolvendo.

Antes de entrar em detalhes maiores, aqui está um exemplo do script/plugin em ação:

```
$ cd /Users/obie/time_and_expenses
$ script/plugin install acts_as_taggable
+./acts_as_taggable/init.rb
+./acts_as_taggable/lib/README
+./acts_as_taggable/lib/acts_as_taggable.rb
+./acts_as_taggable/lib/tag.rb
+./acts_as_taggable/lib/tagging.rb
+./acts_as_taggable/test/acts_as_taggable_test.rb
```

Ao verificar o diretório vendor/plugins após executar este script, você poderá ver que um diretório novo chamado acts_as_taggable aparece.

De onde estes arquivos vieram? Como o comando script/plugin soube onde iria carregar o diretório acts_as_taggable? Para entender o que realmente está por trás disso vamos analisar os comandos do script do plugin com um pouco mais de profundidade.

Nas próximas seções, iremos abordar cada comando detalhadamente:

script/plugin list

Encontrar uma lista de todos os plugins disponíveis é fácil utilizando o comando list:

```
$ script/plugin list
account_location
http://dev.rubyonrails.com/svn/rails/plugins/account_location/
```

```
acts_as_taggable
http://dev.rubyonrails.com/svn/rails/plugins/acts_as_taggable/
browser_filters
http://dev.rubyonrails.com/svn/rails/plugins/browser_filters/
continuous_builder
http://dev.rubyonrails.com/svn/rails/plugins/continuous_builder/
deadlock_retry
http://dev.rubyonrails.com/svn/rails/plugins/deadlock_retry/
exception_notification
http://dev.rubyonrails.com/svn/rails/plugins/exception_notification/
localization
http://dev.rubyonrails.com/svn/rails/plugins/localization/
...
```

Este comando retorna uma lista de plugins disponíveis junto com uma URL na qual esse plugin pode ser encontrado. Se você observar a lista de URLs vai perceber que, geralmente, os grupos de plugins ficam localizados na mesma base URL: http://dev.rubyonrails.com/svn/rails/plugins, por exemplo. Esta URL é chamada de fonte e o comando list utiliza uma coleção delas ao procurar plugins.

Por exemplo, ao executar script/plugin install acts_as_taggable anteriormente, o comando verificou cada fonte, uma a uma até encontrar uma que contivesse um diretório do nome especificado – neste caso, acts_as_taggable. O script encontrou um na URL fonte http://dev.rubyonrails.com/svn/ rails/plugins e carregou esse diretório na sua máquina local lhe fornecendo uma cópia do plugin acts_as_taggable.

`script/plugin sources`

Você pode analisar a lista de todas as fontes de plugin que o Rails irá buscar ao procurar plugins utilizando o comando sources:

```
$ script/plugin sources
http://dev.rubyonrails.com/svn/rails/plugins/
http://svn.techno-weenie.net/projects/plugins/
http://svn.protocool.com/rails/plugins/
http://svn.rails-engines.org/plugins/
http://lesscode.org/svn/rtomayko/rails/plugins/
...
```

Note que você pode visualizar mais ou menos URLs do que o mostrado aqui. Não se preocupe, isso é perfeitamente normal. Esta lista está armazenada em um arquivo de sua máquina local e pode ser analisada diretamente abrindo-a em qualquer editor de texto. Nos sistemas operacionais Mac OS X e Linux o arquivo está localizado em: ~/.rails-plugin-sources ~ /.

`script/plugin source [url [url2 [...]]]`

É possível acrescentar manualmente uma nova fonte de plugin utilizando o comando source:

```
$ script/plugin source http://www.our-server.com/plugins/
Added 1 repositories.
```

A URL para a fonte até inclui tudo, menos o nome de seu próprio plugin. Você pode verificar isso mais tarde executando script/plugin sources; a URL adicionada deverá estar lá no final da lista.

Quando esse comando falha, provavelmente a URL especificada já tenha sido acrescentada como uma fonte. Na realidade, esse é uma de suas únicas possibilidades de falha, que convenientemente nos traz o comando unsource.

script/plugin unsource [url [url2 [...]]]

Imagine que você tenha acrescentado uma fonte de plugin com o seguinte comando:

```
$ script/plugin source http:///www.our-server.com/plugins/
Added 1 repositories.
```

As barras triplas (///) entre http e www significam que essa URL não irá funcionar adequadamente, portanto, você precisa remover essa fonte e acrescentar uma versão corrigida. O equivalente destrutivo do comando source, unsource, remove as URLs da lista de fontes de plugin ativas:

```
$ script/plugin unsource http:///www.our-server.com/plugins/
Removed 1 repositories.
```

Você poderá certificar-se de que a fonte foi removida utilizando novamente script/plugin sources. Tanto para o comando source quanto para o comando unsource podem ser atribuídas URLs múltiplas, e cada uma será acrecentada (ou removida) da lista de fonte.

script/plugin discover [url]

O comando discover pesquisa novos plugins na Internet e permite que você acrescente novos códigos de plugins à sua coleção. Esses códigos são obtidos atualmente na página "Plugins" da wiki1 do Rails, fornecendo-se a string "plugin" no protocolo HTTP ou URL do projeto Subversion. Como você pode observar, cada URL retornada corresponde ao padrão:

```
$ script/plugin discover
Add http://opensvn.csie.org/rails_file_column/plugins/? [Y/n] y
Add http://svn.protocool.com/rails/plugins/? [Y/n] y
Add svn://rubyforge.org//var/svn/laszlo-plugin/rails/plugins/? [Y/n] y
Add http://svn.hasmanythrough.com/public/plugins/? [Y/n] y
Add http://lesscode.org/svn/rtomayko/rails/plugins/? [Y/n] y
...
```

Para fazer a varredura você pode fornecer sua própria página de fonte de plugin para script/plugin discover. Quando você fornecer a URL como um argumento, o comando discover ao tentar descobrir novos códigos de plugin vai utilizar sua página em vez de utilizar o wiki do Rails:

```
$ script/plugin discover http://internaldev.railsco.com/railsplugins
```

Isso pode ser eficaz principalmente se você mantém uma lista de códigos úteis e que deseje compartilhar, por exemplo, com todos os desenvolvedores de sua equipe.

script/plugin install [plugin]

Nós já vimos este comando em ação, mas o install ainda tem alguns truques e vai provar que é muito útil. Ao utilizar o comando install normalmente você o fornece com um único argumento especificando o nome do plugin a ser carregado e instalado. Por exemplo:

```
$ script/plugin install simply_restful
```

Como visto antes, este comando depende do plugin que está disponível a partir de códigos que você descobriu ou acrescentou manualmente. Em muitas ocasiões, você irá evitar a lista vai instalar um plugin diretamente de uma URL conhecida, fornecendo-o como um argumento para o comando:

```
$ script/plugin install
http://www.pheonix.org/plugins/acts_as_macgyver
+./vendor/plugins/acts_as_macgyver/init.rb
+./vendor/plugins/acts_as_macgyver/lib/mac_gyver/chemistry.rb
+./vendor/plugins/acts_as_macgyver/lib/mac_gyver/swiss_army_knife.rb
+./vendor/plugins/acts_as_macgyver/assets/toothpick.jpg
+./vendor/plugins/acts_as_macgyver/assets/busted_up_bike_frame.html
+./vendor/plugins/acts_as_macgyver/assets/fire_extinguisher.css
```

Ao especificar explicitamente a URL direta você pode instalar o plugin sem procurar a lista de códigos para uma combinação. Além disso, evitar uma busca pela lista de códigos pode fazer com que você economize bastante tempo.

As habilidades do comando install não acabam por aqui, mas os recursos mais avançados serão discutidos depois na seção "Subversion e script/plugin".

script/plugin remove [plugin]

Bastante adequado, este comando executa o oposto do comando install: ele remove o plugin de vendor/plugins:[2]

```
$script/plugin -v remove acts_as_taggable
Removing 'vendor/plugins/acts_as_taggable'
```

Uma inspeção rápida no seu diretório vendor/plugins mostra que a pasta acts_as_taggable, de fato, foi removida completamente.

Executar o comando remove também executará o script uninstall.rb do plugin, caso haja um.

script/plugin update [plugin]

Intuitivamente você poderia esperar que a execução de um comando como $ script/plugin update acts_as_taggable atualizasse sua versão do acts_as_taggable para a última liberação. Deve existir alguma atualização, mas este não é o caso, a menos que você tenha utilizado algum dos métodos de instalação do Subversion abordados na próxima seção.

Se você instalou seu plugin utilizando os métodos simples e padrões descritos até agora, você pode atualizar o plugin adequadamente através do comando install com a flag de força:

```
$ script/plugin -f install my_plugin
```

A inclusão da *flag -f* forçará o plugin a ser removido e depois instalado.

Subversion e script/plugin

Como mencionado anteriormente, a maioria dos códigos de plugin que você vier a encontrar estará, na verdade, no repositório do Subversion. E por que isso é útil para usuários de plugin? Acima de tudo porque, para receber atualizações de um repositório, você não precisa ser um desenvolvedor que contribua para ele; você pode manter uma cópia de um plugin que poderá ser atualizado facilmente (ou até automaticamente) quando o autor do plugin acrescentar novas fixtures, arrumar bugs e, geralmente, atualizar o código do plugin central.

Antes de poder utilizar o Subversion, você precisa ter certeza de que ele foi instalado em seus sistemas locais. O projeto Subversion pode ser encontrado em http://subversion.tigris.org, no qual são mantidas diversas distribuições binárias das ferramentas do Subversion. Se você estiver executando em Linux ou Mac OS X as chances são de que você já o tenha instalado, mas os usuários de Windows provavelmente precisarão utilizar um dos instaladores pré-construídos que estão disponíveis no website do Subversion.

Analisando um plugin

Quando você executa o comando install sem nenhuma opção ele irá produzir uma cópia direta dos arquivos de plugin e vai colocá-los em uma pasta em vendor/plugins. Você terá de analisar os arquivos do plugin em seu próprio repositório do Subversion e não haverá nenhuma ligação direta entre os arquivos do plugin e o lugar de onde eles vieram. Exceto sua memória e qualquer documentação que o autor possa ter fornecido, o que pode ser um pouco problemático quando você quiser atualizar este plugin com bugs arrumados ou recursos novos.

Possivelmente, uma melhor opção pode ser utilizar o Subversion para analisar uma cópia do código para sua aplicação e manter informações adicionais que possam ser utilizadas para determinar a versão atual do plugin e do lugar de onde o plugin veio. Essas informações também podem ser utilizadas para atualizar o plugin automaticamente para a última versão a partir do repositório.

Para instalar um plugin analisando-o pelo Subversion acrescente a flag -o ao executar o comando install:

```
$ script/plugin install -o white_list
A t_and_e/vendor/plugins/white_list/test
A t_and_e/vendor/plugins/white_list/test/white_list_test.rb
A t_and_e/vendor/plugins/white_list/Rakefile
A t_and_e/vendor/plugins/white_list/init.rb
A t_and_e/vendor/plugins/white_list/lib
A t_and_e/vendor/plugins/white_list/lib/white_list_helper.rb
A t_and_e/vendor/plugins/white_list/README
Checked out revision 2517.
```

Nesse exemplo, o plugin white_list está analisado para o meu diretório de trabalho, na pasta de plugins, mas não está vinculado, de nenhuma forma, ao meu projeto ou ao meu próprio controle de fonte.

script/plugin update

Quando você utiliza o Subversion para carregar seu plugins, o comando update se torna útil. Quando você executa o comando update em oposição a um plugin instalado com a flag -o, o script do plugin orienta o Subversion (através do comando svn) a conectar-se a esse repositório Subversion do plugin e carregar qualquer alteração atualizando sua cópia para a última versão. Da mesma forma que o comando install -o, você pode utilizar o parâmetro -r para especificar uma revisão específica a ser atualizada.

Externals do Subversion

Apesar da utilização do Subversion com o comando install -o ser bastante útil, ele pode causar um pouco de angústia quando você tentar implementar sua aplicação. Lembre-se que, diferente da existência daqueles arquivos de plugin em seu diretório de trabalho local, ele não está vinculado de nenhuma forma ao seu projeto. Portanto, quando você tentar implementar, você precisará instalar manualmente, e mais uma vez, cada um dos plugins no servidor de destino. Isso não é bom.

O que realmente precisamos é de alguma forma de determinar, como parte de nossa aplicação, que a versão X do plugin Y é necessária não independente de onde a aplicação for executada. Um modo de obter esse resultado é utilizar um recurso avançado do Subversion chamado *externals*.

Quando você configura as propriedades svn:externals nas pastas controladas pela fonte de sua aplicação você está, na verdade, dizendo ao Subversion: "Sempre que você analisar ou atualizar este código também deverá analisar ou atualizar este plugin a partir deste outro repositório".

O script plugin install leva um parâmetro -x que diz a ele para fazer exatamente isto:

```
$ script/plugin install -x continuous_builder
A t_and_e/vendor/plugins/continuous_builder/tasks
A t_and_e/vendor/plugins/continuous_builder/tasks/test_build.rake
A t_and_e/vendor/plugins/continuous_builder/lib
A t_and_e/vendor/plugins/continuous_builder/lib/marshmallow.rb
A t_and_e/vendor/plugins/continuous_builder/lib/builder.rb
A t_and_e/vendor/plugins/builder/README.txt
Checked out revision 5651.
```

Executar svn propget svn:externals permite que você veja as propriedades que foram definidas para um determinado diretório controlado por fonte. Vamos executá-lo no diretório vendor/plugins de nossa aplicação:

```
$ svn propget svn:externals vendor/plugins/ continuous_builder
  http://dev.rubyonrails.com/svn/rails/plugins/continuous_builder
```

Pelo fato de instalarmos o plugin continuous_builder utilizando a opção *-x*, sempre que você analisar sua aplicação a partir do repositório (inclusive em um servidor de produção), esse plugin também será analisado automaticamente. No entanto, essa ainda não é a solução ideal, pois a versão que será analisada é a última revisão HEAD do plugin, não necessariamente uma que tenha provado funcionar corretamente com a sua aplicação.

Bloqueie uma versão específica

Como acontece com os comandos *-o* e *update*, você pode especificar uma revisão específica para vincular através do svn:externals utilizando a flag –r com um número de versão. Quando a flag -r é utilizada, a versão do plugin especificada será utilizada mesmo quando o autor do plugin liberar uma versão nova.

Se você pensar no caos que poderia resultar das dependências da atualização de sua aplicação para versões potencialmente instáveis e novas sem seu conhecimento explícito, você irá entender por que é uma boa prática bloquear revisões específicas de seus plugins. Entretanto, há um modo até mais simples de gerenciar as dependências do plugin.

Utilizando o Piston

O utilitário de código-aberto Piston (http://piston.rubyforge.org/) torna o gerenciamento das versões de bibliotecas na pasta vendor de seu projeto (Rails, Gems e Plugins) muito menos demorado e propenso a erro que a opção de trabalhar diretamente com o Subversion.

O Piston importa cópias de bibliotecas dependentes de seu próprio repositório em vez de vincular-se a elas por propriedades svn:externals. No entanto, o Piston também mantém os metadados que têm a ver com a fonte e o número de revisão da dependência como propriedades do Subversion associadas ao conteúdo importado. A solução híbrida do Piston funciona muito bem na prática.

Por exemplo, uma vez que o código de plugin se torna parte de seu repositório de código fonte, você pode fazer mudanças nele conforme for necessário (mudanças locais não são possíveis ao utilizar svn:externals). No momento em que você quiser atualizar o plugin para uma versão mais nova a fim de obter correções de bugs ou recursos novos, o Piston automaticamente irá mesclar suas mudanças locais compatíveis com as versões atualizadas.

Instalação

O Piston é distribuído como um RubyGem. A instalação é tão simples como digitar gem install piston:

```
$ sudo gem install —include-dependencies piston
Need to update 13 gems from http://gems.rubyforge.org
.............
complete
Successfully installed piston-1.2.1
```

Depois da instalação, um executável novo chamado *piston* estará disponível em sua linha de comando com os seguintes comandos:

```
$ piston
Os comandos disponíveis são:
  convert        Converte svn:externals existentes em pastas gerenciadas pelo
Piston
  help           Retorna ajuda detalhada sobre um comando específico
  import         Prepara uma pasta para mesclar o rastreamento
  lock           Bloqueia uma ou mais pastas para sua revisão atual
  status         Determina o status atual de cada diretório no qual o Piston
                 foi executado
  unlock         Desfaz as mudanças ativadas pelo comando lock
  update         Atualiza todas as pastas ou as pastas especificadas para a
                 última revisão
```

Importando uma biblioteca do fornecedor

O comando import informa ao Piston que acrescente uma biblioteca do fornecedor a seu projeto. Por exemplo, vamos utilizar o Piston para fazer o nosso projeto exemplo executar o *EdgeRails*. Isso significa que o Rails será executado fora da pasta vendor/rails em vez de sempre ser instalado como um RubyGem:

```
$ piston import http://dev.rubyonrails.org/svn/rails/trunk
vendor/rails
Exported r5731 from 'http://dev.rubyonrails.org/svn/rails/trunk' to
```

```
'vendor/rails'
```

O Piston sozinho não acrescenta nada ao Subversion. Para fazer o Piston mudar de forma permanente, você mesmo precisa registrar as mudanças.

```
$ svn commit -m "Importing local copy of Rails"
```

Além disso, não esqueça que, diferente do script de plugin do próprio Rails, o Piston leva um segundo argumento especificando o diretório de destino no qual a biblioteca será instalada (e se você omitir o parâmetro, ele irá considerar o diretório atual como padrão).

Por exemplo, aqui está como você deve instalar o excelente plugin white_list do Rick Olsen a partir do diretório de projetos:

```
$ piston import
http://svn.technoweenie.
net/projects/plugins/white_list/vendor/plugins/white_list
Exported r2562 from
'http://svn.techno-weenie.net/projects/plugins/white_list' to
'vendor/plugins/white_list'
```

Convertendo bilbiotecas de fornecedores existentes

Se você já vem utilizando svn:externals para vincular plugins no código fonte de seu projeto, a primeira coisa que você deve fazer é convertê-los para o Piston invocando o comando piston convert a partir do diretório do projeto:

```
$ piston convert
Importing 'http://macromates.com/svn/Bundles/trunk/Bundles/
Rails.tmbundle/Support/plugins/footnotes' to vendor/plugins/footnotes
(-r 6038)
Exported r6038 from 'http://macromates.com/svn/Bundles/trunk/Bundles/
Rails.tmbundle/Support/plugins/footnotes' to 'vendor/plugins/footnotes'

Importing 'http://dev.rubyonrails.com/svn/rails/plugins/
continuous_builder' to vendor/plugins/continuous_builder (-r 5280)
Exported r5280 from 'http://dev.rubyonrails.com/svn/rails/plugins/
continuous_builder' to 'vendor/plugins/continuous_builder'

Done converting existing svn:externals to Piston
```

Novamente, lembre-se que é necessário registrar as mudanças resultantes em seus arquivos de projeto após executar o Piston.

Atualização

Quando desejar obter as últimas mudanças a partir de um repositório remoto para uma biblioteca instalada com o Piston, utilize o comando update:

```
$ piston update vendor/plugins/white_list/
Processing 'vendor/plugins/white_list/'...
  Fetching remote repository's latest revision and UUID
  Restoring remote repository to known state at r2562
  Updating remote repository to r2384
  Processing adds/deletes
  Removing temporary files / folders
  Updating Piston properties
  Updated to r2384 (0 changes)
```

Bloqueando e desbloqueando revisões

Você pode impedir que uma pasta gerenciada pelo Piston local seja atualizada; para tal utilize o comando piston lock. Uma vez que uma pasta esteja bloqueada, você pode desbloqueá-la através do comando piston _unlock. A funcionalidade de bloqueio é fornecida como uma precaução extra disponível para equipes de desenvolvedores Rails. Se você sabe que atualizar um plugin deve interromper a aplicação, você pode bloqueá-lo. Se outros desenvolvedores tentarem atualizá-lo sem fazer o desbloqueio, um erro será gerado.

Propriedades do Piston

Se utilizarmos svn proplist para analisar as propriedades de vendor/plugins/continuous_builder, veremos que o Piston armazena suas próprias propriedades para cada pasta de plugin ao invés de armazená-las na própria pasta plugins:

```
$ svn proplist —verbose vendor/plugins/continuous_builder/

Properties on 'vendor/plugins/continuous_builder':

  piston:root :
http://dev.rubyonrails.com/svn/rails/plugins/continuous_builder

  piston:local-revision : 105
  piston:uuid : 5ecf4fe2-1ee6-0310-87b1-e25e094e27de
  piston:remote-revision : 5280
```

Escrevendo seus próprios plugins

Em algum momento da sua carreira em Rails pode ser que você queira compartilhar um código comum entre projetos semelhantes com os quais você está envolvido. Ou, se você sugerir algo particularmente inovador, pode acontecer de você se questionar sobre a necessidade de compartilhar sua descoberta com o restante do mundo.

O Rails permite que alguém se torne um autor de plugin com certa facilidade. Ele até mesmo inclui um script gerador de plugin que configura a estrutura de diretório básica e arquivos que você precisa para começar:

```
$ script/generate plugin my_plugin
      create vendor/plugins/my_plugin/lib
      create vendor/plugins/my_plugin/tasks
      create vendor/plugins/my_plugin/test
      create vendor/plugins/my_plugin/README
      create vendor/plugins/my_plugin/MIT-LICENSE
      create vendor/plugins/my_plugin/Rakefile
      create vendor/plugins/my_plugin/init.rb
      create vendor/plugins/my_plugin/install.rb
      create vendor/plugins/my_plugin/uninstall.rb
      create vendor/plugins/my_plugin/lib/my_plugin.rb
      create vendor/plugins/my_plugin/tasks/my_plugin_tasks.rake
      create vendor/plugins/my_plugin/test/my_plugin_test.rb
```

O gerador fornece a você o conjunto inteiro de possíveis diretórios de plugin e arquivos de inicialização incluindo, até mesmo, uma pasta /tasks para as tarefas rake personalizadas do seu plugin. Os arquivos install.rb e uninstall.rb são scripts de destruição e de configuração opcionais que podem realizar qualquer coisa que você solicite. Você não precisa utilizar tudo o que é criado pelo gerador de plugin.

Dois dos aspectos determinantes de um plugin são a presença do arquivo init.rb e de um diretório no plugin chamado lib. Se nenhum deles existir, o Rails não reconhecerá o subdiretório vendor/plugins como um plugin. Na realidade, muitos plugins populares consistem apenas em um script init.rb e alguns arquivos em lib.

O hook init.rb

Se seu o arquivo padrão init.rb gerado pelo Rails for aberto, você irá ler uma instrução simples.

```
# insira seu código hook aqui
```

Código hook é um código que se tornou parte integrante das rotinas de inicialização do Rails. Para ver um exemplo rápido do código hook em ação, siga as instruções e gere um plugin em um de seus projetos acrescentando a seguinte linha ao seu arquivo init.rb:

```
puts "Current Rails version: #{Rails::VERSION::STRING}"
```

Parabéns! Você acaba de escrever seu primeiro plugin simples. Execute o console Rails e veja o que quero dizer:

```
$ script/console
Loading development environment.
Current Rails version: 1.2.3
>>
```

O código acrescentado ao arquivo init.rb é executado na inicialização (isso acontece com qualquer tipo de inicialização do Rails, inclusive de servidor console e script/runner). A maioria do plugins tem suas instruções require no init.rb.

Algumas variáveis especiais que se relacionam com o próprio plugin estão disponíveis para o seu código no init.rb:

- **name** - é o nome do seu plugin ('my_plugin' em nosso exemplo simples).
- **director** - é o diretório no qual existe o plugin. Ele é útil caso você precise ler ou escrever arquivos que não sejam padrão no diretório do seu plugin.
- **loaded_plugins** - um Set contendo todos os nomes de plugins que já tenham sido carregados, inclusive aquele que está sendo inicializado no momento.
- **config** - o objeto de configuração criado em environment.rb. (Veja Capítulo 1,"Ambiente e configurações do Rails" e as documentações API on-line para Rails::Configuration para aprender mais sobre o que está disponível via config.)

Nosso exemplo simples é justamente isso: simples. Na maioria das vezes você quer um plugin para fornecer uma nova funcionalidade ao restante de sua aplicação ou modificar as bibliotecas Rails de maneira mais interessante que apenas imprimir um número de versão na inicialização.

O diretório lib

O diretório lib do seu plugin é acrescentado ao caminho de carregamento do Rails antes que o arquivo init.rb seja executado. Isso significa que você pode solicitar seu código sem que haja necessidade de sacrificar-se para especificar o caminho do carregamento:

```
require File.dirname(__FILE__) + '/lib/my_plugin' # unnecessary
```

Supondo que seu diretório lib contenha um arquivo chamado my_plugin.rb, seu init.rb apenas precisará ler:

```
require 'my_plugin'
```

Simples! Você pode embutir qualquer classe ou código Ruby em uma pasta lib do plugin e depois carregá-los no init.rb (ou permitir que outros desenvolvedores tenham a opção de fazê-lo no environment.rb) através da instrução require do Ruby. Essa é maneira mais simples de compartilhar código Ruby entre várias aplicações Ruby.

É comum para plugins alterar ou otimizar o comportamento de classes Ruby existentes. Como exemplo, a Listagem 19.1 é a fonte de um plugin que fornece às classes ActiveRecord um iterador do tipo cursor (note que uma implementação mais inteligente dessa técnica poderia incluir transações, tratamento de erro e arquivos em lote. Acesse http://weblog.jamisbuck.org/2007/4/6/faking-cursors-in-activerecord para mais informações sobre o assunto).

Listagem 19.1 Acrescentando each a classes ActiveRecord

```
# in file vendor/plugins/my_plugin/my_plugin.rb

class ActiveRecord::Base

  def self.each
    ids = connection.select_values("select id from #{table_name}")
    ids.each do |id|
      yield find(id)
    end
    ids.size
  end

end
```

Além de abrir classes existentes para acrescentar ou modificar o comportamento, existem pelo menos três outras maneiras utilizadas pelos plugins para estender a funcionalidade do Rails:

• Mixins que descrevem a inclusão de módulos em classes existentes

• Extensão dinâmicas através de hooks e chamadas do Ruby como method_missing, const_missing e included

• Extensão dinâmica utilizando a avaliação do tempo de execução com métodos como eval, class_eval e instance_eval

Estendendo classes Rails

A maneira como reabrimos a classe ActiveRecord::Base na Listagem 19.1 e simplesmente acrescentar um método a ela é simples, mas a maioria dos plugins seguem um padrão utilizado internamente no Rails e divide seus métodos em dois módulos, um para métodos de instância e um para métodos de classe. Vamos prosseguir e acrescentar um método de instância to_param útil também para todos os nossos objetos ActiveRecord.[3]

Vamos refazer o my_plugin para que ele siga esse estilo. Após solicitar 'my_plugin' em init.rb, iremos enviar uma mensagem de inclusão para a própria classe ActiveRecord:

```
ActiveRecord::Base.send(:include, MyPlugin)
```

Existe ainda outra maneira de obter o mesmo resultado. Ela pode ser encontrada ao navegar pelo código fonte de plugins populares. [4]

```
ActiveRecord::Base.class_eval do
  include MyPlugin
end
```

Agora, precisamos escrever um módulo MyPlugin para hospedar as variáveis de instância e classe com as quais estenderemos o ActiveRecord::Base. Veja a Listagem 19.2.

Listagem 19.2 Extensões para ActiveRecord::Base

```
module MyPlugin
  def self.included(base)
    base.extend(ClassMethods)
    base.send(:include, InstanceMethods)
  end

  module ClassMethods
    def each
      ids = connection.select_values("select id from #{table_name}")
      ids.each do |id|
        yield find(id)
      end
      ids.size
    end
  end

  module InstanceMethods
    def to_param
      has_name? ? "#{id}-#{name.gsub(/[^a-z0-9]+/i, '-')}" : super
    end

    private

      def has_name?
        respond_to?(:name) and not new_record?
      end
  end
end
```

Você pode utilizar técnicas similares para estender controladores e views.[5] Por exemplo, se você quiser adicionar métodos auxiliares disponíveis em todos os seus templates de view, você pode estender o ActionView assim:

```
ActionView::Base.send(:include, MyPlugin::MySpecialHelper)
```

Agora que falamos sobre os conceitos básicos para escrever plugins Rails (init.rb e o conteúdo do diretório lib), podemos dar uma olhada em outros arquivos criados pelo script gerador de plugin.

Os arquivos README e MIT-LICENSE

A primeira coisa que os desenvolvedores fazem quando encontram um plugin novo é observar o arquivo README. Pode ser tentador ignorar este arquivo, mas, no mínimo, você deve adicionar uma descrição simples do que o plugin faz, caso necessite de uma referência futura. O arquivo README também é lido e processado pela ferramenta RDoc do Ruby quando você gera uma documentação para o seu plugin utilizando tarefas Rake doc::. Vale a pena aprender alguns fundamentos da formatação RDoc se você quiser que as informações inseridas no arquivo README sejam refinadas e solicitadas posteriormente.

O Rails é um software livre sujeito à licença MIT, extremamente liberal e aberta, como é a maioria do plugins populares disponíveis. Em seu discurso programático para a Railsconf 2007, David declarou que o gerador de plugin irá originar automaticamente uma licença MIT para o arquivo e ajudar a solucionar problemas de plugins que estão sendo distribuídos sem uma licença de software livre. Claro que você ainda pode mudar a licença para qualquer uma que você queira, mas a licença MIT definitivamente é considerada *a bíblia do Rails*.

Os arquivos install.rb e uninstall.rb

Esse par de arquivos localiza-se na raiz do diretório de plugin, junto com os arquivos init.rb e README. Assim como o arquivo init.rb pode ser utilizado para executar um conjunto de ações toda vez que o servidor for iniciado, os arquivos install.rb e uninstall.rb podem ser utilizados para garantir que os pré-requisitos de seu plugin estejam adequados quando o plugin for instalado utilizando o comando script/plugin install e para que seu plugin seja limpo por ele mesmo quando for desinstalado utilizando script/plugin remove.

Instalação

Por exemplo, você poderia desenvolver um plugin que gerasse dados intermediários armazenados como arquivos temporários em uma aplicação. Para este plugin funcionar, ele poderia exigir um diretório temporário para estabelecer-se antes que os dados possam ser gerados pelo plugin – a oportunidade perfeita para utilizar install.rb. Veja a Listagem 19.3.

Listagem 19.3 Criando um diretório temporário durante a instalação do plugin

```
require 'fileutils'
FileUtils.mkdir_p File.join(RAILS_ROOT, 'tmp', 'my_plugin_data')
```

Ao acrescentar essas linhas no arquivo install.rb de seu plugin, o diretório tmp/my_plugin_data será criado em qualquer aplicação Rails na qual o plugin esteja instalado.

Essa ação de ativação única pode ser utilizada para inúmeros propósitos, inclusive estes:

• Copiar arquivos ativos (HTML, CSS e assim por diante) no diretório público
• Verificar a existência de dependências (por exemplo, RMagick)
• Instalar outros plugins necessários (veja Listagem 19.4)

Listagem 19.4 Instalando um pré-requisito de plugin

```
# Install the engines plugin unless it is already present
unless File.exist?(File.dirname(__FILE__) + "/../engines")
  Commands::Plugin.parse!(['install',
    'http://svn.rails-engines.org/plugins/engines'])
end
```

A Listagem 19.4 demonstra que usando pouco de criatividade e aprofundamento no código-fonte do Rails, você será capaz de encontrar e reutilizar funcionalidades tais como a diretiva parse! do *Commands::Plugin.*

Remoção

Conforme mencionamos, o comando *script/plugin* remove verifica a presença de um arquivo chamado uninstall.rb ao remover um plugin. Caso exista, ele será avaliado antes dos arquivos de plugin que estiverem sendo excluídos. Geralmente, isso é útil para reverter qualquer ação executada no momento que o plugin foi instalado. Isso pode ser conveniente para remover qualquer diretório ou arquivo de dados específicos que seu plugin possa ter criado ao ser instalado ou enquanto a aplicação estivesse sendo executada.

Lembrando o bom senso

O que pode parecer não tão óbvio em relação a este esquema é que ele não é infalível.

Geralmente, os usuários de plugins pulam, sem querer, as rotinas de instalação. Pelo fato de os plugins serem quase sempre distribuídos através do Subversion, é comum adicionar um plugin ao seu projeto com uma simples depuração:

```
$ svn co http://plugins.com/svn/whoops vendor/plugins/whoops # no install
```

Ou talvez seja até mais comum adicionar um plugin ao seu projeto copiando-o de outro projeto Rails utilizando o sistema de arquivo. Eu sei que fiz isso muitas vezes. A mesma situação aplica-se à remoção do plugin (um desenvolvedor pouco experiente poderia desinstalar um plugin de seu projeto simplesmente através da exclusão de sua pasta do diretório vendor/ plugins o que, no caso do script uninstall.rb, nunca seria executado).

Se um escritor de plugin com o qual você está preocupado em ter certeza de que seus scripts install e/ou uninstall são, de fato, executados, provavelmente vale a pena enfatizar este ponto em suas declarações para a comunidade e dentro da própria documentação do plugin, tal como o arquivo README.

Tarefas rake personalizadas

Geralmente, é útil incluir tarefas Rake em plugins. Por exemplo, se seu plugin armazena arquivos em um diretório temporário (como /tmp), você pode incluir uma tarefa que ajude a remover esses arquivos temporários sem que seja necessário vasculhar no código do plugin para encontrar onde os arquivos estão armazenados. Tarefas rake como essas devem ser definidas em um arquivo .rake na pasta tasks do seu plugin (veja Listagem 19.5).

Listagem 19.5 Uma tarefa rake para limpeza do plugin

```
# vendor/plugins/my_plugin/tasks/my_plugin.rake

namespace :my_plugin do
  desc 'Clear out the temporary files'
  task :cleanup => :environment do
    Dir[File.join(RAILS_ROOT, 'tmp', 'my_plugin_data')].each do |f|
      FileUtils.rm(f)
    end
  end
end
```

Tarefas rake adicionadas através de plugins são listadas ao lado de seus irmãos e irmãs do Rails padrão quando você executa rake -T para listar todas as tarefas de um projeto. (No fragmento a seguir limitei o resultado de Rake passando um argumento de string que deve ser utilizado na comparação de nomes de tarefas):

```
$ rake -T my_plugin
rake my_plugin:cleanup # Clear out the temporary files
```

O Rakefile do Plugin

Os plugins gerados têm seus próprios Rakefiles que podem ser utilizados de dentro do diretório do plugin para executar seus testes e gerar suas documentações RDoc (veja Listagem 19.6).

Listagem 19.6 Um Rakefile do plugin gerado

```
require 'rake'
require 'rake/testtask'
require 'rake/rdoctask'

desc 'Default: run unit tests.'
task :default => :test
```

```
desc 'Test the my_plugin plugin.'
Rake::TestTask.new(:test) do |t|
  t.libs << 'lib'
  t.pattern = 'test/**/*_test.rb'
  t.verbose = true
end

desc 'Generate documentation for the my_plugin plugin.'
Rake::RDocTask.new(:rdoc) do |rdoc|
  rdoc.rdoc_dir = 'rdoc'
  rdoc.title = 'MyPlugin'
  rdoc.options << '--line-numbers' << '--inline-source'
  rdoc.rdoc_files.include('README')
  rdoc.rdoc_files.include('lib/**/*.rb')
end
```

Já que estamos falando sobre isso aproveito para mencionar que o Rails tem suas próprias tarefas rake padrão relacionadas aos plugins, e eles são bastante evidentes.

```
$ rake -T plugin

rake doc:clobber_plugins        # Remove a documentação do plugin
rake doc:plugins                # Gera documentações para plugins instalados
rake test:plugins               # Executa os teste de plugin em vendor/
                                  plugins/*/**/test (ou especifica com
                                  PLUGIN=nome)
```

Antes de encerrar esta seção vamos fazer a distinção clara entre um Rakefile de plugin e qualquer arquivo .rake na pasta tasks:

• Utilize Rakefile para tarefas que operam nos arquivos fonte do plugin, como testes ou documentação especiais. Essas tarefas devem ser executadas a partir do diretório do plugin.

• Utilize tasks/*.rake para tarefas que fazem parte do desenvolvimento ou implementação da aplicação na qual o plugin está instalado. Essas tarefas serão mostradas no resultado de rake –T, a lista de todas as tarefas Rake para esta aplicação.

Plugins de teste

Finalmente, e não menos importante, depois que tiver escrito seu plugin é essencial que você forneça testes que verificam seu comportamento. Escrever testes para plugins é, na maioria das vezes, idêntico a qualquer teste no Rails ou no Ruby e, geralmente, os métodos utilizados para testar ambos são os mesmos. Entretanto, pelo fato dos plugins normalmente não adivinharem o ambiente exato no qual serão executados, eles exigem precauções extras para garantir que o comportamento de teste de seu código de plugin seja isolado do restante da aplicação.

Há uma diferença sutil entre executar testes de plugins utilizando a tarefa rake test:plugins global e através do Rakefile do próprio plugin. Embora o primeiro possa testar todos os plugins instalados ao mesmo tempo, o Rakefile interno pode, e deve, ser explorado para adicionar quaisquer tarefas específicas que seu plugin exige para ser testado da forma adequada.

As técnicas utilizadas nos plugins de teste incluem o bootstrapping de um banco de dados separado de plugins de teste em isolamento completo. Isso é útil, principalmente, quando um plugin amplia o ActiveRecord com funcionalidade adicional porque você precisa testar os novos métodos em um ambiente controlado, minimizando a interação com outros plugins e os dados de teste da própria aplicação.

Como você pode imaginar, o teste de plugins é um assunto extenso que interessa principalmente aos autores de plugin. Infelizmente, por razões de praticabilidade e de extensão, a análise completa desse assunto vai ficar de fora deste livro.

Conclusão

Você acabou de aprender a respeito de todos os aspectos básicos de plugins Rails: como instalar, como utilizar a ferramenta Piston para ajudá-lo a gerenciar versões de plugin e, também, sobre os fundamentos para escrever seus próprios plugins – provavelmente suficientes para você iniciar suas atividades.

Abordar tudo que está relacionado aos plugins Rails exigiria um livro próprio e iria além das necessidades da maioria dos desenvolvedores Rails. Por esse motivo, não falamos sobre os plugins de teste ou sobre as técnicas mais avançadas empregadas pelos desenvolvedores de plugin. Também não discutimos assuntos relacionados aos usos de um plugin além de seu desenvolvimento inicial.

Para o aprendizado minucioso sobre estender o Rails com plugins recomendo energicamente *Rails Plugins*, publicação da Addison-Wesley escrita por James Adam, que é considerado o maior especialista do mundo sobre o assunto.

Referências

1. http://wiki.rubyonrails.org/rails/pages/Plugins
2. A flag -v funciona no modo verbose e aparece no exemplo somente porque o comando *remove* normalmente não dá qualquer resultado; sem a flag -v seria difícil demonstrar que alguma coisa aconteceu de fato.
3. Acesse http://www.jroller.com/obie/entry/seo_optimization_of_urls_in para ver uma explicação sobre como o uso inteligente do método to_param pode ajudar na sua busca pela otimização do mecanismo em websites voltado para o público.
4. Jay Fields tem um bom blog sobre as motivações que envolvem a utilização de diversos tipos de extensão de código: http://blog.jayfields.com/2007/01/class-reopening-hints.html.
5. http://alexyoung.org/articles/show/40/a_taxonomy_of_rails_plugins de Alex Young expõe uma variedade de tipos de plugins Rails diferentes, incluindo uma explicação útil de como lidar com opções passadas para configuração em tempo de execução.

Capítulo 20
Configurações para o ambiente de produção Rails

> Pessoas agrupadas ao redor de uma fogueira ou de uma vela por causa do calor ou da luz são menos capazes de ir atrás de pensamentos independentes, ou até mesmo tarefas, do que as pessoas abastecidas por luz elétrica. Da mesma maneira, os padrões sociais e educacionais latentes na automação são aqueles de auto-emprego e autonomia artística. - Marshall McLuhan

Um aspecto freqüentemente ignorado na construção de uma aplicação Rails é, acredite ou não, lançá-la e executá-la no ambiente de produção. Pode ser que em alguns casos não seja você o responsável por esta parte do projeto, mas é importante entender como uma aplicação web moderna opera em um ambiente de produção. Neste capítulo, vamos mostrar a você como construir uma "pilha" de produção simples e como fazer sua aplicação Rails ser executada nela. Algumas questões representam um papel fundamental no modo como você projeta sua pilha de produção. Vamos continuar com uma configuração básica e comum de maneira que você possa entender os componentes fundamentais e as melhores práticas para esses casos. Também vamos fazer uma revisão sobre algumas das preocupações comuns que exigem configurações mais complexas, o que será útil caso esta seja sua primeira implementação em ambiente de produção.

Mesmo que você já tenha executado uma aplicação Rails em um ambiente de produção, provavelmente você irá achar que vale a pena ler este capítulo conforme formos discutindo alguns modos simples de automatizar seu sistema de produção e manter sua configuração limpa e simples.

Uma breve história do Rails em ambiente de produção

Felizmente, se tornou um procedimento relativamente fácil obter uma aplicação Rails que execute em um ambiente de produção. Mas nem sempre foi assim. Muitas das filosofias de projeto que economizam tempo e boas práticas essenciais ao Rails, incluindo as máximas famosas como "convention over configuração" e "don't repeat yourself", também sobreviveram nas configurações de produção e práticas de implementação. Estamos dizendo, em outras palavras, que a automação é o mais importante. O Rails permite que os desenvolvedores concentrem-se no comportamento único de sua aplicação e automatiza o restante do comportamento da aplicação. Ao mesmo tempo, ferramentas como Mongrel, Mongrel Cluster e Capistrano simplificam e automatizam as partes tediosas relativas à execução de uma aplicação no ambiente de produção. Muitas das lições que foram aprendidas sobre executar uma aplicação Rails em ambiente de produção foram transformadas em ferramentas citadas acima.

Quando o Rails apareceu pela primeira vez, suas opções para executá-lo atrás de um servidor web real como Apache eram limitadas ao CGI, mod_ruby do Apache ou FastCGI (também conhecido como FCGI) que tinham, todos, suas falhas. Scripts em seu diretório de script do Rails, como spawner e reaper, solucionavam apenas problemas relacionados ao FastCGI.

Em 2006, Zed Shaw criou um servidor web HTTP para Rails, chamado Mongrel, compatível com a maioria dos ambientes de produção. Desde o início o Mongrel foi projetado para substituir as opções existentes ao mesmo tempo em que era pequeno e simples. Em vez de forçar um servidor web front-facing como o Apache a converter uma solicitação HTTP de entrada para CGI apenas para carregar o ambiente Ruby, o Mongrel,[1] como um processo de linguagem HTTP, poderia conversar diretamente com o Apache. Dessa forma, o Mongrel removeu duas ações intermediárias (converter a solicitação de HTTP para CGI e carregar o Ruby), reduziu o número de movimentação de partes, aumentou a segurança e previsibilidade do ambiente de produção e acelerou o desempenho. Ele também forneceu um servidor web rápido para o desenvolvimento local.

Alguns pré-requisitos básicos

Para configurar a pilha de produção com êxito, você precisará, pelo menos, do seguinte:

- Um conhecimento prático de Unix

  A maioria das aplicações Rails em ambiente de produção está executando em alguma variante do Unix (FreeBSD, OSX, Solaris, qualquer distribuição Linux etc.). A menos que você tenha algumas restrições rigorosas de ambiente de produção (por exemplo, você trabalha em uma grande companhia e estão tentando invadir o Rails de modo ilegal), você também deveria estar configurando sua aplicação em Unix. Vamos supor que você saiba como utilizar a interface de linha de comando e possa executar comandos básicos, instalar pacotes, serviços iniciar/interromper serviços e assim por diante. Os exemplos que nós listamos neste capítulo serão baseados no shell Bash.[2]

- Acesso a um servidor corrente com acesso sudo (substitute user do)

  Vamos instalar tudo em um único servidor, portanto, você precisará ter acesso a um. Além de precisar ter capacidade para instalar software e executar implementações nele. Nós iremos listar aplicações e tipos de acesso e específicos na seção "Lista de verificação da pilha". Também iremos listar opções de hospedagem, caso você não tenha conseguido achar uma por meio de seu mecanismo de busca favorito.

- Respeito pelo ambiente de produção e um desejo forte de aprender

  Com otimismo, sua aplicação Rails terá uma vida longa e saudável no ambiente de produção. Se você não é o tipo de pessoa que normalmente é responsável por cuidar do ciclo de vida de produção de uma aplicação, é fundamental entender o quão importante é esta parte. Você deve evitar pensar sobre a configuração e a manutenção de seu ambiente de produção como uma obrigação. Essas tarefas podem não ser tão divertidas quanto escrever uma aplicação, mas elas são, no mínimo, tão importantes quanto. Como qualquer tecnologia (por exemplo, carros, navios etc.), depois de exposta, sua aplicação enfrentará diferentes tipos de problemas. Isso é muito importante, principalmente para aplicações web modernas que sofrem mudanças freqüentes e repetitivos ciclos de desenvolvimento. Seu ciclo de vida de produção irá refletir no seu ciclo de vida de desenvolvimento e assim por diante.

Se você alguma vez já executou ou manteve uma aplicação em ambiente de produção, sabe muito bem quantos daqueles bugs mais importunos podem surgir. Sabe também que este é o último lugar que você deseja que esteja fora de ordem, com os registros desorganizados e arquivos de configuração em seu caminho. Principalmente quando você é o único que levanta às 4 horas da manhã para resolver problemas no momento em que as coisas saem de controle. Ao respeitar a importância e a limpeza de seu ambiente de produção, certamente você evitará muitas dores de cabeça no futuro. Portanto, muitas das práticas que você irá encontrar aqui (e nas ferramentas e bibliotecas recomendadas por nós) devem ajudá-lo a aprender como evitar determinados problemas.

- Vontade de livrar-se de velhos hábitos e aprender novos

  Um conceito fundamental em ambientes de produção é a *automação*. Automatize tudo! Todas as implementações e configurações tornam sua vida mais simples quando são capazes de fazer todo o trabalho para você. Se você gosta de ajustar arquivos manualmente ou modificar implementações que já estão no servidor, você precisará abandonar esses velhos hábitos. Esses tipos de comportamentos (que vemos muito em desenvolvedores e administradores de sistema) irão tornar seu ambiente de produção frágil, imprevisível e condenado.

A capacidade de operar um sistema de produção bastante automatizado exige que você o utilize o máximo possível e remova dele qualquer chance de interferência manual. Você pode até achar mais rápido fazer uma mudança à mão editando algum arquivo no servidor de produção ativo, mas esses hábitos resultam em uma morte lenta e dolorosa do servidor. Com o passar do tempo fica difícil localizá-los e sistemas automatizados não respondem bem a mudanças manuais.

- Disposição para suspender a descrença

  Trata-se, em certa medida, de uma conseqüência da questão anterior. Às vezes, desenvolvedores e administradores de sistema gostam de complicar as coisas, principalmente quando eles acreditam que conhecem um modo melhor de fazê-las. Se você for uma dessas pessoas (ainda que acredite não ser) e ao ler este capítulo estiver pensando que nossa abordagem está errada, simplificada demais ou o que quer que seja, vá com calma. A maioria das aplicações Rails simples executadas em ambientes como esse e os pacotes que nós recomendamos estão entre os mais utilizados pelos profissionais Rails que hospedam ambientes. Por exemplo, algumas pessoas não gostam da idéia de utilizar qualquer servidor web que não seja o Apache apenas por estes existirem há mais tempo e por ser o único que conhecem. Não tenha medo do Nginx; você pode de fato gostar dele depois de constatar como é simples e rápido (e livre de bug).

A lista de verificação da pilha

Antes de entrarmos nos detalhes sobre o software que você vai precisar, iremos explicar sobre as suposições gerais acerca do tipo de configuração pretendemos construir. Como dissemos anteriormente, há muitos modos de construir uma pilha de produção, portanto vamos continuar com uma configuração simples, e já testada, que funcionará bem para muitas aplicações Rails.

As próximas seções descrevem os componentes fundamentais para a pilha de produção que vamos construir. Você irá notar que além das camadas de web de aplicação e de banco de dados padrão vamos falar também sobre outras duas partes importantes que geralmente não são discutidas: o ambiente de rede e de servidor e os componentes de monitoramento.

Ambiente de rede e de servidor

Claro que é necessário executar nossa aplicação em algum lugar...

Servidor independente/dedicado ou parte do servidor privado virtual

Considerando que iremos executar tudo a partir de um único servidor, você precisará ter acesso tanto a um servidor dedicado como a uma parte do servidor privado virtual (VPS). Alguns dos serviços de hospedagem do VPS já foram criados para hospedar aplicações Rails e vão cuidar de todo o trabalho sujo para você (por exemplo, Rails Machine, EngineYard ou Slicehost). Para cumprir nossos propósitos, vamos começar a partir de um servidor desprotegido e desenvolvê-lo. Entretanto, no final das contas, a configuração será em grande parte a mesma.

Instalação atual do sistema operacional

Uma instalação recente de qualquer distribuição Linux popular deve funcionar. Nós preferimos Debian, Gentoo, CentOS ou RedHat. Alguns programadores têm preferências por outras distribuições, mas, normalmente, estas são mesmo as companhias de hospedagem preferidas para utilizar.

Dependendo de sua preferência, você pode instalar os pacotes exigidos utilizando seu gerenciador de pacote favorito ou pode compilá-los a partir da fonte. Para simplificar, em nossos exemplos vamos compilar a partir da fonte ou instalar binários pré-compilados (por exemplo, MySQL).

Como mencionamos no começo do capítulo, você precisará ter um usuário com privilégios sudo (ou de raiz). Caso não tenha, é possível adquirir uma aplicação Rails que esteja sendo executada, mas será necessário combinar com o administrador de sistemas que tem acesso sudo para ter certeza de que tudo pode ser instalado corretamente.

Acesso de rede

Estamos executando tudo de um servidor, mas ainda será necessário acessá-lo para administração – e por se tratar de um website seus usuários precisarão acessá-lo através de um navegador. Você precisará de acesso SSH e as portas 80 e 443 precisam estar abertas. Se seu servidor estiver executando por detrás de um firewall, este precisará mantê-las abertas. Recomendamos com veemência a execução do SSH em uma porta que não seja padrão Isso é necessário apenas para evitar alguns ataques de segurança comuns. (Veja a seção de segurança para mais detalhes sobre portas).

Camada web

Atualmente, a melhor prática para executar sua aplicação Rails em ambiente de produção é a utilização de um servidor web "estático" rápido como Apache ou Nginx executando na frente daquele que aponta para um agrupamento de mongrels executando atrás. No momento apropriado o servidor web rápido receberá uma solicitação de entrada e fará o proxy-reverso para os processos Mongrel disponíveis (por exemplo, você pode definir as regras, assim ele irá servir ativos estáticos ou arquivos em cache diretamente). Essa abordagem é utilizada pela maioria dos profissionais Rails que hospedam companhias e em muitos clusters de produção, além de ser muito mais confiável que FastCGI, SCGI ou qualquer uma das abordagens anteriores.

O Apache 2.2.x e o Nginx são os dois servidores web preferidos para executar na frente. Aqui, vamos utilizar Nginx porque ele é rápido, estável e muito menos complicado que o Apache, além de ter um footprint de memória pequeno. Ele também é relativamente novo no Ocidente, no entanto, o site Nginx informa que cerca de um quinto dos websites russos executam nele.[3] Uma das principais razões para preferirmos o Nginx ao Apache é que seu proxy-reverso é menos propenso a erros. O Apache ainda é uma boa solução, mas se você preferi-lo pelo fato de já conhecê-lo, sugerimos que você dê uma chance ao Nginx. Você ficará surpreso! Caso *precise* usar o Apache, o site Mongrel tem alguns recursos excelentes sobre como configurar o mod_proxy_balancer para comunicar-se com seu Mongrel Cluster.[4]

Camada de aplicação

As ferramentas que você precisa executar na camada de aplicação são mínimas. Ruby, RubyGems, Rails e seus gems dependentes serão suficientes para você continuar. Na seção "Instalações" iremos listar os gems específicos necessários para executar a pilha, mas você deve saber de quais gems sua própria aplicação é dependente.

Nossa configuração será baseada na implementação de uma aplicação única e simples do Rails. Se você tiver exigências mais complexas como, por exemplo, um processo BackrounDRb ou cron jobs e assim por diante, você terá de cuidar desses detalhes sozinho. Lembre-se que se você tiver uma configuração mais complexa, será necessário certificar-se que todas as suas tarefas do Capistrano estão configuradas da maneira adequada. Você pode ler mais sobre o Capistrano no próximo capítulo.

Camada de banco de dados

A maioria das aplicações Rails utiliza um único banco de dados. Em uma configuração de ambiente de produção simples como a nossa, executamos o banco de dados no mesmo servidor. Em configurações mais complexas, você pode configurar seu banco de dados para direcionar questões de redundância, failover ou desempenho. Enquanto você estiver fazendo uma configuração de servidor de banco de dados simples, isso não mudará muito de seu ambiente de desenvolvimento local.

Recomendamos a versão MySQL 5.x (branch); no entanto, a versão 4.x pode ser trocada e funcionará bem para a maioria dos projetos. Você saberá quais são as exigências do banco de dados de sua própria aplicação. Portanto, se preferir outro banco de dados, tenha certeza de ter revisado o suporte Rails para ele.

Monitoramento

Ferramentas de monitoramento não são tecnicamente exigidas para executar um ambiente de produção, mas, pelo bem das melhores práticas, estamos exigindo aqui. Executar sua aplicação Rails sem as ferramentas de monitoramento seria como dirigir um carro sem velocímetro. Uma vez que este é um ambiente de produção, provavelmente você desejará saber quando o site torna-se indisponível ou quando alguém carrega um arquivo e trava a CPU ou os processos MySQL.

Controle de versão

Nós recomendamos o Subversion para o controle de versão. Provavelmente, você já terá sua aplicação em controle de versão (e caso você não tenha, essa é uma boa hora para adquiri-la). Nós também recomendamos armazenar outros arquivos importantes em um controle de versão (que será discutido posteriormente na seção "Configurações").

Instalações

Nesta seção, vamos instalar todas as aplicações e ferramentas necessárias a uma implementação. Antes de começar, você deve estar certo de que satisfez as exigências descritas na seção anterior ou que possui conhecimento suficiente para trabalhar dentro de suas próprias restrições.

Desta forma, vamos instalar as ferramentas diretamente da fonte, mas, caso prefira, você pode fazê-la utilizando seu gerenciador de pacote favorito. Em alguns casos os gerenciadores de pacote tornam mais fácil manter atualizações subseqüentes, no entanto tendem estar algumas revisões atrás das atualizações que, às vezes, são importantes para ferramentas.

Nota

Todo mundo tem suas preferências sobre onde devem armazenar bibliotecas em seus sistemas. Se você preferir instalar em caminhos diferentes dos que são mostrados aqui, fique à vontade. Nós vamos instalar em `/usr/local` e colocar a aplicação em `/var/www/apps/railsway/`, aos quais serão feitas referências em algumas das configurações.

Ruby

A versão atual do Ruby recomendada é a 1.8.5 (branch). Alguns problemas têm sido relatados com o Ruby 1.8.6, portanto, a menos que você tenha absoluta certeza de que a versão 1.8.6 funciona bem em seus ambientes de desenvolvimento e plataforma, recomendamos a utilização do último **patch** lançado a partir da versão 1.8.5. Quando escrevi este livro, o último patch lançado era o 52.

Os comandos abaixo irão baixar e instalar o Ruby a partir da fonte.

```
$ curl -O ftp://ftp.ruby-lang.org/pub/ruby/1.8/ruby-1.8.5-p52.tar.gz
$ tar zxvf ruby-1.8.5-p52.tar.gz
...
$ cd ruby-1.8.5-p52
$ ./configure —prefix=/usr/local
$ make
$ sudo make install
```

RubyGems

A versão atual do RubyGems é a 0.9.4. Uma vez instalada, todas as outras bibliotecas relacionadas ao Ruby podem ser instaladas através da instalação de gems. Os comandos a seguir irão baixar e instalar o RubyGems a partir da fonte. Uma vez instalado, o RubyGems pode atualizar-se sozinho quando novas versões forem lançadas.

```
$ curl -O http://files.rubyforge.mmmultiworks.com/rubygems/rubygems-
0.9.4.tgz
$ tar zxvf rubygems-0.9.4.tgz
...
$ cd rubygems-0.9.4
$ sudo ruby setup.rb
...
```

Rails

Estamos trabalhando na última versão 1.2.x que, até o presente momento, é a 1.2.3. Neste caso, o switch - y equivale a -include-dependencies. O comando abaixo irá instalar os gems do Rails (um para cada subframework) em seus gems do sistema.

```
$ sudo gem install rails -y
```

Mongrel

Estamos utilizando o Mongrel 1.0.1 que é a versão mais amplamente utilizada em ambientes de produção. Em sua máquina de desenvolvimento local, normalmente, você chama o comando mongrel_rails (ou script/server) diretamente. Quando, posteriormente, configurarmos os scripts init, você irá utilizá-lo para controlar a inicialização, interrupção e reinicialização do cluster. O comando abaixo instala o gem do Mongrel e suas dependências.

```
$ sudo gem install mongrel -y
```

Mongrel Cluster

Mongrel Cluster é um gem que permite que você execute um conjunto de processos mongrel com uma configuração comum para que possam ser delegados a partir do Nginx. Estamos utilizando a versão 1.0.2.

O comando abaixo irá instalar o gem mongrel_cluster que irá permitir que você configure e execute mongrels em um "pacote." Quando configurarmos o servidor web estático iremos apontar para uma configuração mongrel_cluster configurada. Os comandos do Mongrel Cluster ficarão automaticamente disponíveis para você através do comando mongrel_rails do Mongrel.

```
$ sudo gem install mongrel_cluster -y
```

Nginx

Nginx é o servidor web estático mais simples e mais rápido que estará à frente de seu ambiente de produção. Ele será responsável por controlar solicitações HTTP de entrada, seja por conta própria (como para ativos estáticos que já estão no disco) ou delegando as solicitações para um dos processos mongrel que estiver sendo executado no mongrel cluster. Os comandos abaixo irão carregar e compilar a fonte para o branch 0.5.x atual e estável do Nginx.

```
$ curl -O http://sysoev.ru/nginx/nginx-0.5.28.tar.gz
$ tar zxvf nginx-0.5.28.tar.gz
$ cd nginx-0.5.28
$ ./configure --sbin-path=/usr/local/sbin --with-http_ssl_module
...
$ make
...
$ sudo make install
```

Subversion

O controle de versão deve fazer parte de seu arsenal padrão. Você pode utilizar outros sistemas de gerenciamento de versão com o Capistrano, mas o Subversion é o padrão preferido. Os comandos abaixo irão baixar e instalar o Subversion e algumas de suas dependências adicionais a partir da fonte:

```
$ curl -O http://subversion.tigris.org/downloads/subversion-
1.4.4.tar.gz
$ curl -O http://subversion.tigris.org/downloads/subversion-deps-
1.4.4.tar.gz
$ tar zxvf subversion-1.4.4.tar.gz
$ tar zxvf subversion-deps-1.4.4.tar.gz
$ cd subversion-1.4.4
$ ./configure --prefix=/usr/local --with-openssl --with-ssl --with-zlib
...
$ make
...
$ sudo make install
```

MySQL

O MySQL 5.x pode ser instalado utilizando seu gerenciador de pacote a partir da fonte ou a partir de binários pré-compilados para sua plataforma. O modo como você o instala depende de suas preferências e restrições. Para nossos propósitos vamos instalar os binários genéricos.

Você pode achar o pacote apropriado em http://dev.mysql.com/downloads/ mysql/5.0.html.

Recomendamos que você bloqueie sua instalação MySQL definindo uma senha de raiz e limitando acesso à máquina local. Você pode obter mais informações sobre o MySQL em http://www.securityfocus.com/infocus/1726.

Monit

Monit[5] é uma excelente ferramenta de monitoramento para gerenciar processos e vigiar a utilização de recurso. O Monit é altamente configurável e isso pode ser feito para notificá-lo com base em muitos indicadores chave (uso de CPU, uso de disco, e assim por diante). Os comandos abaixo irão carregar e instalar o Monit a partir de arquivos fonte.

```
$ curl -O http://www.tildeslash.com/monit/dist/monit-4.9.tar.gz
$ tar zxvf monit-4.9.tar.gz
...
$ cd monit-4.9
$ ./configure
...
$ make
...
$ sudo make install
...
```

Capistrano

Você não precisa instalar o Capistrano no servidor, somente em sua máquina local. Estamos utilizando a última versão do Capistrano que, neste momento, é a 2.x. Falaremos sobre o Capistrano no Capítulo 21, "Capistrano". O comando abaixo irá carregar e instalar o gem Capistrano e suas dependências:

```
$ sudo gem install capistrano -y
```

Configurações

Agora que já temos tudo instalado vamos definir as configurações para cada uma das ferramentas. Para a maioria das aplicações Rails você precisará configurar somente algumas coisas: Mongrel Cluster, Nginx e Monit.

Uma técnica para simplificar e automatizar seus sistemas é manter um diretório deploy dentro do diretório config/ da sua aplicação e utilizar um subdiretório separado para cada uma das implementações que você tiver (por exemplo, dev, staging, production). Cada subdiretório terá sua própria cópia do mongrel_cluster.yml, database.yml, nginx.conf, railsway.conf e assim por diante. Em suas tarefas de Capistrano pós-implementação você pode empurrar estes arquivos para /var/www/railsway/shared/config e fazer um link simbólico de onde são esperados (por exemplo, /etc/nginx/nginx.conf ->/var/www/railsway/shared/config/nginx.conf).

Configurando o Mongrel Cluster

Vamos gerar um arquivo de configuração mongrel_cluster básico utilizando o comando configure do mongrel cluster gem. Você sempre pode escrever e editar essa configuração manualmente, mas é conveniente gerar, pelo menos, a versão inicial. Você pode fazer isso assim:

```
$ mongrel_rails cluster::configure -p 8000 -e production \
-a 127.0.0.1 -N 2 --user deploy --group deploy \
-P /var/www/apps/railsway/shared/pids/mongrel.pid \
-c /var/www/apps/railsway/current
```

Isso irá gerar o arquivo mongrel_cluster.yml cujo conteúdo é mostrado na listagem a seguir. Você pode armazená-lo no diretório compartilhado de sua árvore de implementação do Capistrano (por exemplo, /var/www/railsway/shared/config/mongrel_cluster.yml).

```
--
cwd: /var/www/apps/railsway/current
port: '8000'
user: deploy
group: deploy
environment: production
address: 127.0.0.1
pid_file: /var/www/apps/railsway/shared/pids/mongrel.pid
servers: 2
```

Configurando o Nginx

Vamos dividir toda a configuração de Nginx em dois arquivos separados: nginx.conf e railsway.conf. Este padrão é um modo simples de manter os detalhes específicos da aplicação fora do arquivo de configuração global.

nginx.conf

Este é seu arquivo de configuração Nginx primário. Ele configura os arquivos de pid, de log básico, de compactação gzip e de tipos mime. Note que ele inclui o arquivo. Note que ele inclui o arquivo railsway.conf na parte inferior. Você poderia simplesmente colar o conteúdo do arquivo railsway.conf no lugar apropriado, mas mantê-lo separado irá tornar a leitura e as possíveis alterações futuras mais fáceis. Esta abordagem também funciona bem quando você tem aplicações múltiplas sendo executadas no mesmo servidor.

```
# user and group to run as
user deploy deploy;
# number of nginx workers
worker_processes 4;
# pid of nginx master process
pid /var/run/nginx.pid;
error_log /var/log/nginx/default.error.log debug;
# Number of worker connections. 1024 is a good default
events {
  worker_connections 8192;
  use epoll; # linux only!
}
# start the http module where we config http access.
http {
  # pull in mime-types. You can break out your config
  # into as many include's as you want to make it cleaner
  include /etc/nginx/mime.types;
  # set a default type for the rare situation that
  # nothing matches from the mime-type include
  default_type application/octet-stream;
  # configure log format
  log_format main '$remote_addr - $remote_user [$time_local] '
                  ''$request' $status $body_bytes_sent
'$http_referer' '
                  ''$http_user_agent' '$http_x_forwarded_for'';
  # no sendfile on OSX
  sendfile on;
  # These are good default values.
```

```
  tcp_nopush on;
  tcp_nodelay on;
  # output compression saves bandwidth
  gzip on;
  gzip_http_version 1.0;
  gzip_comp_level 2;
  gzip_proxied any;
  gzip_types text/plain text/html text/css application/
x-javascript text/xml application/xml application/xml+rss text/
javascript;
  access_log /var/log/nginx.default.access.log main;
  error_log /var/log/nginx.default.error.log info;
  # Hosted applications
  include /etc/nginx/railsway.conf;
}
```

railsway.conf

Este é o arquivo de configuração de sua aplicação específica. Ele será incluído no arquivo nginx. conf principal da listagem anterior. Como acontece no Apache, quando você tem uma configuração SSL, você precisa basicamente copiar o conjunto dos detalhes da configuração. Nós incluímos um exemplo de configuração SSL aqui, mas se você não precisar de SSL basta removê-la.

```
upstream railsway {
  server 127.0.0.1:8000;
  server 127.0.0.1:8001;
}
server {
  # port to listen on. Can also be set to an IP:PORT
  listen 80 default;
  # Set the max size for file uploads to 50Mb
  client_max_body_size 50M;
  # sets the domain[s] that this vhost server requests for
  server_name railsway.com;
  # doc root
  root /var/www/apps/railsway/current/public;
  # vhost specific logs
  access_log /var/www/apps/railsway/shared/log/railsway.access.log
main;
  error_log /var/www/apps/railsway/shared/log/railsway.error.log
   notice;
```

```
    # this rewrites all the requests to the maintenance.html
    # page if it exists in the doc root. This is for capistrano's
    # disable web task
    if (-f $document_root/system/maintenance.html) {
      rewrite ^(.*)$ /system/maintenance.html last;
      break;
  }
  # Block access to paths containing .svn
  location ~* ^.*\.svn.*$ {
      internal;
  }
  location / {
      index index.html index.htm;
      # Forward the user's IP address to Rails
      proxy_set_header X-Real-IP $remote_addr;
      # needed for HTTPS
      proxy_set_header X_FORWARDED_PROTO https;
      proxy_set_header X-Forwarded-For
  $proxy_add_x_forwarded_for;
      proxy_set_header Host $http_host;
      proxy_redirect false;
      proxy_max_temp_file_size 0;
      location ~ ^/(images|javascripts|stylesheets)/ {
        expires 10y;
      }
      if (-f $request_filename) {
        break;
      }
      if (-f $request_filename/index.html) {
        rewrite (.*) $1/index.html break;
      }
      if (-f $request_filename.html) {
        rewrite (.*) $1.html break;
      }
      if (! -f $request_filename) {
        proxy_pass http://railsway;
        break;
      }
    }
    error_page 500 502 503 504 /500.html;
    location = /500.html {
```

```
    root /var/www/apps/railsway/current/public;
  }
}
server {
    # port to listen on. Can also be set to an IP:PORT
    listen 443 default;
    # Set the max size for file uploads to 50Mb
    client_max_body_size 50M;
    # sets the domain[s] that this vhost server requests for
    server_name railsway.com;
    # SSL certificate configuration
    ssl                    on;
    ssl_certificate        /etc/nginx/ssl/railsway.cert;
    ssl_certificate_key    /etc/nginx/ssl/railsway.key;
    keepalive_timeout      70;
    add_header             Front-End-Https on;
    # doc root
    root /var/www/apps/railsway/current/public;
    # vhost specific logs
    access_log /var/www/apps/railsway/shared/log/railsway.access.log
main;
    error_log /var/www/apps/railsway/shared/log/railsway.error.log
     notice;
    # this rewrites all the requests to the maintenance.html
    # page if it exists in the doc root. This is for capistrano's
    # disable web task
    if (-f $document_root/system/maintenance.html) {
      rewrite ^(.*)$ /system/maintenance.html last;
      break;
    }
    # Block access to paths containing .svn
    location ~* ^.*\.svn.*$ {
      internal;
    }
    location / {
      index index.html index.htm;
      # Forward the user's IP address to Rails
      proxy_set_header          X-Real-IP $remote_addr;
      # needed for HTTPS
      proxy_set_header          X_FORWARDED_PROTO https;
        proxy_set_header          X-Forwarded-For
```

```
$proxy_add_x_forwarded_for;
    proxy_set_header            Host $http_host;
    proxy_redirect              false;
    proxy_max_temp_file_size    0;
    location ~ ^/(images|javascripts|stylesheets)/ {
      expires 10y;
    }
    if (-f $request_filename) {
      break;
    }
    # Rails page caching, part 1
    # Add '/index.html' to the end of the current request's path
in the URL
    # and look for that file on the file system.
    if (-f $request_filename/index.html) {
      rewrite (.*) $1/index.html break;
    }
    # Rails page caching, part 2
    if (-f $request_filename.html) {
      rewrite (.*) $1.html break;
    }
    if (! -f $request_filename) {
      proxy_pass http://railsway;
      break;
  }
}
error_page 500 502 503 504 /500.html;
location = /500.html {
  root /var/www/apps/railsway/current/public;
}
}
```

Você pode testar as configurações executando o seguinte comando para cada uma delas:

```
$ sudo /usr/local/sbin/nginx -t -c config/nginx.conf
```

Configurando o Monit

O arquivo de configuração do Monit é muito fácil de ler. Este exemplo de configuração bastante extenso irá verificar os processos fundamentais em seu servidor em intervalos de um minuto e vai alertá-lo se qualquer uma das condições que você especificou for encontrada. Você pode verificar o nível de uso do disco, da CPU e da carga média do sistema (ou do processo), se os processos estão sendo executados e, até mesmo, ver se um processo foi reiniciado um determinado número de vezes dentro de um número de intervalos específico. É possível encontrar mais modelos úteis de configurações do Monit no exemplo monitrc incluído na fonte da ferramenta.

```
set daemon 60 # Poll at 1-minute intervals
set logfile /var/log/monit.log

set alert monit-alerts@railsway.com

set mail-format {
      from: monit@railsway.com
   subject: $SERVICE service - $EVENT
   message: $ACTION $SERVICE on $HOST: $DESCRIPTION
 }

set httpd port 1380
    allow localhost # Allow localhost to connect

check system railsway.com
      alert monit-alerts@railsway.com but not on { instance }
      if loadavg(1min) > 4 for 3 cycles then alert
      if loadavg(5min) > 3 for 3 cycles then alert
      if memory usage > 80% for 3 cycles then alert
      if cpu usage (user) > 70% for 5 cycles then alert
      if cpu usage (system) > 30% for 5 cycles then alert
      if cpu usage (wait) > 20% for 5 cycles then alert

check process nginx with pidfile /var/run/nginx.pid
      start program = "/etc/init.d/nginx start"
      stop program = "/etc/init.d/nginx stop"
      if 2 restarts within 3 cycles then timeout
      if failed host localhost port 80 protocol http then restart
      if failed host localhost port 443 then restart

check process sendmail with pidfile /var/run/sendmail.pid
      start program = "/etc/init.d/sendmail start"
      stop program = "/etc/init.d/sendmail stop"

check process mysql with pidfile /var/run/mysqld/mysqld.pid
      start program = "/etc/init.d/mysqld start"
```

```
    stop program = "/etc/init.d/mysqld stop"

check process mongrel_8000 with pidfile /var/www/railsway/shared/pids/
mongrel.8000.pid

    start program = "/usr/bin/mongrel_rails cluster::start -C
/var/www/railsway/shared/config/mongrel_cluster.yml --clean --only
8000"
    stop program = "/usr/bin/mongrel_rails cluster::stop -C
/var/www/railsway/shared/config/mongrel_cluster.yml --clean --only
8000"

    if failed port 8000 protocol http
      with timeout 10 seconds
      then restart

    if totalmem is greater than 128 MB for 4 cycles then restart
        # eating up memory?
    if cpu is greater than 60% for 2 cycles then alert
        # send an email to admin
    if cpu is greater than 90% for 5 cycles then restart
        # hung process?
    if loadavg(5min) greater than 10 for 8 cycles then restart
        # bad, bad, bad
    if 3 restarts within 5 cycles then timeout
        # something is wrong, call the sys-admin
    group mongrel

check process mongrel_8001 with pidfile /var/www/railsway/shared/
pids/mongrel.8001.pid
start program = "/usr/bin/mongrel_rails cluster::start -C /var/www/
railsway/shared/config/mongrel_cluster.yml --clean --only 8001"
stop program = "/usr/bin/mongrel_rails cluster::stop -C /var/www/
railsway/shared/config/mongrel_cluster.yml --clean --only 8001"

    if failed port 8001 protocol http
      with timeout 10 seconds
      then restart

    if totalmem is greater than 128 MB for 4 cycles then restart
      # eating up memory?
```

```
if cpu is greater than 60% for 2 cycles then alert
  # send an email to admin
if cpu is greater than 90% for 5 cycles then restart
  # hung process?
if loadavg(5min) greater than 10 for 8 cycles then restart
  # bad, bad, bad
if 3 restarts within 5 cycles then timeout
  # something is wrong, call the sys-admin
group mongrel
```

Configurando o Capistrano

O Capistrano terá um papel essencial em seu sistema de produção completo. Veja o próximo capítulo para obter detalhes sobre como definir sua configuração de implementação para trabalhar com sua aplicação e seu ambiente de produção.

Configuring Scripts init

Como mencionado anteriormente, muitos dos benefícios em economizar tempo e dinheiro ao configurar seu ambiente de produção da maneira como estamos recomendando estão baseados na *automação*. O gerenciamento de processos é um bom candidato para automação intensa. Isso é feito através da utilização de scripts init que servem para dois propósitos: são executados na inicialização do sistema (quando seu servidor é inicializado) e executados tanto através do shell (por você, manualmente, quando necessário) ou quando você executa os comandos do Capistrano ao efetuar tarefas de inicialização, interrupção e reinicialização. Incluímos exemplos de código para Mongrel, Monit e Nginx, embora esses dois últimos sejam scripts shell e sejam específicos do sistema operacional. O script init do Mongrel é escrito em Ruby e é genérico o bastante para ser usado em qualquer caso.

Script init do Nginx

Você vai desejar encontrar um script init do Nginx para iniciar, interromper ou reconfigurar o Nginx. Utilizando seu mecanismo de busca favorito você deve encontrar um que seja específico para o sistema operacional que você está utilizando. O exemplo a seguir é para o CentOS. Este arquivo deve ser chamado /etc/init.d/nginx.

```
#!/bin/sh
# v1.0
# nginx - Start, stop, or reconfigure nginx
#
# chkconfig: - 60 50
# description: nginx [engine x] is light http web/proxy server
# that answers incoming ftp service requests.
# processname: nginx
# config: /etc/nginx/nginx.conf
# pidfile: /var/run/nginx.pid
```

```
# Source function library.
. /etc/rc.d/init.d/functions

# Source networking configuration.
. /etc/sysconfig/network

# Check that networking is up.
[ ${NETWORKING} = "no" ] && exit 0

BINARY=/usr/sbin/nginx
CONF_FILE=/etc/nginx/nginx.conf
PID_FILE=/var/run/nginx.pid
[ -x $BINARY ] || exit 0

RETVAL=0
prog="nginx"

start() {
  # Start daemons.
  if [ -e $BINARY ] ; then

    echo -n $"Starting $prog: "
    $BINARY -c $CONF_FILE
    RETVAL=$?
    [ $RETVAL -eq 0 ] && {
    touch /var/lock/subsys/$prog
    success $"$prog"
  }
  echo
else
  RETVAL=1
fi
return $RETVAL
}

stop() {
  # Stop daemons.
  echo -n $"Shutting down $prog: "
  kill -s QUIT `cat $PID_FILE 2>/dev/null`
  RETVAL=$?
```

```
    echo
    [ $RETVAL -eq 0 ] && rm -f /var/lock/subsys/$prog
    return $RETVAL
  }

  # See how we were called.
  case "$1" in

  start)
    start
    ;;
  stop)
    stop
    ;;
  reconfigure)
    if [ -f /var/lock/subsys/$prog ]; then
      kill -s HUP `cat $PID_FILE 2>/dev/null`
      RETVAL=$?
    fi
    ;;
  status)
    status $prog
    RETVAL=$?
    ;;
  *)
    echo $"Usage: $0 {start|stop|reconfigure|status}"
    exit 1
  esac

  exit $RETVAL
```

Script init do Mongrel

Este script Ruby entra em /etc/init.d/mongrel (seu sistema operacional pode ter um lugar diferente para armazenar scripts init). Você pode utilizá-lo para iniciar, interromper e reiniciar processos mongrel. Se você colocar este script em init.d, ele será executado quando o servidor for inicializado.

```
#! /usr/bin/env ruby
#
# mongrel       Startup script for Mongrel clusters.
#
```

```
# chkconfig: 345 85 00
#
# description: mongrel_cluster manages multiple Mongrel
processes for use \
# behind a load balancer.
#
MONGREL_RAILS = '/usr/bin/mongrel_rails'
CONF_FILE = '/etc/railsway/mongrel_cluster.yml'
SUBSYS          = '/var/lock/subsys/mongrel'
SUDO            = '/usr/bin/sudo'
case ARGV.first
 when 'start'
   '#{MONGREL_RAILS} cluster::start -C #{CONF_FILE}'
   '#{SUDO} touch #{SUBSYS}'
 when 'stop'
   '#{MONGREL_RAILS} cluster::stop -C #{CONF_FILE}'
   '#{SUDO} rm -f #{SUBSYS}'
 when 'restart'
   '#{MONGREL_RAILS} cluster::restart -C #{CONF_FILE}'
 when 'status'
   '#{MONGREL_RAILS} cluster::status -C #{CONF_FILE}'
else
   puts 'Usage: /etc/init.d/mongrel {start-stop-restart-status}'
   exit 1
end
exit $?
```

Configuração do Monit

Você também vai desejar ter seu script init para o Monit. Se você utiliza o Monit para gerenciar seus processos, então o Monit de fato chamará os outros scripts nas tarefas do Capistrano. Você desejará ter certeza de que o Monit é responsável por iniciar, interromper e reiniciar tarefas, pois se você parar o processo manualmente o Monit irá descobrir, no próximo intervalo especificado, que o processo não está sendo executado e vai começar a executá-lo novamente desde o início. Este comportamento às vezes é exatamente o que você *não* quer que aconteça caso haja algum problema em seu servidor de produção e seja necessário interromper um processo.

Assim como no script init do Nginx anterior, este script é específico para o CentOS. Você pode achar um script online específico para o seu sistema operacional.

```
#! /bin/sh
#
# monit          Monitor Unix systems
```

```
#
# Author:          Clinton Work, <work@scripty.com>
#
# chkconfig:       2345 98 02
# description:     Monit is a utility for managing and monitoring
processes,
#                  files, directories and devices on a Unix system.
# processname:     monit
# pidfile:         /var/run/monit.pid
# config:          /etc/mcommons/monitrc

# Source function library.
. /etc/rc.d/init.d/functions

# Source networking configuration.
. /etc/sysconfig/network
MONIT=/usr/local/bin/monit
CONFIG=/etc/monitrc

# Source monit configuration.
if [ -f /etc/sysconfig/monit ] ; then
        . /etc/sysconfig/monit
fi

[ -f $MONIT ] || exit 0

RETVAL=0
# See how we were called.
case "$1" in
  start)
        echo -n "Starting monit: "
        daemon $NICELEVEL $MONIT -c $CONFIG
        RETVAL=$?
        echo
        [ $RETVAL = 0 ] && touch /var/lock/subsys/monit
        ;;
  stop)
        echo -n "Stopping monit: "
        killproc monit
        RETVAL=$?
        echo
```

```
            [ $RETVAL = 0 ] && rm -f /var/lock/subsys/monit
            ;;
      restart)
            $0 stop
            $0 start
            RETVAL=$?
            ;;
      condrestart)
           [ -e /var/lock/subsys/monit ] && $0 restart
           ;;
      status)
            status monit
            RETVAL=$?
            ;;
      *)
            echo "Usage: $0 {start|stop|restart|condrestart|status}"
            exit 1
    esac

    exit $RETVAL
```

Implementação e lançamento

Agora que seu servidor está sendo executado você deve estar pronto para tentar implementá-lo. Vamos adiar para o Capítulo 21 as instruções para a configuração de sua aplicação para implementações. Você pode observar, a partir da estrutura de diretório a qual fizemos referência, que esperamos que a aplicação seja executada a partir do diretório base de /var/www/apps/railsway e que você utilize monit para controlar o gerenciamento do processo.

Você dever estar ciente do local em que os logs serão armazenados para sua aplicação para o Mongrels, para o Nginx, para o Monit e assim por diante. Normalmente, esses são os primeiros lugares que você precisa observar ao diagnosticar um problema. É possível utilizar *curl* para encontrar seu site rapidamente sem precisar utilizar um navegador.

Outras considerações sobre a pilha de produção

As questões a seguir devem ser sempre resolvidas a partir do modo como você projeta seu ambiente de produção. Cada um destes tópicos pode resultar em trabalho e enormes despesas de hardware, dependendo de seu nível de prioridade e, em alguns casos, de paranóia. Esteja ciente que tratar destas preocupações deve ser sempre um equilíbrio entre tempo, dinheiro e eficiência.

Redundância e Failover

O que aconteceria se o banco de dados parasse de funcionar ou se um disco falhasse? *Redundância* e *failover* dizem respeito à habilidade de lidar com suas reações diante de uma falha em um ou mais níveis do software ou do hardware. Mas não vamos explicar esse assunto agora, já que existem muitos níveis de redundância e failover para cada nível de sua pilha de produção.

Armazenamento em cache

O armazenamento em cache pretende melhorar o desempenho de seu sistema. Isso será possível armazenando os resultados de solicitações comuns e tornando mais fácil e mais rápido acessá-los do que processar a solicitação inteira desde o início. Maneiras comuns de armazenar em cache incluem armazenamento prévio de respostas HTTP como arquivos HTML em disco (também conhecido como armazenamento de página em cache), armazenamento na memória (por exemplo, Memcache) e assim por diante. Há muitos modos de armazenar em cache em cada nível de sua configuração de produção. Você pode ler um excelente tutorial sobre o armazenamento em cache no Rails em http://www.railsenvy.com/2007/2/28/rails-caching-tutorial.

Desempenho e escalabilidade

Os termos "desempenho" e "escalonamento" geralmente são utilizados de formas diferentes e, embora relacionados, representam preocupações diferentes e oferecem diferentes soluções. Desempenho é uma medida do comportamento de uma determinada "unidade" de recursos. Por exemplo, você pode avaliar e comparar o desempenho do sistema de login que recebe 20.000 solicitações para a página de login dentro de um minuto executando-o em um servidor web e conexão de banco de dados únicos. Avaliar as execuções repetidas por várias partes da pilha de aplicação irá estabelecer o desempenho de linha base que você pode esperar de uma única "unidade" de recursos.

Por outro lado, a escalabilidade refere-se ao fato de como a arquitetura do sistema pode crescer de maneira eficaz em proporção a demanda crescente. Em outras palavras, é uma medida de mudança na razão entre as unidades de demanda e as unidades de recurso conforme as unidades de demanda aumentam.

Por exemplo, digamos que você tenha uma pilha de servidor triplo com uma caixa para cada uma das camadas: web, de aplicação e de banco de dados. Se essa pilha puder controlar 1.000 solicitações por segundo com base em suas medidas de desempenho, de quanto hardware a mais você precisará para controlar 2.000 solicitações por segundo? O ideal é que uma arquitetura seja capaz de escalonar "horizontalmente" (ou seja, proporcionalmente), isso significa que você poderia acrescentar mais "unidades" de recursos sem reduzir o desempenho do sistema inteiro. No exemplo anterior, significa que nós apenas dobraríamos o hardware. No entanto, nem sempre é simples assim.

Em ambientes práticos de produção, sua capacidade de escalonar com facilidade vai depender de vários fatores. Alguns aspectos do comportamento do escalonamento dependem do comportamento global de sua aplicação. Por exemplo, aplicações de escrita pesada, ou seja, aquelas que executam muitos INSERTs de banco de dados (como aplicações de transações financeiras ou de redes sociais) vão exigir soluções de agrupamento de banco de dados mais complexas que as requeridas pelas aplicações de leitura pesada como blog ou agregadores de notícias.

Outro fator do comportamento do escalonamento são as partes distintas de sua aplicação que podem escalonar em taxas diferentes. Pontos de integração de terceiros ou de fornecedor (como um fornecedor de entrega de mensagens, um portal de pagamento de e-commerce ou um serviço de armazenamento de ativo externo) normalmente irão escalonar em taxas diferentes das taxas do restante de sua aplicação.

Você pode ler mais sobre isso em http://en.wikipedia.org/wiki/Scalability. Escalonar uma pilha é um assunto bastante complexo para ser abordado com detalhes em apenas um capítulo. Mas você pode achar alguns excelentes recursos procurando apresentações e posts em blogs que tratam sobre o assunto. O Rails utiliza a "arquitetura nada compartilhado" semelhante a suas predecessoras de pilha LAMP que provaram ser um modo efetivo e barato para estruturar uma aplicação. Nas últimas décadas essa abordagem evoluiu conforme a indústria web teve seu amadurecimento e hoje em dia ela funciona bem para muitas aplicações. Muitos dos veteranos da "arquitetura nada compartilhado" ganharam seus títulos com o LAMP, mas você pode aplicar a maioria da sabedoria deles ao Rails sem perder muito valor. Pelo fato de nossa pilha de produção ser simples, não será difícil mudar para configurações mais complexas.

Segurança

É impossível explicar sobre a segurança com algum grau de profundidade, mas vale observar os passos simples a serem seguidos para, pelo menos, proteger-se de ataques óbvios.

Segurança da aplicação

Você pode bloquear seu servidor e sua rede e enterrar o hardware em um antigo silo de mísseis e isso não vai mantê-lo seguro caso sua aplicação esteja aberta para ataques. Felizmente, as ferramentas e os métodos do Rails devem tornar mais fácil manter sua aplicação relativamente segura e pronta para uso. Empregando algumas das melhores práticas você pode evitar os ataques mais comuns, como injeção de SQL e XSS (Cross-Site Scripting). É possível encontrar mais informações a respeito do assunto no blog sobre segurança no Ruby on Rails em http://www.rorsecurity.info.

Bloqueie suas portas

Você deve bloquear suas portas de forma que possa acessar somente as portas 80 e 443 e sua porta SSH não padrão. Se você tiver um firewall e puder configurá-lo, isso dever ser feito no próprio firewall. Se você não tiver acesso ao firewall, você pode bloquear essas portas no servidor utilizando iptables.[6]

Sustentabilidade

Depois que você tiver, de fato, lançado sua aplicação, você vai querer vigiá-la e, geralmente, vai desejar manter seu sistema limpo. Você deve proceder dessa forma para conseguir reduzir problemas e diagnosticá-los rapidamente quando eles acontecerem. Todos os tipos de coisas estranhas que acontecem em ambientes de produção são difíceis ou impossíveis de reproduzir em sua máquina de desenvolvimento local.

Conclusão

Configurar seu ambiente de produção não é um esforço tão assombroso como costumava ser. Os desenvolvedores e administradores de sistemas tendem a ficar presos ao que já conhecem. Isso é facilmente compreensível para nossa geração de especialistas. O Rails, por sua vez, tem ajudado a acabar com esta tendência colocando ao alcance e motivando os desenvolvedores a utilizarem DBA, sysadmin ou "front-end designer". Em geral, a web como um meio de produção, publicação e distribuição simplificou muito as habilidades e os esforços exigidos para obter as idéias, os produtos e serviços recentemente descobertos. O Rails e a riqueza de bibliotecas e ferramentas que os desenvolvedores criaram para suportá-lo serviram bem a este paradigma simplificando até mesmo as áreas mais mundanas de desenvolvimento web como implementações e administração de sistema.

Neste capítulo, revisamos os principais componentes técnicos e da filosofia para configurar um ambiente de produção moderno. Claro que ainda existem milhões de possíveis combinações e que algumas delas podem ser muito satisfatórias para suas necessidades. Mesmo que utilize PostgreSQL, FreeBSD e Perforce, você deve ser capaz de adaptar facilmente nossa configuração recomendada para seu próprio sistema. Também é recomendável que busque sempre conselhos de seus parceiros, principalmente se esta é a sua primeira configuração de ambiente de produção. No entanto, você pode considerar a abordagem que recomendamos aqui como uma das melhores práticas aceitas para aplicações Rails.

O grande passo que falta para colocar sua aplicação em ambiente de produção é a configuração de sua aplicação atual com o Capistrano. Depois disso, ela poderá ser implementada para seu novo ambiente de produção. Vamos falar sobre esse assunto no próximo capítulo.

Referências

1. Homepage do projeto Mongrel: http://mongrel.rubyforge.org
2. Informações sobre o shell Bash: http://en.wikipedia.org/wiki/Bash
3. Homepage do projeto Nginx: http://nginx.net
4. Instruções para configurar o Apache para comunicar-se com um Mongrel Cluster utilizando mod_proxy_balancer: http://mongrel.rubyforge.org/docs/apache.html
5. Homepage do projeto Monit: http://www.tildeslash.com/monit/
6. Homepage do projeto iptables: http://www.netfilter.org/projects/iptables/index.html.

Capítulo 21
Capistrano

> "Quando nós, desenvolvedores .NET, afirmamos que se envolver com o Rails é difícil, é a este tipo de coisa a que nos referimos [...] Shell Linux, aplicações de servidor e outras questões com as quais não estamos acostumados que nos derrubam." – Brian Eng http://www.softiesonrails.com/2007/4/5/the-absolute-moron-sguide-to-capistrano

A necessidade é a grande mãe da invenção. A história começou com seu trabalho para a 37signals, no qual Jamis criou o Switchtower (que depois passaria a ser chamado de Capistrano[1]) quando o Basecamp cresceu para ser hospedado em mais de um servidor de produção. É uma ferramenta para automatizar tarefas em servidores remotos.

Embora hoje o Capistrano esteja firmemente estabelecido como solução padrão para desafios de implementação em Rails, sua abordagem transacional de servidor múltiplo para executar comandos remotos está de acordo com uma taxa bastante ampla de cenários de implementação.

Este capítulo faz uma análise profunda do Capistrano (versão 2[2]) e mostra claramente seu funcionamento na prática para solução de atividades complicadas e demoradas. Também iremos mostrar o que ele não faz para você e como você pode estendê-lo criando suas próprias receitas de implementação para personalizar seus recursos e capacidades. Em resumo, nós vamos explorar algumas ótimas receitas criadas pela comunidade do Capistrano e que foram muito bem aceitas por outros desenvolvedores.

Visão geral do Capistrano

Vamos começar por uma visão geral de alto nível do Capistrano. O primeiro passo dessa jornada é tomar conhecimento da terminologia específica de domínio desse recurso.

Terminologia

O Capistrano tem seu próprio vocabulário que faz com que ele seja mais que apenas uma extensão do Rake, no qual ele é baseado:

- Uma ou muitas *máquinas de implementação* são os computadores para os quais iremos fazer a implementação.
- *Receitas* são o mesmo que as tarefas são para o Rake. Embora elas representem uma tarefa única ou mais, uma receita fornece uma solução desejável. Receitas são feitas de tarefas.
- *Tarefas* são unidades atômicas de funcionalidade e podem ser chamadas diretamente por um usuário final ou internamente por outra tarefa. As tarefas ficam dentro de *namespaces*.
- Um *namespace* do Capistrano agrupa logicamente as tarefas. Dessa forma, um nome de tarefa pode ser repetido dentro de outro namespace e torna-se uma ótima maneira de contribuir para que os autores adicionem receitas sem medo de conflitos de nome de tarefa.
- Papéis como :app e :db são meios a partir dos quais podemos agrupar a execução da tarefa – podemos atingir a execução de uma tarefa dentro de um papel – para que a tarefa execute

somente diante desse papel. Você pode pensar neles como um qualificador de tarefa onde o qualificador normalmente é uma classe da máquina de implementação tal como :app, :db ou :web para a qual a tarefa será executada.

- Variables são variáveis globais disponíveis para o restante do script.

Conceitos básicos

A primeira vez que eu me sentei para utilizar o Capistrano, me perguntei: "O que preciso fazer para utilizar o Capistrano? O que ele espera da minha aplicação? Do meu servidor? E quando uma implementação chega ao fim, o que terá feito o Capistrano e o que não terá feito?"

As seções a seguir respondem a essas questões e devem fornecer uma visão mais ampla do Capistrano em seu fluxo de trabalho de desenvolvimento de projeto.

O que eu preciso fazer para utilizar o Capistrano?

Primeiro, é importante observar que o Capistrano é instalado somente no seu computador de desenvolvimento (ou "implementado de"). O Capistrano não apresenta exigências para ser instalado na máquina de implementação. Ele funciona exclusivamente segundo as exigências e suposições centrais da máquina de implementação e executa comandos para estas máquinas por meio de uma infra-estrutura SSH segura e consagrada.

Portanto, a resposta é considerar as suposições e exigências e direcioná-los. Provavelmente, você irá achar que suas primeiras implementações são um pouco tolas – muita tentativa sem êxito. Mas com o passar do tempo aposto que você irá considerar o Capistrano como seu principal aliado da implementação.

O que o Capistrano espera?

Algumas exigências são obrigatórias e algumas são suposições de linha base que podem ser anuladas. Essa filosofia central motiva as melhores práticas, embora você não precise ficar preso a elas.

As exigências *centrais* do Capistrano são:

- Você deve estar utilizando SSH para acessar a máquina remota.
- A máquina de implementação precisa ter um shell compatível com POSIX.[3]
- Caso você esteja utilizando senhas, todas as máquinas de implementação devem ter a mesma senha (PKI é a solução recomendada).[4]

As seguintes suposições podem ser *anuladas*:

- Você quer implementar uma aplicação Rails.
- Você está utilizando Subversion para gerenciar o código fonte.
- Você já tem seu ambiente de produção construído (sistema operacional, Ruby, Rails, outros gems, banco de dados, servidores web/de aplicação/de banco de dados).
- A senha para sua máquina de implementação e seu repositório svn são as mesmas.
- Você criou o banco de dados de implementação e mais um usuário pode acessá-lo.

- Você tem todos os arquivos de configuração em subversões prontos para serem executados em seu ambiente de produção (que inclui o usuário/senhas para o banco de dados de implementação mencionado anteriormente).

- Suas migrações executarão de 0 a 100 (deploy:migrate).

- Seus servidores web e de aplicação estão configurados com um script spin para iniciar/interromper/reiniciar a aplicação web.

Como já foi dito, estas exigências e suposições são os padrões. Se eles não combinam com você fique esperto, porque nós iremos mostrar como construir tarefas e chamadas de retorno para personalizar o Capistrano de forma que atenda as suas necessidades específicas.

O que terá feito o Capistrano e o que não terá feito?

Quando o Capistrano e suas exigências estiverem sendo direcionados (seja diretamente ou através de personalização), você terá abandonado a implementação Nirvava. Está bem, isso é um pouco forte... Mas seu código será implementado a partir de seu repositório, as migrações serão executadas, o Apache e seu servidor de aplicação (Mongrel, fastcgi) será inicializado e... bem, agora você está implementado e está pronto para o próximo evento de implementação.

Portanto, agora você pode começar a fazer coisas importantes como atualizar seus servidores com a última verificação svn utilizando cap deploy:update, ou pode sair completamente e atualizá-los com a última liberação e reiniciar seus servidores de aplicação utilizando cap deploy. Você pode até mesmo fornecer uma página de manutenção durante o tempo ocioso estendido através de cap deploy:web:disable e reverter, utilizando cap deploy:rollback, quando você desordenar uma implementação.

Se você tiver servidores múltiplos para gerenciar os comandos não mudam somente sua configuração. Apenas um pequeno ajuste no arquivo de configuração e você estará utilizando cap deploy e cap deploy:invoke para executar comandos arbitrários em simultaneamente todos os servidores.

Iniciando

Depois de ver tudo a 10.000 pés de altura, vamos voltar para a realidade. Neste primeiro exercício vamos considerar que todas as expectativas do Capistrano descritas na última seção tenham sido atendidas.

Instalação

Para começar, vamos instalar o Capistrano:

```
$ sudo gem install capistrano
Install required dependency net-ssh? [Yn]
Install required dependency net-sftp? [Yn]
Install required dependency highline? [Yn]

Successfully installed capistrano-2.0
```

Executar cap com o comutador --tasks irá nos dizer quais tarefas o Capistrano conhece.

```
$ cap --tasks
cap invoke #Invoca um comando único nos servidores remotos.
cap shell    #Inicia uma sessão do Capistrano interativa.
Learn more about each with the explain switch(-e):
cap -e command #ie. cap -e deploy:pending:diff
```

Ambas são tarefas embutidas de uso geral que permitem executar um ou mais comandos nas máquinas de implementação. A tarefa *invoke* irá executar um comando único, enquanto shell abre um prompt de comando como *irb* onde você pode enviar comandos múltiplos. Mas onde estão as coisas importantes que você pode fazer com o Capistrano?

"Capifique" sua aplicação Rails

Para preparar seu projeto para a implementação o Capistrano nos fornece o comando *capify* que constrói os arquivos de configuração básicos. Desta forma, com um pouco de edição nossa aplicação estará pronta para ser implementada. Empregando my_project previamente configurado de acordo com as suposições do Capistrano nós criaremos dois arquivos:

```
$ cd my_project
$ capify .
[add] writing `./Capfile'
[add] writing `./config/deploy.rb'
 [done] capified!
```

Agora, antes de observarmos os dois arquivos que foram criados vamos executar cap --tasks novamente.

```
$ cap --tasks
cap deploy                 #Implementa seu projeto.
cap deploy:check           #Testa as dependências da implementação.
cap deploy:cleanup         #Limpa lançamentos antigos.
cap deploy:cold            #Implementa e inicia uma aplicação 'cold'.
cap deploy:migrate         #Executa a tarefa rake migrada.
cap deploy:migrations      #Implementa e executa migrações pendentes.
cap deploy:pending         #Exibe as execuções desde a última implementação.
cap deploy:pending:diff    #Exibe o diff desde sua última implementação.
cap deploy:restart         #Reinicia sua aplicação.
cap deploy:rollback        #Reverte para uma versão anterior e reinicia.
cap deploy:rollback_code   #Reverte para a versão implementada anteriormente.
cap deploy:setup           #Prepara um ou mais servidores para implementação.
cap deploy:start           #Inicia os servidores de aplicação.
cap deploy:stop            #Interrompe os servidores de aplicação.
cap deploy:symlink         #Atualiza o link simbólico para a versão implementa-
```

```
da.
cap deploy:update          #Copia seu projeto e atualiza seu link simbólico.
cap deploy:update_code     #Copia seu projeto para os servidores remotos.
cap deploy:upload          #Copia arquivos para a versão implementada atualmen-
te.
cap deploy:web:disable     #Apresenta uma página de manutenção para os visitan-
tes.
cap deploy:web:enable      #Torna a aplicação web acessível novamente.
cap invoke                 #Invoca um comando único nos servidores remotos.
cap shell                  #Inicia uma sessão do Capistrano interativa.
```

Agora melhorou! Mas de onde essas tarefas novas vieram? Para ter uma resposta devemos observar o Capfile:

```
$ cat Capfile
load 'deploy' if respond_to?(:namespace) # cap2 differentiator
Dir['vendor/plugins/*/recipes/*.rb'].each { |plugin| load(plugin)
}load 'config/deploy'
```

É curto! Como você pode observar, o comando cap carrega receitas lendo o Capfile no diretório atual. Da mesma forma que Rake, o Capistrano irá pesquisar a árvore de diretório até encontrar um Capfile. Isso significa que você pode executar cap em um subdiretório de seu projeto.

O Capfile construído pelo capify carrega um grupo de receitas do Capistrano padrão em deploy. Além disso, ele carrega suas receitas específicas do projeto em config/deploy:

```
my_project> $ cat config/deploy.rb

set :application, "set your application name here"
set :repository,  "set your repository location here"

# Se você está implementando para /u/apps/#{application} nos servidores de
# destino (que é o padrão), você pode especificar o local atual
# através da variável :deploy_to:
# set :deploy_to, "/var/www/#{application}"

# Se você não está utilizando o Subversion para gerenciar seu código-fonte,
especifique
# seu SCM a seguir:
# set :scm, :subversion

role :app, "your app-server here"
role :web, "your web-server here"
role :db, "your db-server here",  :primary => true
```

Configurando a implementação

Pequenas edições no arquivo config/deploy.rb é tudo que se exige para preparar sua aplicação para implementação. O arquivo deploy.rb descreve a implementação de sua aplicação em uma linguagem simples.

Nomeie sua aplicação

A primeira configuração básica é o nome de sua aplicação:

```
set :application, "set your application name here" # utilizado como um nome de
pasta
```

Embora o texto de ajuda no deploy.rb tenha espaços no nome da aplicação, provavelmente você não os deseja pois o nome de aplicação será utilizado como um nome de diretório na máquina de implementação.

Informações sobre o repositório

Em seguida, precisamos informar ao Capistrano onde encontrar o código-fonte para sua aplicação:

```
set :repository, "set your repository location here"
```

Supondo um servidor Subversion, configure :repository para uma URL do Subversion (seja HTTP, svn ou svn+ssh). Outra suposição predefinida é que o nome de usuário e a senha para a conta Subversion são os mesmos que aqueles de seu usuário de implementação. O nome de login do usuário que está executando o Capistrano será utilizado para conectar-se ao svn e você será avisado se seu servidor svn exigir autenticação.

Defina papéis

O próximo passo é indicar o Capistrano no nome de domínio ou endereço IP de sua(s) máquina(s) de implementação. O Capistrano determina o SSH para este endereço para executar as ações que você escreveu. Nesse caso simples, todos os três Papéis (ou classes) de máquinas serão os mesmos.

```
role :app, "my_deployment_machine" #ou você pode usar um endereço IP

role :web, "my_deployment_machine"

role :db, "my_deployment_machine", :primary => true
```

Papéis são um meio poderoso pelo qual nós podemos destinar a execução de tarefas específicas em uma classe de máquinas. Podemos, por exemplo, utilizar deploy shell para executar um grep em todas as máquinas :app.

Propriedades *extras do papel*

Em nosso exemplo, o papel :db é marcado com a opção :primary => true. Este atributo indica o servidor de banco de dados primário. Determinadas tarefas, como migrações de banco de dados, serão executadas somente no servidor de banco de dados primário, uma vez que o cenário de clustering de banco de dados mais comum chama por escravos para sincronizar com o primário. Você também pode especificar que um determinado papel seja um escravo (utilizando :slave => true) de forma que seja possível destinar certos tipos de tarefas, como backups. Considere esses atributos como qualificadores do Papel para um melhor controle de grão. Embora existam qualificadores padrão fornecidos pelo Capistrano, você pode definir os seus próprios.

É isso! Uma vez que o nome da aplicação, as informações de controle da fonte e os papéis estiverem definidos, você terá terminado a configuração.

Rode um pouco, por favor…

Depois de uma implementação bem-sucedida, o Capistrano vai tentar iniciar (rodar) sua aplicação. Por padrão, ele irá procurar por ./script/spin esperando que o arquivo contenha um script para iniciar seus servidores de aplicação. É seu trabalho escrever esse script (uma vez que o Rails não vem com um) iniciando o servidor de aplicação de sua escolha. O método mais fácil é fazer com que seu script spin se comunique com o script spawner fornecido pelo Rails, uma vez que ele sabe como ativar tanto o FCGI como o Mongrel.

Você pode facilmente ler sobre a ferramenta spawner, basta digitar **script/process/spawner--help** no console. Um script spin simples para chamar o spawner para iniciar o Mongrel[5] será parecido com isso:

```
/deploy_to/current/script/process/spawner -p 8256 -i 2
```

Acrescente essa linha de código como ./script/spin ao seu repositório e em uma implementação bem-sucedida o Capistrano iniciará duas instâncias Mongrel, sintonizando as portas 8256 e 8257. A vantagem nítida em utilizar o spawner do Rails padrão é que ele irá rastrear os ids do processo, o que significa que outros scripts do Rails padrão estão disponíveis. Isso inclui script/reaper utilizado para reiniciar, monitorar e interromper instâncias de servidor de aplicação.

Se você decidir deixar a solução spin firmemente integrada do lado de fora (talvez porque você queira rodar em algum gerenciamento de processo em segundo plano, ou você queira utilizar um script de inicialização de terceiros como mongrel_cluster), então você terá de substituir as tarefas de implementação padrão. Mais tarde, no Exercício 2 deste capítulo, iremos mostrar a você como fazer isso.

Prepare a máquina de implementação

Agora que nossa configuração padrão está adequada e todas as suposições foram explicadas, podemos pedir ao Capistrano para preparar nossa máquina de implementação. E o que significa preparar? A tarefa deploy:setup basicamente cria a estrutura de diretório que mantém suas implementações de aplicação.

```
$ cap deploy:setup
```

Estrutura de diretório de implementação

Depois de executar deploy:setup o SSH passa para o seu servidor de implementação e examina a estrutura de diretório que foi criada. O padrão é /var/www/apps/application_name que contém os seguintes subdiretórios:

```
releases
current
shared
shared/log
shared/system
shared/pids
```

Essa estrutura gera alguma discussão. Sempre que você implementa o Capistrano verifica (ou exporta) seu projeto a partir do svn e coloca os arquivos na pasta releases – *cada um em sua própria pasta release nomeada com base na data e horário atuais.* Depois que esse processo é concluído com êxito, o Capistrano constrói um link da pasta releases para *application_name/* current na qual sua aplicação web implementada atualmente será encontrada.

Links simbólicos

O Capistrano também faz os seguintes links simbólicos em cada implementação:

- *application_name/*shared/log é vinculado ao diretório log do seu projeto atual fazendo com que os registros continuem durante as liberações.
- *application_name/*shared/pids é vinculado ao diretório tmp/pids do seu projeto atual.
- *application_name/*shared/system é vinculado ao diretório public/system do seu projeto atual. Este é o local onde o Capistrano armazena os arquivos HTML que exibem seu projeto em modo de manutenção. (Veja cap deploy:web:disable/enable.)

Verificando uma configuração de implementação nova

Antes de continuarmos com a nossa primeira implementação o Capistrano nos fornece a tarefa deploy:check para verificar se todas as suposições e partes estão funcionando:

```
cap --quiet deploy:check # impede a exibição
```

Além de verificar permissões padrão, utilitários (svn) e outras exigências, o deploy:check também fornece um meio de verificar dependências específicas da aplicação. Isso pode ser declarado dentro de seu deploy.rb e funciona tanto para dependências locais quanto para dependências remotas:

```
depend :remote, :gem, "runt", ">= 0.3.0"
depend :remote, :directory, :writeable, /var/www/current/config
depend :remote, :command, "monit"
```

```
depend :local, :command, "svn"
```

Quando uma dependência falha durante a tarefa deploy:check, é exibida uma mensagem como esta:

```
The following dependencies failed. Please check them and try again:
--> gem `runt' >= 0.3.0 could not be found (my_deployment_machine)
```

Implemente!

Se você fez tudo do modo correto durante a configuração do script deploy.rb da sua aplicação e as máquinas remotas estiverem preparadas, então você está pronto para, de fato, fazer uma implementação.

Como é a primeira implementação desta aplicação, nós executaremos cap deploy:cold – caso contrário, executaríamos a tarefa padrão cap deploy. A única diferença entre estas duas tarefas é que cap deploy vai tentar encerrar primeiro seu servidor, que não funciona, uma vez que ele ainda não está executando.

```
$ cap deploy:cold # cold determina "svn co", executa migrações, vincula essa
liberação         # à atual e inicia seus servidores
```

Geralmente, será solicitado que você digite a senha para o seu servidor svn. Esse é um caso no qual é extremamente útil configurar chaves SSH na máquina local e na máquina cliente para que você seja autenticado automaticamente com certificados ao invés de precisar digitar senhas diversas vezes.

Se tudo estiver bem você não deve visualizar nenhuma mensagem de erro e uma sessão de navegador irá mostrar que sua aplicação está concluída. Caso contrário, leia o resultado verbose, revise as suposições e comece novamente.

Substituindo suposições do Capistrano

Agora que aprendemos a utilizar o Capistrano com suas suposições padrão, vamos dar uma olhada em cenários nos quais elas precisam ser corrigidas. Alguns cenários simplesmente envolvem a configuração de variáveis adicionais do Capistrano, outros envolvem substituir tarefas existentes ou interligar funções de chamada de retorno. Há, ainda, alguns cenários que exigem que novas tarefas sejam definidas completamente.

Utilizando uma conta de usuário remoto

Para utilizar uma conta de usuário remoto diferente da conta de usuário conectado, apenas configure a variável :user para o nome de conta de usuário remoto desejado.

```
set :user, "deploy"
```

Isso foi simples e mostrou uma importante questão sobre o assunto: o Capistrano tenta simplificar o funcionamento fora das suposições declaradas. Outro exemplo seria mudar o sistema de controle de fonte para algo diferente do Subversion.

Personalizando o sistema SCM utilizado pelo Capistrano

Embora o sistema SCM padrão seja Subversion; Perforce, Bzr e Darcs também são suportados.

```
set :scm, :subversion # default. :perforce, :bzr, :darcs
```

Você também pode personalizar a estratégia de implementação. Na verdade, nós não recomendamos que você continue com o padrão, que é :checkout, já que ele não é muito eficiente. Todos esses pequenos diretórios .svn danificam o espaço em disco! Em vez disso, experimente a opção :export, que fará um svn export de seu código base no diretório release. A opção :remote_cache também executa bem, uma vez que faz uma cópia da última liberação e, então, executa o svn up para obter o último código, mas, ainda sim, nós preferimos a opção :export.

```
set :deploy_via, :checkout                # default
set :deploy_via, :export
set :deploy_via, :remote_cache # faz uma cópia do cache , depois executa svn up
```

Trabalhando sem acesso ao SCM a partir da máquina de implementação

Às vezes, principalmente por razões de segurança, você não tem (ou quer ter) acesso ao SCM em sua máquina de implementação. Para esses casos, o Capistrano fornece um meio para deploy_via :copy. A estratégia :copy empacota e comprime arquivos de seu projeto antes de utilizar o SFTP para carregá-lo no diretório release da máquina remota. No caso raro de sua máquina local não ter os binários exigidos você pode dizer ao Capistrano para utilizar a biblioteca compactada interna do Ruby.

```
set :deploy_via, :copy # verficação scm local.
                     # Cap irá empacotar/compactar sftp para a máquina de im-
                     plementação
set :copy_strategy, :export # altera deploy_via :copy para :export
                     # em vez de verificação scm padrão
set :copy_compression, :zip # se você não tiver binários empacotados/comprimidos,
                     # Cap irá compactá-los para você
```

Espero que você possa observar que embora as suposições do Capistrano sejam bons padrões você tem muita flexibilidade para especificar alternativas sem precisar escrever suas próprias tarefas.

E se eu não armazenar o database.yml no meu repositório SCM?

Às vezes as pessoas deixam arquivos de configuração como database.yml fora do repositório. Elas podem fazer isso por diversas razões, entre as quais as preocupações com a segurança. Não aconselhamos essa prática, uma vez que ela complica as exigências da configuração local e de implementação distribuída. No entanto, aprender a contornar o desafio apresentado pelos arquivos de configuração sem versão é uma grande oportunidade para aprender a ir além do entendimento básico do Capistrano.

Note que dentre as três opções seguintes há somente uma que é realmente boa, segundo nossa opinião. Porém, você deve estar preparado para aprender todas.

Opção A: Definir a versão de qualquer forma, mas com um nome diferente

Nessa opção você acrescenta um arquivo como production.database.yml no repositório e depois renomeia automaticamente para database.yml na implementação. Poderíamos estar forçados a encarar esse desafio porque não quisemos senhas em nosso repositório, mas pelo menos alguns desenvolvedores Rails irão sentir que esta é uma solução legítima. Afinal de contas a razão mais aceita para deixar o database.yml fora do repositório é possibilitar que cada desenvolvedor de uma equipe possa ter sua própria configuração de conexão de banco de dados local.

- **Prós** Solução fácil. Nenhuma configuração padrão; apenas criar a tarefa adicional e acrescentar um arquivo chamado production.database.yml no repositório.
- **Contras** Senhas de texto simples no repositório, o que poderia ser um grande problema em alguns lugares.

Para implementar essa opção, acrescente um arquivo chamado production.database.yml no repositório e forneça a ele os detalhes de seu banco de dados de produção. Depois acrescente a definição da tarefa (como mostrado na Listagem 21.1) a config/deploy.rb.

Listagem 21.1 Copiando uma configuração production.database.yml depois da atualização do código

```
task :after_update_code, :roles => :app do
  run "cp #{release_path}/config/production.database.yml
         #{release_path}/config/database.yml"
end
```

Tarefas chamadas :after_update_code funcionam como chamadas de retorno, invocadas depois do código, para que a nova liberação seja atualizada. Aqui nós também vemos demonstrado o comando run. Isso dá uma idéia de como pode ser fácil executar comandos remotamente.

Opção B: Armazenar o database.yml pronto para produção na pasta shared/config

Essa é outra possível solução; mas tome cuidado porque ela não é a melhor! Estamos mostrando principalmente para demonstrar a chamada de retorno :after_symlink.

- **Prós** Nenhuma informação sobre senha e o nome de usuário é armazenada no seu repositório.
- **Contras** Exige a cópia manual de arquivos de configuração para a máquina de implementação.

Para implementar esta opção acrescente a seguinte tarefa a config/deploy.rb:

```
task :after_symlink, :roles => :app do
   run "cp #{shared_path}/config/database.yml
           #{release_path}/config/database.yml"
end
then...
 a. cap setup
 b. copy production-ready database.yml file to the shared/config
folder
 c. cap cold_deploy
```

Opção C: A melhor opção: gerar o database.yml automaticamente

Essa opção parece ser tão correta que esperamos que você nem mesmo considere as outras duas. Você gera o database.yml automaticamente (como mostrado na Listagem 21.2) e o coloca no diretório de configuração compartilhado na máquina remota. Então você o vincula à pasta de configuração de sua liberação.

- **Prós** Fácil de reutilizar, flexibilidade e sem senhas no repositório.
- **Contras** Um pouco mais difícil de codificar; no entanto, isso será necessário somente uma vez.[6]

Listagem 21.2 Criar o database.yml no caminho compartilhado baseado no template

```
require 'erb'
before "deploy:setup", :db
after "deploy:update_code", "db:symlink"
namespace :db do
  desc "Create database yaml in shared path"
  task :default do
    db_config = ERB.new <<-EOF
    base: &base
      adapter: mysql
      socket: /tmp/mysql.sock
      username: #{user}
      password: #{password}

    development:
      database: #{application}_dev
      <<: *base

    test:
      database: #{application}_test
```

```
        <<: *base

      production:
        database: #{application}_prod
        <<: *base
      EOF

      run "mkdir -p #{shared_path}/config"
      put db_config.result, "#{shared_path}/config/database.yml"
  end

    desc "Make symlink for database yaml"
    task :symlink do
      run "ln -nfs #{shared_path}/config/database.yml
           #{release_path}/config/database.yml"
    end
  end
```

Então, para utilizar seu novo arquivo.yml execute os seguintes comandos:

```
$ cap deploy:setup
$ cap deploy:update
```

E se minhas migrações não executarem de 0 a 100?

A receita deploy:migrations do Capistrano espera um banco de dados específico de produção database.yml, faz uma implementação como de costume e executa qualquer migração pendente. Infelizmente, é muito comum encontrar-se em uma situação onde sua suíte de migrações inteira execute sem apresentar um erro.

Uma solução possível é criar uma tarefa que configure seu banco de dados utilizando db/schema.rb, um script Ruby que (utilizando a API do Migrations) armazena facilmente a versão migrada mais recentemente de seu esquema de banco de dados (DDL). A tarefa do Capistrano na Listagem 21.3 carrega o esquema.

Listagem 21.3 Carregar o esquema de banco de dados remotamente utilizando schema.rb

```
namespace :deploy do
  desc "runs 'rake db:schema:load' for current release"
  task :load_schema, :roles => :db do
```

```
      rake = fetch(:rake, "rake")

      rails_env = fetch(:rails_env, "production")


      run "cd #{current_release}; #{rake} RAILS_ENV=#{rails_env}
db:schema:load"
    end
end
```

Execute a tarefa em duas etapas: cap deploy:cold seguida por cap deploy:load_schema.

Receitas úteis do Capistrano

Uma das melhores coisas do Capistrano é a facilidade com que podemos rodar nossas próprias receitas. Entretanto, antes de fazermos isso, existem esclarecimentos necessários sobre as variáveis.

Variáveis e seu escopo

Há dois modos de especificar variáveis, um é a partir das definições de receita (como já vimos neste capítulo); o outro é a partir da linha de comando.

A partir da linha de comando podemos configurar valores de variáveis utilizando tanto um comutador -s como um comutador S. Digitar cap -s foo=bar é equivalente a digitar set :foo , "bar" *depois* que todas as receitas são carregadas e, portanto, cap -S foo=bar, *antes* que as receitas sejam carregadas.

Como acontece com o Rake, também é possível especificar variáveis dentro do ambiente do sistema operacional. Como isso é um pouco mais difícil no Windows, os comutadores de linha de comando do Capistrano são uma solução compatível com várias plataformas.

Sempre que possível tenho preferência por criar tarefas de Capistrano específicas que configuram variáveis comuns que por depender de scripts shell ou operações de linha de comando. Isso mantém o conhecimento de implementação dentro do Capistrano e não se espalha pelo seu ambiente.

Um tópico que neste momento merece uma pequena análise é o escopo das variáveis do Capistrano. São variáveis locais para a tarefa? Locais para o namespace? Ou global para o Capistrano em geral? Para entender essa parte não documentada do Capistrano, vamos escrever algumas tarefas (Listagem 21.4) para brincar com as possibilidades. Começaremos criando dois namespaces (:one e :two) e atribuindo a eles variáveis nomeadas exatamente da mesma forma (: var_one). Em seguida vamos configurar e obter esses valores a partir de um terceiro namespace. Os valores resultantes devem nos ensinar muita coisa sobre as regras de escopo do Capistrano.

Listagem 21.4 Explorando o escopo das variáveis do Capistrano

```
namespace :one do
  task :default do
    set :var_one, "var_one value"
```

```
  end
end

namespace :two do
  task :default do
    set :var_one, "var_two value"
  end
end

namespace :three do
  task :default do
    puts "!!!! one.var_one == #{one.var_one}"
    puts "!!!! global name space var_one == #{var_one}"

    two.default

    puts "!!!! one.var_one == #{one.var_one}"
    puts "!!!! two.var_one == #{two.var_one}"
    puts "!!!! global name space var_one == #{var_one}"
  end
end
before "deploy:update", :one
before "deploy:update", :two
after "deploy:update", :three

$cap deploy:update
```

Executar o código da listagem 21.4 gera o seguinte resultado para o console:

```
  * executing `three' # run one
!!!! one.var_one == var_one value
!!!! global name space var_one == var_one value

  * executing `two' # run two
!!!! one.var_one == var_two value
!!!! two.var_one == var_two value
!!!! global name space var_one == var_two value
```

E o que isso significa? Primeiro podemos observar que referenciar one.var_one e (o global) var_one retorna o mesmo valor – é como se fossem a mesma coisa. Depois, na segunda execução, chamamos a tarefa two.default. Configurar somente two.var_one confirma que não há um namespace de variável local – mas simplesmente um namespace global para as variáveis.

No código de teste anterior você deve ter notado a *engraçada* chamada two.default – este é simplesmente o modo para chamar tarefas de namespace. No caso do padrão, nós utilizamos o nome explícito – somente two não resolveria como resolve o atalho de sintaxe de namespace :two.

Em resumo, nós mostramos que as variáveis não são referenciadas pelo namespace; referenciá-las pelo namespace sempre retornará o valor global e, provavelmente, mais tarde, isso irá causar confusão. No entanto, saiba que variáveis referenciadas estão planejadas para uma versão futura do Capistrano.

Exercício 1: Ambiente de qualidade

Um recurso particularmente útil do Capistrano é sua capacidade de inicializar uma configuração inicial muito rápido para tarefas. Uma grande utilidade para tal pré-inicialização é a possibilidade de configurar o ambiente para o qual estaremos implementando.

É possível fazer isso de dois modos. Primeiro utilizando o comutador -S para configurar um valor inicial:

```
$ cap -S app_server=the_rails_way.com,secure_ssh_port=8256 deploy
```

A tarefa deploy será executada com a configuração dos parâmetros app_server e secure_ssh_port. Essa estratégia perderá o controle rapidamente na medida em que forem necessários novos parâmetros. Precisamos de um script shell adicional para controlar esses parâmetros? Eca! O Capistrano pode ser um amigo poderoso principalmente se você não distribuir sua lógica de implementação.

O segundo método, e muito mais DRY, é através da codificação das tarefas que definem cada um de seus ambientes de qualidade. Desta forma você pode dizer algo como cap production deploy e deixar a tarefa production configurar as variáveis necessárias, da mesma maneira que mostramos para você na Listagem 21.5.

Listagem 21.5 Tarefas de ambiente de produção e de qualidade

```
desc "deploy to the production environment"
task :production do
   set :tag, "release-1.0" unless variables[:tag]
   set :domain, "the-rails-way.com"
   set :repository, "http://svn.nnovation.ca/svn/the-railsway/
tags/#{tag}"
   set :rails_env, "production"
   set :app_server, "the-rails-way.net"
   set :secure_ssh_port, 8256

   role :app, "#{app_server}:#{secure_ssh_port}"
   role :web, "#{app_server}:#{secure_ssh_port}"
```

```
    role :db, "#{app_server}:#{secure_ssh_port}", :primary => true
end

desc "deploy to the staging environment"
task :staging do
    set :domain, "staging.the-rails-way.com"
    set :repository, "http://svn.nnovation.ca/svn/the-rails-way/trunk"
    set :rails_env, "development"
    set :app_server, "staging.the-rails-way.com"
    set :secure_ssh_port, 8256

    role :app, "#{app_server}:#{secure_ssh_port}"
    role :web, "#{app_server}:#{secure_ssh_port}"
    role :db, "#{app_server}:#{secure_ssh_port}", :primary => true
end
```

Dessa forma, podemos implementar de maneira bem concisa e sem nos preocupar com os parâmetros de linha de comando.

```
$ cap staging deploy # trunk to staging
$ cap production deploy # tags/release-1.0 to production
```

Agora, não sei qual é sua opinião, mas essas atribuições de *papel* repetitivas não parecem muito boas. Que tal movê-las entre as tarefas ou talvez colocá-las abaixo das duas definições de tarefa? Bem, nós tentamos e aprendemos uma lição importante quando o Capistrano informou que app_server e secure_ssh_port não foram compreendidos. É um problema de escopo? Nossa execução está fora de ordem?

A resposta é que tanto o escopo quanto a ordem de execução estão em questão aqui. Quando você traz as atribuições de papel entre os blocos do...end da tarefa para o corpo principal do script, você está mudando a sincronização da avaliação deles. Essas linhas serão, de fato, executadas antes do código que está dentro da definição de tarefa. Dessa forma, e neste caso específico, as atribuições de papel seriam executadas antes que um valor app_server fosse definido.

Felizmente a solução é bem simples e simplifica nosso código muito bem. Faremos uma versão do Capistrano de uma refatoração do tipo *extrair método,* mas com uma tarefa adicional em vez de um método.

Defina uma tarefa chamada :finalize_staging_init e depois acrescente uma chamada para ela ao término das tarefas staging e production.

```
task :staging do
  set :domain, "staging.the-rails-way.com"
  set :repository, "http://svn.nnovation.ca/svn/the-rails-way/trunk"
  set :rails_env, "development"
```

```
    set :app_server, "staging.the-rails-way.com"
    set :secure_ssh_port, 8256

    finalize_staging_init
  end

  task :production do
    set :tag, "release-1.0" unless variables[:tag]
    set :domain, "the-rails-way.com"
    set :repository, "http://svn.nnovation.ca/svn/the-railsway/
  tags/#{tag}"
    set :rails_env, "production"
    set :app_server, "the-rails-way.net"
    set :secure_ssh_port, 8256

    finalize_staging_init
  end

  task :finalize_staging_init do
    role :app, "#{app_server}:#{secure_ssh_port}"
    role :web, "#{app_server}:#{secure_ssh_port}"
    role :db, "#{app_server}:#{secure_ssh_port}", :primary => true
  end
```

Exercício 2: Gerenciando outros serviços

Um cenário de implementação típico envolve um cluster do Mongrels e talvez alguns processos adicionais como backgroundrb, memcache e deamons de mecanismo de busca.

Os enlatados deploy:start, :stop e :start tomam conta de uma única instância Mongrel representada pelo Apache. Neste exercício, como mostrado na Listagem 21.6, vamos substituir as tarefas padrão e inserir nossas próprias tarefas para gerenciar um cluster Mongrel e uma instalação BackgrounDRb; porém, note que esta receita não gerencia o Apache, do qual raramente falo bem ou mal. Neste momento, você deveria saber o suficiente sobre o Capistrano para entender a receita e preparar facilmente o suporte Apache.

Listagem 21.6 Uma tarefa de implementação abrangente

```
  namespace :deploy do

    desc "Restart the Mongrel cluster and backgroundrb"
```

```
  task :restart, :roles => :app do
    stop
    start
  end

  desc "Start the mongrel cluster and backgroundrb"
  task :start, :roles => :app do
    start_mongrel
    start_backgroundrb
  end

  desc "Stop the mongrel cluster and backgroundrb"
  task :stop, :roles => :app do
    stop_mongrel
    stop_backgroundrb
  end

  desc "Start Mongrel"
  task :start_mongrel, :roles => :app do
    begin
      run "mongrel_cluster_ctl start -c #{app_mongrel_config_dir}"
    rescue RuntimeError => e
      puts e
      puts "Mongrel appears to be down already. "
    end
end

desc "Stop Mongrel"
task :stop_mongrel, :roles => :app do
  begin
    run "mongrel_cluster_ctl stop -c #{app_mongrel_config_dir}"
    rescue RuntimeError => e
      puts e
      puts "Mongrel appears to be down already. "
    end
end

desc "Start the backgroundrb server"
task :start_backgroundrb , :roles => :app do
  begin
    puts "starting brb in folder #{current_path}"
```

```
      run "cd #{current_path} && RAILS_ENV=#{rails_env} nohup
./script/backgroundrb start > /dev/null 2>&1"
      rescue RuntimeError => e
        puts e
        puts "Problems starting backgroundrb - running already?"
      end
    end

desc "Stop the backgroundrb server"
task :stop_backgroundrb , :roles => :app do
  begin
    puts "stopping brb in folder #{current_path}"
    run "cd #{current_path} && ./script/backgroundrb stop"
  rescue RuntimeError => e
    puts e
    puts "Backgroundrb appears to be down already."
    end
  end
end
```

Implementações de servidores múltiplos

As coisas vão indo bem em seu servidor único. E assim como na vida, os negócios estão prosperando e você decide construir um *cluster* de servidores. Alguns são específicos para servir a sua aplicação, outros são específicos para executar o servidor web, um deles é específico para executar processo assíncrono e assim sucessivamente. Um negócio bem-sucedido obviamente é bom, mas a implementação tradicional não é tão divertida assim. Implementar para 10 máquinas? Bem, você estaria disposto a avisar que está doente no dia da implementação?

Não com o Capistrano! Desde o princípio ele foi construído para controlar implementações de servidores múltiplos. Jamis realmente quis tornar a implementação para 100 máquinas tão fácil quanto para uma só. Na verdade, muitas pessoas afirmam que é exatamente onde o Capistrano se destaca.

O Capistrano funciona tão bem ao lidar com servidores múltiplos que você não irá notar diferença na linha de comando e ao escrever as definições de tarefa. O ingrediente secreto para as implementações de servidores múltiplos reside no comando role [7], a partir do qual podemos atribuir uma ou mais máquinas de implementação por tarefa. Quando uma tarefa com muitas máquinas é preparada para execução simultânea, cada servidor atribuído para o role terá a tarefa executada... em paralelo!

```
role :app, "uno.booming-biz.com", "dos.booming-biz.com"
role :db, "kahuna.booming-biz.com", :primary => true
```

Acrescentar um segundo (ou terceiro) servidor à nossa implementação significa que ele será executado automaticamente por todas as tarefas qualificadas para isso. Mais especificamente, isso significa que todas as tarefas referenciadas executarão em seu servidor adicionado mais recentemente – todas as tarefas que exigem especificamente o role :app mais todas as tarefas que não indicam um role qualificado.

```
namespace :monitor
  task :exceptions :roles => :app do
    run "grep 'Exception' #{shared_path}/log/*.log"
  end
end
```

Como exemplo, executar cap monitor:exceptions irá executar todos os roles :app das máquinas que você acionar. O Capistrano irá *rastrear* todos os arquivos de log em paralelo e transmitir um resultado consolidado de volta para o seu terminal.

A adesão do Capistrano ao princípio DRY significa que você pode dimensionar sua implementação física sem causar qualquer impacto nas regras de implementação e, também, causar pouquíssimo impacto na configuração da implementação.

E o que podemos dizer sobre o impacto em seu processo de implementação? Mais máquinas significam que equívocos e erros inesperados têm conseqüências negativas maiores, certo? Não necessariamente, uma vez que o Capistrano tem um recurso que normalmente é associado aos bancos de dados e não a sistemas de implementação: *Transações*!

Transações

Embora possa ser difícil restaurar uma instalação incompleta ou que apresente falha na sua máquina de implementação, considere quando você tem muito mais, cada uma com seu próprio sabor particular de falha na instalação. O Capistrano fornece tarefas com uma infra-estrutura de transação que guarda e protege os comandos fundamentais de implementação. Ele também possui manipuladores on_rollback exclusivos para garantir que possamos nos recuperar de um cenário de implementação desastroso com os menores danos possíveis.

Por exemplo, observe o código para as tarefas :update_code e :symlink. Ambos possuem blocos on_rollback que limpam suas respectivas ações, se necessário. Isso gera alguma semelhança com os métodos de migração oscilantes do ActiveRecord.

```
namespace :deploy do
task :update do
  transaction do
    update_code
    symlink
  end
end

task :update_code do
  on_rollback { run "rm -rf #{release_path}" }
  strategy.deploy!
```

```
    finalize_update
  end

  task :symlink, :except => { :no_release => true } do
    on_rollback do
      run "rm -f #{current_path}"
      run "ln -s #{previous_release} #{current_path}; true"
    end

    run "rm -f #{current_path} && ln -s #{release_path} #{current_path}"
  end
  end
```

O exemplo anterior foi extraído diretamente do código-fonte do Capistrano[8] – a tarefa :update utiliza sua estratégia SCM de escolha para atualizar o código base implementado e depois configura os links simbólicos da aplicação recentemente instalada para a pasta ./current.

No entanto, e se nossa aplicação falhasse ao implementar em strategy.deploy! devido, talvez, aos problemas de conexão com o servidor Subversion? A implementação continuaria criando links simbólicos? Ou, quem sabe, a implementação do Subversion tenha funcionado mas os links simbólicos não aconteceram? Qualquer cenário deixaria nossa aplicação em um estado fragmentado. O problema estaria composto caso a implementação fosse bem-sucedida em uma máquina de implementação, mas falhasse na segunda – os problemas não estariam necessariamente aparentes de imediato!

```
task :update_code do
  on_rollback { run "rm -rf #{release_path}" }
  strategy.deploy!
  finalize_update
end
```

Para diminuir o risco de falhas e controlar o maior número de possíveis razões que levem a elas, a tarefa :update está implícita em uma transação. Se uma condição de falha acontecesse, todos os blocos on_rollback seriam chamados, no sentido inverso. Isso ocorre porque cada bloco on_rollback deve ser projetado para reverter a operação da tarefa atual algoriticamente.

Por exemplo, o bloco on_rollback anterior remove todos os arquivos possíveis criados tanto por strategy.deploy! quanto por finalize_update, corrigindo uma implementação potencialmente fragmentada.

O sistema de transação implementado pelo Capistrano não está, de forma alguma, da mesma maneira como você poderia ter encontrado antes. Por exemplo, ele não verifica as mudanças do objeto remoto ou local. O sistema de transação simples – mas eficaz! – coloca *você* no controle de reversão. Também não podemos esquecer que o Capistrano não coloca migrações abaixo de transação – as transações DLL não são suportadas em sua totalidade pelo banco de dados[9] e isso torna muito difícil reverter uma migração com falha.

Acesso delegado para máquinas de implementação

Implementações do mundo real geralmente protegem servidores de aplicação por meio do uso de proxies e firewalls seguros. O resultado é que não poderemos acessar SSH diretamente para a máquina de implementação. Porém, isso não impede que você utilize o Capistrano, graças ao seu suporte para acesso delegado para máquinas de implementação que utilizam a configuração :gateway:

```
set :gateway, 'gateway.booming-biz.com'
role :app, "192.168.1.100", "192.168.1.101"
role :db, "192.168.1.200", :primary => true
```

Configurar um :gateway irá causar todas as solicitações para encapsular de forma segura suas máquinas com role através de máquinas de proxy de gateway específicas. A suposição feita pelo Capistrano é que hosts com role não são diretamente acessíveis e, para acessá-los, é preciso, primeiro, estabelecer uma conexão com gateway.booming-biz.com e a partir de então estabelecer encapsulamentos SSH.

Isso é mágico! – bom, a magia da porta passa de qualquer modo.[10] Diferente de garantir que as máquinas com role podem ser alcançadas por TCP/IP, há muito pouco que você precisa fazer para suportar a capacidade do gateway. Na realidade – e isso é um aviso! –, se você estiver utilizando senhas para autenticar não haverá nada mais a ser feito. No entanto, se você estiver utilizando PKI, será preciso acrescentar a chave pública de seu servidor gateway em seus servidores com role que não sejam públicos.

Conclusão

Este capítulo forneceu a você um curso intensivo sobre a utilização do Capistrano para automatizar suas tarefas de implementação Rails. Ele também deve ter apontado a você a direção certa para começar a utilizar o Capistrano como seu auxiliar de administração de sistemas, dada sua habilidade para automatizar tarefas com segurança e executar tarefas em paralelo em um servidor remoto ou em dúzias deles.

Referências

1. Switchtower, o nome original, foi mudado para Capistrano em resposta a uma violação de marca registrada. Para obter mais detalhes acesse http://weblog.rubyonrails.org/2006/3/6/switchtower-is-now-capistrano.

2. Uma vez bem documentado na web, mas agora obsoleto, omitimos informações sobre o Capistrano 1.x. O site capify.org fornece instruções de atualização amplas para desenvolvedores que querem migrar para a versão mais recente do Capistrano.

3. Isso quer dizer "você", o Windows, embora tenha tido sucesso com cygwin.

4. Provavelmente isso não precisa ser dito, mas, por favor, considere o PKI – você reduzirá consideravelmente a possibilidade de invasões.

5. Embora o Mongrel seja hoje a melhor escolha a ser mostrada, o fastcgi pode ser configurado tão facilmente quanto ele.

6. http://shanesbrain.net/articles/2007/05/30/database-yml-management-with-capistrano-2-0

7. Você também pode utilizar o qualificador :host para uma tarefa, mas reverter atribuições host para o papel irá simplificar sua vida quando for reverter mais servidores.

8. Utilize gem environment para encontrar a fonte gem e reflita bastante sobre o código-fonte do Capistrano. É uma boa maneira para aprender.

9. O MySQL não suporta, mas eu sei que o Postgres pode suportar transações DDL.

10. Para obter todos os detalhes leia o post de Jamis Buck: http://weblog.jamisbuck.org/2006/9/26/insidecapistrano-the-gateway-implementation.

Capítulo 22
Processamento em segundo plano

Esperando por railsapplication.com...
—Barra de status do navegador web do seu usuário

Na web, seus usuários descobrem que sua aplicação está funcionando exatamente ao mesmo tempo - quando seu programa responde a uma solicitação. O exemplo clássico disso é um processamento de cartão de crédito. Qual destes procedimentos você prefere para um site que esteja utilizando: um site que mostre a mensagem "Sua transação está sendo processada agora" acompanhada de uma animação tranqüilizante ou um que mostre apenas uma página em branco?

Além de tais situações *experimentadas pelo usuário*, sua aplicação pode ter exigências que simplesmente não podem ser satisfeitas em poucos segundos. Talvez você execute um site popular que permita aos usuários carregarem arquivos de vídeo e compartilhá-los com outras pessoas. Você precisará converter vários tipos de conteúdo de vídeo em Flash. Nenhum servidor que você compre é rápido o suficiente para executar este trabalho enquanto o navegador web do usuário espera.

Um destes dois cenários lhe parece familiar? Nesse caso, provavelmente, este é o momento para pensar em executar o trabalho no segundo plano de sua aplicação. Neste capítulo, o *segundo plano* refere-se a qualquer coisa que aconteça fora do ciclo solicitação/resposta HTTP normal. A maioria dos desenvolvedores em algum momento vai precisar projetar e implementar o processamento em segundo plano. Felizmente, o Rails e o Ruby têm diversas bibliotecas e técnicas para processamento em segundo plano, incluindo:

- script/runner – Integrado ao Rails
- DRb –Uma biblioteca de processamento distribuído testada por Masatoshi Seki
- BackgrounDRb –Um plugin escrito por Ezra Zygmuntowicz e mantido por Skaar
- Daemons – Torna a criação de serviços de sistema de execução longa mais fácil. Escrito por Thomas Uehlinger

Com essas ferramentas você poderá acrescentar processamento em segundo plano a suas aplicações Rails facilmente. Este capítulo tem o objetivo de ensiná-lo bastante sobre cada uma delas de forma que você possa decidir qual faz sentido para sua aplicação específica.

script/runner

O Rails vem com uma ferramenta integrada para executar tarefas, independente do ciclo web. Essa ferramenta simplesmente carrega o ambiente Rails padrão e depois executa alguns códigos Ruby específicos. Usos comuns incluem:

- Importar dados externos "em lote"
- Executar qualquer método (classe) em seus modelos
- Executar cálculos intensivos, entregar e-mails em lotes ou executar tarefas agendadas

Você deve evitar a todo custo os seguintes usos que envolvem o script/runner:

- Processamento de e-mail de entrada
- Tarefas que, na medida em que seu banco de dados cresce, levam mais tempo para executar

Iniciando

Por exemplo, vamos supor que você tenha um modelo chamado "Report" que tem um método de classe chamado generate_rankings ao qual você pode chamar a partir da linha de comando utilizando

```
$ ruby script/runner 'Report.generate_rankings'
```

Considerando que temos acesso a tudo o que diz respeito ao Rails, podemos utilizar até mesmo os métodos finder do ActiveRecord para extrair dados de nossa aplicação: [1]

```
$ ruby script/runner 'User.find(:all).map(&:email).each { |e| \
puts "<#{e}>"}'
<charles.quinn@highgroove.com>
<me@seebq.com>
<bill.gates@microsoft.com>
# ...
<obie@obiefernandez.com>
```

Esse exemplo demonstra que temos acesso ao modelo User e podemos executar o código Rails arbitrário. Neste caso, coletamos alguns endereços de e-mail e agora, para nossa felicidade, podemos enviar um spam (Brincadeirinha!)

Observações de uso

Há algumas coisas a serem lembradas sobre a utilização do script/runner. Você deve especificar o ambiente de produção utilizando a opção -e; caso contrário, ele será padronizado para desenvolvimento. A opção de ajuda script/runner nos diz o seguinte:

```
$ script/runner -h

Usage: script/runner [options] ('Some.ruby(code)' or a
filename)
 -e, --environment=name Specifies the environment for the
runner
                        to operate in (test/development/
production)
                        Default: development
```

Também é possível utilizar *runner* como uma linha *shebang* para seus scripts desta forma:

```
#!/usr/bin/env /path/to/script/runner
```

Com script/runner podemos escrever facilmente qualquer operação em lote que precise ser executada utilizando *cron* ou outro programador de execução de tarefas do sistema.

Por exemplo, você poderia calcular o produto mais popular ou do mais alto nível em sua aplicação e-commerce a cada determinada quantidade de minutos ou a cada noite, em vez de fazer uma consulta cara para cada solicitação:

```
$ script/runner -e production 'Product.calculate_top_ranking'
```

Um exemplo de *crontab* para executar esse script poderia ser parecido com isso:

```
0 */5 * * * root /usr/local/bin/ruby \
/apps/exampledotcom/current/script/runner -e production \
'Product.calculate_top_ranking'
```

O script será executado a cada cinco horas para atualizar as classificações mais altas do modelo Product.

Considerações sobre o script/runner

Sobre o lado positivo: é muito fácil de usar e não há nenhuma biblioteca adicional para ser instalada. É mais ou menos isso.

Quanto ao lado negativo: o processo script/runner carrega o ambiente Rails inteiro. Para algumas tarefas, principalmente aquelas de vida curta, isso pode desperdiçar muitos recursos.

Além disso, nada impede que cópias múltiplas do mesmo script sejam executadas simultaneamente, o que pode ser catastroficamente ruim, dependendo do conteúdo do script.

> **Wilson diz...**
>
> Não processe e-mail de entrada com script/runner.
> Isso é um ataque Denial of Service esperando para acontecer.
> Em seu lugar utilize o Fetcher (ou algo parecido): http://slantwisedesign.com/rdoc/fetcher/

Ou seja, utilize script/runner para tarefas curtas que precisam ser executadas ocasionalmente.

DRb

Você já deve saber que é possível utilizar o DRb como um recipiente de sessão para Rails com um pouco de configuração, mas pronto para uso, ele vem pronto para processar solicitações TCIP/IP simples e executar algum trabalho difícil em segundo plano.

> O DRb significa, literalmente, "Ruby Distribuído". É uma biblioteca que permite enviar e receber mensagens de objetos Ruby remotos por TCP/IP. Parece com RPC, CORBA ou RMI do Java? Provavelmente sim. Essa é a simplicidade do Ruby como resposta para tudo que foi citado anteriormente – *Intro to DRb*, de Chad Fowler (http://chadfowler.com/ruby/drb.html)

Um servidor DRb simples

Vamos criar um servidor DRb que execute um cálculo simples e vamos executar esse servidor no host local. Mas lembre-se que ele poderia ser executado em um ou mais servidores remotos para distribuir a carga ou fornecer tolerância a falhas.

Crie um arquivo chamado distributed_server.rb e forneça o conteúdo da Listagem 22.1.

Listagem 22.1 Um serviço de cálculo DRb simples

```
#!/usr/bin/env ruby -w
# DRb server

# load DRb
require 'drb'

class DistributedServer
 def perform_calculation(num)
  num * num
 end
end

DRb.start_service("druby://localhost:9000",
DistributedServer.new)
puts "Starting DRb server at: #{DRb.uri}"

DRb.thread.join
```

Depois de tornar esse arquivo executável (chmod + x, ou equivalente), execute-o para que ele escute as solicitações na porta 9000:

```
$./distributed_server
Starting DRb server at: druby://localhost:9000
```

Utilizando DRb a partir do Rails

Agora, para chamar esse código a partir do Rails, podemos solicitar a biblioteca DRb no topo de um controlador no qual planejamos utilizá-la:

```
require 'drb'
class MessagesController < ApplicationController
```

Para acrescentar ao controlador uma ação para invocar um método em nosso servidor distribuído você precisaria escrever um método de ação como este:

```
def calculation
  DRb.start_service
  drb_client = DRbObject.new(nil, 'druby://localhost:9000')
  @calculation = drb_client.perform_calculation(5)
end
```

Agora, temos acesso a uma variável de instância @calculation que o servidor distribuído processou para nós. Esse é um exemplo comum e demonstra como é simples delegar processos para um servidor distribuído.

Esse código ainda será executado como parte do ciclo solicitação/resposta do Rails que irá esperar pelo método perform_calculation do DRb para concluir antes de processar qualquer modelo de view ou enviar qualquer dado ao agente de usuário. Podemos otimizar a potência de vários outros servidores utilizando esta técnica, mas ainda não é exatamente isso que a maioria das pessoas pretende através do processamento em segundo plano. Para completar nossa jornada, pelo lado ruim será necessário implementar algum tipo de controle de tarefa para empacotar esse código.

A notícia boa é que isso é fácil fazer, mas a notícia melhor é que alguém já fez isso antes. Veremos mais sobre esse assunto na próxima seção, "BackgrounDRb".

Considerações sobre o DRb

Sobre o lado positivo: o DRb faz parte da Biblioteca Padrão do Ruby; Portanto, não há nada mais para instalar – extremamente seguro! Adequado para processos persistentes que podem retornar, rapidamente, resultados ao chamador.

Sobre o lado negativo: o DRb é, relativamente, uma biblioteca "de baixo nível" e não fornece nenhum suporte ao controle de tarefa ou ao arquivo de configuração. Utilizá-lo diretamente exige que você invente suas próprias convenções para números de porta, nomes de classe e assim por diante.

Utilize o DRb quando precisar implementar seu próprio balanceamento de carga ou quando nenhuma outra solução oferecer controle suficiente.

Recursos

Para um entendimento mais profundo do funcionamento de DRb do que está acontecendo nestes exemplos de código, veja os seguintes artigos da web:

- *An Introduction to DRb*, escrito por Eric Hodel, em http://segment7.net/projects/ruby/drb/introduction.html
- Intro to DRb, escrito por Chad Fowler, em http://chadfowler.com/ruby/drb.html
- *Distributed Ruby in a Nutshell*, escrito por Frank Spychalski, em http://amazingdevelopment.com/archives/2006/03/16/rails-and-distributed-ruby-in-a-nutshell/

BackgrounDRb

BackgrounDRb é um "servidor e programador de execução de tarefas do Ruby" disponível em http://backgroundrb.devjavu.com/. O principal caso de uso do plugin BackgrounDRb para Rails é "separar tarefas de execução longa do ciclo solicitação/resposta do Rails".[2]

Além de suportar o processamento em segundo plano assíncrono, o BackgrounDRb (junto com o código Ajax de sua aplicação Rails) é bastante utilizado para suportar atualizações e indicadores de status. O BackgrounDRb geralmente é utilizado para fornecer barras de progresso durante o carregamentos de arquivo grandes.

O BackgrounDRb recebeu uma reescrita maior para o 0.2 branch que alterou completamente a criação e execução de tarefa da versão anterior. O processamento de tarefa agora utiliza processos múltiplos em vez de utilizar um processo único e encadeado. Os resultados também são armazenados em um worker Result a fim de permitir que cada tarefa em seu próprio processo armazene e recupere resultados. Ele tem uma comunidade ativa e um repositório de código aberto com uma boa cobertura test/rspec.

Iniciando

O BackgrounDRb pode ser executado de forma independente ou como um plugin do Rails. Ele tem duas dependências de pacote que podem ser instaladas como gems: Slave 1.1.0 (ou superior) e Daemons 1.0.2 (ou superior). Instale-o em uma aplicação Rails existente executando o seguinte comando:

```
svn co http://svn.devjavu.com/backgroundrb/tags/release-0.2.1
vendor/plugins/backgroundrb
```

Observe que utilizar o comando

```
script/plugin install svn://rubyforge.org//var/svn/backgroundrb
```

instala a versão mais antiga do BackgrounDRb de processo único – a que *você não quer*. Vamos falar somente sobre a versão 0.2.x (mais nova), uma vez que a documentação atual e o desenvolvimento acontecem nela.

Verifique se os testes executam visitando o diretório plugin. Você precisará que o gem do RSpec esteja instalado caso deseje fazer isso.

```
$ rake
(in /Users/your_login/your_app/vendor/plugins/backgroundrb)
/usr/local/bin/ruby -Ilib:lib "test/backgroundrb_test.rb"
"test/scheduler_test.rb"
Loaded suite /usr/local/lib/ruby/gems/1.8/gems/rake-
0.7.1/lib/rake/rake_test_loader
Started
..................
```

```
Finished in 3.107323 seconds.

18 tests, 26 assertions, 0 failures, 0 errors
```

Supondo que todos os testes tenham passado, volte para o seu RAILS_ROOT e execute rake backgroundrb:setup para instalar o arquivo de configuração, scripts e diretórios para tarefas e workers do BackgrounDRb.

Configuração

O arquivo config/backgroundrb.yml padrão será parecido com isso:

```
:rails_env: development
:host: localhost
:port: 2000
```

O servidor BackgrounDRb padrão executa no ambiente de desenvolvimento e escuta na porta 2000 do servidor host local. Uma ação para produção exige que você atualize a variável rails_env. A documentação oficial do BackgrounDRb incluída com a distribuição tem mais detalhes sobre esse procedimento.

Entendendo o BackgrounDRb

O coração do BackgrounDRb é a classe MiddleMan que facilita a criação de *workers*, observa-os e fornece acesso aos seus resultados.

O BackgrounDRb permite definir workers, que são classes que contêm o código que nós gostaríamos de executar em segundo plano. Por padrão, serão armazenados no diretório lib/workers de seu projeto Rails.

Estes workers serão subclasses de uma das duas classes base fornecidas pelo plugin:

- BackgrounDRb::Worker::Base – workers simples que precisam de configuração ambiental mínima
- BackgrounDRb::Worker::RailsBase – workers que precisam acessar um ambiente Rails completamente configurado

Workers RailsBase devem consumir mais recursos do que os workers Base. Portanto, se você não precisar acessar os modelos do ActiveRecord modela ou outros recursos do Rails, tente utilizar a classe worker simples.

Se os workers precisarem retornar seus resultados para a nossa aplicação, podemos utilizar seu método results quando os invocarmos. Ele funciona como um objeto Hash normal, mas em segundo plano é um worker Result especial. Também podemos criar mensagens de *log* por meio do método logger do BackgrounDRb.

Cada worker precisa definir um método do_work que aceite um único parâmetro *args*. O BackgrounDRb irá chamar esse método automaticamente quando um worker for inicializado. De uma forma geral, esse método deve ser mantido simples e chamará outros métodos que você definir para executar seu trabalho.

Utilizando o MiddleMan

Vamos criar um worker em nosso novo diretório lib/workers. Para tal iremos usar o gerador fornecido para criar a classe base:

```
$script/generate worker Counter
```

Acrescentaremos algum código para fazê-lo contar até 10000, para simular uma tarefa de execução longa. Exemplos da vida real incluem processar um arquivo carregado, converter uma imagem ou gerar e enviar um relatório. Na Listagem 22.2, nós iremos empurrar todo o código no método do_work, mas em seu próprio código você deve utilizar os princípios de design de modelo normais e fatorar seu código adequadamente.

Listagem 22.2 A classe CounterWorker conta até 10.000

```
class CounterWorker < BackgrounDRb::Worker::RailsBase
 def do_work(args)
  logger.info 'Starting the CounterWorker'
  1.upto 10_000 do |x|
   results[:count] = x
   logger.info "Count: #{x}"
  end
  logger.info 'Finished counting to 10,000'
  end

end

CounterWorker.register
```

Com um worker pronto para entrar em ação podemos acionar o servidor BackgrounDRb:

```
$ ruby script/backgroundrb start
```

Verifique se os processos BackgrounDRb estão executando utilizando o comando ps: [3]

```
$ps aux | grep background
you    617 0.6 -0.2   3628 ?? R      4:20PM        0:00.23
backgroundrb
you    618 0.0 -0.7  14640 ?? S      4:20PM        0:00.10
backgroundrb_logger
you    619 0.0 -0.7  14572 ?? S      4:20PM        0:00.09
```

```
backgroundrb_results
```

Agora podemos ativar o worker a partir de uma ação de controlador. O método de classe new_worker do MiddleMan instancia um worker novo e retorna uma "chave" que permitirá nos referir a ele mais tarde.

Aqui criamos um novo CounterWorker e armazenamos sua chave na sessão para utilizá-lo mais tarde:

```
def start_counting
  session[:key] = MiddleMan.new_worker(:class =>
:counter_worker)
  redirect_to :action => 'check_counter'
end
```

Vamos continuar e criar outra ação para verificar o status do trabalhador. Devemos utilizar a chave que acabamos de salvar para buscar o worker em execução e depois utilizar o método *results* para acessar o valor atual do contador:

```
def check_counter
  count_worker = MiddleMan.worker(session[:key])
  @count = count_worker.results[:count]
end
```

A visualização correspondente (para check_counter) poderia ser simples assim:

```
<p>We're currently counting. We're at <%= @count %>.</p>
```

Dentro da ação start_counting o método new_worker chama o método do_work que definimos imediatamente na classe CounterWorker. Esta é uma chamada ininterrupta e nossa aplicação web continua conosco e nos redireciona enquanto o worker acompanha a contagem.

Se pressionarmos o botão Refresh na ação check_counter para recarregar os resultados do worker, veremos a variável @count aumentando conforme o processo em segundo plano progride com sua tarefa.

Avisos

Infelizmente, mudanças nos workers exigem que o BackgrounDRb seja reiniciado. Eles são carregados uma vez e então armazenados em cache da mesma forma que seus modelos do ActiveRecord em modo de produção.

Se você obtiver um erro como este

```
/usr/local/lib/ruby/site_ruby/1.8/rubygems/custom_require.rb:
27:in `gem_original_require': no such file to load — slave
```

```
(LoadError)
```

lembre-se que o BackgrounDRb depende dos gems slave e daemons.

Caso seja necessário interromper ou excluir o processo backgroundrb, os arquivos de ID do processo precisam ser limpos. Você irá saber o que aconteceu caso as tentativas subseqüentes de inicialização do serviço resultarem em

```
ERROR: there is already one or more instance(s) of the program
running
```

Para remover o log/backgroundrb.pid e o log/backgroundrb.ppid, podemos utilizar o conveniente comando embutido *zap*:

```
$ script/backgroundrb zap
```

O BackgrounDRb deve iniciar normalmente depois da exclusão dos arquivos antigos.

Consideração sobre o BackGrounDRb

Sobre o lado positivo:

- Fornece controle de tarefa e invocação assíncrona prontos para serem utilizados.
- É popular, com muitas amostras de código postadas na web.
- Ótimo para tarefas "baseadas em evento" como aquelas que ocorrem toda vez que um usuário aciona uma determinada ação.

Quanto ao lado negativo:

- A versão atual é considerada "experimental" pelos mantenedores. Você pode acabar precisando alterar seu worker ou código de ação conforme a evolução da API.
- O suporte para tarefas agendadas é novo e pode não ser tão estável quanto o restante do código-base.
- Algumas opções de configuração são *moldadas* e podem ser difíceis de personalizar se seu ambiente de produção for incomum.

Considerando tudo o que foi visto, o BackgrounDRb parece perfeito para tarefas que precisam ser iniciadas a partir de uma ação de controlador ou de uma chamada de retorno modelo.

Daemons

O website http://daemons.rubyforge.org/ oferece uma excelente biblioteca Ruby que permite que você "daemonize" seu script para gerenciamento e sustentabilidade fáceis.

Uso

O script na Listagem 22.3 é um exemplo simples de como utilizar a biblioteca daemons para executar uma tarefa agendada.

Listagem 22.3 Um uso simples de daemons para atualizar feeds RSS em segundo plano

```
require 'daemons'

class BackgroundTasks
 include Singleton
 def update_rss_feeds
  loop do
   Feed.update_all
   sleep 10
  end
 end
end

Daemons.run_proc('BackgroundTasks') do
 BackgroundTasks.instance.update_rss_feeds
end
```

O script define uma tarefa simples, update_rss_feeds, e executa em um loop. Se você salvá-la como background_tasks.rb e executá-la sem qualquer opção desta maneira:

```
script/runner background_tasks.rb
```

serão exibidas todas as opções fornecidas pela biblioteca daemons:

```
Usage: BackgroundTasks <command> <options> -- <application
options>

* where <command> is one of:
start      start an instance of the application
stop      stop all instances of the application
restart     stop all instances and restart them afterwards
run       start the application and stay on top
zap       set the application to a stopped state

* and where <options> may contain several of the following:

  -t, --ontop Stay on top (does not daemonize)
```

```
  -f, --force Force operation
Common options:
  -h, --help Show this message
    --version Show version
```

Você pode controlar seu processo de tarefa em segundo plano utilizando comandos simples.

A biblioteca Daemon também garante que somente uma cópia de sua tarefa seja executada por vez. Isso evita a necessidade de lógica de controle que tende a entrar scipts script/runner ou cron.

Introdução às threads (encadeamentos)

O exemplo anterior demonstra o controle que a biblioteca Daemons proporciona. Porém, ela não faz muita coisa. Vamos modificar o script para fazê-lo buscar e-mails também de um servidor externo (como mostrado na Listagem 22.4). Considerando que para buscar um e-mail é preciso utilizar a rede, vamos utilizar threads para ter mais produtividade em menos tempo.

Listagem 22.4 O buscador de e-mail com thread

```
require 'thread'
require 'daemons'

class BackgroundTasks
 include Singleton

 def initialize
  ActiveRecord::Base.allow_concurrency = true
 end

 def run
  threads = []
  [:update_rss_feeds, :update_emails].each do |task|
   threads << Thread.new do
    self.send task
   end
  end
  threads.each {|t| t.join }
end

protected
def update_rss_feeds
 loop do
  Feed.update_all
```

```
    sleep 10
   end
  end

  def update_emails
   loop do
    User.find(:all, :conditions => "email IS NOT NULL").each do
|user|
      user.fetch_emails
     end
     sleep 60
    end
   end
  end

  Daemons.run_proc('BackgroundTasks') do
   BackgroundTasks.instance.start
  end
```

Uma coisa importante a observar sobre o código da Listagem 22.4 é que nós acrescentamos

```
ActiveRecord::Base.allow_concurrency = true
```

para o método initialize. Essa é uma etapa fundamental para utilizar o ActiveRecord simultaneamente em múltiplas threads. Entre outras coisas, a configuração fornece a cada thread sua própria conexão de banco de dados. Esquecer esse passo pode levar à corrupção de dados e outros horrores. Então, *considere-se avisado!*

Wilson diz...

Caso seu código ActiveRecord simultâneo tenha bugs, você pode enfrentar a humilhação de executar fora de conexões de banco de dados. Você deve ter cuidado com o tratamento de exceção ao utilizar threads.

Você também pode desejar chamar ActiveRecord::Base.verify

_active_connections! como parte de seu processamento em loop para excluir qualquer conexão que não funcione mais. Esse método é razoavelmente trabalhoso de executar, mas é bastante importante se você habilitar a concorrência do ActiveRecord.

O daemon que acabamos de escrever tem somente o suporte de agendamento mais comum. Sua aplicação pode precisar de algo mais robusto que sleep 60. Se este for o caso, você pode considerar a utilização da biblioteca infelizmente denominada OpenWFEru. Ela está disponível em http://openwferu.rubyforge.org/scheduler.html e fornece uma ampla variedade de possibilidades de agendamento.

Considerações sobre o Daemon

Daemons, além de serem o modo mais *econômico* para implementar o código de processamento em segundo plano que precisa executar continuamente, oferecem controle preciso sobre quais bibliotecas você carrega e quais opções você configura.

Daemons também são fáceis de gerenciar com ferramentas de monitoramento como o monit: http://www.tildeslash.com/monit/.

A respeito de seu aspecto negativo, configurar daemons não é tão *automático* quanto configurar o BackgrounDRb ou tão simples como o script/runner (programadores fundamentalistas também são temerosos para trabalhar com eles).

Considere utilizar Daemons sempre que você precisar que algo execute continuamente.

Conclusão

Neste capítulo, o último do livro, falamos sobre estender o Rails com um comportamento que executa em um contexto externo ao processamento de solicitação normal, ou seja, *em segundo plano*.

O tema é bem mais profundo e, da maneira possível, vimos apenas a superfície deste extenso assunto.

Referências

1. Tenha cuidado ao escapar qualquer caractere que tenha um significado específico para o seu shell.
2. http://backgroundrb.rubyforge.org/
3. Usuários Windows podem utilizar o comando tasklist para obter resultados semelhantes.

Apêndice A
Referência da API ActiveSupport

ActiveSupport é uma biblioteca Rails que contém classes e extensões úteis para as bibliotecas embutidas do Ruby. Geralmente, por si só, ele não recebe muita atenção – você poderia até mesmo chamar seus módulos de membros da equipe suporte do grupo Rails.

Porém, o baixo perfil do ActiveSupport não diminui sua importância na programação Rails cotidiana. Para garantir que este livro é cem por cento útil como parceiro de programação, aqui está uma versão completa e ampliada da referência da API ActiveSupport do Rails com utilizações de exemplos e comentários da vida real.

As extensões diretas das classes e módulos do Ruby estão listadas abaixo do título de acordo com o nome do módulo ou da classe. As extensões feitas através de um módulo misturado aparecem abaixo do título de acordo com seus nomes de módulo no ActiveSupport.

> **Nota**
> Esta referência da API foi preparada com base na revisão 7360 do Edge Rails (anterior ao Rails 2.0). Alguns métodos obscuros foram considerados secundários e omitidos porque são antigos e atualmente não utilizados no código-base do Rails.

Array

O Rails acrescenta somente um método diretamente à classe *Array: blank?*

Métodos de instância públicos

blank?

Retorna true se o array estiver vazio.

Array::Conversions (em ActiveSupport::CoreExtensions)

Fornece métodos para converter arrays Ruby em outros formatos.

Métodos de instância públicos

to_formatted_s(format = :default)

Dois formatos são suportados, :default e :db.

O formato :default delega ao método to_s normal para um array que simplesmente concatena o conteúdo em uma string mesclada.

A opção :db, muito mais interessante, retorna "null" se o array estiver vazio ou concatena os campos id de seus elementos membros em uma string delimitada por vírgula, desta forma:

```
collect { |element| element.id }.join(",")
```

to_param

Converte seus elementos string em uma string delimitada por barra (utilizada para gerar caminhos URL).

```
>> ["riding","high","and","I","want","to","make"].to_param
=> "riding/high/and/I/want/to/make"
```

to_sentence(options = {})

Converte o array para uma sentença separada por vírgula na qual o último elemento é ligado pela palavra *connector*.

```
>> %w(alcohol tobacco firearms).to_sentence
=> "alcohol, tobacco, and firearms"
```

As seguintes opções estão disponíveis para to_sentence:

- :connector – palavra utilizada para ligar o último elemento em arrays com dois ou mais elementos (padrão: "and").
- :skip_last_comma – configure essa opção como true para retornar "a, b e c" em vez de "a, b e c".

to_xml(options = {}) {|xml if block_given?| ...}

Conforme abordado no Capítulo 15, "XML e ActiveResource", o método to_xml no Array pode ser utilizado para criar uma coleção XML chamando to_xml repetidamente em seus membros e encapsulando tudo em um elemento final.

Todos os elementos array podem responder ao to_xml.

```
>> ["riding","high"].to_xml
RuntimeError: Not all elements respond to to_xml
```

O exemplo anterior gera o objeto Builder para um bloco opcional de forma que a marcação arbitrária possa ser inserida no final do XML gerado, como o último filho do elemento final.

O código seguinte

```
{:foo => "foo", :bar => :bar}.to_xml do |xml|
   xml.did_it "again"
end
```

produz o seguinte XML:

```
<?xml version="1.0" encoding="UTF-8"?>
<hash>
  <bar:bar/>
  <foo>foo</foo>
  <did_it>again</did_it>
</hash>
```

As opções para to_xml são:

- :builder – padrão para uma nova instância do Builder::XmlMarkup. Especifique explicitamente se você está chamando to_xml neste array como parte de uma rotina de construção XML maior.
- :children – configura o nome que deve ser utilizado pelas tags do elemento. De acordo com o padrão, é definida para a versão singularizada do nome :root.
- :dasherize – define se deve ou não transformar underscores dos nomes de tag em traços (o padrão é true).
- :indent – nível de endentação a ser utilizado para o XML gerado (o padrão são dois espaços).
- :root – o nome de tag a ser utilizado para o elemento final. Se :root não for suportado e todos os membros do array forem da mesma classe, o formato pluralizado e tracejado do nome da classe do primeiro elemento será utilizado como o padrão. Caso contrário, o padrão para :root será records.
- :skip_instruct – define se deve ou não ser gerada uma tag de instrução XML chamando instruct! no Builder.
- :skip_types – define se deve ou não ser incluído um atributo type="array" no elemento final.

Array::ExtractOptions (em ActiveSupport::CoreExtensions)

Fornece um método para extrair opções do estilo Rails de um conjunto de parâmetros de argumento de extensão variável.

Métodos de instância públicos

extract_options!

Extrai opções de um conjunto de argumentos variável. É um método bang, pois remove e retorna o último elemento no array se ele for um hash; caso contrário, retorna o último elemento no array se ele for um hash; caso contrário, retorna um hash em branco e o array fonte não é modificado.

```
def options(*args)
  args.extract_options!
end

options(1, 2) # => {}
options(1, 2, :a => :b) # => {:a=>:b}
```

Array::Grouping (em ActiveSupport::CoreExtensions)

Fornece um par de métodos utilizado para separar elementos array em grupamentos lógicos.

Métodos de instância públicos

in_groups_of(number, fill_with = nil) {|group| ...}

Uma verdadeira celebridade do Rails, o método in_groups_of separa um array em grupos do tamanho especificado em number, preenchendo qualquer abertura remanescente. O parâmetro fill_with é utilizado para preencher e seu padrão é nil.

Caso um bloco seja fornecido, ele será chamado com cada grupo; caso contrário, um array bidimensional será retornado.

```
>> %w(1 2 3 4 5 6 7).in_groups_of(3)
=> [[1, 2, 3], [4, 5, 6], [7, nil, nil]]

>> %w(1 2 3).in_groups_of(2, ' ') {|group| puts group }
[1, 2]
[3, " "]
>> %w(1 2 3).in_groups_of(2, false) {|group| puts group }
[1, 2]
[3]
```

O método in_groups_of é útil principalmente para objetos modelo de processamento em lote e para gerar linhas de tabela em templates de view.

split(value = nil, &block)

Divide um array em um mais subarrays com base em um valor limitado:

```
[1, 2, 3, 4, 5].split(3) #=> [[1, 2], [4, 5]]
```

ou em um resultado de um bloco opcional:

```
(1..8).to_a.split { |i| i % 3 == 0 } # => [[1, 2], [4, 5], [7, 8]]
```

CachingTools::HashCaching (em ActiveSupport)

Fornece um método que simplifica o armazenamento em cache das invocações de método utilizando hashes aninhados padrão. De acordo com a documentação da API, "Este padrão é uma prática comum e útil no Ruby e não fica muito bonito de se ver quando feito manualmente".

Esse pode ser o caso. No entanto, este módulo parece ser um pouco inútil, uma vez que seu método único, hash_cache, não é automaticamente acessível em qualquer contexto Rails e uma análise do código-base do Rails revela que ele não é utilizado internamente (a não ser em seus testes de unidade).

Métodos de instância públicos

hash_cache(method_name, options = {})

Cria dinamicamente uma estrutura de hash aninhada que pode ser utilizada para armazenar as chamadas para method_name em cache. O método em cache será chamado method_name_cache, a menos que :as => :alternate_name seja fornecido.

Por exemplo, o slow_method seguinte

```
def slow_method(a, b)
 a ** b
end
```

pode ser armazenado em cache chamando hash_cache :slow_method que irá definir o método slow_method_cache.

Podemos, então, calcular (e armazenar em cache) o resultado de um ** b utilizando esta sintaxe:

```
slow_method_cache[a][b]
```

A estrutura hash é criada utilizando chamadas aninhadas para Hash.new com blocos iniciadores de forma que a estrutura hash retornada por slow_method_cache para o exemplo seja parecida com isto:

```
Hash.new do |as, a|
  as[a] = Hash.new do |bs, b|
    bs[b] = slow_method(a, b)
  end
end
```

A implementação de hash_cache utiliza bastante a metaprogramação do Ruby. O código gerado é resumido em uma única linha para manter assinaturas de backtrace sensíveis no caso de exceções.

Class

O Rails estende o objeto Class do Ruby com diversos métodos.

Métodos de instância públicos

cattr_accessor(*syms)

Define um ou mais métodos de escrita e de leitura de atributo de classe no estilo dos acessores attr* nativos para atributos de instância. Bastante utilizado por todo o código-base Rails para salvar configurações de opção. Os valores são compartilhados por referência com subclasses – que é bem diferente de class_inheritable_accessor.

cattr_reader(*syms)

Define um ou mais métodos de leitura de atributo de classe.

cattr_writer(*syms)

Define um ou mais métodos de escrita de atributo de classe.

class_inheritable_accessor(*syms)

Permite que os atributos sejam compartilhados dentro de uma hierarquia de herança, mas cada descendente obtém uma cópia dos atributos de seus pais ao invés de obter somente um indicador para o mesmo. Isso significa que o filho pode acrescentar elementos em um array, por exemplo, sem que eles sejam compartilhados com seus pais, irmãos ou filhos – que é diferente dos atributos do nível de classe que são compartilhados pela hierarquia inteira.

class_inheritable_array

Método de conveniência que configura um leitor e um escritor hereditário e o padroniza para um array vazio de forma que você não precise inicializá-lo.

class_inheritable_hash

Método de conveniência que configura um leitor e um escritor hereditário e o padroniza para um hash vazio de forma que você não precise inicializá-lo.

class_inheritable_reader(*syms)

Define um ou mais métodos de leitura de atributo de classe hereditária.

class_inheritable_writer(*syms)

Define um ou mais métodos de escrita de atributo de classe hereditária.

const_missing(class_id)

A chamada de retorno const_missing é invocada quando o Ruby não consegue encontrar uma constante específica no escopo atual que é o que torna o carregamento de classe automático do Rails possível. Veja o módulo Dependencies para obter mais detalhes sobre isso.

remove_class(*klasses)

Remove a constante associada às classes especificadas de forma que elas se tornam efetivamente inacessíveis e inutilizáveis.

remove_subclasses

Remove todas as subclasses desta classe.

subclasses

Retorna todas as subclasses desta classe.

CGI::EscapeSkippingSlashes (em ActiveSupport::CoreExtensions)

Métodos de instância públicos

escape_skipping_slashes(str)

Pega uma string pra ser utilizada como uma URL e escapa qualquer caractere que não seja um número ou uma letra (com exceção das barras).

```
>> CGI.escape_skipping_slashes "/amc/shows/mad men on thursday nights"
=> "/amc/shows/mad+men+on+thursday+nights"
```

Date::Behavior (em ActiveSupport::CoreExtensions)

Métodos de instância públicos

acts_like_date?

Simplesmente retorna true para habilitar o duck-typing mais previsível em classes como Date.

```
>> Date.today.acts_like_date? #=> true
```

Date::Calculations (em ActiveSupport::CoreExtensions)

Habilita o uso de cálculos com objetos Date.

Métodos de instância públicos

+ (other)

O Rails estende o operador + existente de forma que um cálculo since seja executado quando o argumento other for uma instância de ActiveSupport::Duration (o tipo de objeto retornado por métodos como 10.minutes e 9.months).

```
>> Date.today + 1.day == Date.today.tomorrow
=> true
```

advance(options)

Fornece cálculos de Date precisos para anos, meses e dias. O parâmetro options aceita um hash em qualquer uma dessas chaves: :months, :days e :years.

```
>> Date.new(2006, 2, 28) == Date.new(2005, 2, 28).advance(:years => 1)
=> true
```

ago(seconds)

Converte Date para Time (ou DateTime, se necessário) com o período de tempo definido para o começo do dia (0:00) e, então, subtrai o número de segundos especificado.

```
>> Time.local(2005, 2, 20, 23, 59, 15) == Date.new(2005, 2, 21).ago(45)
=> true
```

at_beginning_of_day, at_midnight, beginning_of_day e midnight

Converte Date para Time (ou DateTime, se necessário) com o período de tempo definido para o começo do dia (0:00).

```
>> Time.local(2005,2,21,0,0,0) == Date.new(2005,2,21).beginning_of_day
=> true
```

at_beginning_of_month e beginning_of_month

Retorna um DateTime novo representando o início do mês (primeiro dia do mês; horário definido para 0:00).

```
>> Date.new(2005, 2, 1) == Date.new(2005,2,21).beginning_of_month
=> true
```

at_beginning_of_quarter e beginning_of_quarter

Retorna um Date/DateTime novo representando o início do trimestre com base no calendário (primeiro dia de janeiro, abril, julho e outubro).

```
>> Date.new(2005, 4, 1) == Date.new(2005, 6, 30).beginning_of_quarter
=> true
```

at_beginning_of_week, beginning_of_week e monday

Retorna um Date (ou DateTime) novo representando o início da semana (o cálculo considera a segunda-feira como o primeiro dia da semana)

```
>> Date.new(2005, 1, 31) == Date.new(2005, 2, 4).beginning_of_week
=> true
```

at_beginning_of_year e beginning_of_year

Retorna um Date/DateTime novo representando o início do ano-calendário (primeiro de janeiro).

```
>> Date.new(2005, 1, 1) == Date.new(2005, 2, 22).beginning_of_year
=> true
```

at_end_of_month e end_of_month

Retorna um Date/DateTime novo representando o último dia do mês do calendário.

```
>> Date.new(2005, 3, 31) == Date.new(2005,3,20).end_of_month
=> true
```

change(options)

Retorna um Date novo onde um elemento (ou mais) foi modificado de acordo com o parâmetro das opções.

As opções válidas são :year, :month e :day.

```
>> Date.new(2007, 5, 12).change(:day => 1) == Date.new(2007, 5, 1)
=> true
>> Date.new(2007, 5, 12).change(:year => 2005, :month => 1) == ⊠
Date.new(2005, 1, 12)
=> true
```

end_of_day()

Converte Date para Time (ou DateTime, se necessário) com o período de tempo definido para o final do dia (23:59:59).

```
>> Time.local(2005,2,21,23,59,59) == Date.new(2005, 2, 21).end_of_day
=> true
```

in(seconds) e since(seconds)

Converte Date para Time (ou DateTime, se necessário) com o período de tempo definido para o começo do dia (0:00) e, então, acrescenta o número de segundos especificado.

```
>> Time.local(2005, 2, 21, 0, 0, 45) == Date.new(2005, 2, 21).since(45)
=> true
```

last_month()

Sintaxe açucarada para months_ago(1).

last_year()

Sintaxe açucarada para years_ago(1).

months_ago(months)

Retorna um Date (ou DateTime) novo representando o período em uma quantidade especificada de meses passados.

```
>> Date.new(2005, 1, 1) == Date.new(2005, 3, 1).months_ago(2)
=> true
```

months_since(months)

Retorna um Date (ou DateTime) novo representando o período em uma quantidade especificada de meses que já passaram ou que estão por vir. Forneça um número negativo de meses para voltar ao passado.

```
>> Date.today.months_ago(1) == Date.today.months_since(-1)
=> true
```

next_month()

Sintaxe açucarada para months_since(1).

next_week(day = :monday)

Retorna um Date novo (ou DateTime) representando o início de um determinado dia da próxima semana do calendário. O dia da semana padrão pode ser substituído por um nome de dia simbólico.

```
>> Date.new(2005, 3, 4) == Date.new(2005, 2, 22).next_week(:friday)
=> true
```

next_year()

Sintaxe açucarada para years_since(1).

tomorrow()

Método de conveniência que retorna um Date (ou DateTime) novo representando o período em um dia no futuro.

```
>> Date.new(2007, 3, 2) == Date.new(2007, 2, 28).tomorrow.tomorrow
=> true
```

years_ago(years)

Retorna um Date (ou DateTime) novo representando o período em uma quantidade especificada de anos passados.

```
>> Date.new(2000, 6, 5) == Date.new(2007, 6, 5).years_ago(7)
=> true
```

years_since(years)

Retorna um Date (ou DateTime) novo representando o período em uma quantidade especificada de anos no futuro.

```
>> Date.new(2007, 6, 5) == Date.new(2006, 6, 5).years_since(1)
=> true
```

yesterday()

Método de conveniência que retorna um Date (ou DateTime) novo representando o período em um dia atrás.

```
>> Date.new(2007, 2, 21) == Date.new(2007, 2, 22).yesterday
=> true
```

Date::Conversions (in ActiveSupport::CoreExtensions)

Este módulo mescla métodos em Date que são úteis para obter datas em diferentes representações string convenientes e como outros objetos.

Constantes

A constante DATE_FORMATS mantém um hash de formatos utilizados em conjunto com o método to_formatted_s.

```
DATE_FORMATS = {
  :short => "%e %b",
  :long => "%B %e, %Y",
```

```
  :db => "%Y-%m-%d",
  :long_ordinal => lambda {|date| date.strftime("%B ➪
#{date.day.ordinalize}, %Y") }, # => "April 25th, 2007"
  :rfc822 => "%e %b %Y" }
```

Métodos de instância públicos

to_date

Utilizado para manter os objetos Time, Date e DateTime intercambiáveis em conversões.

to_datetime

Converte um objeto Date em um objeto DateTime do Ruby. O período é configurado para o início do dia.

to_formatted_s(format = :default)

Converte um objeto Date, em sua representação string, de acordo com os formatos predefinidos na constante DATE_FORMATS. (Seu alias é to_s. O alias do to_s original é to_default_s.)

```
def test_to_s
  date = Date.new(2005, 2, 21)
  assert_equal "2005-02-21", date.to_s
  assert_equal "21 Feb", date.to_s(:short)
  assert_equal "February 21, 2005", date.to_s(:long)
  assert_equal "February 21st, 2005", date.to_s(:long_ordinal)
  assert_equal "2005-02-21", date.to_s(:db)
  assert_equal "21 Feb 2005", date.to_s(:rfc822)
end
```

to_time(timezone = :local)

Converte um objeto Date em um objeto Time do Ruby. O período é configurado para o início do dia. O fuso horário pode ser :local ou :utc.

```
>> Time.local(2005, 2, 21) == Date.new(2005, 2, 21).to_time
=> true
```

xmlschema

Retorna uma string que representa o período como definido pelo XML Schema (também conhecido como iso8601):

```
CCYY-MM-DDThh:mm:ssTZD
```

Se o objeto Date for um período UTC, o Z será utilizado como TZD. Caso contrário, [+-]hh:mm será utilizado para indicar a compensação de horas.

DateTime::Calculations (em ActiveSupport::CoreExtensions)

Habilita a utilização de cálculos de tempo dentro do próprio DateTime.

Métodos de instância públicos

at_beginning_of_day, at_midnight, beginning_of_day, midnight

Métodos de conveniência que representam o começo de um dia (00:00). Implementado unicamente como change (:hour => 0).

advance(options)

Utiliza Date para fornecer cálculos precisos de Time para anos, meses e dias. O parâmetro options aceita um hash em qualquer uma destas chaves: :months, :days e :years.

ago(seconds)

Retorna um DateTime novo representando o período em uma quantidade de segundos passados. É o oposto de since.

change(options)

Retorna um DateTime novo onde um elemento (ou mais) foi modificado de acordo com o parâmetro options. As opções de data válidas são :year, :month e :day. As opções de tempo válidas são :hour, :min, :sec, :offset e :start.

end_of_day

Método de conveniência que representa o final do dia (23:59:59). Implementado unicamente como change (:hour => 23, :min => 59, :sec => 59).

seconds_since_midnight

Retorna quantos minutos passaram desde a meia-noite.

since(seconds)

Retorna um DateTime novo representando o período em uma quantidade de segundos desde o período da instância. É o oposto de ago.

DateTime::Conversions (em ActiveSupport::CoreExtensions)

Métodos de instância públicos

readable_inspect

Substitui o método de inspeção padrão por um que possa ser lido por uma pessoa. Fica semelhante a este:

```
Mon, 21 Feb 2005 14:30:00 +0000
```

to_date

Converte self para um objeto Date do Ruby descartando os dados de período.

to_datetime

Retorna self para poder manter as classes Time, Date e DateTime intercambiáveis em conversões.

to_formatted_s(format=:default)

Veja as opções em to_formatted_s da classe Time.

to_time

Tenta converter self para um objeto Time do Ruby. Retorna self se estiver muito longe da classe Time do Ruby. Se self.offset for igual a 0, tentará lançá-lo como um período UTC; caso contrário, tentará lançá-lo no fuso horário local.

Dependencies (em ActiveSupport)

Contém a lógica para o mecanismo de carregamento de classe automático do Rails que é o que torna possível referenciar qualquer constante em caminhos de carregamento variados do Rails sem que seja necessário emitir uma diretiva require. Este módulo se estende *por si só*, um hack muito legal que você pode utilizar com módulos que você quer utilizar em outro lugar do seu código-base de maneira funcional:

```
module Dependencies
  extend self
```

Conseqüentemente, você pode chamar métodos diretamente na constante do módulo, *à la* métodos de classe estática do Java; assim:

```
Dependencies.search_for_file('.erb')
```

Você não deve precisar desse módulo na codificação Rails cotidiana – na maior parte das vezes, ele é para uso interno de Rails e plugins. Ocasionalmente, pode ser útil para entender o mecanismo desse módulo ao depurar problemas complicados de carregamento de classe.

Atributos de módulo

Muitos desses atributos são configurados com base nas opções do Configuration declaradas em seus diversos arquivos de ambiente (como descrito no Capítulo 1, "Configuração e ambientes Rails").

autoloaded_constants

Um array de nomes de constantes qualificados que foi carregado. Acrescentar um nome neste array irá fazer com que seja descarregado na próxima vez que Dependencies for limpa.

clear

Limpa a lista de classes carregadas atualmente e remove as constantes que não podem ser carregadas.

constant_watch_stack

Uma pilha interna utilizada para registrar quais constantes são carregadas por qualquer bloco.

explicitly_unloadable_constants

Um array de nomes de constantes que precisa ser descarregado em cada solicitação. Utilizado para permitir que constantes arbitrárias sejam marcadas para descarregamento.

history

O Set de todos os arquivos que *alguma vez* já foram carregados.

load_once_paths

O Set de diretórios a partir dos quais as constantes carregadas automaticamente são carregadas somente uma vez. Todos os diretórios que estiverem neste local também devem estar presentes em +load_paths+.

load_paths

O Set de diretórios a partir dos quais o Rails pode carregar arquivos automaticamente. Os arquivos que estiverem neste diretório serão recarregados em cada solicitação no modo de desenvolvimento, a menos que o diretório também esteja presente em load_once_paths.

loaded

O Set de todos os arquivos carregados *atualmente*.

log_activity

Configure esta opção como true para habilitar o registro em log de const_missing e carregamentos de arquivo. (O padrão é false).

mechanism

Uma configuração que determina se os arquivos foram carregados (padrão) ou solicitados. Este atributo determina se o Rails recarrega classes por solicitação, como no modo de desenvolvimento.

warnings_on_first_load

Uma configuração que determina se os avisos do Ruby devem ser ativados no primeiro carregamento de arquivos dependentes. O padrão é true.

Métodos de instância públicos

associate_with(file_name)

Invoca depend_on com swallow_load_errors configurado para true. Encapsulado pelo método require_association do Object.

autoload_module!(into, const_name, qualified_name, path_suffix)

Tenta carregar automaticamente o nome do módulo fornecido procurando por um diretório que corresponde ao path suffix esperado. Se for encontrado, o módulo é criado e atribuído as constantes de *into* com o nome +const_name+. Considerando que o diretório tenha sido carregado de um caminho base recarregável, ele é acrescentado ao conjunto de constantes que serão descarregadas.

autoloadable_module?(path_suffix)

Verifica se o path_suffix fornecido corresponde a um módulo autocarregável. Em vez de retornar um valor booleano, retorna a base de carregamento automático para este módulo.

autoloaded?(constant)

Determina se o atributo *constant* especificado foi carregado automaticamente.

depend_on(file_name, swallow_load_errors = false)

Procura pelo file_name especificado e utiliza require_or_load para estabelecer uma dependência nova. O argumento swallow_load_errors especifica se LoadError deve ser omitido. Encapsulado pelo método require_dependency do Object.

load?

Retorna true se mechanism estiver configurado para :load.

load_file(path, const_paths = loadable_constants_for_path(path))

Carrega o arquivo no path especificado. Um conjunto de nomes de constante, const_paths é completamente qualificado para carregar. Quando o arquivo estiver sendo carregado, Dependencies irá vigiar a adição destas constantes. Cada uma que for definida será marcada como autocarregável e será removida da próxima vez que Dependencies.clear for chamado.

Se o segundo parâmetro for omitido, Dependencies irá construir um conjunto de nomes que o arquivo em path possa definir. Veja loadable_constants_for_path para obter mais detalhes.

load_once_path?(path)

Retorna true se o path especificado aparecer na lista load_once_path.

load_missing_constant(mod, const_name)

Carrega a constante chamada const_name que está ausente em *mod*. Se não for possível carregar a constante de mod, tente seu módulo pai chamando const_missing.

loadable_constants_for_path(path, bases = load_paths)

Retorna um array de constantes com base em um path de sistema de arquivo especificado para um arquivo Ruby, o que pode fazer com que Dependencies tente carregar o arquivo.

mark_for_unload(constant)

Marca o atributo *constant* especificado para descarregamento. A constante será descarregada em cada solicitação, não apenas na próxima.

new_constants_in(*descs) {...}

Executa o bloco fornecido e detecta as constantes novas que foram carregadas durante a execução. As constantes podem ser consideradas *novas* somente uma vez. Se o bloco chamar new_constants_in novamente, as constantes definidas dentro da chamada interna não serão reportadas neste bloco.

Se o bloco fornecido não executar por completo e, em vez disso, causar uma exceção, qualquer constante nova será considerada como parcialmente definida e será removida imediatamente.

qualified_const_defined?(path)

Retorna true se o caminho de constante definido for *defined?*

qualified_name_for(parent_module, constant_name)

Retorna um caminho qualificado para o parent_module e constant_name especificados.

remove_unloadable_constants!

Remove as constantes que foram carregadas automaticamente e aquelas que foram marcadas para descarregamento.

require_or_load(file_name, const_path = nil)

Implementa o mecanismo de carregamento de classe principal. Encapsulado pelo método require_or_load de Object.

search_for_file(path_suffix)

Busca um arquivo em load_paths que corresponda ao path_suffix fornecido.

will_unload?(constant)

Retorna true se a constante especificada estiver na fila para o descarregamento na próxima solicitação.

Deprecation (em ActiveSupport)

Este módulo fornece aos desenvolvedores de aplicação Rails um mecanismo formal que permite declarar explicitamente quais métodos são desaprovados para uso. (Desaprovar, neste caso, significa *marcar para futura eliminação)*. O Rails registrará uma mensagem de aviso quando métodos desaprovados forem chamados.

Tudo o que você precisa fazer para marcar um método como desaprovado é chamar *deprecate* e passar-lhe o nome do método como um símbolo. Tenha certeza de acrescentar sua chamada para deprecate *depois da definição do método.*

```
deprecate :subject_of_regret
```

O método deprecate é misturado na classe Module do Ruby para que esteja disponível em qualquer lugar.

Deprecation::Assertions (em ActiveSupport)

Este módulo fornece as asserções que permitem testar a desaprovação de métodos.

Métodos de instância públicos

assert_deprecated(match = nil) { ... }

Declara que o código no bloco ativou um aviso de desaprovação. O argumento match opcional permite que a asserção seja mais específica para um determinado nome de método. Apenas forneça uma expressão regular para ser utilizada na comparação do nome do(s) método(s) esperado(s) para ser desaprovado.

```
def test_that_subject_of_regret_is_deprecated
  assert_deprecated do
    subject_of_regret
  end
end
```

assert_not_deprecated { ... }

Declara que o código no bloco não utiliza nenhum método desaprovado.

Duration (em ActiveSupport)

Fornece cálculos de data e horário precisos utilizando o método advance de Date e Time. Suporta principalmente os métodos em Numeric, como neste exemplo:

```
1.month.ago # equivalent to Time.now.advance(:months => -1)
```

Métodos de instância públicos

+ (other)

Acrescenta outro Duration ou outro Numeric a este Duration. Os valores de Numeric são tratados como segundos.

- (other)

Subtrai outro Duration ou outro Numeric a este Duration. Os valores de Numeric são tratados como segundos.

ago(time = Time.now)

Calcula um Time ou Date novo que está tão distante no passado quanto este Duration representa.

```
birth = 35.years.ago
```

from_now(time = Time.now)

Alias. para since, que lê mais naturalmente ao utilizar o padrão Time.now como o argumento time.

```
expiration = 1.year.from_now
```

inspect

Calcula o tempo resultante de uma expressão Duration e o formata como uma string apropriada para exibição no console. (Lembre-se que os consoles IRB e Rails invocam inspect automaticamente em objetos retornados para eles. Você pode utilizar esse artifício em seus próprios objetos.)

```
>> 10.years.ago
=> Sun Aug 31 17:34:15 -0400 1997
```

since(time = Time.now)

Calcula um Time ou Date novo que estão tão distantes no futuro quanto este.

Duration representa.

```
expiration = 1.year.since(account.created_at)
```

until(time = Time.now)

Alias para ago. Lê um pouco mais naturalmente. ao especificar um argumento time em vez de utilizar o valor padrão, Time.now.

```
membership_duration = created_at.until(expires_at)
```

Enumerable

Extensões para o módulo Enumerable embutido no Ruby, que fornece arrays e outros tipos de capacidades de iteração de coleções.

group_by(&block)

Reúne um enumerável em conjuntos, agrupados pelo resultado de um bloco. Útil, por exemplo, para agrupar registros por data desta maneira:

```
latest_transcripts.group_by(&:day).each do |day, transcripts|
  puts "[#{day}] #{transcripts.map(&:class).join ', '}"
end

"[2006-03-01] Transcript"
"[2006-02-28] Transcript"
"[2006-02-27] Transcript, Transcript"
"[2006-02-26] Transcript, Transcript"
"[2006-02-25] Transcript"
"[2006-02-24] Transcript, Transcript"
"[2006-02-23] Transcript"
```

Utiliza group_by do próprio Ruby em versões 1.9 e superiores.

sum(default = 0, &block)

Calcula um total a partir de elementos de um enumerável, com base em um bloco.

```
payments.sum(&:price)
```

É mais fácil de entender do que o mal feito método inject do Ruby:

```
payments.inject { |sum, p| sum + p.price }
```

Utilize sintaxe de bloco completa (em vez de utilizar o hack to_proc) para fazer cálculos mais complicados:

```
payments.sum { |p| p.price * p.tax_rate }
```

Além disso, sum pode calcular resultados sem a necessidade de um bloco:

```
[5, 15, 10].sum # => 30
```

O padrão *identity* (um modo especial de dizer "o cálculo de uma lista vazia") é 0. Entretanto, você pode substituí-lo por qualquer coisa que deseje passando um argumento default:

```
[].sum(Payment.new(0)) { |i| i.amount } # => Payment.new(0)
```

index_by

Converte um enumerável para um hash, com base em um bloco que identifica as chaves. A utilização mais comum é com um nome de atributo único:

```
>> people.index_by(&:login)
=> { "nextangle" => <Person ...>, "chad" => <Person ...>}
```

Utilize sintaxe de bloco completa (em vez de utilizar o hack to_proc) para gerar chaves mais complexas:

```
>> people.index_by { |p| "#{p.first_name} #{p.last_name}" }
=> {"Chad Fowler" => <Person ...>, "David Hansson" => <Person ...>}
```

Exception

Extensões para a classe Exception do Ruby.

Métodos de instância públicos

application_backtrace

Retorna o backtrace de uma exceção sem linhas apontando para arquivos nos seguintes diretórios: generated, vendor, dispatch, ruby ou script.

blame_file!(file)

Utilizado para culpar um arquivo específico como sendo a fonte da exceção.

blamed_files

Retorna o array de arquivos que receberam a culpa de ser a fonte de uma exceção.

copy_blame!(other)

Copia um array dos arquivos culpados de uma exceção para outra.

framework_backtrace

O oposto de application_backtrace: retorna o backtrace de uma exceção *somente* com linhas apontando para arquivos nos seguintes diretórios: generated, vendor, dispatch, ruby ou script.

FalseClass

Lembre-se que tudo no Ruby é um objeto, até mesmo o literal *false*, que é uma referência especial a uma instância única de FalseClass.

Métodos de instância públicos

blank?

Sempre retorna true.

File

Fornece um método atomic_write para a classe File do Ruby.

Métodos de instância públicos

atomic_write(file_name, temp_dir = Dir.tmpdir)

Escreve para um arquivo de forma atômica, escrevendo primeiro para um arquivo temporário e depois renomeando para o arquivo de destino file_name. Útil para situações em que é preciso evitar totalmente outros processos ou threads de ver arquivos escritos pela metade.

```
File.atomic_write("important.file") do |file|
  file.write("hello")
end
```

Se seu diretório *temp* não estiver no mesmo sistema de arquivo que o arquivo para o qual você está tentando escrever, você pode fornecer um diretório temporário diferente com o argumento temp_dir.

```
File.atomic_write("/data/something.imporant", "/data/tmp") do |f|
  file.write("hello")
end
```

Hash

Hashes são utilizados por todo o Rails. Mesmo assim, o ActiveSupport acrescenta somente um método extra diretamente para suas classes.

blank?

Apelido para *empty?* e retorna true se o hash não tiver elementos.

Hash::ClassMethods (em ActiveRecord::CoreExtensions)

Fornece um método from_xml que pode transformar rapidamente um XML formatado adequadamente em uma estrutura hash aninhada.

from_xml(xml)

Analisa arbitrariamente as strings de XML markup em hashes e arrays do Ruby aninhados. Funciona muito bem para a integração rápida e suja de serviços web do estilo REST.

Aqui está um exemplo rápido no console com algum conteúdo XML aleatório. É necessário somente que o XML seja um markup bem formado.

```
>> xml = %(<people>
  <person id="1">
    <name><family>Boss</family> <given>Big</given></name>
    <email>chief@foo.com</email>
    </person>
    <person id="2">
      <name>
       <family>Worker</family>
       <given>Two</given></name>
      <email>two@foo.com</email>
    </person>
</people>)

=> "<people>...</people>"
>> h = Hash.from_xml(xml)
=> {"people"=>{"person"=>[{"name"=>{"given"=>"Big", "family"=>"Boss"},
"id"=>"1", "email"=>"chief@foo.com"}, {"name"=>{"given"=>"Two",
"family"=>"Worker"}, "id"=>"2", "email"=>"two@foo.com"}]}}
```

Agora, você pode acessar facilmente os dados a partir do XML:

```
>> h["people"]["person"].first["name"]["given"] => "Big"
```

Hash::Conversions (em ActiveSupport::CoreExtensions)

Fornece métodos para transformações de hashes em outros formatos.

Constantes

O hash XML_TYPE_NAMES mostra como as classes Ruby são mapeadas para tipos XML schema.

```
XML_TYPE_NAMES = {
  "Fixnum" => "integer",
  "Bignum" => "integer",
  "BigDecimal" => "decimal",
  "Float" => "float",
```

```
    "Date" => "date",
    "DateTime" => "datetime",
    "Time" => "datetime",
    "TrueClass" => "boolean",
    "FalseClass" => "boolean"
  }
```

O hash XML_FORMATTING contém o conjunto de procs que são utilizados para converter certos tipos de objetos Ruby para representações de valor de string XML.

```
  XML_FORMATTING = {
    "date" => Proc.new { |date| date.to_s(:db) },
    "datetime" => Proc.new { |time| time.xmlschema },
    "binary" => Proc.new { |binary| Base64.encode64(binary) },
    "yaml" => Proc.new { |yaml| yaml.to_yaml }
```

O hash XML_PARSING contém o conjunto de procs utilizados para converter valores de string XML em objetos Ruby.

```
  XML_PARSING = {
    "date" => Proc.new { |date| ::Date.parse(date) },
    "datetime" => Proc.new { |time| ::Time.parse(time).utc },
    "integer" => Proc.new { |integer| integer.to_i },
    "float" => Proc.new { |float| float.to_f },
    "decimal" => Proc.new { |number| BigDecimal(number) },
    "boolean" => Proc.new do |boolean|
      %w(1 true).include?(boolean.strip)
    end,
    "string" => Proc.new { |string| string.to_s },
    "yaml" => Proc.new { |yaml| YAML::load(yaml) rescue yaml },
    "base64Binary" => Proc.new { |bin| Base64.decode64(bin) },
    "file" => Proc.new do |file, entity|
      f = StringIO.new(Base64.decode64(file))
      eval "def f.original_filename()
        '#{entity["name"]}' || 'untitled'
      end"
      eval "def f.content_type()
        '#{entity["content_type"]}' || 'application/octet-stream'
      end"
      f
```

```
  end
}

XML_PARSING.update(
  "double" => XML_PARSING["float"],
  "dateTime" => XML_PARSING["datetime"]
)
```

Métodos de instância públicos

to_query

Reúne chaves e valores de um hash e cria uma string utilizando os caracteres & e =.

```
>> {:foo => "hello", :bar => "goodbye"}.to_query
=> "bar=goodbye&foo=hello"
```

to_xml(options={})

Reúne chaves e valores de um hash e cria uma representação XML simples.

```
>> print ({:greetings => {
              :english => "hello",
              :spanish => "hola"}}).to_xml
<?xml version="1.0" encoding="UTF-8"?>
<hash>
  <greetings>
    <english>hello</english>
    <spanish>hola</spanish>
  </greetings>
</hash>
```

Veja a descrição do método to_xml de Array::Conversions para obter uma lista de opções completa.

Hash::Diff (em ActiveSupport::CoreExtensions)

Fornece um método para obter a diferença entre um hash e outro.

diff(hash2)

Um método para obter a diferença entre um hash e outro. Retorna a diferença entre um hash e outro hash transmitido como um parâmetro.

Um exemplo rápido no console:

```
>> {:a => :b}.diff({:a => :b})
=> {}
>> {:a => :b}.diff({:a => :c})
=> {:a=>:b}
```

Hash::Except (em ActiveSupport::CoreExtensions)

Retorna um hash que inclui quase tudo, exceto as chaves fornecidas. Útil para excluir rapidamente determinados valores de chave de um hash, desta forma:

```
@person.update_attributes(params[:person].except(:admin))
```

Métodos de instância públicos

except(*keys)

Retorna um hash novo sem as chaves especificadas deixando o original sem modificações.

except!(*keys)

Remove destrutivamente as chaves especificadas do hash.

Hash::Keys (em ActiveSupport::CoreExtensions)

Fornece métodos que funcionam nas chaves de um hash. Os métodos stringify e symbolize são utilizados intensivamente por todo o código-base Rails. Por esse motivo ele geralmente não se importa se você transmite nomes de opção como strings ou símbolos.

Você pode utilizar o método assert_valid_keys em seu próprio código de aplicação que aceita hashes de opção do estilo Rails.

Métodos de instância públicos

assert_valid_keys(*valid_keys)

Gera um ArgumentError se o hash contiver qualquer chave que não seja especificada em valid_keys.

```
def my_method(some_value, options={})
  options.assert_valid_keys(:my_conditions, :my_order, ...)
  ...
end
```

stringify_keys

Retorna uma nova cópia do hash com todas as chaves convertidas em strings.

stringify_keys!

Converte destrutivamente todas as chaves do hash em strings.

symbolize_keys and to_options

Retorna um hash novo com todas as chaves convertidas em símbolos.

symbolize_keys! and to_options!

Converte destrutivamente todas as chaves do hash em símbolos.

Hash::ReverseMerge (em ActiveSupport::CoreExtensions)

Considera a mesclagem inversa, na qual as chaves no hash de chamada é que são convertidas no other_hash. Isso é útil principalmente para inicializar um hash de opção de entrada com valores padrão desta forma:

```
def setup(options = {})
  options.reverse_merge! :size => 25, :velocity => 10
end
```

No exemplo, os padrões :size e :velocity são definidos somente se as opções transmitidas ainda não tiverem essas chaves definidas.

Métodos de instância públicos

reverse_merge(other_hash)

Retorna uma versão mesclada de dois hashes utilizando valores no other_hash como padrão e deixando o hash original sem modificações.

reverse_merge!(other_hash) and reverse_update

Versões destrutivas de reverse_merge. Ambas modificam o hash original de maneira adequada.

Hash::Slice (em ActiveSupport::CoreExtensions)

Métodos para dividir um hash para incluir somente as chaves especificadas. Útil para limitar um hash de opções para chaves válidas antes de transmitir a um método, desta forma:

```
def search(criteria = {})
  assert_valid_keys(:mass, :velocity, :time)
end

search(options.slice(:mass, :velocity, :time))
```

Métodos de instância públicos

slice(*keys)

Retorna um hash novo contendo somente chaves especificadas.

slice!(*keys)

Versão destrutiva do slice. Modifica o hash original de forma apropriada removendo qualquer chave que não tenha sido especificada em keys.

HashWithIndifferentAccess

Uma subclasse de Hash utilizada internamente pelo Rails. Como declarado no arquivo fonte:

> Essa classe possui semânticas duvidosas e nós a temos somente para que as pessoas possam escrever params[:key] em vez de escrever params['key'].

Inflector::Inflections (em ActiveSupport)

A classe Inflections transforma palavras do singular para o plural, nomes de classe para nomes de tabela, nomes de classe modularizados para nomes de classe que não o sejam e nomes de classe para chaves estrangeiras. As flexões padrão para pluralização, singularização e palavras incontáveis são mantidas em activesupport/lib/active_support/inflections.rb.

Uma instância única de Inflections é gerada por Inflector.inflections que pode, então, ser utilizada para especificar regras de flexão adicionais em seu arquivo config/environment.rb.

Observe alguns exemplos:

```
Inflector.inflections do |inflect|
  inflect.plural /^(ox)$/i, '\1en'
  inflect.singular /^(ox)en/i, '\1'
  inflect.irregular 'octopus', 'octopi'
  inflect.uncountable "equipment"
end
```

Novas regras são acrescentas na parte superior. Dessa forma, no exemplo, a regra irregular para "octopus" será, agora, a primeira das regras de pluralização e singularização que serão verificadas quando ocorrer uma flexão. Este modo do Rails pode garantir que suas regras executem antes de qualquer regra que já tenha sido carregada.

Métodos de instância públicos

Esta referência da API lista os próprios métodos de flexões nos módulos onde eles são realmente utilizados: Numeric::Inflections e String::Inflections.

irregular(singular, plural)

Especifica um irregular novo que aplica tanto a pluralização como a singularização ao mesmo tempo. Os argumentos singular e plural devem ser strings, não expressões regulares. Simplesmente passe a palavra irregular nas formas singular e plural.

```
irregular 'octopus', 'octopi'
irregular 'person', 'people'
```

plural(rule, replacement)

Especifica uma regra de pluralização nova e sua substituição. Nesse caso, *rule* pode ser uma string ou uma expressão regular e *replacement* sempre deve ser uma string e pode incluir referências aos dados que correspondem à regra utilizando a sintaxe barra invertida-número, desta forma:

```
Inflector.inflections do |inflect|
  inflect.plural /^(ox)$/i, '\1en'
end
```

singular(rule, replacement)

Especifica uma regra de singularização nova e sua substituição. Nesse caso, *rule* pode ser uma string ou uma expressão regular e *replacement* sempre deve ser uma string e pode incluir referências aos dados que correspondem à regra utilizando a sintaxe barra invertida-número, desta forma:

```
Inflector.inflections do |inflect|
  inflect.singular /^(ox)en/i, '\1'
end
```

uncountable(*words)

Acrescenta palavras incontáveis que não devem ser flexionadas na lista de regras de flexão.

```
uncountable "money"
uncountable "money", "information"
uncountable %w( money information rice )
```

Integer::EvenOdd (em ActiveSupport::CoreExtensions)

Métodos para verificar se um inteiro é par, ímpar ou um múltiplo de outro número.

even?

Retorna true se o inteiro for par. Zero é considerado par.[1]

```
1.even? # => false
```

multiple_of?(number)

Retorna true se o inteiro for um múltiplo de outro número.

```
9.multiple_of? 3 # => true
```

odd?

Retorna true se o inteiro for ímpar.

```
1.odd? # => false
```

Integer::Inflections (em ActiveSupport::CoreExtensions)

Fornece uma inflexão ordinal para inteiros do Ruby.

Métodos de instância públicos

ordinalize

Transforma um inteiro em uma string *ordinal* utilizada para denotar a posição em uma seqüência ordenada como 1º, 2º, 3º, 4º.

```
1.ordinalize # => "1st"
2.ordinalize # => "2nd"
1002.ordinalize # => "1002nd"
1003.ordinalize # => "1003rd"
```

JSON (em ActiveSupport)

JSON significa "JavaScript Object Notation" e pode ser utilizado para serializar dados. É mais leve que XML e facilmente analisado por intérpretes JavaScript, uma vez que ele é o formato literal do objeto em JavaScript.

```
{ drink: "too much", smoke: "too much" }
```

O Ruby pode melhorar o suporte embutido para JSON nas versões 1.9 e nas anteriores, uma vez que a notação hash que parece com o JavaScript está sendo acrescentada à linguagem .

```
{ :drink: "too much", :smoke: "too much" } # valid hash in Ruby 1.9
```

Recentemente, o JSON tem se tornado um transporte de dados popular para aplicações Ajax. O Capítulo 12, "Ajax on Rails", tem uma seção específica sobre o JSON.

Constantes

As palavras a seguir causarão problemas caso você tente utilizá-las como identificadores em seus dados codificados em JSON, pois são palavras reservadas do JavaScript.

```
RESERVED_WORDS = %w(
  abstract      delete      goto          private       transient
  boolean       do          if            protected     try
  break         double      implements    public        typeof
  byte          else        import        return        var
  case          enum        in            short         void
  catch         export      instanceof    static        volatile
  char          extends     int           super         while
  class         final       interface     switch        with
  const         finally     long          synchronized
  continue      float       native        this
  debugger      for         new           throw
  default       function    package       throws
)
```

Atributos do módulo

unquote_hash_key_identifiers

Quando esse atributo é configurado para true, o método to_json em Hash omitirá a string entre aspas ou chaves símbolo, contanto que as chaves resultantes sejam identificadores JavaScript válidos. Note que isso é um JSON tecnicamente inadequado (é necessário que todas as chaves do objeto estejam entre aspas), portanto, se você precisar da conformidade JSON completa, configure esta opção para false.

```
ActiveSupport::JSON.unquote_hash_key_identifiers = false
```

Métodos de classe

decode(json)

Converte uma string JSON em um objeto Ruby. A decodificação é realizada pela conversão intermediária para YAML, que é muito próximo de JSON, sintaticamente falando.

Caso seja fornecido um JSON inválido, vai gerar ParseError.

encode(object)

Converte um objeto Ruby para uma string de JSON.

```
>> print ActiveSupport::JSON.encode(:drink => "too much")
{drink: "too much" }
```

Na prática, pode ser bastante difícil codificar modelos ActiveRecord como JSON porque as associações conduzem a dependências circulares:

```
ActiveSupport::JSON::CircularReferenceError: object references itself
```

Escrever classes Ruby personalizadas que contenham somente os dados que você precisa serializar é uma possível solução.

reserved_word?(word)

Retorna true se word for uma palavra reservada do JavaScript e deve causar problemas se for utilizada em dados codificados em JSON.

valid_identifier?(str)

Retorna true se str for um identificador JSON válido (incluindo a verificação da palavra reservada).

Kernel

Métodos adicionados a classe Kernel do Ruby estão disponíveis em todos os contextos.

daemonize

Transforma o script atual em um processo daemon que se separa do console. Pode ser encerrado com um sinal TERM.

O código fornece quase todas as explicações de que você precisa:

```
def daemonize
  exit if fork # Parent exits, child continues
  Process.setsid # Become session leader
  exit if fork # Zap session leader
  Dir.chdir "/" # Release old working directory
  File.umask 0000 # Ensure sensible umask
  STDIN.reopen "/dev/null" # Free file descriptors and...
  STDOUT.reopen "/dev/null", "a" # point them somewhere sensible.
  STDERR.reopen STDOUT # TODO: better to go to a logfile
  trap("TERM") { exit }
end
```

debugger

Inicia uma sessão de depuração se ruby-debug tiver sido carregado. Chama script/server – debugger para iniciar o Mongrel com o depurador. (Somente em Rails 2.0).

enable_warnings {...}

Configura $VERBOSE para true pela duração do bloco e depois volta para o seu valor original.

require_library_or_gem

Solicita uma biblioteca com fallback para RubyGems. Os avisos durante o carregamento da biblioteca são silenciados para aumentar o sinal/barulho para avisos de aplicação.

silence_stream(stream) { ... }

Silencia qualquer fluxo de dados pela duração do bloco.

```
silence_stream(STDOUT) do
  puts 'This will never be seen'
end

puts 'But this will'
```

silence_warnings { ... }

Configura $VERBOSE para false pela duração do bloco e depois volta para o seu valor original.

suppress(*exception_classes) { ... }

Um método que deveria ser denominado swallow. Suprime a produção de qualquer classe de exceção especificada em um bloco. Utilize com cautela!

Logger

Extensões para o registrador embutido no Ruby. É acessível pela propriedade logger em diversos contextos do Rails, tais como modelos ActiveRecord e classes de controlador. Sempre acessível por meio da constante RAILS_DEFAULT_LOGGER. O uso do registrador é explicado no Capítulo 1.

Para utilizar o formatador de registro padrão como definido no núcleo Ruby, você precisa configurar um formatador para o registrador como no exemplo seguinte:

```
logger.formatter = Formatter.new
```

Você pode, então, especificar propriedades como o formato de data e hora. Por exemplo:

```
logger.datetime_format = "%Y-%m-%d"
Métodos de instância públicos
```

around_debug(start_message, end_message) { ... }

Simplifica o padrão mais comum de encapsular algumas linhas de código em comentários que indicam o começo e o fim de uma rotina, conforme o exemplo:

```
logger.debug "Start rendering component (#{options.inspect}): "
result = render_component_stuff(...)
```

```
logger.debug "\n\nEnd of component rendering"
result
```

O mesmo código seria escrito com around_debug desta forma:

```
around_debug "Start rendering component (#{options.inspect}):",
             "End of component rendering" do
  render_component_stuff(...)
end
```

around_error, around_fatal, e around_info

Vê como um around_debug a menos que haja um nível de log diferente.

datetime_format

Obtém o formato de data e hora do registro. Retorna nil se o formatador não suportar a formatação data e hora.

datetime_format=(datetime_format)

Configura a string de formato transmitida para strftime para gerar a string de marcação de horário do registro.

formatter

Obtém o formatador atual. O formatador padrão do Rails é um SimpleFormatter que exibe somente a mensagem de registro.

silence(temporary_level = Logger::ERROR)

Silencia o registrador pela duração de um bloco fornecido.

```
RAILS_DEFAULT_LOGGER.silence do
  # some particularly verbose (or secret) operation
end
```

Module

Extensões para a classe Module do Ruby, disponíveis em todos os contextos.

Métodos de instância públicos

alias_attribute(new_name, old_name)

Esse método extremamente útil permite que você crie, facilmente, aliases para atributos, incluindo seus métodos de leitura, escrita e consulta.

No exemplo a seguir, a classe Content está servindo como a classe base para E-mail utilizando STI, mas os e-mails precisam ter um assunto, não um título:

```
class Content < ActiveRecord::Base
  # has column named 'title'
end

class Email < Content
  alias_attribute :subject, :title
end
```

Como resultado do alias_attribute, você pode ver no exemplo a seguir que os atributos title e subject tornam-se permutáveis:

```
>> e = Email.find(:first)

>> e.title
=> "Superstars"
>> e.subject
=> "Superstars"

>> e.subject?
=> true

>> e.subject = "Megastars"
=> "Megastars"

>> e.title
=> "Megastars"
```

alias_method_chain(target, feature)

Encapsula o seguinte modelo comum:

```
alias_method :foo_without_feature, :foo
alias_method :foo, :foo_with_feature
```

Com alias_method_chain você simplesmente cria uma linha de código e ambos aliases são configurados para você:

```
alias_method_chain :foo, :feature
```

Métodos com ponto de interrogação e exclamação têm a mesma pontuação. A sintaxe

```
alias_method_chain :foo?, :feature
```

é equivalente a

```
alias_method :foo_without_feature?, :foo?
alias_method :foo?, :foo_with_feature?
```

Portanto, você pode encadear foo, foo? e foo! com segurança.

as_load_path

Retorna a string do caminho carregado correspondente a esse módulo.

attr_accessor_with_default(sym, default = nil, &block)

Declara um atributo acessador com um valor de retorno padrão inicial.

Para fornecer o valor inicial 25 ao atributo :age, você deveria escrever o seguinte:

```
class Person
  attr_accessor_with_default :age, 25
end
```

Para fornecer um valor padrão dinâmico ao atributo :element_name, avaliado no próprio escopo, você deveria escrever:

```
attr_accessor_with_default(:element_name) { name.underscore }
```

attr_internal

Alias para attr_internal_accessor.

attr_internal_accessor(*attrs)

Declara atributos suportados por nomes de variáveis de instância *internas* (utilizando uma convenção de nome @ _). Basicamente, é um mecanismo para aumentar o acesso controlado para atributos sensíveis.

Por exemplo, copy_instance_variables_from do Object não irá copiar variáveis de instância internas.

attr_internal_reader(*attrs)

Declara um atributo de leitura suportado por uma variável de instância chamada internamente.

attr_internal_writer(*attrs)

Declara um atributo de escrita suportado por uma variável de instância chamada internamente.

const_missing(class_id)

A chamada de retorno const_missing é invocada quando o Ruby não pode encontrar uma determinada constante no escopo atual, o que torna o carregamento de classe automático possível no Rails. Veja o módulo Dependencies para obter mais detalhes.

delegate(*methods)

Fornece um método de classe de delegação para expor facilmente os métodos contidos em objetos. Transmite um ou mais métodos (especificados como símbolos ou strings) e o nome do objeto de destino conforme a opção final :to (também um símbolo ou uma string). Pelo menos um método e a opção :to são exigidos.

A delegação é útil principalmente em conjunto com as associações ActiveRecord:

```
class Greeter < ActiveRecord::Base
  def hello
    "hello"
  end

  def goodbye
    "goodbye"
  end
end
  class LazyFoo < ActiveRecord::Base
    belongs_to :greeter
    delegate :hello, :to => :greeter
  end
```

São permitidas delegações múltiplas para o mesmo destino:

```
class Foo < ActiveRecord::Base
  belongs_to :greeter
  delegate :hello, :goodbye, :to => :greeter
end
```

deprecate(*method_names)

Declara que o método foi desaprovado. Veja Deprecation para obter mais informações e instruções de uso.

included_in_classes

Retorna uma lista de classes, na qual esse módulo está incluído, utilizando o ObjectSpace do Ruby.

local_constants

Retorna as constantes que foram definidas localmente por este objeto e não em um antecessor. Este método pode deixar passar algumas constantes se suas definições no antecessor forem idênticas a suas definições no receptor.

mattr_accessor(*syms)

Define um ou mais métodos de escrita e de leitura de atributo do módulo no estilo dos acessores attr* nativos para atributos de instância.

mattr_reader(*syms)

Define um ou mais métodos de leitura de atributo do módulo.

mattr_writer(*syms)

Define um ou mais métodos de escrita de atributo do módulo.

parent

Retorna o módulo que o contém; se for um módulo raiz como ::MyModule, então, o Object é retornado.

parents

Retorna todos os pais desse módulo, ordenados a partir do aninhado para fora. O receptor não está contido no resultado.

unloadable(const_desc = self)

Marca uma determinada constante como não-carregável para ser removida toda vez que as dependências de tempo forem limpas. Veja unloadable em Object para obter mais detalhes.

MissingSourceFile

O LoadError gerado pelo Rails quando seu mecanismo de carregamento de classe baseado em nome não consegue encontrar uma classe. A explicação sobre a forma como o Rails procura e carrega classes está no Capítulo 1, na seção "Rails, módulos e código de carregamento automático".

Multibyte::Chars (em ActiveSupport)

O proxy chars permite que você trabalhe de forma transparente com codificações multibyte na classe String do Ruby sem ter um conhecimento amplo sobre codificação.

Um objeto Chars aceita uma string sujeita a inicialização e delega métodos String em uma maneira segura de codificação. Todos os métodos String normais são delegados pelo objeto Chars e podem ser acessados pelo método chars. Métodos que normalmente retornariam um objeto String, retornam, agora, um objeto Chars de forma que os métodos possam ser encadeados de forma segura.

```
>> "The Perfect String".chars.downcase.strip.normalize
=> "the perfect string"
```

Os objetos Chars podem ser trocados perfeitamente por objetos String enquanto nenhuma verificação de classe explícita for feita. Se determinados métodos verificarem a classe explicitamente, chamar to_s antes de passar-lhes os objetos Chars, irá retornar para um objeto String normal:

```
bad.explicit_checking_method("T".chars.downcase.to_s)
```

As operações atuais na string são delegadas aos manipuladores. Estes, teoricamente, podem ser implementados para qualquer codificação, mas o manipulador padrão controla o UTF -8 e é definido durante a inicialização.

Note que alguns métodos estão definidos em Chars em vez de serem definidos no manipulador porque eles estão definidos no Objeto ou no Kernel e method_missing (o método utilizado para delegação) não pode capturá-los.

Métodos de classe

handler=(klass)

Se você quiser implementar seu próprio manipulador ou utilizar um de terceiros, você pode defini-lo manualmente na classe Chars:

```
ActiveSupport::Multibyte::Chars.handler = MyHandler
```

Observe a fonte UTF8Handler para um exemplo de implementação de seu próprio manipulador. Se você implementá-lo para funcionar em qualquer coisa que não seja UTF-8, provavelmente, também irá querer substituir o handler em Chars.

Métodos de instância públicos

<=> (other)

Retorna -1, 0 ou +1 dependendo se o objeto Chars é classificado antes, igual ou depois do objeto ao lado direito da operação. Em outras palavras, ele funciona exatamente como você espera que ele funcione.

=~ (other)

Como a versão de String, somente este método retorna o caractere em atraso (em codepoints) em vez de retornar um cursor corrente.

gsub(*a, &b)

Funciona exatamente como gsub em uma string normal.

handler

Retorna o manipulador apropriado para a string contida conforme $KCODE e a codificação da string. Este método é utilizado internamente pelo Rails para, dependendo do contexto, sempre redirecionar mensagens às classes apropriadas.

method_missing(m, *a, &b)

Tenta encaminhar todos os métodos indefinidos ao manipulador designado. Quando um método não é definido no manipulador, ele o envia para a string contida. Responsável também por fazer os métodos bang (!) destrutivos, uma vez que um manipulador não tem acesso para alterar uma instância de string final.

respond_to?(method)

Torna possível o duck-typing com String.

split(*args)

Funciona exatamente como o método split de String normal, com a exceção que os itens na lista de resultado sejam instâncias Chars em vez de String. Isso torna as chamadas de encadeamento mais fáceis.

string

A instância String contida. Você não precisa fazer nada com ela através do objeto Chars.

NilClass

Lembre-se que tudo em Ruby é um objeto. Até mesmo nil, que é uma referência especial a uma instância exclusiva de NilClass.

Além de *blank?*, as extensões para nil tentam gerar mensagens de erro mais descritivas para ajudar os novatos do Rails. O objetivo é garantir que, nos casos em que os desenvolvedores acidentalmente passem nil para métodos, em vez de NoMethodError e o nome de algum método utilizado pelo framework eles vejam uma mensagem que explica qual tipo de objeto era esperado. O comportamento foi denominado *whiny nil* (*nil reclamão*) como uma piada entre o grupo.

A mágica de deixar passar um método é utilizada para capturar o método que foi invocado erroneamente em nil. O nome de método é procurado em um hash que contém nomes de método indexados a classes do Rails de forma que uma sugestão útil possa ser tentada.

Se você já programou um pouco em Rails provavelmente está familiarizado com o resultado deste processo de erro-ajuda como descrição de um NoMethodError:

Você tem um objeto nil quando nem esperava por ele! Você teria esperado uma instância de class_ name. O erro ocorreu ao avaliar nil.*method_name*.

O comportamento *whiny nil* pode ser controlado nas configurações de ambiente individuais com a seguinte linha:

```
config.whiny_nils = true
```

Por padrão, no Rails ele é configurado para true nos modos de desenvolvimento e de teste e para false no modo de produção.

Métodos de instância públicos

blank?

Sempre retorna true.

id

Gera uma mensagem em termos de: Called id for nil, which would mistakenly be 4 -- if you really wanted the id of nil, use object_id.

Numeric

Assim como o Hash, o ActiveSupport acrescenta diretamente somente o método blank? à classe Numeric.

Métodos de instância públicos

blank?

Sempre retorna false.

Numeric::Bytes (em ActiveSupport::CoreExtensions)

Permite o uso de cálculos e declarações em byte, como 45.bytes + 2.6.megabytes.

Métodos de instância públicos

byte e bytes

Retorna o valor de self.

kilobyte e kilobytes

Retorna self * 1024.

megabyte e megabytes

Retorna self * 1024.kilobytes.

gigabyte e gigabytes

Retorna self * 1024.megabytes.

terabyte e terabytes

Retorna self * 1024.gigabytes.

petabyte e petabytes

Retorna self * 1024.terabytes.

exabyte e exabytes[2]

Retorna self * 1024.petabytes.

Numeric::Time (em ActiveSupport::CoreExtensions)

Sintaxe açucarada que permite o uso de cálculos de tempo e declarações baseados em segundos diretamente em números, dessa forma:

```
1.minute + 45.seconds == 105.seconds #=> true
```

Os métodos neste módulo utilizam o método advance de Time para cálculos de data precisos assim como para adicionar ou subtrair seus resultados de um objeto Time:

```
# equivalent to Time.now.advance(:months => 1)
1.month.from_now

# equivalent to Time.now.advance(:years => 2)
2.years.from_now

# equivalent to Time.now.advance(:months => 4, :years => 5)
(4.months + 5.years).from_now
```

Embora esses métodos forneçam um cálculo preciso quando utilizados como no exemplo, deve-se tomar cuidado em relação à perda de precisão ao converter seus tipos em valores inteiros. As classes Date e Time do Ruby devem ser utilizadas para a aritmética de data e tempo de alta precisão.

Métodos de instância públicos

ago e until

Junta-se a um valor de tempo numérico para expressar um momento no passado.

```
10.minutes.ago
```

day e days

Uma duração equivalente a self * 24.hours.

fortnight e fortnights

Uma duração equivalente a self * 2.weeks.

from_now(time = Time.now) e since(time = Time.now)

Uma quantidade de tempo no futuro a partir de um tempo específico (cujo padrão é Time.now).

hour e hours

Uma duração equivalente a self * 3600.seconds.

minute e minutes

Uma duração equivalente a self * 60.seconds.

month e months

Uma duração equivalente a self * 30.days.

second e seconds

Uma duração em segundos igual a self.

week e weeks

Uma duração equivalente a self * 7.days.

year e years

Uma duração equivalente a self * 365.25.days.

Object

O Rails mistura um bom número de métodos na classe Object, o que significa que eles estão disponíveis por meio de objetos alternados em tempo de execução.

Métodos de instância públicos

`(command)

Faz o acento grave se comportar de forma semelhante em todas as plataformas. Em win32, 'nonexistent_command' gera Errno::ENOENT; em UNIX, o shell criado publica uma mensagem para STDERR e determina $?. Emula UNIX no anterior, mas não no posterior, fazendo win32 publicar uma mensagem para STDERR.

acts_like?(duck)

Um método assistente de duck-type com implementação realmente simples:

```
def acts_like?(duck)
  respond_to? "acts_like_#{duck}?"
end
```

O ActiveSupport estende Date para definir um método acts_like_date? e estende Time para definir acts_like_time?. Como resultado, podemos estender x.acts_like?(:time) e y.acts_like?(:date) para fazer comparações seguras de duck-type, uma vez que as classes que devem agir como Time, simplesmente precisam definir um método acts_like_time? que retorne true.

blank?

Uma string vazia (""), uma string somente com espaços em branco (" "), nil, um array vazio ([]) e um hash vazio ({}) são considerados brancos.

Funciona chamando strip (para remover espaços em branco) se esse método estiver disponível e então chamar empty?. Se nenhum método empty? estiver disponível simplesmente retorna a própria negação.

copy_instance_variables_from(object, exclude = [])

Útil para copiar variáveis de instância de um objeto para outro.

extended_by

Retorna um array de módulos que estão no *ancestors* de um determinado objeto.

Para ilustrar, aqui está uma lista de módulos incluídos em uma classe

Person pertencente a um de meus projetos reais. A lista é maior do que você esperava?

```
>> Person.find(:first).extended_by.sort_by(&:name)
=> [ActiveRecord::Acts::List, ActiveRecord::Acts::NestedSet,
ActiveRecord::Acts::Tree, ActiveRecord::Aggregations,
```

```
ActiveRecord::Associations, ActiveRecord::AttributeMethods,
ActiveRecord::Calculations, ActiveRecord::Callbacks,
ActiveRecord::Locking::Optimistic, ActiveRecord::Locking::Pessimistic,
ActiveRecord::Observing, ActiveRecord::Reflection,
ActiveRecord::Timestamp, ActiveRecord::Transactions,
ActiveRecord::Validations, ActiveRecord::XmlSerialization, Base64,
Base64::Deprecated, ERB::Util, GeoKit::ActsAsMappable, LatLongZoom,
PP::ObjectMixin, PhotosMixin, Reloadable::Deprecated,
ScottBarron::Acts::StateMachine, UJS::BehaviourHelper, UJS::Helpers,
UJS::JavascriptProxies, WhiteListHelper, WillPaginate::Finder]
```

extend_with_included_modules_from(object)

Invoca *extend* em um objeto com cada módulo incluído pelo argumento object. Uma implementação realmente simples:

```
def extend_with_included_modules_from(object)
  object.extended_by.each { |mod| extend mod }
end
```

instance_exec(*arguments, &block)

O método instance_exec permite que você pegue um bloco de código Ruby e o execute no contexto de outro objeto.

```
>> t = Tag.find(:first)
=> #<Tag id: 1, name: "politics">
>> t.instance_exec { name }
=> "politics"
```

instance_values

Retorna variáveis de instância de um objeto como um hash.

```
>> Tag.find(:first).instance_values
=> {"attributes" => {"name" => "politics", "id" => "1"}}
```

load(file, *extras)

O Rails substitui o método load embutido no Rails para vinculá-lo ao subsistema Dependencies.

require(file, *extras)

O Rails substitui o método require embutido no Rails para vinculá-lo ao subsistema Dependencies.

require_association(file_name)

Utilizado internamente pelo Rails. Invoca Dependencies.associate_with (file_name).

require_dependency(file_name)

Utilizado internamente pelo Rails. Invoca Dependencies.depend_on(file_name).

require_or_load(file_name)

Utilizado internamente pelo Rails. Invoca Dependencies.require_or_load(file_name).

returning(value) { ... }

Uma realização *Rubylizada* do combinador K, cortesia de Mikael Brockman. Simplifica a linguagem a partir da qual você sabe que irá querer retornar um determinado objeto; você somente quer fazer algumas coisas primeiro a ele, desta forma:

```
def foo
  returning values = [] do
    values << 'bar'
    values << 'baz'
  end
end

foo # => ['bar', 'baz']
```

Uma maneira um pouco mais elegante para acessar o valor de retorno é pela variável em bloco. Aqui está novamente o mesmo exemplo, mas com uma variável em bloco para values:

```
def foo
  returning [] do |values|
    values << 'bar'
    values << 'baz'
  end
end

foo # => ['bar', 'baz']
```

unloadable(const_desc)

Marca a constante especificada como *não-carregável*. Constantes não-carregáveis são removidas toda vez que as dependências são limpas.

Note que é preciso marcar uma constante para descarregar somente uma vez. Scripts de inicialização ou de configuração podem listar cada constante não-carregável que precisará ser descarregada;

constantes marcadas deste modo serão removidas em cada Dependencies.clear subseqüente, em oposição à primeira limpeza somente.

O descritor de constante const_desc fornecido pode ser um módulo, uma classe (não anônima) ou um nome de constante qualificado como uma string ou um símbolo.

Retorna true se a constante não estiver marcada previamente para descarregamento; caso contrário, retorna false.

with_options(options)

Um modo elegante de refatorar opções comuns.

```
with_options(:class_name => 'Comment', :order => 'id desc') do |post|
  post.has_many :approved, :conditions => ['approved = ?', true]
  post.has_many :unapproved, :conditions => ['approved = ?', false]
  post.has_many :all_comments
end
```

Também pode ser utilizado com um receptor explícito que será passado como um parâmetro em bloco:

```
map.with_options :controller => "people" do |people|
  people.connect "/people", :action => "index"
  people.connect "/people/:id", :action => "show"
end
```

OrderedHash (em ActiveSupport)

Uma implementação hash como uma subclasse do Array do Ruby. Preserva a ordem de seus elementos em comparação aos hashes normais do Ruby. Possui namespace para evitar conflitos com outras implementações.

Você pode atribuí-lo a um namespace de alto nível se não quiser utilizar o nome completamente qualificado com freqüência:

```
OrderedHash = ActiveSupport::OrderedHash
```

Os operadores colchetes normais são implementados, mas, apesar disso, ele é um Array.

```
>> oh = ActiveSupport::OrderedHash.new
=> []
>> oh[:one] = 1
=> 1
>> oh[:two] = 2
=> 2
```

```
>> oh[:three] = 3
=> 3
>> oh
=> [[:one, 1], [:two, 2], [:three, 3]]
```

OrderedOptions (em ActiveSupport)

Uma subclasse de OrderedHash que acrescenta uma implementação e procura um método para que os elementos hash possam ser acessados e modificados utilizando a semântica de atributos normais, notação de ponto:

```
def method_missing(name, *args)
  if name.to_s =~ /(.*)=$/
    self[$1.to_sym] = args.first
  else
    self[name]
  end
end
```

Trívia do Rails: o arquivo initializer.rb contém uma cópia exata dessa classe, menos no namespace Rails. Qual a razão para isso? É necessário que o ActiveSupport seja carregado antes, como parte do processo de inicialização.

Proc

Extensões para a classe Proc do Ruby que tornam possível a mágica instance_exec.

Métodos de instância públicos

bind(object) { ... }

Facilita a ligação entre um proc e um objeto arbitrário de forma que ele execute no contexto deste objeto quando for chamado. Esta técnica torna o método instance_exec de Object possível.

Para demonstrar o exemplo seguinte, primeiro verificamos se name não está definido no contexto atual. Em seguida, criamos um objeto Proc que invoca name e mostra que ele ainda gera um NameError quando nós o chamamos.

```
>> name
NameError: undefined local variable or method `name' ...

>> p = Proc.new { name }
=> #<Proc:0x031bf5b4@(irb):15>
```

```
>> p.call
NameError: undefined local variable or method `name' ...
```

Agora, utilizamos o método bind para chamar facilmente nosso proc no contexto de dois objetos separados que definem name:

```
>> p.bind(Person.find(:first)).call
=> "Admin"
>> p.bind(Tag.find(:first)).call
=> "politics"
```

A implementação inteligente funciona definindo primeiro um método novo no objeto de destino que utiliza um nome único gerado e o corpo do proc. Então, uma referência à instância Method é salva e é removida do objeto de destino utilizando remove_method. Finalmente, o objeto de destino é ligado ao método novo e retornado de forma que a chamada execute o proc no contexto do objeto de destino.

Range

Extensões da classe Range do Ruby.

Constantes

A constante DATE_FORMATS mantém um proc único utilizado para converter um intervalo em uma expressão SQL:

```
DATE_FORMATS = {
  :db => Proc.new {|start, stop|
    "BETWEEN '#{start.to_s(:db)}' AND '#{stop.to_s(:db)}'"
  }
}
```

Métodos de instância públicos

to_formatted_s(format = :default)

Gera uma representação de string formatada do intervalo:

```
>> (20.days.ago..10.days.ago).to_formatted_s
=> "Fri Aug 10 22:12:33 -0400 2007..Mon Aug 20 22:12:33 -0400 2007"
>> (20.days.ago..10.days.ago).to_formatted_s(:db)
=> "BETWEEN '2007-08-10 22:12:36' AND '2007-08-20 22:12:36'"
```

String

Extensões da classe String do Ruby.

Métodos de instância públicos

at(position)

Retorna o caractere em position, tratando a string como um array (onde 0 é o primeiro caractere). Retorna nil se a posição exceder a extensão da string.

```
"hello".at(0)     # => "h"
"hello".at(4)     # => "o"
"hello".at(10)    # => nil
```

blank?

Retorna o resultado de empty? (removendo o espaço em branco, se necessário).

first(number)

Retorna o primeiro number de caracteres em uma string.

```
"hello".first       # => "h"
"hello".first(2)    # => "he"
"hello".first(10)   # => "hello"
```

from(position)

Retorna os caracteres restantes de uma string de position, tratando a string como um array (onde 0 é o primeiro caractere). Retorna nil se a posição exceder a extensão da string.

```
"hello".at(0)     # => "hello"
"hello".at(2)     # => "llo"
"hello".at(10)    # => nil
```

last(number)

Retorna o último number de caracteres em uma string.

```
"hello".last       # => "o"
"hello".last(2)    # => "lo"
"hello".last(10)   # => "hello"
```

to(position)

Retorna o início da string até o position, tratando a string como um array (onde 0 é o primeiro caractere). Não gera um erro quando position excede a extensão da string.

```
"hello".at(0) # => "h"
"hello".at(2) # => "hel"
"hello".at(10) # => "hello"
```

to_date

Utiliza ParseDate.parsedate para transformar uma string em um Date.

to_datetime

Utiliza ParseDate.parsedate para transformar uma string em um DateTime.

to_time(form = :utc)

Utiliza ParseDate.parsedate para transformar uma string em um Time, seja utilizando :utc (padrão) ou :local.

String::Inflections (em ActiveSupport::CoreExtensions)

Inflexões de string que definem métodos novos em uma classe String para transformar nomes para propósitos diferentes.

Por exemplo, você pode descobrir o nome de um banco de dados a partir do nome de uma classe:

```
"ScaleScore".tableize => "scale_scores"
```

Caso fique frustrado pelas limitações de flexões do Rails, experimente a excelente biblioteca Linguistics de Michael Granger em http://www.deveiate.org/projects/Linguistics. Ela não faz as mesmas flexões que o Rails, mas as que faz costumam ser melhores. (Veja titleize para um exemplo).

camelize(first_letter = :upper)

Métodos de instância públicos

Por padrão, camelize converte strings para UpperCamelCase. Se o argumento para camelize estiver configurado para :lower, então camelize irá produzir lowerCamelCase. O método camelize também converte "/" para "::", o que é útil para converter caminhos em namespaces.

```
"active_record".camelize #=> "ActiveRecord"
"active_record".camelize(:lower) #=> "activeRecord"
"active_record/errors".camelize #=> "ActiveRecord::Errors"
"active_record/errors".camelize(:lower) #=> "activeRecord::Errors"
```

classify

Cria um nome de classe a partir de um nome de tabela. Utilizado pelo ActiveRecord para transformar nomes de tabela em classes modelo. Note que o método classify retorna uma string e não um Class. (Para converter em uma classe atual, siga classify por constantize).

```
"egg_and_hams".classify #=> "EggAndHam"
"post".classify #=> "Post"
```

constantize

O método constantize tenta achar uma constante declarada com o nome especificado na string. Gera um NameError se uma constante correspondente não for localizada.

```
"Module".constantize #=> Module
"Class".constantize #=> Class
```

dasherize

Substitui underscores por traços na string.

```
"puni_puni" #=> "puni-puni"
```

demodulize

Remove o módulo prefixado de um nome de classe ou de módulo completamente qualificado.

```
>> "ActiveRecord::CoreExtensions::String::Inflections".demodulize
=> "Inflections"

"Inflections".demodulize #=> "Inflections"
```

foreign_key(separate_class_name_and_id_with_underscore = true)

Cria um nome de chave estrangeira a partir de um nome de classe.

```
"Message".foreign_key #=> "message_id"
"Message".foreign_key(false) #=> "messageid"
"Admin::Post".foreign_key #=> "post_id"
```

humanize

Capitaliza a primeira palavra de uma string, transforma underscores em espaços e remove o _id. Semelhante ao método titleize no qual ele é destinado a criar um resultado mais bonito.

```
"employee_salary" #=> "Employee salary"
"author_id" #=> "Author"
```

pluralize

Retorna a forma plural da palavra na string.

```
"post".pluralize #=> "posts"
"octopus".pluralize #=> "octopi"
 "sheep".pluralize #=> "sheep"
"words" pluralize #=> "words"
"the blue mailman".pluralize #=> "the blue mailmen"
"CamelOctopus".pluralize #=> "CamelOctopi"
```

singularize

O oposto de pluralize. Retorna a forma singular da palavra em uma string.

```
"posts".singularize #=> "post"
"octopi".singularize #=> "octopus"
"sheep".singluarize #=> "sheep"
"word".singularize #=> "word"
"the blue mailmen".singularize #=> "the blue mailman"
"CamelOctopi".singularize #=> "CamelOctopus"
```

tableize

Cria uma tabela de banco de dados com underscore e no plural com base nas convenções do Rails. Utilizada pelo ActiveRecord para determinar o nome de tabela adequado para uma classe modelo. Esse método utiliza o método pluralize na última palavra na string.

```
"RawScaledScorer".tableize #=> "raw_scaled_scorers"
"egg_and_ham".tableize #=> "egg_and_hams"
"fancyCategory".tableize #=> "fancy_categories"
```

titlecase

Alias para titleize.

titleize

Capitaliza todas as palavras e substitui alguns caracteres na string para criar um título mais bonito. O método titleize destina-se a gerar um melhor resultado e não é utilizado internamente pelo Rails.

```
>> "The light on the beach was like a sinus headache".titleize
=> "The Light On The Beach Was Like A Sinus Headache"
```

Também não é perfeito. Entre outras coisas, capitaliza palavras dentro da sentença que provavelmente não deveria, como “um” e “o.” Também tem problemas com apóstrofes:

```
>> "Her uncle's cousin's record albums".titleize
=> "Her Uncle'S Cousin'S Record Albums"
```

O gem Linguistics mencionado no início desta seção tem um excelente método proper_noun que, por experiência própria, funciona muito melhor que o titleize:

```
>> "Her uncle's cousin's record albums".en.proper_noun
=> "Her Uncle's Cousin's Record Albums"
```

underscore

O oposto de camelize. Faz um formato com underscore da expressão na string.

Altera "::" para "/" para converter namespaces em caminhos.

```
"ActiveRecord".underscore #=> "active_record"
"ActiveRecord::Errors".underscore #=> active_record/errors
```

String::Iterators (em ActiveSupport::CoreExtensions)

Contém um iterador de string personalizado que pode ser utilizado para operar em cada caractere de uma string seqüencialmente em um modelo Unicode seguro.

Métodos de instância públicos

each_char { |char| ... }

Gera uma string de caractere único para cada caractere na string. Quando $ KCODE é igual a 'UTF8', caracteres multibyte são gerados de maneira apropriada.

String::StartsEndsWith (em ActiveSupport::CoreExtensions)

Fornece String com métodos de condição adicionais.

starts_with?(prefix)

Métodos de instância públicos

Retorna true se a string começar com o prefixo especificado.

ends_with?(suffix)

Retorna true se a string terminar com o sufixo especificado.

String::Unicode (em ActiveSupport::CoreExtensions)

Define métodos para manipular strings Unicode.

Métodos de instância públicos

chars

O método chars retorna uma instância da classe ActiveSupport::Multibyte::Chars, um proxy Unicode seguro que encapsula a string original. Versões Unicode de todos os métodos String estão definidas na proxy chars, o que lhe dá a garantia que você não terminará com dados de string confusos ou destruídos.

Métodos indefinidos são encaminhados para String, portanto, todas as strings substituídas também podem ser chamadas com segurança através do proxy chars.

Aqui estão alguns exemplos:

```
name = 'Claus Müller'
name.reverse #=> "rell??M sualC" # garbled!!
name.length #=> 13 # wrong!!

name.chars.reverse.to_s #=> "rellüM sualC"
name.chars.length #=> 12
```

Todos os métodos no proxy chars que normalmente retornam uma string irão retornar um objeto proxy chars em lugar disso. Tal procedimento permite o encadeamento do método no resultado de qualquer um desses métodos sem causar um problema.

```
name.chars.reverse.length #=> 12
```

A classe do proxy Char tenta ser o mais permutável possível com String: ordenando e fazendo a comparação entre objetos String e Chars que funcionam conforme o esperado. Os métodos bang (!) alteram a representação da string interna no objeto Chars. Problemas de interoperabilidade devem ser facilmente resolvidos com uma chamada to_s. Para obter mais informações sobre os métodos definidos no proxy Chars veja Multibyte::Chars e Multibyte::Handlers::UTF 8Handler.

is_utf8?(suffix)

Retorna true se a string tiver a semântica UTF-8, versus strings que estão sendo utilizadas simplesmente como fluxos de dados em byte.

Symbol

Extensões da classe Symbol embutida no Ruby.

Métodos de instância públicos

to_proc

Açúcar sintático abominável do Rails. Transforma um símbolo em um proc simples, o que é útil principalmente para enumerações.

```
# The same as people.collect { |p| p.name }
people.collect(&:name)

# The same as people.select { |p| p.manager? }.collect { |p| p.salary }
people.select(&:manager?).collect(&:salary)
```

Test::Unit::Assertions

O Rails acrescenta diversas asserções às asserções básicas fornecidas com Test::Unit.

Métodos de instância públicos

assert_difference(expressions, difference = 1, message = nil, &block)

Testa se uma diferença numérica no valor de retorno de uma expressão é um resultado do que é avaliado no bloco gerado. (É mais fácil demonstrar do que explicar!).

O exemplo seguinte avalia a expressão Article.count e salva o resultado. Depois, ele gera para o bloco que irá executar post :create e controle de retorno para o método assert_difference. Neste momento, Article.count é novamente avaliada e a diferença é declarada como 1 (a diferença padrão).

```
assert_difference 'Article.count' do
  post :create, :article => {...}
end
```

Qualquer expressão arbitrária pode ser transmitida e avaliada:

```
assert_difference 'assigns(:article).comments(:reload).size' do
  post :create, :comment => {...}
end
```

Valores arbitrários de diferença podem ser especificados.

O padrão é +1, mas números negativos também são aceitos:

```
assert_difference 'Article.count', -1 do
  post :delete, :id => ...
end
```

Um array de expressões pode ser passado – cada um será avaliado:

```
assert_difference [ 'Article.count', 'Post.count' ], +2 do
  post :create, :article => {...}
end
```

Uma mensagem de erro pode ser especificada:

```
assert_difference 'Article.count', -1, "Article should be destroyed" do
  post :delete, :id => ...
end
```

assert_no_difference(expressions, message = nil, &block)

Testa se o valor de retorno da expressão fornecida *não* muda conforme um determinado resultado do que foi avaliado no bloco gerado.

```
assert_no_difference 'Article.count' do
  post :create, :article => invalid_attributes
end
```

Time::Calculations (em ActiveSupport::CoreExtensions)

Extensões da classe Time embutida no Ruby.

Métodos de classe

days_in_month(month, year = nil)

Retorna o número de dias de um determinado mês. Se for fornecido um determinado ano, fevereiro irá retornar o número correto de dias para anos bissextos. Caso contrário, esse método sempre irá informar fevereiro com 28 dias.

local_time(*args)

Encapsula o método de classe time_with_datetime_fallback com o argumento utc_or_local configurado para :local.

time_with_datetime_fallback(utc_or_local, year, month=1, day=1, hour=0, min=0, sec=0, usec=0)

Retorna um novo Time se o ano solicitado puder ser acomodado pela classe Time do Ruby. O intervalo da classe Time pode ser 1970..2038 ou 1902..2038, dependendo da arquitetura do sistema host. Anos que estiverem fora do intervalo suportado irão retornar um objeto DateTime.

utc_time(*args)

Encapsula o método de classe time_with_datetime_fallback com o argumento utc_or_local configurado para :utc.

Métodos de instância públicos

+ (other)

Implementado pelo método plus_with_duration. Permite a adição de períodos, desta forma:

```
expiration_time = Time.now + 3.days
```

- (other)

Implementado pelo método minus_with_duration. Permite a adição de períodos, desta forma:

```
two_weeks_ago = Time.now - 2.weeks
```

advance(options)

Fornece cálculos de Time precisos. O parâmetro options aceita um hash com qualquer uma destas chaves: :months, :days, :years, :hour, :min, :sec e :usec.

ago(seconds)

Retorna um novo Time representando o período em número de segundos no passado. Isso é basicamente encapsular a extensão Numeric de mesmo nome. Para uma precisão ainda maior, não utilize este método em combinação com x.months – em seu lugar utilize months_ago!

at_beginning of_day

Apelido para beginning_of_day.

at_beginning of_month

Apelido para beginning_of_month.

at_beginning of_week

Apelido para beginning_of_week.

at_beginning of_year

Apelido para beginning_of_year.

at_end of_day

Apelido para end_of_day.

at_end of_month

Apelido para end_of_month.

at_end of_week

Apelido para end_of_week.

at_end of_year

Apelido para end_of_year.

beginning of_day

Retorna um novo Time representando o "início" do dia da instância atual, codificado para 00:00 horas.

beginning of_month

Retorna um novo Time representando o início do mês (primeiro dia do mês, 00:00 horas).

beginning_of_quarter

Retorna um novo Time representando o início do trimestre (primeiro de janeiro, Abril, julho, outubro, 00:00 horas).

beginning of_week

Retorna um novo Time representando o "início" da semana da instância atual, codificado para segunda-feira às 00:00 horas.

beginning of_year

Retorna um novo Time representando o início do ano (primeiro de janeiro, 00:00 horas).

change(options)

Retorna um novo Time no qual um elemento (ou mais) foi modificado de acordo com o parâmetro options. As opções de data válidas são :year, :month, :day. As opções de período válidas são :hour, :min, :sec, :offset e :start.

end_of_day

Retorna um novo Time representando o final do dia (23:59:59).

end_of_month

Retorna um novo Time representando o final do mês (último dia do mês, 00:00 horas).

last_month

Método de conveniência para months_ago(1).

last_year

Método de conveniência para years_ago(1).

monday

Apelido para beginning of_week.

months_ago(months)

Retorna um novo Time representando o período em número de meses no passado.

months_since(months)

O oposto de months_ago. Retorna um novo Time representando o período em número de meses especificados no futuro.

next_month

Método de conveniência para months_since(1).

next_year

Método de conveniência para years_since(1).

seconds_since_midnight

Retorna o número de segundos passados desde a meia noite.

since(seconds)

Retorna um novo Time representando o período em número de segundos no futuro, começando pelo período da instância. Este método é basicamente um encapsulamento da extensão Numeric de mesmo nome. Para uma precisão ainda maior, não utilize este método em combinação com x.months – em seu lugar utilize months_since!

tomorrow

Método de conveniência para self.since(1.day).

years_ago(years)

Retorna um novo Time representando o período um número de anos especificado no passado.

years_since(years)

O oposto de years_ago. Retorna um novo Time representando o período um número de anos especificado no futuro.

yesterday

Método de conveniência para self.ago(1.day).

Time::Conversions (em ActiveSupport::CoreExtensions)

Extensões para a classe Time do Ruby para converter objetos de tempo em representações de string de conveniências diferentes e outros objetos.

Constantes

O hash DATE_FORMATS mantém os padrões de formatação utilizados pelo método to_formatted_s para converter um objeto Time em uma representação de string:

```
DATE_FORMATS = {
  :db => "%Y-%m-%d %H:%M:%S",
  :time => "%H:%M",
  :short => "%d %b %H:%M",
  :long => "%B %d, %Y %H:%M",
  :long_ordinal => lambda { |time|
    time.strftime("%B #{time.day.ordinalize}, %Y %H:%M") },
  :rfc822 => "%a, %d %b %Y %H:%M:%S %z"
}
```

Métodos de instância públicos

to_date

Retorna um novo objeto Date baseado em um Time, descartando os dados de tempo.

to_datetime

Retorna um novo objeto DateTime baseado em um Time, preservando a diferença utc. Basicamente um encapsulamento do método de fábrica DateTime.civil:

```
DateTime.civil(year, month, day, hour, min, sec, Rational(utc_offset,
86400), 0)
```

to_formatted_s(format = :default)

Converte um objeto Time em uma representação de string. A opção :default corresponde ao método to_s do próprio objeto Time.

```
>> Time.now.to_formatted_s(:long_ordinal)
=> "August 31st, 2007 15:00"
```

to_time

Retorna self.

TimeZone

Um *objeto de valor* representando um fuso horário. Um fuso horário é simplesmente um offset nomeado (em segundos) do GMT. Note que dois objetos de fuso horário são equivalentes somente se ambos tiverem o mesmo offset e o mesmo nome.

Quando você tem usuários espalhados pelo mundo, geralmente você quer armazenar horários no servidor como tempo UTC e armazenar o offset do fuso horário do usuário junto com suas contas de usuário. Deste modo, sempre que você exibe um horário para um usuário, é possível ajustar o horário armazenado no servidor ao seu fuso horário local.

Peter Marklund tem um tutorial conciso sobre a técnica em http://www.marklunds.com/articles/one/311. Preste atenção no conselho dado para utilizar a biblioteca TZInfo do Ruby – ela sabe como lidar com o horário de verão, apesar de a versão do Rails não saber.

O tutorial de Peter aborda desde a configuração da TZInfo até o acréscimo de dados de fuso horário a sua classe User com composed_of e questões de interface do usuário (tais como coletar a configuração do fuso horário do usuário utilizando um método auxiliar time_zone_select do Rails).

Constantes

US_ZONES é uma expressão regular que combina os nomes de todos os fusos horários dos Estados Unidos.

```
US_ZONES = /US|Arizona|Indiana|Hawaii|Alaska/
```

Métodos de classe

[] (arg)

Localiza um objeto de fuso horário específico. Se o argumento for uma string, ele é interpretado para significar o nome do fuso horário a ser localizado.

```
>> TimeZone['Dublin']
=> #<TimeZone:0x3208390 @name="Dublin", @utc_offset=0>
```

Se ele é um valor numérico, seja o offset da hora ou o offset do segundo, do fuso horário a ser encontrado. (O primeiro com esse offset será retornado).

Retorna nil se nenhum fuso horário for conhecido para o sistema.

all

Retorna um array de todos os objetos TimeZone. Existem diversos objetos TimeZone por fuso horário para tornar mais fácil que os usuários encontrem o próprio fuso horário.

Este é o array completo de dados de fuso horário incluído na classe TimeZone:

```
[[-43_200, "International Date Line West" ],
 [-39_600, "Midway Island", "Samoa" ],
 [-36_000, "Hawaii" ],
 [-32_400, "Alaska" ],
 [-28_800, "Pacific Time (US & Canada)", "Tijuana" ],
 [-25_200, "Mountain Time (US & Canada)", "Chihuahua", "La Paz",
          "Mazatlan", "Arizona" ],
 [-21_600, "Central Time (US & Canada)", "Saskatchewan",
    "Guadalajara",
          "Mexico City", "Monterrey", "Central America" ],
 [-18_000, "Eastern Time (US & Canada)", "Indiana (East)", "Bogota",
          "Lima", "Quito" ],
 [-14_400, "Atlantic Time (Canada)", "Caracas", "La Paz", "Santiago" ],
 [-12_600, "Newfoundland" ],
 [-10_800, "Brasilia", "Buenos Aires", "Georgetown", "Greenland" ],
 [ -7_200, "Mid-Atlantic" ],
 [ -3_600, "Azores", "Cape Verde Is." ],
 [ 0, "Dublin", "Edinburgh", "Lisbon", "London", "Casablanca",
          "Monrovia" ],
 [ 3_600, "Belgrade", "Bratislava", "Budapest", "Ljubljana", "Prague",
          "Sarajevo", "Skopje", "Warsaw", "Zagreb", "Brussels",
          "Copenhagen", "Madrid", "Paris", "Amsterdam", "Berlin",
          "Bern", "Rome", "Stockholm", "Vienna",
          "West Central Africa" ],
 [ 7_200, "Bucharest", "Cairo", "Helsinki", "Kyev", "Riga", "Sofia",
          "Tallinn", "Vilnius", "Athens", "Istanbul", "Minsk",
          "Jerusalem", "Harare", "Pretoria" ],
 [ 10_800, "Moscow", "St. Petersburg", "Volgograd", "Kuwait",
    "Riyadh",
          "Nairobi", "Baghdad" ],
 [ 12_600, "Tehran" ],
 [ 14_400, "Abu Dhabi", "Muscat", "Baku", "Tbilisi", "Yerevan" ],
 [ 16_200, "Kabul" ],
 [ 18_000, "Ekaterinburg", "Islamabad", "Karachi", "Tashkent" ],
```

```
[ 19_800, "Chennai", "Kolkata", "Mumbai", "New Delhi" ],
[ 20_700, "Kathmandu" ],
[ 21_600, "Astana", "Dhaka", "Sri Jayawardenepura", "Almaty",
          "Novosibirsk" ],
[ 23_400, "Rangoon" ],
[ 25_200, "Bangkok", "Hanoi", "Jakarta", "Krasnoyarsk" ],
[ 28_800, "Beijing", "Chongqing", "Hong Kong", "Urumqi",
          "Kuala Lumpur", "Singapore", "Taipei", "Perth", "Irkutsk",
          "Ulaan Bataar" ],
[ 32_400, "Seoul", "Osaka", "Sapporo", "Tokyo", "Yakutsk" ],
[ 34_200, "Darwin", "Adelaide" ],
[ 36_000, "Canberra", "Melbourne", "Sydney", "Brisbane", "Hobart",
          "Vladivostok", "Guam", "Port Moresby" ],
[ 39_600, "Magadan", "Solomon Is.", "New Caledonia" ],
[ 43_200, "Fiji", "Kamchatka", "Marshall Is.", "Auckland",
          "Wellington" ],
[ 46_800, "Nuku'alofa" ]]
```

create(name, offset)

Cria uma instância TimeZone nova com o offset e nome fornecidos.

```
>> TimeZone.create("Atlanta", -5.hours)
=> #<TimeZone:0x31e6d44 @name="Atlanta", @utc_offset=-18000 seconds>
```

new(name)

Retorna uma instância TimeZonecom o nome especificado ou nil se não houver nenhuma instância TimeZone. Este método existe para suportar o uso dessa classe com o método de estilo macro composed_of em modelos ActiveRecord, desta forma:

```
class Person < ActiveRecord::Base
  composed_of :tz, :class_name => 'TimeZone',
              :mapping => %w(time_zone name)
end
```

us_zones

Um método de conveniência para retornar uma coleção de objetos TimeZone para fusos horários nos Estados Unidos.

```
>> TimeZone.us_zones.map(&:name)
=> ["Hawaii", "Alaska", "Pacific Time (US & Canada)", "Arizona",
```

```
"Mountain Time (US & Canada)", "Central Time (US & Canada)", "Eastern
Time (US & Canada)", "Indiana (East)"]
```

Métodos de instância públicos

<=> (other)

Compara este fuso horário com o parâmetro. Os dois são comparados primeiro com base em seus offsets e, depois, com base no nome.

adjust(time)

Ajusta o tempo fornecido a este fuso horário.

```
>> TimeZone['Fiji'].adjust(Time.now)
=> Sat Sep 01 10:42:42 UTC 2007
```

formatted_offset(colon = true)

Retorna o offset deste fuso horário como uma string formatada em HH:MM. Se o offset for igual a zero, esse método irá retornar uma string vazia. Se colon for falso, dois pontos não serão inseridos no resultado.

initialize(name, utc_offset)

Esse construtor é utilizado através do TimeZone.create. Instancia um objeto TimeZone novo com o offset e nome fornecidos. O offset é o número de segundos de atraso deste fuso horário a partir do UTC (GMT). Os segundos foram escolhidos como a unidade de offset porque essa é a unidade utilizada pelo Ruby para representar offsets de fuso horário (veja o método utc_offset de Time).

now

Retorna Time.now ajustado a este fuso horário.

```
>> Time.now
=> Fri Aug 31 22:39:58 -0400 2007
>> TimeZone['Fiji'].now
=> Sat Sep 01 14:40:00 UTC 2007
```

to_s

Retorna uma representação textual deste fuso horário.

```
TimeZone['Dublin'].to_s #=> "(GMT) Dublin"
```

today

Retorna a data atual neste fuso horário.

```
>> Date.today.to_s
=> "2007-08-31"
>> TimeZone['Fiji'].today.to_s
=> "2007-09-01"
```

TrueClass

Lembre-se que tudo em Ruby é um objeto. Até mesmo true, que é uma referência especial a uma instância exclusiva de TrueClass.

Métodos de instância públicos

blank?

Sempre retorna false.

Referências

1. Para um resumo interessante sobre a razão de zero ser considerado por muitos como número par, leia http://ask.yahoo.com/20020909.html.
2. Bytes Trivia: de acordo com um estudo IDC realizado pelo fornecedor de armazenamento EMC, 161 hexabytes de informações digitais foram criados e copiados em 2006. Um hexabyte equivale a um bilhão de gigabytes. Em 2010, o IDC espera o volume de dados anuais criados e copiados para aumentar 6 vezes para 988 hexabytes.

Apêndice B
Conceitos básicos do Rails

É provável que você tenha aprendido sobre o Rails ao assistir um dos screencasts de David ou um dos muitos tutoriais disponíveis na web. Você pode ter realizado seu trabalho através do *AgileWeb Development with Rails* que tem vendido tantas cópias e vem alcançando o topo da lista dos livros de programação mais vendidos de todos os tempos.

Este apêndice é um *potpourri* de algumas das partes fundamentais do conhecimento técnico – informações cruciais que todas aquelas introduções e tutoriais *não* lhe contam – e das ferramentas que você precisa para ser um profissional competente em desenvolvimento Rails.

Edge Rails

Edge é o termo utilizado pela comunidade para se referir à última revisão do Rails criada no repositório, conforme mantida por DHH e a equipe principal do Rails. A maioria dos profissionais de Rails executa *on edge* para ficar em sintonia com as últimas melhorias e correções de bugs no código base. Conseqüentemente, a maioria dos plugins Rails exige que você execute *on edge* para funcionar.

Para utilizar o EdgeRails, você precisa incluir uma cópia do Rails dentro de sua aplicação em vez de utilizar a versão instalada em sua máquina como uma biblioteca. Fazer isso é tão fácil quanto digitar rails:freeze:edge a partir da linha de comando dentro de um diretório de projeto Rails. Essa tarefa rake irá utilizar o Subversion para verificar o Rails no diretório vendor/ rails de seu projeto. A partir de então, qualquer coisa relacionada ao Rails que você faça (console, servidor etc.) nesse projeto irá utilizar o Edge Rails em vez de utilizar qualquer versão que você tenha instalado como um gem.

Caso você seja um desenvolvedor experiente, você pode estar questionando sobre o bom senso de utilizar a última versão *não liberada* do Rails como existe no branch HEAD do repositório Ruby on Rails. Não é perigoso para sua produtividade? O que vai acontecer caso as alterações no repositório de fato quebrem sua aplicação? Isso acontece ocasionalmente, motivo pelo qual você não quer descobrir a última versão do Rails em cada atualização do seu código base.

A resposta: é necessário escolher um número de revisão específico do edge que seja considerado relativamente estável. Você faz isso passando uma variável à tarefa rake freeze edge, desta maneira:

```
rake rails:freeze:edge REVISION=1234
```

Espere um minuto! Como você espera descobrir qual é a última revisão estável? E se qualquer uma dessas revisões realmente fosse estável, por que elas não seriam liberadas? Eu admito não ter boas respostas para você. Descobrir qual revisão do edge utilizar é mais uma arte que uma ciência e ela muda em cada projeto, dependendo de suas necessidades. Na maioria das vezes, no momento em que eu dou início a meu projeto, começo com a última revisão disponível e sigo somente atualizando para uma versão mais recente quando necessário.

A equipe principal do Rails segue diretivas muito rígidas em questões a respeito da cobertura de teste. Isso significa que, de fato, poucos realizam a "quebra do que já foi construído". Embora o edge tenda a ser bastante estável, liberações oficiais tendem a ficar atrás do edge pelo menos alguns meses ou mais. Diversos servidores de integração contínua são configurados para testar cada versão do código base do trunk do Rails automaticamente diante de adaptadores de banco de dados diferentes. Eles enviam suas notificações de construção quebrada à principal lista de discussão do Rails, na qual você pode se inscrever em http://lists.rubyonrails.org/mailman/listinfo/rails-core.

Preocupações com o ambiente

Não, não estou a ponto de sair pela tangente e falar sobre créditos de carbono e efeito estufa! Como um profissional Rails, você vai passar muito tempo utilizando a linha de comando, portanto, você também pode evitar o máximo possível de confusões e trabalho desnecessário. As dicas e truques a seguir devem tornar sua vida mais fácil e mais agradável.

Aliases

No mínimo, você deve acrescentar apelidos para iniciar seu servidor e console Rails para o ambiente de execução do seu shell. Geoffrey Grosenbach sugere [1] alias ss './script/server' e alias sc './script/console'.

Color

PJ Hyett e Chris Wanstrath, autores do blog Err[2], tem abastecido a comunidade com valiosos conceitos básicos sobre cor. Primeiro, instale o gem de cor:

```
sudo gem install color - source require.errtheblog.com.
```

Agora é fácil fazer qualquer string aparecer com uma cor diferente na janela final, porque foram acrescentados métodos para cores ANSI à classe String.

Redgreen

Já que estamos falando sobre cores, vamos fazer com que nossos resultados de execução de teste sejam exibidos também nas cores vermelho e verde. Novamente, utilizamos um gem Err:

```
sudo gem install redgreen —source require.errtheblog.com
```

Em seguida, abra o arquivo test_helper.rb em seu projeto Rails mais próximo. Acrescente require 'redgreen' e logo abaixo aparecerá require 'test_help'. Agora, ao executar sua suíte de teste, as execuções bem-sucedidas serão exibidas em verde e execuções com falhas/erros em vermelho.

Plugins essenciais

Alguns plugins são tão valiosos que devem (indiscutivelmente) fazer parte da distribuição Rails principal. Porém, devido à filosofia do "menos é mais" da equipe principal, a distribuição do Rails de fato está encolhendo, não crescendo.

As seções a seguir são uma lista do que eu (e os leitores do meu blog) considero como plugins essenciais e que todo profissional Rails deve conhecer e utilizar em uma base regular.

Para obter a lista completa de sugestões apresentadas nesta seção, leia os comentários postados no meu blog em: http://www.jroller.com/obie/entry/rails_plugins_worth_their_something.

ActiveRecord defaults

```
http://svn.viney.net.nz/things/rails/plugins/active_record_defaults
```

Este plugin permite que você especifique facilmente valores padrão para atributos em objetos de modelo novos.

Debug view helper

```
script/plugin install debug_view_helper
```

Este plugin facilita o acréscimo de um botão que faz aparecer uma janela com as informações de depuração abaixo (estamos acostumados a vê-las em telas de erro em modo de desenvolvimento):

- Parâmetros de solicitação
- Variáveis de sessão
- Variáveis Flash
- Variáveis de template atribuídas

Exception Notification

```
http://svn.rubyonrails.org/rails/plugins/exception_notification
```

Este plugin, escrito por Jamis Buck, membro da equipe principal do Rails, envia automaticamente um e-mail sempre que exceções são geradas no seu site. Ele faz um controle de qualidade adequado o bastante para alguns projetos internos de baixo orçamento baixo que *podem* se dar ao luxo de ser instáveis – e vai livrar sua cara naqueles projetos que *não podem*.

Exception Logger

```
http://svn.techno-weenie.net/projects/plugins/exception_logger
```

De acordo com Bryan Helmkamp: "Eu recomendaria exception_logger além do exception_notification. A interface de usuário web e os feeds são recursos formidáveis".

Has finder

```
gem install has_finder
```

Este plugin é uma extensão para o ActiveRecord que torna fácil criar métodos count e finder personalizados em seus modelos ActiveRecord. Leia tudo sobre isso em http://www.pivotalblabs.com/articles/2007/09/02/hasfinder-its-now-easier-thanever-to-create-complex-re-usable-sql-queries.

Has many polymorphs

```
http://blog.evanweaver.com/files/doc/fauna/has_many_polymorphs
```

Um plugin ActiveRecord para associações polimórficas de dupla face e auto-referenciais. Porém, o modo mais simples de descrevê-lo é afirmar que has_many_polymorphs assemelha-se um has_many :through no qual o destino belongs_to é uma associação polimórfica. Quer saber mais? Leia o tutorial de Pratik em http://m.onkey.org/2007/8/14/excuse-me-wtf-is-polymorphs.

Query Trace

`https://terralien.devguard.com/svn/projects/plugins/query_trace`

O registro de desenvolvimento do Rails captura instruções SQL geradas pelo ActiveRecord. Este pequeno plugin escrito pelo famoso *Rubyista* Nathaniel Talbott junta um backtrace curto a cada uma dessas instruções de registro. Não parece grande coisa, até que você tente achar a fonte de um desagradável problema N+1 ou tente depurar qualquer coisa relacionada ao armazenamento em cache.

Spider Tester

`http://sample.caboo.se/plugins/court3nay/spider_test`

SpiderTester é um script de teste de integração automático escrito por Courtenay e que se repete em cada página de sua aplicação.

Ele executa algumas tarefas valiosas para você:

- Analisa sintaticamente o HTML de cada página. Assim, se você tiver algum HTML inválido, você será avisado.
- Encontra cada link dentro de seu site e o acompanha, seja estático ou dinâmico.
- Encontra cada link Ajax.Updater e o acompanha.
- Encontra cada formulário e tenta submetê-lo, preenchendo-o com valores onde for possível.

Este plugin é útil ao determinar:

- Páginas estáticas ausentes (.HTML).
- Cobertura de código pobre – esqueceu de testar um arquivo? Não espere por um usuário para encontrá-lo.
- Fuzzing de valores de formulário simples.
- Teste automático de caminhos de formulário. Geralmente, temos formulários que apontam para locais incorretos e, até agora, isso foi impossível de testar de modo automático ou sem estar fortemente ligado ao seu código.

Outros plugins

Descrições de outros plugins úteis estão apropriadamente incluídas ao longo do livro.

Screencasts

Screencasts são vídeos distribuídos online que esclarecem sobre um assunto de interesse raramente discutido capturando o resultado da tela atual (conseqüentemente, o nome) enquanto o autor explica conceitos e escreve o código.

PeepCode Screencasts

`http://peepcode.com/`

O criador do Podcast do Ruby on Rails, Geoffrey Grosenbach, descreve seus PeepCode screencasts como "um modo de intensivo de aprender sobre o desenvolvimento de website Ruby on Rails".

Na verdade, ele utiliza seu conhecimento amplo e sua voz suave para guiar *delicadamente* os espectadores em algumas das áreas mais profundas da experiência com Rails. Todo mês é liberado um screencast de vídeo novo com duração de uma hora. Cada um custa 9 dólares, mas, em minha opinião, esse custo vale a pena.

Railcasts

`http://railscasts.com/`

Está sem dinheiro? O host Ryan Bates posta um screencast novo gratuito quase toda semana. Os episódios são mais curtos, muito mais focados do que aqueles do PeepCode e destinados a desenvolvedores Ruby on Rails de nível intermediário.

Subversion

Nos últimos anos o Subversion (SVN) tornou-se o sistema de gerenciamento de controle de fonte (SCM) predominante, e por boas razões. Ele é rápido, estável e muito melhor se comparado a seu antecessor, CVS.

O mundo Rails combina com o Subversion de vários modos, principalmente com seu sistema de plugin que depende do Subversion para abrir arquivos de plugin dos repositórios.

O que fazer se você estiver condenado a utilizar um SCM ruim, como ClearCase ou StarTeam, e não puder mudar para um patrão mais sensato? Uma estratégia que geralmente tem sido bem-sucedida é estabelecer um repositório SVN, ao qual você controla para o desenvolvimento diário, e registrar somente liberações empacotadas de sua aplicação no SCM principal.

Tarefas rake para o Subversion

Diversos *bloguistas* sugeriram tarefas rake personalizadas que tornam o trabalho com o Subversion mais conveniente. Crie um arquivo lib/tasks/svn.rake no seu projeto Rails e acrescente nele as definições de tarefa mostradas mais abaixo.

A Listagem B.1 é uma tarefa que configura automaticamente um projeto Rails novo de acordo com o repositório Subversion, incluindo ignorar.

Listagem B.1 Configurar o Subversion para a tarefa rake personalizada do Rails

```
namespace :rails do
  desc "Configure Subversion for Rails"
  task :configure_for_svn do
    system "svn propset svn:ignore -R '.DS_Store' . --force"
    system "svn update"
    system "svn commit -m 'ignore all .DS_Store files'"
    system "svn remove log/* --force"
    system "svn commit -m 'removing all log files from subversion'"
    system "svn propset svn:ignore '*.log' log/ --force"
```

```
    system "svn update log/"
    system "svn commit -m 'Ignoring all files in /log/ ending in .log'"
    system "svn propset svn:ignore '*' tmp/sessions tmp/cache
  tmp/sockets"
    system "svn commit -m 'Ignoring all files in /tmp/'"
    system "svn propset svn:ignore '*.db' db/ --force"
    system "svn update db/"
    system "svn commit -m 'Ignoring all files in /db/ ending in .db'"
    system "svn move config/database.yml config/database.example --
  force"
    system "svn commit -m 'Moving database.yml to database.example to
  provide a template for anyone who checks out the code'"
    system 'svn propset svn:ignore "locomotive.yml\ndatabase.yml"
  config/ —force'
    system "svn update config/"
    system "svn commit -m 'Ignoring locomotive.yml and database.yml'"
    system "script/plugin install -x ➪
  http://dev.rubyonrails.org/svn/rails/plugins/exception_notification/"
    end
end
```

A Listagem B.2 declara um namespace svn e cinco tarefas relacionadas à verificação de status acrescentando e removendo arquivos em funcionamento e registrando o código.

Listagem B.2 Tarefas rake do Subversion úteis

```
namespace :svn do
  task :st do
    puts %x[svn st]
  end

  task :up do
    puts %x[svn up]
  end

  task :add do
    %x[svn st].split(/\n/).each do |line|
      trimmed_line = line.delete('?').lstrip
      if line[0,1] =~ /\?/
        %x[svn add #{trimmed_line}]
        puts %[added #{trimmed_line}]
```

```
      end
    end
  end

  task :delete do
    %x[svn st].split(/\n/).each do |line|
      trimmed_line = line.delete('!').lstrip
      if line[0,1] =~ /\!/
        %x[svn rm #{trimmed_line}]
        puts %[removed #{trimmed_line}]
      end
    end
  end
end
desc "Run before checking in"
task :pc => ['svn:add', 'svn:delete', 'svn:up', :default, 'svn:st']
```

WorkingWithRails.com

Um levantamento e uma descrição abrangente da comunidade Rails online levaria muito tempo para compilar e rapidamente ficaria obsoleta. No entanto, gostaria de destacar o workingwithrails.com (apelidado de WWR), um banco de dados aberto e com todas as coisas relacionadas às pessoas e grupos que desenvolvem em Rails. É cuidadosamente produzido (com Rails) por Martin Sadler e sua companhia DSC situada no Reino Unido.

Com o passar do tempo, percebi que WWR é um dos modos mais efetivos para ter seu nome reconhecido e identificar-se como um membro da comunidade de profissionais em Rails, principalmente se você estiver solicitando trabalho como um prestador de serviços. Se você estiver contratando ou procurando pessoas boas para trabalhar, o WWR também é um recurso fantástico para identificar os membros mais conhecidos da comunidade e alguns desenvolvedores talentosos em sua área local.

Se você gostou deste livro e o achou útil, por favor, recomende o autor, os colaboradores e os revisores:

http://www.workingwithrails.com/person/5391-obie-fernandez

http://www.workingwithrails.com/person/8048-matt-bauer

http://www.workingwithrails.com/person/5747-david-a-black

http://www.workingwithrails.com/person/5541-trotter-cashion

http://www.workingwithrails.com/person/1363-matt-pelletier

http://www.workingwithrails.com/person/4746-jodi-showers

http://www.workingwithrails.com/person/5137-james-adam

http://www.workingwithrails.com/person/848-pat-maddox

http://www.workingwithrails.com/person/582-sebastian-delmont

http://www.workingwithrails.com/person/5167-sam-aaron

Utilizando hooks do Subversion

Se quiser utilizar o Subversion em projetos Rails para o próximo nível, verifique o excelente artigo em http://railspikes.com/2007/8/20/subversion-hooks-in-ruby.

---

1. http://nubyonrails.com/articles/2006/01/19/sxsw-aliases
2. http://errtheblog.com/

Epílogo
O que é o modo Rails (para você)?

Eu amo a comunidade Ruby. Ela é vibrante, divertida e inteligente. Sinceramente, nossa comunidade é um dos melhores aspectos de trabalhar com o Rails e seu sucesso deve-se em grande parte a ela. Conforme me aproximava da conclusão deste livro, sentia um desejo forte de incluir a comunidade onde quer que fosse possível e de dar aos leitores o gostinho de experimentá-la para depois ouvir o que eles têm a me dizer. Todos nós sabemos que *existe* um modo Rails, e mesmo assim *é* uma experiência extremamente pessoal, sujeita à interpretação e de explicação prazerosa. Que jeito melhor de terminar o livro do que com uma coleção de *seus pensamentos!*

Então, eu perguntei e todos vocês responderam. Eu espero que vocês se divirtam tanto quanto eu lendo as séries de citações, sátiras e composições a seguir.

Obie Fernandez, Jacksonville Beach (12 de setembro de 2007)

Meu primeiro pensamento foi "O modo Rails é felicidade", mas então me lembrei de um poema de Edgar Allan Poe do qual eu realmente gosto. O poema *Eleonora* começa com Poe falando sobre loucura e inteligência e sobre como elas podem ser a mesma coisa. Ele continua a falar sobre isso e consegue causar no leitor um sentimento de piedade por aqueles que só podem sonhar pela noite. Eu estou contente por ser uma das pessoas que pode sonhar tanto de dia quanto de noite. Eu sei o segredo!

> Chamaram-me de louco; mas a questão ainda não está resolvida: se a loucura é ou não a inteligência sublimada, se muito do que é glorioso, se tudo o que é profundo não brota do pensamento enfermo, do espírito exaltado, a expensas da inteligência geral. Os que sonham de dia conhecem muitas coisas que escapam aos que sonham somente de noite. Nas suas visões nevoentas, logram vislumbres de eternidade, e sentem viva emoção, ao despertar, por descobrirem que estiveram no limiar do grande segredo.

Desi McAdam, minha desenvolvedora Rails favorita, citando Edgar Allan Poe.

Os criadores do Rails estavam tão infelizes com as ferramentas já existentes para desenvolvimento de aplicações web que resolveram começar do zero. E a esta altura, devido a extensão deste livro, deve estar claro que foi um trabalho sério. O quão melhor seria o PHP se eles tivessem contribuído com patches ao invés de escrever em Rails?

Talvez um pouco, mas provavelmente não o bastante para estranhos perceberem. Para parafrasear o lojista de *Whisper of the Heart*: "Você poderia polir um minério bruto, mas o que você conseguiria obter com isso seria inútil. A pedrinha preciosa dentro dele é mais pura. Leva muito tempo e é preciso muito esforço para encontrá-la" . O Rails nos ensina que, às vezes, é preciso descartar o que estamos acostumados a enxergar para conseguir encontrar aquilo o que procuramos.

O modo Ruby é como polir uma pedra até encontrar a jóia que está dentro dela. O Ruby e o Rails, com todo seu poder e elegância, não podem impedir que você escreva um código ilegível e confuso; somente você pode decidir quando o código que escreveu está tão polido o quanto seria possível.

O Ruby nos convida a um desafio pessoal na criação de sistemas elegantes que são agradáveis de utilizar e analisar. O Rails exige que testemos nossas suposições constantemente e que não tenhamos nenhum medo de descartar grandes seções de código caso nos desagradem.

Essas duas diretrizes, descontentes com os acontecimentos atuais e com a constante autocrítica de seu próprio trabalho, é o que torna o Ruby e o Rails ferramentas tão populares e poderosas. Se você puder reconhecer essas diretrizes em você, será capaz de escrever um código melhor. Se conseguir aproveitá-las, terá encontrado o modo Rails, mesmo que isso o leve a escrever algo melhor e que venha substituir o próprio Rails.

Wilson Bilkovich, principal desenvolvedor do Rubinius e seguidor do Rails

Quando estou trabalhando em Ruby on Rails, sinto como se estivesse desenhando com um lápis bem apontado, uma boa borracha e um papel de qualidade. Posso esboçar minha idéia muito depressa para ver se ela tem valor. Se não tiver, a aplicação pode ser jogada fora sem muito sofrimento, já que uma quantidade mínima de esforço foi gasta inicialmente. Se as coisas estiverem indo bem, posso refinar aquilo que gosto e apagar aquilo que eu não gosto, construindo a mesma aplicação a partir do protótipo para produção com as espirais mais consistentes que eu já experimentei desenvolvendo software.

Dan Gebhardt

O aluno sábio ouve falar do modo Rails e o adota.

O aluno mediano ouve falar do modo Rails e o esquece.

O aluno estúpido ouve falar do modo Rails e dá gargalhadas.

Mas se não houvesse alegria, não seria o modo Rails.

Jon Larkowski, com apologias a Lao-Tzu

Sou um desenvolvedor .NET há alguns anos. De uma forma ou de outra, gasto meus dias com .NET e quando me perguntam porque faço isso, minha resposta habitual é: "ele paga minhas contas". Não costumo dizer que amo a tecnologia, mas ela tem sido um meio para alcançar um objetivo. E ainda faço isso diariamente... até que haja algo melhor que eu possa fazer.

No entanto, acho que posso ver uma luz no fim do longo túnel que tem sido minha carreira e essa luz é o Ruby e o Ruby on Rails. Ao utilizá-los minha experiência tem sido muito satisfatória e muito tranqüila, na verdade, quase ao extremo de ser filosófica. Quando meus amigos me perguntam sobre o que o Rails me proporciona, acho difícil explicar através de palavras que eles possam entender. Percebo essa experiência como a de encontrar uma religião a qual está relacionada não somente o texto ou o modo como ela é transmitida, mas também aqueles que compartilham a experiência e que a tornam única.

O modo ou a experiência Rails é encontrar paixão e sentir que você está fazendo a coisa certa. A tecnologia faz bem isso, mas a comunidade faz ainda melhor.

Meu envolvimento com o Rails tem acontecido somente desde o ano passado; no entanto, com mais de 20 anos de experiência em desenvolvimento de software, tenho a intuição de perceber quando encontrei alguma coisa importante.

Rob Bazinet, um desenvolvedor de software que atualmente se diverte ao aprender Ruby e Rails

---

O modo Rails é M: Mágico V: Focado na velocidade C: Direcionado à comunidade

Matt Margolis

Livrar-se da tarefa de tomar decisões; esse é o modo Rails. Todas as escolhas importantes já foram feitas para você e, desta forma, ao invés de precisar decidir qual tecnologia ou estrutura de aplicação adotar, você simplesmente senta e começa a escrever o código. Conforme experimenta o processo de desenvolvimento, você estende o Rails construindo *plugins* para preencher a necessidade. É o desenvolvimento Zen.

Ben Stiglitz

Eu sou bastante novo no desenvolvimento web e não estava desenvolvendo para web com scripts Perl CGI, PHP ou até mesmo com J2EE. O Rails foi meu processo de introdução a um desenvolvimento web sério. Para mim, o Rails fez do desenvolvimento web algo que não tive que experimentar e desistir.

Para ajudar, comparo o Rails com C. Eu aprendi C bastante cedo em meu longo caso de amor com a programação. Uma expressividade e alto poder (antes eu estava utilizando principalmente a linguagem assembly), podendo fazer alguma coisa legal muito depressa. O Smalltalk causou o mesmo sentimento em mim. O Rails novamente me proporcionou esse sentimento... o Ruby, é claro, é uma grande parte disso... a capacidade de executar mais, em muito menos tempo, com muito menos código. Para mim, o modo Rails diz respeito ao sentimento. Produtividade ao máximo, fluxo, expressividade, maleabilidade, poucas dificuldade ou barreiras na estrada...

O modo Rails é como correr na rodovia costeira da Califórnia em um dia ensolarado em um Corvette conversível com a capota aberta.

Dave Astels, autor de TDD: A Practical Guide *e* Test Mercenary at Google, Inc.

O modo Rails é...

> Sair do caminho para ajudar sem criar expectativas.
>
> Abraçar tanto as idéias novas quanto as antigas.
>
> Perceber que todos nós podemos fazer coisas melhores.

Jim Remsik, desenvolvedor .Net com uma provável mudança de emprego em um futuro próximo

---

OK, então o que é o "modo Rails" do qual as pessoas falam? Na realidade, existe de fato alguma coisa e, nesse caso, é realmente definível? Acredito que o "modo Rails" é um conceito subjetivo e como tal eu gostaria de explicar o que ele significa para mim. Se nós nos encontrarmos alguma vez, eu adoraria saber o que ele significa para você.

Vamos começar com uma analogia simples, quase embaraçosa. Vamos falar de locomotivas, carruagens, trens e estradas de ferro. Não, eu não estou falando sobre os pequenos modelos que seu pai cuidadosamente cria e pinta na garagem de casa. Estou falando de exemplos reais: máquinas poderosas e gigantescas, trilhos com quilômetros de extensão, cargas, passageiros, o cheiro de fuligem da fumaça, vapor e carvão – a tecnologia que movimentou a revolução industrial, a tecnologia que as pessoas constantemente desafiaram, melhoraram e reinventaram. E isso ainda está acontecendo nos dias de hoje. Por exemplo, em termos de tecnologia, o Transrapid Shanghai Maglev Train é muito diferente das locomotivas a vapor que operaram ao longo das estradas de ferro inglesas durante o início do século 19. Livros semelhantes a este foram escritos sobre a tecnologia por trás das estradas de ferro para pessoas interessadas em tecnologia ou em construir coisas a partir dela. Porém, para a maioria das pessoas, a tecnologia por trás das estradas de ferro não é o que importa, mas o que é realmente interessante são as possibilidades que elas trazem: feriados no litoral, visita aos avós, transporte de mercadorias para novos mercados, poder morar longe do trabalho. Agora, o que acho particularmente interessante sobre as estradas de ferro são as limitações inerentes; o fato de elas limitarem até onde você pode viajar. Sua escolha de destinos é basicamente decidida para você. As decisões foram tomadas quando os trilhos foram postos e as estações foram construídas. Os construtores decidiram que você iria querer viajar de Londres para Newcastle.

"Bah, que ousadia!" você poderia exclamar. "Eu quero um controle completo sobre os lugares que posso ir", você poderia sugerir. Afinal de contas escolha é liberdade, certo?

O Ruby on Rails está limitado de forma semelhante. Ele coloca os trilhos para você e diz aonde você deve ir. Claro que você não está limitado a seguir estritamente sua direção – você pode ir aonde quiser. Porém, tenho certeza que montar um trem em cima de um terreno ondulante não será a viagem mais confortável que você poderá fazer. Isso leva a uma pergunta importante: "Como sei que o Rails está me levando para a direção certa?" Sem dúvida, essa é uma pergunta subjetiva. A resposta na verdade depende do que você considera como a "direção certa". No entanto, para mim, O Rails quase sempre foi a direção certa. Deixe-me situar você um pouco mais dentro de um contexto:

Então, eu estava bem em meus estudos Ph.D. e tinha implementado um protótipo em Java para avaliar minhas idéias. O único problema era que o sistema Java era uma casa de cartas que constantemente desabava. Ao fazer uma retrospectiva, penso que na maioria das vezes minhas idéias estavam em estado de fluxo: elas mudavam constantemente. Afinal de contas, eu estava pesquisando. Infelizmente, o código fonte Java que escrevi tornou-se complicado e enrolado com todas as mudanças. Em um mundo imaginário ideal eu teria feito aparecer idéias novas que, para ser avaliado, seriam implementadas magicamente por algum robô de busca AI. Claro que este não era o caso e eu precisei escrever meu próprio código. Porém, com a implementação Java, o código começou a controlar minhas idéias em vez das idéias controlarem o código. Por exemplo, me encontrava dizendo coisas como "Seria ótimo poder fazer determinada coisa, mas isso seria muito difícil ou levaria muito tempo para implementar". Causou-me muita frustração, seguida por uma considerável depressão.

Bem, não estou tentando causar algum tipo de comoção em você... Encontre alguém que terminou um Ph.D. e verá que cada um deles teve um pouco de depressão durante suas pesquisas. Espero que você desculpe a tautologia moderada, mas é somente uma realidade deprimente da natureza dos Ph.D.' s. No meu caso, minha depressão cresceu por estar frustrado com minhas ferramentas e não saber o que fazer para consertar a grande bagunça na qual eu estava metido. Eu estava perdido e sem direção.

De alguma forma, eu esbarrei com o Rails. Não tenho certeza sobre o que me atraiu para ele. Talvez pelo fato de já estar utilizando e desfrutado o wiki Instiki simples (uma das primeiras aplicações Rails). Talvez fosse o senso forte da comunidade ou, quem sabe, fossem os posts inteligentes de alguns blogs interessantes e geralmente engraçados, ou, ainda, a grande excitação e emoção demonstradas pelas pessoas que utilizam o Rails. "Ops", esqueci do fato que também podem ter sido os surpreendentes screencasts. Na verdade, é provável que tenha sido uma dose saudável de cada uma dessas coisas. O Rails me ofereceu muito do que eu estava buscando: uma comunidade inteligente e entusiasmada de pessoas interessantes focadas em um framework que permitiu construir coisas úteis consideravelmente depressa e sem muito esforço. Eu precisava de alguma coisa desse tipo!

Os anos que se seguiram foram anos perdidos em termos de pesquisa e eu quase não progredi. No entanto, aprendi muito mais sobre programação do que tinha aprendido em qualquer outro período. Devorei posts de blog e livros como se estivesse faminto por informações. Aprender Ruby realmente abriu minha mente para as facetas interessantes das linguagens de programação. De repente, eu podia ver que programar não era somente uma tarefa de engenharia; havia muitos outros aspectos envolvidos no processo. Programar é também uma arte, um trabalho manual e até mesmo um estudo da própria linguagem. As filosofias por trás do Rails como "Convention over Configuration" e não "Don't Repeat Yourself " não apenas faziam sentido; elas eram obviamente sensatas. Meus olhos começaram a se abrir. Tudo o que a comunidade Rails fazia e falava me parecia interessante. É como se agissem como um filtro maravilhoso para indicar o que eu deveria ler e aprender e, o que é mais importante, foi um filtro no qual adquiri confiança.

Vamos voltar à discussão sobre trens e liberdade: "estradas de ferro limitam sua viagem" e "sua escolha por destinos é decidida para você." Discutimos que possíveis respostas para essas afirmações seriam frases como "quero um controle completo de onde eu possa ir" e "escolha é liberdade." Bem, analise isso a partir do meu contexto. Eu tive liberdade total na escolha dos meus destinos em minha pesquisa. Esse não era meu problema. Meu problema era que não sabia ao certo qual caminho seguir e, portanto, não ia a lugar nenhum. A oferta de opções obscuras e desconhecidas praticamente ofuscou meu caminho.

Depois do meu encontro com o Rails, eu retornei para minha pesquisa com vigor e força renovados. Decidi destruir minha implementação e reconstruí-la completamente através do Ruby e do Rails. Eu a reconstruí em uma fração do tempo que levei para implementar o original, com uma parte do código fonte original. E mais, a nova implementação foi completamente testada; assim, o cenário da casa de cartas não existia mais e, na verdade, me diverti bastante a construindo. Diverti-me trabalhando em algo que de outra vez havia sido muito frustrante e me causado depressão. Por fim, utilizar o Rails como um filtro no conjunto de possíveis opções de implementação não me fazia sentir limitado ou aprisionado; na verdade, ele me proporcionou clareza e direção. Acredito que isso é parte daquilo a que as pessoas se referem como o modo Rails o qual, para mim, é apenas o começo de uma viagem promissora e excitante.

Sam Aaron, que não dá respostas curtas ☺

O Ruby on Rails demonstra que rapidez não precisa ser sinônimo de sujeira e que as melhores práticas não precisam ser complexas. É o exemplo perfeito do princípio 80/20[1] do mundo moderno de aplicações web – o Rails não pode atender a necessidades de todos os tipos, mas quando faz realmente é uma doce solução.

Gabe da Silveira. Disponível em websaviour.com

Rails e Ruby, Ruby e Rails, o que posso dizer?

Tenho sido programador orientado a objetos por 30 anos. Eu era um dos sujeitos sortudos que fazia parte da comunidade Smalltalk em seu auge. Comecei a trabalhar relutantemente em Java quando "escreva uma vez e execute em qualquer lugar" tomou conta do mundo.

Então, me aposentei e voltei a brincar com a tecnologia segundo minhas próprias vontades e aceitei fazer bicos de vez em quando para juntar um dinheiro casual.

Brinquei com várias aplicações web de código aberto: algumas boas, outras nem tanto. Executei um wiki baseado no mediawiki e brinquei ativamente com esse código durante algum tempo – ele mostra que um código bem escrito pode ser obtido até mesmo em PHP. Por outro lado, algumas experiências como consultor me aproximaram novamente dos horrores que o código reunido poderia produzir.

No caminho, um dos meus colegas me perguntou se eu tinha brincado com o Ruby, então eu resolvi dar uma olhada. De alguma maneira, eu me sentia estranhamente à vontade. O Ruby pegou muitos conceitos da Orientação a Objetos do Smalltalk, salpicados de alguns conceitos avançados como módulos e métodos exclusivos, e acrescentou algumas coisas do Perl, a maioria boa. Eu também dei uma olhada no Python, mas o Ruby me fez sentir mais completo e confortável.

Então, consegui um emprego temporário em Ruby, acrescentando alguns recursos novos a uma aplicação existente. Em comparação a um trabalho similar anterior para tentar estender uma aplicação de missão-crítica PHP, aquele era o paraíso. Em vez de gastar todo o meu tempo tentando entender o que se esperava que o código fizesse, o código Rails era óbvio tanto no próprio código quanto em sua estrutura. O melhor de tudo eram os TEST CASES, um grande benefício para quem é novato em um projeto.

Claro que o código não se tornou o que era somente porque foi escrito utilizando Rails, mas certamente isso ajudou. Outra coisa que o Ruby e, principalmente, o Rails compartilham com o Smalltalk é que há muito código bom na literatura para ler, entender e utilizar como uma fonte de exemplos.

Não é que você não possa escrever um código Rails terrível, mas você tem de trabalhar duro para conseguir isso! Se você confiar no seu bom senso quando estiver trabalhando em Rails, provavelmente você irá saber que está fazendo algo errado e deve procurar exemplos de como outras pessoas resolveram problemas semelhantes – é muito provável que você ache esses exemplos sem precisar procurar muito!

Rick DeNatale, aposentado do Smalltalk Guru da IBM, diretor da DenHaven Consulting e membro da Terralien

---

Nas inúmeras madrugadas agradáveis

Eu digo que amo o Rails

A noite também se torna bela

As estrelas não podem ajudar, mas fazem os olhos piscarem

A beleza do mundo Rails

Eu te amo

Eu me pergunto repetidas vezes

Eu não amo você para amar alguém

Eu amo você, Rails

Hackem, aluno de uma universidade na China

Em minha experiência, primeiro como um funcionário e agora como um empresário, o modo Rails pode ser resumido em Três Cs – colaboração, consistência e contribuição.

Colaboração: fazer coisas "no modo Rails" não significa somente colaboração estreita entre membros de uma equipe, mas também colaboração estreita com nossos clientes. Entre os membros de uma equipe, há um sentimento de excitação na utilização do Rails para alcançar seu potencial completo. Isso resulta em revisões de código dinâmicas e educacionais, em vez de revisões monótonas ou incompreensíveis. As interações com clientes representam ciclos de liberação mais freqüentes e feedbacks logo nas primeiras fases. Chegamos muito mais perto do alvo com o Rails do que com o PHP.

Consistência: vindo de uma experiência com uma variedade de linguagens e frameworks que não levaram a uma posição dogmática, eu estou completamente familiarizado com o quão difícil pode ser decifrar o estilo de código de outro programador. Adotar o modo Rails reduziu o tempo que gastamos para explicar as coisas uns aos outros e simplesmente colocamos tudo numa mesma página. Isso tem sido precioso para nós.

Contribuição: ao fazer coisas no modo Rails estamos em uma posição muito melhor ao retornar à comunidade. Apesar de ter sido um consumidor de software de código aberto durante pelo menos doze anos, o Ruby on Rails é o primeiro projeto de código aberto para o qual contribuí com patches (e senti a alegria de vê-los integrando-se com o núcleo Rails). Além disso, é possível contribuir em qualquer nível: plugins, gems, documentação, entradas de blog sobre novas descobertas ou, até mesmo, oferecendo-se como voluntário para falar sobre Rails em eventos. O espírito colaborativo que parece emergir do modo Rails é algo que eu não tenho visto se comparado com qualquer outro projeto de software – e eu estou entusiasmado para fazer parte dele.

Jared Haworth, fundador do Alloy Code, uma companhia de desenvolvimento web situada em Raleigh, Carolina do Norte

---

Para mim, o modo Rails representa liberdade. A liberdade para se concentrar em escrever soluções e não alimentar o compilador. A liberdade de aprender uma linguagem intuitiva e não formatos de arquivo de configuração complexos. A liberdade para moldar a linguagem e a solução como um pedaço de argila em um pedaço elegante de software e não ser prejudicado por desenvolvedores de linguagens ou de API que acham que conhecem o melhor. A liberdade para se divertir novamente, sem ter que investir em horas longas e difíceis para criar um belo pedaço de software. A liberdade para voltar à área familiar de linguagens dinâmicas.

Mel Riffe, antigo programador do Smalltalk

O modo Rails é como encontrar a resposta mais bonita para qualquer problema. Esses tipos de soluções não são encontrados por um único hacker, mas através da construção de convenções e princípios inteligentes juntamente com outros desenvolvedores. O modo Rails é evitar obscuridades e revelar os artistas. Viva o modo Rails!

Hampton Catlin, auto-intitulado profeta do Ruby

O Rails tem me levado a lugares que já tinha esquecido que existiam. Lembro do dia que, não faz muito tempo, fiquei acordado até tarde da noite sentindo aos poucos a alegria da criação de um software. A faculdade foi uma época para exploração, para atravessar os limites da minha mente e de minhas capacidades.

Então, *corporação* e *conforto* incentivaram *excitação* e *crescimento*. A educação me trouxe de volta à minha mente como eu era moldado nos padrões de automação. Trabalhe apenas para impressionar, mas nem tente emocionar. Bom o bastante[2] foi ótimo e ótimo foi uma ilusão.

A epifania que eu estava pensando na minha paixão por um salário consistente chegou de modo suspeito perto do momento que eu descobri o Rails. O Rails me levou para longe da Corporação e me trouxe de volta para a Realização. O Ruby me deu um tapa na cara e me deixou sorrindo.

Barry Hess. Pode ser encontrado em bjhess.com

O Rails tem opiniões fortes sobre um modo particular de construir rapidamente aplicações completas do modo mais simples ao mais complexo com o mínimo esforço e alta integração. Todo desenvolvedor deveria experimentar o modo Rails de construir aplicações web antes de decidir por um modo e aprender o que puderem a partir dessa abordagem para, posteriormente, levá-la adiante em seu próprio trabalho.

Geoffrey Wiseman, desenvolvedor de software em geral e escritor/editor

---

O modo Rails é fazer parte de uma comunidade dedicada a ajudar uns aos outros a trabalharem mais rápido, a construir produtos melhores e divertir-se mais fazendo isso. Ele é a liberdade de não estar vinculado a qualquer companhia de maneira exclusiva. O modo Rails é um caminho criado por pessoas que se preocupam com a beleza e a arte do desenvolvimento de software. Desta forma, quando você contribui com ele, você também faz sua parte para marcá-lo para aqueles que o seguirão.

Luke Melia, em viagem pela cidade de Nova Iorque

Rails – beleza em forma de código

Criativo, divertido e perfeito

Futuro que é claro

David Parker, encontrado em davidwparker.com

Comecei a programar quando tinha 13 anos. E lembro muito bem daquele verão; para mim era o fim dos joelhos ralados em brincadeiras na rua, encontrei o livro BASIC Programming para nosso TRS -80. Meu monitor era uma televisão, meus arquivos eram salvos em uma fita cassete e minha impressora continha papel termal de 5 polegadas de largura. Eu estava viciada em programação. Com o passar do tempo atualizei meus computadores, assim como minhas ferramentas de programação e aprendi mais versões de Basic e C/C++. Depois de quatro anos de Pascal e um semestre de Java na faculdade, apanhei um livro sobre PHP, aprendi PHP e consegui meu primeiro trabalho. Conforme cresci como desenvolvedora e me familiarizei com o desenvolvimento web, eu me envolvi com um bom projeto como MVC, listas de banco de dados para objetos e modelos. Também tentei propor um framework web e experimentei alguns. Nenhum deles era simples ou até mesmo lógico o bastante. A típica parte CRUD do desenvolvimento me perturbou porque era muito tediosa e repetitiva. O desenvolvimento web tornou-se chato e um obstáculo para mim! Estive por cerca de dois anos com o que chamo "depressão de programadora". Nesse período eu não me entusiasmava com nada que estivesse relacionado a código e voltava para casa do trabalho e nem mesmo ligava meu computador.

As comunidades de programação foram me inspirando. Em 2006, depois de alguns anos sem que tivéssemos contato, juntei-me novamente a meu amigo desenvolvedor Keith Casey. Ele estava envolvido em alguns projetos de código aberto que incluíam DotProject, uma aplicação de gerenciamento de projeto baseada em LAMP. Realizei alguns trabalhos com ele, me envolvi na comunidade de código aberto e passei a participar dos fóruns para projetos ajudando a responder perguntas e fomentando algumas discussões sobre design. Ele me motivou a participar de encontros de grupos de usuários locais em Chicago. Então encontrei o grupo Chicago PHP e me reuni com alguns programadores Perl (fique quieto, não conte a ninguém que havia pessoas de Perl em uma reunião de PHP!) e comecei a aprender Perl, até que, mais tarde, encontrei o grupo Ruby. Em pouco tempo eu estava comparecendo a três encontros de grupo de usuário no mês – Ruby, Perl e PHP. Ocasionalmente, ia visitar o grupo Python. Eu estava aprendendo coisas novas e, tanto pessoalmente como através de projetos de código aberto, estava cercada de outros programadores. Naquele momento, eu era a única programadora na companhia e estava precisando de uma conversa geek. O PHP é bom para algumas aplicações porque é facilmente suportado na maioria dos servidores web. Eu gostei do Perl por causa de suas bibliotecas de teste e de sua flexibilidade, além de esclarecer muito sobre design. Gostei do Rails porque através dele o MVC fez mais sentido para mim; o ActiveRecord me deixou mapear com facilidade listas de banco de dados para objetos. O scaffolding me permitiu obter CRUD básico rapidamente, proporcionando tempo e liberdade para que pudesse trabalhar na lógica de negócios da aplicação. Programar era divertido novamente!

O Rails é ágil! Conforme meu crescimento como desenvolvedora teve seguimento, fui aprendendo o processo agile/scrum e o Rails acabou por tornar-se uma adaptação natural. O scaffolding me ajuda a fazer o protótipo de forma rápida e obter um feedback do cliente na primeira etapa do processo. Certo dia, um analista de negócios veio até os desenvolvedores precisando de uma aplicação e estava tentando explicar o que precisava. Nós já tínhamos uma aplicação semelhante, mas ele precisava somente que algumas coisas fossem modificadas e, infelizmente, isso exigiria uma reestruturação significante. Depois de ouvi-lo falar durante 15 minutos, caminhei até minha mesa e com a ajuda do Streamlined criei uma aplicação Rails básica com alguns controladores e modelos. Eu tinha criado um site quase completo dentro de uma hora. Mostrei a ele o resultado e depois que personalizei os formulários do modo como ele desejava e acrescentei mais alguns recursos, eu tinha uma aplicação de nível de produção implementada em aproximadamente 18 horas.

O Rails permite um desenvolvimento rápido!

Outra coisa que eu aprendi é que administradores que são utilizados para outras linguagens que não sejam Ruby podem ter problemas com o desenvolvimento rápido do Rails. Certa vez, eu tinha algumas tarefas para um projeto e dei uma palestra sobre como é trabalhar com horas estimadas. Além disso, nem sempre era seria possível criar um código de qualidade dentro do prazo estimado. Com o Rails, eu sabia que eu poderia fazer isso e com um código de qualidade! Deixei aquele encontro bastante determinada e levei algum tempo para explicar a uma pessoa nova em Rails o processo de criação de meu site Rails RESTful através de scaffolding e depois de personalização das partes que eram específicas para minhas necessidades. Executei os testes (46 deles!) e tinha terminado. Para evitar que houvesse dúvidas sobre o fato de meu código ser de alta qualidade eu executei rcov (uma ferramenta de cobertura de teste) em meus testes e tive 100% de cobertura. O que você acha disso?

O Rails me deu confiança e coragem. Geralmente sou uma pessoa muito tímida e normalmente não inicio conversas com estranhos. Certo dia, como de costume, eu estava indo de trem para o trabalho em Chicago quando alguém sentou perto de mim com um PSP (Playstation Portátil) em um estojo exclusivo. Eu perguntei sobre seu estojo e fiz uma brincadeira dizendo que gostaria de roubar o PSP de meu marido algum dia desses e pôr Linux nele. Ele disse que ele era um programador de mainframe e não gostava muito daquilo e depois quis entrar no assunto sobre desenvolvimento web. Então iniciei uma conversa sobre o Rails explicando os pontos fortes do framework e afirmando o quanto eu gostava dele. Ele começou a anotar algumas coisas; indiquei alguns sites para que ele pudesse obter mais informações, alguns livros para ler e até deixei que assistisse ao clássico vídeo "Rails Blog in 15 Minutes" em meu laptop. Hoje em dia continuo procurando por ele pelos trens, gostaria de perguntar-lhe se ele finalmente experimentou!

Mais do que qualquer coisa, tento utilizar a ferramenta certa para meu trabalho. Costumo gostar de linguagens múltiplas e, na maioria dos casos, Ruby com Rails é a que escolho para o desenvolvimento web. Posso escolher PHP para um site somente se ele tiver uma página dinâmica ou um site que precisa apenas de um formulário de e-mail. O Perl é ótimo para tarefas de sistema ou processamento de dados. Cada uma dessas linguagens tem seus pontos fortes e não vou criticar ninguém que pense o contrário. Acredito que o problema maior é a falta de uma comunidade de desenvolvedores de diversas linguagens. É comum alguém tentar defender os motivos pelos quais considera a linguagem X ruim. Sem essa, gente... isso não ajuda a ninguém. Você pode aprender a partir de outras linguagens mesmo que não sejam as suas preferidas. Às vezes, quando estou programando em uma linguagem, penso como poderia fazer o mesmo a partir de outra. Freqüentemente, tentar ver as coisas a partir de uma perspectiva diferente me ajuda a encontrar a solução correta.

O Rails definitivamente me inspirou e mudou o modo como penso sobre desenvolvimento web. A comunidade em volta do Ruby/Rails é excelente e me torna uma programadora melhor.

Nola Stowe, Linguagem Geek

O modo Rails é pragmático para seu núcleo, nascido de forças similares de experiência profunda e da necessidade de solucionar os problemas iminentes de programação do mundo real. Ele rompe com a sabedoria convencional e, em seu lugar, oferece novas alternativas para facilitar a solução de alguns dos reais impedimentos da produtividade do desenvolvedor.

Curt Hibbs, autor dos tutoriais online mais famosos do Rails

Alguns dias, penso que ele[3] significa desenvolvimento web expressivo, repetitivo, simples e elegante.

Em outros, penso que ele significa ignorar décadas de sabedoria coletiva e inventar uma roda feita de maisena – é mais leve e provavelmente não iremos muito longe com ela, então por que planejar em excesso?

Alguns dias, penso que significa "Vá se danar"

Hoje é um desses dias.

Jay Levitt, antigo chefe de arquitetura de sistemas de e-mail da América Online, vive em Boston, Massachusetts

---

O modo Rails é deixar os programadores felizes. É automatizar, resumir e refatorar até que uma aplicação web possa ser escrita com o menor número de linhas necessárias para realizar o trabalho. É tornar mais fácil escrever o tipo de código correto.

E quando os programadores estão felizes, eles podem se concentrar para escrever ótimas aplicações capazes de fazer feliz também o usuário!

Geoffrey Grosenbach, Editorial PeepCode e voz do podcast Ruby on Rails

---

"c7Fd9uk3nu4ck0td8iv9oz1nv0ak5ljjSw2iv6mu9pz1ly3im0cq7il4ta2y".gsub(/\w\d/,'').gsub('jj',' ')

Jeremy Hubert, sendo ele mesmo

Trabalhar com Rails dá vontade de programar em par com um desenvolvedor web dogmático, experiente e talentoso. Se você puder engolir seu orgulho e seguir o mais importante do Rails, ótimos ganhos de produtividade o esperam. Se você tiver opiniões fortes sobre o desenvolvimento web e design de banco de dados, e argumentos contrários ao modo Rails, sua produtividade irá perder força. Inicialmente, desenvolver no modo Rails significa humilhar-se, rendendo-se às opiniões de Rails e vendo o desenvolvimento web pelos olhos do Rails. Mas tenha coragem! Conforme você aprende Ruby, seus argumentos contra o Rails começarão a virar a seu favor. Eventualmente, desenvolver no modo Rails significa ouvir as opiniões sobre o Rails, escolher suas batalhas e, através do poder do Ruby, curvar o Rails à sua vontade.

Dave Hoover, especialista em software

Há uma linha no começo das aulas do SICP – um curso famoso na programação funcional – onde Harold Abelson está definindo "ciência da computação" para sua classe:

> "Ciência da computação" é um nome terrível para este negócio. Em primeiro lugar, não é uma ciência; poderia ser engenharia, ou até mesmo arte... Também não está muito relacionada a computadores, no mesmo sentido que física, na verdade, não é apenas aceleradores de partícula, biologia não é apenas microscópios e recipientes Petri e geometria não é apenas utilizar instrumentos de medição.
>
> A razão pela qual pensamos que ciência da computação diz respeito a computadores é quase a mesma razão pela qual os egípcios pensavam que medir seus terrenos depois da inundação do Nilo dizia respeito a instrumentos de medição, e não a geometria: quando alguma área é iniciada e você realmente não a entende muito bem, é muito fácil confundir a essência do que você está fazendo com as ferramentas que você utiliza.

Da mesma forma, meu significado para "o modo Rails", na verdade, não é relacionado ao Rails, Ruby, ou quaisquer destas ferramentas novas que nós estamos utilizando. Sua "essência" é uma direção inflexível para aperfeiçoar para a produtividade e felicidade. É um pragmatismo difícil de aprender: processos para pessoas que recusam solucionar o mesmo problema duas vezes, que estão irritados o bastante pelos choques de velocidade que suas ferramentas às vezes provocam e se abastecem como um rolo compressor.

Uma conclusão necessária sobre a idéia de que o ingrediente secreto do Rails é diferente do código congelado oferecido pelos fornecedores é que, um dia, uma instanciação melhor destas práticas irá aparecer. Eu adoro Ruby, Rails e suas comunidades, mas eu sei que todos nós iremos progredir em algum momento. Quando esse dia chegar e algum screencast novo de 10 minutos nos fizer gritar como crianças, devemos ter a percepção de pular de cabeça nele com a mesma naturalidade com que nós abandonamos todas as coisas que nós estávamos *acostumados* a fazer para viver.

Chris Kampmeier em http://www.shiftcommathree.com

Se DHH[4] não estiver fazendo isso, você não o fará. (Parece que toda vez que algum esperto se complica é por causa disso).

Zed Shaw, criador do servidor web Mongrel

Índice

Símbolos

: 259

/ 259

&& 367, 372, 382

<% %> 420

<%= 420

<%= %> 420

== 321

||= 373

$ 12

$F 306

$H 306

$R 306

%W 7

A

ação destroy 87

    do controlador 21

acceptance 182

Account Controller 369

aceleradores do navegador 291

Acessando registros 419

acesso ao SCM 534

    delegado 547

    de rede 502

Acessos falsos 267

Ações e asserções 447

Ações padrões 70

    Rails do REST 84

action 45, 375

ActionMailer 399

ActionView 221

Active Record 101

ActiveRecord 8, 264

ActiveRecord avançado 193

ActiveResource 375

Acts as Authenticated 359

Adeus Test::Unit 465

adicionar objetos 148

    uma rota 79

after coincididos 194

agrado 62

agregar associações 170

AJAX 26

Ajax on Rails 247

Ajax.Responders 317

Alerta de segurança 39

Alguns dos métodos 4

A lista de verificação da pilha 501

ambiente de host 13

    de produção Rails 499

    de qualidade 540

    de rede 501

    de servidor 501

    RAILS_ENV 1

ambientes personalizados 1
personalizados 13
Rails 1
TZ 9
Analisando um plugin 484
XML 385
Análise do arquivo de log 16
AND 319
Aninhamento profundo 77
antepadrão 50
Anulação do nível do log 7
AOP 209
API 8
da migração 106
do Rails 382
do teste de integração 444
Marshal 348
Rails 135
APIs 65
do Rails 21
API TMail::Mail 408
aplicativo Rails 2
aplicativos Rails 1
app 6
ApplicationController 348
Apresentação explícita 25
Apresentar na exibição 24
opções 27
outros tipos de dados estruturados 27
texto 27
um modelo 26
Argumento agradável 61
Armadilhas da migração 105
Armazenamento da sessão ActiveRecord 7
Armazenamento de sessão DRb 351
de sessão memcache 352
do cache 244
em cache 521
Armazenar o database.yml 535
arquivo padrão 1
routes.rb 47
Arquivos anexos 406
associados 197
de log do Rails 15
MIT-LICENSE 494
README 494
Array do JavaScript 308
literal 7
As chaves 45
aspectos mais fundamentais 1
asserção 417
por método 427
Asserções 424
básicas 425
comuns 432
do Rails 427
assert 417
assert_block 425
assert e deny 425
assert_empty 425
assert_equal 425
assert_include 426
assert_in_delta 426
assert_in_epsilon 426
assert_instance_of 426
assert_kind_of 426
assert_match 426
assert_nil 426

assert_no_match 426
assert_not_equal 425
assert_nothing_raised 427
assert_not_nil 426
assert_not_same 426
assert_raise 427
assert_respond_to 427
assert_same 426
AssetTagHelper 252
Assistente do título 295
assistentes 6
Assistentes 247
    de seleção 257
    do cabeçalho 252
assistente tiled 301
    tiles 297
associação polimórfica 209
Ativando sessões 350
Atribuindo variáveis 475
atributo com before_validade_on_ create 195
Atributos sem banco de dados 363
    serializados 118
attachment 401
attachments 408
Atualização 127
    pela condição 128
Atualizadores convenientes 129
atualizar determinada instância 128
Autenticação 359
autocarregamento 5
autocarregar 2
Autocompleter 344
Autotest 477
auxiliaries 476
Avisos 557

B

BackgrounDRb 554
banco de dados 503
    de dados resultantes 435
barra verde 417
barra vermelha 417
Base 150
Basic Authentication 360
básico 101
bcc 401
BDD 471
before_filter 33
before_filters 98
BeInZone 457
belongs_to 150
benchmark 63
BenchmarkHelper 256
biblioteca do fornecedor 487
    Mocha 414
    Ruby 2
bibliotecas JavaScript 303
bindAsEventListener 311
bloco 51
    de código 250
    opcional 437
Bloqueando revisões 489
Bloqueie suas portas 522
Bloqueie uma versão específica 486
Bloqueio do banco de dados 131
BNL 217
body 401
BODY 228

bom senso 495

Book 68

booleano 195

breadcrumbs 296

breve história do Rails 499

Brian Eng 411

Builder 224

builtin_directories 6

C

Cache 236

- com limpadores 242
- da ação 237
- da página 236
- de consulta 125
- do fragmento 238
- Helper 256
- no modo 236

cadeia de filtros 35

callback 11

- included 215

callbacks 148

Callbacks 193

- before 194
- especiais 198

Camada de aplicação 502

- de banco de dados 503
- web 502

CamelCase 377

caminho da classe 4

Caminhos de carregamento 7

- de carregamento adicionais 7
- padrões 4
- padrões de carregamento 4

Capifique 528

Capistrano 507, 525

Carregador de classes Rails 11

carregamento 4

- adicionais 7
- no Ruby 4

carregar automaticamente 5

Casos simples 230

cc 401

CGI 499

chamada de retorno before_save 367

chamadas de expiração 241

- de retorno 366

charset 402

chave estrangeira 147

chave/valor 58

Chega de isolamento 412

Christopher Alexander 479

ciclo de vida da sessão 354

- rápido 10

Class 307

- Account 182

classe 5

- Account 216
- Array 308
- AssociationProxy 179
- Configuration 10
- CSS 252
- Foo 215
- Function do JavaScript 312
- Number 313
- Object 307
- receive 407

Classes abstratas 208

- ActiveRecord 216
- automáticas 10
- de callback 199
- Rails 11
- classe String do JavaScript 315
  - Sweeper 242
  - TMail 407
- class ExpenseReport 146
  - Timesheet 146
- cláusula XML 51
- clear 149
- client.rb 102
- closures 305
- Cluster 505
- codebase 3
  - Rails 2
- codificar 196
- código 5
  - de Status 28
  - do parcial 298
  - dumper 8
  - fonte 10
  - hook 490
  - Rails 4
  - Ruby 372
- Códigos em uma linha 194
- código TZ 8
- coerção 123
- Colchetes 264
- Coleções 178
  - de apresentação 235
- coluna do conteúdo 250
  - do banco de dados 210
  - timestamp 112
- comando rake 2
- comentar os delimitadores 223
- Como apagar e destruir 130
  - autocarregar 2
  - desabilitar 6
  - desabilitar frameworks 6
- compartilhados 459
- compartilhar parciais 235
- compõem o Rails 4
- Componentes curingas 45
- comportamento 458
- Comportamento 438
  - RJS 441
- compressão da saída 34
- Conceitos básicos 443, 526
- Conclusão 18
- Condições 134
  - booleanas 135
  - do filtro 37
- config/boot.rb 2
- config/environment.rb 1
- configuração 1
  - 6, 409, 555
  - adicional 9
  - do Monit 518
- Configurações 499, 471
  - SMTP 409
- Configurando a implementação 530
  - o Capistrano 515
  - o Mongrel Cluster 507
  - o Monit 512
  - o Nginx 508
- Configuring Scripts init 515
- congelar 3

Consideração sobre o BackGrounDRb 558
Considerações 60, 551
    sobre o Daemon 562
    sobre o DRb 553
    STI 205
console do aplicativo 91
    Rails 5
Consultas SQL 17
contar com rotas 294
content_type 28
conteúdo MIME 434
controlador 21
controladores 6
controlador/exibição 32
controlador REST 70
    anexos 409
Controle de versão 503
controller 45
Convenção 114
    simples 5
Convenções do formulário 263
Convertendo bilbiotecas 488
Cookies 356
CookieStore 352
correções de erro 3
counter cache 348
Courtenay 27
Create 391
Criação automática 249
criar migrações 104
    objetos relacionados 151
CRUD 66
CSS 225
CSV 419
current 532

D

dados de desenvolvimento 421
    fixture dinâmicos 420
    personalizados 112
Daemon 562
Daemons 558
data e hora 257
    individuais 258
date 408
DateHelper 257
David Hansson 403
David Heinemeier Hansson 1
debug 14
Decidindo o que testar 431
Declarações do relacionamento 113
declarativas simples 182
default_charset 402
default_load_paths 6
Defina papéis 530
definições nos arquivos 6
    padrões 1
definir atributos 116
    a versão 535
    colunas 108
def show 54
delay 337
delegado para máquinas 547
delete 149
Delete 393
DELETE 70
delete_all 149
DELETE SQL 140

delimitadores ERb 223
DemoController 24
dependência instável 3
desabilitar frameworks 6
Desafios de sustentabilidade 423
Desativando sessões 349
desbloqueando revisões 489
Descarregamento do esquema 7
descarregar as rotas 91
descongelar 3
Desempenho e escalabilidade 521
desenvolvedores Rails 2, 351
desenvolvimento 102
destino do link 6
Destroy 87
Diferenciar a produção 1
diferentes modelos 138
    representações 82
dinâmicos 380
diretório de implementação 532
    lib 491
    vendor/rails 2
Diretrizes 348
Dispatcher 22
DIV 226
Diversos métodos 199
Doctor Who 221
DOM 311
draggable 337
DRb 244, 551
DRb a partir do Rails 552
DRb simples 552
drop_receiving 337
drop_table 361
DSL 217
DSLs 193

E

Edit e update 89
Editores in-place 345
Efetuando logon 374
e-mail HTML 403
encadeamentos 560
encapsular a lógica 296
encrypt_password 363
endereço IP 16
enganam 71
engrenagens 2
Entendendo o BackgrounDRb 555
Enumerable 306
enumerable.each 318
Enviando um e-mail 406
    um e-mail de fato 406
envie arquivos 41
environment.rb 4
equipe principal 3
ERb 221
ERB 285
Erik Naggum 375
error 15
Error 365
error_messages_for 248
errors 104
erros 181
    de validação 247
escalabilidade 521
escopo 538
    da classe 214

escopo especial 63
escrevendo Cookies 357
 seus próprios plugins 490
escrever rotas 53
Especificação de Visualizações 474
Especificações auxiliaries 476
 de controlador 471
 model 468
Especificando erros 473
 rotas 473
especificar controladores 75
Esquemas 116
 de log 18
estabilidade 3
Estendendo classes Rails 492
 Rails com Plugins 479
estender o Rails 7
estilo de macros 113
 REST 241
estreitar a saída ERb 223
Estrutura 431
 de diretório 532
examinar as rotas 91
Executando especificações 465
 testes 417
executar o rails 3
Exemplo de configuração 244
Exemplos de uso 38
Exibição inteligente 296
exist 104
expande 26
expectativa personalizados 456
expense_reports 147
Expiração automática 242
Expiração do conteúdo 240
expirar fragmentos 241
 páginas 240
expressões regulares 56
extend 308
Extensões da associação 178
 para a classe 310
 para o objeto 310
Externals do Subversion 485
extras das coleções 79
 do papel 531

F

failed 197
Failover 520
failure 417
fatal 15
Fazendo stub 476
feeds RSS 559
Ferramentas RSpec 477
Fielding 65
Filtros 32
 around 36
 e fluxo 21
 em linha 35
finalidades do roteamento 44
find 319
Find 389
FireBug 304
Firefox 306
first 382
fixture 102
 a partir de testes 419
 dinâmicos 420

fixtures 412
Fixtures 418
Fixtures CSV 419
Fixtures são frágeis 424
flunk 427
Fluxo 38
Foco no campo 49
fora de sincronização 4
Forbidden 29
forçar a exclusividade 186
format 92
Formato Hash 440
    singular 440
form(name, options) 249
Formulários Hash 397
fornecedor 487
fornecedores existentes 488
fragmento 146
Fragmentos globais 239
    nomeados 239
framework 307
frameworks 6
from 402
função all 319
    any 319
    detect 319
    do dispatcher 22
    eachSlice 320
    findAll 320
    grep 320
    include 321
    inGroupsOf 321
    inject 321
    invoke 321
    keys e values 323
    max e min 322
    merge 324
    partition 322
    pluck 322
    reject 322
    sortBy 322
    toArray 323
    toQueryString 324
Funciona assim 5
funcionalidade 432
functional 412
Fundamentos do teste 429
    ERb 221
Fusos horários 8

G

gem 2
    do Rails 2
    tzinfo 9
gender 184
generalizar os parciais 300
    parciais 297
generate 147
geração de código 102
    no console 95
Geradores 468
Gerando fixtures 421
gerar o conteúdo 225
    database.yml 536
Gerar URL 44
gerar XML 383
Gerenciamento de sessão 347
Gerenciando 542

Gerenciando plugins 479
GET 69
getters e setters 372
Gmail 303
Google 31
  Maps 303
gráficos incorporados 410
grande cobertura 3
Greeting 277
gross 218
GuestUser 373

H

habtm 168
hacking 412
has_attachments 408
hash 45
Hash 323
hashes 379
hash params 264
has_many 209
HasManyAssociation 145
has_one 174
HEAD 226, 432, 486
headers 402
Headers 395
herança de uma tabela 204
  do filtro 33
Hibernate 193
hide(*ids) 337
Hierarquia de associações 145
história do Rails 48, 499
histórico 95
history 92
hook 194
  init.rb 490
host compartilhados 1
HTML 221
  para multipartes 274
HTTP 21, 499
humanizar 260

I

id 49, 54, 57, 75
ID 305
  da sessão 16
idempotentes 291
if/else 223
image_path(source) 253
Implementação 520
  nova 532
Implementações de servidores 544
Implemente 533
implicit_parts_order 402
Importando uma biblioteca 487
include 196
inclusões JavaScript 256
IndependentMigrations 106
index 52
Index 84
INFLECTOR 115
Inflector do Rails 382
info 14
Informações Rails 6
  sobre o repositório 530
Inicialização 1
Inicializador 4
Iniciando 448, 527, 550, 554

initialize 307
initializer.rb 4
input 250
insert_html 337
INSERT SQL 140
Instalação 487, 527
    atual 502
    e configuração 360
Instalações 503
Instalando o RSpec 467
install.rb 494
instância 475
    Book 375
    Builder 383
instrução de require 5
integer 147
integração 415
    do Rails 443
integrar parciais 297
integration 412
Interface 210
Internet Explorer 306
interpretador 11
íntimo do dispatcher 22
Introdução ao RSpec 453
    às threads 560
Invoice 182
irb 304
IRB 95
IRC 135
isolamento 412

J

Jake Scruggs 399
JavaScript 87
    Assíncrono 303
javascript_include_tag 254
Jay Fields 105
Jeremy Kemper 352
joined 14
Jonas Nicklas 65
Joseph Campbell 181
Josh Susser 145
JSON 27
JSP 221
junção reais 168
JUnit 416

K

Kevin McCarthy 347
key 206, 147
KEY 110
keyCode 311
keys 92
kitchen-sink 359

L

lambda 355
Lambda 300
lançamento 520
layout 28
Layouts e modelos 224
Lembrando o bom senso 495
Lendo Cookies 357
length 149
li 6
lib 491

lib/active 146
Lidando com a confusão 415
LIKE 125
Limites do armazenamento 245
Limpando sessões 356
limpar a formatação 195
a string 2
linguagem placeholder 23
linguagens específicas 217
LINK 252
Links simbólicos 532
link_to_remote 325
Lista de callbacks 195
de estruturas 4
de leilões 389
de trechos resultantes 320
de verificação da pilha 501
Listagem 1.1 4
Listagem 2.1 34
Listagem 2.2 34
Listagem 2.4 36
Listagem 2-5 38
Listagem 3.1 47
Listagem 3.2 59
Listagem 4.1 73
Listagem 4.2 74
Listagem 4.3 75
Listagem 4.4 76
Listagem 4.5 76
Listagem 4.6 77
Listagem 4.7 79
Listagem 4.8 82
Listagem 4.9 82
Listagem 4.10 87
Listagem 4.11 88
Listagem 6.1 111
Listagem 6.2 139
literal(code) 338
Little Dorrit 67
Localização avançada 134
Localizador de paginação 281
Localizadores 448
dinâmicos 123
localizar erros 181
Log 14
alternativos 18
do Rails 15
logger 14
lógica 96
da exibição 296
Login 359
e Autenticação 347
REST 82
log padrão 7
Rails 7

M

macro de callback 194
mailer_name 402
main/index 52
maiores regressões 3
manipular a coleção Errors 190
atributos 123
manual com rake 245
Mapeamentos 109
mapear a herança 204
máquina de implementação 531, 534
de implementação 547

markdown(text) 287
Marshall McLuhan 499
Martin Fowler 101
Matchers 456
Mecanismos de armazenamento 350
Memcache 352
mensagem de erro 4, 404
de erro 182
de e-mail de saída 401
de e-mail HTML 403
instantâneas 435
multipart 404
multipart implícitas 405
metaprogramação 147
method 96
Método assistente 70
attributes 122
authenticate 367
cache 238
current_user 373
de classe 407
de filtros 35
de teste 427
find 120
form 247
mailer 401
mailer de notificação 404
mailer HTML 404
part 405
respond_to 83
Métodos AssociationCollection 148
auxiliares 476
de callback 194
de teste 432
do FormHelper 247
error_message_on 247
método show 332
signup 365
métodos mailer 401
no estilo 113
proxy 162
método to_xml 375
to_xml do Array 381
truncate 316
url_for 56
MiddleMan 556
migrações 537
Migrações 103
migrate 360
MIME 253, 357
mime_version 402
MIT 494
Mocking 463
Mock rápido 470
mocks 412
Mocks 462
e stubs reais 414
no Rails 413
tradicional 414
model 468
MODEL 422
modelo de ação 25
de base 208
diferente 26
em linha 26
parcial 26
modelos ActiveRecord 262
com comentários 209

com testes 429
de exibição 2
de junção 186
de junção 168
de mailer 399
RJS 334
modelo User 361
models 360
modificar a rota padrão 50
Modo de anulação 1
de desenvolvimento 421
de desenvolvimento 10
de produção 2
de produção 13
de teste 12
independente 216
Rails 1
Modos de integração 473
de isolamento 473
módulo 5
Commentable 216
PrototypeHelper 325
módulos e código 5
para reutilizar 212
Mongrel 505
Cluster 505
Monit 506
Monitoramento 503
Monkeypatching 349
mudanças no banco de dados 435
multipart 408
implícitas 405
Múltiplos exemplos 458
mundo Rails 3
MVC 227
myrecipes 46
MySQL 17

N

name 249, 311
name_prefix 74
não apresentar nada 27
não carregar 6
Navigator 98
need to get 367
new 26
e create 88
new_record 198
new.rhtml 25
Nginx 41, 505
nginx.conf 508
Nikola Tesla 453
nil 92
nível do log 7
nomear as migrações 105
suas rotas 60
Nomeie sua aplicação 530
nomenclatura 201
de heranç 116
de herança 116
nome_path 60
nome_url 60
No Rails 1.2.3 148
nota sobre a ordem das rotas 55
Not Found 29
null 208
Numbers 388
NUnit 416

O

Object do JavaScript 307
object_name 248
ObjectRange 306, 324
objeto Ajax 317
  Errors 189
  Prototype 325
  Route 93
objetos associado 148
  associados 186
  E/S 348
  HTTP 229
  mock 462
Objetos não gravados 177
  null 462
  stub 463
Observações de uso 550
Observadores 8
observe 311
observe_field 331
observe_form 333
O diretório lib 491
O hook init.rb 490
O método to_xml 375
O modelo User 361
onde estamos 6
  tudo começa 22
onKeyPress 311
Opção accept 182
  from 137
  group by 137
  select 136
Opções 187
  belongs_to 152
  da coluna 110
  de fixtures 422
  de limite 185
  de sessão 348
  do método 405
  do método part 405
options 250
O que o Capistrano espera 526
o que testar 431
OR 319
Oracle 109
O Rakefile do Plugin 496
Ordem da cadeia 35
ordem das rotas 55
ORM 193
Os arquivos install.rb 494
  README 494
  README e MIT-LICENSE 494
  uninstall.rb 494
O script do plugin 480
ou para trás 104
outes.rb padrão 47
Outras considerações 520
Outros métodos 441

P

padrão 30
  Active Record 101
  do Ruby 5
  POST 275
Padrões 448
  de carregamento 4
  do ambiente 1
  do atributo 117

padrões e método url_for 56
palavra de aviso 2
parâmetro em bloco 437
skip_instruct 377
Parâmetros vinculados 45
parar a cadeia de filtros 37
a execução 195
Parciais 230
compartilhados 232
pares de chave/valor 58
especiais 71
part 402
parts 408
password 183
pathname 2
Pequenas otimizações 295
periferia 3
periodically_call_remote 331
Personalização 396
Personalizando o sistema SCM 534
pilha 501
de produção 520
Piston 486
plataformas 2
diferentes 2
plug-in 6
Action Cache 243
Context 126
de tempo limite 354
gerador 359
RSpec on Rails 467
490
de teste 497
Pluralização 101
pluralize 287
polimórficos 209
pontos inúteis 2
POST 69
Postgres 109
Prática ERb 222
Precisão decimal 110
predefinição 6
Predicados 455
Preparando mensagens 401
Prepare a máquina 531
pré-requisitos básicos 500
primeira definição 1
Primeiro teste 449
princípio fechado e aberto 203
privado 194
Processamento 549
produção Rails 499
projeto Rails 2
Propriedades do Piston 489
extras 531
proteger a integridade 229
Protegido 194
Prototype 304
PrototypeHelper 247
PStore 351
pular a cadeia de filtros 37
as validações 191
push 148
PUT 432

Q

qualidade 540
qualquer aplicativo Rail 6

Quando a validação 182
executamos 365
fizer uma iteração 92
usa o método 31
utilizamos Hash.from_xml 388
você escreve 242
você o executa 266
quantidade de JavaScript 325
Quase esqueci 241
queue 104
quote 320
quoted 167

R

Rails 504
Rails 2.0 52
avançado 3
Rails avançado 3
com Plugins 479
danificada 2
em ambiente de produção 499
gem 4
predefinidas 6
RAILS_ROOT 2
Rails Way 347
railsway.conf 509
rake 147
rakefile 3
Rakefile do Plugin 496
rake personalizadas 496
relacionadas 445
Rastreando as sessões ativas 355
RCov 477
Recarregamento 123
Recarregamento de classes 10
recarregar a associação 151
Recebendo E-Mails 407
Receitas úteis do Capistrano 538
receive 407
receptores 48
Receptores 45
recipients 403
RecordInvalid 187
Recursos 67, 553
aninhados 73
do controlador 81
e Rails 65
REST 68
singulares 72
rede 501
Redirecionamento 30
redirect_to 338
Redundância e Failover 520
reference 311
Referência da API 408
do Selenium 448
do seletor 438
Referências 19
Registro do cache 243
do callback 193
dos observadores 202
de fixture 419
regras de roteamento 442
regulares nas rotas 56
Relacionamentos 146, 333
bidirecionais 164
releases 532
reload 24

remember_token 368
Remoção 495
remote_form_for 329
removeEventListener 311
remove(*ids) 338
removendo as barras 2
replace 149
repositório 530
representação XML 375
representações 67
request e response 229
respond_to 50
REST 43
    bem resumido 65
    e Rails 68
    explicitamente 75
    ful 360
    no Rails 66
    singulares e plurais 71
resultado da view 436
resultados da pesquisa 136
retorno before_save 367
    condicionais 366
Reutilização de parciais 232
Reutilizando código 479
Revisão do escopo 214
RHTML? RXML? RJS? 224
RJS 333
robô do Yahoo 349
Rode um pouco 531
rota aninhada 74
    antepadrão 50
    de coleção ou membro 294
    do histórico 96
    global 58
    ingredient 45
    nomeada 59
    padrão 48
rotas 473
    de recursos 72
    extras 79
    nomeadas 68
    nomeadas 59
    nomeadas formatadas 83
    padrões 49
    personalizadas 53
    REST 78
    REST 71
Rota vazia 52
Roteamento 43
    Rails 91
RouteSet 91
routes.rb 55
Routing Navigator 98
RSelenese 449
RSpec 411
    on Rails 453
RSS 252
Ruby 2
RubyGem 2
RubyGems 3
Ruby on Rails 3
runner 549

S

Saída condicional 223
    ERb 223
    to_xml 376

Scaffolding 476
scaffold Rails 248
SCM utilizado pelo Capistrano 534
script 2, 106
ScriptaculousHelper 247
script de inicialização 2
  de migração 8
  do ambiente 4
  do plugin 480
  generate 22
  generate 360
  init do Mongrel 517
  init do Nginx 515
  plugin 484
  Rails 4
  runner 549, 551
Scripts parciais 449
Sebastian 31
seção CDATA 283
segundo plano 549
Segurança 522
  da aplicação 522
  da sessão 356
SELECT 17
Selenium 447
Seletor 438
self 95
send_data 38
sendmail 399
sent_on 403
SEO 280
Separação das preocupações 17
Service Unavailable 29
serviços 542
servidor 501
  DRb simples 552
servidores múltiplos 544
sessão ActiveRecord 7
  aprimorada 356
  DRb 351
Session Store 350
sessões ativas 355
  de segurança 350
  para robôs 349
shared 532
show 339
Show 86
signup multipart 404
símbolo 45
sincronização 4
Sincronização 202
sintaxe açucarada 182
  azeda 81
  do argumento 97
sistema operacional 502
size 150
skip_instruct 377
slot no ciclo 194
SMTP 399
sobre o Daemon 562
solicitações 22
solucionar problemas 2
sortable 339
Sortable 343
SQL 8
  CREATE 108
SQLite 109
SQL personalizadas 124

UPDATE 149

Sra. Duong 247

status HTTP 28

STI 204

string 2

de caminho 2

myrecipes 46

padrão 45

strings 77

estáticas 53

estáticas 46

stubbing 414

parcial 463

stub em métodos auxiliares 476

Stubs do RSpec 462

reais 414

subdiretórios 6

subject 403

Substituindo suposições 533

to_xml 381

Subversion 505

e script/plugin 484

Suítes de teste 417

sum 150

suporte REST 68

suposições do Capistrano 533

Sustentabilidade 522

Syslog 18

T

Tabela 2.1 28

Tabela 3.1 49

Tabela 6.1 109

Tabela (STI) 202

tag DIV 248

tagName 311

tags 223

Tarefas 496

rake 445, 496

Target 445

team 267

techno weenie 359

template 26

específico 434

tempo de execução 380

limite 354

Terminologia 412, 525

termo aceito 2

Testando 411

controladores 431

modelos 429

views 436

testar as rotas 97

Teste 200

de funcionalidade 432

do Rails 3

de aceitação 446

de funcionalidade 431

de igualdade 440

de integração 415

de unidade 429

TestRequest 349

test_truth 102

Test::Unit 416

TextHelper 284

text/plain 402

The Weekenders 247

threads 560

through e polimórficos 211
tile 297
Time.now 403
timesheets 145
timestamp 251
TimeZone 8
tipo 72
    de coluna 109
    de migração 109
    de filtro 34
TMail 407
to 408
toggle 339
too_long 185
Top-Level 305
toString() 308
to_xml 378
to_xml Avançado 379
to_yaml 93
Trabalhando com sessões 445
trabalhar com controladores 21
Transações 545
Transformando XML 386
Tratamento de solicitações 22
três parâmetros 46
Typecasting 388

U

última versão 3
Uma asserção por método 427
Uma breve história 499
Um parcial 230
Um servidor DRb simples 552
Unauthorized 28, 377
unção collect 319
under_score 104
underscore 317
uninstall.rb 494
uniq 150
uniqueness 186
unit 412
UNIX 18
Update 393
UPDATE 155
uploaded_data 409
uploads 250
URI 68
URL 43
    específica 434
UrlHelper 247, 368
URLs 21
    literais 58
User 146
uso 550
Uso 558
uso de sessão 348
    e considerações 189
    de callback 195
usuário atual 372
usuário remoto 533
UTC 8
Utilizando as classes 413
    dados fixture 421
    DRb a partir do Rails 552
    o MiddleMan 556
    o Piston 486
    uma conta 533
utilizar o Capistrano 526

V

validação 247
condicional 188, 167
personalizada 190
Validações ActiveRecord 181
declarativas 182
validade de um modelo 436
Validatable 181
Validations API 181
valor params 45
value 319
VALUES 166
Variáveis 538
de instância 475
de instância 227
do modelo 227
para parciais 233
variável 2
constante 2
de exibição 228
first 382
headers 229
vários pontos do ciclo 201
VaultController 34
velho parceiro 105
vendor/rails 2
verbo HTTP 69
verificação da pilha 501
Verificando uma configuração 532
versão 1.0 3
disponível 3
do Rails 2
do Rails 2.1 3
específica 486
gem 2
gem do Rails 2
principal 3
versões disponíveis 4
via SMTP 399
vida de um objeto 201
view 327
index 325
views 224
violação flagrante 26
Virtual 361
Visão geral do Capistrano 525
visual_effect 339
Visualizações 474

W

wants 325
warn 14, 90
Web 23, 207, 347, 349, 389
Web 2.0 346
web modernos 399
week_of 401
wget 51
when 323
WHERE 147, 373
wiki do Rails 483
will only 349
Wilson 301, 551, 561
Windows 2
with 201
with_options 63
Words 388
World 250
wrapper 406

X

XHR 303

XHTML 284

XML 27, 303, 375

XML Builder 383

XMLHttpRequest 328

XMLHttpRequestObject 303

XmlSimple 386

XML sintaticamente 385

xUnit 416

Y

Yahoo 349

YAML 93, 375, 418

yeah 314

year 259

years 261

YES 182

yield 36

You can't add a post 157

Your timesheet 403

Z

Zed Shaw 64, 499

zero 31, 308, 382

zero ou do banco de dados 198

zeros 105, 321

zip 196

zoneinfo 8

zone.tab 8